Schmid/Kahlen

Wohnungseigentumsgesetz
Kommentar

Schmid/Kahlen

Wohnungseigentumsgesetz

Gesetz über das Wohnungseigentum
und das Dauerwohnrecht

Kommentar

von

Dr. Michael J. Schmid
Richter am Oberlandesgericht
München
Richter am Bayerischen
Obersten Landesgericht a.D.

Hermann Kahlen
Rechtsanwalt in Senden
Fachanwalt für Steuerrecht
Dipl.-Finanzwirt

Verlag Franz Vahlen GmbH München 2007

Zitiervorschlag:
Bearbeiter in: Schmid/Kahlen WEG § ... Rn. ...

Im Einzelnen haben bearbeitet:
Dr. Michael J. Schmid: §§ 1, 2, 4–7, 9, 11–15, 17–19, 30–64
Hermann Kahlen: §§ 3, 8, 10, 16, 20–29

ISBN 978 3 8006 3476 7

© 2007 Verlag Franz Vahlen GmbH
Wilhelmstraße 11, 80801 München
Druck: Nomos Verlagsgesellschaft
In den Lissen 12, 76547 Sinzheim
Satz: ottomedien, Marburger Straße 11, 64289 Darmstadt
Gedruckt auf säurefreiem, alterungsbeständigem Papier
(hergestellt aus chlorfrei gebleichtem Zellstoff)

Vorwort

Das seit 1. Juli 2007 geltende neue Wohnungseigentumseigentumsrecht bringt Neues, lässt aber auch viel Altes unverändert. Weiterhin wird es Aufgabe der Rechtsprechung sein, aus den allgemeinen Begriffen, die das Gesetz an zentralen Stellen unverändert enthält, Konkretisierungen zu erarbeiten, die über den Einzelfall hinaus von Bedeutung sein können. Die bisherige Rechtsprechung wird weiterhin Berücksichtigung finden.

Dieses Buch soll dem Praktiker bei seiner täglichen Arbeit eine Hilfestellung bieten. Im Vordergrund steht deshalb neben den Kommentierungen der Neuregelungen die Darstellung der Rechtsprechung, soweit sie nach der Reform noch von Bedeutung ist. Insbesondere wurde Wert auf die Aufnahme zahlreicher Einzelfälle gelegt, um eine schnelle Problembehandlung zu erleichtern. Dabei wurde versucht, die Darstellung so zu gestalten, dass auch Nichtjuristen, insbesondere Verwalter und Mitglieder des Verwaltungsbeirates, verständliche Antworten auf die sich ihnen stellenden Fragen erhalten.

München und Senden, im August 2007   Die Verfasser

Inhaltsverzeichnis

Abkürzungs- und Literaturverzeichnis IX

Gesetz über das Wohnungseigentum und das Dauerwohnrecht
(Wohnungseigentumsgesetz – WEG)
vom 15. März 1951 (BGBl. I S. 175, berichtigt S. 209),
zuletzt geändert durch Gesetz vom 26. März 2007 (BGBl. I S. 370)

I. Teil. Wohnungseigentum

§ 1 Begriffsbestimmungen 1

1. Abschnitt. Begründung des Wohnungseigentums 3
§ 2 Arten der Begründung. 3
§ 3 Vertragliche Einräumung von Sondereigentum 3
§ 4 Formvorschriften 16
§ 5 Gegenstand und Inhalt des Sondereigentums 18
§ 6 Unselbständigkeit des Sondereigentums 34
§ 7 Grundbuchvorschriften 35
§ 8 Teilung durch den Eigentümer 39
§ 9 Schließung der Wohnungsgrundbücher 48

2. Abschnitt. Gemeinschaft der Wohnungseigentümer 49
§ 10 Allgemeine Grundsätze 49
§ 11 Unauflöslichkeit der Gemeinschaft 75
§ 12 Veräußerungsbeschränkung 77
§ 13 Rechte des Wohnungseigentümers 85
§ 14 Pflichten des Wohnungseigentümers 91
§ 15 Gebrauchsregelung 119
§ 16 Nutzungen, Lasten und Kosten. 125
§ 17 Anteil bei Aufhebung der Gemeinschaft 158
§ 18 Entziehung des Wohnungseigentums 160
§ 19 Wirkung des Urteils 165

3. Abschnitt. Verwaltung 167
§ 20 Gliederung der Verwaltung 167
§ 21 Verwaltung durch die Wohnungseigentümer 187
§ 22 Besondere Aufwendungen, Wiederaufbau. 220
§ 23 Wohnungseigentümerversammlung 240
§ 24 Einberufung, Vorsitz, Niederschrift 262
§ 25 Mehrheitsbeschluss 294
§ 26 Bestellung und Abberufung des Verwalters 306
§ 27 Aufgaben und Befugnisse des Verwalters 328

§ 28 Wirtschaftsplan, Rechnungslegung	363
§ 29 Verwaltungsbeirat	382

4. Abschnitt. Wohnungserbbaurecht 394
§ 30 Wohnungserbbaurecht 394

II. Teil. Dauerwohnrecht

§ 31 Begriffsbestimmungen	397
§ 32 Voraussetzungen der Eintragung	398
§ 33 Inhalt des Dauerwohnrechts	399
§ 34 Ansprüche des Eigentümers und der Dauerwohnberechtigten	401
§ 35 Veräußerungsbeschränkung	402
§ 36 Heimfallanspruch	402
§ 37 Vermietung	404
§ 38 Eintritt in das Rechtsverhältnis	405
§ 39 Zwangsversteigerung	406
§ 40 Haftung des Entgelts	407
§ 41 Besondere Vorschriften für langfristige Dauerwohnrechte	408
§ 42 Belastung eines Erbbaurechts	408

III. Teil. Verfahrensvorschriften

§ 43 Zuständigkeit	411
§ 44 Bezeichnung der Wohnungseigentümer in der Klageschrift	418
§ 45 Zustellung	419
§ 46 Anfechtungsklage	422
§ 47 Prozessverbindung	425
§ 48 Beiladung, Wirkung des Urteils	425
§ 49 Kostenentscheidung	427
§ 50 Kostenerstattung	428
§§ 51–58 [aufgehoben]	429

IV. Teil. Ergänzende Bestimmungen

§ 59 [aufgehoben]	431
§ 60 Ehewohnung	431
§ 61 Veräußerung ohne Zustimmung	431
§ 62 Übergangsvorschrift	432
§ 63 Überleitung bestehender Rechtsverhältnisse	433
§ 64 Inkrafttreten	433

Sachverzeichnis 435

Abkürzungs- und Literaturverzeichnis

a. A.	anderer Ansicht
a. a. O.	am angegebenen Ort
Abramenko	Abramenko, Das neue WEG in der anwaltlichen Praxis, 2007
Abs.	Absatz
a. F.	alte Fassung
AG	Amtsgericht
AO	Abgabenordnung
Anm.	Anmerkung
Art.	Artikel
Aufl.	Auflage
BAnz.	Bundesanzeiger
Bärmann/*Pick*	Bärmann/Pick, Wohnungseigentumsgesetz, Kommentar, 17. Auflage 2006 mit Ergänzungsband
Bärmann/Pick/Merle/*Bearbeiter*	Bärmann/Pick/Merle, Wohnungseigentumsgesetz, Kommentar, 9. Auflage 2003
BayObLG	Bayerisches Oberstes Landesgericht
BayObLGZ	Entscheidungen des Bayerischen Obersten Landesgerichts
BFH	Bundesfinanzhof
BGB	Bürgerliches Gesetzbuch
BGBl.	Bundesgesetzblatt
BGH	Bundesgerichtshof
BGHZ	Entscheidungen des Bundesgerichtshofs in Zivilsachen (Band, Seite)
Becker/Kümmel/Ott	Becker/Kümmel/Ott, Wohnungseigentum, 2003
BeckRS	Rechtsprechungssammlung in Beck-Online
BetrKV	Betriebskostenverordnung
Bielefeld	Bielefeld, Der Kauf einer Eigentumswohnanlage, Ratgeber, 2. Auflage 2002
Bielefeld	Bielefeld, Der Wohnungseigentümer, 7. Auflage 2003
Blankenstein	Blankenstein, WEG-Reform, 2007
BStBl.	Bundessteuerblatt
BVerfG	Bundesverfassungsgericht
BVerwG.	Bundesverwaltungsgericht
d. h.	das heißt
DNotZ	Deutsche Notar-Zeitung
Deckert ETW	Deckert, Die Eigentumswohnung, vorteilhaft erwerben, nutzen und verwalten (Loseblatt)

Abkürzungs- und Literaturverzeichnis

Demharter . . . . Demharter, Grundbuchordnung, Kommentar, 25. Auflage 2005
Drasdo . . . . Drasdo, Die Eigentümerversammlung nach WEG, 3. Auflage 2005
DWE . . . . Der Wohnungseigentümer
DWW . . . . Deutsche Wohnungswirtschaft
EGBGB . . . . Einführungsgesetz zum BGB
ErbbauVO . . . . Verordnung über das Erbbaurecht
EStG . . . . Einkommensteuergesetz
f., ff. . . . . fortfolgend(e)
FGPrax. . . . . Praxis der Freiwilligen Gerichtsbarkeit
Fn. . . . . Fußnote
GBO . . . . Grundbuchordnung
GE . . . . Das Grundeigentum
GG . . . . Grundgesetz
GKG . . . . Gerichtskostengesetz
GVG . . . . Gerichtsverfassungsgesetz
Harz/Kääb/Riecke/
Schmid/*Bearbeiter* . . . Harz/Kääb/Riecke/Schmid, Handbuch des Fachanwalts Miet- und Wohnungseigentumsrecht, 2006
HausratsVO . . . . . . Verordnung über die Behandlung der Ehewohnung und des Hausrats (Hausratsverordnung)
h. M. . . . . herrschende Meinung
HeizkostenV . . . . . . Verordnung über die verbrauchsabhängige Abrechnung der Heiz- und Warmwasserkosten
HGB . . . . Handelsgesetzbuch
Hügel/Elzer . . . . Hügel/Elzer, Das neue WEG-Recht, 2007
InsO . . . . Insolvenzordnung
i. V. m. . . . . in Verbindung mit
KG . . . . Kammergericht Berlin
Kahlen . . . . Kahlen, Wohnungseigentumsrecht und Steuern, 2006
Kahlen WEG . . . . . . Kahlen, Kurzkommentar zum Wohnungseigentumsrecht, 2006
KK-WEG/*Bearbeiter* . Riecke/Schmid, Kompakt-Kommentar zum Wohnungseigentumsrecht, 2005
Köhler . . . . Köhler, Das neue WEG, 2007
LG . . . . Landgericht
MDR . . . . Monatsschrift für Deutsches Recht
MieWo/*Bearbeiter*. . . siehe MieWoE
MieWoE . . . . Entscheidungen zum Wohnungsmietrecht
Müller . . . . Müller, Praktische Fragen des Wohnungseigentums, 4. Auflage 2004
MünchKommBGB/
Bearbeiter . . . . Münchener Kommentar zum BGB, Band 6, 4. Auflage 2004
m. w. N. . . . . mit weiteren Nachweisen

Abkürzungs- und Literaturverzeichnis

NdsRPfl.	Niedersächsische Rechtspflege
n. F.	neue Fassung
Niedenführ/Schulze	Niedenführ/Schulze, WEG, Handbuch und Kommentar zum Wohnungseigentumsgesetz, 8. Auflage 2007
NJOZ	Neue Juristische Online-Zeitschrift
NJW	Neue Juristische Wochenschrift
NJW-RR	Neue Juristische Wochenschrift Rechtsprechungs-Report
NZM	Neue Zeitschrift für Miet- und Wohnungsrecht
Nr.	Nummer(n)
OLG	Oberlandesgericht
Palandt/*Bearbeiter*	Palandt, Bürgerliches Gesetzbuch, Kommentar, 66. Auflage 2007
PWW/*Bearbeiter*	Prütting/Wegen/Weinreich, Bürgerliches Gesetzbuch, Kommentar, 2. Auflage 2007
RGBl.	Reichsgesetzblatt
RGRK/*Bearbeiter*	Das Bürgerliche Gesetzbuch mit besonderer Berücksichtigung der Rechtsprechung des Bundesgerichtshofs, Kommentar, herausgegeben von den Mitgliedern des Bundesgerichtshofs, 12. Auflage 1974 ff.
Riecke/Schmidt/ Elzer	Riecke/Schmidt/Elzer, Die erfolgreiche Eigentümerversammlung, Leitfaden, 4. Auflage 2006
Rn.	Randnummer(n)
Rpfleger	Der Deutsche Rechtspfleger
S.	Seite
Sauren	Sauren, Wohnungseigentumsgesetz, Kommentar, 4. Auflage 2002
Schmid	Schmid, Handbuch der Mietnebenkosten, 10. Auflage 2007
Schmid	Schmid, Miet- und Wohnungsrecht, Loseblattsammlung und CD
Schmid	Schmid, Vermietung von Eigentumswohnungen, 2. Auflage 2006
Schmidt-Futterer/ *Bearbeiter*	Blank, Mietrecht, Großkommentar, 9. Auflage 2007
Staudinger/*Bearbeiter*	Staudinger, Bürgerliches Gesetzbuch, Kommentar, 2 Bände zum WEG: 13. Bearbeitung 2005
str.	streitig
u. a.	unter anderem
VGH.	Verwaltungsgerichtshof
vgl.	vergleiche
WE.	Das Wohnungseigentum
WEG	Wohnungseigentumsgesetz

Weitnauer/*Bearbeiter*	Weitnauer, Wohnungseigentumsgesetz, Kommentar, 9. Auflage 2004
WuM	Wohnungswirtschaft und Mietrecht
WoFlV	Wohnflächenverordnung
WoVermittG	Gesetz zur Regelung der Wohnungsvermittlung
z. B.	zum Beispiel
ZfIR	Zeitschrift für Immobilienrecht
ZMR	Zeitschrift für Miet- und Raumrecht
ZPO	Zivilprozessordnung
ZVG	Gesetz über die Zwangsversteigerung und die Zwangsverwaltung
ZWE	Zeitschrift für Wohnungseigentumsrecht

Gesetz über das Wohnungseigentum und das Dauerwohnrecht (WEG)

vom 15. März 1951 (BGBl. I S. 175, berichtigt S. 209),
zuletzt geändert durch Gesetz vom 26. März 2007 (BGBl. I S. 370)

I. Teil. Wohnungseigentum

§ 1. Begriffsbestimmungen
(1) Nach Maßgabe dieses Gesetzes kann an Wohnungen das Wohnungseigentum, an nicht zu Wohnzwecken dienenden Räumen eines Gebäudes das Teileigentum begründet werden.
(2) Wohnungseigentum ist das Sondereigentum an einer Wohnung in Verbindung mit dem Miteigentumsanteil an dem gemeinschaftlichen Eigentum, zu dem es gehört.
(3) Teileigentum ist das Sondereigentum an nicht zu Wohnzwecken dienenden Räumen eines Gebäudes in Verbindung mit dem Miteigentumsanteil an dem gemeinschaftlichen Eigentum, zu dem es gehört.
(4) Wohnungseigentum und Teileigentum können nicht in der Weise begründet werden, daß das Sondereigentum mit Miteigentum an mehreren Grundstücken verbunden wird.
(5) Gemeinschaftliches Eigentum im Sinne dieses Gesetzes sind das Grundstück sowie die Teile, Anlagen und Einrichtungen des Gebäudes, die nicht im Sondereigentum oder im Eigentum eines Dritten stehen.
(6) Für das Teileigentum gelten die Vorschriften über das Wohnungseigentum entsprechend.

A. Allgemeines

§ 1 enthält Legaldefinitionen der grundlegenden Begriffe. Abweichend von den Grundsätzen des BGB zur rechtlichen Einheit von Grundstück und Gebäude (§§ 93, 94 BGB) eröffnet das WEG die Möglichkeit, an Teilen eines Gebäudes Eigentum zu erwerben. 1

Die Begründung von Sondereigentum kann erfolgen, indem bei bereits bestehendem Bruchteilseigentum Sondereigentum eingeräumt wird (§ 3) oder eine Teilung in Miteigentumsanteile verbunden mit Sondereigentum erfolgt (§ 8). Ohne den dazugehörigen Miteigentumsanteil kann das Sondereigentum nicht veräußert 2 oder belastet werden (§ 6 Abs. 1), die Rechte an dem Miteigentumsanteil erstrecken sich auf das Sondereigentum (§ 6 Abs. 2).

B. Begriffe

I. Wohnungseigentum

3   Wohnungseigentum ist nach der Definition des Abs. 2 das Sondereigentum an einer Wohnung in Verbindung mit dem Miteigentumsanteil an dem gemeinschaftlichen Eigentum, zu dem es gehört.

4   Eine Wohnung ist die Summe der Räume, die die Führung eines Haushalts ermöglichen; dazu gehört eine Kochgelegenheit sowie Wasserversorgung, Abfluss und WC. Eine Wohnung dient dem Menschen dazu, seinen Lebensmittelpunkt zu gestalten (BayObLG FGPrax 2005, 11, 13). Maßgeblich ist die bauliche Eignung und Zweckbestimmung der im Sondereigentum stehenden Räume, nicht die Art ihrer tatsächlichen Nutzung (BayObLGZ 1973, 1, 8). Teil der Wohnung sind auch die Nebenräume wie Keller- und Abstellräume (KK-WEG/*Förth* § 1 Rn. 11), soweit sie einer Wohnung zugeordnet sind.

5   Wohnungseigentum kann nur in einem einzigen Grundstück begründet werden (Abs. 4). Mehrere Grundstücke müssen vor der Begründung von Wohnungseigentum gemäß § 890 BGB vereinigt werden (MieWo/*Kahlen* § 1 Rn. 42).

II. Teileigentum

6   Teileigentum ist nach Abs. 3 das Sondereigentum an nicht zu Wohnzwecken dienenden Räumen eines Gebäudes in Verbindung mit dem Miteigentumsanteil an dem gemeinschaftlichen Eigentum, zu dem es gehört.

III. Raumeigentum

7   Das Wort Raumeigentum wird als Oberbegriff für Wohnungs- und Teileigentum verwendet (vgl. MieWo/*Kahlen* § 1 Rn. 6 ff.). Das Gesetz verwendet diesen Begriff nicht. Nach § 1 Abs. 6 gelten die Vorschriften über das Wohnungseigentum für das Teileigentum entsprechend.

IV. Sondereigentum

Sondereigentum sind die Räume und deren Bestandteile, die nach § 3 Abs. 1 zu Sondereigentum bestimmt werden und nach § 5 Abs. 1, Abs. 2 sondereigentumsfähig sind.

V. Gemeinschaftliches Eigentum

Gemeinschaftliches Eigentum sind nach § 1 Abs. 5 das Grundstück sowie die Teile, Anlagen und Einrichtungen des Gebäudes, die nicht im Sondereigentum oder im Eigentum eines Dritten stehen. Der Umfang des gemeinschaftlichen Eigentums wird damit negativ durch den des Sondereigentums definiert. § 5 Abs. 2 legt fest, was neben dem Grundstück zwingend zum Gemeinschaftseigentum gehört, nämlich die Teile des Gebäudes, die für dessen Bestand und Sicherheit erforderlich sind, sowie die Anlagen und Einrichtungen, die dem gemeinschaftlichen Gebrauch dienen. Zur Abgrenzung von Sonder- und Gemeinschaftseigentum im Einzelnen siehe Kommentierung des § 5, insbesondere die Einzelfallaufstellung dort Rn. 9 ff. Zum Verwaltungsvermögen siehe die Kommentierung zu § 10 Abs. 7.

1. Abschnitt. Begründung des Wohnungseigentums

§ 2. Arten der Begründung

Wohnungseigentum wird durch die vertragliche Einräumung von Sondereigentum (§ 3) oder durch Teilung (§ 8) begründet.

§ 2 hat keinen selbständigen Regelgehalt, sondern verweist auf die Möglichkeiten der §§ 3 und 8.

§ 3 Vertragliche Einräumung von Sondereigentum

(1) Das Miteigentum (§ 1008 des Bürgerlichen Gesetzbuches) an einem Grundstück kann durch Vertrag der Miteigentümer in der Weise beschränkt werden, daß jedem der Miteigentümer abweichend von § 93 des Bürgerlichen Gesetzbuches das Sondereigentum an einer bestimmten Wohnung oder an nicht zu Wohnzwecken dienenden bestimmten Räumen in einem auf dem Grundstück errichteten oder zu errichtenden Gebäude eingeräumt wird.

(2) ¹Sondereigentum soll nur eingeräumt werden, wenn die Wohnungen oder sonstigen Räume in sich abgeschlossen sind. ²Garagenstellplätze gelten als abgeschlossene Räume, wenn ihre Flächen durch dauerhafte Markierungen ersichtlich sind.

(3) aufgehoben

Übersicht

	Rn.
A. Teilungsvertrag	3
I. Vertragsschluss	5
1. Allgemeines	5
2. Formvorschriften	8
II. Vertragsinhalt	10
1. Abgrenzung Sonder-/Gemeinschaftseigentum	11
2. Zweckbestimmungen	16
a) Sachenrechtlich	17
b) Schuldrechtlich	20
c) Einzelfälle	23
III. Gründungsmängel	60
1. Sondereigentumsbezogene Gründungsmängel	61
2. Sämtliche Einheiten betreffende Gründungsmängel	62
B. Abgeschlossenheit	65
I. Wohnungen/sonstige Räume	67
1. Wohnungen	68
a) Wohnungsbegriff	68
b) Abgeschlossenheit	72
2. Sonstige Räume	73
II. Garagenstellplätze	76
1. Stellplätze in geschlossenen Garagen	80
a) Einzelgaragen	81
b) Sammelgaragen/Tiefgaragen	82
2. Stellplätze auf Freiflächen	84
3. Carports	85
4. Doppelstockgaragen	86
5. Tiefgaragen	88
III. Hotelanlagen	89
IV. Sonderregelungen neue Bundesländer	91
C. Rechtsfolgen	94
I. Entstehung von Wohnungs-/Teileigentum	95
II. Entstehung einer Wohnungs-/Teileigentümergemeinschaft	96

1 § 93 BGB bestimmt, dass Bestandteile einer Sache, die voneinander nicht getrennt werden können, ohne dass der eine oder der andere zerstört oder in seinem Wesen verändert wird (wesentliche Bestandteile), nicht Gegenstand besonderer Rechte sein können. Die Regelung dient der Erhaltung wirtschaftlicher Werte dadurch, dass eine Sache und ihre wesentlichen Bestandteile das gleiche rechtliche Schicksal haben sollen. Entgegenstehende Vereinbarungen sind nichtig (PWW/*Völzmann-Stickelbrock* § 93 Rn. 1). § 94 BGB stellt klar, dass zu den wesentlichen Bestandteilen eines Grundstücks die mit dem Grund und Boden fest verbundenen Gebäude gehören.

2 Von dieser so genannten Bestandteilslehre des BGB weicht § 3 ab, in dem bestimmt wird, dass das Miteigentum an einem

Grundstück in der Weise beschränkt werden kann, dass jedem der Miteigentümer abweichend von § 93 BGB das Sondereigentum an einer bestimmten Wohnung oder an nicht zu Wohnzwecken dienenden bestimmten Räumen eingeräumt werden kann.

A. Teilungsvertrag

Das WEG stellt zwei Alternativen zur Verfügung. Einmal die Begründung von Wohnungseigentum durch vertragliche Einräumung von Sondereigentum, einmal durch Teilung durch den oder die Alleineigentümer (§ 8). 3

§ 3 betrifft die Begründung von Wohnungseigentum durch Teilungsvertrag. 4

I. Vertragsschluss

1. Allgemeines. Nach dem Wortlaut des § 3 Abs. 1 wird durch die Begründung von Wohnungseigentum das vorher bestehende Miteigentum lediglich „beschränkt". Tatsächlich wird es entgegen dem Wortlaut vollständig aufgehoben (KK-WEG/*Elzer* § 3 Rn. 2). 5

Der Teilungsvertrag ist kein Gesellschaftsvertrag (BayObLGZ 1984, 198). 6

Die vertragliche Verpflichtung eines Beteiligten, die für die Einräumung von Sondereigentum erforderlichen Willenserklärungen abzugeben, hängt nicht davon ab, ob zum Zeitpunkt der Abgabe der Willenserklärung die Voraussetzungen der Abgeschlossenheit im Sinne des § 3 Abs. 2 gegeben sind (BayObLG MieWoE § 3 WEG Nr. 7). 7

2. Formvorschriften. § 4 Abs. 2 Satz 1 i. V. m. § 925 BGB bestimmt, dass der Teilungsvertrag bei gleichzeitiger Anwesenheit beider Teile vor einer zuständigen Stelle (Notar) erklärt werden muss. Bedingungen oder Zeitbestimmungen sind unzulässig. 8

Für die schuldrechtlichen Verpflichtungsgeschäfte gilt § 311 b Abs. 1 BGB. 9

II. Vertragsinhalt

Inhalt des Teilungsvertrages ist im Wesentlichen die Abgrenzung zwischen Gemeinschaftseigentum einerseits und Sondereigentum andererseits. Daneben enthält der Teilungsvertrag Zweckbestimmungen dahingehend, ob es sich um Wohnungseigentum oder um Teileigentum handelt. 10

1. Abgrenzung Sonder-/Gemeinschaftseigentum. Teilungsvertrag i. V. m. Aufteilungsplan und Abgeschlossenheitsbescheini- 11 gung legen fest, welcher Teil des Gesamtobjekts im Gemeinschaftseigentum steht und welcher Teil des Gesamtobjekts dem Sondereigentum zuzurechnen ist.

12 Gemeinschaftliches Eigentum sind das Grundstück sowie die Teile, Anlagen und Einrichtungen des Gebäudes, die nicht im Sondereigentum oder im Eigentum eines Dritten stehen (§ 1 Abs. 5).

13 Gegenstand des Sondereigentums sind die gemäß § 3 Abs. 1 bestimmten Räume sowie die zu diesen Räumen gehörenden Bestandteile des Gebäudes, die verändert, beseitigt oder eingefügt werden können, ohne dass dadurch das gemeinschaftliche Eigentum oder ein auf Sondereigentum beruhendes Recht eines anderen Wohnungseigentümers über das nach § 14 zulässige Maß hinaus beeinträchtigt oder die äußere Gestaltung des Gebäudes verändert wird (§ 5 Abs. 1).

14 Teile des Gebäudes, die für dessen Bestand oder Sicherheit erforderlich sind, sowie Anlagen und Einrichtungen, die dem gemeinschaftlichen Gebrauch der Wohnungseigentümer dienen, sind nicht Gegenstand des Sondereigentums, selbst wenn sie sich im Bereich der im Sondereigentum stehenden Räume befinden (§ 5 Abs. 2).

15 Die Wohnungseigentümer können vereinbaren, dass Bestandteile des Gebäudes, die Gegenstand des Sondereigentums sein können, zum gemeinschaftlichen Eigentum gehören (§ 5 Abs. 3).

16 **2. Zweckbestimmungen.** Zweckbestimmungen sind entweder sachenrechtlicher (KK-WEG/*Elzer* § 3 Rn. 7) oder schuldrechtlicher Natur (KK-WEG/*Elzer* § 3 Rn. 8).

17 a) **Sachenrechtlich.** Die Zuordnung zum Wohnungseigentum (§ 1 Abs. 2: Sondereigentum an einer Wohnung...) oder zum Teileigentum (§ 1 Abs. 3: Sondereigentum an nicht zu Wohnzwecken dienenden Räumen...) stellt eine sachenrechtliche Zweckbestimmung dar.

18 Diese ist zu unterscheiden von Zweckbestimmungen in Form von Vereinbarungen, die sich mit dem Umfang der sachenrechtlich erlaubten Nutzung eines Raumes befassen.

19 Eine Änderung der sachenrechtlichen Zweckbestimmung bedarf zu ihrer Wirksamkeit nicht nur der Mitwirkung aller Wohnungs- und Teileigentümer, sondern auch der Eintragung im Grundbuch (BayObLG ZMR 1997, 537). Es handelt sich um eine Änderung des dinglichen Rechtsaktes, weil sie die im Grundbuch verlautbarten sachenrechtlichen Grundlagen der Gemeinschaft zum Gegenstand hat (BayObLG ZMR 1997, 537). §§ 873, 877 BGB finden Anwendung.

20 b) **Schuldrechtlich.** Schuldrechtliche Zweckbestimmungen finden ihre Rechtsgrundlage in §§ 10 Abs. 2 Satz 2, 15 Abs. 1. Sie

werden auch als Zweckbestimmung „im engeren Sinne" bezeichnet (KK-WEG/*Elzer* § 3 Rn. 8).

Schuldrechtliche Zweckbestimmungen bedürfen zu ihrer Wirksamkeit der Mitwirkung aller anderen Wohnungs- und Teileigentümer – jedoch nicht der Eintragung ins Grundbuch. Die Grundbucheintragung ist lediglich erforderlich, um auch Sondernachfolger zu binden (§ 10 Abs. 3). **21**

Schuldrechtliche Zweckbestimmungen legen regelmäßig bestimmte Nutzungsarten fest. Die h. M. betont, dass bei der Frage, ob eine tatsächliche Nutzung der vereinbarten Nutzung entspricht, auf eine typisierende Betrachtungsweise abzustellen ist. Es kommt nicht darauf an, ob die konkrete Nutzung im jeweiligen Einzelfall mehr stört als die vereinbarte, sondern darauf, ob die konkrete Nutzung mehr stören „kann" als die vereinbarte (OLG Saarbrücken NZM 2006, 588 = ZMR 2006, 554). **22**

c) **Einzelfälle.** Die Kasuistik zur Frage, was noch zweckbestimmungsgemäß ist und was zweckbestimmungswidrig ist, ist unendlich. Nachfolgend eine Auswahl aus der Rechtsprechung: **23**

Abstellraum: Einem Wohnungseigentümer kann nicht untersagt werden, in der Teilungserklärung als „Partyraum, Werkraum, Abstellraum, Waschküche, WC" bezeichnete Kellerräume zu anderen als den genannten Zwecken zu nutzen. Eine Nutzung als Wohnräume ist dagegen nicht zulässig (BayObLG WE 1996, 358f.). **24**

Blumenladen: Unzulässig ist eine Schnellreinigung von Kleidern (OLG Hamburg OLGZ 1978, 10). **25**

Büro: Der Betrieb einer Arztpraxis ist in einer als „Büro" bezeichneten Teileigentumseinheit nicht zulässig (OLG Stuttgart ZMR 1987, 60f. = NJW 1987, 385f.). **26**

Büroräume: Mit der Zweckbestimmung eines Teileigentums als „Büroräume" ist die Ausübung einer Kinderarztpraxis nicht vereinbar (OLG Düsseldorf WE 1996, 72). **27**

Café: Ist nach einer in der Teilungserklärung enthaltenen Zweckbestimmung der Betrieb eines Cafés vorgesehen, besteht ein Untersagungsanspruch, wenn in den betreffenden Räumlichkeiten ein mit Spielgeräten ausgestattetes Bistro geführt wird (OLG Zweibrücken WE 1997, 474f.). **28**

Café mit Schnellimbiss: Mit der Zweckbestimmung eines Teileigentums als „Café mit Schnellimbiss" ist es jedenfalls nicht vereinbar, in den Räumen über 21:00 Uhr hinaus die Versammlungsstätte eines ausländischen Kulturvereins mit Getränkeausschank und Speisenzubereitung zu betreiben (BayObLG MieWoE § 15 WEG Nr. 69). **29**

Dachräume: In der Teilungserklärung als „Dachräume" oder „Speicherräume" bezeichnete Räumlichkeiten dürfen nicht ohne weiteres als Wohnräume genutzt werden (OLG Düsseldorf WE 1997, 468f.). **30**

31 **Flur und Speicher:** Gehören nach der Eintragung im Grundbuch zu einer Wohnung auch Räume, die als Flur und Speicher im Dachgeschoss bezeichnet sind, so dürfen die Räume im Dachgeschoss nur im Rahmen ihrer Beschaffenheit, also nicht zu Wohnzwecken, genutzt werden. Wird in einem solchen Fall das Wohnungseigentum unterteilt und werden die Räume im Dachgeschoss als selbständige Raumeinheiten mit der Bezeichnung des Sondereigentums als „Räume" im Grundbuch eingetragen, so ändert sich damit nichts an der zulässigen Nutzungsart (BayObLG WE 1996, 116 f.).

32 **Gärtnerische Nutzung:** Der Begriff „gärtnerische Nutzung" gibt einen weitgehenden Spielraum bei der gärtnerischen Gestaltung von Sondernutzungsflächen. Darunter können auch fallen die Erweiterung einer Terrasse und die Verlängerung eines Gehweges (OLG Schleswig DWE 2001, 74).

33 **Gaststätte:** Unzulässig ist der Betrieb eines Nachtlokals (BayObLG vom 13.7.1984, 2Z BR 22/84, zitiert nach *Müller* Praktische Fragen des Wohnungseigentums Rn. 246 Fn. 21 h).

34 **Geschäftliche Zwecke:** Es ist unzulässig, in den Räumen eines Teileigentums, das nach der Teilungserklärung „zu beliebigen geschäftlichen Zwecken" benutzt werden darf, ein Bordell zu betreiben (KG ZMR 1987, 384).

35 **Gewerbe:** Sind die Räume einer Einheit in der Teilungserklärung als Teileigentum aufgeführt und ist im Aufteilungsplan die Bezeichnung „Gewerbe" angegeben, ist damit die Nutzung des Teileigentums als Restaurant nicht ausgeschlossen (KG DWE 2000, 73 f.).

36 **Gewerberaum, bestehend aus zwei Ladenräumen:** Ein Teileigentum, das in der Teilungserklärung als „Gewerberaum, bestehend aus zwei Ladenräumen" bezeichnet ist, darf als Weinhandlung mit Bistro (Aufwärmküche) unter Beachtung der Ladenschlusszeiten genutzt werden (LG Hannover ZMR 2001, 69 f. = WE 2001, 201 f.).

37 **Hobbyraum:** Unzulässig ist die Nutzung als selbständige Wohnung (BayObLG vom 11.7.1985, 2Z 33/85, zitiert nach *Müller* Praktische Fragen des Wohnungseigentums Rn. 246 Rn. 21 k). Gleicher Ansicht ist das OLG Zweibrücken (ZMR 2002, 219 = WE 2002, 245 f.). Auch dürfen in der Teilungserklärung als Hobbräume ausgewiesene Kellerräume einer Wohnungseigentumsanlage nicht als Wohnung benutzt werden.

38 **Hobbyraum nebst Diele:** Die Bezeichnung eines aus mehreren Räumen bestehenden Teileigentums als „nicht zu Wohnzwecken dienende Hobbyräume nebst Diele" ist eine Zweckbestimmung mit Vereinbarungscharakter. Wird das Teileigentum als Rechtsanwaltskanzlei büromäßig genutzt und ein Unterlassungsantrag rechtskräftig wegen Verwirkung abgewiesen, ist

über eine Nutzung als Hobbyräume hinaus auch eine büromäßige Nutzung hinzunehmen sowie eine sonstige Nutzung, die nicht mehr stört oder beeinträchtigt (BayObLG NZM 2002, 255).

Hobbyzwecke: Kellerräume dürfen zu Hobbyzwecken genutzt werden, wenn dies – was regelmäßig anzunehmen ist – nicht mehr stört als die bestimmungsgemäße Nutzung (OLG Düsseldorf WE 1997, 346 f.). 39

Keller: Die Bezeichnung eines Teileigentums in der Teilungserklärung als Keller stellt eine Zweckbestimmung mit Vereinbarungscharakter dar. Die zweckbestimmungswidrige Nutzung des als Keller bezeichneten Teileigentums zu Wohnzwecken stört wegen der intensiveren Nutzung mehr als eine der Zweckbestimmung entsprechende Nutzung. Werden in einem solchen Teileigentum Sanitäreinrichtungen (Waschbecken, Dusche, WC) und am Gemeinschaftseigentum ein Briefkasten angebracht, rechtfertigt dies den Schluss auf eine Nutzung des Teileigentums zu Wohnzwecken (BayObLG WE 1998, 398). 40

Laden: Ein Bistro, dessen Betreiber die in Ausweitung befindlichen Ladenöffnungszeiten beachtet, darf ein Teileigentum „Laden" jedenfalls bei einer außerhalb des reinen Wohngebiets belegenen Eigentumsanlage auch bei einzelnen Störungen durch Partys als solches weiter betreiben (OLG Hamburg ZMR 2002, 455 f. = WE 2003, 6). 41

Laden: Zulässig ist der Verkauf von Ehehygieneartikeln in einem im Großstadtzentrum belegenen Geschäftslokal (*Müller* Praktische Fragen des Wohnungseigentums Rn. 242, *Deckert* Die Eigentumswohnung, Gruppe 5, Abschnitt 5.5.2; ebenso BayObLG NJOZ 2003, 234 = MieWoE § 15 WEG Nr. 63). 42

Laden: Unzulässig ist der Betrieb einer Gaststätte (BayObLG WuM 1985, 237; ZMR 1985, 206; ebenso NJOZ 2003, 234 = MieWoE § 15 WEG Nr. 63). 43

Laden: Mit der Zweckbestimmung „Laden" ist der Betrieb einer Gaststätte nicht vereinbar (OLG München DWE 1994, 74 f.). 44

Laden: Mit der Zweckbestimmung eines Teileigentums als „Laden" lässt sich der Betrieb eines Bistros nicht vereinbaren (BayObLG ZMR 1993, 427 f.). 45

Laden: Mit der Zweckbestimmung eines Teileigentums als „Laden" lässt es sich nicht vereinbaren, dass das in dem Teileigentum betriebene Automaten-Sonnenstudio außerhalb der gesetzlichen Ladenöffnungszeiten unbeaufsichtigt durch Personen des Betreibers betreten werden kann (BayObLG WE 1996, 479 f.). 46

Laden: Die in der Bezeichnung eines Sondereigentums in der Teilungserklärung als „Laden" enthaltene Zweckbestimmung 47 umfasst nicht den Betrieb einer chemischen Reinigung unter Einsatz von Reinigungsmaschinen (BayObLG WE 1998, 194 f.).

48 **Laden:** Mit der Zweckbestimmung eines Teileigentums als „Laden" lässt sich der Betrieb eines Pizza-Liefer-Service nicht vereinbaren (BayObLG WE 1998, 507).

49 **Laden:** Die Nutzung eines Teileigentums mit der Zweckbestimmung „Laden" als Kleingaststätte mit Öffnungszeiten bis 22 Uhr stört grundsätzlich mehr als eine Nutzung des Teileigentums als Laden (BayObLG MieWoE § 15 Nr. 40).

50 **Laden:** Mit dem Begriff „Laden" lässt sich nicht verbinden der Betrieb eines Frauensportstudios (so das OLG Schleswig DWE 2003, 90).

51 **Ladengeschäft:** Die in der Teilungserklärung festgelegte Nutzungsart „Ladengeschäft" lässt den Betrieb einer Eisdiele nicht zu (OLG Schleswig DWE 2000, 130 f.).

52 **Lagerraum:** Die Nutzung eines in der Teilungserklärung als „Lagerraum" bezeichneten, im Kellergeschoss gelegenen Teileigentums als Gymnastik/Tanzstudio ist nicht zulässig (BayObLG ZMR 1994, 234 = MieWoE § 27 WEG Nr. 8).

53 **Nicht zu Wohnzwecken dienende Räume:** Mit der Beschreibung als nicht zu Wohnzwecken dienende Räume in der Teilungserklärung ist es vereinbar, dass die Räume als „Hobbyraum oder Gästezimmer", d. h. zum gelegentlichen, auf kürzere Zeit beschränkten Übernachten von nicht zum Hausstand gehörenden Personen, benutzt werden (BayObLG WE 1996, 472).

54 **Schwimmbad:** Ein in Teilungserklärung und Aufteilungsplan als „Schwimmbad" bezeichnetes Teileigentum darf nicht ohne Billigung der übrigen Wohnungseigentümer in ein Fitness-Center umgestaltet werden. Dies würde einen vereinbarungswidrigen Gebrauch des Teileigentums darstellen (BayObLG ZMR 1988, 435 = DWE 1989, 27).

55 **Spielplatz:** Die Bezeichnung einer Fläche in der Teilungserklärung als „Garagenhof" schließt die Nutzung dieser Fläche als Spielplatz für Kinder nicht aus. Das Ballspielen und Bolzen im Garagenhof einer Wohnanlage kann jedoch dann untersagt werden, wenn den älteren Kindern und Jugendlichen zugemutet werden kann, in der Nähe gelegene öffentliche Spielplätze aufzusuchen (BayObLG WE 1991, 27).

56 **Verwalterwohnung:** Die Zweckbestimmung einer Wohnungseigentumseinheit als Verwalterwohnung schränkt die zulässige Nutzung dahin gehend ein, dass die Räume nur zu Wohnzwecken genutzt werden dürfen (BayObLG MieWoE § 15 Nr. 42).

57 **Weinkeller:** Ist ein Teileigentum in der Teilungserklärung als „Weinkeller, Kegelbahn, Windfang, Abstellraum, Kühlraum, WC, Vorplatz" bezeichnet, stellt diese Bezeichnung eine Zweckbestimmung dar. Mit dieser Zweckbestimmung ist der Betrieb ei-

ner Diskothek oder die Führung einer Gaststätte mit Tanzbetrieb nicht vereinbar (BayObLG ZMR 1990, 230).

Wohnwecke: Der Mieter einer Wohnung mit der Zweckbestimmung zu Wohnzwecken ist befugt, darin werktags von Montag bis Freitag in der Zeit von 8:30 Uhr bis 18:30 Uhr eine psychologische Einzelpraxis zu führen (OLG Düsseldorf WuM 1998, 112). 58

Gelegentlich wird auch zwischen „allgemeinen" und anderen Zweckbestimmungen unterschieden. So das OLG Hamm (ZMR 2006, 634 = NZM 2007, 294). Es ging um die Verlegung einer Küche von einem Raum der Eigentumswohnung in einen anderen Raum. Das OLG entschied, dass es sich bei der Bezeichnung als „Wohnung" zwar um eine Zweckbestimmung mit Vereinbarungscharakter im Sinne des § 10 Abs. 1 Satz 2 a. F., § 15 Abs. 1 handele. Diese Zweckbestimmung beschränke sich jedoch darauf, dass dieses Sondereigentum ausschließlich zu Wohnzwecken benutzt werden dürfe. Dies betreffe jedoch die Räumlichkeiten insgesamt. Diese „allgemeine" Zweckbestimmung werde dadurch eingeschränkt, dass die einzelnen Räume der Wohnung im Aufteilungsplan als „Wohnzimmer", „Schlafzimmer", „Kinderzimmer", „Küche" bezeichnet werden. Diesen Verwendungsangaben komme nicht die Bedeutung einer Zweckbestimmung zu. Vielmehr handele es sich insoweit lediglich um Nutzungsvorschläge innerhalb der allgemeinen Zweckbestimmung. Auch ein im Aufteilungsplan als „Wohnzimmer" bezeichneter Raum könne als Schlafzimmer genutzt werden und umgekehrt. 59

III. Gründungsmängel

Der Teilungsvertrag kann an so genannten Gründungsmängeln leiden. Insoweit ist zwischen Mängeln bezogen auf die Einräumung von Sondereigentum und Mängeln bezogen auf den ganzen Teilungsvertrag zu differenzieren. 60

1. Sondereigentumsbezogene Gründungsmängel. Gründungsmängel, die lediglich die Einräumung von Sondereigentum betreffen, haben keinen Einfluss auf die grundsätzliche Aufteilung in Miteigentumsanteile (BGH NJW 1995, 2851 = ZMR 1995, 521). Die Gründung im Übrigen ist wirksam (KK-WEG/*Elzer* § 3 Rn. 35). 61

2. Sämtliche Einheiten betreffende Gründungsmängel. Ein Gründungsmangel kann die Begründung von Wohnungseigentum als solches betreffen. Beispielsweise kann der Teilungsvertrag wegen eines Formfehlers nichtig sein. 62

In solchen Fällen ist es angebracht, die Grundsätze über die fehlerhafte Gesellschaft anzuwenden (KK-WEG/*Elzer* § 3 Rn. 31; Weitnauer/*Briesemeister* § 3 Rn. 36). 63

§ 3

64 Jedenfalls seit der BGH die Wohnungseigentümergemeinschaft für teilrechtsfähig erklärt hat (BGH NJW 2005, 2061 = ZMR 2005, 547), dürfte einer entsprechenden Anwendung der Grundsätze über die fehlerhafte Gesellschaft nichts mehr im Wege stehen (KK-WEG/*Elzer* § 3 Rn. 33).

B. Abgeschlossenheit

65 § 3 Abs. 2 bestimmt, dass Sondereigentum nur eingeräumt werden soll, wenn die Wohnungen/sonstigen Räume in sich abgeschlossen sind. Sondervorschriften gelten für Garagenstellplätze.

66 Weil § 3 Abs. 2 eine Sollvorschrift ist, wird der Fortbestand des Sondereigentums durch bauliche Veränderungen, die die einmal gegebene Abgeschlossenheit aufheben, nicht berührt (Bärmann/Pick/Merle/*Pick* § 3 Rn. 37).

I. Wohnungen/sonstige Räume

67 § 3 Abs. 2 unterscheidet zwischen Wohnungen einerseits und sonstigen Räumen andererseits. Für beide Fallgruppen gilt das Abgeschlossenheitserfordernis.

68 **1. Wohnungen. a) Wohnungsbegriff.** Unter einer Wohnung versteht man die Summe der Räume, welche die Führung eines Haushaltes ermöglichen (allgemeine Verwaltungsvorschrift für die Ausstellung von Bescheinigungen gemäß § 7 Abs. 4 Nr. 2 und § 32 Abs. 2 Nr. 2 des Wohnungseigentumsgesetzes vom 19. 3. 1974, BAnz. Nr. 58 vom 23. 3. 1974).

69 Zur Erfüllung des Wohnungsbegriffes ist es erforderlich,
– dass die Räume gegenüber anderen Räumen, die zu einem anderen Sondereigentum oder zum Gemeinschaftseigentum gehören, abgeschlossen sind,
– dass eine Zugangsmöglichkeit entweder direkt zum Außenbereich des Gebäudes oder zu einem gemeinsamen Flur oder einem gemeinsamen Treppenhaus besteht (LG Bamberg ZMR 2006, 965),
– der Zugang abschließbar ist,
– die Möglichkeit zur Installation einer Küche oder einer Kochgelegenheit besteht. Eine (Einbau-)Küche oder eine Kochgelegenheit muss nicht tatsächlich vorhanden sein, es muss nur die Anschlussmöglichkeit bestehen, so dass insgesamt die Gesamtheit der Räume es erlaubt, einen selbständigen Haushalt zu führen (BayVGH DWW 1976, 306).
– Im Gegensatz zu den Küchenanschlüssen dürfen Bad, Dusche, Heizung fehlen, ohne dass dies dem Wohnungsbegriff entgegensteht (KK-WEG/*Elzer* § 3 Rn. 96 a. E.).

(1) Wohnungseigentumsrechtliche Bedeutung. Wohnungseigen- 70
tumsrechtlich muss der Wohnungsbegriff erfüllt sein, damit die
Abgeschlossenheitsbescheinigung erteilt wird.
(2) Steuerrechtliche Bedeutung. Steuerrechtlich ist die Erfül- 71
lung des Wohnungsbegriffs/die Abgeschlossenheit von Bedeutung
(in Altfällen) für die Förderung nach § 10 e EStG a. F. sowie nach
dem Eigenheimzulagengesetz (zu § 10 e EStG a. F. BFH DWW
1999, 89).

b) Abgeschlossenheit. Abgeschlossenheit bedeutet die dauer- 72
hafte räumliche Abgrenzung und tatsächliche Abschließbarkeit
einer Wohnung (KK-WEG/*Elzer* § 3 Rn. 93). Durch eine eindeutige räumliche Abgrenzung der einzelnen Sondereigentumsbereiche untereinander sowie zum gemeinschaftlichen Eigentum sollen
Streitigkeiten vermieden werden (BGH NJW 2001, 1212 = ZMR
2001, 289).

2. Sonstige Räume. Sonstige Räume sind die Räume, die nicht 73
den Wohnungsbegriff erfüllen.

Entweder fehlt eins der oben (Rn. 69) genannten Merkmale. 74

Oder es handelt sich nicht einmal um einen Raum (als Ober- 75
begriff für zu Wohnzwecken bestimmte Baulichkeiten und für
nicht zu Wohnzwecken bestimmte Baulichkeiten, vgl. Bärmann/
Pick/Merle/*Pick* § 1 Rn. 4). Beispielsweise wenn es sich nur um
eine überdachte Tankstelle handelt (LG Münster DNotZ 1953,
148) oder um ein Carport (BayObLG NJW-RR 1986, 761).

II. Garagenstellplätze

Für Garagenstellplätze fingiert § 3 Abs. 2 Satz 2 die Raumei- 76
genschaft und die Abgeschlossenheit, wenn die Stellfläche durch
dauerhafte Markierungen ersichtlich ist (BayObLG ZMR 2001,
821).

Voraussetzung ist eine „dauerhafte Markierung". 77

Gemäß Nr. 6 der allgemeinen Verwaltungsvorschrift für die 78
Ausstellung von Bescheinigungen gemäß § 7 Abs. 4 Nr. 2 und
§ 32 Abs. 2 Nr. 2 des Wohnungseigentumsgesetzes vom 19. 3.
1974 kommen als dauerhafte Markierungen Stein- oder Metall-
wände, fest verankerte Geländer oder Begrenzungseinrichtungen
aus Stein oder Metall, fest verankerte Begrenzungsschwellen aus
Stein oder Metall, in den Fußboden eingelassene Markierungs-
steine oder andere Maßnahmen, die den vorgenannten Maßnahmen zumindest gleichzusetzen sind, in Betracht.

Auch dauerhafte farbige Markierungen oder etwa Markie- 79
rungsnägel reichen aus (BayObLG NZM 2001, 893 = ZMR
2001, 820).

80 **1. Stellplätze in geschlossenen Garagen.** Insoweit ist zu unterscheiden zwischen Stellplätzen in Einzelgaragen und Stellplätzen in Sammelgaragen – insbesondere Tiefgaragen.

81 a) **Einzelgaragen.** Handelt es sich um eine Einzelgarage, ist unzweifelhaft das Raumerfordernis erfüllt. Abgeschlossenheitsprobleme ergeben sich nicht.

82 b) **Sammelgaragen/Tiefgaragen.** Bei Garagen für mehrere Pkw – insbesondere bei Tiefgaragen – ist zur Sondereigentumsfähigkeit erforderlich, dass die Abgeschlossenheit – durch dauerhafte Markierungen – gegeben ist.

83 Sieht die Gemeinschaftsordnung die Möglichkeit vor, zur Abgrenzung von im Sondereigentum stehenden Tiefgaragenstellplätzen Drahtgitter auf der Sondereigentumsfläche zu errichten, und macht ein Wohnungseigentümer zum Schutz vor Beschädigungen seines Fahrzeuges hiervon Gebrauch, so hat der benachbarte Sondereigentümer wegen dadurch bedingter Schwierigkeiten beim Ein- und Aussteigen grundsätzlich keinen Abwehranspruch (BayObLG MieWoE § 3 WEG Nr. 13).

84 **2. Stellplätze auf Freiflächen.** Pkw-Stellplätze auf Freiflächen, z. B. dem nicht überdachten Oberdeck eines Parkhauses oder einer Tiefgarage, sind nicht sondereigentumsfähig, da es am Raumerfordernis mangelt. Sie sind gemeinschaftliches Eigentum (OLG Hamm NJW-RR 1998, 516 = ZMR 1998, 456).

85 **3. Carports.** Carports mangelt es an der Raumeigenschaft. Daher kann daran kein Sondereigentum begründet werden.

86 **4. Doppelstockgaragen.** An einer Doppelstockgarage im Ganzen kann Sondereigentum begründet werden (OLG Düsseldorf NZM 1999, 571 = ZMR 1999, 500).

87 Kein Sondereigentum kann begründet werden an den einzelnen Stellplätzen einer Doppelstockgarage (OLG Düsseldorf NZM 1999, 571 = ZMR 1999, 500). Da bei einer Doppelstockgarage eine räumliche Umgrenztheit vorliegt, wird vorstehende Auffassung der Rechtsprechung von der Literatur nicht gebilligt (KK-WEG/*Elzer* § 3 Rn. 110 m. w. N.).

88 **5. Tiefgaragen.** Tiefgaragen sind sondereigentumsfähig (BayObLG vom 7.7.2004, 2Z BR 77/04, BeckRS 2004, 7243).

III. Hotelanlagen

89 An einzelnen Hotelzimmern kann kein Sondereigentum begründet werden. Hotelzimmer sind nicht in sich abgeschlossen, weil es sich bei ihnen nur um unselbständige Teile des Objekts „Hotel" als solchem handelt, die für sich allein nicht funktionsfähig sind (LG Halle-Saale NZM 2004, 748 = ZMR 2004, 861).

Vertragliche Einräumung von Sondereigentum § 3

Anderes gilt für Appartements in einem Appartement-Hotel 90
mit Laden- und Restaurationsteil. Hier können die einzelnen Appartements selbständige Einheiten sein, die sondereigentumsfähig sind (OVG Lüneburg NdsRPfl. 1983, 282 = DNotZ 1984, 390).

IV. Sonderregelungen neue Bundesländer

Der vor Jahren bestehende Streit, ob die Erteilung der Abge- 91
schlossenheitsbescheinigung davon abhängig ist, dass im Zeitpunkt der Erteilung der Bescheinigung die bauordnungsrechtlichen Vorschriften im jeweils aktuellen Stand herangezogen werden dürfen oder nicht, sollte nicht dazu führen, dass in den neuen Bundesländern Schwierigkeiten bei der Bildung von Wohnungseigentum entstehen.

Um diese Schwierigkeiten zu vermeiden, hat der Gesetzgeber 92
entschieden (Gesetz vom 22.3.1991, BGBl. I S. 766), dass die Abgeschlossenheit von Wohnungen oder sonstigen Räumen, die vor dem 3.10.1990 bauordnungsrechtlich genehmigt worden sind, nicht dadurch ausgeschlossen ist, dass die Wohnungstrennwände und Wohnungstrenndecken oder die entsprechenden Wände oder Decken bei sonstigen Räumen nicht den bauordnungsrechtlichen Anforderungen entsprechen, die im Zeitpunkt der Erteilung der Bescheinigung nach § 7 Abs. 4 Nr. 2 gelten.

Diese Vorschrift ist inzwischen durch Zeitablauf überholt und 93
seit dem 1.7.2007 aufgehoben.

C. Rechtsfolgen

Hinsichtlich der Rechtsfolgen des Abschlusses eines Teilungs- 94
vertrages ist zu unterscheiden zwischen der Entstehung von Wohnungs-/Teileigentum und der Entstehung einer Wohnungs-/Teileigentümergemeinschaft.

I. Entstehung von Wohnungs-/Teileigentum

Wohnungs-/Teileigentum entsteht erst durch die Eintragung im 95
Grundbuch. Der Teilungsvertrag muss dinglich vollzogen werden (BGH NJW 1989, 1111).

II. Entstehung einer Wohnungs-/Teileigentümergemeinschaft

Die Wohnungseigentümergemeinschaft entsteht mit Anlegung 96
der Wohnungsgrundbücher und Eintragung von mindestens zwei Eigentümern im Grundbuch (in der Regel: des teilenden Alleineigentümers und des ersten Erwerbers).

97 In dem Augenblick, in dem der erste Erwerber im Grundbuch eingetragen, somit die Gemeinschaft entstanden ist, dürfte auch deren (Teil-)Rechtsfähigkeit beginnen (KK-WEG/*Elzer* § 3 Rn. 133).

98 Vor Anlegung der Wohnungsgrundbücher entsteht nicht einmal eine werdende Wohnungseigentümergemeinschaft (BayObLG NZM 2002, 441 = ZMR 2002, 610).

§ 4. Formvorschriften

(1) **Zur Einräumung und zur Aufhebung des Sondereigentums ist die Einigung der Beteiligten über den Eintritt der Rechtsänderung und die Eintragung in das Grundbuch erforderlich.**

(2) ¹**Die Einigung bedarf der für die Auflassung vorgeschriebenen Form.** ²**Sondereigentum kann nicht unter einer Bedingung oder Zeitbestimmung eingeräumt oder aufgehoben werden.**

(3) **Für einen Vertrag, durch den sich ein Teil verpflichtet, Sondereigentum einzuräumen, zu erwerben oder aufzuheben, gilt § 311b Abs. 1 des Bürgerlichen Gesetzbuchs entsprechend.**

A. Voraussetzung

1 Die Vorschrift setzt voraus, dass bereits Miteigentum nach Bruchteilen am Grundstück besteht.

B. Dinglicher Vertrag

2 Für den dinglichen Vertrag ist die Einigung aller Miteigentümer über die Rechtsänderung und die Eintragung im Grundbuch erforderlich. Die Einigung hat in der Form der Auflassung (§ 925 BGB) zu erfolgen.

3 Sofern ein einzelner Miteigentumsanteil selbständig dinglich belastet ist, ist auch die Zustimmung der nachteilig betroffenen dinglich Berechtigten nach §§ 876, 877 BGB erforderlich. Ist dagegen das gesamte Grundstück mit einem Grundpfandrecht (Hypothek, Grundschuld) belastet, ist die Zustimmung entbehrlich, da sich das Grundpfandrecht in Gesamtgrundpfandrechte an den entstehenden Wohnungseigentumsrechten umwandelt und dem Gläubiger die Haftungsgrundlage erhalten bleibt.

4 Für die Eintragung im Grundbuch genügt nach überwiegender Meinung die Eintragungsbewilligung (§ 19 GBO) aller Miteigentümer in der Form des § 29 GBO. Der Nachweis der Einigung nach § 20 GBO ist nach h.M. nicht erforderlich (OLG Zweibrücken OLGZ 1982, 263; *Demharter* Anhang zu § 3 GBO Rn. 41, 101).

C. Keine Bedingung und Zeitbestimmung

Die Einräumung oder Aufhebung von Sondereigentum kann nicht unter einer Bedingung oder Befristung erfolgen; § 4 Abs. 2 Satz 2 entspricht § 925 Abs. 2 BGB. Auch wenn auf einem Grundstück mehrere Gebäude in der Rechtsform des Wohnungseigentums errichtet werden, weil eine Realteilung nicht erfolgen kann, kann nicht durch eine Bedingung oder Befristung erreicht werden, dass das Wohnungseigentum im Falle einer später möglichen Realteilung endet. Die Wohnungseigentümer können sich jedoch schuldrechtlich verpflichten, in diesem Fall der Aufhebung der Wohnungseigentümergemeinschaft zuzustimmen; § 11 Abs. 1 steht einer derartigen Vereinbarung nicht entgegen (BayObLGZ 1979, 414, 421).

D. Schuldrechtlicher Vertrag

Für den schuldrechtlichen Vertrag wird der für Grundstücke geltende § 311 b Abs. 1 BGB für entsprechend anwendbar erklärt.

E. Aufhebung

Für die Aufhebung des Sondereigentums gelten dieselben Formvorschriften wie für die Einräumung.

Die Aufhebung sämtlicher Sondereigentumsrechte führt zur Entstehung einer Bruchteilsgemeinschaft nach §§ 1008 ff., 741 ff. BGB. Bei Aufhebung nur eines Sondereigentums sind die übrigen Miteigentumsanteile entsprechend anzupassen. Die bisher dem Sondereigentum zugeordneten Räume werden gemeinschaftliches Eigentum.

F. Veränderung von Sonder- und Gemeinschaftseigentum

Erforderlich sind die Einigung aller Wohnungseigentümer und die Eintragung im Grundbuch (BayObLG WuM 1994, 97). Eine Ermächtigung, neues Wohnungseigentum durch Umwandlung von Gemeinschafts- in Sondereigentum zu schaffen, kann nicht Gegenstand von Vereinbarungen der Wohnungseigentümer nach § 5 Abs. 4, § 10 sein und ist deshalb nicht im Grundbuch eintragungsfähig (BayObLGZ 2000, 1). Entsprechendes gilt für die Umwandlung eines Sondernutzungsrechts in Sondereigentum (BGH NJW-RR 2005, 10, 11).

Die Unterteilung eines Sondereigentums in mehrere Einheiten ist durch einseitige Erklärung des jeweiligen Eigentümers möglich, wenn ausschließlich dessen Sondereigentum betroffen ist. Gleiches gilt für die Vereinigung bisher selbständiger Einheiten zu einem Sondereigentum (BGH NJW-RR 2005, 10).

§ 5. Gegenstand und Inhalt des Sondereigentums

(1) Gegenstand des Sondereigentums sind die gemäß § 3 Abs. 1 bestimmten Räume sowie die zu diesen Räumen gehörenden Bestandteile des Gebäudes, die verändert, beseitigt oder eingefügt werden können, ohne daß dadurch das gemeinschaftliche Eigentum oder ein auf Sondereigentum beruhendes Recht eines anderen Wohnungseigentümers über das nach § 14 zulässige Maß hinaus beeinträchtigt oder die äußere Gestaltung des Gebäudes verändert wird.

(2) Teile des Gebäudes, die für dessen Bestand oder Sicherheit erforderlich sind, sowie Anlagen und Einrichtungen, die dem gemeinschaftlichen Gebrauch der Wohnungseigentümer dienen, sind nicht Gegenstand des Sondereigentums, selbst wenn sie sich im Bereich der im Sondereigentum stehenden Räume befinden.

(3) Die Wohnungseigentümer können vereinbaren, dass Bestandteile des Gebäudes, die Gegenstand des Sondereigentums sein können, zum gemeinschaftlichen Eigentum gehören.

(4) Vereinbarungen über das Verhältnis der Wohnungseigentümer untereinander können nach den Vorschriften des 2. und 3. Abschnittes zum Inhalt des Sondereigentums gemacht werden. Ist das Wohnungseigentum mit der Hypothek, Grund- oder Rentenschuld oder der Reallast eines Dritten belastet, so ist dessen nach anderen Rechtsvorschriften notwendige Zustimmung zu der Vereinbarung nur erforderlich, wenn ein Sondernutzungsrecht begründet oder ein mit dem Wohnungseigentum verbundenes Sondernutzungsrecht aufgehoben, geändert oder übertragen wird. Bei der Begründung eines Sondernutzungsrechts ist die Zustimmung des Dritten nicht erforderlich, wenn durch die Vereinbarung gleichzeitig das zu seinen Gunsten belastete Wohnungseigentum mit einem Sondernutzungsrecht verbunden wird.

Übersicht

	Rn.
A. Allgemeines	1
B. Gegenstand des Sondereigentums (Abs. 1)	3
I. Abgrenzung Gemeinschafts-/Sondereigentum	3
II. Gemeinsames Sondereigentum	6
III. Isolierter Miteigentumsanteil	7
C. Gegenstand des Gemeinschaftseigentums (Abs. 2)	8
D. Einzelfälle Sondereigentum/Gemeinschaftseigentum	9
E. Vereinbartes Gemeinschaftseigentum (Abs. 3)	128

Gegenstand und Inhalt des Sondereigentums § 5

F. Vereinbarungen als Inhalt des Sondereigentums (Abs. 4) 131
  I. Vereinbarungen 131
  II. Zustimmung Dritter 134

A. Allgemeines

§ 5 bestimmt in den Absätzen 1 und 2, was zwingend Gemeinschaftseigentum ist. Abs. 3 eröffnet die Möglichkeit, Bestandteile des Gebäudes, die Gegenstand des Sondereigentums sein können, dem gemeinschaftlichen Eigentum zuzuordnen. **1**

Kann Sondereigentum nicht begründet werden, entsteht auch bei entgegenstehender Vereinbarung nach § 1 Abs. 5 gemeinschaftliches Eigentum (OLG Schleswig WuM 2007, 285). **2**

B. Gegenstand des Sondereigentums (Abs. 1)

I. Abgrenzung Gemeinschafts-/Sondereigentum

Für die Abgrenzung des gemeinschaftlichen Eigentums von Sondereigentum ist allein die Grundbucheintragung in Verbindung mit den zulässigerweise in Bezug genommenen Eintragungsunterlagen (Teilungserklärung, Aufteilungsplan) maßgebend. Die Auslegung der Eintragung hat sich am Wortlaut und objektiven Sinn der Erklärungen zu orientieren. Darauf, was der teilende Eigentümer (Bauträger) beabsichtigt und bezweckt hat, kommt es nicht an. Auf Sinn und Zweck der Regelung, wie diese sich aus unbefangener Sicht ergeben, ist abzustellen (OLG Hamm ZMR 2005, 73). **3**

Wird ein Raum im Aufteilungsplan, nicht aber in der Teilungserklärung, als Sondereigentum ausgewiesen, so hat der Aufteilungsplan gegenüber der Teilungserklärung keinen Vorrang. In einem solchen Fall spricht die Vermutung für die Zugehörigkeit des Raumes zum gemeinschaftlichen Eigentum (BayObLG DWE 1992, 86; BGH MieWoE § 3 Nr. 11; KK-WEG/*Förth* § 5 Rn. 4). **4**

Die Zuordnung eines Raumes zum Sondereigentum bei gleichzeitiger Zuordnung der in ihm befindlichen Einrichtungen und Anlagen zum gemeinschaftlichen Eigentum wird durch die Regelung des § 5 Abs. 2 nicht ausgeschlossen. Sie kann vor allem dann in Betracht kommen, wenn der Raum nicht ausschließlich demselben Zweck wie die Einrichtungen und Anlagen dient, wie dies bei einem Heizungsraum oder Heizkeller der Fall wäre. Dabei reicht aber nicht jeder denkbare Sondervorteil des betreffenden Raumes zur Begründung von Sondereigentum aus (OLG Saarbrücken ZMR 1999, 431 = DWE 1999, 76). **5**

II. Gemeinsames Sondereigentum

6   Die Begründung gemeinsamen Sondereigentums ist zulässig (vgl. z.B. BGH ZMR 2001, 300), allerdings nicht an wesentlichen Bestandteilen des Gebäudes (OLG Schleswig WuM 2007, 285). Zu Veränderungen an einer nicht tragenden Trennwand, die im gemeinsamen Sondereigentum zweier Raumeigentümer steht, ist § 922 BGB im Rahmen des § 14 entsprechend heranzuziehen, wenn die Gemeinschaftsordnung hierzu keine Regelung enthält (OLG München NJW-RR 2006, 297 = ZMR 2006, 300).

III. Isolierter Miteigentumsanteil

7   Wird im Zuge der Bildung von Raumeigentum die Verbindung eines Miteigentumsanteils mit Sondereigentum an einem Grundstücksteil, der aus Rechtsgründen nicht sondereigentumsfähig ist, im Grundbuch eingetragen, so entsteht ein so genannter isolierter oder sondereigentumsloser Miteigentumsanteil. Dieser kann nicht auf Dauer bestehen bleiben. Ist der vermeintliche Gegenstand des Sondereigentums schlechthin sondereigentumsunfähig, so besteht in der Regel ein Anspruch gegen die anderen Miteigentümer auf Übernahme des isolierten Miteigentumsanteils (OLG Hamm ZMR 2007, 213).

C. Gegenstand des Gemeinschaftseigentums (Abs. 2)

8   Gegenstand des Gemeinschaftseigentums ist alles, was für den Bestand des Gebäudes oder dessen Sicherheit erforderlich ist, sowie Anlagen und Einrichtungen, die dem gemeinschaftlichen Gebrauch der Raumeigentümer dienen. Das gilt selbst dann, wenn sich diese Teile des Gebäudes/Anlagen und Einrichtungen im Bereich der im Sondereigentum stehenden Räume befinden.

D. Einzelfälle Sondereigentum/Gemeinschaftseigentum

9   **Abdichtungsanschluss:** Der Abdichtungsanschluss zwischen Dachterrasse und Gebäude gehört zum gemeinschaftlichen Eigentum (BayObLG MieWoE § 5 Nr. 20).

10 **Abflussrohre:** Hauptleitungen gehören zum gemeinschaftlichen Eigentum, auch wenn sie durch Sondereigentumsräume führen (OLG Düsseldorf WuM 1998, 737). Zuleitungen zur Hauptleitung innerhalb der Sondereigentumsbereiche sind Sondereigentum (Harz/Kääb/Riecke/Schmid/*Förth* 18. Kap. Rn. 18).

Abstellplätze: sind gemeinschaftliches Eigentum, wenn sie sich 11
im Freien befinden. Die Einräumung von Sondernutzungsrechten
ist zulässig. Für Abstellplätze in Tiefgaragen siehe § 3 Abs. 2.

Abwasserhebeanlage: Eine Abwasserhebeanlage, die sich im 12
gemeinschaftseigenen Heizungskeller befindet, aber lediglich der
Abwasserentsorgung einer einzelnen Eigentumswohnung dient,
gehört als Gebäudebestandteil gemäß § 5 Abs. 1 zu den Sondereigentumsräumen, deren Abwässer sie entsorgt, und ist damit
Gegenstand des Sondereigentums (OLG Düsseldorf DWE 2001,
28 = ZMR 2001, 216). Dagegen liegt zwingend Gemeinschaftseigentum vor, wenn die Hebeanlage mehrerer Wohnungen dient
(OLG Schleswig WuM 2007, 285) oder auch den Überlauf der
gemeinschaftlichen Heizung entwässert (OLG Hamm ZMR
2005, 806).

Abwasserkanäle sind – weil dem gemeinschaftlichen Gebrauch 13
dienend – nicht sondereigentumsfähig. Anderes kann gelten ab
der Abzweigung in den Sondereigentumsbereich.

Anschlussleitungen: stehen im gemeinschaftlichen Eigentum, 14
solange es sich um Hauptversorgungsleitungen handelt. Die davon abzweigenden Anschlussleitungen stehen, soweit sie sich im
Sondereigentumsbereich befinden, im Sondereigentum.

Antennen sind gemeinschaftliches Eigentum, wenn sie mehrere 15
Wohnungen versorgen (KK-WEG/*Förth* § 5 Rn. 25).

Aufzüge: Weil diese dem gemeinschaftlichen Gebrauch der 16
Wohnungseigentumsanlage dienen, sind sie nicht sondereigentumsfähig (Harz/Kääb/Riecke/Schmid/*Förth* 18. Kap. Rn. 21).

Außenfenster: Die Bestimmung in einer Teilungserklärung, 17
durch die die Außenfenster dem Sondereigentumsbereich zugeordnet werden, ist gemäß § 5 Abs. 2 unwirksam (OLG Hamm
DWE 1991, 160). Eine solche Regelung kann jedoch dahin auszulegen sein, dass der jeweilige Wohnungseigentümer die Kosten
für Instandhaltung und gegebenenfalls Erneuerung trägt.

Außenwände: sind als konstitutive Teile des Gebäudes zwin- 18
gend gemeinschaftliches Eigentum. Das gilt auch für die Außenwände von Balkonen.

Bad: Badezimmereinrichtungen (Badewanne, Dusche, Wasch- 19
becken usw.) innerhalb des Sondereigentums sind Gegenstand
desselben (Harz/Kääb/Riecke/Schmid/*Förth* 18. Kap. Rn. 23).

Balkon: ist sondereigentumsfähig, jedenfalls soweit es sich um 20
den Balkonraum als solchen handelt. Die konstruktiven Teile des
Balkons – Bodenplatte, Brüstung, Gitter – stehen im gemeinschaftlichen Eigentum. Gleiches gilt für die Balkonisolierung,
tragende Bauteile (Eisenträger) und das Mauerwerk. Soweit der
Balkonboden als bloßer Plattenbelag ausgeführt ist, ist dieser
sondereigentumsfähig (BayObLG ZMR 2004, 132 = DWE 2004,
61 im Fall eines Fliesenbelages).

21 **Balkonabdeckung:** Die Abdeckung eines Balkons nach oben durch ein Schutzdach steht nach Ansicht des OLG Frankfurt DWE 1993, 76 im gemeinschaftlichen Eigentum.

22 **Balkon/Bodenplatte:** Die Bodenplatte eines Balkons ist als konstruktiver Bestandteil des Gebäudes nicht sondereigentumsfähig, sondern zwingend Teil des gemeinschaftlichen Eigentums (§ 5 Abs. 2). Das gilt insbesondere für den Fall, in dem diese Bodenplatte gleichzeitig Kellerdecke ist (BayObLG MDR 1974, 936). Ebenso, wenn die Bodenplatte mit den Decken von darunter liegenden Wohnungen identisch ist (OLG Hamm ZMR 1989, 98).

23 **Balkonbrüstungen:** gehören zwingend zum gemeinschaftlichen Eigentum (BayObLG NZM 1999, 27).

24 **Balkongitter:** Gemeinschaftseigentum (OLG Düsseldorf ZMR 1991, 486 = WE 1991, 331).

25 **Balkonisolierung:** gehört zum gemeinschaftlichen Eigentum (OLG Frankfurt OLGZ 1984, 148).

26 **Balkon/Oberflächenbelag:** Der Oberflächenbelag von Balkonen, der für die Dichtigkeit der Balkone erforderlich ist, steht zwingend im Gemeinschaftseigentum (BayObLG DWE 2004, 27).

27 **Balkontrennmauer:** Das BayObLG (WuM 1985, 31) entschied, dass eine als Sichtblende zum Nachbarbalkon gedachte Mauer als gemeinschaftliches Eigentum anzusehen ist (äußere Gestaltung des Gebäudes).

28 **Balkonverglasung:** Selbst wenn die Gemeinschaftsordnung die Balkone dem Sondereigentum zuordnet, stellt die Verglasung eines Balkons zwingend eine bauliche Veränderung des gemeinschaftlichen Eigentums dar (BayObLG ZMR 1994, 120).

29 **Bodenbelag:** Der Bodenbelag innerhalb einer Wohnung ist sondereigentumsfähig (BayObLG ZMR 1994, 152).

30 **Bodenisolierung:** Die Bodenisolierung einer Loggia ist zwingend gemeinschaftliches Eigentum (BayObLG WuM 1987, 91).

31 **Brandmauer:** Die Brandmauer eines Gebäudes ist zwingend gemeinschaftliches Eigentum (BayObLGZ 1971, 273).

32 **Car-ports:** sind mangels Abgeschlossenheit nicht sondereigentumsfähig (BayObLG DWE 1986, 8).

33 **Dach:** Das Dach ist gemeinschaftliches Eigentum. Das gilt sowohl hinsichtlich der tragenden Balken als auch des äußeren Dachbelages – der Pfannen etc. Das gilt auch für Doppel- und Reihenhäuser in der Rechtsform des Wohnungseigentums (BGH NJW-RR 2001, 800) und für Garagen (OLG Düsseldorf DWE 2004, 30).

34 **Dachboden:** Dachböden (Speicher) sind gemeinschaftliches Eigentum, jedoch sondereigentumsfähig (Bärmann/Pick/Merle/*Pick* § 5 Rn. 56; Weitnauer/*Briesmeister* § 5 Rn. 11). Wird anstelle eines Flachdachs ein Giebeldach gebaut und entsteht dadurch im

Dach ein zusätzlicher Raum, so steht dieser Raum im Gemeinschaftseigentum (OLG München IMR 2006, 190).

Dachfenster: siehe Fenster.

Dachterrassen: Das Sondereigentum an einer Dachterrasse erstreckt sich auch auf den Bodenbelag. Die darunter liegenden Schichten der Abdichtung und Isolierung sind zwingend gemeinschaftliches Eigentum (BayObLG WuM 1994, 152). Dasselbe gilt für die Abdichtung zwischen Dachterrasse und Gebäude (BayObLG NJW-RR 2001, 305). Auf einer gemeinschaftlichen Dachterrasse zur Abgrenzung einzelner Sondernutzungsrechte aufgestellte Pflanztröge sind gemeinschaftliches Eigentum (BayObLG MieWoE § 5 Nr. 15). Der auf einer Dachterrasse befindliche Humus kann Sondereigentum sein. Siehe auch Terrassen.

Dachunterspannbahn: Die Dachunterspannbahn von Balkonen gehört jedenfalls dann zum Gemeinschaftseigentum, wenn sie (teilweise) mit den Decken der darunter liegenden Wohnungen identisch ist (OLG Hamm ZMR 1989, 98).

Decken: Ebenso wie Fußböden sind auch Decken zwingend gemeinschaftliches Eigentum. Eine abgehängte Decke, die das Sondereigentum an einer Wohnung von dem im Gemeinschaftseigentum stehenden Dachraum abgrenzt, steht im gemeinschaftlichen Eigentum. Sie dient nicht nur dem Eigentümer dieser Wohnung, grenzt vielmehr diese gegenüber dem Dachraum ab und stellt damit die Abgeschlossenheit der Wohnung her (BayObLG WE 1998, 355 f.). Siehe aber auch Deckenverkleidung.

Deckenverkleidung: ist sondereigentumsfähig. Es sei denn, es handelt sich um Deckenverkleidungen, die zugleich den eigentlichen Deckenhalt bilden. Dann liegt zwingend gemeinschaftliches Eigentum vor.

Dielen: sind jedenfalls dann nicht sondereigentumsfähig, wenn sie den einzigen Zugang zu einem im gemeinschaftlichen Eigentum stehenden Raum bilden (BayObLG ZMR 1986, 209).

Doppelhaus: Doppelhaushälften sind sondereigentumsfähig, soweit es nicht um die konstruktiven Teile des Gebäudes geht (BayObLGZ 1966, 20). Letztere sind zwingend Gemeinschaftseigentum.

Duplexgaragen: sind nur in ihrer Gesamtheit sondereigentumsfähig, nicht jedoch hinsichtlich einzelner Stellplätze (BayObLG NJW-RR 1995, 783).

Einbauschränke: Eingebaute Wandschränke sind regelmäßig Gegenstand des Sondereigentums.

Einfamilienhäuser sind sondereigentumsfähig, soweit es nicht um die konstruktiven Teile des Gebäudes geht (BayObLGZ 1966, 20). Letztere sind zwingend Gemeinschaftseigentum.

Eingangshalle: Gemeinschaftlich benützte Eingangshallen sind zwingend Teile des gemeinschaftlichen Eigentums (BayObLG

ZMR 1985, 63 in einem Fall, in dem die gemeinschaftliche Eingangshalle zu einem Hallenbadtrakt einer Wohnanlage und zu Büroräumen für den Betrieb einer Campingplatz-Vermietung genutzt wurde).

46 **Eingangstüren:** Eingangstüren sind entweder Wohnungs- oder Hausabschlusstüren. In beiden Fällen handelt es sich um gemeinschaftliches Eigentum. Siehe Türen.

47 **Elektrische Leitungen:** siehe Anschlussleitungen. Das Sondereigentum beginnt beim Übergang in den Sondereigentumsbereich.

48 **Energiezuleitungsrohre:** Energiezuleitungsrohre, die im Treppenhaus von der Steigleitung abzweigen und durch die Mauer des Treppenhauses zu einer Eigentumswohnung geführt werden, stehen im Gemeinschaftseigentum (BayObLG WE 1994, 21 f.).

49 **Entwässerungsleitungen:** Entwässerungsleitungen, die zwar von der Hauptleitung abzweigen, aber durch fremdes Sondereigentum laufen, ehe sie die im Sondereigentum eines anderen Raumeigentümers stehende Zapfstelle erreichen, sind notwendigerweise Gemeinschaftseigentum (KG DG 1989, 517).

50 **Estrich:** ist Gemeinschaftseigentum (BayObLG NJW-RR 1994, 598).

51 **Etagenheizung:** ist Gegenstand des Sondereigentums. Siehe im Einzelnen Heizung.

52 **Fäkalienhebeanlage:** Eine von der Baubehörde zwingend vorgeschriebene Fäkalienhebeanlage, die ausschließlich der Entsorgung eines Sondereigentums dient, ist nicht zwingend gemeinschaftliches Eigentum (BayObLG ZMR 1992, 66 = DWE 1992, 40).

53 **Fahrstühle:** sind gemeinschaftliches Eigentum. Sie dienen nicht dem Gebrauch durch einen Wohnungseigentümer, sondern dem Gebrauch durch die Gesamtheit der Wohnungseigentümer.

54 **Fenster:** sind gemeinschaftliches Eigentum (BayObLG ZMR 2001, 241). Das gilt sowohl für die Fensterrahmen als auch für die Verglasung. Und zwar unabhängig davon, ob es sich um eine Einfach-, Mehrfach- oder Isolierverglasung handelt. Theoretisch kann bei Doppelfenstern das Innenfenster dem Sondereigentum zugeordnet werden (Harz/Kääb/Riecke/Schmid/*Förth* 18. Kap. Rn. 18). Dies führt jedoch zu praktischen Schwierigkeiten. Wenn nach der Gemeinschaftsordnung die Behebung von Glasschäden dem jeweiligen Raumeigentümer obliegt, gilt dies auch für den Austausch trüb oder blind gewordener Scheiben (BayObLG NZM 2001, 1081). Auch Fenstersimse und Fensterläden sind gemeinschaftliches Eigentum (KK-WEG/*Förth* § 5 Rn. 36).

55 **Fußbodenheizung:** Die zur Fußbodenheizung gehörenden Einrichtungen gehören nach Meinung des AG Mettmann (ZMR 2006, 240) nicht zum Gemeinschaftseigentum, wenn in einer gesonderten Vereinbarung oder in der Teilungserklärung Vor- und

Rücklaufleitungen und die Heizkörper der Zentralheizung im Bereich der Sondereigentumseinheit dem Sondereigentum unterworfen sind. Demgegenüber meint das LG Bonn (WE 2001, 47 m. abl. Anm. *Happ*), dass eine Fußbodenheizung Gemeinschaftseigentum sei, weil die Heizschlangen im Estrich verlegt seien und Estrich Gemeinschaftseigentum sei.

Garage: ist sondereigentumsfähig. Dabei stehen jedoch lediglich die Innenräume im Sondereigentum, nicht dagegen die konstruktiven Teile wie Mauern und Dach. Doppelstockgaragen als Ganzes sind sondereigentumsfähig (OLG Düsseldorf ZMR 1999, 500). 56

Gasleitungen: Wie bei allen anderen Versorgungsleitungen auch sind Gasleitungen, soweit es sich um Hauptleitungen handelt, gemeinschaftliches Eigentum. 57

Gastherme: ist Sondereigentum, wenn sie ausschließlich der Versorgung einer Einheit dient (BayObLG NJW-RR 2000, 1032). 58

Geländer: Geländer, Treppengeländer, Handläufe etc. gehören grundsätzlich zum gemeinschaftlichen Eigentum. Das ist jedoch nicht zwingend. Innerhalb des Sondereigentumsbereichs angebrachte Handläufe können sehr wohl auch sondereigentumsfähig sein. Maßgebend ist letztlich die Art der Verbindung mit den die Handläufe tragenden Teilen. Im Übrigen sind Geländer an Balkonen und Treppen gemeinschaftliches Eigentum (*Müller* Praktische Fragen des Wohnungseigentums, Rn. 119). 59

Gemeinschaftsantennen: Weil diese dem gemeinschaftlichen Gebrauch der Wohnungseigentümer dienen, sind sie gemeinschaftliches Eigentum. 60

Gemeinschaftsräume: sind gemeinschaftliches Eigentum. Beispiele: Hobbyräume, Wasch- und Trockenräume, Hausmeisterbüro und -wohnung, gemeinschaftliche Dachräume, Saunen und Schwimmbäder. 61

Glasfensterverkleidungen: Glasfensterverkleidungen von Balkonen sind dem gemeinschaftlichen Eigentum zuzurechnen (Bärmann/*Pick* § 5 Rn. 13). 62

Hausmeisterwohnung: Solange die Wohnung des Hausmeisters nicht diesem selber oder einem anderen Raumeigentümer gehört, steht sie im gemeinschaftlichen Eigentum aller (Bärmann/Pick/Merle/*Pick* § 5 Rn. 59). 63

Haustür: ist gemeinschaftliches Eigentum. Siehe auch Türen. 64
Hebeanlage: siehe Abwasserhebeanlage. 65
Hebebühne: siehe Garage. 66
Heizkörper: Die Heizkörper in den Räumen sind Sondereigentum. Sie dienen nicht dem gemeinschaftlichen Gebrauch der Raumeigentümer, sondern nur der Versorgung der einzelnen im Sonder- bzw. Teileigentum stehenden Räume (BayObLG Rpfleger 1979, 216 = ZMR 1979, 211). 67

68 **Heizkostenverteiler:** Geräte zur Verbrauchserfassung sind grundsätzlich Gemeinschaftseigentum, da sie erforderlich sind, um die durch die Heizkostenverordnung vorgeschriebene verbrauchsabhängige Abrechnung vornehmen zu können (OLG Hamburg ZMR 1999, 502). Auch Thermostatventile sind Gemeinschaftseigentum (OLG Hamm NJW-RR 2002, 156).

69 **Heizungsanlagen:** Für den Fall, dass eine Heizungsanlage in einem zu einer Wohnungseigentümergemeinschaft gehörenden Gebäude untergebracht und außerdem wesentlicher Bestandteil dieses Gebäudes ist, hat der BGH die Anlage als gemeinschaftliches Eigentum angesehen – allerdings unter der Voraussetzung, dass diese Anlage nur die zu der Gemeinschaft gehörenden Räume versorgt (BGH NJW 1979, 2391 = Rpfleger 1979, 255). Das gilt auch, wenn die Heizungsanlage die Räume nur mit Wärme, nicht auch mit Warmwasser versorgt (BayObLG Rpfleger 1980, 230). Sondereigentumsfähig sind Heizungsanlagen hingegen, wenn Betreiber der Anlage nicht die Gesamtheit der Raumeigentümer ist, sondern nur ein einzelner Raumeigentümer, der mit dieser Anlage darüber hinaus auch weitere Gebäude mit Wärme versorgt (BGH Rpfleger 1975, 124 = DNotZ 1975, 553). Auch Heizungsanlagen, die ausschließlich von einem Raumeigentümer betrieben werden und nur einer Raumeigentumsanlage dienen, sind sondereigentumsfähig. Beim Wärme-Contracting kann die gemeinschaftliche Heizungsanlage vom Contractor gepachtet sein oder dieser kann sie als Scheinbestandteil im Sinne des § 95 BGB einbauen.

70 **Heizungsgeräte:** in einem gemeinschaftlichen Keller, die voneinander getrennt und unabhängig jeweils nur einer einzigen Raumeigentumseinheit zugeordnet sind, sind sondereigentumsfähig (LG Frankfurt ZMR 1989, 350)

71 **Heizungsrohre:** Wenn und soweit es sich dabei um die Hauptversorgungsleitung handelt, stehen die Heizungsrohre im gemeinschaftlichen Eigentum. Das Sondereigentum beginnt beim Übergang in den Sondereigentumsbereich (KK-WEG/*Förth* § 5 Rn. 39; a. A. *Müller* Praktische Fragen des Wohnungseigentums, Rn. 81).

72 **Humusschicht:** Die Humusschicht auf einer Dachterrasse gehört zum Sondereigentum; die darunter liegenden Schichten zur Feuchtigkeitsisolierung und Wärmedämmung sind dagegen zwingend gemeinschaftliches Eigentum (BayObLG WE 1992, 203).

73 **Innenanstrich:** Gleichgültig, ob der Innenanstrich der Mauern oder der Fenster bzw. der Türen betroffen ist: in allen Fällen handelt es sich um Sondereigentum.

74 **Installationen:** Die Gemeinschaftsleitungen für Gas, Wasser, Strom sind auch gemeinschaftliches Eigentum. Ab Übergang in den Sondereigentumsbereich handelt es sich jedoch um Sondereigentum (Bärmann/*Pick* § 5 Rn. 12).

Gegenstand und Inhalt des Sondereigentums § 5

Isolierglasfenster: sind Gemeinschaftseigentum (BayObLG 75
DWE 2000, 145).
Isolierungen: Die Isolierungen von Wänden und/oder Fußbö- 76
den gegen Feuchtigkeit und Kälte sind gemeinschaftliches Eigentum (BayObLGZ 1982, 203 = MDR 1982, 757). Das gilt auch,
wenn es sich um Dachterrassen (BayObLG WuM 1985, 30) und
Balkone (BGH ZMR 1985, 204) handelt.
Jalousien: Außenjalousien, die in der Teilungserklärung nicht 77
ausdrücklich zum Gegenstand des Sondereigentums erklärt worden sind, stehen im gemeinschaftlichen Eigentum (KG ZMR
1985, 344).
Kamine: Schornsteine, die sich durch das Haus ziehen, sind 78
Gemeinschaftseigentum (BayObLG ZMR 1999, 50). An einem
offenen Kamin in einer Wohnung ist Sondereigentum möglich
(*Müller* Praktische Fragen des Wohnungseigentums, Rn. 81).
Kanalisation: ist gemeinschaftliches Eigentum (Bärmann/Pick/ 79
Merle/*Pick* § 5 Rn. 60).
Kellerdecken: sind nicht sondereigentumsfähig. Es handelt sich 80
um konstruktive Teile des Gebäudes, die zumindest für dessen
Bestand erforderlich sind (einhellige Meinung, z.B. Bärmann/
Pick/Merle/*Pick* § 5 Rn. 58).
Kellerräume: sind nicht sondereigentumsfähig, wenn sie dem 81
Zugang zum Kellerausgang dienen (BayObLG DWE 1980, 134).
Das gilt erst recht, wenn es sich um den Kellerausgangsraum als
solchen handelt. Im Übrigen sind Kellerräume sondereigentumsfähig (Bärmann/Pick/Merle/*Pick* § 5 Rn. 56). Wenn ein Keller im
Grundbuch als Sondereigentum eingetragen ist, hindert nicht einmal die fehlende Abgeschlossenheit zum benachbarten Kellerabteil die Entstehung des Sondereigentums (BayObLG Rpfleger
1980, 295). Voraussetzung ist jedoch eine eindeutige Zuordnung
(OLG München IMR 2006, 193).
Kfz-Stellplätze: siehe Garagen. 82
Korridore: innerhalb des Sondereigentums sind ebenfalls Son- 83
dereigentum. Anders, wenn es sich um Korridore außerhalb des
Sondereigentums handelt (Flure in den einzelnen Geschossen).
Diese sind, da dem gemeinschaftlichen Gebrauch der Raumeigentümer dienend, gemeinschaftliches Eigentum (Bärmann/Pick/
Merle/*Pick* § 5 Rn. 54).
Lichtschächte: Die Einordnung der Lichtschächte in gemein- 84
schaftliches oder Sondereigentum hängt von deren Lage ab.
Lichtschächte, die der Belichtung des gemeinschaftlichen Eigentums dienen, dienen damit dem Gebrauch desselben und sind somit nicht sondereigentumsfähig (Bärmann/Pick/Merle/*Pick* § 5
Rn. 53). Anders bei Lichtschächten, die sich ausschließlich im
Sondereigentumsbereich befinden (*Müller* Praktische Fragen des
Wohnungseigentums, Rn. 81).

85 **Loggia:** Loggien sind sondereigentumsfähig, selbst wenn sie nicht nach allen Seiten abgeschlossen sind (OLG Düsseldorf DWE 1979, 128). Die Bodenisolierung einer Loggia gegen Feuchtigkeit hingegen ist zwingend gemeinschaftliches Eigentum (BayObLG WuM 1987, 91).

86 **Luftschächte:** siehe Lichtschächte.

87 **Markise:** Hierbei handelt es sich um Sondereigentum. Jedenfalls in dem Fall, dass der einzelne Raumeigentümer eine solche anbringt. Wenn die Markise nicht an einem Balkon (oder einer Loggia oder Terrasse) im Sondereigentumsbereich angebracht ist, sondern an einem im gemeinschaftlichen Eigentum stehenden Balkon, ist auch die Markise gemeinschaftliches Eigentum. Das gilt auch für den Fall, dass an dem Balkon ein Sondernutzungsrecht eingeräumt worden ist (*Müller* Praktische Fragen des Wohnungseigentums, Rn. 81).

88 **Mauerwerk:** Mauerwerk ist für den Bestand und die Sicherheit des Gebäudes erforderlich. Damit handelt es sich zwingend um gemeinschaftliches Eigentum (§ 5 Abs. 2). Nicht tragende Wände innerhalb des Sondereigentums sind jedoch Sondereigentum (*Müller* Praktische Fragen des Wohnungseigentums, Rn. 81). Gemeinschaftseigentum wird ferner angenommen, wenn die Markise die äußere Gestalt des Gebäudes prägt (OLG Frankfurt DNotZ 2007, 469).

89 **Müllschlucker:** dienen dem gemeinschaftlichen Gebrauch und sind somit gemeinschaftliches Eigentum (Bärmann/Pick/Merle/*Pick* § 5 Rn. 53, 60).

90 **Mülltonnen:** Die dem gemeinschaftlichen Gebrauch dienende Mülltonne ist auch gemeinschaftliches Eigentum.

91 **Pflanztröge:** Auf einer gemeinschaftlichen Dachterrasse zur Abgrenzung einzelner Sondernutzungsrechte aufgestellte Pflanztröge sind gemeinschaftliches Eigentum. Die sondernutzungsberechtigten Raumeigentümer haben dafür zu sorgen, dass die Dachentwässerungen nicht durch Blätter oder Nadeln der Pflanzen verunreinigt oder verstopft werden (BayObLG MieWoE § 5 Nr. 15).

92 **PKW-Abstellplätze/Oberdeck eines Garagengebäudes:** sind jedenfalls dann sondereigentumsfähig, wenn die Zufahrt abschließbar ist (OLG Köln Rpfleger 1984, 464 m. zust. Anm. *Sauren*; KK-WEG/*Elzer* § 3 Rn. 108).

93 **PKW-Abstellplatz/Tiefgaragendach:** Sondereigentum kann nur an Räumen begründet werden (§ 3 Abs. 2 Satz 1). § 3 Abs. 2 Satz 2 befreit nicht vom Raumerfordernis, sondern nur vom Abgeschlossenheitserfordernis. Dementsprechend sind PKW-Abstellplätze auf einem ebenerdig gelegenen und von der Umgebung nicht abgegrenzten Dach einer Tiefgarage mangels Raumeigenschaft nicht sonderrechtsfähig. Es fehlt eine zumindest optische

Unterscheidung von Stellplätzen auf unbebauten Grundstücksflächen (vgl. KK-WEG/*Elzer* § 3 Rn. 107).

Plattenbelag eines Balkons: Bei einem sondereigentumsfähigen Balkon ist dessen Plattenbelag ebenfalls sondereigentumsfähig (OLG Frankfurt DWE 1989, 178). 94

Putz: sowohl Decken- als auch Wandputz ist Sondereigentum (Weitnauer/*Briesemeister* § 5 Rn. 18). 95

Reihenhäuser: siehe Doppelhaus. 96

Rollläden: siehe Jalousien. 97

Rückstauventile: Ein Rückstauventil, das dazu dient, in einer Souterrain-Wohnung Überschwemmungen zu verhindern, ist nach Ansicht des AG Hannover (ZMR 2004, 786) sondereigentumsfähig, da durch eventuelle – durch das Rückstauventil zu verhindernde – Überschwemmungen nur die Gebrauchsfähigkeit dieser einen Wohnung eingeschränkt wird. Anderer Ansicht ist das OLG Köln (WuM 1998, 308). 98

Sammelgaragen: siehe Garagen. 99

Sauna: Saunen sind ebenso wie Schwimmbäder sondereigentumsfähig (BGH NJW 1981, 455), jedoch nicht zwingend. 100

Sprechanlagen: siehe Wechselsprechanlagen. 101

Schilder: Die Beschilderung innerhalb der gemeinschaftlichen Wohnanlage ist gemeinschaftliches Eigentum (Bärmann/Pick/Merle/*Pick* § 5 Rn. 53). Anders ist es mit Schildern, die außerhalb der Anlage angebracht sind, um auf eine in der Raumeigentumsanlage ausgeübte freiberufliche oder gewerbliche Tätigkeit hinzuweisen. 102

Schwimmbad: Ebenso wie Saunen (siehe dort) sind Schwimmbäder in der Regel gemeinschaftliches Eigentum, jedoch nicht zwingend. 103

Stromleitungen: sind gemeinschaftliches Eigentum, soweit es sich um die Hauptleitung handelt. Leitungen ab dem Sicherungskasten der einzelnen Wohnungen sind Sondereigentum. 104

Stützmauern: sind nicht sondereigentumsfähig. 105

Telefon: Die Installationen, die für einen Telefonanschluss erforderlich sind, sind gemeinschaftliches Eigentum. Die Anschlussleitungen ab Übergang in das Sondereigentum hingegen sind Sondereigentum. Das heißt: Der Deckel über der Telefonbuchse steht im Sondereigentum, die in die Wand eingebaute Buchse hingegen ist gemeinschaftliches Eigentum. Zu beachten ist, dass aufgrund fernmelderechtlicher Vorschriften oftmals Eigentum Dritter besteht (Bärmann/Pick/Merle/*Pick* § 5 Rn. 53). 106

Terrassen: sind sondereigentumsfähig. Das gilt auch dann, wenn es sich um Dachterrassen handelt, die nur vom Hausflur aus betreten werden können (OLG Frankfurt Rpfleger 1975, 178). Voraussetzung der Sondereigentumsfähigkeit ist jedoch, dass der dem Sondereigentum zuzurechnende Raum abgegrenzt 107 ist. Daher sind ebenerdige Terrassen ohne räumliche Abgrenzung nicht sondereigentumsfähig (OLG Köln Rpfleger 1982, 278). Bei Dachterrassen sind die konstruktiven Bestandteile gemeinschaftliches Eigentum. Vom Terrassenboden ist nur der eigentliche Bodenbelag sondereigentumsfähig. Voraussetzung ist jedoch auch insoweit, dass der Belag weder eine konstruktive noch eine isolierende Funktion hat (OLG Düsseldorf DWE 1979, 128).

108 **Tiefgarage:** Eine Tiefgarage, für die kein eigener Miteigentumsanteil gebildet worden ist, kann nicht bestimmten Raumeigentumsrechten als gemeinschaftliches Sondereigentum zugeordnet werden, sie ist daher Gemeinschaftseigentum (BayObLG ZMR 1999, 48 = DWE 1999, 127).

109 **Tragmauern:** siehe Stützmauern.

110 **Treppen:** sind gemeinschaftliches Eigentum. Sie sind sowohl konstruktive Bestandteile des Gebäudes, die für dessen Bestand als auch Sicherheit erforderlich sind, als auch dem gemeinschaftlichen Gebrauch der Raumeigentümer dienen. Insbesondere, wenn sie den einzigen Zugang zu einem im gemeinschaftlichen Eigentum stehenden Raum bilden, sind sie ebenso wie entsprechende Dielen oder Flure nicht sondereigentumsfähig (BayObLG ZMR 1986, 209). Eine Treppe innerhalb einer Maisonettewohnung ist sondereigentumsfähig (*Müller* Praktische Fragen des Wohnungseigentums, Rn. 84).

111 **Treppenhaus:** ist gemeinschaftliches Eigentum. Etwas anderes kann nur gelten, wenn es sich um eine an das eigentliche Gebäude angebaute Wendeltreppe handelt, die nur zu einer ganz bestimmten Wohnung hinführt. Ein Treppenhaus, das den einzigen Zugang zu einem im gemeinschaftlichen Eigentum stehenden Raum bildet, ist nicht sondereigentumsfähig (BayObLG ZMR 1986, 209f.). An einem Treppenhaus, das lediglich der Benutzung der in den Obergeschossen befindlichen Räumen dienen soll, kann nicht Mit-Sondereigentum der Raumeigentümer, denen das Sondereigentum an diesen Räumen zusteht, begründet werden (BayObLGZ 1981, 407 = DNotZ 1982, 246).

112 **Trittschalldämmung:** siehe Bodenbelag.

113 **Trockenplätze:** sind gemeinschaftliches Eigentum (*Müller* Praktische Fragen des Wohnungseigentums, Rn. 81). Gleiches gilt für Trockenräume, gleichgültig, ob diese auf dem Dachboden oder im Keller untergebracht sind.

114 **Türen:** Diejenigen Türen, die sich innerhalb der Räume des Sondereigentums befinden, sind Sondereigentum (Harz/Kääb/Riecke/Schmid/*Förth* 18. Kap. Rn. 50). Anders ist es bei Wohnungsabschlusstüren. Gleichgültig, ob die einzelne Wohnung abgeschlossen wird oder ein Flur, eine Etage oder gar das ganze Haus. In allen Fällen handelt es sich um gemeinschaftliches Eigentum. Davon erfasst ist nicht nur die Tür als solche, sondern

auch deren Einfassung, die Türzarge, das Schloss und die Klinke. Auch die Innenseiten von Wohnungsabschlusstüren (das Innenfurnier und der Farbanstrich) sind nicht sondereigentumsfähig, da es sich um wesentliche Bestandteile der Türe selbst handelt (a.A. Bärmann/Pick/Merle/*Pick* § 5 Rn. 55; *Müller* Praktische Fragen des Wohnungseigentums, Rn. 81).

Türöffnungsanlage: ist regelmäßig gemeinschaftliches Eigentum. 115

Verbindungsflur: Ein Stellplatz und ein Verbindungsflur, die 116 den einzigen Zugang zur gemeinschaftlichen Heizanlage und zu den zentralen Versorgungseinrichtungen des Hauses darstellen, können nicht Gegenstand des Sondereigentums sein (BGH WE 1992, 194 = DWE 1991, 152). Anders sieht es aus bei Räumlichkeiten, die den einzigen Zugang zu einem im Gemeinschaftseigentum stehenden Raum bilden, wenn der Raum (im konkreten Fall ein nicht ausgebauter Dachspeicher) seiner Beschaffenheit nach nicht dem ständigen Mitgebrauch aller Raumeigentümer dient (BayObLG DWE 1991, 109).

Versorgungsleitungen: In allen Fällen sind die Hauptleitungen 117 gemeinschaftliches Eigentum, gleichgültig, ob es sich um Strom, Gas oder Wasser handelt. Sondereigentumsfähig sind die Anschlüsse im Sondereigentumsbereich. In der Teilungserklärung kann bestimmt werden, dass Ver- und Entsorgungsleitungen, die nur dem Gebrauch eines Sondereigentümers dienen, auch dann zum Gemeinschaftseigentum gehören, wenn sie sich im Bereich eines (anderen) Sondereigentums befinden. Werden solche Leitungen nachträglich verlegt und genehmigen die Raumeigentümer durch bestandskräftigen Beschluss die vorstehend beschriebene Leitungsführung, dann ist der Eigentümer der Wohnung, durch welche die Leitungen verlegt sind, jedenfalls dann an den Genehmigungsbeschluss gebunden, wenn er an der Beschlussfassung selbst zustimmend mitgewirkt hat. Er darf die Leitungen nicht eigenmächtig entfernen und ist, wenn er sie dennoch entfernt hat, zur Neuverlegung verpflichtet (OLG Düsseldorf ZMR 1998, 652 = WE 1999, 189).

Wärmedämmung: Wärmedämmung unter einer Dachterrasse 118 ist notwendig gemeinschaftliches Eigentum (BayObLG DG 1989, 1161)

Wandschränke: sind wie Einbauschränke Sondereigentum 119 (Weitnauer/*Briesemeister* § 5 Rn. 17).

Wasserleitungen: Wie alle anderen Versorgungsleitungen auch 120 sind Wasserrohre dem gemeinschaftlichen Gebrauch der Raumeigentümer dienend und daher gemeinschaftliches Eigentum. Allerdings nur bis zu dem Punkt, von dem ab sie in das Sondereigentum eintreten. Der in der Wohnung aus der Wand herausragende Wasserhahn ist Sondereigentum. Rohre, die zwar von der Hauptleitung abzweigen, aber durch fremdes Sondereigentum laufen, ehe sie die im Sondereigentum eines anderen Raumeigentümers stehende Zapfstelle erreichen, sind notwendigerweise Gemeinschaftseigentum (KG DG 1989, 517).

121 **Wechselsprechanlage:** Wechselsprechanlagen sind gemeinschaftliches Eigentum, jedoch nur bis zum Übergang ins Sondereigentum (Bärmann/Pick/Merle/*Pick* § 5 Rn. 53).

122 **Wohnungseingangstüren:** sind gemeinschaftliches Eigentum (siehe Türen).

123 **Zählereinrichtungen:** Werden in Räumen, an denen nach der Teilungserklärung Sondereigentum begründet werden soll, planwidrig Zählereinrichtungen (Hauptwasseruhr nebst Leitung, Stromverteilung nebst Zählern und Hauptsicherungskästen, Postanschlussverteilung) eingebaut, so verbleiben diese Räume einschließlich der Zugangsräume zwingend im gemeinschaftlichen Eigentum (§ 5 Abs. 2). Dem betroffenen Sondereigentümer kann deshalb ein Entschädigungsanspruch gegen die übrigen Raumeigentümer nicht zustehen (OLG Hamm ZMR 2006, 60).

124 **Zentralheizungen:** siehe Heizungsanlagen.

125 **Zentralheizungsräume:** stehen im gemeinschaftlichen Eigentum (BGH NJW 1979, 2391 = Rpfleger 1979, 255).

126 **Zugänge:** Wenn in einer Teilungserklärung ein Heizungsraum sowie der Kellerbereich, der den Zugang zum Heizungsraum ermöglicht, als Sondereigentum bezeichnet wird, so verstößt dies gemäß § 5 Abs. 2. Räume, deren Zweck darin besteht, der Gesamtheit der Raumeigentümer einen ungestörten Gebrauch ihrer Wohnungen und der Gemeinschaftsräume zu ermöglichen, sind zwingend Gemeinschaftseigentum. Dazu gehören nicht nur die Räume, in denen sich die zentralen Zähl-, Schalt-, Sicherungs- oder Beschickungseinrichtungen der gemeinschaftlichen Wasser-, Wärme- und Energieversorgung befinden, sondern auch die Flure und Flächen, die den notwendigen Zugang zu diesen Räumen bilden (OLG Schleswig ZMR 2006, 886).

127 **Zwischenwände:** Sofern es sich um nichttragende Zwischenwände handelt, stehen sie im Sondereigentum (Weitnauer/*Briesemeister* § 5 Rn. 17). Tragende Zwischenwände hingegen sind gemeinschaftliches Eigentum.

E. Vereinbarungen zum Gemeinschaftseigentum (Abs. 3)

128 Die Raumeigentümer können vereinbaren, dass Bestandteile des Gebäudes, die Gegenstand des Sondereigentums sein können, zum gemeinschaftlichen Eigentum gehören.

129 § 5 Abs. 3 gibt die Möglichkeit, in Zweifelsfällen zugunsten einer Zuordnung zum gemeinschaftlichen Eigentum Regelungen zu

treffen. Streitigkeiten können auf diesem Wege vorbeugend geregelt werden.

In der Teilungserklärung kann bestimmt werden, dass Ver- und Entsorgungsleitungen, die nur dem Gebrauch eines Sondereigentümers dienen, auch dann zum Gemeinschaftseigentum gehören, wenn sie sich im Bereich eines (anderen) Sondereigentums befinden. Werden solche Leitungen nachträglich verlegt und genehmigen die Raumeigentümer durch bestandskräftigen Beschluss die vorstehend beschriebene Leitungsführung, dann ist der Eigentümer der Wohnung, durch welche die Leitungen verlegt sind, jedenfalls dann an den Genehmigungsbeschluss gebunden, wenn er an der Beschlussfassung selbst zustimmend mitgewirkt hat. Er darf die Leitungen nicht eigenmächtig entfernen und ist, wenn er sie dennoch entfernt, zur Neuverlegung verpflichtet (OLG Düsseldorf ZMR 1998, 652 = WE 1999, 189). 130

F. Vereinbarungen als Inhalt des Sondereigentums (Abs. 4)

I. Vereinbarungen

Vereinbarungen über das Verhältnis der Raumeigentümer untereinander können nach den Vorschriften des 2. und 3. Abschnitts des WEG zum Inhalt des Sondereigentums gemacht werden (Abs. 4 Satz 1). 131

Der 2. Abschnitt enthält Vorschriften über die Gemeinschaft der Raumeigentümer (§§ 10 bis 19). Der 3. Abschnitt regelt die Verwaltung der Raumeigentümergemeinschaft (§§ 20 bis 29). Einzelheiten siehe dort. 132

Die wesentliche Bedeutung des § 5 Abs. 4 besteht darin, dass Vereinbarungen über das Verhältnis der Raumeigentümer untereinander – gemeinhin die Gemeinschaftsordnung – durch Eintragung im Grundbuch zum Inhalt des Sondereigentums gemacht werden und ihnen dadurch Wirkungen gegen Sondernachfolger – insbesondere gegen rechtsgeschäftliche Erwerber von Raumeigentumsrechten – verliehen werden. 133

II. Zustimmung Dritter

Wenn Sondernutzungsrechte nicht schon in der Teilungserklärung vorgesehen sind, sondern nachträglich begründet werden sollen, handelt es sich um eine Inhaltsänderung des Rechts. Daher bedarf dieser Vorgang der Zustimmung dinglich Berechtigter, insbesondere der Grundpfandrechtsgläubiger (KK-WEG/*Abramenko* § 13 Rn. 31). 134

135 Seit dem 1.7.2007 bestimmt § 5 Abs. 4 Satz 2 in Abweichung von §§ 876, 877 BGB, dass nicht mehr jede Inhaltsänderung des Rechts der Zustimmung von Hypotheken-, Grund-, Rentenschuldgläubigern bzw. Reallastberechtigten bedarf, sondern nur noch dann, wenn ein Sondernutzungsrecht begründet wird oder ein Sondernutzungsrecht aufgehoben, geändert oder übertragen wird. Sonstige Inhaltsänderungen des Rechts bedürfen nicht mehr der Zustimmung dinglich Berechtigter. Die Zustimmung eines Dritten ist nicht erforderlich, wenn es sich um die Einräumung eines Sondernutzungsrechtes zugunsten des Wohnungseigentums handelt, an dem der Dritte selber dinglich berechtigt ist.

136 Die Zustimmung der in § 5 Abs. 4 nicht genannten dinglich Berechtigten ist weiterhin erforderlich, wenn ihr Recht beeinträchtigt wird.

§ 6. Unselbständigkeit des Sondereigentums
(1) **Das Sondereigentum kann ohne den Miteigentumsanteil, zu dem es gehört, nicht veräußert oder belastet werden.**
(2) **Rechte an dem Miteigentumsanteil erstrecken sich auf das zu ihm gehörende Sondereigentum.**

A. Allgemeines

1 Verfügungen über das Sondereigentum sind nur möglich, wenn zugleich über den damit verbundenen Miteigentumsanteil verfügt wird. Rechte am Miteigentumsanteil erstrecken sich gemäß Abs. 2 immer auch auf das damit verbundene Sondereigentum. Verfügungen über den Miteigentumsanteil erfassen zwingend das zugehörige Sondereigentum (BGH NJW 2002, 1647). Ein isolierter Miteigentumsanteil und isoliertes Sondereigentum können rechtsgeschäftlich nicht begründet werden (BGH NJW-RR 2005, 10 = ZMR 2005, 59).

2 § 6 gilt auch für die Zwangsvollstreckung (Weitnauer/*Briesemeister* § 6 Rn. 2).

3 Isolierte Verfügungen über den Miteigentumsanteil und das Sondereigentum sind durch § 6 allerdings nur im Verhältnis zu außenstehenden Dritten nicht möglich. Im Verhältnis der Wohnungseigentümer untereinander sind Verfügungen sowohl über den Miteigentumsanteil allein als auch über das Sondereigentum allein möglich, solange nicht eines der beiden Elemente ohne Verbindung mit dem anderen entsteht.

4 § 6 ist zwingendes Recht (Weitnauer/*Briesemeister* § 6 Rn. 1).

B. Verfügungen über den Miteigentumsanteil

Eine Änderung der Miteigentumsanteile ist durch Verfügung 5
zwischen Wohnungseigentümern derselben Anlage ohne gleichzeitige Veränderung des Sondereigentums möglich (BGH Rpfleger 1976, 352). Materiellrechtlich und verfahrensrechtlich sind die für das Alleineigentum geltenden Vorschriften zu beachten (KK-WEG/*Schneider* § 6 Rn. 4 ff.). Eine Änderung der Miteigentumsquoten ist einer Vereinbarung gemäß § 10 Abs. 1 Satz 2, Abs. 2 nicht zugänglich (OLG Saarbrücken NZM 2005, 423).

Eine vereinbarte **Veräußerungsbeschränkung** gemäß § 12 ist 6
auch bei der isolierten Übertragung von Miteigentumsanteilen zu beachten (KK-WEG/*Schneider* § 6 Rn. 7).

C. Verfügungen über das Sondereigentum

Der Gegenstand des Sondereigentums kann auch ohne eine 7
Verfügung über den Miteigentumsanteil verändert werden (BayObLG Rpfleger 1984, 268). Zwei Wohnungseigentümer können unter Beibehaltung ihres Miteigentumsanteils das Sondereigentum auch vollständig austauschen (BayObLGZ 1984, 10). Materiell-rechtlich bedarf es zur Übertragung des Sondereigentums entsprechend § 4 Abs. 2 einer Auflassung (KK-WEG/*Schneider* § 6 Rn. 13).

Eine **Zustimmung Dritter** gemäß § 12 kann dann in Betracht 8
kommen, wenn sie besonders vereinbart worden ist (KK-WEG/*Schneider* § 6 Rn. 16).

§ 7. Grundbuchvorschriften

(1) ¹Im Falle des § 3 Abs. 1 wird für jeden Miteigentumsanteil von Amts wegen ein besonderes Grundbuchblatt (Wohnungsgrundbuch, Teileigentumsgrundbuch) angelegt. ²Auf diesem ist das zu dem Miteigentumsanteil gehörende Sondereigentum und als Beschränkung des Miteigentums die Einräumung der zu den anderen Miteigentumsanteilen gehörenden Sondereigentumsrechte einzutragen. ³Das Grundbuchblatt des Grundstücks wird von Amts wegen geschlossen.

(2) ¹Von der Anlegung besonderer Grundbuchblätter kann abgesehen werden, wenn hiervon Verwirrung nicht zu besorgen ist. ²In diesem Falle ist das Grundbuchblatt als gemeinschaftliches Wohnungsgrundbuch (Teileigentumsgrundbuch) zu bezeichnen.

(3) Zur näheren Bezeichnung des Gegenstandes und des Inhalts des Sondereigentums kann auf die Eintragungsbewilligung Bezug genommen werden.

(4) ¹Der Eintragungsbewilligung sind als Anlagen beizufügen:
1. eine von der Baubehörde mit Unterschrift und Siegel oder Stempel versehene Bauzeichnung, aus der die Aufteilung des Gebäudes sowie die Lage und Größe der im Sondereigentum und der im gemeinschaftlichen Eigentum stehenden Gebäudeteile ersichtlich ist (Aufteilungsplan); alle zu demselben Wohnungseigentum gehörenden Einzelräume sind mit der jeweils gleichen Nummer zu kennzeichnen;
2. eine Bescheinigung der Baubehörde, daß die Voraussetzungen des § 3 Abs. 2 vorliegen.

²Wenn in der Eintragungsbewilligung für die einzelnen Sondereigentumsrechte Nummern angegeben werden, sollen sie mit denen des Aufteilungsplanes übereinstimmen. ³Die Landesregierungen können durch Rechtsverordnung bestimmen, dass und in welchen Fällen der Aufteilungsplan (Satz 1 Nr. 1) und die Abgeschlossenheit (Satz 1 Nr. 2) von einem öffentlich bestellten oder anerkannten Sachverständigen für das Bauwesen statt von der Baubehörde ausgefertigt und bescheinigt werden. ⁴Werden diese Aufgaben von dem Sachverständigen wahrgenommen, so gelten die Bestimmungen der Allgemeinen Verwaltungsvorschrift für die Ausstellung von Bescheinigungen gemäß § 7 Abs. 4 Nr. 2 und § 32 Abs. 2 Nr. 2 des Wohnungseigentumsgesetzes vom 19. März 1974 (BAnz. Nr. 58 vom 23. März 1974) entsprechend. ⁵In diesem Fall bedürfen die Anlagen nicht der Form des § 29 der Grundbuchordnung. ⁶Die Landesregierungen können die Ermächtigung durch Rechtsverordnung auf die Landesbauverwaltungen übertragen.

(5) Für Teileigentumsgrundbücher gelten die Vorschriften über Wohnungsgrundbücher entsprechend.

Übersicht

	Rn.
A. Allgemeines	1
B. Anlegung der Wohnungs- und Teileigentumsgrundbücher	4
I. Bezeichnung der Grundbücher	4
II. Inhalt der Eintragung	5
1. Miteigentumsanteil am Grundstück	5
2. Sondereigentum	6
3. Wechselseitige Beschränkung der Miteigentumsanteile	8
4. Bezugnahmemöglichkeiten	9
III. Absehen von der Anlegung besonderer Grundbuchblätter	10
IV. Schließung des Grundbuchblattes des Grundstücks	11
C. Anlagen zur Eintragungsbewilligung	12
I. Aufteilungsplan	12
II. Abgeschlossenheitsbescheinigung	14

A. Allgemeines

§ 7 enthält einige Sonderregelungen für das Wohnungs- und Teileigentum. Ergänzend gelten Wohnungsgrundbuchverfügung, die Grundbuchordnung und die Grundbuchverfügung. 1

Das Wohnungs- und Teileigentumsgrundbuch ist das Grundbuch im Sinne des BGB und der GBO (KK-WEG/*Schneider* § 7 Rn. 2). Jedes Wohnungs- und Teileigentum ist wie ein selbständiges Grundstück zu behandeln. 2

Jeder Wohnungseigentümer hat grundsätzlich ein berechtigtes Interesse daran, die Grundbücher für die übrigen Wohnungen einzusehen (OLG Düsseldorf NJW 1987, 1651). 3

B. Anlegung der Wohnungs- und Teileigentumsgrundbücher

I. Bezeichnung der Grundbücher

Maßgeblich für die Bezeichnung des Grundbuchs als Wohnungs- oder Teileigentumsgrundbuch ist nicht die tatsächliche Nutzung, sondern die Zweckbestimmung der betreffenden Räumlichkeiten (BayObLG Rpfleger 1973, 139). Ist mit dem Miteigentumsanteil Sondereigentum sowohl an einer Wohnung als auch an nicht zu Wohnzwecken dienenden Räumen verbunden und überwiegt nicht einer dieser Zwecke offensichtlich, so ist das Grundbuchblatt als „Wohnungs- und Teileigentumsgrundbuch" zu bezeichnen (§ 2 WGV). Eine Falschbezeichnung ist unschädlich (KK-WEG/*Schneider* § 7 Rn. 6). 4

II. Inhalt der Eintragung

1. Miteigentumsanteil am Grundstück. Soweit nicht ein Fall des § 7 Abs. 2 Satz 1 vorliegt, ist für jeden Miteigentumsanteil ein eigenes Grundbuchblatt anzulegen (§ 7 Abs. 1, § 8 Abs. 2). Der Anteil ist als Bruchteil zu bezeichnen. Die Größe der Bruchteile ist im Verhältnis zu dem damit zu verbindenden Sondereigentum nicht vorgeschrieben und kann grundsätzlich frei gewählt werden (BGH ZMR 1986, 365). 5

2. Sondereigentum. Mit den Miteigentumsanteilen muss Sondereigentum verbunden werden. Diese Eintragung in das Grundbuch ist konstitutiv. Ein Miteigentumsanteil kann mit mehreren Sondereigentumseinheiten verbunden werden (KG NJW-RR 1989, 1360); ein Sondereigentumsrecht kann jedoch nur mit einem Miteigentumsanteil verbunden werden (BGH DNotZ 1983, 487). 6

7 Die Beschreibung der Räumlichkeiten erfolgt regelmäßig unter Heranziehung des gemäß Abs. 4 Satz 1 Nr. 1 beizufügenden Aufteilungsplans. Der Angabe von Wohnungsgrößen bedarf es nicht (KK-WEG/*Schneider* § 7 Rn. 17).

8 **3. Wechselseitige Beschränkungen der Miteigentumsanteile.** Einzutragen ist weiterhin die wechselseitige Beschränkung der Miteigentumsanteile durch die Einräumung der zu den anderen Miteigentumsanteilen gehörenden Sondereigentumsrechte (§ 7 Abs. 1 Satz 2).

9 **4. Bezugnahmemöglichkeiten.** Gemäß §§ 7 Abs. 1 Satz 2, 8 Abs. 2 sind die Angaben zum Miteigentumsanteil, dem aufzuteilenden Grundstück, dem zugehörigen Sondereigentum und der wechselseitigen Beschränkung der Miteigentumsanteile ausdrücklich in das Grundbuch einzutragen. Im Übrigen erlaubt § 7 Abs. 3 in Erweiterung des § 874 BGB zur näheren Bezeichnung des Gegenstandes und des Inhalts des Sondereigentums eine Bezugnahme auf die Eintragungsbewilligung. Dass diese wiederum auf den Aufteilungsplan und die Gemeinschaftsordnung Bezug nimmt, ist zulässig (OLG Schleswig ZMR 2004, 68). Zur Vermeidung späterer Streitigkeiten ist deshalb auf eine genaue wörtliche und zeichnerische Darstellung zu achten. Werden Räume in der Teilungserklärung als Sondereigentum und im Aufteilungsplan als Gemeinschaftseigentum bezeichnet, entsteht kein Sondereigentum (OLG Hamburg ZMR 2000, 630). Wird der Widerspruch bereits vom Grundbuchamt erkannt, ist die Eintragung abzulehnen (BGH Rpfleger 1996, 19).

III. Absehen von der Anlegung besonderer Grundbuchblätter

10 § 7 Abs. 2 eröffnet die Möglichkeit, von der Anlegung besonderer Wohnungs- und Teileigentumsgrundbücher abzusehen, wenn hiervon Verwirrung nicht zu besorgen ist. In diesem Fall ist das Grundbuchblatt in der **Aufschrift** als „gemeinschaftliches Wohnungsgrundbuch" oder „gemeinschaftliches Teileigentumsgrundbuch" oder „gemeinschaftliches Wohnungs- und Teileigentumsgrundbuch" zu kennzeichnen. Die Vorschrift hat kaum praktische Bedeutung. Sie ist darüber hinaus wegen des unterbliebenen Verweises in § 8 Abs. 2 auch nur im Falle der vertraglichen Aufteilung gemäß § 3 anwendbar (KK-WEG/*Schneider* § 7 Rn. 27).

IV. Schließung des Grundbuchblattes des Grundstücks

11 Sind die Wohnungs- und Teileigentumsgrundbücher angelegt, ist gemäß § 7 Abs. 1 Satz 3 das Grundbuchblatt des Grundstücks von Amts wegen zu schließen.

C. Anlagen zur Eintragungsbewilligung

I. Aufteilungsplan

Der Aufteilungsplan sichert die sachenrechtliche Bestimmtheit durch Abgrenzung der Bereiche des Sonder- und Gemeinschaftseigentums (BGH ZMR 2004, 206). Der Aufteilungsplan muss nicht bereits bei der Beglaubigung der Teilungserklärung vorhanden sein. Es genügt, dass er bis zur Eintragung vorgelegt und die Zusammengehörigkeit von Aufteilungsplan und Eintragungsbewilligung verdeutlicht wird (MieWo/*Kahlen* § 7 Rn. 11).

Nach § 7 Abs. 4 Satz 1 Nr. 1 sind alle zu demselben Wohnungseigentum gehörenden Einzelräume im Aufteilungsplan mit der jeweils gleichen Nummer zu kennzeichnen. Werden in der Eintragungsbewilligung Nummern für die einzelnen Sondereigentumsrechte angegeben, sollen sie darüber hinaus mit denen des Aufteilungsplanes übereinstimmen (§ 7 Abs. 4 Satz 2). Das gilt auch dann, wenn die Teilungserklärung vor der Grundbucheintragung geändert wird (BayObLG Rpfleger 1991, 414; MieWo/*Kahlen* § 7 Rn. 11 a; a.A. KK-WEG/*Schneider* § 7 Rn. 91). Balkone, die nur von einer Wohnung aus zugänglich sind, gehören als wesentliche Bestandteile zum Sondereigentum (KK-WEG/*Schneider* § 7 Rn. 94, streitig).

II. Abgeschlossenheitsbescheinigung

Das Gesetz sieht die Bescheinigung nach § 7 Abs. 4 Satz 1 Nr. 2 als einzige Form des Nachweises für die Abgeschlossenheit vor (BayObLG Rpfleger 1990, 457). Liegt die Abgeschlossenheitsbescheinigung vor, besteht für das Grundbuchamt in der Regel keine Veranlassung, weitere Ermittlungen zur Abgeschlossenheit anzustellen, es sei denn dass sich fehlende Abgeschlossenheit aus den Eintragungsunterlagen ergibt (MieWo/*Kahlen* § 7 Rn. 12 c).

§ 8. Teilung durch den Eigentümer

(1) **Der Eigentümer eines Grundstücks kann durch Erklärung gegenüber dem Grundbuchamt das Eigentum an dem Grundstück in Miteigentumsanteile in der Weise teilen, daß mit jedem Anteil das Sondereigentum an einer bestimmten Wohnung oder an nicht zu Wohnzwecken dienenden bestimmten Räumen in einem auf dem Grundstück errichteten oder zu errichtenden Gebäude verbunden ist.**

(2) **Im Falle des Absatzes 1 gelten die Vorschriften des § 3 Abs. 2 und der §§ 5, 6, § 7 Abs. 1, 3 bis 5 entsprechend. Die Tei-**

lung wird mit der Anlegung der Wohnungsgrundbücher wirksam.

Übersicht

	Rn.
A. Teilungserklärung	4
I. Erklärender	8
II. Mitwirkung Dritter	11
III. Inhalt	13
IV. Auslegung	18
1. Grundsatz	19
2. Widerspruch zwischen Teilungserklärung und Aufteilungsplan	21
V. Form	23
VI. Wirksamwerden	26
1. Wirkung der Teilung	27
2. Entstehung der Gemeinschaft	29
VII. Änderung	32
1. Änderung durch den teilenden Alleineigentümer	33
a) Vor Entstehung der Gemeinschaft	34
b) Nach Entstehung der Gemeinschaft	36
2. Änderung durch die entstandene Gemeinschaft	40
VIII. Abweichungen zwischen Teilungserklärung und Aufteilungsplan	47
B. Anlagen zur Teilungserklärung	49
I. Aufteilungsplan	51
II. Abgeschlossenheitsbescheinigung	52
III. Gemeinschaftsordnung	53
1. Begriff	54
2. Rechtsnatur	55
3. Änderung	56
a) Änderung durch den teilenden Alleineigentümer	57
b) Änderung durch die entstandene Gemeinschaft	59

1 § 2 legt fest, dass Wohnungseigentum entweder durch die vertragliche Einräumung von Sondereigentum oder durch Teilung begründet wird. Entsprechendes gilt für Teileigentum (§ 1 Abs. 6).

2 Die Begründung von Wohnungseigentum durch Teilungsvertrag regelt § 3 (siehe dort). § 8 befasst sich mit der Begründung von Wohnungseigentum/Teileigentum durch Teilung.

3 § 8 ermöglicht es einem Grundstückseigentümer, das Eigentum an dem Grundstück in Miteigentumsanteile aufzuteilen jeweils verbunden mit dem Sondereigentum an einer bestimmten Wohnung (Wohnungseigentum) oder an nicht zu Wohnzwecken dienenden bestimmten Räumen (Teileigentum) in einem bereits errichteten oder in einem noch zu errichtenden Gebäude.

A. Teilungserklärung

Die Begründung von Wohnungs-/Teileigentum erfolgt durch Teilungserklärung. 4

Die Erklärung erfolgt gegenüber dem Grundbuchamt. Erforderlich ist ein schriftlicher Eintragungsantrag (§ 13 Abs. 1 Satz 1 GBO) und die Eintragungsbewilligung nach § 19 GBO. 5

Dem Eintragungsantrag beizufügen sind ein Aufteilungsplan und eine Abgeschlossenheitsbescheinigung (§ 8 Abs. 2, § 7 Abs. 4 Nr. 1, Nr. 2). 6

Zur sachenrechtlichen Teilung nicht erforderlich ist die Beifügung einer so genannten Gemeinschaftsordnung. Gleichwohl wird diese regelmäßig beigefügt. 7

I. Erklärender

Die Teilungserklärung wird abgegeben vom „Eigentümer eines Grundstücks". Das kann sowohl eine natürliche als auch eine juristische Person sein. 8

Erklärender kann jedoch auch eine Gesamthandsgemeinschaft, z. B. eine Erbengemeinschaft sein (BGH NJW 2004, 1798 = ZMR 2004, 206). Auch Gesellschaften bürgerlichen Rechts, KG, OHG sowie Bruchteilsgemeinschaften sind erklärungsbefugt (KK-WEG/*Elzer* § 8 Rn. 4). 9

Ausreichend ist es, wenn der Erklärende zur Zeit der Anlegung der Wohnungsgrundbücher Grundstückseigentümer wird (OLG Düsseldorf DNotZ 1976, 168). 10

II. Mitwirkung Dritter

Da durch die Teilung nach § 8 der Haftungsgegenstand als Ganzes – das Grundstück – unverändert bleibt (BGH NJW 1968, 499), ist die Zustimmung eines Dritten zur Teilungserklärung grundsätzlich entbehrlich. 11

Etwas anderes kann gelten, wenn durch den Bau des auf dem Grundstück zu errichtenden Gebäudes ein Wegerecht verletzt werden würde (KK-WEG/*Elzer* § 8 Rn. 25). 12

III. Inhalt

Da die Teilungserklärung eine einseitige und empfangsbedürftige Willenserklärung des Alleineigentümers/der Alleineigentümer/des Verfügungsberechtigten gegenüber dem Grundbuchamt 13 mit dem Ziel ist, das Eigentum an einem Grundstück in Miteigentumsanteile zu teilen, die jeweils mit einem oder mehreren Wohnungs- oder Teileigentumseinheiten verbunden sind, regelt die Teilungserklärung die sachenrechtliche Zuordnung. Sie legt letztendlich fest, was Sondereigentum und was Gemeinschaftseigentum ist.

14 Nicht Teil der Teilungserklärung sind die schuldrechtlichen Beziehungen der Wohnungs-/Teileigentümer untereinander. Diese sind regelmäßig in der Gemeinschaftsordnung enthalten, durch die das Verhältnis der Wohnungs-/Teileigentümer untereinander (§ 10 Abs. 2) geregelt wird.

15 Insbesondere wenn es um die Frage geht, ob Änderungsmöglichkeiten bestehen, ist zwischen den Regelungen der sachenrechtlichen Zuordnung (Teilungserklärung) und den Regelungen des schuldrechtlichen Verhältnisses zwischen den Wohnungseigentümern (Gemeinschaftsordnung) zu differenzieren. Insbesondere dann, wenn wie in der Praxis häufig, unter der Überschrift „Teilungserklärung" schuldrechtliche Dinge – das Verhältnis der Wohnungseigentümer untereinander betreffend – geregelt sind.

16 Wenn ein Grundstückseigentümer an seinem Grundstück Wohnungseigentum durch einseitige Erklärung gegenüber dem Grundbuchamt begründet, so ist jeder Erwerber eines Wohnungseigentums an die zum Inhalt des Sondereigentums erklärte Gemeinschaftsordnung gebunden, ohne dass diese ausdrücklich zum Inhalt des Kaufvertrages gemacht werden muss (BayObLG NZM 2002, 609 = MieWoE § 8 WEG Nr. 6).

17 Wird zur Eintragung in das Grundbuch nur die in der Teilungserklärung vorgenommene Aufteilung des Grundstücks und die der Teilungserklärung als Anlage beigefügte Gemeinschaftsordnung bewilligt und beantragt, werden andere Bestimmungen in der Teilungserklärung nicht Gegenstand der Grundbucheintragung und wirken daher nicht gegen einen Sondernachfolger. Ein Sondernachfolger muss es sich aber entgegenhalten lassen, wenn er im Kaufvertrag in alle Rechte und Pflichten aus der Teilungserklärung – auch bezogen auf den nicht eingetragenen Teil – eingetreten ist (BayObLG NZM 2001, 753 = MieWoE § 8 WEG Nr. 4).

IV. Auslegung

18 Teilungserklärungen sind der Auslegung zugängig.

19 **1. Grundsatz.** Es ist h. M., dass die Auslegung der Teilungserklärung den für Grundbucheintragungen maßgeblichen Regeln zu folgen hat (KK-WEG/*Elzer* § 8 Rn. 42). Vorrangig ist auf den Wortlaut und den Sinn, wie er sich für einen unbefangenen Be-

trachter als nächstliegende Bedeutung des Eingetragenen ergibt, abzustellen (BGH NJW 1995, 2851 = ZMR 1995, 521). Nicht der Wille des Erklärenden ist maßgebend, sondern das, was ein Betrachter als objektiven Sinn der Erklärung ansehen muss (OLG Düsseldorf NZM 2002, 262 = ZMR 2002, 214). Umstände außerhalb der Eintragung/der in ihr in Bezug genommenen Eintragungsbewilligung dürfen nur insoweit herangezogen werden, als sie nach den besonderen Umständen des Einzelfalles für jedermann ohne weiteres erkennbar sind (BGH NJW 1991, 1613 = ZMR 1991, 230).

Auch eine ergänzende Auslegung (der Gemeinschaftsordnung) ist nicht ausgeschlossen, die z. B. zu einem Anspruch auf Abänderung des vereinbarten Kostenverteilungsschlüssels führen kann (BGH NJW 2002, 3413 = DWE 2004, 135). 20

2. Widerspruch zwischen Teilungserklärung und Aufteilungsplan. Bei Diskrepanzen zwischen der wörtlichen Beschreibung des Gegenstands von Sondereigentum im Text der Teilungserklärung und den Angaben im Aufteilungsplan ist grundsätzlich keine der einander widersprechenden Erklärungsinhalte vorrangig. Sondereigentum ist dann nicht entstanden (BGH NJW 1995, 2851 = ZMR 1995, 521). 21

Wenn kein Sondereigentum begründet wurde, ist Gemeinschaftseigentum entstanden (BayObLG ZMR 1992, 65). 22

V. Form

Die Teilungserklärung ist formfrei. Sie muss jedoch für den grundbuchrechtlichen Vollzug in Form einer öffentlichen oder öffentlich beglaubigten Urkunde abgegeben werden (§ 29 GBO). 23

Die jeweiligen Miteigentumsanteile müssen in Bruchteilen angegeben werden (§ 47 GBO). 24

Die Teilungserklärung ist bedingungsfeindlich und befristungsfeindlich (Staudinger/*Rapp* § 8 Rn. 14). 25

VI. Wirksamwerden

Die Teilung wird mit der Anlegung der Wohnungsgrundbücher wirksam (§ 8 Abs. 2 Satz 2). Das Wirksamwerden der Teilung ist zu unterscheiden von der Entstehung einer Wohnungseigentümergemeinschaft. 26

1. Wirkung der Teilung. Wenn die Teilungserklärung abgegeben worden ist und die Eintragung im Grundbuch erfolgte, ist Wohnungseigentum entstanden. Zwischen dem Zeitpunkt der Abgabe der Teilungserklärung und der Eintragung im Wohnungs- 27 grundbuch entsteht ein Anwartschaftsrecht (BayObLG NJW-RR 2002, 224 = ZMR 2002, 291).

28 Das Anwartschaftsrecht erlischt, wenn die Herstellung der als Sondereigentum vorgesehenen Räume – z. B. wegen einer vom Aufteilungsplan abweichenden Bebauung – unmöglich wird. Das Anwartschaftsrecht erlischt nicht bei bloßer Aufgabe der Bauabsicht (OLG Hamm NJW-RR 1991, 335 = DWE 1991, 35).

29 **2. Entstehung der Gemeinschaft.** Eine Wohnungs-/Teileigentümergemeinschaft ist erst dann entstanden, wenn neben dem Teilenden ein erster Erwerber in das Grundbuch eingetragen ist. In diesem Zeitpunkt ist die Gemeinschaft als solche entstanden (BayObLG ZMR 2004, 767; OLG Hamm NJOZ 2003, 721 = ZMR 2003, 776; OLG Karlsruhe ZMR 2003, 374).

30 Solange neben dem teilenden Eigentümer kein weiterer Wohnungseigentümer eingetragen ist und auch kein weiterer (zukünftiger) Wohnungseigentümer eine rechtlich gesicherte Position erlangt hat, besteht keine Gemeinschaft. Eine „Ein-Mann-Gemeinschaft" gibt es nicht (KK-WEG/*Elzer* § 8 Rn. 99; Weitnauer/*Briesemeister* § 8 Rn. 2).

31 Wenn jedoch in einem Zwischenstadium neben dem teilenden Eigentümer ein weiterer (zukünftiger) Wohnungseigentümer bereits eine gesicherte Rechtsposition erlangt hat, kann es sich um eine so genannte „werdende" Gemeinschaft handeln (vgl. § 10 Rn. 14 ff.).

VII. Änderung

32 Teilungserklärungen sind grundsätzlich abänderbar. So z. B. wenn Wohnungseigentum in Teileigentum umgewidmet werden soll oder umgekehrt. Eine Änderung der Teilungserklärung ist auch erforderlich, wenn Gemeinschaftseigentum in Sondereigentum geändert werden soll oder umgekehrt.

33 **1. Änderung durch den teilenden Alleineigentümer.** In der Praxis werden Änderungen häufig durch den Teilenden veranlasst. Dabei ist zu unterscheiden, ob bereits eine Gemeinschaft entstanden ist oder nicht.

34 **a) Vor Entstehung der Gemeinschaft.** Vor Entstehung der Wohnungseigentümergemeinschaft kann der Teilende durch einseitige Erklärung (in der Form des § 29 GBO) die Teilungserklärung ändern (OLG Düsseldorf NJOZ 2001, 1105 = ZMR 2001, 650).

35 Die Änderung kann auch durch letztwillige Verfügung geschehen. Die erforderliche Außenwirkung tritt jedenfalls mit Testamentseröffnung durch das Nachlassgericht ein (BayObLG NJW-RR 2005, 886 = ZMR 2005, 464 m. abl. Anm. *Elzer*).

b) Nach Entstehung der Gemeinschaft. Sobald eine Gemein- 36
schaft durch Eintragung zumindest eines weiteren Wohnungseigentümers entstanden ist, bedarf der Teilende regelmäßig der Mitwirkung des weiteren Wohnungseigentümers.

In der Praxis werden so genannte Änderungsvorbehalte einge- 37
tragen. Solche Änderungsvorbehalte sind zulässig (BayObLG NJW-RR 2001, 1163 = MieWoE § 5 WEG Nr. 22; BGH NJW 2005, 3420 = ZMR 2005, 799). Derartige Änderungsvorbehalte sind regelmäßig – da nicht nur einmalig vertraglich vereinbart – an §§ 305 ff. BGB zu messen (BGH NJW 2005, 3420 = ZMR 2005, 799).

Für derartige Änderungsvollmachten gilt der Bestimmtheits- 38
grundsatz. Außerdem gilt das Gebot der Klarheit von Grundbucheintragungen (KK-WEG/*Elzer* § 8 Rn. 35). Dies bedeutet, dass die dem Teilenden eingeräumte Änderungsbefugnis eindeutig bestimmt sein muss (OLG Frankfurt NJW-RR 1998, 1707 = ZMR 1998, 365; *Armbrüster* ZMR 2005, 244). Das Grundbuchamt kann derartige Änderungsvollmachten selbständig prüfen. Die Prüfungskompetenz beschränkt sich auf offensichtliche Verstöße (BayObLG NJW-RR 2002, 1669 = ZMR 2002, 953).

Die Ermächtigung, Gemeinschaftseigentum in Sondereigentum 39
umzuwandeln oder Teileigentum in Wohnungseigentum, kann nicht mit einen Sondernachfolger bindender Wirkung als Inhalt des Sondereigentums eingetragen werden (BGH NJW 2003, 2165 = ZMR 2003, 748). So genannten „verdinglichten Ermächtigungen" ist durch die Entscheidung des BGH (NJW 2003, 2165 = ZMR 2003, 748) der Boden entzogen worden (KK-WEG/*Elzer* § 8 Rn. 37).

2. Änderung durch die entstandene Gemeinschaft. Sobald eine 40
Gemeinschaft entstanden ist – entweder durch Eintragung eines (zweiten) Wohnungseigentümers oder aber durch Entstehung einer werdenden Wohnungseigentümergemeinschaft, endet die Befugnis des Teilenden zur einseitigen Änderung der Teilungserklärung (BGH NJW 2004, 3418 = ZMR 2005, 59). Nur wenn der/die weitere(n) eingetragene Eigentümer bzw. ein werdender Eigentümer der Änderung zustimmt, ist diese zulässig (BayObLG DNotZ 2003, 932 = ZMR 2003, 857).

Eine Änderung des Teilungsvertrages durch die Miteigentümer 41
ist jederzeit gemeinsam vertraglich zulässig (BayObLG NJOZ 2004, 3913 = ZMR 2004, 925).

In der Praxis geht es entweder um die Umwidmung von Ge- 42
meinschaftseigentum zum Sondereigentum oder von Sondereigentum zum Gemeinschaftseigentum bzw. um die Umwidmung von Wohnungseigentum zum Teileigentum oder von Teileigentum zum Wohnungseigentum.

§ 8 I. Teil. Wohnungseigentum

43 In allen Fällen handelt es sich um eine Änderung der sachenrechtlichen Zuordnung, so dass Auflassung und Eintragung erforderlich sind (KG NZM 1999, 258 = ZMR 1999, 204).

44 Vorstehendes gilt auch dann, wenn an dem Teil des Gemeinschaftseigentums, das in Sondereigentum umgewandelt werden soll, ein Sondernutzungsrecht eingeräumt worden ist (BayObLG NJW-RR 2002, 443 = ZMR 2002, 283).

45 Durch eine bloße Änderung der tatsächlichen Verhältnisse oder durch bauliche Maßnahmen, die nicht im Teilungsvertrag vorgesehen sind, kann die sachenrechtliche Zuordnung (Sondereigentum/Gemeinschaftseigentum) nicht geändert werden (BayObLG NJOZ 2004, 3913 = ZMR 2004, 925).

46 Eine Änderung des Teilungsvertrages durch einen Beschluss ist unzulässig. Derartige Beschlüsse sind nichtig (OLG Köln NJW-RR 1997, 1442 = ZMR 1997, 376).

VIII. Abweichungen zwischen Teilungserklärung und Aufteilungsplan

47 Weichen Teilungserklärung und Aufteilungsplan voneinander ab, insbesondere weil die wörtliche Beschreibung des Gegenstands von Sondereigentum und Gemeinschaftseigentum in der Teilungserklärung und die Angaben im Aufteilungsplan nicht übereinstimmen, ist kein Sondereigentum entstanden (BGH NJW 1995, 2851 = ZMR 1995, 521).

48 Wenn kein Sondereigentum begründet wurde, ist Gemeinschaftseigentum entstanden (BayObLG ZMR 1992, 65).

B. Anlagen zur Teilungserklärung

49 Der Teilungserklärung sind der Aufteilungsplan und die Abgeschlossenheitsbescheinigung beizufügen.

50 In der Praxis wird auch die Gemeinschaftsordnung beigefügt.

I. Aufteilungsplan

51 Zum Aufteilungsplan siehe die Erläuterungen zu § 7 Abs. 4.

II. Abgeschlossenheitsbescheinigung

52 Zur Abgeschlossenheitsbescheinigung siehe § 3 Rn. 65 ff. und die Erläuterungen zu § 7 Abs. 4.

III. Gemeinschaftsordnung

Obwohl gesetzlich nicht vorgeschrieben, wird der Teilungser- 53
klärung in der Praxis regelmäßig auch die so genannte Gemeinschaftsordnung beigefügt.

1. Begriff. Die Gemeinschaftsordnung ist die Gesamtheit aller 54
Regelungen, die das Verhältnis der Wohnungseigentümer untereinander betreffen. Sie enthält nicht notwendige (BGH NJW 2002, 2712 = ZMR 2002, 762), aber übliche Organisationsakte der Wohnungseigentümer. Sie steht der Satzung einer juristischen Person gleich (BGH NJW 2005, 2061 = ZMR 2005, 547; NJW 2003, 2165 = ZMR 2003, 748). Vergleichbar ist sie auch einem Gesellschaftsvertrag (KK-WEG/*Elzer* § 3 Rn. 122) oder der Satzung eines Vereins (Weitnauer/*Lüke* § 10 Rn. 28).

2. Rechtsnatur. Die der Teilungserklärung beigegebene Ge- 55
meinschaftsordnung ist ein „Vorschlag für künftige Vereinbarungen" (KK-WEG/*Elzer* § 8 Rn. 47), der gemäß §§ 8 Abs. 2, 5 Abs. 4 einer Vereinbarung gleichsteht (BGH NJW 2000, 3643 = ZMR 2001, 119). Sobald eine (werdende) Wohnungseigentümergemeinschaft entstanden ist, ist sie bindend und somit nicht mehr einseitig durch den Teilenden abänderbar (BGH NJW 2000, 3643 = ZMR 2001, 119).

3. Änderung. Grundsätzlich ist die Gemeinschaftsordnung wie 56
jede andere Vereinbarung änderbar.

a) Änderung durch den teilenden Alleineigentümer. Der tei- 57
lende Alleineigentümer ist so lange zur einseitigen Änderung berechtigt, wie noch keine Gemeinschaft entstanden ist. Beispielsweise kann er nach der Teilung Sondernutzungsrechte durch entsprechende Änderung seiner Erklärung und deren Eintragung begründen (OLG Frankfurt NJW-RR 1998, 1707 = ZMR 1998, 365; OLG Düsseldorf ZMR 1993, 179).

Nach Entstehung der Wohnungseigentümergemeinschaft ist der 58
Teilende nur noch dann ohne Mitwirkung der anderen (werdenden) Wohnungseigentümer zur Änderung berechtigt, wenn er sich entsprechende Änderungsvollmachten hat einräumen lassen (BGH NJW 2002, 2247; BayObLG NJW 2005, 4444 = ZMR 2005, 300).

b) Änderung durch die entstandene Gemeinschaft. Sobald eine 59
(werdende) Wohnungseigentümergemeinschaft entstanden ist, ist die Gemeinschaftsordnung wie jede andere Vereinbarung unter Mitwirkung aller Wohnungs-/Teileigentümer änderbar. Beispielsweise können nachträglich ursprünglich nicht vorgesehene Sondernutzungsrechte eingeräumt werden. Zur insoweit (unter Umständen entbehrlichen) Zustimmung Dritter siehe die Erläuterungen zu § 5 Abs. 4.

60 Seit dem 1.7.2007 gilt § 10 Abs. 2 Satz 3, wonach jeder Wohnungseigentümer eine vom Gesetz abweichende Vereinbarung oder die Anpassung einer Vereinbarung verlangen kann, soweit ein Festhalten an der geltenden Regelung aus schwerwiegenden Gründen unter Berücksichtigung aller Umstände des Einzelfalles, insbesondere der Rechte und Interessen der anderen Wohnungseigentümer, unbillig erscheint. Siehe insoweit die Erläuterungen zu § 10.

§ 9. Schließung der Wohnungsgrundbücher
(1) Die Wohnungsgrundbücher werden geschlossen:
1. von Amts wegen, wenn die Sondereigentumsrechte gemäß § 4 aufgehoben werden;
2. auf Antrag sämtlicher Wohnungseigentümer, wenn alle Sondereigentumsrechte durch völlige Zerstörung des Gebäudes gegenstandslos geworden sind und der Nachweis hierfür durch eine Bescheinigung der Baubehörde erbracht ist;
3. auf Antrag des Eigentümers, wenn sich sämtliche Wohnungseigentumsrechte in einer Person vereinigen.

(2) Ist ein Wohnungseigentum selbständig mit dem Rechte eines Dritten belastet, so werden die allgemeinen Vorschriften, nach denen zur Aufhebung des Sondereigentums die Zustimmung des Dritten erforderlich ist, durch Abs. 1 nicht berührt.

(3) Werden die Wohnungsgrundbücher geschlossen, so wird für das Grundstück ein Grundbuchblatt nach den allgemeinen Vorschriften angelegt; die Sondereigentumsrechte erlöschen, soweit sie nicht bereits aufgehoben sind, mit der Anlegung des Grundbuchblatts.

A. Anwendungsbereich

1 § 9 umfasst nicht die Fälle der Aufhebung einzelner Sondereigentumseinheiten. Vielmehr geht § 9 von einer vollständigen Beendigung des Sondereigentums aus (KK-WEG/*Schneider* § 9 Rn. 3).

B. Schließung der Wohnungsgrundbücher

2 Von Amts wegen werden die Wohnungsgrundbücher nur im Fall der Aufhebung nach § 4 geschlossen (Abs. 1 Nr. 1). In den Fällen völliger Zerstörung (Nr. 2) oder Vereinigung aller Miteigentumsrechte in einer Hand (Nr. 3) erfordert die Schließung einen Antrag. Solange diesen Antrag niemand stellt, verbleibt es beim bisherigen Zustand.

3 Die Anträge bedürfen der öffentlichen Form des § 29 GBO (KK-WEG/*Schneider* § 9 Rn. 7 und 14).

C. Belastung mit Rechten Dritter

Belastungen des Gesamtgrundstücks bleiben bestehen und sind auf das neue Grundbuchblatt zu übertragen. Hierfür ist eine Zustimmung der dinglichen Gläubiger nicht erforderlich (OLG Frankfurt ZMR 1990, 229). 4

Abs. 2 betrifft die Belastungen des einzelnen Wohnungseigentums. Der Wegfall der Sondereigentumsrechte bedeutet eine Inhaltsänderung des Miteigentums und bedarf daher ebenso wie die Einräumung von Sondereigentum der Zustimmung dinglich Berechtigter (§§ 876, 877 BGB). Dass diese Vorschriften nicht tangiert werden, wird durch Abs. 2 klargestellt. 5

D. Neues Grundbuchblatt

Werden die Wohnungsgrundbücher geschlossen, so wird für das Grundstück ein Grundbuchblatt nach den allgemeinen Vorschriften angelegt; die Sondereigentumsrechte erlöschen, soweit sie nicht bereits aufgehoben sind, mit der Anlegung des Grundbuchblatts. 6

Die Wirkung „Erlöschen" tritt allerdings nur ein, wenn tatsächlich die materiellen Voraussetzungen gegeben sind. Fehlen diese, wird das Grundbuch unrichtig – das Raumeigentum erlischt nicht (MieWo/*Kahlen* § 9 Rn. 11). Für die Aufhebung des Wohnungseigentum nach § 4 ist die Anlegung des allgemeinen Grundbuchblattes nicht konstitutiv (Palandt/*Bassenge* § 9 Rn. 2). 7

Sobald die Erlöschungswirkung eintritt, entsteht entweder gewöhnliches Miteigentum oder im Falle der Vereinigung aller Rechte in einer Person Alleineigentum. Mit dem Erlöschen des Sondereigentums werden dessen Bestandteile zum Bestandteil des Grundstücks gemäß § 93 BGB (Bärmann/Pick/Merle/*Pick* § 9 Rn. 18). 8

2. Abschnitt. Gemeinschaft der Wohnungseigentümer

§ 10. Allgemeine Grundsätze

(1) Inhaber der Rechte und Pflichten nach den Vorschriften dieses Gesetzes, insbesondere des Sondereigentums und des gemeinschaftlichen Eigentums, sind die Wohnungseigentümer, soweit nicht etwas anderes ausdrücklich bestimmt ist.

(2) ¹Das Verhältnis der Wohnungseigentümer untereinander bestimmt sich nach den Vorschriften dieses Gesetzes und, soweit dieses Gesetz keine besonderen Bestimmungen enthält, nach den

Vorschriften des Bürgerlichen Gesetzbuches über die Gemeinschaft. ²Die Wohnungseigentümer können von den Vorschriften dieses Gesetzes abweichende Vereinbarungen treffen, soweit nicht etwas anderes ausdrücklich bestimmt ist. ³Jeder Wohnungseigentümer kann eine vom Gesetz abweichende Vereinbarung oder die Anpassung einer Vereinbarung verlangen, soweit ein Festhalten an der geltenden Regelung aus schwerwiegenden Gründen unter Berücksichtigung aller Umstände des Einzelfalles, insbesondere der Rechte und Interessen der anderen Wohnungseigentümer, unbillig erscheint.

(3) Vereinbarungen, durch die die Wohnungseigentümer ihr Verhältnis untereinander in Ergänzung oder Abweichung von Vorschriften dieses Gesetzes regeln, sowie die Abänderung oder Aufhebung solcher Vereinbarungen wirken gegen die Sondernachfolger eines Wohnungseigentümers nur, wenn sie als Inhalt des Sondereigentums im Grundbuch eingetragen sind.

(4) ¹Beschlüsse der Wohnungseigentümer gemäß § 23 und gerichtliche Entscheidungen in einem Rechtsstreit gemäß § 43 bedürfen zu ihrer Wirksamkeit gegen den Sondernachfolger eines Wohnungseigentümers nicht der Eintragung in das Grundbuch. ²Dies gilt auch für die gemäß § 23 Abs. 1 aufgrund einer Vereinbarung gefassten Beschlüsse, die vom Gesetz abweichen oder eine Vereinbarung ändern.

(5) Rechtshandlungen in Angelegenheiten, über die nach diesem Gesetz oder nach einer Vereinbarung der Wohnungseigentümer durch Stimmenmehrheit beschlossen werden kann, wirken, wenn sie auf Grund eines mit solcher Mehrheit gefassten Beschlusses vorgenommen werden, auch für und gegen die Wohnungseigentümer, die gegen den Beschluss gestimmt oder an der Beschlussfassung nicht mitgewirkt haben.

(6) ¹Die Gemeinschaft der Wohnungseigentümer kann im Rahmen der gesamten Verwaltung des gemeinschaftlichen Eigentums gegenüber Dritten und Wohnungseigentümern selbst Rechte erwerben und Pflichten eingehen. ²Sie ist Inhaberin der als Gemeinschaft gesetzlich begründeten und rechtsgeschäftlich erworbenen Rechte und Pflichten. ³Sie übt die gemeinschaftsbezogenen Rechte der Wohnungseigentümer aus und nimmt die gemeinschaftsbezogenen Pflichten der Wohnungseigentümer wahr, ebenso sonstige Rechte und Pflichten der Wohnungseigentümer, soweit diese gemeinschaftlich geltend gemacht werden können oder zu erfüllen sind. ⁴Die Gemeinschaft muss die Bezeichnung „Wohnungseigentümergemeinschaft" gefolgt von der bestimmten Angabe des gemeinschaftlichen Grundstücks führen. ⁵Sie kann vor Gericht klagen und verklagt werden.

(7) ¹Das Verwaltungsvermögen gehört der Gemeinschaft der Wohnungseigentümer. ²Es besteht aus den im Rahmen der ge-

Allgemeine Grundsätze § 10

samten Verwaltung des gemeinschaftlichen Eigentums gesetzlich begründeten und rechtsgeschäftlich erworbenen Sachen und Rechten sowie den entstandenen Verbindlichkeiten. ³Zu dem Verwaltungsvermögen gehören insbesondere die Ansprüche und Befugnisse aus Rechtsverhältnissen mit Dritten und mit Wohnungseigentümern sowie die eingenommenen Gelder. ⁴Vereinigen sich sämtliche Wohnungseigentumsrechte in einer Person, geht das Verwaltungsvermögen auf den Eigentümer des Grundstücks über.

(8) ¹Jeder Wohnungseigentümer haftet einem Gläubiger nach dem Verhältnis seines Miteigentumsanteils (§ 16 Abs. 1 Satz 2) für Verbindlichkeiten der Gemeinschaft der Wohnungseigentümer, die während seiner Zugehörigkeit zur Gemeinschaft entstanden oder während dieses Zeitraums fällig geworden sind; für die Haftung nach Veräußerung des Wohnungseigentums ist § 160 des Handelsgesetzbuches entsprechend anzuwenden. ²Er kann gegenüber einem Gläubiger neben den in seiner Person begründeten auch die der Gemeinschaft zustehenden Einwendungen und Einreden geltend machen, nicht aber seine Einwendungen und Einreden gegenüber der Gemeinschaft. ³Für die Einrede der Anfechtbarkeit und Aufrechenbarkeit ist § 770 des Bürgerlichen Gesetzbuches entsprechend anzuwenden. ⁴Die Haftung eines Wohnungseigentümers gegenüber der Gemeinschaft wegen nicht ordnungsmäßiger Verwaltung bestimmt sich nach Satz 1.

Übersicht

	Rn.
A. Verhältnis der Wohnungseigentümer	5
I. Wohnungseigentümer	6
II. Wohnungseigentümergemeinschaft	10
1. Ein-Mann-Gemeinschaft	12
2. Werdende Wohnungseigentümergemeinschaft	14
a) Ersterwerbsfälle	18
b) Zweiterwerbsfälle	19
3. In Vollzug gesetzte Wohnungseigentümergemeinschaft	21
a) Regelfall	22
b) Untergemeinschaften	25
c) Mehrhausanlagen	27
d) Dachgemeinschaften	31
4. Werdende neben in Vollzug gesetzte WE-Gemeinschaft	32
III. Anwendbare Vorschriften	35
1. Vorschriften des WEG	36
a) Zwingende Vorschriften des WEG	38
b) Abdingbare Vorschriften des WEG	39
2. Gemeinschaftsrecht	41
3. Vom Gesetz abweichende Vereinbarungen	43
a) Vereinbarungen	44
b) Vom WEG abweichende Vereinbarungen	87
c) Von anderen Gesetzen abweichende Vereinbarungen	92

§ 10 I. Teil. Wohnungseigentum

```
     4. Beschlüsse .............................. 93
        a) Begriff .............................. 94
        b) Form ................................ 96
        c) Ermächtigungsnormen .................. 98
        d) § 10 Abs. 4 Satz 2 n. F. ............. 108
B. Verhältnis zu Dritten ......................... 110
     I. Vereinbarungswirkung gegen Dritte ........ 111
    II. Beschlusswirkung gegen Dritte ............ 112
C. Vereinbarungswirkung gegen Sondernachfolger ... 113
     I. Sondernachfolger ......................... 114
    II. Bindung des Sondernachfolgers durch Grundbuch-Eintragung 116
   III. Bindung des Sondernachfolgers ohne Grundbuch-Eintragung . 119
D. Beschlusswirkung gegen Sondernachfolger ....... 122
     I. Sondernachfolger ......................... 123
    II. Beschluss kraft gesetzlicher Beschlusskompetenz ......... 124
   III. Beschluss kraft vereinbarter Beschlusskompetenz ........ 127
E. Wirkung gerichtlicher Entscheidungen gegen Sondernachfolger .. 128
F. Beschlusswirkung gegen überstimmte/abwesende Wohnungs-
   eigentümer ................................... 129
     I. Überstimmte Wohnungseigentümer ........... 130
    II. Abwesende Wohnungseigentümer ............. 131
G. Beschlusswirkung gegen Dritte ................. 132
H. (Teil-)Rechtsfähigkeit ....................... 133
     I. Rechtsfähigkeit .......................... 135
    II. Rechtsinhaberschaft ...................... 139
   III. Rechtsausübung ........................... 141
    IV. Bezeichnung .............................. 147
I. Verwaltungsvermögen .......................... 150
     I. Rechtsinhaber ............................ 153
    II. Definition ............................... 154
   III. (Dauer-) Schuldverhältnisse .............. 157
    IV. Rechtsübergang im Vereinigungsfall ....... 160
J. Außenhaftung ................................. 162
     I. Haftungsumfang ........................... 162
    II. Einwendungen/Einreden .................... 164
   III. Weitere Haftungsbegrenzung ............... 168
```

1 § 10 Abs. 2 bestimmt, dass sich das Verhältnis der Wohnungseigentümer untereinander zunächst nach den Vorschriften des WEG richtet. Enthält dies keine speziellen Regelungen, greift das Gemeinschaftsrecht (§§ 741 ff. BGB).

2 Allerdings unterscheidet sich das Wohnungseigentum wesentlich von der Bruchteilsgemeinschaft nach §§ 741 ff. BGB und von der Miteigentümergemeinschaft nach §§ 1008 ff. BGB. Die Gemeinschaften nach §§ 741 ff. BGB und nach §§ 1008 ff. BGB sind als jederzeit lösbare Bindungen ausgestaltet, während die Wohnungseigentümergemeinschaft grundsätzlich unauflöslich ist (§ 11). Daher ist es geboten, nicht generell auf das Gemeinschaftsrecht zurückzugreifen, sondern zunächst vorrangig zu prüfen, ob das WEG gesonderte Bestimmungen enthält (BGH NJW 1993, 727 = ZMR 1993, 173).

§ 10 Abs. 2 Satz 2 gibt den Wohnungseigentümern die Möglichkeit, vom WEG abweichende Vereinbarungen zu treffen, soweit nicht etwas anderes ausdrücklich bestimmt ist. Diese „Garantie der Privatautonomie" ist von zentraler Bedeutung (KK-WEG/*Elzer* § 10 Rn. 2), da die Wohnungseigentümer über diese Norm die Möglichkeit haben, den individuellen Verhältnissen gerecht zu werden. 3

Die Wohnungseigentümer müssen jedoch nicht auf § 10 Abs. 2 Satz 2 zurückgreifen, die §§ 12 ff. sowie die §§ 20 ff. schaffen ein Regelungssystem, mittels dessen die wichtigsten täglichen Rechtsfragen (Nutzung, Gebrauch, Kosten, Verwaltung) geregelt sind. 4

A. Verhältnis der Wohnungseigentümer

Die zentrale Bedeutung des § 10 liegt darin, dass das Verhältnis der Wohnungseigentümer untereinander geregelt wird. Die dahin gehenden Regelungen (Vereinbarungen) berechtigen und verpflichten somit grundsätzlich nur die Wohnungseigentümer untereinander. Dritte – z. B. dinglich Berechtigte – werden jedenfalls nicht verpflichtet. Dies wäre ein unzulässiger Vertrag zu Lasten Dritter (BayObLG NJW 2005, 444 = ZMR 2005, 300). 5

I. Wohnungseigentümer

Wohnungseigentümer ist, wer auf Grund eines wirksamen Eigentumserwerbs im Grundbuch eingetragen ist (OLG Hamm DNotZ 1999, 215 = ZMR 2000, 128). 6

Wer lediglich Bucheigentümer ist, ist kein Wohnungseigentümer (OLG Düsseldorf ZMR 2005, 719 = BeckRS 2005, 5223). 7

Auch wer durch Erbfall außerhalb des Grundbuchs Wohnungseigentum erwirbt, ist Wohnungseigentümer (KK-WEG/*Elzer* § 10 Rn. 7). 8

Ebenfalls ist Wohnungseigentümer, wer durch Zuschlag in der Zwangsversteigerung außerhalb des Grundbuchs Wohnungseigentum erwirbt (BayObLG ZMR 2004, 524 = BeckRS 2004, 3775). 9

II. Wohnungseigentümergemeinschaft

Eine Wohnungseigentümergemeinschaft besteht grundsätzlich erst dann, wenn neben dem teilenden Eigentümer ein weiterer Wohnungseigentümer im Grundbuch eingetragen ist. 10

§ 10

11 Wird Wohnungseigentum durch Teilungsvertrag (§ 3 Abs. 1) begründet, entsteht die Gemeinschaft mit Anlegung der Wohnungsgrundbücher und der Eintragung der Vertragsparteien (BayObLG NJW-RR 2000, 1540).

12 **1. Ein-Mann-Gemeinschaft.** Da eine in Vollzug gesetzte Gemeinschaft mindestens zwei eingetragene Wohnungseigentümer erfordert und eine werdende Wohnungseigentümergemeinschaft mindestens einen eingetragenen Wohnungseigentümer sowie einen weiteren in einer gesicherten Rechtsposition (Anwartschaft), sind Ein-Mann-Gemeinschaften nicht existent.

13 Konsequenterweise werden „Ein-Mann-Beschlüsse" nach völlig herrschender Meinung als so genannte „Nichtbeschlüsse" angesehen (BayObLG NJW 2003, 317 = ZMR 2003, 521). Gleichwohl sind „Ein-Mann-Beschlüsse" theoretisch möglich, z. B. wenn an einer Wiederholungsversammlung (§ 25 Abs. 4) nur ein Wohnungseigentümer teilnimmt.

14 **2. Werdende Wohnungseigentümergemeinschaft.** Angesichts des Umstandes, dass zwischen dem Abschluss eines Erwerbsvertrags über ein Wohnungseigentum und der tatsächlichen Eintragung des Erwerbers im Wohnungsgrundbuch oftmals Monate vergehen, hat die Rechtsprechung anerkannt, dass es ein dringendes praktisches Bedürfnis dafür gibt, für diesen Übergangszeitraum die Vorschriften des WEG zumindest entsprechend anzuwenden. Jedenfalls die Vorschriften des 2. und 3. Abschnitts werden entsprechend angewendet, somit auch § 10 (umfangreiche Rechtsprechungsnachweise bei KK-WEG/*Elzer* § 10 Rn. 21 ff.).

15 Jedenfalls dann, wenn bereits eine Auflassungsvormerkung für den Erwerber im Grundbuch eingetragen ist, finden die Grundsätze der so genannten werdenden Wohnungseigentümergemeinschaft Anwendung (OLG Hamm DNotZ 2004, 389 = ZMR 2005, 219).

16 Die Vorschriften des 2. und 3. Abschnitts des WEG finden dann Anwendung, wenn
   – ein gültiger Erwerbsvertrag vorliegt,
   – Nutzen, Lasten, Kosten auf den Erwerber übergegangen sind,
   – für den Erwerber eine Auflassungsvormerkung im Grundbuch eingetragen ist und
   – die Wohnungsgrundbücher angelegt sind.

17 Nicht nur die Verwaltungsvorschriften (§§ 21 ff.) und die das gerichtliche Verfahren betreffenden Vorschriften (§§ 43 ff.) finden Anwendung. Werdende Wohnungseigentümer können auch Vereinbarungen treffen, Versammlungen abhalten, Beschlüsse treffen und einen Verwalter bestellen. Sie sind zum Gebrauch gemäß § 15 berechtigt und zur Zahlung gemäß § 16 verpflichtet (KK-WEG/*Elzer* § 10 Rn. 24). Auch Beseitigungs- und/oder Unterlas-

sungsansprüche aus § 1004 BGB i. V. m. § 15 Abs. 3 WEG stehen ihnen zu (OLG Hamm DNotZ 2004, 389 = ZMR 2005, 219).

a) Ersterwerbsfälle. Wenn in Teilungsfällen (§ 8) der Teilende vor Entstehung der Gemeinschaft ein Wohnungseigentum verkauft, handelt es sich um einen so genannten Ersterwerb (KG NJW-RR 2003, 589 = ZMR 2003, 53). Sofern die sonstigen Voraussetzungen (siehe oben) erfüllt sind, handelt es sich sodann um eine werdende Wohnungseigentümergemeinschaft, auf die die dazu entwickelten Grundsätze der Rechtsprechung anzuwenden sind. 18

b) Zweiterwerbsfälle. Ist eine Wohnungseigentümergemeinschaft bereits in Vollzug gesetzt worden, finden in Veräußerungsfällen – so genannter Zweiterwerb – die Grundsätze der werdenden Wohnungseigentümergemeinschaft keine Anwendung (BGH NJW 1989, 1087). Vor der Grundbucheintragung hat der Zweiterwerber kein Stimmrecht in der Wohnungseigentümerversammlung und auch kein Antragsrecht (BGH ZMR 1989, 434); er ist nicht Wohngeldschuldner (BGH NJW 1989, 2697). 19

Mangels originärer Eigentümerbefugnisse kann ein Zweiterwerber nur aus abgeleitetem Recht tätig werden. Es bedarf einer Ermächtigung durch den Veräußerer (KK-WEG/*Elzer* § 10 Rn. 30). 20

3. In Vollzug gesetzte Wohnungseigentümergemeinschaft. Das Gesetz geht von einer in Vollzug gesetzten Wohnungseigentümergemeinschaft aus. Die Problematik „werdende Wohnungseigentümergemeinschaft" hat der Gesetzgeber nicht gesehen. 21

a) Regelfall. Bei Gründung durch Teilungsvertrag (§ 3 Abs. 1) entsteht die Eigentümergemeinschaft mit Anlegung der Wohnungsgrundbücher und der Eintragung der Vertragsparteien als Wohnungseigentümer (KK-WEG/*Elzer* § 10 Rn. 9). 22

Falls Wohnungseigentum nicht durch Teilungsvertrag (§ 3), sondern durch Teilungserklärung (§ 8) begründet wird, entsteht die Wohnungseigentümergemeinschaft mit der Eintragung eines zweiten Wohnungseigentümers im Grundbuch (BayObLG ZMR 2004, 767 = BeckRS 2004, 6293). 23

Jeweils ab Entstehung der Wohnungseigentümergemeinschaft ist § 10 anzuwenden. 24

b) Untergemeinschaften. Das WEG geht davon aus, dass es nur eine Wohnungseigentümergemeinschaft gibt. „Untergemeinschaften" gibt es selbst in Mehrhausanlagen nicht (KK-WEG/*Elzer* § 8 Rn. 13). 25

§ 10 findet nur auf die Gemeinschaft als solche Anwendung, nicht auf wie auch geartete Untergliederungen. 26

c) Mehrhausanlagen. Nach der gesetzlichen Konzeption besteht eine Wohnungseigentumsanlage aus einem Haus, aufgeteilt in mehrere Einheiten. 27

28 In der Praxis existieren jedoch so genannte Mehrhausanlagen. Das sind Wohnungseigentumsanlagen, die tatsächlich aus mehreren Häusern bestehen, errichtet auf einem Grundstück im grundbuchrechtlichen Sinne und in der Rechtsform des WEG organisiert.

29 Auch in einer Mehrhausanlage kommen Vereinbarungen im Sinne des § 10 grundsätzlich nur zustande, wenn alle Wohnungseigentümer zustimmen. „Alle" sind im Wortsinne alle Wohnungseigentümer der Gesamtanlage (KK-WEG/*Elzer* § 10 Rn. 16).

30 Falls entweder eine dahin gehende Vereinbarung vorliegt oder aber eine entsprechende Öffnungsklausel, besteht eine Beschlusszuständigkeit für Teileigentümerversammlungen, die z.b. über die Kostentragung beschließen kann (BayObLG ZMR 2004, 356 = BeckRS 2004, 2015).

31 d) Dachgemeinschaften. Es ist unzulässig, z.B. in einer Mehrhausanlage, Untergemeinschaften zu bilden, die ihrerseits Verwaltungsbefugnisse auf eine Dachgemeinschaft übertragen (so das OLG Düsseldorf in einem Fall, in dem eine Mehrhausanlage aus 27 Häusern bestand; OLG Düsseldorf NZM 2003, 446 = ZMR 2003, 765).

32 **4. Werdende neben in Vollzug gesetzte WE-Gemeinschaft.** Ein Nebeneinander von werdender Wohnungseigentümergemeinschaft und in Vollzug gesetzter Wohnungseigentümergemeinschaft gibt es nicht (KK-WEG/*Riecke* § 25 Rn. 6; offengelassen von OLG Köln NJOZ 2004, 2230 = ZMR 2004, 859).

33 Würde ein solches Nebeneinander von werdender Wohnungseigentümergemeinschaft und in Vollzug gesetzter Wohnungseigentümergemeinschaft zugelassen, wäre dies organisatorisch nicht zu bewältigen. Es müssten z.B. zwei Eigentümerversammlungen stattfinden – eine der werdenden Wohnungseigentümergemeinschaft und eine der in Vollzug gesetzten Wohnungseigentümergemeinschaft. Wie unterschiedliche Beschlüsse betreffend den gleichen Verfahrensgegenstand in Einklang zu bringen wären, ist nicht ersichtlich.

34 Allerdings können die Mitglieder einer in Vollzug gesetzten Wohnungseigentümergemeinschaft keinen (nur) werdenden Wohnungseigentümer im Beschlusswege zur Kostentragung verpflichten. Insoweit würde es sich um einen Beschluss zu Lasten Dritter handeln (OLG Köln NJOZ 2004, 2230 = ZMR 2004, 859).

III. Anwendbare Vorschriften

35 Anwendbar sind primär die Vorschriften des WEG, sekundär die Vorschriften des Gemeinschaftsrechts. Zusätzlich sind selbst gesetzte Normen (Vereinbarungen, Beschlüsse) zu beachten.

Allgemeine Grundsätze **§ 10**

1. Vorschriften des WEG. Hinsichtlich der WEG-Vorschriften 36 ist zu unterscheiden zwischen zwingenden Normen und abdingbaren Normen.

Verstöße gegen zwingende Vorschriften des WEG führen zur 37 Nichtigkeit. Verstöße gegen abdingbare Normen des WEG führen nur dann zur Nichtigkeit, wenn die Normen nicht abbedungen wurden – durch Vereinbarung, nicht durch Beschluss.

a) Zwingende Vorschriften des WEG. Zwingend (unabdingbar) 38 sind
- die Vorschriften über die Unauflöslichkeit (§ 11);
- die Vorschrift, wonach die Zustimmung zu einer Veräußerung im Fall der vereinbarten Veräußerungsbeschränkung nur aus wichtigem Grund versagt werden darf (§ 12 Abs. 2 Satz 1);
- die Vorschrift, wonach der Anspruch auf Entziehung des Wohnungseigentums bei einer schweren Verletzung der einem Wohnungseigentümer gegenüber anderen Wohnungseigentümern obliegenden Verpflichtung gegeben ist (§ 18 Abs. 1);
- die Vorschrift, wonach die Bestellung eines Verwalters nicht ausgeschlossen werden kann (§ 20 Abs. 2);
- die Vorschrift, wonach Modernisierungsmaßnahmen oder Maßnahmen zur Anpassung des gemeinschaftlichen Eigentums an den Stand der Technik mit qualifizierter Mehrheit beschlossen werden können (§ 22 Abs. 2 Satz 1);
- die Vorschrift, wonach ein schriftlicher Beschluss nur einstimmig gefasst werden kann (§ 23 Abs. 3);
- die Vorschrift, wonach die Versammlung der Wohnungseigentümer vom Verwalter einberufen werden muss, falls in den Kernbereich des Rechts eingegriffen werden soll (§ 24 Abs. 2; KK-WEG/*Riecke* § 24 Rn. 66; Niedenführ/*Schulze* § 24 Rn. 2; Weitnauer/*Lüke* § 24 Rn. 3);
- die Vorschriften, die die Bestellung und die Abberufung des Verwalters regeln (§ 26 Abs. 1, 2);
- die Vorschriften, die dem Wohnungseigentumsverwalter bestimmte Aufgaben und Befugnisse zuweisen (§ 27 Abs. 1 bis 3);
- die Vorschriften, die nicht das Verhältnis der Wohnungseigentümer untereinander betreffen (z.B. §§ 4, 5, 6, 19 Abs. 1, 19 Abs. 3, 26 Abs. 2, 43).

b) Abdingbare Vorschriften des WEG. Grundsätzlich ist es zu- 39 lässig, durch Vereinbarung von den Vorschriften des WEG abzuweichen (§ 10 Abs. 2 Satz 2). Seit der „Zitterbeschluss"-Entscheidung des BGH (BGH NJW 2000, 3500 = ZMR 2000, 771) ist geklärt, in welchen Fällen keine Vereinbarung erforderlich ist, sondern ein Beschluss ausreicht.

Abdingbar durch Vereinbarung sind jedenfalls alle Vorschrif- 40 ten, die nicht vorstehend als zwingende Vorschriften genannt sind.

41 **2. Gemeinschaftsrecht.** Sofern das WEG keine einschlägigen Normen enthält (BGH NJW 1993, 727 = ZMR 1993, 173), sind die Vorschriften der §§ 741 ff. BGB, 1008 ff. BGB anwendbar.

42 Bezogen auf §§ 741 ff. BGB bedeutet dies, dass
- § 10 Abs. 2, 3 vorrangig ist gegenüber §§ 746, 1010 BGB
- § 13 Abs. 2 Satz 1 vorrangig ist gegenüber § 743 Abs. 2 BGB
- §§ 15 Abs. 2, 21 Abs. 3 vorrangig sind gegenüber § 745 Abs. 1 BGB
- §§ 15 Abs. 3, 21 Abs. 4 vorrangig sind gegenüber § 745 Abs. 2 BGB
- § 16 Abs. 1 vorrangig ist gegenüber § 743 Abs. 1 BGB
- § 16 Abs. 2 vorrangig ist gegenüber § 748 BGB
- § 21 Abs. 1 vorrangig ist gegenüber § 744 Abs. 1 BGB
- § 21 Abs. 2 vorrangig ist gegenüber § 744 Abs. 2 BGB
- § 22 Abs. 1 vorrangig ist gegenüber § 745 Abs. 3 BGB.

43 **3. Vom Gesetz abweichende Vereinbarungen.** § 10 Abs. 2 Satz 2 ermöglicht es den Wohnungseigentümern, von den Vorschriften des WEG abweichende Vereinbarungen zu treffen, soweit nicht etwas anderes ausdrücklich bestimmt ist.

44 a) **Vereinbarungen.** *(1) Begriff.* „Vereinbarungen" sind das von den Wohnungseigentümern vertraglich oder im Falle des § 8 einseitig durch den Eigentümer festgelegte „Statut"... , durch das die gegenseitigen Beziehungen der Wohnungseigentümer geregelt werden, also das, was bei einem Verein die Satzung wäre. Diese „Vereinbarungen" bilden die „Grundordnung" der Gemeinschaft ... (*Weitnauer* 7. Aufl. § 10 Rn. 12).

45 Es handelt sich um einen allseitigen schuldrechtlichen Vertrag der Eigentümer in Bezug auf ihr Wohnungseigentum (BGH NJW 1984, 612; MDR 2003, 863; KK-WEG/*Elzer* § 10 Rn. 92).

46 Wenn Vereinbarungen gemäß §§ 10 Abs. 3, 5 Abs. 4 als Inhalt des Sondereigentums im Wohnungsgrundbuch eingetragen worden sind, spricht man von verdinglichten Vereinbarungen. Die Folge ist, dass Sondernachfolger sie gegen sich gelten lassen müssen (§ 10 Abs. 3).

47 Wird eine Vereinbarung nicht eingetragen, bindet sie Sondernachfolger nicht kraft Gesetzes. Es ist jedoch zulässig, dass sich ein Sondernachfolger einer nicht verdinglichten Vereinbarung ausdrücklich oder konkludent unterwirft (BGH NJW-RR 2004, 874 = ZMR 2004, 522).

48 Schuldrechtliche Vereinbarungen unterscheiden sich von verdinglichten Vereinbarungen dadurch, dass sie nicht Sondernachfolger berechtigen, sondern nur die Rechtssubjekte, die sie geschlossen haben (KK-WEG/*Elzer* § 10 Rn. 148).

49 Schuldrechtliche Vereinbarungen verlieren ihre Wirkung in dem Augenblick, in dem eine Sondernachfolge stattfindet. Etwas anderes gilt nur, wenn sich der Sondernachfolger seinerseits schuldrechtlich bindet.

(2) Zustandekommen. Eine Vereinbarung kommt durch Willenserklärung aller Eigentümer zustande. Dies gilt auch für Mehrhausanlagen (OLG Düsseldorf FGPrax 2003, 121). 50

Solange nicht alle Wohnungseigentümer einer Vereinbarung zustimmen, ist diese nicht zustande gekommen (KK-WEG/*Elzer* § 10 Rn. 93). Eine Verpflichtung zum Abschluss einer Vereinbarung besteht nicht, falls nicht § 242 BGB eingreift (KK-WEG/*Elzer* § 10 Rn. 186) oder ein Anspruch aus dem Gemeinschaftsverhältnis der Wohnungseigentümer hergeleitet wird (BayObLG NJW-RR 2001, 1092 = ZMR 2001, 824). Siehe jedoch § 10 Abs. 2 Satz 3. 51

Die einer Vereinbarung zugrunde liegenden Willenserklärungen (KK-WEG/*Elzer* § 10 Rn. 93) unterliegen allgemeinem Recht. Sie sind anfechtbar und auslegungsfähig nach den allgemeinen Vorschriften (z. B. §§ 119 ff., 133, 157 BGB). 52

(3) Form. Grundsätzlich erfordert das Zustandekommen einer Vereinbarung, dass alle Wohnungseigentümer zustimmen („Allstimmigkeit"). 53

Eine Vereinbarung kann auch in der Weise zustande kommen, dass ein Teil der Wohnungseigentümer in der Eigentümerversammlung, der restliche Teil nachträglich schriftlich zustimmt (KG WE 1989, 135). 54

Haben die Wohnungseigentümer eine Abänderung der in der Teilungserklärung niedergelegten Regelung hinsichtlich eines Sondernutzungsrechts allstimmig beschlossen, liegt der Sache nach eine Vereinbarung über die Abänderung der Teilungserklärung = Vereinbarung vor (BayObLG NJW-RR 2001, 1164 = DWE 2001, 147). 55

An das Zustandekommen einer Änderung der Gemeinschaftsordnung durch konkludentes oder stillschweigendes Verhalten sind besondere Anforderungen zu stellen; es genügt nicht jede allseitige Übereinkunft der Wohnungseigentümer (OLG Hamburg ZMR 2006, 298). 56

Selbst eine jahrelange Übung kann im Ausnahmefall das Zustandekommen einer Vereinbarung bewirken (OLG Hamburg ZMR 2005, 975). 57

Wird bei einem „zwanglosen Zusammentreffen" aller Wohnungseigentümer, zu dem keine Einberufung vorliegt und über dessen Ablauf keine Niederschrift erstellt wurde, schriftlich niedergelegt, dass auf einem Pkw-Stellplatz ein Carport errichtet werden darf, handelt es sich um eine Vereinbarung und nicht um einen Beschluss (BayObLG NZM 2003, 199 = MieWoE § 10 WEG Nr. 35). 58

Eine in einer Wohnungseigentümerversammlung verlautbarte, als Beschluss bezeichnete einstimmige Willenserklärung aller 59

§ 10 I. Teil. Wohnungseigentum

Wohnungseigentümer kann als Vereinbarung auszulegen sein, wenn sie die Grundlagen des Gemeinschaftsverhältnisses betrifft und einem Mehrheitsbeschluss nicht zugänglich wäre (OLG Zweibrücken WE 1997, 234).

60 *(4) Erforderlichkeit.* Vereinbarungen sind dann erforderlich, wenn ein bloß der Mehrheit bedürfender Beschluss nicht ausreicht. Seit der „Zitterbeschluss"-Entscheidung des BGH (BGH NJW 2000, 3500 = ZMR 2000, 771) ist zu unterscheiden zwischen
– gesetzes- oder vereinbarungsändernden Beschlüssen
– vereinbarungsersetzenden Beschlüssen
– gesetzes- oder vereinbarungswidrigen Beschlüssen.

61 *(a) Gesetzes- oder vereinbarungsändernde Beschlüsse.* Gesetzes- oder vereinbarungsändernde Beschlüsse sind nichtig (BGH NJW 2000, 3500 = ZMR 2000, 771), z. B. wenn der gesetzliche Kostenverteilungsschlüssel (§ 16 Abs. 2) geändert werden soll. Zwar ist § 16 Abs. 2 dispositiver Natur, jedoch nur durch Vereinbarung, nicht durch Beschluss.

62 *(b) Vereinbarungsersetzende Beschlüsse.* Sofern keine Öffnungsklausel (Rn. 101 ff.) vorliegt, ist in den Fällen, in denen das Gesetz abdingbar ist durch Vereinbarung (z. B. Gebrauchsregelungen – § 15 Abs. 2 –, Verwaltungsregelungen – § 21 Abs. 3 –) den Wohnungseigentümern keine Beschlusskompetenz gegeben. Wird allerdings dennoch ein vereinbarungsersetzender Beschluss gefasst, ist dieser nicht nichtig, sondern lediglich anfechtbar (BGH NJW 2000, 3500 = ZMR 2000, 771).

63 *(c) Gesetzes- oder vereinbarungswidriger Beschluss.* Ein gesetzes- oder vereinbarungswidriger Beschluss ist nicht nichtig, sondern nur anfechtbar (BGH NJW 2000, 3500 = ZMR 2000, 771; OLG Hamm ZMR 2005, 306 = BeckRS 2004, 12558).

64 Das sind die Fälle, in denen grundsätzlich eine Beschlusskompetenz besteht, der gefasste Beschluss jedoch in seiner konkreten Ausprägung dem Gesetz oder einer Vereinbarung widerspricht, z. B. ein Beschluss, durch den nicht etwa der Kostenverteilungsschlüssel als solcher abgeändert werden soll, sondern durch den der Kostenverteilungsschlüssel lediglich falsch angewendet wird.

65 *(5) Änderung von Vereinbarungen.* Vereinbarungen können entweder einvernehmlich geändert werden (allseitiges Verlangen) oder auf Verlangen einzelner Wohnungseigentümer (einseitiges Verlangen).

66 *(a) Einvernehmliche Änderung.* Es ist völlig unstreitig, dass Vereinbarungen durch erneute Vereinbarung geändert werden können (BGH NJW 2000, 3500 = ZMR 2000, 771; NJW 2000, 3642 = ZMR 2001, 119; NJW 2003, 3476 = ZMR 2003, 937).

67 Konsequenterweise ist für den Regelfall wieder Allstimmigkeit erforderlich. Da diese jedoch in der Praxis fast nicht zu erreichen ist, wurde versucht, durch so genannte „Zitterbeschlüsse" durch

Allgemeine Grundsätze **§ 10**

Mehrheitsentscheidung Vereinbarungen zu ändern. Diesen Weg hat der BGH (NJW 2000, 3500 = ZMR 2000, 771) grundsätzlich verbaut (Rn. 61).

Vereinbarungsänderungen durch Beschluss sind allerdings zulässig, falls eine dahin gehende Öffnungsklausel vorliegt (Rn. 101 ff.). 68

Falls im Einzelfall tatsächlich Allstimmigkeit erreicht wird, bedarf die Änderungsvereinbarung zur Wirkung gegenüber Sondernachfolgern der Eintragung ins Wohnungsgrundbuch (§ 10 Abs. 3). 69

(b) Änderung auf Verlangen. Da eine allstimmige Vereinbarungsänderung in der Praxis fast nicht möglich ist, hat sich die Rechtsprechung in der Vergangenheit regelmäßig mit der Änderung von Vereinbarungen auf Verlangen einzelner Wohnungseigentümer zu beschäftigen gehabt. 70

Streitig war immer, ob ein Anspruch auf eine Änderung besteht, regelmäßig dann, wenn eine durch die Teilungserklärung oder Gemeinschaftsordnung vorgegebene Regelung sich später als unzweckmäßig erwies, weil die Besonderheiten der jeweiligen Wohnungseigentümergemeinschaft nicht beachtet worden waren (vgl. BayObLG ZMR 2003, 949 = BeckRS 2003, 7722). 71

(aa) Bisherige Rechtsprechung. Von der Rechtsprechung zugestandene Änderungsansprüche wurden regelmäßig mit § 242 BGB begründet (z. B. BGH NJW 1985, 2832). Vereinzelt wurde auch versucht, einen Änderungsanspruch aus einer ergänzenden Auslegung der Teilungserklärung herzuleiten (BGH NJW 2004, 3413 = ZMR 2004, 834). 72

Die Faustformel der Rechtsprechung lautet, dass ein Anspruch auf Änderung einer Vereinbarung dann gegeben ist, wenn außergewöhnliche Umstände das Festhalten an der getroffenen Regelung als grob unbillig und damit als gegen Treu und Glauben verstoßend erscheinen lassen (BGH NJW 2004, 3413 = ZMR 2004, 834). 73

In der Praxis geht es insoweit regelmäßig um vereinbarte Kostenverteilungsschlüssel. Ein typischer Fall (BayObLG NZM 2001, 290 = ZMR 2001, 473): Es ging um eine Wohnungseigentumsanlage, bestehend aus drei Wohnungen. Zwei der drei Wohnungen hatten eine Wohnfläche von jeweils 60 m^2, die dritte eine Wohnfläche von 120 m^2. Die dahin gehende Vereinbarung sah vor, dass Lasten und Kosten des gemeinschaftlichen Eigentums von den Wohnungseigentümern aller drei Wohnungen zu je 1/3 getragen werden. Einer der Eigentümer der 60-m^2-Wohnungen fand das nicht gerecht und verlangte eine Aufteilung der Kosten 25:25:50. Das BayObLG (NZM 2001, 290) lehnte den Antrag auf Änderung des Kostenverteilungsschlüssels ab. 74

Das BayObLG berief sich auf den BGH (NJW 1985, 2832), wonach eine Änderung des Kostenverteilungsschlüssels nur zuläs- 75 sig ist, wenn zum einen ein sachlicher Grund vorliegt und zum anderen einzelne Wohnungseigentümer durch die Änderung des Kostenverteilungsschlüssels nicht unbillig benachteiligt werden.

76 In Konsequenz dieser BGH-Entscheidung haben die jeweiligen Instanzgerichte die vereinbarte Kostenbelastung mit der Kostenbelastung verglichen, die bei einer Verteilung nach dem gesetzlichen Verteilungsschlüssel gegeben wäre. Selbst wenn die vereinbarte Kostenbelastung um 59 Prozent höher lag als bei einer Verteilung nach dem gesetzlichen Verteilungsschlüssel, wurde keine „grobe Unbilligkeit" im Sinne der BGH-Rechtsprechung angenommen (OLG Frankfurt NZM 2001, 140). Nur in Extremfällen wurde eine „grobe Unbilligkeit" bejaht. So im Fall des KG (NJW-RR 1991, 1169). Es ging um die Sanierung einer Tiefgarage, wobei die Kosten der Sanierung zu 94,9 Prozent auf Wohnungseigentümer entfielen, die keinen Tiefgaragenstellplatz innehatten.

77 In den bislang entschiedenen Fällen war regelmäßig entscheidungserheblich, dass den die Änderung des Kostenverteilungsschlüssels begehrenden Wohnungseigentümern der Kostenverteilungsschlüssel beim Erwerb des Wohnungseigentums bekannt war und sie sich entsprechend auf eine dahin gehende finanzielle Belastung einstellen konnten (OLG Braunschweig ZMR 2004, 929: „ferner ist zu berücksichtigen, dass jeder Wohnungseigentümer ... bei Erwerb der Wohnung in der Lage ist, sich über den geltenden Kostenverteilungsschlüssel zu informieren und sich darauf einzustellen").

78 Das KG hat die Auffassung vertreten, dass reine Prozentgrenzen, bis zu denen Belastungen hingenommen werden müssen, einen Anspruch auf Änderung des Kostenverteilungsschlüssels nicht hindern würden (Vorlagebeschluss NZM 2004, 549 = ZMR 2004, 705).

79 In seiner Entscheidung über den Vorlagebeschluss kommt der BGH (NJW 2004, 3413 = ZMR 2004, 834) ebenfalls zum Ergebnis, dass das Maß der Kostenmehrbelastung nicht das alleinige Kriterium zur Beurteilung der groben Unbilligkeit eines Kostenverteilungsschlüssels ist. Zu berücksichtigen seien vielmehr die gesamten Umstände des einzelnen Falles, z.B.
– ob die beanstandete Kostenverteilungsregelung für alle oder nur für einen Teil der gemeinschaftlichen Lasten und Kosten gilt,
– falls die beanstandete Kostenverteilungsregelung nur auf einzelne Kostenpositionen Anwendung findet, kann es auf das Verhältnis der hierdurch bedingten Mehrkosten zu den einen Wohnungseigentümer insgesamt treffenden Gemeinschaftskosten ankommen,
– eine grobe Unbilligkeit kann auch deshalb zu verneinen sein, weil bei einer längerfristigen Betrachtungsweise zu erwarten

ist, dass es zu einem wirtschaftlichen Ausgleich einer einmaligen Kostenmehrbelastung kommen wird,
- der Annahme grober Unbilligkeit kann es zu dem entgegenstehen, wenn die Ursache einer Kostenmehrbelastung ausschließlich dem Risikobereich des betroffenen Wohnungseigentümers zuzuordnen ist.

Zu beachten sei auch, dass die Auswirkungen einer nicht sachgerechten Kostenverteilungsregelung bereits beim Erwerb des Wohnungseigentums absehbar sind. 80

Danach dürfte für die Praxis die alte Rechtsprechung weiter gelten, dass Änderungen des Kostenverteilungsschlüssels nahezu ausgeschlossen sind, weil der Erwerber eines Wohnungseigentums beim Erwerb den Kostenverteilungsschlüssel entweder kannte oder aber hätte kennen müssen. 81

Ein Anspruch auf Abänderung des Kostenverteilungsschlüssels kann sich danach ergeben, 82
- wenn die Verteilung der Kosten nach der Größe der Miteigentumsanteile im Hinblick darauf, dass diese von der Wohnfläche der einzelnen Wohnungen erheblich abweicht, zu sachwidrigen und unzumutbareren Ergebnissen für einzelne Wohnungseigentümer führt (BayObLG NZM 2001, 290 = ZMR 2001, 473),
- wenn sich der Kostenverteilungsschlüssel im Zusammenleben der Wohnungseigentümer als von Anfang an als verfehlt oder als unzweckmäßig erweist oder weil er zu wenig auf die Besonderheiten der jeweiligen Wohnungseigentümergemeinschaft abgestimmt und deshalb grob unbillig ist (KG FGPrax 2004, 7 = ZMR 2004, 620),
- wenn eine nachträgliche bauliche Veränderung, die zu einer erheblichen Vergrößerung und Wertsteigerung eines einzelnen Wohnungseigentums geführt hat, eine zunächst sachgerechte Festlegung der Miteigentumsanteile aufhob und so zu einer grob unbilligen Kostenverteilung führte (OLG Düsseldorf FGPrax 2001, 101 = ZMR 2001, 378),
- wenn eine behördliche Auflage oder die Nichterteilung einer baurechtlichen Genehmigung dazu führte, dass ein Miteigentum auf Dauer nicht genutzt oder ausgebaut werden kann, der entsprechende Anteil aber dennoch bei der Kostenverteilung zugrunde gelegt worden ist (KK-WEG/*Elzer* § 10 Rn. 197),
- wenn eine Wohnungseigentumsanlage durch Umplanungen des Bauträgers anders als in der Teilungserklärung vorgesehen ausgeführt wurde (KG NZM 1999, 257 = ZMR 1999, 64).

(bb) **§ 10 Abs. 2 Satz 3 n.F.** Seit dem 1.7.2007 gilt § 10 Abs. 2 Satz 3, wonach jeder Wohnungseigentümer eine vom Gesetz abweichende Vereinbarung verlangen kann ebenso wie die Anpassung einer Vereinbarung, soweit ein Festhalten an der geltenden 83

Regelung aus schwerwiegenden Gründen unter Berücksichtigung aller Umstände des Einzelfalles, insbesondere der Rechte und Interessen der anderen Wohnungseigentümer, unbillig erscheint.

84 Die Neuregelung unterscheidet sich von der bisherigen Rechtsprechung im Wesentlichen dadurch, dass die von der Rechtsprechung geforderte „grobe" Unbilligkeit durch schlichte „Unbilligkeit" ersetzt wurde, die nicht mehr „grob" sein muss. Ausweislich der Gesetzesbegründung verbindet der Gesetzgeber damit die Hoffnung, dass die Schwelle zur Änderung eines Kostenverteilungsschlüssels gesenkt wurde.

85 Außerdem soll durch die Neuregelung den Gerichten die Möglichkeit gegeben werden, weiterhin speziell auf den konkreten Einzelfall bezogene Entscheidungen zu fällen. Daher ist in den Tatbestand aufgenommen worden, dass ein Festhalten an der geltenden Regelung „unter Berücksichtigung aller Umstände des Einzelfalles" unbillig erscheint.

86 Als im Einzelfall zu berücksichtigende Umstände benennt der Gesetzgeber ausdrücklich die Rechte und Interessen der anderen Wohnungseigentümer. Damit ist klargestellt, dass auch die finanziellen Interessen der anderen Wohnungseigentümer, die sich aus einer Änderung (z.B.) eines Kostenverteilungsschlüssels ergeben, zu berücksichtigen sind.

87 **b) Vom WEG abweichende Vereinbarungen.** § 10 Abs. 2 Satz 2 bestimmt ausdrücklich, dass die Wohnungseigentümer von den Vorschriften des WEG abweichende Vereinbarungen treffen können, soweit nicht etwas anderes ausdrücklich bestimmt ist.

88 Ausdrücklich ist etwas anderes bestimmt in §§ 11, 12, 18, 20, 26, 27. Von den Regelungsinhalten dieser Normen kann auch durch Vereinbarung nicht abgewichen werden.

89 Darüber hinaus ist die so genannte Kernbereichslehre zu beachten (vgl. KK-WEG/*Elzer* § 10 Rn. 224 ff.). Danach gilt, dass Vereinbarungen zwar grundsätzlich auch dann wirksam sind, wenn sie in den Kernbereich des Wohnungseigentums eingreifen (BGH NJW 2004, 937 = ZMR 2004, 438).

90 Die Regelungsbefugnis der Wohnungseigentümer endet jedoch dort, wo die personenrechtliche Gemeinschaftsstellung der Wohnungseigentümer ausgehöhlt wird, wenn also z.B. sämtliche Entscheidungskompetenzen der Wohnungseigentümer auf Dritte übertragen werden. Das Gesetz geht davon aus, dass die Eigentümergemeinschaft die notwendigen Entscheidungen über das „Ob" und das „Wie" der Verwaltung grundsätzlich selbst und gemeinschaftlich treffen muss (OLG Düsseldorf NZM 2002, 1031 = ZMR 2003, 126), so dass z.B. der völlige Ausschluss von Mitverwaltungsrechten unwirksam ist (BGH NJW 1987, 650).

91 Die Wohnungseigentümer können z.B. nicht wirksam vereinbaren, dass dem Wohnungseigentumsverwalter die Bestimmung

und Änderung des Kostenverteilungsschlüssels übertragen wird (KK-WEG/*Elzer* § 10 Rn. 237).

c) Von anderen Gesetzen abweichende Vereinbarungen. 92
§§ 134, 138, 242 BGB finden Anwendung.

4. Beschlüsse. Die für das tägliche Leben innerhalb einer Woh- 93
nungseigentümergemeinschaft wichtigen Dinge, nämlich Fragen des Gebrauchs (§ 15 Abs. 2) und der Verwaltung (§ 21 Abs. 3), werden im Beschlusswege geregelt. Zu den sonstigen Beschlusskompetenzen siehe Rn. 99.

a) Begriff. Beschlüsse sind interne Rechtsgeschäfte (OLG Köln 94
NZM 2005, 23 = ZMR 2005, 227). Mehrere gleichgerichtete Willenserklärungen der Wohnungseigentümer werden gebündelt (KK-WEG/*Elzer* § 10 Rn. 302). Beschlüsse sind keine Verträge, sondern lediglich das fixierte Ergebnis der internen Willensbildung der Wohnungseigentümer.

Der Umstand, dass ein Beschluss als solcher kein Vertrag ist, 95
ändert nichts daran, dass die jeweilige Stimmabgabe eine Willenserklärung ist (BGH NJW 2002, 3629 = ZMR 2002, 936), auf die die allgemeinen zivilrechtlichen Bestimmungen Anwendung finden, z. B. das Anfechtungsrecht (§§ 119 ff. BGB, vgl. BayObLGZ 2000, 66).

b) Form. Beschlüsse werden grundsätzlich mündlich gefasst. 96
Insbesondere ist für die Wirksamkeit eines Beschlusses die Protokollierung nicht erforderlich (BayObLG NJW-RR 2005, 456 = ZMR 2005, 462).

Falls die Teilungserklärung/Gemeinschaftsordnung vorsieht, 97
dass es zur Gültigkeit eines Beschlusses der Eigentümerversammlung erforderlich ist, dass der Beschluss zum einen protokolliert wird und zum Zweiten von zwei von der Eigentümerversammlung bestimmten Wohnungseigentümern zu unterzeichnen ist, so bedarf die Wirksamkeit der Beschlussfassung, dass die zur Unterzeichnung Berechtigten zu Beginn der Versammlung durch Mehrheitsbeschluss der Eigentümer festgelegt werden (OLG Schleswig NJW-RR 2006, 1675).

c) Ermächtigungsnormen. Grundsätzlich regeln die Wohnungs- 98
eigentümer ihr Verhältnis untereinander im Vereinbarungswege (§ 10 Abs. 2 Satz 2). Lediglich dann, wenn eine gesonderte Ermächtigung gegeben ist, ist die Regelung des Verhältnisses der Wohnungseigentümer untereinander im Beschlusswege zulässig.

(1) Gesetzliche Ermächtigungsnormen. Angesichts des Umstan- 99
des, dass die für eine Vereinbarung erforderliche Allstimmigkeit in vielen Fällen nicht zu erreichen ist, hat der Gesetzgeber für „Fragen des täglichen Lebens" Beschlusskompetenzen vorgegeben. Im Einzelnen:
– Gebrauch (§ 15 Abs. 2)

- Veräußerungsverlangen (§ 18 Abs. 3 Satz 1)
- Verwaltung des Gemeinschaftseigentums (§ 21 Abs. 3)
- bauliche Veränderungen (§ 22 Abs. 1 Satz 1)
- Modernisierungsmaßnahmen (§ 22 Abs. 2)
- Bestellung des Verwalters (§ 26 Abs. 1 Satz 1)
- Abberufung des Verwalters (§ 26 Abs. 1 Satz 1)
- Verwalterbevollmächtigung zur Geltendmachung von Ansprüchen (§ 27 Abs. 2 Nr. 3, Abs. 3 Nr. 7)
- Rechnungslegung des Verwalters (§ 28 Abs. 4)
- Wirtschaftsplan (§ 28 Abs. 4)
- Verwalterabrechnung (§ 28 Abs. 5)
- Bestellung eines Verwaltungsbeirats (§ 29 Abs. 1 Satz 1).

100 § 15 Abs. 2 (Gebrauch) und § 21 Abs. 3 (Verwaltung) geben die Beschlusskompetenz für einen „ordnungsmäßigen" Gebrauch und eine „ordnungsmäßige" Verwaltung. Die Ordnungsmäßigkeit ist jedoch nicht kompetenzbegründend (*Becker/Kümmel/Ott* Wohnungseigentum Rn. 88). Vielmehr führt die mangelnde Ordnungsmäßigkeit lediglich zur Anfechtbarkeit (BGH NJW 2000, 3500 = ZMR 2000, 771).

101 *(2) Öffnungsklauseln.* § 10 Abs. 2 Satz 2 gibt den Wohnungseigentümern die Möglichkeit, ihr Verhältnis untereinander durch Vereinbarung zu regeln. Die dahin gehende Regelungsbefugnis der Wohnungseigentümer ist sehr weit. Sie geht so weit, dass die Wohnungseigentümer vereinbaren können, bestimmte Regelungsgegenstände durch Beschluss zu regeln, für die das Gesetz eine Vereinbarung vorsieht (BGH NJW 2000, 3500 = ZMR 2000, 771).

102 Derartige Vereinbarungen, die eine Beschlusskompetenz begründen, werden allgemein als „Öffnungsklausel" bezeichnet. Seit der Zitterbeschluss-Entscheidung des BGH (NJW 2000, 3500 = ZMR 2000, 771) ist es h. M., dass den praktischen Bedürfnissen folgend es zulässig ist, dass die Wohnungseigentümer sich selber – im Vereinbarungswege – Beschlusskompetenzen geben.

103 Derartige Öffnungsklauseln können ausdrücklich vereinbart werden. Beispielsweise durch eine Regelung in der Gemeinschaftsordnung, dass für bestimmte Dinge eine (qualifizierte) Mehrheit ausreichend ist.

104 Öffnungsklauseln können sich bei gegebener hinreichender Bestimmtheit, aber auch im Auslegungswege ergeben (KG NJW-RR 2002, 374 = ZMR 2002, 147).

105 *(a) Allgemeine Öffnungsklauseln.* Allgemeine Öffnungsklauseln sind abstrakt-generell. Sie umfassen alle Bereiche der Gemeinschaftsordnung (KK-WEG/*Elzer* § 10 Rn. 282).

106 *(b) Konkrete Öffnungsklauseln.* Von den allgemeinen Öffnungsklauseln sind die konkreten Öffnungsklauseln zu unterscheiden. Diese beschränkten sich auf bestimmte Regelungsbereiche, beispielsweise die Änderung des Kostenverteilungsschlüssels.

(c) Regelungsgrenzen. In der Rechtsprechung ist die Zulässigkeit von Öffnungsklauseln, allgemein anerkannt. Allerdings werden Einschränkungen gemacht. Von einer Öffnungsklausei darf nur Gebrauch gemacht werden, wenn 107
– die beschlossene Regelung durch sachliche Gründe gerechtfertigt ist
– und einzelne Wohnungseigentümer durch die beschlossene Regelung gegenüber dem bisherigen Rechtszustand nicht unbillig benachteiligt werden (grundlegend BGHZ 95, 137 = NJW 1985, 2832; *Becker/Kümmel/Ott* Wohnungseigentum Rn. 92; KK-WEG/*Elzer* § 10 Rn. 285).

d) § 10 Abs. 4 Satz 2 n. F. Bis zum 30. 6. 2007 war umstritten, ob auf einer Öffnungsklausel beruhende Beschlüsse ohne Grundbucheintragung gegen Sondernachfolger wirken (vgl. KK-WEG/*Elzer* § 10 Rn. 297). 108

§ 10 Abs. 4 Satz 2 in der seit dem 1. 7. 2007 geltenden Fassung stellt klar, dass auch Beschlüsse, die auf Grund einer Öffnungsklausel gefasst worden sind, ohne Grundbucheintragung gegen Sondernachfolger eines Wohnungseigentümers gelten. 109

B. Verhältnis zu Dritten

Weder Vereinbarungen noch Beschlüsse haben Wirkungen gegen Dritte. 110

I. Vereinbarungswirkung gegen Dritte

Vereinbarungen regeln die Beziehungen der Wohnungseigentümer untereinander. Sie berechtigen und verpflichten daher lediglich die Wohnungseigentümer, nicht Dritte (BayObLG NJW 2005, 444 = ZMR 2005, 300). 111

II. Beschlusswirkung gegen Dritte

Beschlüsse zu Lasten Dritter zu fällen, sind die Wohnungseigentümer nicht berechtigt. Es besteht keine dahin gehende Beschlusskompetenz (BGH NJW 1994, 3352 = ZMR 1995, 37). 112

C. Vereinbarungswirkung gegen Sondernachfolger

§ 10 Abs. 3 bestimmt, dass Vereinbarungen gegen Sondernachfolger eines Wohnungseigentümers nur wirken, wenn sie als Inhalt des Sondereigentums im Grundbuch eingetragen sind. 113

I. Sondernachfolger

114 Sondernachfolger im Sinne des § 10 Abs. 3 ist nur derjenige, der Wohnungseigentum durch Rechtsgeschäft (Kauf, Schenkung) oder durch Zuschlag in der Zwangsversteigerung erwirbt.

115 Gesamtrechtsnachfolger (§ 1922 Abs. 1 BGB) sind keine Sondernachfolger im Sinne des § 10 Abs. 3. Er – der Gesamtrechtsnachfolger – tritt in alle Rechte und Pflichten des Erblassers ein und ist daher konsequenterweise wie dieser an sämtliche Vereinbarungen der Wohnungseigentümer und an gefasste Beschlüsse gebunden (KK-WEG/*Elzer* § 10 Rn. 321).

II. Bindung des Sondernachfolgers durch Grundbuch-Eintragung

116 Die Bindungswirkung setzt voraus, dass die jeweilige Vereinbarung im Grundbuch eingetragen ist. Eine bloße Kenntnis des Sondernachfolgers reicht nicht aus (KG ZMR 2001, 656 = NZM 2002, 252).

117 Die mangelnde Eintragung hindert auch dann die Bindung des Sondernachfolgers, wenn die Eintragung nur versehentlich bei Neuanlegung eines Grundbuchblattes nicht wieder eingetragen wurde (KK-WEG/*Elzer* § 10 Rn. 332; a. A. OLG Hamm WE 1993, 250). Begründung vorstehender Rechtsauffassung: Die Eintragung als objektives Prüfkriterium dient der Rechtssicherheit.

118 Die Bindung des Sondernachfolgers beginnt mit seiner Eintragung im Grundbuch.

III. Bindung des Sondernachfolgers ohne Grundbucheintragung

119 Angesichts des Umstandes, dass der Gesetzgeber das die Rechtssicherheit fördernde Kriterium „Eintragung" gewählt hat, tritt eine Bindung eines Sondernachfolgers ohne Eintragung nicht ein (KK-WEG/*Elzer* § 10 Rn. 331). So ist ein Sondernachfolger z.B. nicht daran gebunden, dass sein Rechtsvorgänger ein Recht verwirkt hat. Der Sondernachfolger kann es allenfalls selber verwirken (OLG Köln NJW-RR 1998, 1625 = ZMR 1998, 459).

120 Das führt dazu, dass der Sondernachfolger als Erwerber im Zwangsvollstreckungsverfahren mehr Rechte haben kann als der Rechtsvorgänger (BayObLG ZMR 2004, 524 = BeckRS 2004, 3775).

121 Anderer Ansicht ist die h. M. für Fälle des rechtsgeschäftlichen Erwerbs. So soll der Sondernachfolger gebunden sein, wenn der Verkäufer in seiner Person Beseitigungs-, Herstellungs- oder Unterlassungsansprüche verwirkt hatte (BayObLG NZM 2004, 747 = ZMR 2005, 66) oder auf derartige Ansprüche verzichtet hatte (BayObLG ZMR 2001, 48).

D. Beschlusswirkung gegen Sondernachfolger

Beschlüsse der Wohnungseigentümer gemäß § 23 bedürfen zu ihrer Wirksamkeit gegen den Sondernachfolger eines Wohnungseigentümers nicht der Eintragung in das Grundbuch (§ 10 Abs. 4 Satz 1). Das gilt auch für auf Grund einer Öffnungsklausel gefasste Beschlüsse (§ 10 Abs. 4 Satz 2). 122

I. Sondernachfolger

Siehe C. I. (Rn. 114 f.). 123

II. Beschluss kraft gesetzlicher Beschlusskompetenz

Zur Frage, welche Beschlusskompetenzen den Wohnungseigentümern kraft Gesetzes zugewiesen sind, siehe Rn. 99. 124

Weil es Wohnungseigentümergemeinschaften unverwaltbar machen würde, wenn bei jedem Eigentümerwechsel der jeweils neue Eigentümer getroffene Regelungen (z. B. Gebrauchs- oder Verwaltungsregelungen) wieder in Frage stellen würde, bedurfte es einer Regelung, wonach Sondernachfolger an bestandskräftige Beschlüsse gebunden sind. Diese Regelung ist in § 10 Abs. 4 enthalten. 125

Die Regelung dient letztendlich auch der Funktionsfähigkeit des Grundbuchs (KK-WEG/*Elzer* § 10 Rn. 314). 126

III. Beschluss kraft vereinbarter Beschlusskompetenz

Das WEG stellt in § 10 Abs. 4 lediglich darauf ab, ob es sich um einen Beschluss handelt oder nicht. Daher sind – im Interesse der Rechtssicherheit – auch Beschlüsse auf Grund von Öffnungsklauseln gegenüber Sondernachfolgern verpflichtend (§ 10 Abs. 4 Satz 2). 127

E. Wirkung gerichtlicher Entscheidungen gegen Sondernachfolger

Entscheidungen des Richters gemäß § 43 bedürfen zu ihrer Wirksamkeit gegen den Sondernachfolger eines Wohnungseigentümers nicht der Eintragung in das Grundbuch (§ 10 Abs. 4). § 10 Abs. 4 Satz 1 entspricht § 325 Abs. 1 ZPO. 128

F. Beschlusswirkung gegen überstimmte/abwesende Wohnungseigentümer

129 Auf Grund gesetzlicher Beschlusskompetenz gefasste Beschlüsse wirken auch für und gegen die Wohnungseigentümer, die gegen den Beschluss gestimmt oder an der Beschlussfassung nicht mitgewirkt haben (§ 10 Abs. 5).

I. Überstimmte Wohnungseigentümer

130 Zur Frage, wann ein Wohnungseigentümer überstimmt ist, siehe die Anmerkungen zu § 25.

II. Abwesende Wohnungseigentümer

131 Auch Wohnungseigentümer, die an der Wohnungseigentümerversammlung, in der der Beschluss gefasst worden ist, nicht teilgenommen haben, sind an den (wirksam) gefassten Beschluss gebunden.

G. Beschlusswirkung gegen Dritte

132 Siehe Rn. 112.

H. (Teil-)Rechtsfähigkeit

133 Bis zur Teilrechtsfähigkeits-Entscheidung des BGH vom 2. 6. 2005 (NJW 2005, 2061 = ZMR 2005, 547) wurde zwar gefordert, anzuerkennen, dass die Wohnungseigentümergemeinschaft als solche Träger von Rechten und Pflichten sein könne. Die Rechtsprechung folgte dem jedoch nicht.

134 Seit der BGH mit Beschluss vom 2. 6. 2005 die Teilrechtsfähigkeit anerkannt hat und der Gesetzgeber dies bei der Novellierung des WEG zum 1. 7. 2007 berücksichtigte, hat sich die rechtliche Situation von Wohnungseigentümergemeinschaften wesentlich verändert.

I. Rechtsfähigkeit

135 § 10 Abs. 6 Satz 1 definiert die Rechtsfähigkeit der Wohnungseigentümergemeinschaft in Anlehnung an § 14 Abs. 2 BGB (Rechtsfähigkeit der Personengesellschaft) und an § 124 Abs. 1

Allgemeine Grundsätze **§ 10**

HGB (Rechtsfähigkeit der offenen Handelsgesellschaft). Die Rechtsfähigkeit der Gemeinschaft wird definiert als die Fähigkeit, Rechte zu erwerben und Pflichten einzugehen. Die Rechtsfähigkeit besteht „gegenüber Dritten und Wohnungseigentümern". Sie betrifft somit sowohl das Außenverhältnis als auch das Innenverhältnis. Deutlich wird dies z. B. auch an § 27 Abs. 2, 3. Dort ist einmal die Vertretungsbefugnis des Verwalters im Innenverhältnis geregelt (§ 27 Abs. 2) und einmal im Außenverhältnis (§ 27 Abs. 3).

Im Außenverhältnis geht es insbesondere um rechtsgeschäftliche Beziehungen zum Wohnungseigentumsverwalter (Verwaltervertrag, siehe die Erläuterungen zu § 26), zu Kreditinstituten (Abschluss von Kontoführungsverträgen, Anlage der Instandhaltungsrückstellung), zu Energieversorgungsunternehmen (Lieferverträge über Strom, Gas, Wasser), außerdem über rechtsgeschäftliche Beziehungen zu Handwerkern im Falle von Instandsetzungs- und Instandhaltungsmaßnahmen. 136

Im Innenverhältnis geht es insbesondere um Hausgeldansprüche gegen einzelne Wohnungseigentümer und um Unterlassungsansprüche im Sinne des § 1004 BGB. 137

Die Rechtsfähigkeit der Gemeinschaft betrifft all die Rechte und Pflichten, die „im Rahmen der gesamten Verwaltung des gemeinschaftlichen Eigentums" entstehen. „Gesamte Verwaltung" bedeutet, dass nicht nur die in §§ 21 bis 29 genannten Maßnahmen erfasst werden, sondern alle Rechtsgeschäfte und tatsächlichen Handlungen, bei denen es um die Verwaltung des Gebrauchs der im Gemeinschaftseigentum stehenden Teile geht, z. B. Rechtsfragen rund um die Unterlassung von Störungen, die das Maß des § 14 überschreiten (Musizieren, Grillen, Tierhaltung). 138

II. Rechtsinhaberschaft

Inhaber der Rechte und Verpflichteter der einzelnen Pflichten ist die Wohnungseigentümergemeinschaft als solche. Geschlossene Verträge (Werkverträge, Verwaltervertrag, Energielieferungsverträge) kommen mit der Gemeinschaft als solcher zustande. Im Ergebnis haftet die Gemeinschaft mit ihrem eigenen Vermögen (vgl. Erläuterungen zu § 10 Abs. 7 und Abs. 8, Rn. 150 ff., 162 ff.). 139

Die Rechtsinhaberschaft betrifft auch das Innenverhältnis, z. B. Hausgeldansprüche oder Ansprüche aus einem Beschluss über die Erhebung einer Sonderumlage. 140

Kahlen

III. Rechtsausübung

141 § 10 Abs. 6 Satz 3 bestimmt, dass die Gemeinschaft der Wohnungseigentümer die gemeinschaftsbezogenen Rechte ausübt und die gemeinschaftsbezogenen Pflichten wahrnimmt. Gleiches gilt für „sonstige" Rechte und Pflichten der Wohnungseigentümer, soweit diese gemeinschaftlich geltend gemacht werden können oder zu erfüllen sind.

142 Gemeinschaftsbezogen sind
– einmal die Angelegenheiten, für die schon bis zum 30. 6. 2007 eine ausschließliche Verwaltungszuständigkeit der Gesamtheit der Wohnungseigentümer bestand (vgl. § 21),
– ebenso wie die Angelegenheiten, bei deren Geltendmachung sich die Gemeinschaft der Wohnungseigentümer einerseits und ein einzelner/einzelne Wohnungseigentümer andererseits wie Dritte gegenüberstehen (Hausgeldansprüche).

143 Gemeinschaftsbezogen sind auch Gewährleistungsansprüche der Wohnungseigentümer, soweit diese der Gesamtheit zustehen.

144 „Sonstige" Rechte und Pflichten im Sinne des § 10 Abs. 6 Satz 3 sind Beseitigungs- und Unterlassungsansprüche im Störungsfall.

145 Individualansprüche einzelner Wohnungseigentümer (z. B. das Anfechtungsrecht) fallen nicht unter § 10 Abs. 6 Satz 3.

146 Gleiches – kein Fall des § 10 Abs. 6 Satz 3 – gilt für Ansprüche einzelner Wohnungseigentümer untereinander, die nicht gemeinschaftsbezogen sind.

IV. Bezeichnung

147 Die Gemeinschaft der Wohnungseigentümer muss die Bezeichnung „Wohnungseigentümergemeinschaft" führen, gefolgt von der bestimmten Angabe des gemeinschaftlichen Grundstücks (§ 10 Abs. 6 Satz 4).

148 Durch diese gesetzliche Vorgabe wird zum einen klargestellt, dass im konkreten Fall die Gemeinschaft als solche betroffen ist, und zum Zweiten wird klargestellt, welche Gemeinschaft betroffen ist.

149 Die Gemeinschaft kann vor Gericht klagen und verklagt werden (§ 10 Abs. 6 Satz 5). Siehe im Einzelnen die Erläuterungen zu §§ 43 ff.

I. Verwaltungsvermögen

150 Bis zur Teilrechtsfähigkeits-Entscheidung des BGH (NJW 2005, 2061 = ZMR 2005, 547) war streitig, wem das so genannte Verwaltungsvermögen zuzuordnen ist.

Bei dem bislang geführten Streit um die sachenrechtliche Zu- 151
ordnung des Verwaltungsvermögens ging es letztendlich um die
Frage, ob bei einem Eigentümerwechsel der auf den bisherigen
Eigentümer entfallende Anteil an der Instandhaltungsrückstellung
auf den Erwerber übergeht. Zielsetzung der Diskussion war letztendlich, zu verhindern, dass bei der Veräußerung eines Wohnungseigentums der Veräußerer „seinen" Anteil an der gebildeten
Instandhaltungsrückstellung herausverlangen konnte.

Die durch die Neuregelung des § 10 Abs. 7 erfolgte Klärung 152
macht die bisherige Diskussion (zum Meinungsstand siehe KK-WEG/*Förth* § 1 Rn. 19 ff.) überflüssig.

I. Rechtsinhaber

Gemäß § 10 Abs. 7 Satz 1 gehört das Verwaltungsvermögen 153
der Gemeinschaft der Wohnungseigentümer. Dies hat sowohl
Konsequenzen bei einem Eigentümerwechsel als auch in Zwangsvollstreckungsfällen. Gläubiger eines einzelnen Wohnungseigentümers können nicht (anteilig) auf die gebildete Instandhaltungsrückstellung zugreifen. Lediglich wenn die rechtsfähige Gemeinschaft der Wohnungseigentümer selber Schuldnerin ist, ist ein
Zugriff durch Dritte möglich.

II. Definition

Das Verwaltungsvermögen besteht aus den im Rahmen der ge- 154
samten Verwaltung des gemeinschaftlichen Eigentums gesetzlich
begründeten und rechtsgeschäftlich erworbenen Sachen und
Rechten sowie den entstandenen Verbindlichkeiten (§ 10 Abs. 7
Satz 2).

Erfasst werden alle von der rechtsfähigen Gemeinschaft be- 155
gründeten/rechtsgeschäftlich erworbenen Sachen und Rechte sowie die entstandenen Verbindlichkeiten.

In der Praxis geht es um die Rechte und Pflichten, die sich dar- 156
aus ergeben, dass der Verwalter im Rahmen des § 27 stellvertretend für die Wohnungseigentümergemeinschaft tätig geworden ist.

III. (Dauer-)Schuldverhältnisse

Bis zum 30. 6. 2007 war umstritten, ob von den Wohnungseigen- 157
tümern eingegangene Verpflichtungen Bestandteil des Verwaltungsvermögens sein können. Die Diskussion drehte sich insbesondere um Dauerschuldverhältnisse (Verträge mit Energieversorgungsunternehmen, Wartungsverträge, Vertrag mit dem
Wohnungseigentumsverwalter, vgl. *Elzer* ZMR 2004, 873).

§ 10   I. Teil. Wohnungseigentum

158   § 10 Abs. 7 Satz 3 in der seit dem 1. 7. 2007 geltenden Fassung stellt klar, dass zum Verwaltungsvermögen auch die Ansprüche und Befugnisse aus Rechtsverhältnissen mit Dritten und mit Wohnungseigentümern sowie die eingenommenen Gelder gehören.

159   Die Rechte und Pflichten, die bislang von der Gesamtheit der Wohnungseigentümer wahrgenommen wurden, werden jetzt von der (insoweit rechtsfähigen) Wohnungseigentümergemeinschaft wahrgenommen.

IV. Rechtsübergang im Vereinigungsfall

160   Vereinigen sich sämtliche Wohnungseigentumsrechte in einer Person, geht das Verwaltungsvermögen auf den Eigentümer des Grundstücks über (§ 10 Abs. 7 Satz 4).

161   Veräußert ein Grundstückseigentümer nach einer erfolgten Vereinigung wieder ein Wohnungseigentumsrecht, so dass erneut eine Gemeinschaft entsteht, steht das Verwaltungsvermögen dieser (neuen) Gemeinschaft zu.

J. Außenhaftung

I. Haftungsumfang

162   Gemäß § 10 Abs. 8 Satz 1 haftet jeder Wohnungseigentümer einem Gläubiger (der Gemeinschaft) nach dem Verhältnis seines Miteigentumsanteils (§ 16 Abs. 1 Satz 2) für Verbindlichkeiten der Gemeinschaft der Wohnungseigentümer, die während seiner Zugehörigkeit zur Gemeinschaft entstanden oder während dieses Zeitraums fällig geworden sind.

163   Im Ergebnis haben Gläubiger der Gemeinschaft die Möglichkeit, wegen Verbindlichkeiten der Gemeinschaft auch unmittelbar gegen die einzelnen Wohnungseigentümer vorzugehen. Die einzelnen Wohnungseigentümer haften jedoch nicht auf die Gesamtverbindlichkeit, sondern nur im Verhältnis ihres Miteigentumsanteils. Die Haftung der Wohnungseigentümer im Außenverhältnis ist dadurch der Haftung im Innenverhältnis angepasst.

II. Einwendungen/Einreden

164   Durch § 10 Abs. 8 Satz 1 Halbsatz 2 ist klargestellt, dass die so genannte „Nachhaftung" entsprechend § 160 HGB auf fünf Jahre begrenzt wird. Die entsprechende Verbindlichkeit muss bis dahin entweder entstanden oder fällig geworden sein.

165   Die Fünf-Jahres-Frist beginnt bei einem Eigentümerwechsel mit der Eintragung eines Erwerbers im Grundbuch.

Gemäß § 10 Abs. 8 Satz 2 kann ein (anteilig) in Anspruch genommener Wohnungseigentümer gegenüber einem Gläubiger neben den in seiner Person begründeten Einwendungen und Einreden auch die der Gemeinschaft zustehenden Einwendungen und Einreden geltend machen. Nicht geltend machen kann er seine Einwendungen und Einreden gegenüber der Gemeinschaft.

166

Für die Einrede der Anfechtbarkeit und Aufrechenbarkeit ist § 770 BGB entsprechend anzuwenden (§ 10 Abs. 8 Satz 3). Die Haftung eines einzelnen Wohnungseigentümers ist dadurch der Bürgenhaftung im Sinne des BGB gleichgestellt. Im Ergebnis bedeutet dies, dass ein einzelner Wohnungseigentümer die Befriedigung des Gläubigers verweigern kann, solange der Gemeinschaft der Wohnungseigentümer das Recht zusteht, das ihrer Verbindlichkeit zugrunde liegende Rechtsgeschäft anzufechten (§ 10 Abs. 8 Satz 3 i. V. m. § 770 Abs. 1 BGB) und auch so lange, wie der Gläubiger sich durch Aufrechnung gegen eine fällige Forderung der Gemeinschaft befriedigen kann (§ 10 Abs. 8 Satz 3 i. V. m. § 770 Abs. 2 BGB).

167

III. Weitere Haftungsbegrenzung

Gemäß § 10 Abs. 8 Satz 4 bestimmt sich die Haftung eines Wohnungseigentümers gegenüber der Gemeinschaft wegen nicht ordnungsmäßiger Verwaltung nach § 10 Abs. 8 Satz 1, somit auf den § 16 Abs. 1 Satz 2 entsprechenden Anteil.

168

Hintergrund der Regelung ist, dass der BGH in seiner Teilrechtsfähigkeitsentscheidung vom 2. 6. 2005 darauf hingewiesen hat, dass Gläubiger der Gemeinschaft unter Umständen Ansprüche der Gemeinschaft gegen einzelne Wohnungseigentümer auf Schadensersatz wegen nicht ausreichender Ausstattung der Gemeinschaft mit finanziellen Mitteln pfänden können. Theoretisch könnte ein solcher Schadensersatzanspruch der Gemeinschaft gegen einzelne Wohnungseigentümer den Haftungsanteil im Sinne des § 10 Abs. 8 Satz 1 i. V. m. § 16 Abs. 1 Satz 2 übersteigen.

169

Durch die Bestimmung in § 10 Abs. 8 Satz 4 wird klargestellt, dass die gesetzlich gewollte Risikobegrenzung für einzelne Wohnungseigentümer (§ 10 Abs. 8 Satz 1) nicht unter Berufung auf die Teilrechtsfähigkeits-Entscheidung des BGH umgangen werden kann.

170

§ 11. Unauflöslichkeit der Gemeinschaft

(1) ¹**Kein Wohnungseigentümer kann die Aufhebung der Gemeinschaft verlangen.** ²**Dies gilt auch für eine Aufhebung aus wichtigem Grund.** ³**Eine abweichende Vereinbarung ist nur für den Fall zulässig, daß das Gebäude ganz oder teilweise zerstört wird und eine Verpflichtung zum Wiederaufbau nicht besteht.**

§ 11

(2) Das Recht eines Pfändungsgläubigers (§ 751 des Bürgerlichen Gesetzbuchs) sowie das im Insolvenzverfahren bestehende Recht (§ 84 Abs. 2 der Insolvenzordnung), die Aufhebung der Gemeinschaft zu verlangen, ist ausgeschlossen.
(3) Ein Insolvenzverfahren über das Verwaltungsvermögen der Gemeinschaft findet nicht statt.

A. Unauflöslichkeit

1 § 11 bestimmt in Abweichung von § 749 S. 1 BGB, dass kein Raumeigentümer die Aufhebung der Gemeinschaft verlangen kann. Das gilt auch für eine Aufhebung aus wichtigem Grund (Abs. 1 S. 2). Eine vertragliche Auflösung hingegen ist zulässig (Palandt/*Bassenge* § 11 Rn. 1).

2 Für den Fall, dass das Gebäude ganz oder teilweise zerstört wird und keine Wiederaufbaupflicht besteht, kann die Auflösung der Gemeinschaft vereinbart werden (Abs. 1 S. 3). Ist eine solche Vereinbarung getroffen worden, hat im Schadenfall jeder Raumeigentümer das Recht, von jedem anderen Raumeigentümer die Zustimmung zur Aufhebung zu verlangen. Auch ohne ausdrückliche Vereinbarung kann sich ein Anspruch auf Zustimmung zur Aufhebung der Gemeinschaft aus Treu und Glauben ergeben, wenn andernfalls eine wirtschaftliche Nutzung des Grundstücks nicht erreicht werden kann (BayObLG ZMR 2002, 291).

3 Die Wohnungseigentümer können sich auch gegenseitig verpflichten, das Wohnungseigentum zu einem bestimmten Zeitpunkt oder bei Eintritt einer bestimmten Bedingung aufzuheben. § 11 will nur verhindern, dass die Gemeinschaft gegen den Willen eines Wohnungseigentümers aufgehoben werden kann.

4 In entsprechender Anwendung von Abs. 1 S. 2 ist eine Vereinbarung zulässig, nach der die Aufhebung der Gemeinschaft verlangt werden kann, wenn das Gebäude nicht fertiggestellt wird und eine Verpflichtung der Wohnungseigentümer zum Aufbau nicht besteht (Weitnauer/*Lüke* § 11 Rn. 9; weitergehend *Röll* WE 1997, 95, der in diesen Fällen auch ohne besondere Vereinbarung einen Aufhebungsanspruch annimmt).

B. Zwangsvollstreckung/Konkurs/Insolvenz

5 § 11 Abs. 2 schließt das Recht eines Pfändungsgläubigers (§ 751 BGB) und eines Insolvenzverwalters (§ 84 Abs. 1 InsO), die Aufhebung der Gemeinschaft zu verlangen, aus. Dadurch wird der Schutz der Raumeigentümergemeinschaft als solche – ihre Unauflöslichkeit – auch in der Einzel- und der Gesamtzwangsvollstreckung gewährleistet.

Etwas anderes gilt, wenn die Raumeigentümer einen Aufhe- 6
bungsvertrag geschlossen haben oder aus irgendwelchen Gründen
ein Aufhebungsanspruch besteht. In solchen Fällen kann ein
Pfändungsgläubiger/ein Insolvenzverwalter die Aufhebung verlangen (KK-WEG/*Elzer* § 12 Rn. 31).
Die Wohnungseigentümergemeinschaft selbst ist nicht insol- 7
venzfähig (Abs. 3).

§ 12. Veräußerungsbeschränkung

(1) **Als Inhalt des Sondereigentums kann vereinbart werden, daß ein Wohnungseigentümer zur Veräußerung seines Wohnungseigentums der Zustimmung anderer Wohnungseigentümer oder eines Dritten bedarf.**

(2) ¹**Die Zustimmung darf nur aus einem wichtigen Grunde versagt werden.** ²**Durch Vereinbarung gemäß Absatz 1 kann dem Wohnungseigentümer darüber hinaus für bestimmte Fälle ein Anspruch auf Erteilung der Zustimmung eingeräumt werden.**

(3) ¹**Ist eine Vereinbarung gemäß Absatz 1 getroffen, so ist eine Veräußerung des Wohnungseigentums und ein Vertrag, durch den sich der Wohnungseigentümer zu einer solchen Veräußerung verpflichtet, unwirksam, solange nicht die erforderliche Zustimmung erteilt ist.** ²**Einer rechtsgeschäftlichen Veräußerung steht eine Veräußerung im Wege der Zwangsvollstreckung oder durch den Insolvenzverwalter gleich.**

(4) ¹**Die Wohnungseigentümer können durch Stimmenmehrheit beschließen, dass eine Veräußerungsbeschränkung gemäß Absatz 1 aufgehoben wird.** ²**Diese Befugnis kann durch Vereinbarung der Wohnungseigentümer nicht eingeschränkt oder ausgeschlossen werden.** ³**Ist ein Beschluss gemäß Satz 1 gefasst, kann die Veräußerungsbeschränkung im Grundbuch gelöscht werden.** ⁴**Der Bewilligung gemäß § 19 der Grundbuchordnung bedarf es nicht, wenn der Beschluss gemäß Satz 1 nachgewiesen wird.** ⁵**Für diesen Nachweis ist § 26 Abs. 4 entsprechend anzuwenden.**

Übersicht

	Rn.
A. Allgemeines	1
I. Anwendungsbereich	1
II. Abdingbarkeit	6
B. Vereinbarungsmöglichkeiten	7
I. Zustimmungspflichtige Vorgänge	7
II. Zustimmende	12
III. Vereinbarungsform	21
C. Zustimmungsversagung und Zustimmungsanspruch	24
I. Zustimmungsversagung	24
1. Grundsatz	24
2. Einzelfälle	25

II. Zustimmungsanspruch	38
III. Rechtsfolge bei zu Unrecht versagter Zustimmung	41
D. Fehlende Zustimmung	42
E. Einzelprobleme	43
I. Veräußerung im Ganzen	43
II. Vorkaufsrecht	44
III. Honorar für Zustimmung	45
F. Aufhebung des Zustimmungserfordernisses	48
G. Heilung fehlender Zustimmung	52

A. Allgemeines

I. Anwendungsbereich

1 § 12 gilt in Abweichung von § 137 S. 1 BGB für Veräußerungen. Die Veräußerungsbeschränkung wirkt absolut, d.h. gegenüber jedermann (KK-WEG/*Schneider* § 12 Rn 3). Belastungsbeschränkungen gestattet das WEG nicht (Bärmann/Pick/Merle/ *Pick* § 12 Rn. 4). Es kann auch nicht dinglich wirksam vereinbart werden, dass die Veräußerung nur an eine bestimmte Person erfolgen darf (MünchKommBGB/*Commichau* § 12 Rn. 4). Unwirksam sind auch Vereinbarungen, wonach die Veräußerung völlig ausgeschlossen ist.

2 § 12 gilt nicht beim Eigentumswechsel durch Erbfall (MünchKommBGB/*Commichau* § 12 Rn. 5), wohl aber bei einer Erbauseinandersetzung oder Vermächtniserfüllung (BayObLGZ 1982, 46). Nicht erfasst sind Gütergemeinschaftsvereinbarung, Anwachsung bei einer Gesamthand, Beschlagnahme und Enteignung (vgl. Bärmann/Pick/Merle/*Pick* § 12 Rn. 58).

3 Die Eintragung einer Auflassungsvormerkung ist keine Veräußerung. § 12 greift nicht ein (Bärmann/Pick/Merle/*Pick* § 12 Rn. 4).

4 Es kann als Inhalt des Sondereigentums vereinbart werden, dass Raumeigentümer zur Vermietung/Verpachtung der Zustimmung anderer Raumeigentümer oder des Verwalters bedürfen (BGH NJW 1962, 1613).

5 Schuldrechtliche Verpflichtungen können frei geschlossen werden (§ 137 S. 2 BGB). Das gilt sowohl für eine Verfügungsbeschränkung als auch für eine Verpflichtung zur Zustimmung. Solche Vereinbarungen wirken aber nur zwischen den Parteien, die sie abgeschlossen haben.

II. Abdingbarkeit

6 Es ist zulässig, die Befugnis, Veräußerungen von der Zustimmung anderer Raumeigentümer oder Dritter abhängig zu machen, einzuengen – eine Ausdehnung ist in der Regel unzulässig

(KK-WEG/*Schneider* § 12 Rn. 9). Die Festlegung bestimmter Mehrheiten (einfache oder qualifizierte) ist möglich. § 12 Abs. 2 S. 1 – Zustimmungsversagung ausschließlich aus wichtigem Grund – ist unabdingbar (OLG München IMR 2007, 57 = ZMR 2006, 961). Dagegen kann vereinbart werden, was als wichtiger Grund angesehen wird. Es darf allerdings die Beschränkung auf einen wichtigen Grund nicht dadurch ausgehebelt werden, dass unwichtige Umstände zum wichtigen Grund erklärt werden (Weitnauer/*Lüke* § 12 Rn. 10). Das Zustimmungserfordernis kann auf bestimmte Veräußerungsfälle beschränkt werden.

B. Vereinbarungsmöglichkeiten

I. Zustimmungspflichtige Vorgänge

§ 12 Abs. 1 spricht ausdrücklich von der „Veräußerung". Im Regelfall erstreckt sich deshalb die Zustimmung nicht auf den Inhalt des Kaufvertrages (OLG Schleswig ZMR 2006, 964). 7

Nicht nur Veräußerungen des ganzen Raumeigentums sind erfasst, sondern auch eines Teiles davon. 8

§ 12 findet keine Anwendung auf den Vollzug von reinen Tauschvorgängen ohne Änderung der Miteigentumsanteile innerhalb der Wohnungseigentümergemeinschaft (Bärmann/Pick/Merle/*Pick* § 12 Rn. 2). Weitergehend verneint das LG Hannover (ZMR 2004, 865) die Veräußerung an einen „Dritten" generell, wenn an einen Mitwohnungseigentümer veräußert wird. 9

Auch bei Erstveräußerungen gilt § 12 (BGH ZMR 1991, 230). Abweichende Vereinbarungen sind jedoch zulässig und üblich. In solchen Fällen gilt die Zustimmungsfreiheit auch dann, wenn die Veräußerung erst viele Jahre nach der Teilungserklärung erfolgt (OLG Köln Rpfleger 1992, 293). 10

Nach § 12 Abs. 3 S. 2 steht einer rechtsgeschäftlichen Veräußerung eine Veräußerung im Wege der Zwangsvollstreckung oder durch den Insolvenzverwalter gleich. Die Gläubiger können jedoch den Zustimmungsanspruch pfänden und sich überweisen lassen (Bärmann/Pick/Merle/*Pick* § 12 Rn. 51). Arrestvollzug, einstweilige Verfügung, Zwangsverwaltung, Eintragung einer Sicherungshypothek und die Sequesterauflassung (§ 848 Abs. 2 ZPO) fallen nicht unter § 12 Abs. 3 S. 2 (Bärmann/Pick/Merle-*Pick* § 12 Rn. 48 ff.). 11

II. Zustimmende

Es kann vereinbart werden, dass entweder Raumeigentümer zustimmungsberechtigt sind oder auch Dritte. 12

13 Sollen die jeweils anderen Raumeigentümer zustimmungsberechtigt sein, kann vereinbart werden, dass alle, einzelne oder Gruppen zustimmen müssen (vgl. Bärmann/Pick/Merle/*Pick* § 12 Rn. 13).

14 Als Dritter kann jeder bezeichnet werden. Es reicht, wenn die Dritten in der Vereinbarung bestimmbar bezeichnet sind. Namentliche Benennung ist nicht erforderlich.

15 Der Beschluss einer Raumeigentümerversammlung, durch den die Zustimmung zur Veräußerung eines Raumeigentums versagt wird, ist nichtig, wenn ein wichtiger Grund zur Verweigerung der Zustimmung im Sinne des § 12 nicht vorlag. Dabei ist ausschließlich auf die tatsächlichen Verhältnisse zum Zeitpunkt der Beschlussfassung der Raumeigentümerversammlung abzustellen (OLG Hamm DWE 1993, 72 = WE 1993, 52).

16 Meist wird dem Verwalter die Zustimmungsbefugnis eingeräumt. Fehlt ein Verwalter, ist die Gemeinschaft zustimmungsberechtigt und verpflichtet. Die für eine beantragte Eigentumsumschreibung notwendige Zustimmung des Verwalters muss in zweifelsfreier Form nachgewiesen werden (OLG Köln ZMR 2006, 385).

17 Auch wenn in der Teilungserklärung einer Raumeigentümergemeinschaft vereinbart ist, dass die Zustimmung zur Veräußerung von Raumeigentum dem Verwalter übertragen wird, sind die Wohnungs-/Teileigentümer berechtigt, ihn bindend anzuweisen, eine Zustimmung zu verweigern. Dadurch ist die Verpflichtung des Verwalters begründet, den Raumeigentümern, die es beantragen, rechtzeitig vor seiner Entscheidung Auskunft über Kaufbewerber zu erteilen (OLG Köln MieWoE § 12 Nr. 1).

18 Lehnt die Raumeigentümerversammlung es ab, die verweigerte Zustimmung des Verwalters zur Veräußerung von Raumeigentum durch eine eigene Entschließung zu ersetzen, bleibt der Verwalter der richtige Beklagte im gerichtlichen Verfahren auf Zustimmung zur Veräußerung (OLG Zweibrücken ZMR 1994, 419).

19 Unterlässt es der Verwalter, dem nach der Gemeinschaftsordnung die Entscheidung über die Zustimmung zur Veräußerung obliegt, bei zweifelhafter Rechtslage unverzüglich eine Weisung der Eigentümergemeinschaft einzuholen, so haftet er auf Ersatz des dem Veräußerer entstandenen Verzögerungsschadens auch dann, wenn er seine Zustimmung nach anwaltlicher Beratung verweigert hat, obwohl erkennbar war, dass ein wichtiger Verweigerungsgrund nicht vorlag (OLG Düsseldorf ZMR 2005, 971).

20 Ist im Rahmen eines Eigentumsumschreibungsverfahren vor dem Grundbuchamt eine Zustimmungserklärung des Verwalters erforderlich, so genügt hierfür nicht die Vorlage einer Zustimmungserklärung des Gesamtrechtsnachfolgers eines von der Ei-

gentümergemeinschaft bestellten Verwalters (OLG Köln ZMR 2006, 385).

III. Vereinbarungsform

Veräußerungsbeschränkungen werden durch Einigung und Eintragung im Grundbuch Inhalt des Sondereigentums. 21

Die Eintragung muss ausdrücklich, nicht durch bloße Bezugnahme erfolgen (KK-WEG/*Schneider* § 12 Rn. 13). 22

Eine zur Eintragung in das Grundbuch bewilligte und beantragte Beschränkung des gemäß § 12 vereinbarten Zustimmungserfordernisses muss dem grundbuchrechtlichen Bestimmtheitsgrundsatz genügen (LG Duisburg ZMR 2007, 145). 23

C. Zustimmungsversagung und Zustimmungsanspruch

I. Zustimmungsversagung

1. Grundsatz. § 12 Abs. 2 S. 1 bestimmt, dass die Zustimmung nur aus wichtigem Grund versagt werden darf. Ein wichtiger Grund ist immer, aber auch nur dann, anzunehmen, wenn die Veräußerung des Raumeigentums eine gemeinschaftswidrige Gefahr für die Gemeinschaft der übrigen Raumeigentümer darstellt (BayObLGZ 1972, 348). Dabei muss die Unzumutbarkeit ihre Ursache in der Person des Erwerbers haben (*Häublein* ZMR 2007, 409/413), auf ein Verschulden kommt es nicht an (Bärmann/Pick/Merle/*Pick* § 12 Rn. 32). 24

2. Einzelfälle. Die Zustimmung kann nicht von einer Bereitschaft des Erwerbers zur **Änderung des Kostenverteilungsschlüssels** abhängig gemacht werden (OLG Frankfurt WE 1989, 172). 25

Ausländereigenschaft stellt keinen Versagungsgrund dar (vgl. KK-WEG/*Schneider* § 12 Rn. 116). 26

Erwerb zum Betrieb eines **Bordells** (KG Rpfleger 1982, 283) oder eines ähnlichen Unternehmens führt zur Versagung der Zustimmung. 27

Fehlende **finanzielle Leistungsfähigkeit** des Erwerbers stellt einen Versagungsgrund dar (OLG Zweibrücken ZMR 2006, 219). Die Zustimmung darf versagt werden, wenn begründete Zweifel daran bestehen, dass der Erwerber die ihm gegenüber der Gemeinschaft obliegenden finanziellen Verpflichtungen ordnungsgemäß erfüllen wird. Das kann z.B. der Fall sein, wenn der Erwerber als bisheriger Mieter der Eigentumswohnung mehrfach über Monate hinweg Mietrückstände hat auflaufen lassen (OLG Köln WE 1996, 434). Es stellt ein ausschlaggebendes Indiz für die finanzielle Unzuverlässigkeit des Erwerbers dar, wenn trotz Nut- 28

§ 12

zung der gekauften Eigentumswohnung Wohngeld nicht entrichtet wird. Der Indizwirkung steht nicht entgegen, dass der bisherige Eigentümer im Außenverhältnis gegenüber den Miteigentümern noch verpflichtet ist, wenn der Erwerber nach dem Kaufvertrag das Wohngeld zahlen sollte § 12 (OLG Düsseldorf ZMR 1997, 430 = WE 1997, 349). Dass der Erwerber bereits die eidesstattliche Versicherung abgegeben hat, rechtfertigt die Versagung der Zustimmung (KK-WEG/*Schneider* § 12 Rn. 123). Dasselbe gilt, wenn der Erwerber bereits Wohnungseigentümer ist und erhebliche Hausgeldrückstände hat (LG Düsseldorf WE 1991, 334). Vermögen des Ehegatten des Erwerbers bleibt außer Betracht, wenn keine Mithaftung besteht (LG Köln ZMR 2000, 704). Unerheblich ist die finanzielle Leistungsfähigkeit des Veräußerers (vgl. KK-WEG/*Schneider* § 12 Rn. 128 m.w.N.).

29 **Gemeinschaftsfrieden.** Die Zustimmung ist zu versagen, wenn ein Erwerber das Raumeigentum dem wegen nachhaltiger Störung des Gemeinschaftsfriedens zur Veräußerung verurteilten früheren Raumeigentümer zur weiteren Benutzung überlassen will (BayObLG MieWoE § 12 Nr. 6). Generell genügt eine konkrete Wahrscheinlichkeit für die Beeinträchtigungen des Gemeinschaftsfriedens (BayObLGZ 1972, 348).

30 **GmbH.** Die beschränkte Haftung rechtfertigt für sich allein die Versagung der Zustimmung nicht. Etwas anderes gilt bei einer Unterkapitalisierung (BayObLG NJW-RR 1988, 1425). Wird die GmbH, die Wohnungseigentümerin ist, insolvent, kann einem Erwerb durch den Geschäftsführer die Zustimmung versagt werden (AG Mettmann WE 1990, 213).

31 Ein wichtiger Grund zur Versagung der Zustimmung liegt auch vor, wenn sich der Erwerber beharrlich weigert, die **Hausordnung** zu befolgen (OLG Düsseldorf ZMR 1998, 45).

32 **Kinderreichtum** stellt keinen Versagungsgrund dar (OLG Zweibrücken MittBayNot 1994, 44).

33 Ist der Erwerber bereits als Verursacher ungebührlichen **Lärms** aufgefallen, kann die Zustimmung versagt werden (BayObLG ZMR 2002, 289).

34 **Meinungsverschiedenheiten zwischen Erwerber und Verwalter** rechtfertigen die Versagung der Zustimmung nicht (BayObLG WE 1995, 375).

35 **Nutzung.** Absicht des Erwerbers, das Sondereigentum seinem bisherigen Zweck zu entfremden, wenn dadurch schutzwürdige Interessen der Gemeinschaft gefährdet werden (OLG Hamburg DWE 1994, 148; LG Düsseldorf WE 1991, 334), begründet Versagung. Die erkennbare Absicht des Erwerbers, einen Raum entgegen der Teilungserklärung zu nutzen, kann die Besorgnis begründen, dass der Erwerber sich nicht in die Gemeinschaft der Raumeigentümer einfügen wird, und die Verweigerung der Zu-

stimmung zur Veräußerung rechtfertigen (OLG Düsseldorf ZMR 1997, 88 = DWE 1997, 78).

Nachgewiesene **Streitsucht** begründet Versagung (OLG Zweibrücken NJW-RR 1994, 1103). 36

Verbale Entgleisungen, selbst wenn sie „ungehörig" sind, sich aber als „einmaliger Vorfall" darstellen, werden für die Versagung nicht als ausreichend angesehen (OLG Zweibrücken ZMR 2006, 219). 37

II. Zustimmungsanspruch

Ein Anspruch auf Zustimmung besteht, wenn kein Versagungsgrund vorliegt. Der wichtige Grund muss noch zum Zeitpunkt der letzten mündlichen Tatsachenverhandlung bestehen (OLG Frankfurt NZM 2006, 380). Die Zustimmung kann nicht mit Auflagen oder Bedingungen verbunden werden (KK-WEG/ *Schneider* § 12 Rn. 113). Außerdem können zwischen einzelnen Wohnungseigentümern rein schuldrechtliche Zustimmungsansprüche bestehen (Rn. 5). 38

Gegenüber dem Anspruch auf Zustimmung ist ein Zurückbehaltungsrecht ausgeschlossen (BayObLG ZMR 1998, 790 = DWE 1999, 72). 39

Nach erfolgter Verurteilung erfolgt eine Vollstreckung nach § 894 ZPO. Die Erklärung gilt mit Rechtskraft der Entscheidung als abgegeben (BayObLGZ 1977, 40). Das Urteil ersetzt die Form des § 29 GBO. 40

III. Rechtsfolge bei zu Unrecht versagter Zustimmung

Eine zu Unrecht versagte Zustimmung macht die Zustimmungspflichtigen bei Vorliegen eines Verschuldens schadenersatzpflichtig (Bärmann/Pick/Merle/*Pick* § 12 Rn. 39). 41

D. Fehlende Zustimmung

Gemäß § 12 Abs. 3 S. 1 hat eine gemäß § 12 Abs. 1 getroffene Vereinbarung zur Folge, dass eine Veräußerung des Raumeigentums und ein Vertrag, durch den sich ein Raumeigentümer zu einer solchen Veräußerung verpflichtet, unwirksam ist, solange nicht die erforderliche Zustimmung erteilt wurde. Die Unwirksamkeit bis zur Zustimmungserteilung ist eine schwebende. Davon betroffen ist sowohl der schuldrechtliche als auch der sachenrechtliche Vertrag. Sie gilt gegenüber jedermann. Eine gleichwohl erfolgte Eigentumsumschreibung macht das Grundbuch unrichtig. 42

E. Einzelprobleme

I. Veräußerung im Ganzen

43 Wird das Grundstück von den Raumeigentümern gemeinschaftlich veräußert, so werden keine Gemeinschaftsinteressen mehr gefährdet und es bedarf keiner Zustimmung, auch wenn eine solche vereinbart wurde. Jedenfalls aber liegt in der gemeinschaftlichen Veräußerung materiellrechtlich eine konkludente Zustimmung (Weitnauer/*Lüke* § 12 Rn. 16).

II. Vorkaufsrecht

44 Es gibt kein gesetzliches Vorkaufsrecht. Dagegen kann ein rechtgeschäftliches Vorkaufsrecht begründet werden.

III. Honorar für Zustimmung

45 Es bestehen keine rechtlichen Bedenken, wenn der Verwalter für die Veräußerungszustimmung nicht eine zum tatsächlichen Prüfungsaufwand im angemessenen Verhältnis stehende Pauschale, sondern einen Prozentsatz des Kaufpreises des Raumeigentums zugrunde legt, wenn dies in einem jedenfalls nicht formularmäßig geschlossenen Verwaltervertrag vorgesehen ist (KG ZMR 1997, 666 = WE 1998, 36). Ansonsten werden Beträge bis 150 Euro für vertretbar angesehen (Palandt/*Bassenge* § 12 Rn. 6).

46 Der Anspruch richtet sich in Ermangelung anderweitiger Vereinbarung gegen alle Wohnungseigentümer zur Zeit der Veräußerung (KG ZMR 1997, 666 = WE 1998, 36).

47 Der einer Veräußerung zustimmende Verwalter hat wegen eines institutionalisierten Interessenkonflikts (Verwalterzustimmung/Maklertätigkeit) keinen Anspruch auf eine Vertriebsprovision (OLG Frankfurt DWE 1997, 165).

F. Aufhebung des Zustimmungserfordernisses

48 § 12 Abs. 4 in der ab 1.7.2004 geltenden Fassung lässt die Aufhebung der Beschränkung durch einfachen Mehrheitsbeschluss zu. Die Entscheidung treffen die Wohnungseigentümer nach freiem Ermessen (*Häublein* ZMR 2007, 409, 414).

49 Der Mehrheitsbeschluss ist für die Aufhebung der Veräußerungsbeschränkung konstitutiv. Das Grundbuch wird unrichtig. Die Berichtigung kann nach den allgemeinen Vorschriften unter

den erleichternden Voraussetzungen des § 12 Abs. 4 S. 4 und 5 erfolgen.

Die Möglichkeit der Aufhebung durch Beschluss ist zwingend 50 und kann von den Wohnungseigentümern nicht ausgeschlossen werden. Die vor der WEG-Reform schon gegebenen Möglichkeiten (durch Vormerkung gesicherte Rückübertragungsansprüche im Veräußerungsfall, Einräumung von Vorkaufsrechten) bestehen weiter (MieWo/*Kahlen* § 12 Rn. 121).

Begründet werden kann ein Zustimmungserfordernis durch Be- 51 schluss nicht. Das hat zur Folge, dass ein einmal aufgehobenes Zustimmungserfordernis durch Beschluss nicht neu begründet werden kann (*Häublein* ZMR 2007, 409, 414).

G. Heilung fehlender Zustimmung

Eine zeitlich befristete Heilungsmöglichkeit enthält § 61 (siehe 52 dort).

§ 13. Rechte des Wohnungseigentümers

(1) Jeder Wohnungseigentümer kann, soweit nicht das Gesetz oder Rechte Dritter entgegenstehen, mit den im Sondereigentum stehenden Gebäudeteilen nach Belieben verfahren, insbesondere diese bewohnen, vermieten, verpachten oder in sonstiger Weise nutzen, und andere von Einwirkungen ausschließen.

(2) ¹Jeder Wohnungseigentümer ist zum Mitgebrauch des gemeinschaftlichen Eigentums nach Maßgabe der §§ 14, 15 berechtigt. ²An den sonstigen Nutzungen des gemeinschaftlichen Eigentums gebührt jedem Wohnungseigentümer ein Anteil nach Maßgabe des § 16.

Übersicht

	Rn.
A. Allgemeines	1
B. Rechte am Sondereigentum	3
I. Rechte der Wohnungseigentümer	3
1. Bewohnen	3
2. Vermieten	5
a) Grundsatz der freien Vermietung	5
b) Beschränkung der Vermietbarkeit	11
c) Vermietung von Teileigentum als Wohnung	18
d) Verpflichtung zur Vermietung	19
3. Verpachten	20
4. In sonstiger Weise nutzen	21
5. Andere von Einwirkungen ausschließen	22
II. Entgegenstehende Rechte	26
C. Sondernutzungsrechte	27
D. Rechte am Gemeinschaftseigentum	28

§ 13 I. Teil. Wohnungseigentum

A. Allgemeines

1 § 13 Abs. 1 ist dem § 903 BGB nachgebildet und betrifft das Sondereigentum, ohne dass danach differenziert wird, ob sich die Rechte gegen Wohnungseigentümer oder Dritte richten. Abs. 2 regelt die Rechte am Gemeinschaftseigentum und verweist hierzu insbesondere auf die §§ 14 und 15. Dieser Gegensatz ist jedoch nur ein scheinbarer, da § 14 Nr. 1 auch die Benutzung des gemeinschaftlichen Eigentums regelt. § 13 Abs. 1 nennt nur exemplarisch einige Rechte, die einem Raumeigentümer als Sondereigentümer zustehen.

2 Die Nutzungsrechte können durch Vereinbarung der Wohnungseigentümer eingeschränkt werden. Häufig sind insbesondere Regelungen in Gemeinschaftsordnungen, die eine bestimmte Nutzungsart vorschreiben oder verbieten.

B. Rechte am Sondereigentum

I. Rechte der Wohnungseigentümer

3 **1. Bewohnen.** Zu Wohnzwecken dient eine Wohnung auch dann, wenn Kinder und Jugendliche dort langfristig in familienähnlichen Gruppen untergebracht sind; abzugrenzen davon sind die Fälle, in denen ein ständiger Wechsel der Bewohner nach Art einer Pension oder das Zusammenleben einer Vielzahl nicht familiär oder sonstwie verbundener Pension nach Art eines Heimes vorliegt (vgl. OLG Hamm ZMR 2001, 658). Zulässig sind hingegen Nutzungen, die mit denen durch eine Familie oder Partnerschaft vergleichbar sind (OLG Hamm ZMR 1999, 504).

4 „Bewohnen" bedeutet auch, die Raumeigentumseinheit den eigenen Wohnbedürfnissen anpassen zu dürfen. Wenn und soweit kein gemeinschaftliches Eigentum dadurch betroffen ist, können somit auch Änderungen der Raumaufteilung vorgenommen werden. Zulässig ist auch die Verlegung der Nutzung eines Raumes (z. B. der Küche) in einen anderen Raum (OLG Hamm ZMR 2006, 634).

5 **2. Vermieten. a) Grundsatz der freien Vermietung.** Nach § 13 Abs. 1 kann jeder Wohnungseigentümer mit den in seinem Sondereigentum stehenden Gebäudeteilen nach Belieben verfahren, insbesondere diese vermieten und verpachten. Eingeschränkt wird diese freie Nutzungsbefugnis durch das Gesetz und die Rechte Dritter. Generelle gesetzliche Vermietungsverbote bestehen nicht. Selbstverständlich hat der vermietende Wohnungseigentümer öffentlich-rechtliche Beschränkungen, z. B. hinsichtlich

der Nutzungsart, ebenso zu beachten wie jeder andere Vermieter. Rechtsgeschäftliche Regelungen der Wohnungseigentümer sind in der Praxis häufig anzutreffen. Diese begründen für die übrigen Wohnungseigentümer „Rechte Dritter" im Sinne des § 13 Abs. 1 (*Schmid* Vermietung von Eigentumswohnungen, 2.1.).

Zulässig ist z.B. eine Vermietung an Feriengäste (BayObLG **6** Rpfleger 1978, 44) und an Aus- und Übersiedler für eine Übergangszeit (KG ZMR 1992, 507). Die Gebrauchsüberlassung von Raumeigentum an Asylbewerber hält sich im Rahmen von Wohnzwecken und kann ohne Vorliegen konkreter Beeinträchtigungen nicht untersagt werden, sofern bei einer etwa 50 qm großen Wohnung ein Richtwert von zwei nicht familiär miteinander verbundenen Personen oder von einer Familie mit bis zu fünf Personen eingehalten wird (OLG Frankfurt DWE 1994, 116).

Eine Nutzungsbeschränkung kann sich aus dem Charakter der **7** Anlage und den diesen prägenden örtlichen Verhältnissen ergeben (BayObLG ZMR 2004, 693). Hierbei handelt es sich aber um Ausnahmefälle. Wohl auch nur in Einzelfällen (OLG Hamm ZMR 1999, 504) wird man auf Grund konkreter Umstände davon ausgehen können, dass nur eine Wohnungsnutzung durch eine Familie oder eine Partnerschaft zulässig ist.

(Mit)vermietet werden können auch Sondernutzungsrechte des **8** Wohnungseigentümers, z.B. das Sondernutzungsrecht am Garten vor der Erdgeschosswohnung oder der dem Wohnungseigentümer zugewiesene Kfz-Stellplatz (*Schmid* Vermietung von Eigentumswohnungen, 2.1.).

Das Vermietungsrecht umfasst auch das Recht, dem Mieter die **9** Mitbenutzung des gemeinschaftlichen Eigentums (z.B. Flure, Aufzug, Kinderspielplatz, Schwimmbad, Garten) in gleicher Weise zu ermöglichen, wie der Wohnungseigentümer zum Mitgebrauch berechtigt ist (BayObLG FGPrax 1998, 16; OLG Düsseldorf GuT 2004, 190). Eine Einschränkung, z.B. Benutzung des Schwimmbades nur durch Wohnungseigentümer, kann nicht wirksam beschlossen werden. An allgemeine zulässige Gebrauchsregelungen und Gebrauchsbeschränkungen ist jedoch auch der Mieter gebunden.

Mit der Beschreibung als „nicht zu Wohnzwecken dienende **10** Räume" in der Teilungserklärung ist es vereinbar, dass die Räume als Gästezimmer, d.h. zum gelegentlichen, auf kürzere Zeit beschränkten Übernachten von nicht zum Hausstand gehörenden Personen benutzt werden (BayObLG WE 1996, 472).

b) Beschränkung der Vermietbarkeit. Die Wohnungseigentü- **11** mer können durch Mehrheitsbeschluss die Vermietung des Wohnungseigentums weder ausschließen noch beschränken (OLG Celle NZM 2005, 184). Den Wohnungseigentümern fehlt hierfür die Beschlusskompetenz. Ein solcher Beschluss wäre nichtig. Eine

Ausnahme kann allerdings dann in Betracht kommen, wenn durch eine Vereinbarung (Teilungserklärung) den Wohnungseigentümern hierfür eine Beschlusskompetenz eingeräumt wird (so genannte Öffnungsklausel). Auch dann ist jedoch auf die Belange der überstimmten Wohnungseigentümer Rücksicht zu nehmen (BGHZ 95, 137).

12 Ob die Vermietbarkeit des Wohnungseigentums durch Vereinbarung gänzlich ausgeschlossen werden kann, ist in der Rechtsliteratur umstritten (bejahend Harz/Kääb/Riecke/Schmid/*Riecke/Elzer* Kap. 15 Rn. 149; *Schmid* BlGBW 1982, 143; verneinend *Gottschalg* DWE 2000, 50). Im Hinblick auf die allgemeine Vertragsfreiheit ist dies zu bejahen, aber unzweckmäßig. Ein gänzlicher Ausschluss des Vermietungsrechts kommt deshalb in der Praxis kaum vor.

13 Zulässig sind Beschränkungen des Vermietungsrechts. In Betracht kommen z. B. die Verpflichtung, nur an bestimmte Personen zu vermieten (Hausmeister), eine Vermietung zu bestimmten Zwecken zu unterlassen (*Schmid* BlGBW 1982, 144) oder den (zukünftigen) Mieter dem Verwalter namhaft zu machen (LG Mannheim ZMR 1979, 319). Eine Aufhebung der Vermietungsbeschränkung durch Mehrheitsbeschluss sieht das Gesetz nicht vor. Die Voraussetzungen für eine analoge Anwendung des § 12 Abs. 4 liegen nicht vor.

14 Als Beschränkung des Vermietungsrechts kann auch die Zustimmung der Wohnungseigentümergemeinschaft, eines Wohnungseigentümers oder des Verwalters vorgesehen werden (BayObLG ZfIR 2004, 378). Ein Beschluss der Eigentümerversammlung geht der Entscheidungskompetenz des Verwalters vor (OLG Frankfurt NJW-RR 2004, 662). Der Verwalter kann auch von sich aus eine Weisung der Eigentümerversammlung einholen (vgl. BGH NJW 1996, 1216). Die Zustimmung darf nicht willkürlich, sondern entsprechend § 12 Abs. 2 S. 1 nur aus wichtigem Grund verweigert werden (BayObLG WuM 1992, 278; teilweise a. A. Harz/Kääb/Riecke/Schmid/*Riecke/Elzer* Kap. 15 Rn. 154). Als wichtiger Grund wird es angesehen, wenn eine Wohnung als Arbeiterwohnheim (OLG Frankfurt NJW-RR 2004, 662) oder kinderheimähnliche Einrichtung (OLG Hamm ZMR 1999, 504) vermietet wird. Wird die Zustimmung ohne wichtigen Grund verweigert, kann dies Schadensersatzansprüche, z. B. wegen entgangener Mieteinnahmen, des Vermietungswilligen begründen (BayObLG ZfIR 2004, 378). Außerdem kann der vermietende Wohnungseigentümer dem Anspruch auf Beendigung des Mietverhältnisses entgegenhalten, dass eine Zustimmungspflicht besteht.

15 Ein Verstoß gegen ein Vermietungsverbot oder eine Vermietungsbeschränkung führt nicht zur Nichtigkeit des Mietvertrages (OLG Frankfurt NJW-RR 2004, 662). § 12 Abs. 3 ist nicht ana-

log anwendbar. Der Anspruch der übrigen Wohnungseigentümer auf Beendigung des Mietverhältnisses gibt dem Wohnungseigentümer auch kein Recht zur Kündigung des Mietvertrages aus wichtigem Grund (OLG Frankfurt NJW-RR 2004, 662).

Erfolgt trotz fehlender Zustimmung eine Vermietung, steht den übrigen Wohnungseigentümern ein Unterlassungsanspruch aus § 1004 Abs. 1 BGB, § 15 Abs. 3, § 14 Nr. 1 zu (OLG Frankfurt NJW-RR 2004, 662). Dieser Anspruch beinhaltet sowohl die Verpflichtung zur Beendigung der gegenwärtigen Nutzung als auch die Unterlassung künftiger Vermietung ohne Genehmigung (OLG Frankfurt NJW-RR 2004, 662). Wie der vermietende Wohnungseigentümer das Ende der Mietnutzung herbeiführt, ist seine Sache. Er muss hierzu alle erforderlichen und zumutbaren Bemühungen unternehmen. Hat er keine Kündigungsmöglichkeit, so muss er versuchen, einen Mietaufhebungsvertrag, notfalls gegen eine finanzielle Entschädigung des Mieters, herbeizuführen (OLG Frankfurt NJW-RR 2004, 662). 16

Besteht ein Zustimmungserfordernis, ist die Zustimmung vor dem Abschluss des Mietvertrages einzuholen oder die Wirksamkeit des Mietvertrages von der Zustimmung abhängig zu machen (*Schmid* Vermietung von Eigentumswohnungen, 2.1.). 17

c) **Vermietung von Teileigentum als Wohnung.** Die Vermietung von Teileigentum, also von nicht zu Wohnzwecken dienenden Räumen, als Wohnung ist grundsätzlich unzulässig, auch wenn die konkrete Zweckbestimmung einen gleich störenden Gebrauch zuließe (OLG Karlsruhe WuM 2001, 140). Unter Umständen kann jedoch eine Verpflichtung der Wohnungseigentümer bestehen, eine Nutzung als Wohnung zu dulden, wenn auf Grund der örtlichen und wirtschaftlichen Situation eine vernünftige gewerbliche Nutzung nicht möglich ist und eine Wohnraumnutzung nicht erheblich mehr stört. 18

d) **Verpflichtung zur Vermietung.** Es kann auch eine Verpflichtung zur Vermietung vereinbart werden. Dabei handelt es sich allerdings in der Regel nur um besondere Objekte wie Hotels oder Wohnheime (vgl. *Lüke* ZWE 2004, 292). 19

3. Verpachten. Verpachtung und Vermietung unterscheiden sich durch das Recht des Pächters zur Fruchtziehung (§ 581 Abs. 1 BGB). Früchte können Sach- oder Rechtsfrüchte sein (§ 99 BGB). Letztere kommen in Betracht. Sie sind definiert als die „Erträge, welche das Recht seiner Bestimmung gemäß gewährt" (§ 99 Abs. 2 BGB). Früchte sind auch die Erträge, „welche eine Sache oder ein Recht vermöge eines Rechtsverhältnisses gewährt" (§ 99 Abs. 3 BGB). 20

4. In sonstiger Weise nutzen. Als vierte Nutzungsart nennt das WEG die Nutzung in sonstiger Weise. Dies ist ein vornehmlich 21 von der Rechtsprechung auszufüllender Begriff, der jedwede Nutzung von der unentgeltlichen Gebrauchsüberlassung bis zur Veräußerung umfasst (vgl. MieWo/*Kahlen* § 13 Rn. 29 ff.).

22 **5. Andere von Einwirkungen ausschließen.** Raumeigentümern stehen Abwehrrechte wie jedem anderen Eigentümer auch zu. Es handelt sich dabei insbesondere um den Abwehranspruch aus § 1004 BGB.

23 Der Abwehranspruch ist auch für den Wohnungseigentümer ausgeschlossen, wenn eine Duldungspflicht nach § 1004 Abs. 2 BGB besteht.

24 Im allgemeinen Grundstücksrecht ergeben sich Duldungspflichten vor allem aus § 906 BGB. Die allgemeinen nachbarrechtlichen Vorschriften werden für das Verhältnis der Wohnungseigentümer untereinander jedoch nicht unmittelbar angewendet. Hier bestimmt sich das Maß der Rechte und Pflichten nach § 14 Nr. 1 (OLG Köln ZMR 1998, 46). Das schließt es jedoch nicht aus, die allgemeinen nachbarrechtlichen Regelungen als Wertungsgrundsätze heranzuziehen (OLG Hamm NZM 2003, 156).

25 Geht die Störung von einem Mieter eines anderen Wohnungseigentümers aus, kann unmittelbar gegen diesen vorgegangen werden. Dies gilt insbesondere, wenn der Mieter von den Mieträumen und/oder vom gemeinschaftlichen Eigentum einen Gebrauch macht, den der Wohnungseigentümer selbst nicht machen dürfte (h. M., z. B. BGH NJW 1996, 714; einschränkend mit beachtlichen Gründen *Armbrüster/Müller* ZWE 2007, 227). Daneben haben die übrigen Wohnungseigentümer auch einen Anspruch gegen den vermietenden Wohnungseigentümer auf Beseitigung der Störung (OLG Köln ZMR 1997, 253). Ob der Vermieter gegen den Mieter erfolgreich gerichtlich vorgehen kann, hängt davon ab, ob das Verhalten des Mieters auch einen Verstoß gegen den Mietvertrag darstellt. Ist das nicht der Fall, z. B. weil der Wohnungseigentümer eine Wohnung als Gewerberaum vermietet hat (BGH NJW 1996, 714), hat der Vermieter weder einen Unterlassungsanspruch noch ein Kündigungsrecht gegenüber dem Mieter, muss er versuchen, die unzulässige Nutzung durch finanzielle Anreize zu beenden – „Herauskaufen" – (OLG Celle ZMR 2004, 689).

II. Entgegenstehende Rechte

26 § 13 nennt das „Gesetz oder Rechte Dritter" als Grenzen der Nutzungsmöglichkeit. Zu den Rechten Dritter gehören insbesondere Gebrauchsbeschränkungen, die sich aus rechtsgeschäftlichen Regelungen innerhalb der Wohnungseigentümergemeinschaft ergeben (KK-WEG/*Abramenko* § 13 Rn. 14).

C. Sondernutzungsrechte

Hierfür werden die Grundsätze für das Sondereigentum im Wesentlichen entsprechend angewendet (vgl. KK-WEG/*Abramenko* § 13 Rn. 40 ff.). 27

D. Rechte am Gemeinschaftseigentum

Die Befugnis zum Mitgebrauch des gemeinschaftlichen Eigentums richtet sich nach §§ 14, 15 (siehe dort). 28

Der Anteil an sonstigen Nutzungen des gemeinschaftlichen Eigentums (z. B. an der Miete einer im gemeinschaftlichen Eigentum stehenden vermieteten Wohnung) richtet sich nach den Miteigentumsanteilen (§ 13 Abs. 2 S. 2 i.V.m. § 16). 29

Die Einzelfälle sind aus Gründen des Sachzusammenhangs bei § 14 dargestellt. 30

§ 14. Pflichten des Wohnungseigentümers
Jeder Wohnungseigentümer ist verpflichtet:
1. die im Sondereigentum stehenden Gebäudeteile so instand zu halten und von diesen sowie von dem gemeinschaftlichen Eigentum nur in solcher Weise Gebrauch zu machen, daß dadurch keinem der anderen Wohnungseigentümer über das bei einem geordneten Zusammenleben unvermeidliche Maß hinaus ein Nachteil erwächst;
2. für die Einhaltung der in Nr. 1 bezeichneten Pflichten durch Personen zu sorgen, die seinem Hausstand oder Geschäftsbetrieb angehören oder denen er sonst die Benutzung der im Sonder- oder Miteigentum stehenden Grundstücks- oder Gebäudeteile überlässt;
3. Einwirkungen auf die im Sondereigentum stehenden Gebäudeteile und das gemeinschaftliche Eigentum zu dulden, soweit sie auf einem nach Nummer 1, 2 zulässigen Gebrauch beruhen;
4. das Betreten und die Benutzung der im Sondereigentum stehenden Gebäudeteile zu gestatten, soweit dies zur Instandhaltung und Instandsetzung des gemeinschaftlichen Eigentums erforderlich ist; der hierdurch entstehende Schaden ist zu ersetzen.

Übersicht

	Rn.
A. Allgemeines	1
B. Regelungsgehalt der Nummer 1	3
I. Instandhaltung	6
II. Gebrauch	15
1. Allgemeines	15

§ 14 I. Teil. Wohnungseigentum

    2. Gebrauchsgrenzen 17
    3. Einzelfälle 25
  C. Regelungsgehalt der Nummer 2 173
    I. Allgemeines 173
    II. Personenkreis 174
    III. Anspruchsgegner 176
    IV. Haftung des Wohnungseigentümers, insbesondere für das Verhalten des Mieters 177
  D. Regelungsgehalt der Nummer 3 180
  E. Regelungsgehalt der Nummer 4 183
    I. Allgemeines 183
    II. Betretungsrecht 185
    III. Benutzungsrecht 191
    IV. Schadensersatz 193
  F. Abdingbarkeit 198

A. Allgemeines

1 § 14 grenzt gemeinsam mit den § 13 und 15 die Rechte und Pflichten der Raumeigentümer ein. Was in § 13 positiv formuliert ist („Jeder Wohnungseigentümer kann ... nach Belieben verfahren ..."), fasst § 14 negativ. Der Pflichtenkreis ergibt sich erst in der Gesamtschau beider Paragraphen, regelmäßig ergänzt durch Vereinbarungen und Beschlüsse.

2 Bei der Anwendung des § 14 sind die nachbarrechtlichen Regelungen nicht unmittelbar anzuwenden, aber wertend heranzuziehen (OLG München ZMR 2006, 300 für § 922 BGB). Vgl. § 13 Rn. 24.

B. Regelungsgehalt der Nummer 1

3 Nach § 14 Nr. 1 ist jeder Raumeigentümer verpflichtet, die im Sondereigentum stehenden Gebäudeteile so instand zu halten und von diesen sowie von dem gemeinschaftlichen Eigentum nur in solcher Weise Gebrauch zu machen, dass dadurch keinem der anderen Raumeigentümer über das bei einem geordneten Zusammenleben unvermeidliche Maß hinaus ein Nachteil erwächst.

4 Nachteil ist nach der in der Rechtsprechung ständig wiederholten, aber wenig griffigen Formel jede nicht ganz geringfügige Beeinträchtigung (BGH NZM 2001, 196).

5 Die Beurteilung erfolgt nach objektiven Kriterien (OLG Zweibrücken ZMR 2004, 265), was bei ästhetischen Beeinträchtigungen (BayObLG ZMR 1987, 382) problematisch ist. Normen können einen Anhaltspunkt geben (OLG Köln ZMR 2002, 77). Ein über der Norm liegendes Niveau der Wohnanlage ist zu beachten (OLG München ZMR 2005, 650).

I. Instandhaltung

Eine Differenzierung zwischen Instandhaltung und Instandsetzung erscheint nicht angezeigt. Vielmehr erfordert es der Normzweck, dass der Wohnungseigentümer Beschädigungen beseitigt. 6

Nach dem Wortlaut des Gesetzes besteht die Instandhaltungspflicht nur hinsichtlich der „im Sondereigentum stehenden Gebäudeteile". Die Verpflichtung, die im gemeinschaftlichen Eigentum stehenden Gebäudeteile instand zu halten, ergibt sich aus § 21 Abs. 5 Nr. 2 und trifft alle Wohnungseigentümer. 7

Instandhaltung ist auch die erstmalige Herstellung eines dem Aufteilungsplan entsprechenden Zustands. Darf jedoch ein Raumeigentümer in einer Wand zwischen seinem Sondereigentum und dem Gemeinschaftseigentum eine Tür ohne Zustimmung der übrigen Raumeigentümer einbauen, so ist einer der übrigen Raumeigentümer nach Treu und Glauben daran gehindert, die Beseitigung der Tür zur erstmaligen Herstellung eines dem Aufteilungsplan entsprechenden Zustands zu verlangen (BayObLG MieWoE § 14 Nr. 26). 8

Die Instandhaltungsverpflichtung geht nur soweit, als dadurch die Interessen anderer Wohnungseigentümer beeinträchtigt werden können (MünchKommBGB/*Commichau* § 14 Rn. 5; KK-WEG/*Abramenko* § 14 Rn. 5). So ist es allein Sache des Wohnungseigentümers, ob und wann er in seinen Räumen Schönheitsreparaturen durchführt (Bärmann/Pick/Merle/*Pick* § 14 Rn. 31). 9

Eine Verbesserung des ursprünglichen Zustands kann aus § 14 Nr. 1 nicht verlangt werden (KK-WEG/*Abramenko* § 14 Rn. 6). 10

Zur **Instandhaltung gehören** auch 11
- Anpassung an neue baurechtliche Anforderungen (MieWo/*Kahlen* § 14 Rn. 9),
- Anschlussleitungen in ordnungsgemäßem Zustand erhalten (Bärmann/Pick/Merle/*Pick* § 14 Rn. 27),
- >ausreichende Beheizung (MünchKommBGB/*Commichau* § 14 Rn. 5),
- Erneuerung von Balkonbodenbelägen, wenn diese undicht geworden sind (KK-WEG/*Abramenko* § 14 Rn. 5),
- Austausch von Bodenbelägen, wenn durch Abnutzung die Trittschalldämmung nicht mehr gewährleistet ist (OLG Köln ZMR 2004, 463),
- Entfernung von Müll (KK-WEG/*Abramenko* § 14 Rn. 5),
- Ungeziefer beseitigen (MieWo/*Kahlen* § 14 Rn. 9),
- Reparatur defekter Wasserleitungen (MünchKommBGB/*Commichau* § 14 Rn. 5).

Unterbleibt die Instandsetzung, kann sich der verpflichtete Raumeigentümer schadensersatzpflichtig gemacht haben (Bärmann/Pick/Merle/*Pick* § 14 Rn. 31). 12

§ 14 I. Teil. Wohnungseigentum

13   Die Verletzung der Instandhaltungspflicht eines Raumeigentümers berechtigt die anderen Raumeigentümer jedoch nicht ohne weiteres, eigenmächtig im Wege der Ersatzvornahme erforderliche Instandsetzungsmaßnahmen durchführen zu lassen (BayObLG ZMR 2004, 841). Vielmehr haben die anderen Raumeigentümer im Verfahren nach §§ 43 ff. für die Durchsetzung ihres Anspruchs gegen den jeweiligen anderen Raumeigentümer zu sorgen.

14   Instandhaltungs- und auch Modernisierungsmaßnahmen müssen so vorgenommen werden, dass den übrigen Wohnungseigentümern kein Nachteil entsteht. Nimmt ein Raumeigentümer Reparaturen vor und führt dies zu Belästigungen (beispielsweise zu Trittschallbelästigungen in der darunter liegenden Wohnung), die über das bei einem geordneten Zusammenleben unvermeidliche Maß hinausgehen, so ist der Störer zur Beseitigung dieser Einwirkungen verpflichtet (OLG Düsseldorf ZMR 2002, 69).

II. Gebrauch

15   **1. Allgemeines.** Gebrauch ist definiert als „tatsächliche selbstnützliche Verwendung" (MieWo/*Kahlen* § 14 Rn. 15). Die dahin gehende Verpflichtung erstreckt sich sowohl auf im Sondereigentum stehende Gebäudeteile als auch auf solche, die im gemeinschaftlichen Eigentum stehen.

16   Ein Gebrauch, der einen vermeidbaren Nachteil mit sich bringt, der das übliche Maß überschreitet, ist kein ordnungsgemäßer Gebrauch.

17   **2. Gebrauchsgrenzen.** Der zulässige Gebrauch finden seine Grenzen dort, wo einem der anderen Raumeigentümer ein Nachteil erwächst, der das bei einem geordneten Zusammenleben unvermeidliche Maß übersteigt. Insoweit kommt es auf die Umstände des einzelnen Falles an.

18   Was in einer Wohnanlage noch zulässiger Gebrauch ist, kann in der nächsten schon unzulässig sein, beispielsweise die Veranstaltung von Kinderfesten in einem Objekt, das a) ausschließlich von jungen und kinderreichen Familien bzw. b) ausschließlich von älteren, gegebenenfalls kranken Personen bewohnt wird.

19   Bei der Bewertung, ob einem Raumeigentümer ein Nachteil entsteht, ist nicht auf dessen rein subjektives Empfinden (hier: Furcht vor Explosionsgefahr bei Gasheizung), sondern darauf abzustellen, ob sich nach der Verkehrsanschauung ein Raumeigentümer in der betreffenden Lage verständlicherweise beeinträchtigt fühlen kann (BayObLG ZMR 1987, 190).

20   Bei Beantwortung der Frage, ob eine erhebliche Beeinträchtigung vorliegt, ist die Ausstrahlungswirkung des Eigentumsrechts

(Art. 14 GG) zu beachten (BVerfG ZMR 2005, 634). Dabei müssen die grundrechtlich geschützten Belange der Beteiligten gegeneinander abgewogen werden.

Zu beachten sind jedoch in erster Linie die Gebrauchsregelungen, die die Wohnungseigentümer durch Vereinbarung oder Beschluss selbst getroffen haben (vgl. § 15). 21

Liegt eine unzulässige Beeinträchtigung im Sinne des § 14 vor, besteht ein Beseitigungs-/Unterlassungsanspruch (OLG München ZMR 2006, 157). 22

Eine öffentlich-rechtliche Genehmigung beseitigt nicht eine unter den Wohnungseigentümern geltende Gebrauchsbeschränkung (BayObLG ZMR 2004, 925). 23

Der Beseitigungsanspruch kann verwirkt werden, wenn eine Beeinträchtigung zehn Jahre lang geduldet wurde (OLG Hamburg ZMR 2006, 465). 24

3. **Einzelfälle.** Zur Frage, was noch zulässiger Gebrauch ist und welcher Gebrauch die durch §§ 13, 14 gezogenen Grenzen überschreitet, werden im Folgenden Einzelfälle alphabetisch dargestellt. Dabei wird, soweit nichts anderes angegeben ist, davon ausgegangen, dass durch Teilungserklärung, Vereinbarung oder Beschluss keine vom Gesetz abweichenden Regelungen getroffen worden sind. Im Interesse einer einheitlichen Darstellung werden hier auch Gebrauchsregelungen durch Vereinbarung oder Beschluss angeführt. Bei der Auslegung von Beschlüssen und Vereinbarungen ist auch der jeweilige Kontext zu beachten. Die angeführten Rechtsprechungsbeispiele sind deshalb nicht immer auf andere Fälle übertragbar. 25

Abfälle: Wenn ein Wohnungseigentümer regelmäßig und notorisch Mülltüten und ähnliche Abfälle vor seiner Wohnungstür im gemeinschaftlichen Eingangsbereich des Hauses deponiert, kann darin eine nach § 1004 BGB abwehrfähige Beeinträchtigung der übrigen Miteigentümer liegen (OLG Düsseldorf WE 1996, 394). 26

Abgas-Abführung: Die Eigentümergemeinschaft kann die Unterlassung des Betriebs einer Gas-Etagenheizung mit Abgas-Abführung direkt ins Freie wegen der damit verbundenen störenden Wasserdampfentwicklung auch dann verlangen, wenn der teilende Eigentümer mit dem Einbau der Etagenheizung einverstanden gewesen ist (OLG Düsseldorf WE 1997, 472). 27

Absperrpfähle vor einem zu alleiniger Nutzung zugewiesenen Kfz-Abstellplatz sind unzulässig, wenn dadurch den anderen Raumeigentümern das Hin- und Wegfahren ihrer Kfz erschwert wird (BayObLG MDR 1981, 937). 28

Abstellen von Gegenständen: Jegliches, auch nur kurzfristiges Abstellen von Gegenständen außerhalb der Wohnung kann nicht 29

§ 14 I. Teil. Wohnungseigentum

durch Beschluss verboten werden (BayObLG ZMR 2005, 133; zweifelhaft).

30 **Abstellplätze:** Siehe unter Parkplätze.

31 **Abstellräume:** In der Teilungserklärung als „Abstellräume" bezeichnete Räumlichkeiten, die sich im Spitzboden über den im Dachgeschoss liegenden Wohnungen befinden, dürfen nicht ohne weiteres als Wohnräume genutzt werden (OLG Düsseldorf ZMR 2004, 610).

32 **Amateurfunker-Antennen** dürfen nicht angebracht werden, wenn dadurch die Mitbewohner beim Empfang von Fernseh- und Rundfunksendungen gestört werden (BayObLG DWE 1983, 30).

33 **Anpflanzungen, Abstände:** Welche Abstände Anpflanzungen zur Grenze einer Sondernutzungsfläche einzuhalten haben, ist auf der Basis des sich aus § 14 Nr. 1 ergebenden Rücksichtnahmegebots im Rahmen einer Interessenabwägung festzulegen. Im Rahmen dieser Abwägung können die Vorschriften des landesrechtlichen Nachbarrechtsgesetzes im Sinne einer Mindestvorgabe wertend einbezogen werden (OLG Hamm DWE 2003, 30).

34 **Antennen** dürfen innerhalb von Raumeigentumseinheiten angebracht werden, sofern den anderen Raumeigentümern keine Nachteile entstehen, die den von § 14 vorgegebenen Rahmen sprengen (ständige oder intensive Störung des Fernseh- oder Rundfunkempfangs in anderen Wohnungen). Geht es um die Installation einer so genannten „Funkfeststation", gilt: Das Recht, auf dem Dach des gemeinschaftlichen Gebäudes eine so genannte Funkfeststation zu betreiben, führt nicht dazu, dass der Betrieb einer Mehrzahl solcher Anlagen gestattet ist (BGH ZMR 2006, 457). Siehe auch unter Parabolantennen.

35 **Apotheke:** Die Bezeichnung eines Raums als Apotheke schließt eine Benutzung als Gaststätte aus (OLG Stuttgart DWE 1987, 139).

36 **Arztpraxis:** Die Benutzung einer Wohnung als Arztpraxis überschreitet den zulässigen Gebrauch (BayObLG ZMR 1980, 125; a.A. Weitnauer/*Lüke* § 14 Rn. 3). Sieht die Teilungserklärung eine Untersagung gewerblicher Tätigkeit in Wohnungen jedoch nur aus wichtigem Grund vor, so ist die Nutzung als gynäkologische Arztpraxis nicht zu beanstanden (LG Hamburg ZMR 2006, 565).

37 **Aussiedlerheim:** Ein Aussiedlerheim überschreitet die Zweckbestimmung als Wohnung (OLG Hamm WE 1992, 135).

38 **Aufzug:** Es widerspricht einer ordnungsmäßigen Gebrauchsregelung, wenn in einem eingeschossigen Haus mit 49 Wohnungen der Gebrauch des Aufzugs dadurch eingeschränkt wird, dass der Aufzug von Besuchern nur noch bis zum fünften Geschoss benutzt werden kann und ab diesem Stockwerk die Benutzung nur

dadurch möglich ist, dass nunmehr der jeweilige Raumeigentümer/Wohnungsinhaber den Fahrstuhl rufen und unter Benutzung eines Schlüssels in Betrieb setzen kann (OLG Köln DWE 2001, 56).

Baden: Nächtliches Baden kann durch Mehrheitsbeschluss nicht verboten werden (BayObLG NJW 1991, 1620). 39

Ballettschule: Eine Ballettschule ist in einer Wohnung unzulässig (BayObLG DWE 1985, 125). 40

Bauliche Veränderungen: Siehe § 22 Rn. 25 ff. Die über das bei einem geordneten Zusammenleben unvermeidbare Maß hinausgehende Beeinträchtigung im Sinne des § 14 Nr. 1 kann bei größeren Bauvorhaben eines Raumeigentümers auch in den mit der Durchführung der Baumaßnahme verbundenen Beeinträchtigungen, z. B. durch Lärm und Schmutz, liegen (BayObLG ZMR 1990, 390). 41

Bäume: Das ersatzlose Fällen von Bäumen einer Raumeigentumsanlage kann grundsätzlich nicht mehrheitlich beschlossen werden (LG Frankfurt ZMR 1990, 71). Ein Rückschnitt eines das Erscheinungsbild der Anlage prägenden ca. 18 m hohen Apfelbaumes, der zum „Totalschaden" führt, ist nicht durch ein bestehendes Sondernutzungsrecht gedeckt (AG Hamburg ZMR 2005, 656). Die Grenzen des § 14 Nr. 1 sind jedenfalls dann überschritten, wenn ein im gemeinschaftlichen Eigentum stehender Baum eigenmächtig beseitigt wird. Der Gedanke des Bestandsschutzes eines bei Erwerb des Raumeigentums vorhandenen größeren Baumes genießt grundsätzlich Vorrang vor dem Interesse des Raumeigentümers, der in Kenntnis der vorhandenen Bepflanzung eine Wohnung erworben hat und sich nunmehr auf eine Beeinträchtigung durch Schattenbildung beruft. Nach dem Grundsatz des Übermaßverbotes kann nicht die Beseitigung einer wegen Schattenbildung beeinträchtigenden Pflanze verlangt werden, wenn ein Rückschnitt der Pflanze zur Beseitigung der Beeinträchtigung möglich ist (BayObLG WE 1998, 77). Für Sondernutzungsrechte siehe Stichwort Bäume bei § 15 Rn. 35. 42

Begrünung: Siehe unter Dachterrasse. 43

Belüftung: Regelungen zur Belüftung sind zur Vermeidung von Schäden zulässig (BayObLG WuM 1992, 707). 44

Berufsausübung in der Eigentumswohnung kann einen Nachteil im Sinne des § 14 für die anderen Raumeigentümer mit sich bringen. Siehe dazu die Einzelstichworte zu den jeweiligen beruflichen und gewerblichen Betätigungen. 45

Blumenkästen an der Außenseite des Balkons sind dann zulässig, wenn sie nach Größe und Aussehen anderen bereits installierten Blumenkästen entsprechen (MieWo/*Kahlen* § 14 Rn. 26). Herabfallende Blätter oder Blüten müssen hingenommen werden (LG Hamburg DWE 1984, 93). Eine Aufstellung im Eingangsbe- 46 reich eines Mehrfamilienhauses ist dagegen unzulässig (BayObLG WE 1994, 17).

47 **Blumenladen:** Unzulässig ist eine Schnellreinigung von Kleidern (OLG Hamburg OLGZ 1978, 10).

48 **Boarding-house:** Ein Beschluss über die Nutzung von Wohnungen zu „boarding-house"-Zwecken ist mangels Beschlusskompetenz nichtig (OLG Saarbrücken ZMR 2006, 554).

49 **Bordellbetrieb:** Ein Bordellbetrieb in der Raumeigentumseinheit ist grundsätzlich unzulässig (BayObLG Rpfleger 1981, 13). Ein solches Verbot erscheint jedoch bedenklich, wenn das Teileigentum nach der Teilungserklärung „zu beliebigen geschäftlichen Zwecken" benutzt werden darf (a. A. KG ZMR 1987, 384). Entsprechendes gilt für den Betrieb eines Sexkinos (LG Passau Rpfleger 1983, 147 = NJW 1983, 1683) und einen Peep-Show-Betrieb. Auch die Ausübung der Prostitution muss von Raumeigentümern grundsätzlich nicht geduldet werden (BayObLG WuM 1987, 95). Der Betrieb eines „Hostessen-Service" kann ebenfalls untersagt werden (OLG Frankfurt DWE 1990, 107). Daran ändert auch das Prostitutionsgesetz nichts, jedenfalls wenn konkrete Beeinträchtigungen gegeben sind (BayObLG MieWoE § 14 Nr. 37).

50 **Briefkastenschilder** dürfen angebracht werden, ohne dass es der Zustimmung anderer Raumeigentümer bedarf (MieWo/*Kahlen* § 14 Rn. 26).

51 **Büro:** In einer als Büro bezeichneten Teileigentumseinheit sind unzulässig: Allgemeinarztpraxis (OLG Stuttgart ZMR 1987, 60), Kinderarztpraxis (BayObLG NJW-RR 1996, 267) sowie Spielsalon (AG Passau Rpfleger 1980, 23).

52 **Café:** Ein Café ist ein Betrieb, in dem vor allem Kaffee und Kuchen verabreicht werden. Ein mit Spielgeräten ausgestattetes Bistro ist unzulässig (OLG Zweibrücken WE 1997, 474). Die Bezeichnung „Café- und Ziergarten" erlaubt nicht den Betrieb eines Bierpavillons (AG Passau Rpfleger 1984, 269). Mit der Zweckbestimmung eines Teileigentums als „Cafe mit Schnellimbiss" ist es nicht vereinbar, in den Räumen über 21:00 Uhr hinaus die Versammlungsstätte eines ausländischen Kulturvereins mit Getränkeausschank und Speisezubereitung zu betreiben (BayObLG MieWoE § 15 Nr. 69). Die Bezeichnung „Eisdiele/Café" erlaubt nicht den Betrieb einer Pilsbar (OLG München ZMR 1992, 306).

53 **Chemische Reinigung:** Zulässig ist ein Reinigungsbetrieb, selbst wenn es sich nicht bloß um eine Annahmestelle handelt (BayObLG WE 1995, 190).

54 **Dachräume:** In der Teilungserklärung als „Dachräume" oder „Speicherräume" bezeichnete Räumlichkeiten dürfen nicht ohne weiteres als Wohnräume genutzt werden (OLG Düsseldorf WE 1997, 468).

Pflichten des Wohnungseigentümers **§ 14**

Dachterrasse: Eine in statischer Hinsicht und vom optischen 55
Eindruck her unbedenkliche Begrünung einer Dachterrasse kann
das gemeinschaftliche Eigentum dadurch beeinträchtigen, dass
mögliche Schäden am Dach nur unter Erschwerung festgestellt
und behoben werden können. Eine Intensivbegrünung, zu der eine
Bepflanzung mit Gehölzen sowie die Anlage einer Quellanlage gehören, ist danach nicht zulässig (OLG Hamm WE 1997, 356).

Duftkerze: Die Frage, ob das Abbrennen einer Duftkerze auf 56
dem Balkon eines Raumeigentümers eine bestimmungswidrige
Benutzung des Sondereigentums darstellt, kann generell weder
bejaht noch verneint werden, hängt vielmehr von den in ihrer
Gesamtheit zu würdigenden Gegebenheiten, Geruchsintensität,
Häufigkeit, schikanöse Begleitumstände etc. ab (OLG Düsseldorf
ZMR 2004, 52 = WE 2004, 81).

Entlüftung: Sofern zu Entlüftungszwecken Mauerdurchbrüche 57
erfolgen, müssen diese nicht zwingend eine Beeinträchtigung im
Sinne des § 14 Nr. 1 darstellen. Vielmehr ist Voraussetzung, dass
nicht nur das äußere Erscheinungsbild verändert wird, sondern
dass eine nachteilige Veränderung gegeben ist (BayObLG WE
1997, 273). Siehe auch unter Küchengerüche.

Freiberufliche Tätigkeit und Gewerbe: Ist in der Teilungserklä- 58
rung eine die Gemeinschaft nicht beeinträchtigende Ausübung
einer freiberuflichen Tätigkeit gestattet, andererseits aber die
Ausübung einer gewerblichen Tätigkeit untersagt, so ergibt die
Auslegung dieser Regelung, die sich an der nächstliegenden Bedeutung aus der Sicht eines unbefangenen Betrachters zu orientieren hat, dass auch bestimmte gewerbliche Tätigkeiten (hier:
Versicherungsvertretung und Wahrsagerei) erlaubt sind, die einer
nicht beeinträchtigenden freiberuflichen Betätigung gleichstehen
(KG ZMR 1994, 27f.).

Funkfeststation: Siehe unter Antennen. 59
Friseursalon: Ein Friseursalon ist in einer im ersten Oberge- 60
schoss belegenen Wohnung unzulässig (Harz/Kääb/Riecke/Schmid/
Elzer Kap. 21 Rn. 441).

Futterkästen an den Fenstern können Vögel anlocken und da- 61
durch die Nachteilsgrenze überschreiten (RGRK/*Augustin* § 14
Rn. 4).

Gänge verstellen: Siehe unter Treppen und Abstellen. 62
Garagen: Dass bei einer größeren Wohnanlage auf hierfür ein- 63
gerichteten Gemeinschaftsflächen zusätzliche Garagen und Einstellplätze in angemessener Zahl entstehen und damit ein bestimmtes Ausmaß an Beeinträchtigungen für die Miteigentümer
verbunden ist, ist nicht allgemein ein Nachteil, der über das in
§ 14 bestimmte Maß hinausgeht (OLG Düsseldorf WE 1996,
425). Wenn die Nutzung einer Einzelgarage als Werkstatt nicht
mehr stört als die bestimmungsgemäße Nutzung, kann keine Un-

terlassung verlangt werden (OLG Hamburg ZMR 2005, 975). Unzulässig ist die Benutzung als Diele (BayObLG Rpfleger 1984, 409).

64 **Garderobe:** Die Anbringung einer Garderobe an den Wänden des im gemeinschaftlichen Eigentum stehenden Treppenhauses ist nicht hinzunehmen (OLG München ZMR 2006, 712).

65 **Garten:** Die Benutzung des Gartens ist nach dem Grundsatz des gleichgewichtigen Mitgebrauchs des Gemeinschaftseigentums nur in gleichem Maße zulässig (BayObLG ZMR 1972, 224 = MDR 1972, 607). Zulässig ist der Neubau von Garagen, wenn damit eine bereits praktizierte Nutzung zu Parkzwecken nicht intensiviert wird und die Bezeichnung wegen der Gesamtumstände nicht als Gebrauchsbeschränkung verstanden werden kann (OLG Düsseldorf WE 1996, 425). Der Begriff „gärtnerische Nutzung" gibt einen weitgehenden Spielraum bei der gärtnerischen Gestaltung von Sondernutzungsflächen. Darunter können auch fallen die Erweiterung einer Terrasse und die Verlängerung eines Gehweges (OLG Schleswig DWE 2001, 74).

66 **Gartenzwerge:** Die Aufstellung von zwei Gartenzwergen durch einen Raumeigentümer in gemeinschaftlichen Garten einer Wohnanlage stellt nach Ansicht des OLG Hamburg (NJW 1988, 2052 = WE 1988, 174) eine übermäßige Nutzung des gemeinschaftlichen Eigentums bzw. eine schwerwiegende Beeinträchtigung der Rechte anderer Raumeigentümer dar.

67 **Gaststätte:** Zulässig ist die Darbietung von musikalischen Veranstaltungen bei Benutzung eines Lautstärkenbegrenzers und Beachtung öffentlich-rechtlicher Lärmschutzauflagen (BayObLG ZMR 1994, 25). Unzulässig ist der Betrieb eines Nachtlokals (*Müller* Praktische Fragen des Wohnungseigentums, Rn. 246). Der in der Teilungserklärung vorgesehene Betrieb einer Gaststätte in einem offenen Einkaufszentrum wird nicht dadurch unzulässig, dass in angrenzenden anderen Gewerbebetrieben Geruchsbelästigungen auftreten, die nicht auf einen bestimmungsgemäßen Gebrauch der Gaststätte zurückzuführen sind (OLG München MDR 2007, 647).

68 **Geräuschbelästigungen** sind unzulässig, wenn sie eine nicht ganz unerhebliche Beeinträchtigung mit sich bringen. Allgemein Übliches muss hingenommen werden, beispielsweise Staubsaugen, auch wenn der Staubsauger außerordentlichen Lärm verursacht. Unzulässig ist jedoch die Ausübung lärmender Tätigkeiten zur Unzeit (Staubsaugen um Mitternacht). Welche Geräuschbeeinträchtigungen bei der Nutzung der Bad- und Toiletteninstallation in einer benachbarten Wohnung hinzunehmen sind, ist unter Heranziehung der einschlägigen DIN-Normen zu entscheiden. Maßgebend sind die DIN-Normen, die bei Vornahme eventueller Umbauarbeiten anzusetzen sind (BayObLG MieWoE § 14 Nr. 15).

Gerüche, üble können die Grenzen des § 14 Nr. 1 übersteigen. 69
Orientierungshilfe gibt die Rechtsprechung zu § 906 BGB. Der
Eigentümer einer Penthousewohnung in einer hochwertigen
Wohnanlage kann verlangen, dass Küchendünste, die aus der unter seinem Schlafzimmer gelegenen Küche eines anderen Eigentümers dringen und ihn belästigen, abgestellt werden – vorausgesetzt, die Immissionen sind vermeidbar und mit geringem Aufwand, etwa durch eine Dunstabzugshaube – zu unterbinden, und die dafür nötige Abluftöffnung bereits vorhanden ist (vgl. BayObLG DWE 2000, 161 = MieWoE § 14 Nr. 16). Siehe auch unter Küchengerüche.

Geschäftsraum: Dieser Begriff lässt fast jede berufliche und ge- 70
werbliche Nutzung zu (Harz/Kääb/Riecke/Schmid/*Elzer* Kap 21. Rn. 424), z. B. Nachtlokal mit Musikveranstaltungen (KG ZMR 1989, 25), auch ein Bordell (a. A. KG ZMR 1987, 384).

Gewerbe: Ist in den Räumen ein Gewerbe zulässig, so fällt dar- 71
unter grundsätzlich jede gewerbliche Nutzung, auch eine Bierschwemme (a. A. BGH DWW 1964, 89); eine Gaststätte (OLG Frankfurt DWE 1993, 77); ein bordellartiger Betrieb (a. A. KG NZM 2002, 568); Tagesstätte mit Kontakt- und Informationsstellenfunktion für Menschen mit psychischer Behinderung (OLG Zweibrücken ZMR 2006, 76); Schulung von Asylbewerbern (BayObLG WE 1992, 227). Nicht als zulässig angesehen wird eine Begegnungsstätte eines deutsch-kurdischen Kulturvereins (OLG Hamm ZMR 2006, 149).

Grillen auf dem Balkon ist zulässig, wenn der Grill elektrisch 72
betrieben wird. Anders kann es je nach der Rauch- und/oder Geruchsbelästigung bei einem Holzkohlengrill sein. Grillen mit Letzterem kann durch Mehrheitsbeschluss untersagt werden. Maßgeblich sind jedoch die Umstände des Einzelfalls (BayObLG ZMR 1999, 650 = WE 1999, 8). Diese können auch eine Begrenzung des Grillens nach Zahl der Grilltage und Dauer des Grillens durch Mehrheitsbeschluss rechtfertigen (Bärmann/Pick/Merle/*Pick* § 13 Rn. 55 m.w.N.).

Grillkamin, Beseitigung: Aus dem Gebot der gegenseitigen 73
Rücksichtnahme kann sich der Anspruch eines Raumeigentümers auf Beseitigung eines Grillkamins direkt vor seinem Schlafzimmerfenster ergeben (BayObLG MieWoE § 14 Nr. 25).

Hausmeisterwohnung: Die in einer Teilungserklärung enthal- 74
tene Bestimmung von im Gemeinschaftseigentum stehenden Räumen zur Hausmeisterwohnung enthält eine nutzungsbeschränkende Zweckbestimmung, der Vereinbarungscharakter zukommt. Eine endgültige Aufhebung oder Änderung dieser Zweckbestimmung ist grundsätzlich nur durch eine Vereinbarung aller Raumeigentümer möglich. Die Raumeigentümer können allerdings durch Mehrheitsbeschluss einen vorübergehenden abweichenden

Gebrauch der Räume beschließen, sofern dieser Beschluss ordnungsmäßiger Verwaltung entspricht (OLG Schleswig ZMR 2005, 476).

75 **Haustierhaltung** ist im üblichen Rahmen zulässig. Ein grundsätzliches Tierhaltungsverbot besteht nicht. Ein völliges Tierhaltungsverbot kann nur vereinbart (MieWo/*Kahlen* § 15 Rn. 120), aber nicht mehrheitlich beschlossen werden (OLG Karlsruhe DWW 1988, 91). Das Halten von Kleintieren (Zierfische, Goldhamster) kann nicht verboten werden, da dies im Allgemeinen nicht als störend empfunden wird (OLG Frankfurt Rpfleger 1978, 414). Hinsichtlich der in diesem Zusammenhang vom OLG Frankfurt auch genannten Vögel bestehen Bedenken. Je nach Art und Anzahl können von diesen nicht unerhebliche zumindest akustische Beeinträchtigungen ausgehen (MieWo/*Kahlen* § 15 Rn. 117). Das Halten von Schlangen und Ratten wird nicht als ordnungsmäßiger Gebrauch angesehen (OLG Frankfurt WE 1990, 108). Die Haltung von über 100 Kleintieren muss nicht hingenommen werden (OLG Köln WE 1996, 234). Siehe auch unter Hunde, Katzen.

76 **Hecke:** Pflanzt ein Raumeigentümer entlang der Grenze der ihm zur Sondernutzung zugewiesenen Gartenfläche eine Weißdornhecke, die eine optische Beeinträchtigung der Gartenanlage darstellt und die Benutzung des zu einer Gemeinschaftsfläche führenden Weges über das unvermeidliche Maß hinaus beeinträchtigt, steht den übrigen Raumeigentümern bzw. der Gemeinschaft ein Beseitigungsanspruch zu (BayObLG WuM 1997, 129).

77 **Heizöltankaufstellung:** Die Aufstellung eines Heizöltanks verpflichtet zum Abschluss einer Gewässerschaden-Haftpflichtversicherung. Anderenfalls sind die Grenzen des § 14 überschritten (OLG Braunschweig OLGZ 1966, 571).

78 **Heizungsanlage:** Siehe unter Kamin.

79 **Hineinschauen:** Das gezielte Hineinschauen in die Fenster einer im Sondereigentum stehenden Wohnung von einer im gemeinschaftlichen Eigentum stehenden Grünfläche aus übersteigt regelmäßig das zulässige Maß des Gebrauchs (OLG München ZMR 2006, 71).

80 **Hobbyraum:** Unzulässig ist die Nutzung als selbständige Wohnung (BayObLG ZMR 2004, 925). Zulässig ist die halbtägige Nutzung als Bewegungsstätte für Kleinkinder mit Ausnahme des Wochenendes (BayObLG WE 1992, 22, zweifelhaft).

81 **Holzterrasse:** Die Errichtung einer Holzterrasse auf einer unbebauten Grundstücksfläche stellt eine bauliche Veränderung dar, deren Beseitigung verlangt werden kann, wenn sie den Zugang zu einem Kanalschacht behindert. Dem Beseitigungsverlangen kann nicht entgegengehalten werden, dass der Raumeigentümer, der das Sondereigentum vor dem Erwerb gepachtet hatte, das

Bauwerk schon während der Pachtzeit errichtet und genutzt habe (BayObLG WE 1998, 392).

Hunde: Nach der wohnungseigentumsrechtlichen Rechtspre- 82 chung kann die Hundehaltung in einer Eigentumswohnanlage durch Mehrheitsbeschluss gänzlich verboten werden (BGH NJW 1995, 2036). Erst recht können Einschränkungen wie Maulkorbzwang oder Anleinpflicht im Treppenhaus und auf den Freiflächen beschlossen werden. Das Tierschutzgesetz steht dem nicht entgegen (BayObLG ZMR 2004, 769). Eine von den Raumeigentümern mehrheitlich beschlossene oder in einer Hausordnung enthaltene Beschränkung der Haustierhaltung auf einen Hund oder drei Katzen je Wohnung stellt jedoch keine willkürliche und das Sondereigentum unangemessen beeinträchtigende Gebrauchsregelung dar (KG WE 1998, 347). Auch eine Beschränkung der Hundehaltung auf einen Hund pro Wohnung ist mehrheitsfähig (OLG Schleswig ZMR 2004, 940). Lässt ein Raumeigentümer einen Rottweiler auf dem im Gemeinschaftseigentum stehenden und keinem Sondernutzungsrecht unterliegenden Hofgrundstück unangeleint und ohne Maulkorb umherlaufen, so kann dies die ungehinderte Nutzung des gemeinschaftlichen Eigentums mehr als unerheblich stören und ist zu unterlassen (OLG Düsseldorf ZMR 2006, 944). Ein Raumeigentümer ist nicht berechtigt, einen so genannten Kampfhund ohne Leine und Maulkorb in gemeinschaftlich genutzten Kellerräumen frei laufen zu lassen. Jeder Raumeigentümer kann auch ohne Mehrheitsbeschluss den Kampfhundbesitzer unmittelbar auf Unterlassung in Anspruch nehmen (KG ZMR 2002, 970 = WE 2003, 127).

Gegenüber einem Behinderten kann die Durchsetzung eines 83 Hundehaltungsverbots ausgeschlossen sein (BayObLG MieWoE § 15 Nr. 59).

Eine Hobby-Hundezucht mit vier erwachsenen Tieren über- 84 schreitet den zulässigen Gebrauch (OLG Zweibrücken ZMR 1999, 853).

Jalousien: Das Anbringen von Außenjalousien ist eine auf 85 Dauer angelegte Veränderung der Außenfassade des Gebäudes, die dessen architektonisch-ästhetisches Aussehen beeinträchtigt und von den Raumeigentümern nicht hingenommen werden muss (OLG Düsseldorf WE 1990, 203).

Kamin: Können aufgrund des Anschlusses eines Kaminofens 86 an den Notkamin durch einen Raumeigentümer aus technischen Gründen die übrigen Raumeigentümer Öfen gleicher oder ähnlicher Bauart oder mit Heizöl oder mit Gas betriebene Öfen nicht anschließen, so werden sie in nicht zumutbarer Weise in ihren Rechten beeinträchtigt. Gleiches kann gelten, wenn bei späterem Anschluss weiterer Feuerstellen aufgrund des Anschlusses des Kaminofens Auswirkungen auf die Zentralheizungsanlage in Frage kommen (BayObLG WE 1996, 317f.). Ein Raumeigentümer, der den Notkamin wegen dessen baulicher Gestaltung ohnehin nicht zum Anschluss einer Feuerstätte nutzen kann, wird durch den Anschluss des Kaminofens eines anderen Raumeigentümers nicht unzumutbar in seinen Rechten beeinträchtigt. Dies gilt jedenfalls dann, wenn vom Betrieb des Kaminofens keine nachteiligen Auswirkungen auf die Zentralheizungsanlage ausgehen und die Raumeigentümer beschlossen haben, dass weitere Feuerstätten nicht ohne die Zustimmung der Raumeigentümer angeschlossen werden dürfen (BayObLG WE 1998, 154).

87 **Katzen:** Das Maß des ordnungsmäßigen Gebrauchs des Sondereigentums überschreitet ein Raumeigentümer jedenfalls dann, wenn er in seiner 42 qm großen Ein-Zimmer-Wohnung mehr als vier Katzen hält (KG ZMR 1992, 201). Das freie Herumlaufen von Katzen in der Wohnanlage kann ebenfalls verboten werden; das Tierschutzgesetz steht dem nicht entgegen (BayObLG ZMR 2004, 769). Eine von den Raumeigentümern mehrheitlich beschlossene oder in einer Hausordnung enthaltene Beschränkung der Haustierhaltung auf einen Hund oder drei Katzen je Wohnung ist wirksam (KG WE 1998, 347).

88 **Keller:** Einem Raumeigentümer kann nicht untersagt werden, in der Teilungserklärung als „Partyraum, Werkraum, Abstellraum, Waschküche, WC" bezeichnete Kellerräume zu anderen als den genannten Zwecken zu nutzen. Kellerräume dürfen zu Hobbyzwecken genutzt werden, wenn dies nicht mehr stört als die bestimmungsgemäße Nutzung (OLG Düsseldorf ZMR 1997, 373 = WE 1997, 346). Zulässig ist eine Nutzung als Lager oder Abstellraum (OLG Schleswig ZMR 2006, 891). Eine Nutzung als Wohnräume ist nicht zulässig (BayObLG WE 1996, 358). Unzulässig sind ferner eine Nutzung als Büro (BayObLG ZMR 1993, 530) oder als Musikzimmer (BayObLG NZM 2000, 1238).

89 **Kfz-Abstellplätze:** Siehe unter Parkplätze.

90 **Klavierspielen:** Siehe im Einzelnen unter Musikausübung, außerdem BayObLG WE 1996, 439f. zur Beschränkung des häuslichen Klavierspiels eines angehenden Musikstudenten.

91 **Klettergerüste** dürfen auf einer Sondernutzungsfläche grundsätzlich aufgestellt werden (AG Braunschweig ZMR 2007, 403). Zu verneinen wird dies allerdings sein, wenn damit ein unmittelbarer Einblick in eine Wohnung im ersten Obergeschoss ermöglicht wird.

92 **Klimageräte:** Der Betrieb nachträglich eingebauter ruhestörender Geräte kann verboten werden (BayObLG WuM 2001, 403).

93 **Konkurrenzverbot:** Die Vereinbarung eines Konkurrenzverbots ist möglich (OLG Hamm DWE 1986, 90). Ist für ein Teileigentum in der Gemeinschaftsordnung eine bestimmte Nutzungsart

genannt, liegt darin kein Konkurrenzverbot zugunsten anderer Teileigentümer. Vielmehr gelten die allgemeinen Regeln des § 14 (BayObLG WE 1997, 36). Durch Mehrheitsbeschluss kann ein Konkurrenzverbot nicht festgelegt werden.

Küche: Die Verlegung einer Küche von einem Raum des Sondereigentums in einen anderen Raum ist zulässig. Die Zweckbestimmung als „Wohnung" steht dem nicht entgegen. Es ist lediglich darauf zu achten, dass das Rücksichtnahmegebot des § 14 Nr. 1 beachtet wird (OLG Hamm ZMR 2006, 634). 94

Küchengerüche werden, selbst wenn sie ins Freie dringen, als unzumutbare Beeinträchtigung angesehen und es wird die Installation einer Dunstabzugshaube verlangt (OLG Köln NJW-RR 1998, 83; Bärmann/Pick/Merle/*Pick* § 14 Rn. 33). Das ist in dieser Allgemeinheit zu weitgehend und trifft wohl nur auf besondere Einzelfälle zu (vgl. BayObLG NZM 2000, 292). Als unzulässig ist es jedoch anzusehen, die Küche durch Öffnen der Wohnungstür über das Treppenhaus zu entlüften. 95

Laden: Ein Laden gestattet den Verkauf von Waren an Endverbraucher innerhalb der gesetzlichen Öffnungszeiten. Unzulässig sind Gaststätten jeder Art (OLG Köln NJW-RR 1995, 851). Auch der Betrieb einer Stehpizzeria wurde als unzulässig angesehen (OLG Düsseldorf ZMR 1993, 222). Das gilt auch für ein Bistro, das die Ladenöffnungszeiten einhält (a. A. OLG Hamburg ZMR 2002, 455) und einen Imbiss (BayObLG NZM 2000, 288; a. A. OLG Schleswig NZM 2004, 463; Harz/Kääb/Riecke/Schmid/*Elzer* Kap 21. Rn. 433). Unzulässig sind ferner ein Spielsalon (OLG Frankfurt DWE 1986, 64); ein Automaten-Sonnenstudio (BayObLG WE 1996, 479); ein Sportstudio (OLG Schleswig DWE 2003, 90); ein Pizza-Lieferservice (BayObLG WE 1998, 507); ein Sex-Kino (Harz/Kääb/Riecke/Schmid/*Elzer* Kap. 21 Rn. 432); eine chemische Reinigung (nicht nur Annahmestelle, OLG Hamm ZMR 19789, 51); ein Office- und Partyservice (OLG Hamburg ZMR 2003, 770) sowie eine Kindertagesstätte (differenzierend KG NJW-RR 1992, 1102). Dagegen ist ein Sexshop, in dem nur Waren verkauft werden, ein Laden (a. A. LG Passau MDR 1983, 758). 96

Lagerraum: Ein Lagerraum darf nicht als Tanzstudio genutzt werden (BayObLG ZMR 1994, 234). 97

Lärm: Einzelne Raumeigentümer sind nicht verpflichtet, durch nachträgliche Maßnahmen den bestehenden schlechten Schallschutz zu verbessern, wenn diese Raumeigentümer rechtmäßig einen bestehenden Dachboden zum Wohnen ausgebaut haben (OLG Düsseldorf ZMR 2002, 297 = WE 2002, 199). 98

Leuchtreklame: Die Anbringung beleuchteter Reklametafeln an der Außenfassade einer Raumeigentumsanlage stellt grundsätzlich eine bauliche Veränderung dar. Wenn diese allerdings 99 nicht mit merklichem Lichteinfall und einer Beschränkung der Aussicht der übrigen Raumeigentümer verbunden sind, sind beleuchtete Reklametafeln als ortsübliche und angemessene Werbung für Gewerbe, die dem zweckgebundenen Gebrauch des Raumeigentums entsprechen, hinzunehmen (OLG Köln NZM 2007, 92).

100 **Lichteinfall** muss erhalten bleiben. Nicht unerhebliche Beeinträchtigungen desselben sind nicht hinzunehmen (BayObLG DWE 1984, 27). Beispiel: übermäßige Balkonbepflanzung, die darunterliegenden Wohnungen vor die Fenster wächst. Der Entfernung eines Baumes, durch den der Lichteinfall in die Wohnung eines Raumeigentümers merklich beeinträchtigt wird, müssen die übrigen Raumeigentümer zustimmen (LG Freiburg ZMR 1987, 67).

101 **Luftzufuhr** muss erhalten bleiben (BayObLG DWE 1984, 30).

102 **Mieter** anderer Raumeigentümer im Besitz zu stören, ist unzulässig (OLG Frankfurt NJW 1961, 324). Andererseits ist jeder Raumeigentümer verpflichtet, alle anderen Raumeigentümer gegen Störungen durch solche Personen zu schützen, die sich in der Raumeigentumseinheit aufhalten (Bärmann/Pick/Merle/*Pick* § 14 Rn. 42) bzw. auf dem Weg dorthin/davon weg durch die gemeinschaftliche Wohnanlage sich befinden. Dies gilt für alle Dritten, seien es Familienangehörige oder sonstige Personen. Raumeigentümer können Belästigungen eigener Mieter durch andere Raumeigentümer und/oder Mieter anderer Raumeigentümer im eigenen Namen geltend machen.

103 **Motorräder abstellen:** Das Abstellen von Motorrädern in einem Kellerraum entspricht nicht ordnungsgemäßem Gebrauch des Gemeinschaftseigentums (BayObLG WE 1988, 143).

104 **Müll:** Wenn ein Raumeigentümer regelmäßig und notorisch Mülltüten und ähnliche Abfälle vor seiner Wohnungstür im gemeinschaftlichen Eingangsbereich des Hauses deponiert, kann darin eine abwehrfähige Beeinträchtigung der übrigen Miteigentümer liegen (OLG Düsseldorf WE 1996, 394 f.).

105 **Müllschlucker:** Ein Mehrheitsbeschluss der Raumeigentümer, dass ein vorhandener Müllschlucker zu schließen ist, enthält keine der Beschaffenheit der Gemeinschaftseinrichtung und dem billigen Interesse der Gesamtheit der Raumeigentümer entsprechende Gebrauchsregelung, wenn er allein mit der durch öffentlich-rechtliche Vorschriften geforderten Mülltrennung begründet ist (BayObLG WE 1996, 474).

106 **Musikausübung:** Musikausübung ist im üblichen Rahmen zulässig. Der BGH (ZMR 1999, 41) räumt den Wohnungseigentümern bei der Regelung einen weiten Ermessensspielraum ein. Dabei sollen folgende Gesichtspunkte berücksichtigt werden: Bewohnerstruktur (Alter der Bewohner, Ruhebedürfnis oder Haus

für Musiker, zulässige Gewerbebetriebe), bauliche Gegebenheiten (Hellhörigkeit), Lage (Pegel der Umweltgeräusche), Art der Musik (Musikinstrumente, Bässe bei Tonwiedergabegeräten), Gleichbehandlung der verschiedenen Geräuschquellen (Musikinstrumente, Tonwiedergabegeräte).

Eine Beschränkung des Musizierens auf die Zeit zwischen 10 Uhr und 12 Uhr und zwischen 15 Uhr und 17 Uhr wird als zu weitgehend angesehen (OLG Zweibrücken WE 1990, 148). Ein Musizierverbot ab 20 Uhr kann beschlossen werden (OLG Stuttgart ZMR 1998, 465). Wegen der Beeinträchtigung anderer Raumeigentümer kann das Musizieren über Zimmerlautstärke in der Hausordnung nur in engen zeitlichen Grenzen zugelassen werden (BayObLG ZMR 2002, 64 = WE 2002, 127). Eine Beschränkung auf drei Stunden täglich kann durch Mehrheitsbeschluss erfolgen (BayObLG NJW 1985, 2138 = WuM 1986, 148). Durch Mehrheitsbeschluss kann auch folgende Regelung getroffen werden (OLG Hamm NJW-RR 1986, 500 = MDR 1986, 501): Täglich zwei Stunden in der Zeit von acht Uhr bis zwölf Uhr und von fünfzehn Uhr bis neunzehn Uhr, sonntags von acht Uhr bis zwölf Uhr. **107**

Erlaubt die Gemeinschaftsordnung einer großen im Innenstadtbereich gelegenen Wohnanlage die Nutzung von Wohnungs- und Teileigentum ohne Benutzungsbeschränkung und insbesondere auch zur beliebigen gewerblichen Nutzung und zur Ausübung eines freien Berufes, so entspricht eine Beschränkung des Musizierens in der Hausordnung, die keine Ausnahme für berufsbedingt musizierende Bewohner vorsieht, nicht ordnungsmäßiger Verwaltung (BayObLG MieWoE § 14 Nr. 24). In einem als Gaststätte bezeichneten, in einem Wohnhaus gelegenen Teileigentum können nicht jegliche musikalische Darbietungen untersagt werden. Es können jedoch stärkere Geräuschemissionen verboten werden, als sie bei Verwendung einer lautstärkenbegrenzten Anlage auftreten und nach den öffentlich-rechtlichen Auflagen zulässig sind (BayObLG ZMR 1994, 25 = MieWoE § 14 Nr. 7). Abgesehen von solchen Sonderfällen können Berufsmusiker keine Sonderbehandlung verlangen (BayObLG ZMR 1985, 208). **108**

Siehe auch unter Tonwiedergabegeräte. **109**

Nachtstrom: Jeder Raumeigentümer hat das Recht, die Stromversorgung auch zum Anschluss von Nachtstromgeräten zu benutzen, soweit hierdurch nicht das entsprechende Recht anderer beeinträchtigt wird (BayObLG WE 1990, 62). **110**

Nicht zu Wohnzwecken dienende Räume: Zulässig ist jede Nutzung (mit Ausnahme der Nutzung zu Wohnzwecken), deren wesentliche Beschränkung sich aus Lage und Beschaffenheit ergibt. Aus Gründen der Rechtssicherheit ist die Nutzung zu Wohnzwecken auch dann nicht hinzunehmen, wenn der betref- **111**

fende Raumeigentümer sich vertraglich verpflichtet, die gewerbliche Nutzung anderer (benachbarter) Einheiten auch künftig zu dulden (OLG Köln NZM 2003, 115). Mit der Beschreibung als nicht zu Wohnzwecken dienende Räume in der Teilungserklärung ist es vereinbar, dass die Räume als „Hobbyraum oder Gästezimmer", d. h. zum gelegentlichen, auf kürzere Zeit beschränkten Übernachten von nicht zum Hausstand gehörenden Personen benutzt werden (BayObLG WE 1996, 472).

112 **Namensschilder:** Namensschilder dürfen angebracht werden. Darin liegt kein Nachteil für die anderen Raumeigentümer (MieWo/*Kahlen* § 14 Rn. 26).

113 **Notkamin:** Siehe unter Kamin.

114 **Parabolantenne:** Das BVerfG (IMR 2007, 103) stellt auf eine Interessenabwägung zwischen dem Eigentumsrecht und dem Recht auf Informationsfreiheit ab. Sind, wenn auch mit finanziellen Aufwendungen, fremdsprachige Sendungen zu empfangen, hat auch ein Ausländer keinen Anspruch auf Anbringung einer Parabolantenne. Ist zwar der Empfang von Programmen in der gewünschten Sprache durch Anschluss an eine Kabelanlage in der Wohnung möglich, will der Bewohner aber weitere fremdsprachige Programme mit Hilfe einer Parabolantenne empfangen, dann ist zu prüfen, ob das Recht des Vermieters auf eine optisch angemessene Gestaltung des in seinem Eigentum befindlichen Hauses oder das Informationsinteresse des Mieters zurückzutreten hat. Das Aufstellen einer Parabolantenne an einer Stelle, an der sie kaum wahrnehmbar ist, führt in der Regel nicht zu einer Beeinträchtigung, die nicht hinzunehmen ist (OLG München ZMR 2006, 304).

115 **Parfüm im Treppenhaus:** Versprüht ein Raumeigentümer eigenmächtig Geruchsstoffe (Parfüm) im zum Gemeinschaftseigentum gehörenden Treppenhaus, so liegt hierin eine bestimmungswidrige Nutzung des Gemeinschaftseigentums (OLG Düsseldorf ZMR 2004, 52 = WE 2004, 81).

116 **Parkplätze:** Die den gewerblich bzw. freiberuflich genutzten Sondereigentumseinheiten zugeordneten Parkflächen in einer Raumeigentumsanlage sind im Regelfall auch für Kunden der Eigentümer oder Mieter dieser Einheiten bestimmt (KG ZMR 1996, 216 = WE 1996, 271). Ein Verbot der Nutzung durch Kunden kann nicht beschlossen werden (BayObLG ZMR 1999, 777). Ein Eigentümerbeschluss, der die Ein- und Ausfahrt zu Stellplätzen im Sondernutzungsrecht, die dem Eigentümer einer als Laden ausgewiesenen Einheit zugewiesen sind, ab 21 Uhr beschränkt, ist nicht nichtig (OLG München ZMR 2007, 484). Ein solcher Beschluss ist jedoch auf rechtzeitige Klage hin für ungültig zu erklären, wenn sich nicht aus der Gemeinschaftsordnung ergibt, dass es sich um Kundenparkplätze handelt. Die Stellplätze

können nämlich auch anderweitig genutzt werden. Ein Eigentümerbeschluss, der das Abstellen von Fahrzeugen auf einem teilweise asphaltierten Hof gestattet, kann ordnungsmäßiger Verwaltung entsprechen (BayObLG ZMR 1998, 356).

Patentanwaltsbüro: Ein Patentanwaltsbüro wird bei geringem Publikumsverkehr in einer Wohnung zugelassen (OLG Köln NZM 2002, 258). 117

Peep-Show: Siehe unter Bordellbetrieb. 118

Pilsbar: Mit der Zweckbestimmung „Eisdiele und Café" ist der Betrieb eines Pilslokals (Pilsbar) nicht vereinbar (OLG München DWE 1993, 30). 119

Pizzeria: Mit der Zweckbestimmung eines Teileigentums als „Ladenlokal" lässt sich der Betrieb einer Stehpizzeria auch außerhalb der gesetzlichen Ladenschlusszeiten nicht vereinbaren (OLG Düsseldorf DWE 1993, 25). Siehe auch unter Gaststätte. 120

Politische Parolen: Einzelne Raumeigentümer sind nicht berechtigt, Spruchbänder mit politischen Parolen an der Hausfassade anzubringen (KG ZMR 1988, 268 = WE 1988, 132). 121

Prostitution: Prostitution in Eigentumswohnungen muss grundsätzlich nicht geduldet werden. Insbesondere wenn ein Raumeigentümer seine Wohnung einer Prostituierten, die ihre Dienste in Zeitungsanzeigen unter Angabe der vollen Anschrift anbietet, überlässt, brauchen die übrigen Raumeigentümer diese Nutzung der Wohnung nicht zu dulden (BayObLG WE 1996, 151). Es ist aus Rechtsgründen nicht zu beanstanden, wenn eine Tatsacheninstanz eine gewerbsmäßige Prostitution als den übrigen Raumeigentümern im Einzelfall nicht zumutbare Nutzung einstuft (OLG Hamburg ZMR 2005, 644). Falls allerdings die Gemeinschaftsordnung eine gewerbliche Nutzung zulässt, besteht ein Anspruch auf Unterlassung der Prostitutionsausübung nur, wenn Beeinträchtigungen der anderen Raumeigentümer konkret bewiesen sind (AG Nürnberg ZMR 2005, 661). Ob in einer Anlage, die ausschließlich gewerblich genutzt wird, eine Wertminderung der übrigen Teileigentumseinheiten anzunehmen ist, wenn in einer Teileigentumseinheit der Prostitution nachgegangen wird, ist zumindest fraglich (BayObLG ZMR 2005, 67). 122

Psychologische Praxis ist in einer Wohnung unzulässig (a.A. Harz/Kääb/Riecke/Schmid/*Elzer* Kap. 21 Rn. 441). 123

Rasenfläche: Zulässig ist die Nutzung zum Spielen (OLG Hamburg DWE 1991, 121). 124

Rauchen im Hausflur: AG Hannover NZM 2000, 520. 125

Ruhezeiten: Die Festlegung allgemeiner Ruhezeiten ist eine zulässige Gebrauchsregelung (BGH NJW 1998, 3714). 126

Reklameschilder: Reklameschilder dürfen durch einen Teileigentümer, der in seinem Teileigentum zulässigerweise ein Gewerbe betreibt, an der Außenfront des Gebäudes angebracht wer- 127 den, wenn und soweit sie angemessen und ortsüblich sind (OLG Frankfurt Rpfleger 1982, 64).

128 **Sanitäreinrichtungen:** Werden in einem in der Gemeinschaftsordnung als Hobbyraum bezeichneten Raum, der nicht zu Wohnzwecken genutzt werden darf, eine Dusche und eine Toilette an die gemeinschaftlichen Ver- und Entsorgungsleitungen angeschlossen, ist dies der Beginn einer Nutzung zu Wohnzwecken. Die übrigen Raumeigentümer können verlangen, dass die Anschlüsse der Sanitäreinrichtungen dauernd getrennt werden (BayObLG DWE 1999, 31 f.).

129 **Satellitenantenne:** Siehe unter Parabolantenne.

130 **Sauna:** In einem als Sauna und Tauchbecken bezeichneten Teileigentum darf eine Sauna gewerblich betrieben werden (BayObLG NJW-RR 1994, 1036), aber kein Swinger-Club (BayObLG ZMR 2000, 689).

131 **Schallschutz:** Normale Wohngeräusche müssen von den Nachbarn hingenommen werden (LG Frankfurt/M. NJW-RR 1993, 281). Die Gemeinschaftsordnung kann wirksam vorschreiben, dass die Raumeigentümer innerhalb ihres Sondereigentums über die gesetzlichen oder sich aus DIN-Normen ergebenden Standards zur Lärmvermeidung hinaus weitergehende Lärmschutzmaßnahmen treffen müssen. Eine solche Einschränkung des Rechts der Sondereigentümer, mit ihrem Eigentum nach eigenen Gutdünken zu verfahren, ist nicht unbillig (OLG Köln WE 1998, 192).

132 **Schaukelgerüst:** Ein Sondernutzungsrecht an einer Gartenfläche, das inhaltlich zur Nutzung als „Grünfläche und Ziergarten" bestimmt ist, verbietet nicht die Aufstellung eines zweisitzigen, ca. zwei Meter hohen Schaukelgerüstes. Die Nutzung des Schaukelgerüstes durch spielende Kinder stellt auch keine Beeinträchtigung dar, die über das bei einem geordneten Zusammenleben der Raumeigentümer unvermeidliche Maß hinausgeht (OLG Düsseldorf WE 1990, 24).

133 **Schilderanbringung:** Siehe unter Reklameschilder.

134 **Sendestab:** Ein Sendestab auf dem Dach für eine Funksprechanlage oder Ähnliches darf angebracht werden, wenn und soweit dadurch keine Störung (des Fernseh- oder Rundfunkempfanges) bei anderen Raumeigentümern eintritt (MieWo/*Kahlen* § 14 Rn. 26).

135 **Sexkino:** Siehe unter Bordell.

136 **Sichtschutzmatte:** Das Anbringen einer grünen Sichtschutzmatte aus Kunststoff hinter einem Maschendrahtzaun, der zwei Sondernutzungsflächen am Garten voneinander trennt, stellt grundsätzlich eine bauliche Veränderung dar, die für den am angrenzenden Gartenbereich Berechtigten mit einer optischen Beeinträchtigung verbunden ist (BayObLG MieWoE § 14 Nr. 17).

Sondernutzungsrechte: Siehe § 15 Rn. 16 ff. 137

Sonnenstudio: Mit der Zweckbestimmung eines Teileigentums 138 als „Laden" lässt es sich nicht vereinbaren, dass das in dem Teileigentum betriebene Automaten-Sonnenstudio außerhalb der gesetzlichen Ladenöffnungszeiten unbeaufsichtigt durch Personal des Betreibers betreten werden kann (BayObLG ZMR 1996, 334 = WE 1996, 479).

Speicherräume: In der Teilungserklärung als „Speicherräume" 139 bezeichnete Räumlichkeiten dürfen nicht ohne weiteres als Wohnräume genutzt werden (OLG Düsseldorf ZMR 2004, 610).

Spielplatz: Die Bezeichnung einer Fläche in der Teilungserklä- 140 rung als „Garagenhof" schließt seine Nutzung als Spielplatz für Kinder nicht aus. Das Ballspielen und Bolzen im Garagenhof einer Wohnanlage kann jedoch dann untersagt werden, wenn den älteren Kindern und Jugendlichen zugemutet werden kann, in der Nähe gelegene öffentliche Spielplätze aufzusuchen (BayObLG WE 1991, 27).

Spitzboden: Ist ein Spitzboden nur über eine (vermietete) Ei- 141 gentumswohnung für Miteigentümer erreichbar, fehlt diesen grundsätzlich die Berechtigung zum Betreten des Spitzbodens, auch wenn an diesem kein Sondernutzungsrecht besteht (OLG Hamburg ZMR 2005, 68). Fehlt ein Zugang zum Dachspitz vom Gemeinschaftseigentum aus, ist der Mitgebrauch des Dachspitzes durch alle Raumeigentümer auf eine Nutzung zu Zwecken der Gemeinschaft beschränkt, die nur ein gelegentliches, von dem Raumeigentümer der darunter liegenden Wohnung zu gestattendes Betreten notwendig machen (BayObLG ZMR 2004, 844). Auch der Raumeigentümer, der Eigentümer der unterhalb des Dachbodens belegenen Wohnung ist, darf den Dachboden nicht zu Wohnzwecken nutzen (OLG Düsseldorf ZMR 2004, 610).

Steuerberaterkanzlei: Eine Steuerberaterkanzlei wird in einer 142 Wohnung als zulässig angesehen (Weitnauer/*Lüke* § 14 Rn. 3).

Stehtische: Das Aufstellen von Stehtischen und beweglichen 143 Kästen mit Rankpflanzen zur Abgrenzung einer im Gemeinschaftseigentum stehenden Fläche vom übrigen Bürgersteig und zur Freihaltung des Hauseingangs stellt eine Sondernutzung dar, die den Mitgebrauch der anderen Sondereigentümer an der Fläche zumindest beeinträchtigt (OLG Hamburg MieWoE § 15 Nr. 77).

Sträucher: Die Beseitigung eines Gehölzes auf einer Sondernut- 144 zungsfläche kann nicht verlangt werden, wenn durch dessen Rückschnitt auf ein gemeinverträgliches Maß die Beeinträchtigung entfällt (KG WE 1996, 267 unter Bestätigung von BayObLG DWE 1995, 282 = WE 1995, 345).

Supermarkt: Zulässig ist die Nutzung als Getränkemarkt 145 (OLG Schleswig NZM 1999, 79).

§ 14 I. Teil. Wohnungseigentum

146 **Tagescafé und Laden:** Unzulässig ist es, ein Café über 20.00 Uhr hinaus zu betreiben (OLG Karlsruhe OLGZ 1985, 392).

147 **Teppichklopfstange:** Die Entfernung einer Teppichklopfstange ist jedenfalls dann keine Beeinträchtigung im Sinne des § 14, wenn eine andere Teppichklopfstange vorhanden ist, die näher an der Wohnung des Raumeigentümers liegt und auch nutzbar ist (AG Hannover ZMR 2005, 313).

148 **Tiere:** Siehe unter Haustierhaltung.

149 **Tischtennisplatte** auf einem Kinderspielplatz ist als Änderung des Bestimmungszwecks unzulässig (AG Berlin-Charlottenburg DWE 1984, 28).

150 **Toilettennutzung:** Welche Geräuschbeeinträchtigungen bei der Benutzung der Bad- und Toiletteninstallationen in einer benachbarten Wohnung hinzunehmen sind, ist unter Heranziehung der einschlägigen DIN-Normen zu entscheiden. Werden Jahrzehnte nach Errichtung eines Bauwerks Bad und Toilette einer Wohnung erneuert, ist für die Frage, welche bei dem Gebrauch der von der Installation ausgehenden Geräuschbeeinträchtigungen in einer Nachbarwohnung hinzunehmen sind, die DIN-Norm maßgebend, die bei Vornahme der Umbauarbeiten gilt (BayObLG MieWoE § 14 Nr. 15), es sei denn, dass früher ein besserer Schallschutz vorhanden war.

151 **Tonwiedergabegeräte:** Das KG (WE 1988, 23) entschied, dass Lärm infolge lauter Radiomusik eine von einem Raumeigentümer verursachte psychische Beeinträchtigung sei, die nach § 14 Nr. 1, § 1004 BGB von einem anderen Raumeigentümer allerdings nur dann untersagt werden könne, wenn diese Beeinträchtigung einerseits mit dem räumlich-gegenständlichen Bereich des Raumeigentums verbunden und andererseits geeignet ist, das körperliche Wohlbefinden des Gestörten zu beeinträchtigen.

152 **Trennwand:** Der Eigentümer aneinandergrenzender Wohnungen ist nur bei Zustimmung der übrigen Eigentümer berechtigt, zur Verbindung der beiden Wohnungen die Trennwand zu durchbrechen. Darauf, ob es sich um eine tragende oder eine nichttragende Wand handelt, kommt es nicht an (BayObLG DWE 1997, 129).

153 **Treppen:** Treppen mit Fahrrädern, Rollern, Kinderwagen und/oder Mofas zu verstopfen, ist unzulässig.

154 **Türschilder** dürfen angebracht werden (MieWo/*Kahlen* § 14 Rn. 26).

155 **Umwandlung** einer Grünfläche in Kfz-Abstellplätze ist unzulässiger Gebrauch (Bärmann/Pick/Merle/*Pick* § 14 Rn. 36).

156 **Veränderung** des optischen Gesamteindrucks ist unzulässig (Bärmann/Pick/Merle/*Pick* § 14 Rn. 36). Eine solche Veränderung des optischen Gesamteindrucks liegt beispielsweise vor bei einer Maßnahme, wonach das an der Rückseite eines Hauses vorhan-

dene Fassadengrün („wilder Wein") entfernt und zukünftig die Entstehung jeglichen Fassadengrüns sofort unterbunden werden soll (OLG Düsseldorf ZMR 2005, 304).

Vermietung: Siehe bei § 13.

Verschattung: Nach dem Grundsatz des Übermaßverbotes kann nicht die Beseitigung einer wegen Schattenbildung beeinträchtigenden Pflanze verlangt werden, wenn ein Rückschnitt der Pflanze zur Beseitigung der Beeinträchtigung möglich ist (BayObLG WE 1995, 345).

Versorgungsleitungen: Werden in einem in der Gemeinschaftsordnung als Hobbyraum bezeichneten Raum, der nicht zu Wohnzwecken genutzt werden darf, eine Dusche und eine Toilette an die gemeinschaftlichen Ver- und Entsorgungsleitungen angeschlossen, ist dies der Beginn einer Nutzung zu Wohnzwecken. Die übrigen Raumeigentümer können verlangen, dass die Anschlüsse der Sanitäreinrichtungen dauerhaft getrennt werden (BayObLG DWE 1999, 31).

Videoüberwachung: Ein Eigentümerbeschluss, der die dauernde, unkontrollierte Videoüberwachung von Flächen, die im Gemeinschaftseigentum stehen, durch einen der Raumeigentümer verbietet, entspricht regelmäßig ordnungsmäßiger Verwaltung (OLG München ZMR 2005, 474).

Wäscheleinen dürfen eigenmächtig nicht gespannt werden, selbst dann nicht, wenn der entsprechende Gartenteil zur Sondernutzung zugewiesen wurde (BayObLG DWE 1983, 22).

Wäschetrockner: Ein Sondereigentümer darf einen Kondensatortrockner auch dann in seinem eigenen Kellerabteil aufstellen und betreiben, wenn ein Gemeinschaftswaschkeller existiert (AG Nürnberg ZMR 2005, 827).

Warenaufstellung im Korridor durch einen Raumeigentümer, der Händler ist, ist unzulässig (*Müller* Praktische Fragen des Wohnungseigentums, Rn. 255).

Wäschetrocknen: Ein generelles Verbot des Wäschetrocknens im Freien kann nicht als Regelung des ordnungsgemäßen Gebrauchs mit Stimmenmehrheit wirksam beschlossen werden (OLG Düsseldorf NJW-RR 2004, 376 = ZMR 2005, 143).

Waschküchenbenutzung, überdurchschnittliche: Aus dem Grundsatz des gleichgewichtigen Mitgebrauchs des Gemeinschaftseigentums folgt, dass einzelnen Raumeigentümern eine stärkere Benutzung der gemeinschaftlichen Waschküche nicht schon deshalb erlaubt ist, weil sie eine Pension betreiben (*Müller* Praktische Fragen des Wohnungseigentums, Rn. 254).

Wasserleitung: Befinden sich im abgeschlossenen Kellerraum eines Raumeigentümers die Wasserzuleitungen für andere Raumeigentumseinheiten, so hat der Eigentümer des Kellers nach § 14 Nr. 1 Vorsorge dafür zu treffen, dass die Wasserleitungen nicht einfrieren können. Verletzt er diese Pflicht schuldhaft, macht er sich schadensersatzpflichtig (BayObLG ZMR 1989, 349).

167 **Weihnachtsdekoration** kann auch in und an Privatwohnungen angebracht werden, wobei eine drastische Überdimensionierung zu vermeiden ist (KK-WEG/*Abramenko* § 15 Rn. 15). Eine Beschlussfassung hierüber ist grundsätzlich möglich (LG Düsseldorf MDR 1990, 249).

168 **Weinkeller:** Ist ein Teileigentum in der Teilungserklärung als „Weinkeller, Kegelbahn, Windfang, Abstellraum, Kühlraum, WC, Vorplatz" bezeichnet, stellt diese Bezeichnung eine Zweckbestimmung dar. Mit dieser Zweckbestimmung ist der Betrieb einer Diskothek oder die Führung einer Gaststätte mit Tanzbetrieb nicht vereinbar (BayObLG ZMR 1990, 230).

169 **Werbung:** Die nach § 13 grundsätzlich zulässige gewerbliche Nutzung des Sondereigentums sowie eine angemessene und ortsübliche Werbung dazu kann durch Beschluss der Raumeigentümergemeinschaft eingeschränkt werden, und zwar dahin, dass die Werbung im Bereich des Sondereigentums nicht gestattet ist, soweit das äußere Bild der Anlage dadurch verändert oder beeinträchtigt wird (LG Aurich NJW 1987, 448). Siehe auch unter Reklame.

170 **Wirtschaftsprüferkanzlei** wird in einer Wohnung als zulässig angesehen (Weitnauer/*Lüke* § 14 Rn. 3).

171 **Wohnung:** Zulässig ist selbstverständlich das Wohnen. Weiter wurden als zulässig angesehen: Steuerberater- und Wirtschaftsprüferkanzlei (BayObLG ZMR 1999, 186; im Hinblick auf den Parteiverkehr bedenklich); Architektenbüro (KG NJW-RR 1995, 334; im Hinblick auf den Parteiverkehr bedenklich); Steuerberaterpraxis (BayObLG ZMR 1999, 187; im Hinblick auf den Parteiverkehr bedenklich); Patentanwaltskanzlei (OLG Köln ZMR 2002, 381); Wachlokal für Polizeibeamte (BayObLG ZMR 1996, 508; zweifelhaft); unter Beachtung der üblichen Sprechstundenzeiten für psychologische und psychotherapeutische Praxis ist die Nutzung zulässig (OLG Düsseldorf ZMR 1998, 247; nicht zutreffend, da erheblich stärkere Beeinträchtigung als bei Wohnnutzung); Unterbringung von Asylbewerbern und Aussiedlern (KG NJW 1992, 3045), sofern es nicht zur Überbelegung (OLG Stuttgart NJW 1992, 3045) oder ständigem Wechsel der Bewohner (OLG Hamm WE 1992, 135) kommt.

172 Als unzulässig wurden angesehen: Friseursalon (BayObLG ZMR 2001, 42); Billard-Café (OLG Zweibrücken ZMR 1987, 228); Ballettschule (BayObLG WE 1985, 125); Arztpraxis (BayObLG ZMR 2000, 778; aA KG NJW-RR 1991, 1421); Ausübung der Prostitution (BayObLG MDR 1985, 325); Heim zur Erprobung moderner Erziehungsmethoden (OLG Frankfurt Rpfleger 1981, 149).

C. Regelungsgehalt der Nummer 2

I. Allgemeines

Gemäß § 14 Nr. 2 ist jeder Raumeigentümer verpflichtet, für 173
die Einhaltung der in Nr. 1 bezeichneten Pflichten durch Personen zu sorgen, die seinem Hausstand oder Geschäftsbereich angehören oder denen er die Benutzung der im Sonder- oder Miteigentum stehenden Grundstücks- oder Gebäudeteile überlässt. Die Vorschrift begründet eine Verpflichtung des Wohnungseigentümers, bildet aber keine selbständige Anspruchsgrundlage für Schadensersatzansprüche (Weitnauer/*Lüke* § 14 Rn. 5).

II. Personenkreis

Als Personen, für die man als Raumeigentümer unter den oben 174
genannten Voraussetzungen zu haften hat, kommen unter anderem in Betracht: Angestellte (Bärmann/Pick/Merle/*Pick* § 14 Rn. 50); Kunden; Familienangehörige; Gäste; Handwerker; Kaufinteressenten (OLG Oldenburg ZMR 1980, 64); Lieferanten; Mieter und Untermieter (BayObLG MDR 1970, 586 = ZMR 1970, 221); Erwerber, denen bereits vor Eigentumsübergang der Besitz überlassen wurde (KG ZMR 2000, 560).

Keine Haftung besteht für Personen, die sich ohne den Willen 175
des Wohnungseigentümers in der Wohnanlage aufhalten. Hierzu gehören auch Personen, die von der Ordnungsbehörde eingewiesen worden sind (KK-WEG/*Abramenko* § 14 Rn. 25).

III. Anspruchsgegner

Der Anspruch richtet sich gegen den Wohnungseigentümer, der 176
den Besitz überlassen hat. Daneben kann auch ein unmittelbarer Anspruch der Wohnungseigentümer gegenüber dem Mieter bestehen, einen unzulässigen Gebrauch zu beenden (vgl. § 13 Rn. 25).

IV. Haftung des Wohnungseigentümers, insbesondere für das Verhalten des Mieters

Der Wohnungseigentümer haftet weitgehend für das Verhalten 177
seines Mieters. Eine solche Haftung besteht nach § 278 BGB, da der Vermieter den Mieter zur Erfüllung der Gemeinschaftspflichten, insbesondere zur pfleglichen Behandlung des Gemeinschaftseigentums, heranzieht. Bei dieser Haftungsnorm kommt es auf ein Verschulden des Vermieters selbst nicht an. Er muss sich das

Verschulden des Mieters wie ein eigenes Verschulden zurechnen lassen. Voraussetzung ist also hier, dass den Mieter ein Verschulden trifft. Der Wohnungseigentümer haftet deshalb nicht für das Verhalten seines Mieters, wenn dieser nach §§ 827, 828 BGB (insbesondere Geisteskranke und Minderjährige) nicht verantwortlich ist (OLG Düsseldorf NJW-RR 1995, 1165). Die Haftung des Vermieters erstreckt sich auch auf das Verhalten von Familienangehörigen des Mieters und bei einer Untervermietung auch auf den Untermieter (BayObLG NJW 1970, 1550).

178 Daneben kommt eine Haftung nach § 14 Nr. 2 i. V. m. § 280 BGB in Betracht. Hierbei kommt es nicht auf das Verschulden des Mieters, sondern auf das Verschulden des Vermieters an. Dabei wird es sich in der Regel um ein Auswahlverschulden handeln, d. h. dass der Wohnungseigentümer an eine Person vermietet hat, von der abzusehen war, dass sie die übrigen Wohnungseigentümer schädigt. Das Verschulden des Vermieters kann sich aber auch darauf beziehen, dass er gegen den störenden Mieter nicht mit allen rechtlich zulässigen Mitteln, insbesondere einer Unterlassungsklage oder einer Kündigung, vorgegangen ist.

179 Schließlich kommt auch noch eine Haftung des Vermieters nach §§ 823 ff., 831 BGB in Betracht, wenn der Wohnungseigentümer seinen Mieter zu einer Verrichtung, insbesondere zu einer ihm obliegenden Räum- und Streupflicht herangezogen hat. Voraussetzung der Haftung ist, dass der Vermieter die Eignung und Zuverlässigkeit des Mieters für die Tätigkeit nicht überprüft oder ihn nicht ausreichend überwacht hat.

D. Regelungsgehalt der Nummer 3

180 Gemäß § 14 Nr. 3 ist jeder Raumeigentümer verpflichtet, Einwirkungen auf die im Sondereigentum stehenden Gebäudeteile und das gemeinschaftliche Eigentum zu dulden, soweit diese Einwirkungen auf einem nach Nr. 1 oder 2 zulässigen Gebrauch beruhen.

181 Die Vorschrift begründet eine Duldungspflicht im Sinne des § 1004 Abs. 2 BGB.

182 Weitere Duldungspflichten enthalten Nr. 4 und § 21 Abs. 5 Nr. 6.

E. Regelungsgehalt der Nummer 4

I. Allgemeines

183 § 14 Nr. 4 regelt eine gegenüber Nr. 3 speziellere Duldungspflicht: Das Betreten und die Benutzung der im Sondereigentum stehenden Gebäudeteile ist zu gestatten, soweit dies zur Instand-

haltung und Instandsetzung des gemeinschaftlichen Eigentums erforderlich ist; der hierdurch entstehende Schaden ist zu ersetzen.

Statuiert wird nur eine Duldungspflicht. Zu einer aktiven Mitwirkung, etwa Verschieben von Möbeln (BayObLG WuM 1995, 729), Versetzen von Blumentrögen (BayObLG WE 1996, 152) oder Ähnlichem ist der Wohnungseigentümer nicht verpflichtet. **184**

II. Betretungsrecht

Dazu gehört es, dem Verwalter, einem Architekten und Handwerkern den Zutritt zu einer Wohnung zur Behebung von Schäden zu ermöglichen oder bei Vorliegen konkreter Anhaltspunkte zu überprüfen, ob Instandhaltungsmaßnahmen erforderlich sind (OLG München ZMR 2006, 388). Der Raumeigentümer kann das Betretungsrecht nicht mit dem Argument verweigern, dass er durch Baulärm und Bauschmutz, eventuell sogar durch unangenehme Verhaltensweisen der Bauhandwerker belästigt werde. Solche Dinge sind notwendigerweise mit Bauarbeiten verbunden und von allen in Kauf zu nehmen (OLG Celle ZMR 2002, 293 = WE 2002, 222). **185**

Die Duldungspflicht aus § 14 Nr. 4 besteht nur, wenn dies zur Instandhaltung oder -setzung des gemeinschaftlichen Eigentums erforderlich ist. Eine Duldungspflicht zur Instandhaltung/-setzung anderen Sondereigentums ist aus dieser Norm nicht gegeben, besteht aber gleichwohl nach Treu und Glauben (MieWo/*Kahlen* § 13 Rn. 51). **186**

N. 4 gibt kein Betretungsrecht zu dort nicht genannten Zwecken, z.B. zur Überprüfung der Einhaltung der Hausordnung oder von Gebrauchsregelungen (KK-WEG/*Abramenko* § 14 Rn. 30). Die Verpflichtung, das Betreten der Wohnung zur Anbringung und Ablesung von Messgeräten zu gestatten, ergibt sich aus der Erforderlichkeit bei einer verbrauchabhängigen Abrechnung, teilweise unmittelbar aus der HeizkostenV (vgl. *Schmid* Handbuch der Mietnebenkosten, Rn. 6119, 6122). **187**

Das Betreten der Wohnung muss, abgesehen von Notfällen, nicht zur Unzeit gestattet werden und muss rechtzeitig angekündigt sein (KK-WEG/*Abramenko* § 14 Rn. 30). **188**

Bei vermieteten Räumen folgt dem Duldungspflicht des Mieters für Instandhaltungsarbeiten aus § 554 Abs. 1 BGB, für Modernisierungsarbeiten jedoch nur aus § 554 Abs. 2 BGB. **189**

Ein über § 14 Nr. 4 hinausgehendes Betretungsrecht kann vereinbart werden. Eine solche Vereinbarung ist jedoch nur dann wirksam, wenn ausreichende Anhaltspunkte dafür vorliegen, dass Instandhaltungs- oder Instandsetzungsmaßnahmen vorgenommen werden müssen. Dies gilt auch dann, wenn das Betre- **190** tungsrecht auf zwei Termine jährlich beschränkt ist. Mit dem Schutz der Unverletzlichkeit der Wohnung ist eine Regelung in einer Teilungserklärung nicht zu vereinbaren, die das Zutrittsrecht des Verwalters nicht von konkreten sachlichen Gründen abhängig macht (OLG Zweibrücken NJW-RR 2001, 730 = NZM 2001, 289).

III. Benutzungsrecht

191　In Betracht kommt insbesondere die Benutzung der Räumlichkeiten als solcher. Das Benutzungsrecht besteht auch, wenn das Sondereigentum beschädigt wird (BayObLG ZfIR 1999, 929).

192　Nicht verpflichtet ist der Wohnungseigentümer, Strom oder Wasser zur Verfügung zu stellen. Insoweit handelt es sich nicht um die Benutzung von Gebäudeteilen.

IV. Schadensersatz

193　Der betroffene Wohnungseigentümer hat einen verschuldensunabhängigen Schadensersatzanspruch (MünchKommBGB/*Commichau* § 14 Rn. 30).

194　Nach der bisherigen Rechtslage wurden die übrigen Wohnungseigentümer als Zahlungspflichtige angesehen, wobei sich der geschädigte Wohnungseigentümer entsprechend dem Kostenverteilungsschlüssel seinen Anteil anrechnen lassen musste (vgl. z. B. MünchKommBGB/*Commichau* § 14 Rn. 30). Nach der Anerkennung der Teilrechtsfähigkeit wird man als Schuldner nicht mehr die einzelnen Wohnungseigentümer, sondern den Verband ansehen müssen, zumal in § 16 Abs. 7 die Schadensersatzleistungen ausdrücklich als Kosten der Verwaltung nach § 16 Abs. 2 bezeichnet werden.

195　Zu dem Schaden, den ein Raumeigentümer gemäß § 14 Nr. 4 ersetzt verlangen kann, gehören z. B. Mietausfälle (OLG Frankfurt ZMR 2006, 625 m. Anm. *Elzer*); Kosten für eine Ausweichunterkunft (Palandt/*Bassenge* § 14 Rn. 13); Beseitigung von Schäden an der Substanz des Sondereigentums (OLG Köln ZMR 1998, 722). Zu ersetzen ist auch ein Verdienstausfall (KG ZWE 2000, 273). Nicht ersetzt wird der reine Verlust von Freizeit (KG ZMR 2000, 335).

196　Ein Eigentümerbeschluss, der den Schadensersatz pauschaliert, ist nicht nichtig. Er kann jedoch mit der Begründung angefochten werden, dass ein höherer Schaden entstanden ist (BayObLG WE 1995, 191).

197　Jedenfalls wenn größere Schäden zu erwarten sind, kann der Wohnungseigentümer die Duldung von einer vorherigen Sicherheitsleistung abhängig machen (KG NJW-RR 1986, 697).

F. Abdingbarkeit

§ 14 ist durch Vereinbarung, aber nicht durch Mehrheitsbeschluss abdingbar. **198**

§ 15. Gebrauchsregelung

(1) Die Wohnungseigentümer können den Gebrauch des Sondereigentums und des gemeinschaftlichen Eigentums durch Vereinbarung regeln.

(2) Soweit nicht eine Vereinbarung nach Absatz 1 entgegensteht, können die Wohnungseigentümer durch Stimmenmehrheit einen der Beschaffenheit der im Sondereigentum stehenden Gebäudeteile und des gemeinschaftlichen Eigentums entsprechenden ordnungsmäßigen Gebrauch beschließen.

(3) Jeder Wohnungseigentümer kann einen Gebrauch der im Sondereigentum stehenden Gebäudeteile und des gemeinschaftlichen Eigentums verlangen, der dem Gesetz, den Vereinbarungen und Beschlüssen und, soweit sich die Regelung hieraus nicht ergibt, dem Interesse der Gesamtheit der Wohnungseigentümer nach billigem Ermessen entspricht.

Übersicht

	Rn.
A. Gebrauchsregelung	1
I. Gebrauch	2
II. Regelungsgegenstand	4
III. Zustandekommen	5
1. Vereinbarungen (Abs. 1)	5
2. Beschluss (Abs. 2)	8
3. Individualverlangen (Abs. 3)	12
B. Insbesondere: Sondernutzungsrechte	17
I. Grundsätzliches	17
II. Inhalt	20
III. Begründung, Änderung, Übertragung, Aufhebung	25
1. Begründung	25
2. Übertragung	28
3. Änderung	29
4. Aufhebung	30
5. Zustimmung dinglich Berechtigter	31
IV. Einzelfälle	32
C. Tätigkeitspflichten	42

A. Gebrauchsregelung

Die Raumeigentümer können sowohl den Gebrauch des gemeinschaftlichen Eigentums als auch den des Sondereigentums **1** regeln und zwar durch Vereinbarung (Abs. 1) oder durch Beschluss (Abs. 2). Darüber hinaus kann jeder Raumeigentümer einen Gebrauch der im Sondereigentum stehenden Gebäudeteile und des gemeinschaftlichen Eigentums verlangen, wenn und soweit dies dem Gesetz, den Vereinbarungen, den Beschlüssen und – sofern alles Vorstehende keine Aussage enthält – dem Interesse der Gesamtheit der Raumeigentümer nach billigem Ermessen entspricht (Abs. 3). Nach § 10 Abs. 2 Satz 3 n. F. können auch vom Gesetz und von Vereinbarungen abweichende Regelungen verlangt werden (siehe dort).

I. Gebrauch

2 „Gebrauch" im Sinne des WEG ist mit „Benutzung" gleichzusetzen (Bärmann/Pick/Merle/*Pick* § 15 Rn. 3: „Gebrauch heißt Nutzung"). Der Entzug des Gebrauchs ist keine Gebrauchsregelung (BayObLG MieWoE § 15 Nr. 62). Kein Gebrauch ist eine bauliche Veränderung im Sinne des § 22 (siehe dort).

3 Einzelfälle sind aus Gründen der Übersichtlichkeit bereits in die Aufstellung in § 14 Rn. 25 ff. aufgenommen.

II. Regelungsgegenstand

4 § 15 lässt sowohl Regelungen hinsichtlich des Sonder- als auch des Gemeinschaftseigentums zu. Voraussetzung ist lediglich, dass es sich in allen Fällen um Gebrauchsregelungen handelt. Für bauliche Veränderungen siehe § 22 Rn. 25 ff.

III. Zustandekommen

5 **1. Vereinbarungen (Abs. 1).** Vereinbarungen können bereits bei der Begründung des Wohnungseigentums nach § 3 oder § 8 erfolgen und werden dann meist als Gemeinschaftsordnung bezeichnet. Möglich ist aber auch eine nachträgliche Vereinbarung nach § 10. Siehe jeweils zu diesen Vorschriften.

6 Durch Vereinbarungen können Gebrauchsregelungen bis hin zur Grenze der Sittenwidrigkeit getroffen werden. Die Regelungsmöglichkeiten sind praktisch unbegrenzt (KK-WEG/*Abramenko* § 15 Rn. 9).

7 Der Abschluss oder die Änderung einer Vereinbarung können unter engen Voraussetzungen nach § 10 Abs. 2 Satz 3 verlangt werden (siehe dort).

8 **2. Beschluss (Abs. 2).** Bei der Regelung des Gebrauchs haben die Raumeigentümer ein Ermessen, was die Notwendigkeit und

Zweckmäßigkeit einer Regelung angeht; dieses Ermessen ist einer gerichtlichen Nachprüfung weitgehend entzogen (BayObLG MieWoE § 15 Nr. 87).

§ 15 Abs. 2 lässt es zu, dass durch bloße Stimmenmehrheit ein Gebrauch beschlossen werden darf, der lediglich „ordnungsgemäß" (§ 21 Abs. 3) sein muss und zudem der Beschaffenheit der im Sondereigentum stehenden Gebäudeteile und des gemeinschaftlichen Eigentums entspricht. 9

Dabei sind einige Grundsätze entwickelt worden, die bei Gebrauchsregelungen zu beachten sind. Unzulässig sind in der Regel gänzliche Untersagung sozial-adäquater Tätigkeiten (BGH ZMR 1999, 43) und die willkürliche, d. h. nicht durch sachliche Gründe, wie etwa Behinderung, gerechtfertigte Privilegierung oder Benachteiligung einzelner Wohnungseigentümer (BayObLG ZMR 2005, 133). Die besonderen Gegebenheiten der jeweiligen Anlage sind zu berücksichtigen (BayObLG ZMR 2001, 818). 10

Durch Beschluss können Gebrauchsregelungen, die durch Vereinbarung getroffen worden sind, nicht abgeändert werden. Ein solcher Beschluss wäre nichtig (OLG Düsseldorf ZMR 2003, 861). 11

3. Individualverlangen (Abs. 3). Jeder Raumeigentümer kann einen Gebrauch der im Sondereigentum stehenden Gebäudeteile und des gemeinschaftlichen Eigentums verlangen, der dem Gesetz, den Vereinbarungen und Beschlüssen und, soweit sich die Regelung hieraus nicht ergibt, dem Interesse der Gesamtheit der Raumeigentümer nach billigem Ermessen entspricht. § 15 Abs. 3 betrifft die Fälle, in denen ein bestimmtes Verhalten verlangt wird oder untersagt werden soll. Ist eine Gebrauchsregelung erst zu treffen, kann ein Antrag nach § 21 Abs. 8 (siehe dort) gestellt werden (Hügel/Elzer/*Hügel* § 13 Rn. 221). 12

Es handelt sich um einen Individualanspruch, den jeder Wohnungseigentümer ohne Beteiligung der übrigen geltend machen kann (OLG Düsseldorf ZMR 2004, 925 = NJOZ 2004, 3913). 13

Anspruchsgegner ist der Eigentümer der Wohnung, von der die Störung ausgeht (OLG München ZMR 2005, 727). Ansonsten richtet sich der Anspruch gegen die anderen Wohnungseigentümer. 14

Einem Unterlassungs- oder Beseitigungsanspruch können eine bindende, auch konkludente Zustimmung zum störenden Verhalten (KK-WEG/*Abramenko* § 15 Rn. 27), ein Rechtsmissbrauch (MünchKommBGB/*Commichau* § 15 Rn. 39) oder eine Verwirkung entgegenstehen (MünchKommBGB/*Commichau* § 15 Rn. 39; KK-WEG/*Abramenko* § 15 Rn. 28). 15

Das Gemeinschaftsverhältnis der Raumeigentümer ist auf das gemeinschaftliche Grundstück entsprechend seiner durch die Ein- 16 tragung im Wohnungsgrundbuch entstandenen sachenrechtlichen Zuordnung beschränkt. Die Nutzung eines benachbarten Grundstücks kann somit nicht Gegenstand eines auf § 15 Abs. 3 gestützten Unterlassungsanspruchs sein (OLG Hamm ZMR 2006, 707).

B. Insbesondere: Sondernutzungsrechte

I. Grundsätzliches

17 Ein besonders wichtiger Fall von Gebrauchsregelungen sind die Sondernutzungsrechte. Auf die Bildung von Sondernutzungsrechten kann insbesondere dann zurückgegriffen werden, wenn eine ausschließliche Nutzung gewünscht wird, aus Rechtsgründen aber Sondereigentum nicht möglich ist, z. B. für Gärten vor Erdgeschosswohnungen.

18 Ein Sondernutzungsrecht ist das Recht eines Wohnungseigentümers, einen Teil des gemeinschaftlichen Eigentums unter Ausschluss der übrigen Wohnungseigentümer zu nutzen (BGH NJW 2002, 2247 = ZMR 2002, 763).

19 Auf die Art der Nutzung der Anlage (Teil- oder Wohnungseigentum, Mischformen), den Umfang der eingeräumten Rechte, die Art der Begründung, die Frage, ob eine Eintragung im Grundbuch erfolgt oder nicht, kommt es nicht an. Maßgeblich ist jedoch, dass der Begünstigte Miteigentümer der betreffenden Anlage ist/sind. Dies folgt aus § 6 Abs. 1 (Bärmann/Pick/Merle/*Pick* § 15 Rn. 18). Die Grenze zu bloßen Gebrauchsregelungen ist nicht immer eindeutig (vgl. *Demharter* NZM 2006, 489, 490).

II. Inhalt

20 Inhaltlich stellt ein Sondernutzungsrecht immer eine Gebrauchsregelung dar (Hügel/Elzer/*Hügel* § 1 Rn. 12). Inhalt von Sondernutzungsrechten ist ex definitione die Einräumung von Gebrauchsvorteilen zugunsten einzelner Raumeigentümer. Regelmäßig wird dem Begünstigten die ausschließliche Benutzungsbefugnis eingeräumt (Bärmann/Pick/Merle/*Pick* § 15 Rn. 20) – damit korrespondierend werden die übrigen Raumeigentümer völlig vom Gebrauch ausgeschlossen.

21 Das Sondernutzungsrecht eines Raumeigentümers an einer gemeinschaftlichen Grundstücksfläche unterliegt einer immanenten Beschränkung insoweit, als eine Mitbenutzung durch andere Raumeigentümer zur ordnungsmäßigen Benutzung von anderem Gemeinschaftseigentum oder vom Sondereigentum notwendig ist (BayObLG ZMR 2005, 889).

Die Einräumung von Sondernutzungsrechten kann, muss sich 22
jedoch nicht auf einzelne Nutzungsarten beschränken (Bärmann/
Pick/Merle/*Pick* § 15 Rn. 18). Durch die Einräumung von Sondernutzungsrechten dürfen jedoch nicht dispositive andere Vorschriften des WEG umgangen werden. Daher ist es unzulässig, Sondernutzungsrechte mit dem Inhalt „jedwede denkbare Nutzungsart"
(Bärmann/Pick/Merle/*Pick* § 15 Rn. 18) zu vereinbaren.

Es ist zulässig, dass Raumeigentümern durch Vereinbarung ge- 23
stattet wird, auf ihren zur Sondernutzung zugewiesenen Flächen
bauliche Veränderungen vorzunehmen. (BayObLG WE 1990,
139). Ohne eine solche Regelung gibt ein Sondernutzungsrecht
noch kein Baurecht.

Die Zuweisung eines Sondernutzungsrechts führt noch nicht 24
automatisch dazu, dass der Sondernutzungsberechtigte auch Kosten zu tragen hat. Diese bleiben bei der Gemeinschaft (OLG
Hamburg ZMR 2004, 614), können aber bereits bei der Begründung des Sondernutzungsrechts oder durch eine spätere Vereinbarung dem Sondernutzungsberechtigten auferlegt werden (BayObLG ZMR 2004, 357). Dem Sondernutzungsberechtigten kann
aber nicht nur die Bezahlung, sondern auch die Vornahme erforderlicher Arbeiten aufgegeben werden, z.B. Pflege des Gartens.

III. Begründung, Übertragung, Änderung, Aufhebung

1. Begründung. Voraussetzung für die Entstehung eines Son- 25
dernutzungsrechtes ist eine entsprechende Vereinbarung bzw.
Festlegung des teilenden Alleineigentümers nach § 8. Ein bloßer
Mehrheitsbeschluss reicht nicht aus. Die Alleinzuweisung einer
bestimmten Nutzung ist kein „ordnungsgemäßer Gebrauch" im
Sinne des § 15 Abs. 2 (OLG Karlsruhe ZMR 1991, 33). Ein solcher Beschluss ist nichtig (BGH NJW 2000, 3500).

Die unwirksame Begründung von Sondereigentum kann in die 26
Begründung eines Sondernutzungsrechts umgedeutet werden
(BayObLG DWE 1981, 27).

Eine Grundbucheintragung ist für Entstehung des Sondernut- 27
zungsrechts nicht erforderlich, aber notwendig, um die Bindung
des Rechtsnachfolgers eines Wohnungseigentümers zu sichern
(§ 10 Abs. 2).

2. Übertragung. Sondernutzungsrechte können durch Verein- 28
barung der beteiligten Wohnungseigentümer ohne Zustimmung
der anderen übertragen werden. Zur Wirkung gegenüber Sonderrechtsnachfolgern ist die Eintragung im Grundbuch erforderlich
(Weitnauer/*Lüke* § 15 Rn. 36). Eine Übertragung auf andere Personen als Wohnungseigentümer ist nicht möglich (Bärmann/Pick/
Merle/*Pick* § 15 Rn. 19).

29 **3. Änderung.** Eine inhaltliche Änderung bestehender Sondernutzungsrechte bedarf der Zustimmung aller Raumeigentümer (MieWo/*Kahlen* § 15 Rn. 61), es sei denn, dass deren Rechte in keiner Weise beeinträchtigt werden (KK-WEG/*Abramenko* § 13 Rn. 44).

30 **4. Aufhebung.** Ein Sondernutzungsrecht kann nicht einseitig aufgegeben werden (BGH ZMR 2001, 119). Erforderlich ist eine Vereinbarung (MieWo/*Kahlen* § 15 Rn. 61).

31 **5. Zustimmung dinglich Berechtigter.** Siehe § 5 Rn. 150 ff. Um die Zustimmungspflicht zu umgehen, wird bereits vorgeschlagen, neben dem eigentlich gewollten Sondernutzungsrecht allen anderen Wohnungseigentümern mehr oder weniger wertlose Sondernutzungsrechte einzuräumen (Hügel/Elzer/*Hügel* § 1 Rn. 21 ff.).

IV. Einzelfälle

32 **Anlagen und Einrichtung:** In Betracht kommen Kinderspielplätze, Sandkästen, Tischtennisräume, Saunen, Schwimmbecken, Dachböden, bestimmte Kellerräume, besondere technische Einrichtungen für bestimmte Teileigentumseinheiten, z. B. für die Sprinkleranlage in Anlagen, deren Erdgeschoss aus Teileigentum besteht, während die darüberliegenden Geschosse in Wohnungseigentum aufgeteilt sind (MieWo/*Kahlen* § 15 Rn. 46).

33 **Balkone:** Je nach baulicher Gestaltung von großzügig angelegten Balkonen sind Sondernutzungsrechte angebracht, insbesondere wenn es sich um mit Trenngittern versehene Balkonteile handelt (MieWo/*Kahlen* § 15 Rn. 46). In der Regel stehen Balkone jedoch bereits im Sondereigentum (vgl. § 5 Rn. 20 ff.).

34 **Bauliche Veränderungen:** Siehe generell § 22 Rn. 25 ff.

35 **Bäume:** Der Sondernutzungsberechtigte ist mangels abweichender Vereinbarung nicht berechtigt, einen den Charakter der Anlage prägenden Baum zu fällen (BayObLG WE 1999, 77). Stark wachsende Bäume dürfen auf einer Sondernutzungsfläche nicht gepflanzt werden, wenn eine Verschattung anderer Wohnungen zu befürchten ist (KG DG 1987, 1261).

36 **Duplexgaragen** sind nur in ihrer Gesamtheit sondereigentumsfähig, nicht jedoch hinsichtlich einzelner Stellplätze (BayObLG NJW-RR 1995, 783). Ein Sondernutzungsrecht kann an einem einzelnen Stellplatz begründet werden. Steht jedoch die gesamte Parkeinheit im Sondereigentum zweier oder mehrer Wohnungseigentümer, kommt als interne Gebrauchsregelung eine solche nach § 745 Abs. 2 BGB in Betracht.

37 **Gartenteile** sind besonders häufig Gegenstand von Sondernutzungsrechten. Wenn keine andere Regelung getroffen ist, obliegt

die Bepflanzung dem Sondernutzungsberechtigten (BayObLG DWE 1987, 46). Siehe jedoch auch unter Bäume.

Gehwege: Ein Sondernutzungsrecht mit dem Inhalt, auf den 38 vor den Läden befindlichen Gehwegflächen Verkaufseinrichtungen aufzustellen, umfasst nicht das Recht, die Gäste eines Speiserestaurants an auf den Gehwegflächen aufgestellten Tischen zu bewirten (BayObLG MieWoE § 15 Nr. 86).

Kfz-Abstellplätze können Gegenstand von Sondernutzungs- 39 rechten sein. Es kann vereinbart werden, dass diese Plätze nicht Dritten überlassen werden dürfen (KG NJW-RR 1996, 586).

Terrassen: An Terrassen kann ein Sondernutzungsrecht begrün- 40 det werden (MieWo/*Kahlen* § 15 Rn. 46). Aus der Größe und Lage einer im Gemeinschaftseigentum stehenden Terrasse kann sich jedoch bereits ergeben, dass sie nicht dem Mitgebrauch aller Raumeigentümer zugänglich ist (BayObLG MieWoE § 15 Nr. 73).

Wintergarten: Eine mit „Sonderrechte" überschriebene Rege- 41 lung in der Teilungserklärung, die neben der Überdachung der Terrasse auch „sonstige bauliche Veränderungen im Bereich der Terrasse, soweit baurechtlich zulässig" beinhaltet, umfasst bereits nach ihrem Wortlaut auch die Errichtung eines Wintergartens (OLG Zweibrücken DWE 2004, 103).

C. Tätigkeitspflichten

Es kann nicht Gegenstand mehrheitsfähiger Gebrauchsregelun- 42 gen sein, einzelnen Raumeigentümern Tätigkeitsverpflichtungen – gleich welcher Art – aufzuerlegen (überwiegende Meinung, BGH NJW 1985, 484 = MDR 1985, 311; *Schmid* FGPrax 2004, 103). Vereinbarungen sind möglich, aber als Quelle dauernder Streitigkeiten, vor allem bei Reinigungsarbeiten nicht zu empfehlen (*Schmid* FGPrax 2004, 103).

§ 16. Nutzungen, Lasten und Kosten

(1) ¹Jedem Wohnungseigentümer gebührt ein seinem Anteil entsprechender Bruchteil der Nutzungen des gemeinschaftlichen Eigentums. ²Der Anteil bestimmt sich nach dem gemäß § 47 der Grundbuchordnung im Grundbuch eingetragenen Verhältnis der Miteigentumsanteile.

(2) Jeder Wohnungseigentümer ist den anderen Wohnungseigentümern gegenüber verpflichtet, die Lasten des gemeinschaftlichen Eigentums sowie die Kosten der Instandhaltung, Instandsetzung, sonstigen Verwaltung und eines gemeinschaftlichen Gebrauchs des gemeinschaftlichen Eigentums nach dem Verhältnis seines Anteils (Absatz 1 Satz 2) zu tragen.

§ 16

(3) Die Wohnungseigentümer können abweichend von Absatz 2 durch Stimmenmehrheit beschließen, dass die Betriebskosten des gemeinschaftlichen Eigentums oder des Sondereigentums im Sinne des § 556 Abs. 1 des Bürgerlichen Gesetzbuches, die nicht unmittelbar gegenüber Dritten abgerechnet werden, und die Kosten der Verwaltung nach Verbrauch oder Verursachung erfasst und nach diesem oder nach einem anderen Maßstab verteilt werden, soweit dies ordnungsmäßiger Verwaltung entspricht.

(4) ¹Die Wohnungseigentümer können im Einzelfall zur Instandhaltung oder Instandsetzung im Sinne des § 21 Abs. 5 Nr. 2 oder zu baulichen Veränderungen oder Aufwendungen im Sinne des § 22 Abs. 1 und 2 durch Beschluss die Kostenverteilung abweichend von Absatz 2 regeln, wenn der abweichende Maßstab dem Gebrauch oder der Möglichkeit des Gebrauchs durch die Wohnungseigentümer Rechnung trägt. ²Der Beschluss zur Regelung der Kostenverteilung nach Satz 1 bedarf einer Mehrheit von drei Viertel aller stimmberechtigten Wohnungseigentümer im Sinne des § 25 Abs. 2 und mehr als der Hälfte aller Miteigentumsanteile.

(5) Die Befugnisse im Sinne der Absätze 3 und 4 können durch Vereinbarung der Wohnungseigentümer nicht eingeschränkt oder ausgeschlossen werden.

(6) ¹Ein Wohnungseigentümer, der einer Maßnahme nach § 22 Abs. 1 nicht zugestimmt hat, ist nicht berechtigt, einen Anteil an Nutzungen, die auf einer solchen Maßnahme beruhen, zu beanspruchen; er ist nicht verpflichtet, Kosten, die durch eine solche Maßnahme verursacht sind, zu tragen. ²Satz 1 ist bei einer Kostenverteilung gemäß Absatz 4 nicht anzuwenden.

(7) Zu den Kosten der Verwaltung im Sinne des Absatzes 2 gehören insbesondere Kosten eines Rechtsstreits gemäß § 18 und der Ersatz des Schadens im Falle des § 14 Nr. 4.

(8) Kosten eines Rechtsstreits gemäß § 43 gehören nur dann zu den Kosten der Verwaltung im Sinne des Absatzes 2, wenn es sich um Mehrkosten gegenüber der gesetzlichen Vergütung eines Rechtsanwalts aufgrund einer Vereinbarung über die Vergütung (§ 27 Abs. 2 Nr. 4, Abs. 3 Nr. 6) handelt.

Übersicht

	Rn.
A. Nutzungen des gemeinschaftlichen Eigentums	4
I. Nutzungen	5
II. Gemeinschaftliches Eigentum	8
III. Anteil	10
1. Gesetzliche Regelung	11
a) Höhe des Anteils	11
b) Ermittlung/Feststellung/Verwendung des Anteils	12
c) Steuerliche Konsequenzen der Nutzungszurechnung	15

§ 16 Nutzungen, Lasten und Kosten

    2. Abweichende gesetzliche Regelungen 18
    3. Abweichende Vereinbarungen 22
  IV. Sondernutzungsrechte 24
    1. Begründung 28
    2. Inhalt 34
    3. Sondernutzungsberechtigte(r) 38
      a) Ein Sondernutzungsberechtigter 39
      b) Mehrere Sondernutzungsberechtigte 40
    4. Übertragung 41
    5. Kostentragung 44
B. **Lasten des gemeinschaftlichen Eigentums** 47
  I. Lasten 55
    1. Öffentlich-rechtliche 57
    2. Zivilrechtliche 58
  II. Gemeinschaftliches Eigentum 59
C. **Verwaltungskosten** 61
  I. Kosten der Instandhaltung/Instandsetzung 63
  II. Kosten der sonstigen Verwaltung 65
  III. Kosten eines Rechtsstreits gemäß § 18 116
  IV. Schadensersatz im Fall des § 14 Nr. 4 118
  V. Kosten eines Rechtsstreits nach § 43 128
  VI. Gesetzliche Kostenverteilung gemäß § 16 Abs. 2 132
  VII. Kostenverteilungsvereinbarung gemäß § 10 Abs. 2 Satz 2 136
  VIII. Kostenverteilungsbeschluss gemäß § 16 Abs. 3 138
    1. Beschlussfähige Kosten 140
      a) Betriebskosten des gemeinschaftlichen Eigentums 141
      b) Betriebskosten des Sondereigentums 144
      c) Verwaltungskosten 146
    2. Erfassungs-/Verteilungsmaßstab 148
      a) Verbrauch 149
      b) Verursachung 151
      c) Anderer Maßstab 152
    3. Unabdingbarkeit des § 16 Abs. 3 154
  IX. Kostenverteilungsbeschluss gemäß § 16 Abs. 4 155
    1. Beschlussfähige Kosten 156
      a) Instandhaltung/Instandsetzung 157
      b) Bauliche Veränderungen 158
      c) Aufwendungen im Sinne des § 22 159
    2. Verteilungsmaßstab 160
      a) Tatsächlicher Gebrauch 161
      b) Gebrauchsmöglichkeit 162
    3. Mehrheitserfordernisse 163
      a) Drei Viertel aller Stimmberechtigten 166
      b) Hälfte aller Miteigentumsanteile 168
    4. Unabdingbarkeit des § 16 Abs. 4 169
D. **Bauliche Veränderungen** 170
  I. Begriff 173
  II. Nutzungsanteil 174
  III. Kostentragung 175

§ 16   I. Teil. Wohnungseigentum

    1. Kraft gesetzlicher Regelung 176
    2. Kraft beschlossener Regelung 177
  IV. Gebrauchsmöglichkeit 178
E. Sonderumlagen 181
   I. Grundsätzliches 182
  II. Existenz ausreichender Instandhaltungsrückstellung 184
 III. Höhe der Sonderumlage 186
  IV. Verfahrensfragen 187

1 § 16 Abs. 1 bestimmt, wem die Nutzungen des gemeinschaftlichen Eigentums zustehen. Die Nutzungen des Sondereigentums stehen dem jeweiligen Sondereigentümer zu (§ 13 Abs. 1).

2 § 16 Abs. 2 regelt, wer zum einen die Lasten des gemeinschaftlichen Eigentums und zum Zweiten die Kosten der Instandhaltung, Instandsetzung, sonstigen Verwaltung und eines gemeinschaftlichen Gebrauchs des gemeinschaftlichen Eigentums zu tragen hat. Die Regelungen des § 16 sind sowohl bezüglich der Nutzungen als auch bezüglich der Lasten und Kosten abdingbar (Bärmann/Pick/Merle/*Pick* § 16 Rn. 4).

3 § 16 findet auch auf die werdende Wohnungseigentümergemeinschaft Anwendung (KK-WEG/*Elzer* § 10 Rn. 22 m. w. N.).

A. Nutzungen des gemeinschaftlichen Eigentums

4 Grundsätzlich gebührt jedem Wohnungseigentümer ein Anteil an den Nutzungen des gemeinschaftlichen Eigentums. Dies ist in der Praxis unproblematisch. Probleme gibt es regelmäßig dann, wenn Sondernutzungsrechte eingeräumt werden (Rn. 24 ff.).

I. Nutzungen

5 Nutzungen sind „die Früchte einer Sache oder eines Rechtes sowie die Vorteile, welche der Gebrauch der Sache oder des Rechts gewährt" (§ 100 BGB). Früchte sind „Erzeugnisse (einer) Sache und die sonstige Ausbeute, welche aus der Sache ihrer Bestimmung gemäß gewonnen wird" (§ 99 BGB).

6 Früchte sind sowohl unmittelbare als auch mittelbare Sachfrüchte und Rechtsfrüchte (Bärmann/Pick/Merle/*Pick* § 16 Rn. 8).

7 In der Praxis geht es um die Vermietung von Kfz-Stellplätzen (KG NJW 1991, 434 = MieWoE § 15 WEG Nr. 18; BayObLG MieWoE § 15 WEG Nr. 15), von gemeinschaftlichen Flächen an Teileigentümer als zusätzliche Verkaufsfläche (BayObLG MieWoE § 14 WEG Nr. 3) und von Kellerräumen (BayObLG NJW-RR 2000, 154 = MieWoE § 15 WEG Nr. 18). Außerdem seit einigen Jahren aktuell: die Vermietung von Dachflächen an Mobilfunkbetreiber (*Kahlen* ZMR 2006, 838).

II. Gemeinschaftliches Eigentum

§ 16 regelt lediglich die Nutzungen des gemeinschaftlichen Eigentums. Zur Abgrenzung gemeinschaftliches Eigentum/Sondereigentum siehe die Erläuterungen zu § 5. 8

Seit der Entscheidung des BGH vom 2. 6. 2005 (NJW 2005, 2061 = ZMR 2005, 547) zählt – nunmehr unstreitig – auch das so genannte Verwaltungsvermögen zum gemeinschaftlichen Eigentum (siehe die Erläuterungen zu § 10 Abs. 7 Satz 1). Im Ergebnis sind auch Zinserträge (z. B. aus der zinsgünstig angelegten Instandhaltungsrückstellung) Nutzungen des gemeinschaftlichen Eigentums. 9

III. Anteil

§ 16 Abs. 1 Satz 2 regelt eine Nutzungsverteilung entsprechend der Grundbucheintragung. Abweichendes kann vereinbart werden. 10

1. Gesetzliche Regelung. a) Höhe des Anteils. Die Höhe des jeweiligen Anteils ermittelt sich durch einen bloßen Rechenvorgang entweder entsprechend der Grundbucheintragung oder entsprechend einer abweichenden Vereinbarung. 11

b) Ermittlung/Feststellung/Verwendung des Anteils. Das Gesetz enthält keine Vorschriften zur Frage, wie die Nutzungen (Früchte) zu ziehen und praktisch zu verteilen sind. Angesichts fehlender gesetzlicher Regelung ist – falls keine dahin gehende Vereinbarung getroffen wurde – die Fruchtziehung und die Verteilung der Früchte eine Verwaltungsangelegenheit, die den Wohnungseigentümern gemeinschaftlich zusteht (§ 21 Abs. 1). Der Verwalter hat grundsätzlich weder das Recht zur Fruchtziehung noch zur Verteilung der Früchte (Bärmann/Pick/Merle/*Pick* § 16 Rn. 13). 12

Es ist jedoch zulässig, dem Wohnungseigentumsverwalter die Fruchtziehung und die Verteilung der Früchte im Beschlusswege zu übertragen. 13

In der Praxis werden Erträge aus der angelegten Instandhaltungsrückstellung dieser zugeführt. Andere Erträge (z. B. aus der Vermietung gemeinschaftlichen Eigentums) werden als Kostendeckungsbeitrag verwendet. 14

c) Steuerliche Konsequenzen der Nutzungszurechnung. Seit der BGH (NJW 2005, 2061 = ZMR 2005, 547) die Teilrechtsfähigkeit der Wohnungseigentümergemeinschaft bestätigt hat, ist die Wohnungseigentümergemeinschaft auch steuerrechtsfähig (vgl. BFH DStRE 1997, 267 = BFH/NV 1997, 10). So z. B. auch schon der BFH im Fall der Vermietung gemeinschaftlichen Eigentums: „Die Wohnungseigentümer verwirklichen den Tatbestand 15 der Einkunftsart Vermietung und Verpachtung gemeinsam als Wohnungseigentümergemeinschaft, soweit mit dem gemeinschaftlichen Eigentum zusammenhängende Einnahmen ... anfallen. Für diesen Bereich sind die Einnahmen ... zunächst auf der Ebene der Gemeinschaft zu ermitteln und dann auf die Wohnungseigentümer zu verteilen" (BFH NJW 1988, 2824 = BStBl II 1988, 577).

16 Dies bedeutet jedoch nicht, dass die Wohnungseigentümergemeinschaft als solche erklärungspflichtig ist, wenn z. B. Einkünfte aus Vermietung und Verpachtung (§ 21 EStG) oder aus Kapitalvermögen (§ 20 EStG) anfallen. Vielmehr greift in solchen Fällen § 180 Abs. 3 Satz 1 Nr. 2 AO, wonach keine Erklärung zur einheitlichen und gesonderten Feststellung erfolgt, wenn es sich um einen Fall von „geringer Bedeutung" handelt. Ein Fall von „geringer Bedeutung" liegt gemäß § 180 Abs. 3 Satz 1 Nr. 2 AO vor, wenn zum einen die Höhe des festgestellten Betrages und zum anderen die Aufteilung feststeht.

17 Die Höhe des festgestellten Betrages ergibt sich aus der Verwalterabrechnung. Die Verteilung regelt § 13 Abs. 2 Satz 2, wonach an „den sonstigen Nutzungen des gemeinschaftlichen Eigentums" jedem Wohnungseigentümer ein Anteil nach Maßgabe des § 16 zusteht (siehe im Einzelnen *Kahlen* Wohnungseigentumsrecht und Steuern Rn. 415 ff.).

18 **2. Abweichende gesetzliche Regelungen.** Eine Sonderregelung enthält § 16 Abs. 6. Danach gilt, dass ein Wohnungseigentümer, der einer Maßnahme nach § 22 Abs. 1 nicht zugestimmt hat, nicht berechtigt ist, einen Anteil an Nutzungen, die auf einer solchen Maßnahme beruhen, zu beanspruchen.

19 Dies bedeutet, dass derjenige, der einer baulichen Maßnahme im Sinne des § 22 nicht zugestimmt hat, an den aus dieser Maßnahme resultierenden Nutzungen nicht teilnimmt, beispielsweise wenn eine gemeinsame Sauna errichtet wird, die nur gegen Entgelt benutzt werden darf. An den Nutzungsentgelten steht dem im Sinne des § 22 widersprechenden Wohnungseigentümer kein Anteil zu.

20 Kostentragungspflichtig ist ein nicht zustimmender Wohnungseigentümer allerdings grundsätzlich auch nicht (§ 16 Abs. 6 Satz 1 Halbsatz 2). Zu den möglichen Ausnahmen siehe Rn. 155 ff.

21 Dahin gehende Gebrauchsregelungen enthält das Gesetz nicht. Dies bedeutet: Wer im vorstehenden Beispiel der baulichen Veränderung = Errichtung der Sauna nicht zugestimmt hat, darf diese zwar (wie alle anderen auch gegen Entgelt) gebrauchen, an den Kosten der Errichtung hat er sich nicht zu beteiligen. An den Nutzungen (die Summe der Eintrittsentgelte) hat er keinen Anteil.

3. Abweichende Vereinbarungen. § 16 ist dispositiver Natur. 22
Dies gilt auch für die Verteilung der Nutzungen (KK-WEG/*Happ*
§ 16 Rn. 24). Praxisrelevant ist dies in Mehrhausanlagen, so z. B.,
wenn in einer Mehrhausanlage nur in einem Haus ein Schwimmbad/eine Sauna errichtet wird, das/die gegen Entgelt betreten
werden darf.

Gleiches gilt in den Tiefgaragenfällen. Sieht z. B. die Gemein- 23
schaftsordnung einer aus einer Tiefgarage und mehreren Wohnhäusern bestehenden Anlage vor, dass zwischen Wohnungen und
Tiefgaragenstellplätzen getrennte Abrechnungseinheiten gebildet
werden und die Instandsetzung und Instandhaltung von gemeinschaftlichen Flächen, Hauszeilen, Anlagen und Einrichtungen,
deren Nutzung nur einem oder nur einer bestimmten Anzahl von
Eigentümern oder Dritten zusteht, den Nutzungsberechtigten obliegen, entspricht es der nächstliegenden Bedeutung dieser Regelung, dass allein die Teileigentümer der Tiefgarage auch die Kosten für notwendige Sanierungsmaßnahmen an der im Bereich der
Tiefgarage befindlichen Bodenplatte und den Stützpfeilern tragen
müssen (BayObLG ZMR 2004, 765 = BeckRS 2004, 6286).
Wenn die Gemeinschaftsordnung einer Wohnungseigentumsanlage vorsieht, dass die Kosten der Erneuerung der Tiefgarage –
ausgenommen Fundamente, Böden, tragende Mauern und Decken – von den Nutzungsberechtigten allein zu tragen sind, entspricht es der nächstliegenden Bedeutung dieser Regelung, dass
die Kosten für die Erneuerung der Tore und der Beleuchtung der
Tiefgarage allein von den Nutzungsberechtigten zu tragen sind
(BayObLG MieWoE § 16 WEG Nr. 42). Sieht die Gemeinschaftsordnung für Gebäude und Tiefgarage gesonderte Kostenverteilungsschlüssel vor, ist ein Beschluss, nach dem künftig nur noch
eine einzige Instandhaltungsrücklage unter Anwendung des für
das Gebäude geltenden Kostenverteilungsschlüssels angesammelt
wird, wegen Verstoßes gegen die Gemeinschaftsordnung nichtig
(BayObLG MieWoE § 16 WEG Nr. 43). Ist eine Tiefgarage Gegenstand einer einzigen Teileigentumseinheit, handelt es sich bei
den Versicherungskosten und bei den Stromkosten der Tiefgarage
nicht um Kosten des gemeinschaftlichen Eigentums. Diese Kosten
betreffen ausschließlich die Miteigentümer des Teileigentums
Tiefgarage und dürfen nicht anteilig auf alle umgelegt werden
(BayObLG ZMR 2004, 843 = BeckRS 2004, 7243).

IV. Sondernutzungsrechte

Das Gesetz geht von einer gleichmäßigen (entsprechend den 24
im Grundbuch eingetragenen Anteilen) Verteilung der Nutzungen
aus.

§ 16 I. Teil. Wohnungseigentum

25   In der Praxis werden – regelmäßig vom teilenden Bauträger (§ 8) – einzelnen Wohnungseigentümern Sondernutzungsrechte eingeräumt. Die Sondernutzungsrechte betreffen regelmäßig Flächen oder Gebäudeteile, an denen mangels Begrenzung kein Sondereigentum begründet werden kann (KK-WEG/*Abramenko* § 13 Rn. 27), z. B. Stellplätze im Freien, in Carports, in Duplex-Garagen.

26   Sondernutzungsrechte sind ohne Eintragung im Grundbuch lediglich schuldrechtliche Abreden zwischen den einzelnen Wohnungseigentümern, die mangels Eintragung in das Wohnungsgrundbuch keinerlei Wirkungen gegen Sondernachfolger entfalten. Sondernutzungsrechte sind lediglich dem Eigentum angeglichen (BGH NJW 2000, 3643 = ZMR 2001, 120).

27   Im Ergebnis können Sondernutzungsrechte gutgläubig erworben werden, allerdings nicht durch Zuschlag in der Zwangsversteigerung (BayObLG DNotZ 1994, 244 = ZMR 1994, 231).

28   **1. Begründung.** Sondernutzungsrechte werden regelmäßig bereits durch den Teilenden (§ 8) vorgegeben. Die Eintragung in das Wohnungsgrundbuch muss klar erkennen lassen, auf welche Fläche sich ein Sondernutzungsrecht bezieht (OLG Hamburg ZMR 2003, 448 = BeckRS 2003, 9085). Mangels Bestimmtheit kann ein Sondernutzungsrecht nicht entstehen (OLG Hamm NZM 2000, 662 = ZMR 2000, 125; ZMR 2000, 691 = NJW-RR 2001, 84). Ist wegen fehlender Bestimmtheit kein Sondernutzungsrecht entstanden, kann ein Anspruch auf Änderung der Teilungserklärung bestehen (OLG Hamm NJW-RR 2000, 1611 = ZMR 2000, 695).

29   Sind Sondernutzungsrechte nicht bereits in der Teilungserklärung vorgesehen, besteht dennoch die Möglichkeit, sie nachträglich einzuräumen.

30   Eine Möglichkeit besteht darin, dass der teilende Eigentümer mehrere Sondernutzungsrechte bei einem zunächst ihm zustehenden Wohnungs- oder Teileigentum „parkt" (KK-WEG/*Abramenko* § 13 Rn. 29). Die „geparkten" Sondernutzungsrechte kann er später an andere Wohnungseigentümer übertragen.

31   Eine andere Möglichkeit besteht darin, dass ein Sondernutzungsrecht vom Eintritt einer aufschiebenden Bedingung abhängig gemacht wird, beispielsweise von einer Zuordnung durch den Teilenden oder durch den Wohnungseigentumsverwalter (vgl. OLG Hamm NZM 2000, 662 = ZMR 2000, 123; OLG Stuttgart NZM 2002, 884 = ZMR 2003, 56).

32   Theoretisch können Sondernutzungsrechte auch zeitlich später eingeräumt werden. Dies erfordert eine Vereinbarung aller Wohnungseigentümer sowie regelmäßig grundbuchrechtlich die Bewilligung nach §§ 19, 29 GBO. Eine Einräumung im Beschlusswege ist unzulässig (BGH NJW 2000, 3500 = ZMR 2000, 772).

Daran – mangelnde Beschlusskompetenz – ändert auch eine Öffnungsklausel nichts (OLG Köln ZMR 1998, 373). Zur Notwendigkeit einer Zustimmung dinglich Berechtigter in derartigen Fällen vgl. die Erläuterungen zu § 5 Abs. 4 Satz 2, 3.

Sondernutzungsrechte können auch ohne Grundbucheintragung zustande kommen. Diese haben sodann jedoch lediglich rein schuldrechtlichen Charakter (BayObLG NZM 2002, 747 = ZMR 2002, 849). 33

2. Inhalt. Inhalt eines Sondernutzungsrechts ist, dass der jeweilige Berechtigte die ausschließliche Nutzungsmöglichkeit an der betroffenen Fläche hat. Eine Beschränkung auf eine bestimmte Nutzungsart ist unzulässig (KK-WEG/*Abramenko* § 13 Rn. 43). 34

Beschränkungen der Alleinnutzung können aber entweder vereinbart werden oder sich aus der Beschaffenheit der dem Sondernutzungsrecht unterfallenden Fläche ergeben (KK-WEG/*Abramenko* § 13 Rn. 35). 35

Beschränkungen des Sondernutzungsrechts können sich aus Treu und Glauben ergeben. So z. B. in den Fällen, in denen die Mitbenutzung des Sondernutzungsrechtsbereichs durch die anderen Wohnungseigentümer unvermeidbar ist, beispielsweise dann, wenn der Sondernutzungsbereich als Stellplatz für Kraftfahrzeuge dringend benötigt wird (OLG Hamburg ZMR 2004, 934 = BeckRS 2004, 10819). 36

In derartigen Fällen ist dem Sondernutzungsberechtigten ein Ausgleich zu leisten (OLG Hamburg ZMR 2004, 934 = BeckRS 2004, 10819). Dieser kann auch in einer einmaligen Abfindung bestehen. 37

3. Sondernutzungsberechtigte(r). Ein Sondernutzungsrecht kann einem einzigen Wohnungseigentümer oder aber mehreren Wohnungseigentümern zustehen. 38

a) Ein Sondernutzungsberechtigter. Regelmäßig steht ein Sondernutzungsrecht einem einzelnen Wohnungseigentümer zu. Konsequenterweise stehen diesem einen Sondernutzungsberechtigten die Abwehransprüche bei Störungen des Sondernutzungsrechts zu, beispielsweise Unterlassungsansprüche nach § 1004 BGB (BayObLG NJW-RR 1987, 1041) oder Besitzschutzansprüche und Abwehransprüche wegen verbotener Eigenmacht. 39

b) Mehrere Sondernutzungsberechtigte. Steht ein Wohnungseigentum mehreren gemeinschaftlich zu – Ehegattenfälle –, so steht ihnen auch das eingeräumte Sondernutzungsrecht gemeinschaftlich zu. 40

4. Übertragung. Sondernutzungsrechte sind übertragbar. Eine Zustimmung der anderen Wohnungseigentümer ist insoweit entbehrlich, soweit das Sondernutzungsrecht auf einen anderen 41

Wohnungseigentümer übertragen wird (KK-WEG/*Abramenko* § 13 Rn. 33).

42 Nicht im Grundbuch eingetragene Sondernutzungsrechte werden durch Abtretung übertragen.

43 Eingetragene Sondernutzungsrechte bedürfen zur Übertragung der Einigung und der Eintragung gemäß §§ 873, 877 BGB (BGH NJW 2000, 3642 = ZMR 2001, 119). Siehe auch die Erläuterungen zu § 5 Abs. 4 Satz 2.

44 **5. Kostentragung.** Die auf Sondernutzungsbereiche entfallenden Kosten sind nach dem Grundsatz des § 16 Abs. 2 von allen Wohnungseigentümern zu tragen, da es sich regelmäßig um gemeinschaftliches Eigentum handelt, an dem lediglich ein Sondernutzungsrecht eingeräumt wurde (vgl. OLG Hamburg ZMR 2004, 614 = BeckRS 2004, 4303).

45 Regelmäßig werden die Kosten jedoch dem jeweiligen Sondereigentumsberechtigten im Vereinbarungswege auferlegt (BayObLG ZMR 2004, 357 = BeckRS 2004, 2012).

46 Ist eine derartige Auferlegung der Kosten zu Lasten des Sondernutzungsberechtigten nicht ausdrücklich geregelt, kann sich die Kostentragungspflicht des Sondernutzungsberechtigten aus einer Auslegung der dahin gehenden Regelung in der Teilungserklärung ergeben (BayObLG ZMR 2004, 357 = BeckRS 2004, 2012).

B. Lasten des gemeinschaftlichen Eigentums

47 Jeder Wohnungseigentümer ist den anderen Wohnungseigentümern verpflichtet, sowohl die Lasten des gemeinschaftlichen Eigentums als auch die Kosten der Instandhaltung, Instandsetzung, sonstigen Verwaltung und eines gemeinschaftlichen Gebrauchs des gemeinschaftlichen Eigentums anteilig zu tragen (§ 16 Abs. 1 Satz 2).

48 Zu dieser Verpflichtung gehört es auch, einen Vorschuss auf den Anteil an den Kosten des gemeinschaftlichen Eigentums und an den Kosten der Verwaltung zu tragen (BayObLG MieWoE § 16 WEG Nr. 47).

49 Wenn Vorauszahlungen geleistet worden sind, die zu hoch waren, kann der Vorauszahlende eine Erstattung aus Mitteln der Gemeinschaft erst verlangen, wenn und soweit die beschlossene Jahresabrechnung ein Guthaben für ihn ausweist. Bis zu dem Zeitpunkt stehen die gezahlten Gelder der Wohnungseigentümergemeinschaft als solcher zu (BGH NJW 2005, 2061 = ZMR 2005, 547; vgl. Anm. zu § 10 Abs. 6, 7).

50 Ein Erstattungsanspruch wegen überhöhter Vorauszahlungen kann nicht in der Weise geltend gemacht werden, dass die anderen Wohnungseigentümer gesamtschuldnerisch zur Zahlung des Erstattungsbetrages verpflichtet werden (OLG Hamm WE 1998, 499).

§ 16 erfasst nur die das Grundstück im Ganzen betreffenden 51
Lasten und Kosten (*Müller* Praktische Fragen des Wohnungseigentums Rn. 627).

Eine Aufrechnung mit Wohngeldansprüchen ist nur mit ge- 52
meinschaftsbezogenen Gegenforderungen nach § 21 Abs. 2 oder
§§ 680, 683 BGB möglich, es sei denn, die Gegenforderung ist
anerkannt oder rechtskräftig festgestellt. Wird jedoch ein für eine
Verwaltungsschuld gesamtschuldnerisch haftender Wohnungseigentümer durch die Aufrechnung eines Außengläubigers gezwungen, Verwaltungsschulden der Gemeinschaft zu begleichen, liegt
in der Notgeschäftsführung vergleichbarer Tatbestand vor, der
den Wohnungseigentümer berechtigt, seinerseits gegen laufende
monatliche Wohngeldvorschüsse aufzurechnen (OLG Frankfurt
BeckRS 2005, 13148).

Gelegentlich werden Wohnungseigentumsanlagen nicht durch 53
einen einzelnen Teilenden geschaffen, sondern durch eine Bauherrengemeinschaft in der Rechtsform der Gesellschaft bürgerlichen
Rechts.

Dann stellt sich die Frage, ob Aufwendungen entweder der tei- 54
lenden Gesellschaft bürgerlichen Rechts zuzurechnen sind oder
der entstandenen Wohnungseigentümergemeinschaft. Wenn die
jeweiligen Aufwendungen auf einem Beschluss beruhen, richtet
sich die Beantwortung der Frage, wem die Aufwendungen zuzurechnen sind, nach dem Gegenstand der Beschlussfassung (OLG
Schleswig ZMR 2006, 806 = BeckRS 2006, 7457).

I. Lasten

Lasten sind „Leistungen, die aus dem Grundstück zu entrich- 55
ten sind" (Bärmann/Pick/Merle/*Pick* § 16 Rn. 39).

Sie können sowohl öffentlich-rechtlicher als auch privat-recht- 56
licher Natur sein.

1. Öffentlich-rechtliche. Öffentlich-rechtliche Lasten sind z. B. 57
– Anliegerbeiträge
– Erschließungsbeiträge
– Grundbesitzabgaben. Eine gesamtschuldnerische Haftung der
  Wohnungseigentümer für Grundbesitzabgaben kann durch das
  kommunale Abgabenrecht geregelt werden (BVerwG NJW
  2006, 791 = ZMR 2006, 242; KG ZMR 2007, 136 = BeckRS
  2006, 12909)
– Grundsteuern
– Müllabfuhrgebühr
– Straßenreinigungskosten
– Umlagen, städtische.

58 2. **Zivilrechtliche.** Zivilrechtliche Lasten sind z. B.
- Grundschuldzinsen, die alle Wohnungseigentümer belasten
- Hypothekenzinsen, die alle Wohnungseigentümer belasten
- Kaltwasserverbrauch, wenn der Wasserversorger gegenüber der Gemeinschaft der Wohnungseigentümer einheitlich abrechnet (BayObLG WE 1994, 309).

II. Gemeinschaftliches Eigentum

59 § 16 Abs. 2 betrifft die Lasten des „gemeinschaftlichen Eigentums".

60 Die Lasten des Sondereigentums hat jeder Wohnungseigentümer selber zu tragen.

C. Verwaltungskosten

61 § 16 Abs. 2 umfasst sowohl die Kosten der Instandhaltung/Instandsetzung als auch die Kosten der sonstigen Verwaltung und die Kosten eines gemeinschaftlichen Gebrauchs des gemeinschaftlichen Eigentums.

62 In der Praxis wird nicht zwischen den Kosten der sonstigen Verwaltung einerseits und den Kosten des gemeinschaftlichen Gebrauchs des gemeinschaftlichen Eigentums andererseits differenziert.

I. Kosten der Instandhaltung/Instandsetzung

63 Kosten der Instandhaltung/Instandsetzung sind all diejenigen Kosten, die erforderlich sind, um das gemeinschaftliche Eigentum in einem Zustand zu erhalten, in dem es seinem Bestimmungszweck dienen kann (Bärmann/Pick/Merle/*Pick* § 16 Rn. 47). Der insoweit praktisch wichtigste Fall sind die regelmäßig anfallenden Reparaturen.

64 Auch die Kosten der erstmaligen mangelfreien Fertigstellung sind nach dem gesetzlichen oder einem vereinbarten Kostenverteilungsschlüssel unter Einbeziehung des teilenden Eigentümers als Eigentümer einer nicht verkauften Wohnung umzulegen (BayObLG MieWoE § 16 Nr. 29).

II. Kosten der sonstigen Verwaltung

65 Zu den Kosten der sonstigen Verwaltung gehören all diejenigen Kosten, die nicht als Instandhaltungskosten oder Instandsetzungskosten zu erfassen sind.

Nutzungen, Lasten und Kosten **§ 16**

Da der Begriff „sonstige(n) Verwaltung" nicht randscharf zu 66
definieren ist, orientiert man sich in der Praxis an den dahin gehend ergangenen Entscheidungen. Nachstehend eine Auswahl:
Abwasserkosten. Abwasserkosten sind gemäß § 16 Abs. 2 bzw. 67
einem vereinbarten Verteilungsschlüssel umzulegen. § 16 Abs. 3
ist anwendbar.
Aufzugskosten. Aufzugskosten sind gemäß § 16 Abs. 2 von al- 68
len Wohnungseigentümern zu tragen – unabhängig vom Ausmaß
der tatsächlichen Nutzung (OLG Schleswig ZMR 2006, 889 =
BeckRS 2006, 7461). Auch wenn einzelne Wohnungseigentümer
den Aufzug tatsächlich nicht benutzen, z. B. die Bewohner des
Erdgeschosses, gilt diese Kostenverteilung. Es gibt nämlich keinen allgemein gültigen Grundsatz des Inhalts, dass einzelne Wohnungseigentümer für die Kosten solcher Anlagen und Einrichtungen des gemeinschaftlichen Eigentums, die ihnen keinen persönlichen Nutzen bringen, nicht einzustehen haben (ständige Rechtsprechung seit BGH NJW 1984, 2576; OLG Hamburg ZMR
2006, 220). § 16 Abs. 3 ist anwendbar.
Auch wenn in der Gemeinschaftsordnung zur Kostenverteilung
allgemein auf § 16 Abs. 2 verwiesen wird, soweit es um die Aufzugskosten geht, ist eine nachträgliche Änderung des danach bestehenden Verteilungsschlüssels durch Mehrheitsbeschluss – wie
nach der Gemeinschaftsordnung vorgesehen – nur zulässig, wenn
hierfür ein sachlicher Grund gegeben ist und einzelne Wohnungseigentümer gegenüber dem vorherigen Rechtszustand nicht unbillig benachteiligt werden (OLG Zweibrücken ZMR 1999, 585 =
DWE 2000, 42 f.). Seit dem 1. 7. 2007 ist insoweit § 10 Abs. 2
Satz 3 zu beachten.
Der Eigentümer einer Wohnung, der diese nicht rechtlich, sondern tatsächlich in zwei Wohnungen aufteilt und an zwei Mieter
vermietet, wird nicht unbillig dadurch benachteiligt, dass der
Kostenverteilungsschlüssel für die Aufzugskosten, der an die Anzahl von Wohnungen anknüpft, auf ihn in der Weise angewandt
wird, dass bei ihm zwei Wohnungen berücksichtigt werden
(BayObLG NZM 2001, 765 = MieWoE § 16 Nr. 31 a).
Auch wenn in einer Mehrhausanlage die übrigen Wohnungseigentümer den Aufzug mitbenutzen könnten, kann bei entsprechender Regelung in der Teilungserklärung die Position Aufzugskosten als objektiv feststellbare trennbare Kosten nur einem der
mehreren Häuser zugeordnet werden (OLG Köln ZMR 2002,
379 f. = WE 2002,175).
Wenn und soweit Vereinbarungen über die Befreiung einzelner
Wohnungseigentümer, z. B. der Erdgeschossbewohner, getroffen
worden sind, so müssen diese Vereinbarungen klar und eindeutig
sein. Solche Vereinbarungen bedürfen zu ihrer Änderung wiederum einer Vereinbarung. Bloß mehrheitliche Beschlüsse reichen

nicht aus (LG Mannheim MDR 1976, 582 = ZMR 1976, 218). Seit dem 1.7.2007 gilt auch insoweit § 10 Abs. 2 Satz 3.

69 **Ausbau.** Ist nichts anderes vereinbart, entspricht es allgemeinen Grundsätzen, dass ein Wohnungseigentümer, dem die Teilungserklärung den Ausbau der in seinem Sondereigentum stehenden Speicherräume zu einer Wohnung gestattet, in Abänderung der Kostenregelung des § 16 Abs. 2 sowohl die Kosten des Ausbaus als auch die daraus für die Gemeinschaft entstehenden Folgekosten zu tragen hat (BayObLG NZM 2000, 1015 = MieWoE § 16 Nr. 30). Eine dahin gehende Vereinbarung kann verlangt werden (§ 10 Abs. 2 Satz 3).

70 **Balkone.** Werden in der Gemeinschaftsordnung die Kosten und Lasten des gemeinschaftlichen Eigentums nach der Wohnfläche ohne nähere Regelung über deren Berechnung umgelegt, so sind Balkone mit einem Viertel ihrer Grundflächen anzusetzen (BayObLG WE 1997, 34).

71 **Balkonsanierung.** Enthält die Teilungserklärung/Gemeinschaftsordnung folgende Regelung: „Einrichtungen, Anlagen und Gebäudeteile, die nach der Beschaffenheit oder dem Zweck des Gebäudes oder gemäß dieser Teilungserklärung zum ausschließlichen Gebrauch durch einen Wohnungseigentümer bestimmt sind (z. B. Balkone), sind von ihm auf seine Kosten instand zu halten und instand zu setzen", so sind alle(!) Balkonsanierungskosten von den Wohnungseigentümern zu tragen, deren Sondereigentum über einen Balkon verfügt (LG Braunschweig ZMR 2006, 395). Auch wenn nach der Gemeinschaftsordnung für Gegenstände des „Gemeinschaftseigentums *im* Bereich des Sondereigentums" den Sondereigentümer die Instandsetzungskosten treffen, gilt dies nicht für eine Balkonsanierung. Insoweit sind die Kosten über den allgemeinen Verteilungsschlüssel einheitlich zu verteilen (AG Hamburg-Wandsbek ZMR 2006, 236).

72 **Bankkonten.** Die zum gemeinschaftlichen Eigentum bzw. zum Verwaltungsvermögen zu zählenden Bankkonten verursachen Kosten (Kontoführungsgebühren), die von allen Wohnungseigentümern gemeinschaftlich zu tragen sind (*Bielefeld* Ratgeber 10.2.2.2), zumal seit BGH NJW 2005, 2061 Kontoinhaber der teilrechtsfähige Verband ist (OLG Hamburg ZMR 2006, 791).

73 **Bauliche Veränderung.** Wird die an sich erforderliche Zustimmung eines Wohnungseigentümers zu einer baulichen Veränderung aufgrund einer in der Gemeinschaftsordnung getroffenen Regelung durch einen Mehrheitsbeschluss ersetzt, so ist dieser für ihn bindend und er hat sich auch an den Kosten der baulichen Veränderung zu beteiligen (BayObLG WE 1996, 395f.; ebenso BayObLG NZM 2001, 1138 = MieWoE § 16 WEG Nr. 32).

74 **Dachterrassen.** Werden in der Gemeinschaftsordnung die Kosten und Lasten des gemeinschaftlichen Eigentums nach der

Wohnfläche ohne nähere Regelung über deren Berechnung umgelegt, so sind Dachterrassen mit einem Viertel ihrer Grundflächen anzusetzen (BayObLG WE 1997, 34).

Dachterrassenflächen. Eine mit bestandskräftigem Mehrheitsbeschluss bestimmte Umstellung des Kostenverteilungsschlüssels von Miteigentumsanteilen auf anteilige Wohn- oder Nutzflächen ist unwirksam, wenn Zweifelsfragen (hier: Einbeziehung von Dachterrassenflächen) ausdrücklich offenbleiben und die Umstellung daher bereits rechnerisch nicht vollzogen werden kann (KG WE 1996, 385). Seit BGH NJW 2000, 3500 sind derartige Umstellungsbeschlüsse unwirksam, wenn keine Öffnungsklausel vereinbart ist. 75

Entziehungsklage. Die Kosten einer erfolglosen Entziehungsklage sind nach § 16 Abs. 7 (bis 30. 6. 2007: Abs. 4) im Innenverhältnis von allen Wohnungseigentümern einschließlich des im Entziehungsprozess obsiegenden Miteigentümers anteilig zu tragen (OLG Düsseldorf ZMR 1996, 571 = NJW-RR 1997, 13). 76

Fenster. Enthält die Teilungserklärung eine Kostentragungspflicht der einzelnen Wohnungseigentümer für die Instandsetzung von Fenstern, so fällt hierunter nach der nächstliegenden Bedeutung nicht eine Instandsetzungspflicht für einen wintergartenähnlichen Glasvorbau (BayObLG MieWoE § 16 WEG Nr. 39). Im Übrigen gilt insoweit: Vereinbarte Kostentragungspflichten bezüglich der Fenster umfassen im Zweifel die Kosten des ganzen Fensters, nicht nur des Rahmens oder der Außenflächen. 77

Fertigstellung. Die Kosten der mangelfreien Fertigstellung sind nach dem maßgebenden Kostenverteilungsschlüssel unter Einbeziehung auch des teilenden Eigentümers als Eigentümer einer nicht verkauften Wohnung umzulegen (BayObLG MieWoE § 16 WEG Nr. 29). 78

Garagenkosten. Fallen an im gemeinschaftlichen Eigentum stehenden Garagen Reparaturen an, so sind die entstehenden Kosten von allen Wohnungseigentümern im vereinbarten oder von § 16 vorgegebenen Verhältnis zu tragen. Handelt es sich um Garagen im Sondereigentum – gleichgültig ob freistehend oder in das Gebäude integriert –, sind die konstitutiven Teile dennoch gemeinschaftliches Eigentum, die Kosten somit umzulegen. Das gilt auch, wenn Sondernutzungsrechte vereinbart worden sind. In solchen Fällen empfiehlt es sich allerdings, nicht nur ein Sondernutzungsrecht, sondern auch eine entsprechende Kostentragungspflicht zu vereinbaren – was in der Praxis in der Regel auch geschieht. 79

Gemeinschaftsantenne. Wenn die Wohnungseigentümer als Ersatz für eine reparaturbedürftige Gemeinschaftsantennenanlage den Anschluss der Wohnanlage an ein Breitbandkabelnetz beschließen, so sind die Umrüstungskosten wie auch die Anschluss- 80

§ 16   I. Teil. Wohnungseigentum

und laufenden Gebühren Kosten im Sinne des § 16 Abs. 2. Je nach Fallgestaltung besteht eine Beschlusskompetenz aus § 16 Abs. 3, 4.

81   **Grundbesitzabgaben.** Das kommunale Abgabenrecht darf eine gesamtschuldnerische Haftung der Wohnungseigentümer für Grundbesitzabgaben vorsehen. Die Teilrechtsfähigkeit der Wohnungseigentümergemeinschaft (BGH NJW 2005, 2061 = ZMR 2005, 547) ändert daran nichts (BVerwG NJW 2006, 791 = ZMR 2006, 242; KG ZMR 2007, 136).

82   **Hausgeld.** Im so genannten Hausgeld sind alle laufenden umzulegenden Kosten enthalten. **Sonderumlagen** für außerordentliche Aufwendungen sind zulässig. Das Hausgeld enthält (nach *Müller* Praktische Fragen des Wohnungseigentums Rn. 632–636) in der Regel:
- Bewirtschaftungskosten
- Wasserversorgungs- und -entsorgungskosten
- Hausmeisterkosten
- Stromkosten
- Kaminkehrergebühren
- Kontenführungsgebühren
- Reinigungskosten
- Aufzugskosten
- Wartungs- und Betriebskosten
- Kosten für eine Gemeinschaftsantenne
- Kosten eines Rechtsstreits auf Entziehung des Wohnungseigentums
- Schadensersatzzahlungen
- Versicherungsprämien
- Heizungs- und Warmwasserkosten
- Instandhaltungsrücklage
- Verwalterhonorar
- sonstige Kosten der Verwaltung.

83   **Hausmeister.** Dass die Hausmeistervergütung mangels abweichender Vereinbarung zu den gemeinschaftlichen Kosten im Sinne des § 16 Abs. 2 zählt, gilt auch dann, wenn das zwischen einem Hausmeisterservice und einer Wohnungseigentümergemeinschaft vereinbarte Leistungsverzeichnis Leistungen enthält, die einzelne Wohnungs- oder Teileigentümer nicht oder nur kaum betreffen (OLG Düsseldorf DNotZ 2003, 713 = DWE 2003, 89).

Die grundsätzliche Kostentragungspflicht gilt auch bei Zweifeln über die Regelung der Hauswartkosten (KG NZM 2002, 123 = DWE 2002, 33).

84   **Heizkosten.** Die Verteilung der Heizkosten richtet sich nach der Heizkostenverordnung (HeizkostenV), § 3 HeizkostenV bestimmt, dass die Vorschriften dieser Verordnung auf Wohnungs-

eigentum anzuwenden sind, und zwar unabhängig davon, ob durch Vereinbarung oder Beschluss der Wohnungseigentümer abweichende Bestimmungen über die Verteilung der Kosten der Versorgung mit Wärme und Warmwasser getroffen worden sind. Auf die Anbringung und Auswahl der Ausstattung nach den §§ 4 und 5 HeizkostenV (Geräte zur Gebrauchserfassung), auf die Verteilung der Kosten nach den §§ 7, 8 HeizkostenV (Kosten der Wärme- und Warmwasserversorgung) und auf bestimmte, in §§ 9, 11 HeizkostenV geregelte Sonderfragen sind die Regelungen entsprechend anzuwenden, die für die Verwaltung des gemeinschaftlichen Eigentums im WEG enthalten oder von den Wohnungseigentümern vereinbart worden sind. Die Kosten für die Anbringung der Ausstattung sind „entsprechend den Regelungen über die Tragung der Verwaltungskosten" zu verteilen, d.h. entsprechend § 16 Abs. 2, 3 bzw. eventuell abweichender Vereinbarungen.

Es entspricht ordnungsgemäßer Verwaltung, die Regeln der HeizkostenV zu beachten. Daher kann die Einhaltung der Vorschrift der HeizkostenV über §§ 21 Abs. 4, 43 ff. von jedem Wohnungseigentümer durchgesetzt werden.

Hat die Abrechnung der Heizungs- und Warmwasserkosten nach der Teilungserklärung „auf der Grundlage der jeweiligen Wohnungsfläche unter Berücksichtigung eventuell vorhandener Verbrauchszähler" zu erfolgen, so ist die nächstliegende Bedeutung dieser Regelung, dass die Kosten unter Heranziehung der Heizkostenverordnung mit 50 Prozent nach der Wohnfläche und mit 50 Prozent nach dem erfassten Wärmeverbrauch der Nutzer zu verteilen sind (BayObLG MieWoE § 16 WEG Nr. 44).

Wenn eine Wohnungseigentümergemeinschaft eine Neuberechnung der Heizkosten beschließt, so kann dies auch Schätzungen beinhalten, ohne dass dadurch gegen die ordnungsgemäße Verwaltung verstoßen wird (OLG Köln WE 1990, 171 f.).

Selbst wenn ein Wohnungseigentümer nachweislich die Heizkörper dauernd abgesperrt hält, kann er nicht verlangen, dass er von den verbrauchsabhängigen Kosten des Heizbetriebs gemäß den bei ihm abgelesenen Verdunstungswerten völlig freigestellt wird (BayObLG DWE 1989, 26 f.). Seit dem 1.7.2007 besteht insoweit eine Beschlusskompetenz zur (teilweisen) Freistellung (§ 16 Abs. 3).

Ein durch Mehrheitsbeschluss ausgesprochener Verzicht auf die Heizkostenverbrauchserfassung in den einzelnen Wohnungseigentumseinheiten verstößt gegen die §§ 1, 3, 4, 5, 12 HeizkostenV und damit gegen die Grundsätze ordnungsmäßiger Verwaltung (OLG Düsseldorf DWE 1989, 29 f.). Das bedeutet jedoch nicht, dass ein entsprechender Beschluss nichtig ist. Die HeizkostenV ist kein Verbotsgesetz im Sinne des § 134 BGB (OLG Düsseldorf ZMR 2003, 109; BayObLG NZM 2005, 106 = ZMR 2005, 135).

85 **Hobbyräume.** Es ist in erster Linie Sache der Wohnungseigentümer, durch Vereinbarung festzulegen, ob und in welcher Höhe Hobbyräume bei der Verteilung der Bewirtschaftungskosten zu berücksichtigen sind. Ein allgemein gültiger Grundsatz kann insoweit nicht aufgestellt werden (BayObLG WE 1996, 115).

86 **Hunde.** Hunde, die zu Bewachungszwecken (für das gemeinschaftliche Eigentum) gehalten werden, verursachen Kosten, die letztendlich allen zugute kommen und daher gemäß § 16 Abs. 2 zu verteilen sind.

87 **Jahresabrechnung.** Die für die Prüfung der Jahresabrechnung durch (interne oder externe) Prüfer entstehenden Kosten sind gemäß § 16 Abs. 2 zu verteilen.

88 **Kabelanschluss.** Bei den Kosten für die Nutzung des Kabelanschlusses handelt es sich nicht um Kosten des Gebrauchs des gemeinschaftlichen Eigentums, sondern um solche, die allein durch die Nutzung im Bereich des Sondereigentums anfallen (OLG Hamm ZMR 2004, 774). Nur bei Zustimmung der übrigen Wohnungseigentümer durch Mehrheitsbeschluss oder durch Vereinbarung kommt eine Entlassung des Einzelnen aus der internen Kostentragungspflicht für Kabel-TV in Betracht (AG Hamburg-Harburg ZMR 2005, 657).

89 **Kfz-Stellplätze.** Anfallende Aufwendungen sind – wenn und soweit sie dem gemeinschaftlichen Eigentum zuzurechnen sind – im entweder vereinbarten oder von § 16 vorgegebenen Verhältnis zu tragen. Stehen die Stellplätze im Sondereigentum, hat der jeweilige Sondereigentümer die entstehenden Kosten zu tragen. Wenn Sondernutzungsrechte vereinbart worden sind, sollten auch entsprechende Sonderkostentragungspflichten vereinbart werden.

90 **Kinderspielplatzkosten.** Kinderspielplatzkosten sind gemäß § 16 Abs. 2 umzulegen, und zwar auch auf diejenigen Wohnungseigentümer, die keine Kinder haben. Die Kosten der Anlagen und Einrichtungen des gemeinschaftlichen Eigentums sind unabhängig vom Ausmaß der tatsächlichen Nutzung von allen zu tragen. Seit dem 1.7.2007 gilt insoweit § 16 Abs. 3.

91 **Kopierkosten.** Ob dem Verwalter Kopierkosten für Protokolle der Wohnungseigentümerversammlung, zur Unterrichtung der Eigentümer über Renovierungsarbeiten sowie über laufende Gerichtsverfahren als Aufwendungen gesondert ersetzt werden, bestimmt sich nach dem Verwaltervertrag (BayObLG NJW-RR 2001, 1231 = MieWoE § 16 WEG Nr. 33). Es entspricht ordnungsmäßiger Verwaltung zu beschließen, dass die Erstellung und Aushändigung von Kopien aus den Verwaltungsunterlagen nur gegen Vorkasse erfolgt (BayObLG NJW-RR 2004, 1090 = MieWoE § 23 WEG Nr. 62). Seit dem 1.7.2007 besteht insoweit

eine gesetzliche Beschlusskompetenz, die dem Verursacherprinzip Rechnung trägt (§ 16 Abs. 3).

Kosten eines Rechtsstreits. § 16 Abs. 7 erklärt die Kosten eines 92 Rechtsstreits über die Entziehung des Wohnungseigentums ausdrücklich zu im Sinne des § 16 Abs. 2 zu verteilenden Kosten. Anders ist es mit den Kosten sonstiger, nach § 43 geführter Verfahren (vgl. ausführlich KK-WEG/*Happ* § 16 Rn. 20).

Leer stehende Wohnungen. Als Grundsatz gilt: Wenn Wohnun- 93 gen leer stehen, führt dies nicht zu einer Änderung der vereinbarten bzw. der durch § 16 vorgegebenen Kostentragungspflicht (ständige Rechtsprechung seit BayObLG Rpfleger 1976, 422; umfangreiche Nachweise bei KK-WEG/*Happ* § 16 Rn. 13). Abweichendes kann seit dem 1. 7. 2007 beschlossen werden (§ 16 Abs. 3).

Liquiditätsumlage. Wenn die Erhebung einer Sonderumlage 94 zur Behebung von Liquiditätsproblemen erforderlich ist, so handelt es sich um gemäß § 16 Abs. 2 bzw. entsprechender Vereinbarung umzulegenden Aufwand. Liquiditätsumlagen kommen z. B. in Betracht, wenn einzelne Wohnungseigentümer ihren Hausgeldverpflichtungen nicht nachgekommen sind oder größere Heizkostennachzahlungen fällig sind (ausführlich Rn. 181 ff.).

Loggien. Werden in der Gemeinschaftsordnung die Kosten und 95 Lasten des gemeinschaftlichen Eigentums nach der Wohnfläche ohne nähere Regelung über deren Berechnung umgelegt, so sind Loggien mit einem Viertel ihrer Grundflächen anzusetzen (BayObLG WE 1997, 34).

Mehrhausanlagen. Eine Kostentragung abweichend von § 16 96 Abs. 2 kann jedenfalls vereinbart werden (KK-WEG/*Elzer* § 10 Rn. 17).

Bestimmt die Gemeinschaftsordnung, dass für verschiedene Gebäude einer einheitlichen Wohnungseigentümergemeinschaft die Kosten getrennt zu tragen sind, so widerspricht ein Beschluss über die Genehmigung einer Jahresabrechnung nicht ordnungsmäßiger Verwaltung, wenn die Abrechnung nur den Gesamtbetrag der Instandhaltungsrücklage ausweist, solange aus der Instandhaltungsrücklage Beträge noch nicht entnommen worden sind (OLG München NZM 2006, 382 = ZMR 2006, 552).

Werden mehrere eigenständige Wohnungseigentümergemeinschaften über eine Heizanlage versorgt, so entspricht eine Kostenverteilung nach vorhandener beheizbarer Wohnfläche (allein) der Billigkeit (AG Hannover ZMR 2006, 568).

Müllabfuhr. Die Umlagefähigkeit der Kosten gemäß § 16 97 Abs. 2 ist gegeben. Eine abweichende Kostenverteilung kann vereinbart werden (OLG Schleswig ZMR 2006, 889 = BeckRS 2006, 7461). Jedenfalls bei privatrechtlicher Ausgestaltung des Nutzungsverhältnisses haften Wohnungseigentümer für Kosten der Müllentsorgung als Gesamtschuldner (KG NZM 2005, 466 = ZMR 2005, 472).

98 **Rechtsanwalt.** Die in einem WEG-Verfahren der Gemeinschaft entstandenen Anwaltskosten dürfen von einer gerichtlichen Entscheidung gemäß § 47 a. F. in den Einzelabrechnungen quotenmäßig nur unter den Wohnungseigentümern umgelegt werden, die in diesem Verfahren als Beteiligte auf einer Seite stehen (KG ZMR 2006, 224 = Änderung der Rechtsprechung des KG). Seit dem 1. 7. 2007 gilt teilweise Abweichendes gemäß § 16 Abs. 8 (siehe dort).

Auch die nur vorläufige Aufbringung der Kosten des WEG-Verfahrens gehört nicht zu den Kosten der Verwaltung (vgl. BayObLG NZM 2005, 68 = ZMR 2004, 763). Ein hiergegen verstoßender Mehrheitsbeschluss ist rechtswidrig, aber nicht nichtig. Die Beauftragung eines Rechtsanwalts kann mit einfacher Mehrheit beschlossen werden. Es muss präzise beschlossen werden, für welche Verfahren der Anwalt bestellt werden soll (LG Düsseldorf ZMR 2006, 235).

99 **Rechtsgutachten.** Es widerspricht nicht ordnungsgemäßer Verwaltung, wenn die Gemeinschaft beschließt, zur Prüfung der Rechtswirksamkeit von Beschlüssen früherer Wohnungseigentümerversammlungen ein Rechtsgutachten einzuholen. Die Kosten sind gemäß § 16 umzulegen (OLG Köln WE 1997, 428 f.).

Wird die Beauftragung eines Rechtsanwalts durch einen Verwalter, dessen Bestellungszeit abgelaufen war, durch einen Beschluss der Wohnungseigentümerversammlung genehmigt, wirkt diese Genehmigung auf den Zeitpunkt der Bevollmächtigung zurück und die Kosten sind somit umlagefähig (BayObLG NJOZ 2003, 238 = MieWoE § 16 WEG Nr. 45).

Zu den Kosten der Verwaltung gehören auch die durch eine anwaltliche Beratung entstandenen Kosten in den Fällen, in denen die anwaltliche Beratung dazu geführt hat, dass die Wohnungseigentümer von einer geplanten Veräußerungsklage Abstand nehmen (BayObLG NZM 2004, 235 = MieWoE § 16 WEG Nr. 50).

100 **Reinigungskosten.** Reinigungskosten z. B. für das Treppenhaus sowie für das sonstige gemeinschaftliche Eigentum sind auf alle Wohnungseigentümer umzulegen.

101 **Saunen.** Auch wenn die Nutzung von Schwimmbad und Sauna allen Eigentümern gleichmäßig offensteht, dürfen die Kosten nach Miteigentumsanteilen verteilt werden (OLG Hamburg NZM 2002, 27 = WE 2002, 52).

102 **Schneeräumkosten.** Schneeräumkosten müssen alle tragen. Eine Abwälzung auf Einzelne ist ebenso wie eine entsprechende Tätigkeitsverpflichtung nicht mehrheitsfähig.

103 **Schornsteinreinigungskosten.** Es handelt sich um gemäß § 16 Abs. 2 umlagefähige Aufwendungen.

Straßenreinigung. Die Kosten sind entsprechend § 16 Abs. 2 104
umzulegen. Jedenfalls bei privatrechtlicher Ausgestaltung des Nutzungsverhältnisses haften Wohnungseigentümer für Kosten der Straßenreinigung als Gesamtschuldner (KG NZM 2005, 466 = ZMR 2005, 472; NJW 2006, 3647 = ZMR 2006, 636).

Terrassen. Werden in der Gemeinschaftsordnung die Kosten 105
und Lasten des gemeinschaftlichen Eigentums nach der Wohnfläche ohne nähere Regelung über deren Berechnung umgelegt, so sind Balkone mit einem Viertel ihrer Grundflächen anzusetzen (BayObLG WE 1997, 34). Entsprechendes gilt für Terrassen.

Tiefgarage. Steht ein Teileigentum = Tiefgarage allen Woh- 106
nungseigentümern als Bruchteils-Miteigentümern zu, so handelt es sich bei den im Zusammenhang mit der Verwaltung dieses Teileigentums entstehenden Kosten nicht um solche des gemeinschaftlichen Eigentums. Sie sind daher nicht in die Jahresabrechnung einzustellen. Gegenstand einer Jahresabrechnung können nämlich nur gemeinschaftliche Kosten im Sinne des § 16 Abs. 2 sein (BayObLG *Deckert* ETW 1990 Gruppe 2 S. 1107 f.).

Ist in der Teilungserklärung an keiner Stelle ausdrücklich § 16 Abs. 2 hinsichtlich der konstruktiven Teile der Teileigentumseinheit „Tiefgarage" abbedungen und eine abweichende Regelung getroffen worden, so sind alle Miteigentümer, auch wenn sie nicht Bruchteilseigentümer der Tiefgarage sind, gemäß § 16 Abs. 2 verpflichtet, anteilig die Kosten für die Instandsetzung der konstruktiven Teile zu tragen (LG München I WE 2001, 57 f.).

Ein Tiefgaragendach gehört grundsätzlich zu den konstitutiven Teilen des Gebäudes. Dementsprechend sind Reparaturkosten von allen Wohnungseigentümern im Verhältnis des § 16 zu tragen (OLG Hamburg MieWoE § 16 WEG Nr. 51).

Sieht die Gemeinschaftsordnung einer aus einer Tiefgarage und Wohnhäusern bestehenden Anlage vor, dass zwischen Wohnungen und Tiefgaragenstellplätzen getrennte Abrechnungseinheiten gebildet werden und die Instandsetzung und Instandhaltung von gemeinschaftlichen Flächen, Hauszeilen, Anlagen und Einrichtungen, deren Nutzung nur einem oder einer bestimmten Anzahl von Eigentümern oder Dritten zusteht, den Nutzungsberechtigten obliegen, so entspricht es der nächstliegenden Bedeutung dieser Regelung, dass allein die Teileigentümer der Tiefgarage auch die Kosten für notwendige Sanierungsmaßnahmen an der im Bereich der Tiefgarage befindlichen Bodenplatte und den Stützpfeilern zu tragen haben (BayObLG ZMR 2004, 765 = BeckRS 2004, 6286).

Ist eine Tiefgarage Gegenstand einer einzigen Teileigentumseinheit, handelt es sich bei den Versicherungs- und Stromkosten der Tiefgarage nicht um Kosten des gemeinschaftlichen Eigentums;

diese Kosten betreffen ausschließlich die Miteigentümer des Teileigentums Tiefgarage und dürfen nicht anteilig auf andere Wohnungseigentümer umgelegt werden (BayObLG ZMR 2004, 843 = BeckRS 2004, 7243).

Die Wohnungseigentümer können wirksam vereinbaren, dass zur Deckung der Bewirtschaftungskosten für die Tiefgaragenstellplätze ein monatlicher Pauschalbetrag zu zahlen ist (BayObLG WE 1997, 436). Vgl. auch § 21 Abs. 7.

Ist in der Gemeinschaftsordnung einer aus einem Wohnhaus und einer Tiefgarage bestehenden Wohnanlage bestimmt, dass die Gemeinschaftskosten im Verhältnis des Bodenflächenmaßes zu tragen sind, die Kosten für die Instandhaltung des Garagentores, für die Entlüftung der Garagenanlage und die Beleuchtungskörper in der Garage aber nur von den Eigentümern der Tiefgaragenstellplätze, kann dies nicht so ausgelegt werden, dass die gesamten, die Tiefgarage betreffenden Kosten ausschließlich von den Garagenstellplatzeigentümern und die gesamten, die Wohnungseigentümer betreffenden Kosten ausschließlich von den Wohnungseigentümern zu tragen sind (BayObLG ZMR 1996, 42 = WE 1996, 154 f.).

Bestimmt die Gemeinschaftsordnung, dass ein Teileigentum in mehrere Teileigentumsrechte (hier: Stellplätze in einer Tiefgarage) aufgeteilt werden darf und dass bereits ab Fertigstellung der Tiefgarage für die künftigen Teileigentumsrechte Wohngeld zu entrichten ist, so ist die Eigentümerversammlung zur Beschlussfassung über Wohngeldzahlungen für die Zeit nach Fertigstellung der Tiefgaragen zuständig, auch solange noch keine gesonderten Teileigentumsrechte im Grundbuch eingetragen sind (BayObLG WE 1998, 270 f.).

Auch wenn nicht allen Wohnungseigentümern ein Sondernutzungsrecht an einem Tiefgaragenstellplatz zugeordnet ist, sind sämtliche Wohnungseigentümer zur Tragung der Instandhaltungskosten insoweit verpflichtet, sofern nichts Abweichendes geregelt wurde (OLG Braunschweig WE 2001, 150 f. = DWE 2001, 55).

Befinden sich in einer für elf Fahrzeuge konzipierten Tiefgarage zehn feste Stellplätze sowie eine mobile Parkpalette, so trifft für Letztere die gesamte Wohnungseigentümergemeinschaft die Instandhaltungspflicht (AG Hamburg-Blankenese WE 2001, 177 f.).

Sieht die Gemeinschaftsordnung für Gebäude und Tiefgarage gesonderte Kostenverteilungsschlüssel vor, ist ein Beschluss der Wohnungseigentümer, nach dem künftig nur noch eine Instandhaltungsrücklage unter Anwendung des für das Gebäude geltenden Kostenverteilungsschlüssels angesammelt wird, wegen Verstoßes gegen die Gemeinschaftsordnung nichtig (BayObLG FGPrax 2002, 254 = MieWoE § 16 WEG Nr. 43).

Wenn die Gemeinschaftsordnung vorsieht, dass die Kosten der Erneuerung der Tiefgarage, an der Nutzungsrechte bestehen – ausgenommen Fundamente, Boden, tragende Mauern und Decken –, von den Nutzungsberechtigten allein zu tragen sind, entspricht es der nächstliegenden Bedeutung dieser Regelung, dass die Kosten für die Erneuerung des Tors und der Beleuchtung der Tiefgarage allein von den Nutzungsberechtigten zu tragen sind (BayObLG ZMR 2002, 953 f. = WE 2003,150).

Treppenhaus. Mangels abweichender Vereinbarung müssen sich 107 auch die Eigentümer der Erdgeschosswohnungen an den Kosten beteiligen (völlig h. M., vgl. OLG Hamburg ZMR 2006, 220).

Verbrauchskosten. Ein Wohnungseigentümer, dessen Wohnung 108 sich noch im Rohbauzustand befindet, ist nicht zur Tragung von Verbrauchskosten verpflichtet. Er kann aber zu den entstehenden Kosten anteilig herangezogen werden, bei denen er eine Gegenleistung in Empfang genommen hat (AG Hildesheim ZMR 1989, 195). Seit dem 1.7.2007 besteht insoweit eine Beschlusskompetenz gemäß § 16 Abs. 3.

Verwaltervergütung. Was der Verwalter als Entgelt erhält, ist 109 gemäß § 16 Abs. 2 auf alle Wohnungseigentümer umzulegen. Ansprüche der Gemeinschaft gegen einzelne Wohnungseigentümer auf Ersatz zusätzlicher Verwaltervergütungen oder auf pauschalierte Vorzugszinsen können nicht durch Mehrheitsbeschluss der Wohnungseigentümer begründet werden (KG NJW-RR 1989, 329 = ZMR 1989, 188). Seit dem 1.7.2007 besteht eine Beschlusskompetenz für Pauschalierungen (§ 21 Abs. 7).

Sind nach der Gemeinschaftsordnung die Betriebskosten nach der Zahl der Wohnungs- und Teileigentumsrechte zu verteilen, soweit dies „möglich, zweckmäßig und sachdienlich" ist, im Übrigen nach Miteigentumsanteilen, dann ist die Verwaltervergütung grundsätzlich nach der Zahl der Wohnungs- und Teileigentumsrechte umzulegen (BayObLG MieWoE § 16 Nr. 31 b).

Auch wenn die Verwaltervergütung nach dem Verwaltervertrag mit einem fixen Betrag pro Wohneinheit berechnet wird, richtet sich die Pflicht der einzelnen Wohnungseigentümer zur Tragung der Verwalterkosten im Innenverhältnis nach dem in der Teilungserklärung vereinbarten Verteilungsschlüssel. Der in der Teilungserklärung vereinbarte Umlageschlüssel kann nicht auf Dauer durch unangefochtenen Mehrheitsbeschluss geändert werden (OLG Köln NZM 2002, 615 = DWE 2003, 26 f.). Vgl. aber § 10 Abs. 2 Satz 3.

Verwaltungsbeirat, Aufwandsentschädigung: Die Aufwandsent- 110 schädigung zugunsten des Verwaltungsbeirats gehört ebenfalls zu den gemäß § 16 Abs. 2 umzulegenden Aufwendungen.

Verwaltungskosten. Ein Wohnungseigentümer, der zugleich 111 Verwalter ist, darf ihm entstandene Kosten eines gerichtlichen

Verfahrens, das andere Wohnungseigentümer wegen der Verletzung von Verwalterpflichten gegen ihn geführt haben, nicht als Kosten der Verwaltung des gemeinschaftlichen Eigentums behandeln und die übrigen Wohnungseigentümer damit belasten (BayObLG MieWoE § 16 WEG Nr. 37). Einen Erstattungsanspruch aus §§ 675, 670 BGB verneinte das Gericht. Andere Anspruchsgrundlagen blieben offen.

112 **Verzugszinsen.** Ein Eigentümerbeschluss, der allgemein den Verzugszins für Wohngeldschulden abweichend vom Gesetz festlegt, ist nichtig (BayObLG NJW 2003, 2323 = MieWoE § 16 WEG Nr. 46). Seit dem 1.7.2007 gilt insoweit § 21 Abs. 7.

113 **Wohngeld.** Wenn eine Vorfälligkeitsregelung vereinbart wurde, kann das gesamte Jahreswohngeld unter bestimmten Umständen auf einen Schlag fällig werden (BGH NJW 2003, 3550 = ZMR 2003, 943). Voraussetzung einer solchen „Fälligkeitsregelung mit Verfallklausel" ist deren Bestimmtheit (BGH NJW 2003, 3550; KG FGPrax 2004, 62 = ZMR 2005, 221). Siehe auch § 21 Abs. 7.

114 **Wasserversorgung.** Die Kosten der Wasserversorgung (Zu- und Abwasser) sind gemäß § 16 Abs. 2 umzulegen. Die Kosten der Wasserversorgung der Sondereigentumseinheiten einschließlich der hieran gekoppelten Kosten der Abwasserentsorgung zählen nicht zu den in § 16 Abs. 2 geregelten Lasten und Kosten des gemeinschaftlichen Eigentums (BGH DWE 2003, 131 = NWB Nr. 51 vom 15.12.2003 Eilnachrichten Fach 1 Seite 381).

Die durch das Reinigen von Fahrzeugen entstehenden Wasserkosten sind Kosten des gemeinschaftlichen Gebrauchs des gemeinschaftlichen Eigentums, die entweder nach dem per Gesetz vorgegebenen oder nach dem vereinbarten Kostenverteilungsschlüssel umzulegen sind (BayObLG *Deckert* ETW 1990 Gruppe 2 S. 1235 f.).

115 **Wohnungseigentümerversammlung.** Die Kosten der Durchführung der Wohnungseigentümerversammlung trägt die Gemeinschaft. Das fängt bei einer eventuellen Raummiete an und geht bis zum (anteiligen) Verwalterhonorar. Der Verzehr der Wohnungseigentümer während der Versammlung ist von den Verzehrenden zu bezahlen.

III. Kosten eines Rechtsstreits gemäß § 18

116 Streitigkeiten im Sinne des § 18 sind solche, die darauf gerichtet sind, von einem andern Wohnungseigentümer die Veräußerung seines Wohnungseigentums zu verlangen, weil er sich einer so schweren Verletzung der ihm gegenüber anderen Wohnungseigentümern obliegenden Verpflichtungen schuldig gemacht hat,

dass diesen die Fortsetzung der Gemeinschaft mit ihm nicht mehr zugemutet werden kann.

Die dadurch entstehenden Kosten sind im Verhältnis des § 16 Abs. 2 aufzuteilen (§ 16 Abs. 7). 117

IV. Schadensersatz im Fall des § 14 Nr. 4

Gemäß § 14 Satz 1 Nr. 4 ist jeder Wohnungseigentümer verpflichtet, das Betreten und die Benutzung der im Sondereigentum stehenden Gebäudeteile zu gestatten, soweit dies zur Instandhaltung und Instandsetzung des gemeinschaftlichen Eigentums erforderlich ist. 118

Der ihm dadurch entstehende Schaden ist zu ersetzen. Dieser Ersatz ist gemäß § 16 Abs. 7 umzulegen im Maßstab des § 16 Abs. 2 oder in einem vereinbarten Maßstab. 119

Der Schadensersatzanspruch umfasst die Beseitigung sämtlicher Substanzschäden, z. B. die Aufwendungen für die Neuverlegung eines Bodenbelags (OLG Düsseldorf ZMR 1995, 86; OLG Köln ZMR 1998, 722 = NZM 1999, 83). 120

Auch entgangener Gewinn ist ersatzfähig (KG NZM 2000, 284 = ZMR 2000, 335). 121

Auch der Verlust von Gebrauchsvorteilen ist zu ersetzen (KG NJW-RR 1999, 92 = ZMR 1998, 370). 122

Auch die eigene Arbeitsleistung ist ersatzfähig (KG NZM 2000, 284 = ZMR 2000, 335). 123

Freizeitverluste sind nicht abgegolten (KG NZM 2000, 284 = ZMR 2000, 335). 124

Anspruchsgegner ist, da es sich insoweit nicht um Teilnahme am Rechtsverkehr handelt, nicht die teilrechtsfähige Wohnungseigentümergemeinschaft (BGH NJW 2005, 2061 = ZMR 2005, 547). Anspruchsgegner sind vielmehr die anderen Wohnungseigentümer als Teilschuldner (OLG Düsseldorf ZMR 1995, 86; BayObLG NJW-RR 2003, 518 = ZMR 2003, 369). 125

V. Kosten eines Rechtsstreits nach § 43

§ 16 Abs. 5 in der bis zum 30. 6. 2007 geltenden Fassung bestimmte, dass Kosten eines Verfahrens nach § 43 a. F. nicht zu den Kosten der Verwaltung im Sinne des Abs. 2 a. F. = n. F. gehören. Dies führte dazu, dass nach früher herrschender Meinung eine Kostenverteilung nicht nach dem allgemeinen Verteilungsschlüssel, sondern vielmehr nach Köpfen zu erfolgen hat (OLG Düsseldorf FGPrax 2003, 23 = ZMR 2003, 228). Begründet wurde dies mit § 16 Abs. 5 a. F. Diese Vorschrift besage zwar noch nicht, nach welchem Maßstab die Kosten im Innenverhältnis der Wohnungs- 126 eigentümer zu verteilen seien, stelle aber klar, dass nicht der allgemeine Kostenverteilungsschlüssel für Bewirtschaftungskosten zur Anwendung gelangen könne. Daher sei nach § 100 Abs. 1 ZPO zu verfahren, so dass für die Verteilung der Verfahrenskosten allein die Anzahl der nach der gerichtlichen Entscheidung belasteten Wohnungseigentümer maßgeblich sei, unabhängig davon, wie viele Wohnungseigentumseinheiten im Eigentum des einzelnen Wohnungseigentümers stehen.

127 Anderer Ansicht ist das KG (20. 1. 2004). Es entschied, dass gerichtliche und außergerichtliche Kosten in der Jahresabrechnung in den Einzelabrechnungen nach dem allgemeinen Verteilungsschlüssel umgelegt werden, nicht nach Kopfteilen. § 16 Abs. 5 a. F. wolle nur verhindern, dass eine gerichtliche Kostenentscheidung durch den allgemeinen Kostenverteilungsschlüssel des § 16 Abs. 2 umgangen werde.

128 Seit dem 1. 7. 2007 gilt § 16 Abs. 8, wonach Kosten eines Rechtsstreits gemäß § 43 nur dann zu den Kosten der Verwaltung im Sinne des § 16 Abs. 2 gehören, wenn es sich um Mehrkosten gegenüber der gesetzlichen Vergütung eines Rechtsanwalts auf Grund einer Vereinbarung über die Vergütung (§ 27 Abs. 2 Nr. 4, Abs. 3 Nr. 6) handelt.

129 § 27 Abs. 2 Nr. 4 berechtigt den Verwalter im Namen aller Wohnungseigentümer mit Wirkung für und gegen sie mit einem Rechtsanwalt eine Vergütungsvereinbarung zu treffen. Gleiches sieht § 27 Abs. 3 Nr. 6 bezogen auf die Gemeinschaft der Wohnungseigentümer vor.

130 Die Mehrkosten auf Grund der Vergütungsvereinbarung entweder im Namen der Wohnungseigentümer oder im Namen der Wohnungseigentümergemeinschaft entstehen dadurch, dass das Gesetz dem Verwalter eine dahin gehende Vertretungsmacht zugebilligt hat. Konsequenterweise erklärt der Gesetzgeber die dadurch entstehenden Mehrkosten zu den Kosten, die gemäß § 16 Abs. 2 umzulegen sind.

131 Hinsichtlich der Kosten, die ohne Vergütungsvereinbarung entstehen, verbleibt es bei der bis zum 30. 6. 2007 geltenden Regelung.

VI. Gesetzliche Kostenverteilung gemäß § 16 Abs. 2

132 § 16 Abs. 2 gibt den gesetzlichen Kostenverteilungsschlüssel vor. Der Anteil, den jeder Wohnungseigentümer zu tragen hat, entspricht dem im Wohnungsgrundbuch eingetragenen Anteil.

133 § 16 Abs. 2 regelt die Kostentragung unabhängig von der Frage der Kostenverursachung.

134 Die gesetzliche Regelung des § 16 Abs. 2 greift auch für leer stehende Wohnungen. Begründung: Es ist nicht auf die tatsächliche Nutzung abzustellen, sondern auf die Nutzungsmöglichkeit.

Konsequenterweise bestimmt § 16 Abs. 2, dass „jeder" Wohnungseigentümer zur Kostentragung verpflichtet ist. Siehe jedoch die Erläuterungen zu § 16 Abs. 3, 4.
Die Kostentragungspflicht beginnt mit dem Tag der Eintragung 135 im Wohnungsgrundbuch (BGH NJW 1999, 3713).

VII. Kostenverteilungsvereinbarung gemäß § 10 Abs. 2 Satz 2

Um durch die gesetzliche Regelung entstehende Ungerechtig- 136 keiten auszugleichen, werden in der Praxis sehr häufig abweichende Kostenverteilungsschlüssel vereinbart. Da § 16 Abs. 2 abdingbar ist, ist dies zulässig.

Beispiele: 137
– Sieht die Gemeinschaftsordnung einer aus einer Tiefgarage und Wohnhäusern bestehenden Anlage vor, dass zwischen Wohnungen und Tiefgaragenstellplätzen getrennte Abrechnungseinheiten gebildet werden und die Instandsetzung und Instandhaltung von gemeinschaftlichen Flächen, Hauszeilen, Anlagen und Einrichtungen, deren Nutzung nur einem oder einer bestimmten Anzahl von Eigentümern oder Dritten zusteht, den Nutzungsberechtigten obliegen, so beinhaltet diese Regelung, dass allein die Teileigentümer der Tiefgarage auch die Kosten für notwendige Sanierungsmaßnahmen an der im Bereich der Tiefgarage befindlichen Bodenplatte und den Stützpfeilern zu tragen haben (BayObLG ZMR 2004, 765).
– Die Bestimmung einer Teilungserklärung, die die „Gemeinschaft der Wohnungseigentümer" anteilig mit den Lasten und Kosten des gemeinschaftlichen Eigentums belastet, ist dahin auszulegen, dass sich dieser Verteilungsschlüssel auf sämtliche Sondereigentümer und damit auch auf die Eigentümer von Garagen bezieht, an denen selbständige Teileigentumsrechte begründet worden sind. Die Garageneigentümer müssen sich deshalb an den Kosten des Wohngebäudes ebenso beteiligen wie umgekehrt die Wohnungseigentümer an den Kosten der Garagen (OLG Hamm DNotZ 2006, 692).

VIII. Kostenverteilungsbeschluss gemäß § 16 Abs. 3

§ 16 Abs. 3 in der seit dem 1. 7. 2007 geltenden Fassung des 138 WEG begründet eine Beschlusskompetenz, soweit es um Betriebskosten entweder des gemeinschaftlichen Eigentums oder des Sondereigentums im Sinne des § 556 Abs. 1 BGB sowie um Verwaltungskosten geht.

Es liegt im Rahmen der Beschlusskompetenz der Wohnungs- 139 eigentümer, die genannten Kosten nach Verbrauch oder Verursachung zu erfassen und nach diesem Maßstab (Verbrauch, Verursachung) zu verteilen. Es kann auch ein anderer Verteilungsmaßstab gewählt werden, soweit dieser ordnungsmäßiger Verwaltung entspricht.

140 1. **Beschlussfähige Kosten.** Die Kosten, hinsichtlich derer eine Beschlusskompetenz besteht, zählt § 16 Abs. 3 enumerativ auf.

141 a) **Betriebskosten des gemeinschaftlichen Eigentums.** § 16 Abs. 3 nimmt Bezug auf § 556 Abs. 1 BGB. Danach sind Betriebskosten die Kosten, die durch den Eigentümer oder Wohnungserbbauberechtigten, durch das Eigentum am Grundstück oder durch ein Wohnungserbbaurecht oder durch den bestimmungsgemäßen Gebrauch des Gebäudes inklusive der Nebengebäude, Anlagen und Einrichtungen des Grundstücks laufend entstehen (PWW/*Schmid* § 556 BGB Rn. 2).

142 In der Praxis geht es insoweit insbesondere um Wasserkosten, Abwasserkosten und Allgemeinstromkosten.

143 Die genannten Kosten müssen das gemeinschaftliche Eigentum betreffen, z. B. die Bewässerung des gemeinsamen Gartens oder die Beleuchtung des gemeinsamen Treppenhauses.

144 b) **Betriebskosten des Sondereigentums.** Auch hinsichtlich der Betriebskosten des Sondereigentums nimmt § 16 Abs. 3 Bezug auf § 556 Abs. 1 BGB.

145 Insoweit geht es insbesondere um Energieversorgungskosten sowie um die Kosten des Wasserverbrauchs, allerdings nur insoweit, als diese nicht unmittelbar gegenüber Dritten abgerechnet werden. Mit anderen Worten: Wenn Sondereigentümer eigene vertragliche Beziehungen zu Energieversorgungsunternehmen unterhalten und insoweit auch getrennt abgerechnet wird, fallen diese Kosten nicht unter § 16 Abs. 3. Es besteht keine dahin gehende Verwaltungskompetenz.

146 c) **Verwaltungskosten.** Auch die Kosten der Verwaltung sind gemäß § 16 Abs. 3 beschlussfähig. Insoweit geht es im Wesentlichen um das Honorar des Verwalters.

147 Angesichts des Umstandes, dass der Gesetzgeber in § 21 Abs. 5 diverse Maßnahmen als Maßnahme der ordnungsmäßigen Verwaltung definiert hat, gehören zu den Kosten der Verwaltung im Sinne des § 16 Abs. 3 auch
– die für die Aufstellung einer Hausordnung entstehenden Kosten, z. B. Rechtsberatungskosten (vgl. § 21 Abs. 5 Nr. 1),
– die für die ordnungsmäßige Instandhaltung und Instandsetzung des gemeinschaftlichen Eigentums entstehenden Kosten (Werklohnansprüche bei Reparaturarbeiten, vgl. § 21 Abs. 5 Nr. 2),
– Kosten für die Feuerversicherung des gemeinschaftlichen Eigentums sowie Kosten der Versicherung gegen Haus- und Grundbesitzerhaftpflicht (vgl. § 21 Abs. 5 Nr. 3),

Nutzungen, Lasten und Kosten § 16

- Kosten für die Ansammlung einer angemessenen Instandhaltungsrückstellung (z. B. Kontoführungsgebühren, vgl. § 21 Abs. 5 Nr. 4),
- Kosten für die Aufstellung eines Wirtschaftsplans (z. B. Aufwendungen für einen Buchführungshelfer, vgl. § 21 Abs. 5 Nr. 5),
- Kosten für Maßnahmen, die zur Herstellung einer Fernsprechteilnehmereinrichtung, einer Rundfunkempfangsanlage oder eines Energieversorgungsanschlusses zugunsten eines Wohnungseigentümers erforderlich sind (z. B. Gebühren des jeweiligen örtlichen Energieversorgungsunternehmens, vgl. § 21 Abs. 5 Nr. 6).

2. Erfassungs-/Verteilungsmaßstab. § 16 Abs. 3 gibt als Maßstab den Verbrauch/die Verursachung/andere Maßstäbe vor. 148

a) Verbrauch. Erfassung und Verteilung der Kosten entsprechend dem Verbrauch bedeutet, dass zunächst – wenn und soweit Verbrauchserfassungsgeräte vorhanden sind – der tatsächliche Verbrauch zugrunde gelegt wird. 149

Wenn und soweit im Einzelfall keine Verbrauchserfassungsgeräte vorhanden sind, entspricht es ordnungsmäßiger Verwaltung, solche zu installieren. Lediglich wenn die Aufwendungen für eine Erfassung und Abrechnung nach dem konkreten Verbrauch unverhältnismäßig hoch sind, können die entsprechenden Maßnahmen (Installation von Enderfassungsgeräten) ordnungsmäßiger Verwaltung widersprechen. Insoweit kann die Rechtsprechung zu § 11 Abs. 1 Nr. 1 lit. a Abs. 2 HeizkostenV herangezogen werden. Danach steht die Einführung einer verbrauchsabhängigen Erfassung und Abrechnung von Betriebskosten nicht mehr im Einklang mit einer ordnungsmäßigen Verwaltung, wenn die Aufwendungen die Einsparungen übersteigen, die sich über zehn Jahre hin voraussichtlich erzielen lassen. 150

b) Verursachung. Eine Differenzierung zwischen den Kosten, die dem Verbrauch entsprechen, und den Kosten, die vom jeweiligen Wohnungseigentümer verursacht worden sind, erübrigt sich. Regelmäßig sind die Kosten, die ein Wohnungseigentümer verursacht hat, identisch mit den Kosten, die dem tatsächlichen Verbrauch durch den jeweiligen Wohnungseigentümer entsprechen. 151

c) Anderer Maßstab. Der Gesetzgeber gibt die Möglichkeit, auch die Kostenerfassung und Kostenverteilung nach einem anderen Maßstab vorzunehmen als nach dem Verbrauch oder nach der Verursachung. Dieser andere Maßstab muss jedoch ordnungsmäßiger Verwaltung entsprechen. 152

Andere Maßstäbe sind z. B. die Erfassung und Verteilung nach Nutzflächen, Frontmetern, umbautem Raum oder Ähnlichem. 153

3. Unabdingbarkeit des § 16 Abs. 3. Gemäß § 16 Abs. 5 können die Befugnisse im Sinne des § 16 Abs. 3 durch Vereinbarung 154

IX. Kostenverteilungsbeschluss gemäß § 16 Abs. 4

155 So wie § 16 Abs. 3 eine Beschlusskompetenz für Betriebskosten und Verwaltungskosten vorsieht, sieht § 16 Abs. 4 eine Beschlusskompetenz für Instandhaltungs-/Instandsetzungsmaßnahmen und für bauliche Veränderungen/Aufwendungen im Sinne des § 22 Abs. 1, 2 vor.

156 1. **Beschlussfähige Kosten.** Ebenso wie § 16 Abs. 3 zählt § 16 Abs. 4 die beschlussfähigen Kosten enumerativ auf.

157 a) **Instandhaltung/Instandsetzung.** Siehe die Erläuterungen zu § 21 Abs. 5 Nr. 2.

158 b) **Bauliche Veränderungen.** Siehe die Erläuterungen zu § 22.

159 c) **Aufwendungen im Sinne des § 22.** Siehe die Erläuterungen zu § 22.

160 2. **Verteilungsmaßstab.** Anders als § 16 Abs. 3 stellt § 16 Abs. 4 alternativ auf den tatsächlichen Gebrauch oder die Möglichkeit des Gebrauchs ab.

161 a) **Tatsächlicher Gebrauch.** Ob und inwieweit sich der tatsächliche Gebrauch bezogen auf Instandhaltungsmaßnahmen/Instandsetzungsmaßnahmen/bauliche Veränderungen/Aufwendungen im Sinne des § 22 tatsächlich ermitteln lässt, ist fraglich. Dies hat auch der Gesetzgeber gesehen. Konsequenterweise ist geregelt, dass ein vom Gesetz abweichender (beschlossener) Kostenverteilungsmaßstab dem Gebrauch oder der Möglichkeit des Gebrauchs nur „Rechnung tragen" soll. Kostentragung und tatsächlicher/möglicher Gebrauch müssen nicht eins zu eins aufeinander abgestimmt sein. Pauschalierungen sind zulässig, z. B. die Abrechnung nach Quadratmeterzahlen, Frontmetern oder Anzahl der Nutzenden.

162 b) **Gebrauchsmöglichkeit.** Da sich die Kostenverteilung auch an der Gebrauchsmöglichkeit orientieren darf, ist es seit dem 1. 7. 2007 möglich, einzelne Wohnungseigentümer von der Kostentragung auszunehmen. Betroffen sind z. B. die Fälle, in denen ein Sondereigentum mangels Fertigstellung noch nicht nutzbar ist.

163 3. **Mehrheitserfordernisse.** Schon nach bis zum 30. 6. 2007 geltendem Recht bestand eine Beschlusskompetenz hinsichtlich der Durchführung von Instandhaltungsmaßnahmen und Instandsetzungsmaßnahmen (§ 21 Abs. 5 Nr. 2). Die Beschlusskompetenz bezüglich der sich daraus ergebenden Kostenfolgen war zumindest umstritten. § 16 Abs. 4 in der seit dem 1. 7. 2007 geltenden

Fassung gibt auch insoweit eine Beschlusskompetenz mit der Konsequenz, dass Beschlüsse bezüglich der Kostentragung von Instandhaltungsmaßnahmen/Instandsetzungsmaßnahmen/baulichen Veränderungen/Aufwendungen im Sinne des § 22 jedenfalls nicht nichtig mangels Beschlusskompetenz sind. Sie können lediglich angreifbar sein, weil sie nicht ordnungsgemäß sind.

Die Beschlusskompetenz aus § 16 Abs. 4 betrifft nur Einzelfälle. Sie gilt nicht grundsätzlich für alle künftigen Instandhaltungsmaßnahmen etc. Das bedeutet für dahin gehende Beschlüsse, dass im jeweiligen Beschluss genau bezeichnet werden sollte, welche Instandhaltungsmaßnahme/Instandsetzungsmaßnahme/bauliche Veränderung/Maßnahme im Sinne des § 22 betroffen ist. **164**

Beschlüsse im Sinne des § 16 Abs. 4 bedürfen einer qualifizierten Mehrheit. **165**

a) Drei Viertel aller Stimmberechtigten. Dahin gehende Beschlüsse bedürfen der Mehrheit von drei Viertel aller stimmberechtigten Wohnungseigentümer. § 16 Abs. 4 Satz 2 verweist auf § 25 Abs. 2. Dies bedeutet, dass das Kopfprinzip zwingend Anwendung findet, selbst dann, wenn es abbedungen wurde. **166**

Es ist auf drei Viertel „aller" Stimmberechtigten abzustellen. Das sind alle im Wohnungsgrundbuch eingetragenen Wohnungseigentümer. **167**

b) Hälfte aller Miteigentumsanteile. Die Mehrheit muss mehr als die Hälfte aller Miteigentumsanteile darstellen. Die Grundbucheintragung ist maßgebend. **168**

4. Unabdingbarkeit des § 16 Abs. 4. § 16 Abs. 5 bestimmt, dass die Kompetenzen aus § 16 Abs. 3 und aus § 16 Abs. 4 nicht durch Vereinbarung der Wohnungseigentümer eingeschränkt oder völlig ausgeschlossen werden können. **169**

D. Bauliche Veränderungen

§ 16 Abs. 6 bestimmt, dass ein Wohnungseigentümer, der einer Maßnahme nach § 22 Abs. 1 nicht zugestimmt hat, nicht berechtigt ist, einen Anteil an Nutzungen, die auf einer solchen Maßnahme beruhen, zu beanspruchen. Er ist auch nicht verpflichtet, Kosten, die durch eine solche Maßnahme verursacht sind, zu tragen. **170**

Falls jedoch eine beschlossene Kostenverteilung im Sinne des § 16 Abs. 4 vorliegt, gilt Vorstehendes gerade nicht. **171**

§ 16 Abs. 6 erwähnt nur die Nutzungen einerseits und die Kosten andererseits. Das bedeutet, dass selbst einem nicht zustimmenden Wohnungseigentümer das Gebrauchsrecht zusteht. **172**

I. Begriff

173 Siehe insoweit die Erläuterungen zu § 22.

II. Nutzungsanteil

174 Nutzungsanteile bestimmen sich nach § 13 Abs. 2 Satz 2 i. V. m. § 16 Abs. 1 Satz 2 (siehe jeweils dort).

III. Kostentragung

175 § 16 Abs. 6 befreit Wohnungseigentümer, die einer Maßnahme nach § 22 Abs. 1 nicht zugestimmt haben, von der Tragung der Kosten, die durch eine solche Maßnahme verursacht worden sind. Das gilt nicht, falls ein Kostenverteilungsbeschluss gemäß § 16 Abs. 4 getroffen wurde.

176 **1. Kraft gesetzlicher Regelung.** Zur gesetzlich geregelten Kostentragungspflicht siehe § 16 Abs. 2 (Rn. 132 ff.).

177 **2. Kraft beschlossener Regelung.** Zur Beschlusskompetenz hinsichtlich der Kosten baulicher Maßnahmen siehe die Erläuterungen zu § 16 Abs. 4 (Rn. 155 ff.).

IV. Gebrauchsmöglichkeit

178 § 16 Abs. 5 Satz 2 bestimmt, dass § 16 Abs. 6 Satz 1 bei einer Kostenverteilung gemäß § 16 Abs. 4 nicht anzuwenden ist.

179 § 16 Abs. 6 Satz 2 ist die Konsequenz daraus, dass gemäß § 16 Abs. 4 die Kostenverteilung entsprechend dem tatsächlichen Gebrauch bzw. der Gebrauchsmöglichkeit im Beschlusswege geregelt werden kann.

180 Wer einem dahin gehenden Beschluss nicht zugestimmt hat, ist dennoch daran gebunden (§ 10 Abs. 5). Da dem jeweiligen – nicht zustimmenden oder nicht anwesenden – Wohnungseigentümer gleichwohl die Gebrauchsmöglichkeit gegeben ist, ist es nur konsequent, dass er an den Kosten beteiligt wird.

E. Sonderumlagen

181 Sonderumlagen sind zulässig, wenn Aufwendungen anfallen, die die gewöhnlichen Unterhaltskosten einer Wohnungseigentumsanlage übersteigen (Bärmann/Pick/Merle/*Pick* § 16 Rn. 48), z. B. wenn außergewöhnliche Mängelbeseitigungskosten/Reparaturen anfallen (BayObLG NJOZ 2003, 411 = MieWoE § 28 WEG Nr. 33).

Nutzungen, Lasten und Kosten §16

I. Grundsätzliches

Da es vereinbarungsfähig ist, bestimmte Aufwendungen, die 182
nur einzelnen Wohnungseigentümern oder Gruppen von Wohnungseigentümern zuzuordnen sind – beispielsweise bei Mehrhausanlagen (Rn. 22, 96) oder in Tiefgaragenfällen (BayObLG NZM 2003, 29 = MieWoE § 16 WEG Nr. 42) –, können auch Sonderumlagen auf einzelne Wohnungseigentümer oder Gruppen von Wohnungseigentümern beschränkt werden.

Das gilt jedenfalls dann, wenn eine entsprechende Kostenver- 183
teilung klar und eindeutig geregelt ist (BayObLG MieWoE § 16 WEG Nr. 23 zur Verteilung von Aufzugskosten). Ein Beschluss, der einem einzelnen Wohnungseigentümer eine besondere Verpflichtung auferlegt, muss dies für den Betroffenen klar erkennbar machen, anderenfalls ist er wegen mangelnder inhaltlicher Bestimmtheit für ungültig zu erklären (BayObLG MieWoE § 16 WEG Nr. 20 = ZMR 1999, 271).

II. Existenz ausreichender Instandhaltungsrückstellung

Wenn und soweit eine ausreichende Instandhaltungsrückstel- 184
lung angesammelt wurde, kann es ordnungsgemäßer Verwaltung widersprechen, Instandhaltungsmaßnahmen durch eine Sonderumlage statt aus der Rücklage zu finanzieren (Bärmann/Pick/Merle/*Merle* § 28 Rn. 37).

Es besteht allerdings kein Anspruch darauf, immer zunächst die 185
Instandhaltungsrücklage auszuschöpfen (Bärmann/Pick/Merle/*Pick* § 16 Rn. 48).

III. Höhe der Sonderumlage

Die Höhe der Sonderumlage hat sich am geschätzten Finanzbe- 186
darf zu orientieren. Eine großzügige Prognose ist zulässig (Bärmann/Pick/Merle/*Pick* § 16 Rn. 48). Die Prognose erstellt der Wohnungseigentumsverwalter. Insbesondere wenn es in der Sache um unerwartete Reparaturarbeiten geht, ist es sinnvoll, dass der Verwalter – trotz möglicherweise gegebener Eilbedürftigkeit – Angebote einholt, die er seiner Prognose zugrunde legt.

IV. Verfahrensfragen

Wenn und soweit eine Sonderumlage zulässig ist, kann diese 187
nicht einseitig durch den Verwalter auferlegt werden. Vielmehr ist ein entsprechender Beschluss der Wohnungseigentümer erfor-

derlich. Es handelt sich um eine Änderung des Wirtschaftsplans, der seinerseits zu beschließen ist (§ 28 Abs. 2).

188 In einem dahin gehenden Beschluss muss der Gesamtbetrag der Sonderumlage festgeschrieben und außerdem die betragsmäßige Verteilung auf die einzelnen Wohnungseigentümer festgelegt werden (BayObLG NJOZ 2003, 411 = MieWoE § 28 WEG Nr. 33; DWE 2004, 138 = NZM 2005, 110). Lediglich dann, wenn die auf den einzelnen Wohnungseigentümer entfallenden Einzelbeträge nach objektiven Maßstäben eindeutig bestimmbar sind und von jedem einzelnen Wohnungseigentümer ohne weiteres selbst errechnet werden können, ist eine betragsmäßige Festlegung im Beschluss entbehrlich (Bärmann/Pick/Merle/*Merle* § 28 Rn. 38).

189 Umlagemaßstab ist grundsätzlich der auch für den Wirtschaftsplan geltende Maßstab, somit eine Verteilung nach dem Verhältnis der Anteile (BayObLG NZM 2000, 287 = MieWoE § 16 WEG Nr. 26).

190 Ein Beschluss der Wohnungseigentümer zu einer Sonderumlage unter Zugrundelegung eines unrichtigen Kostenverteilungsschlüssels ist nicht nichtig, sondern nur anfechtbar (BayObLG ZMR 2005, 462).

§ 17. Anteil bei Aufhebung der Gemeinschaft

¹Im Falle der Aufhebung der Gemeinschaft bestimmt sich der Anteil der Miteigentümer nach dem Verhältnis des Wertes ihrer Wohnungseigentumsrechte zur Zeit der Aufhebung der Gemeinschaft. ²Hat sich der Wert eines Miteigentumsanteils durch Maßnahmen verändert, deren Kosten der Wohnungseigentümer nicht getragen hat, so bleibt eine solche Veränderung bei der Berechnung des Wertes dieses Anteils außer Betracht.

A. Aufhebung der Gemeinschaft

1 Es muss sich um eine Aufhebung der Gemeinschaft handeln. Daher regelt § 17 nicht den Fall des § 9 Abs. 1 Nr. 2 (Schließung der Wohnungsgrundbücher, wenn alle Sondereigentumsrechte durch völlige Zerstörung des Gebäudes gegenstandslos geworden sind) und auch nicht den des § 4 Abs. 1 (Aufhebung des Sondereigentums durch Einigung und Eintragung).

2 Eine Aufhebung kann durch Vereinbarung sämtlicher Raumeigentümer erfolgen (Bärmann/Pick/Merle/*Pick* § 17 Rn. 1; KK-WEG/*Elzer* § 11 Rn. 8).

3 Wenn die Gemeinschaft aufgehoben ist, gelten die §§ 752, 753 BGB (Palandt/*Bassenge* § 17 Rn. 1). Es bleibt den Raumeigentümern jedoch unbenommen, die Auseinandersetzung nicht weiter

zu betreiben, sondern stattdessen Miteigentümer nach BGB zu bleiben.

B. Aktiva

Der Aufhebungsanteil bestimmt sich nach dem Verhältnis der Werte der Raumeigentumsrechte zum Aufhebungszeitpunkt (Satz 1). Die im Grundbuch eingetragenen Anteile sind hier ohne Bedeutung. 4

Erfasst werden der Wert des Miteigentumsanteils und der Wert des Sondereigentums. Hier sind Zu- und Abschläge für besonders wertvolle Ausstattungen/außergewöhnlich schlechten Erhaltungszustand zu machen, 5

Hat sich der Wert eines Miteigentumsanteils durch Maßnahmen verändert, deren Kosten ein Raumeigentümer nicht getragen hat, so bleibt eine solche Veränderung bei der Berechnung des Wertes dieses Anteils außer Betracht (Satz 2). Da der nicht zustimmende Raumeigentümer weder an den Nutzungen noch an den Lasten und Kosten teilnimmt (§ 16 Abs. 6), soll er auch an den durch die jeweilige Maßnahme hervorgerufenen Wertsteigerungen nicht partizipieren. 6

Die Wertermittlung findet mittels Sachverständigengutachten statt, falls nicht eine entsprechende gütliche Einigung erfolgt. 7

Die Wertermittlung muss auf den Aufhebungszeitpunkt hin erfolgen (Bärmann/Pick/Merle/*Pick* § 17 Rn. 10). 8

C. Passiva

Wenn und soweit gemeinschaftliche Schulden (z. B. Verwaltungsschulden) bestehen, findet Gemeinschaftsrecht Anwendung. Bei gesamtschuldnerischer Haftung kann jeder Raumeigentümer Tilgung der Schuld aus dem Verkaufserlös verlangen (§ 755 BGB). Das Problem wird nur praxisrelevant im Fall der Teilung durch Verkauf (§ 753 BGB). Ansonsten bleibt die gesamtschuldnerische Haftung bestehen. 9

Wenn Verpflichtungen der Raumeigentümer untereinander bestehen, findet im Fall der Verkaufsteilung § 756 BGB Anwendung. Der berechtigte Raumeigentümer kann Befriedigung zu Lasten des Erlösanteils der verpflichteten Raumeigentümer verlangen. 10

Individuelle Verpflichtungen der Raumeigentümer bleiben von der Gemeinschaftsaufhebung unberührt. D. h.: Jeder Wohnungseigentümer hat die Belastungen seiner Eigentumswohnung selber abzulösen (KK-WEG/*Happ* § 17 Rn. 4). 11

D. Abdingbarkeit

12 Den Raumeigentümern steht es frei, andere Abwicklungsformen zu vereinbaren (RGRK/*Augustin* § 17 Rn. 4). Beschlüsse reichen nicht (§ 10 Abs. 2 Satz 2). Die Vereinbarung des § 317 BGB (Bestimmung der Leistung durch einen Dritten; Schiedsgutachten) bietet sich an (MieWo/*Kahlen* § 17 Rn. 22).

§ 18. Entziehung des Wohnungseigentums

(1) ¹Hat ein Wohnungseigentümer sich einer so schweren Verletzung der ihm gegenüber anderen Wohnungseigentümern obliegenden Verpflichtungen schuldig gemacht, daß diesen die Fortsetzung der Gemeinschaft mit ihm nicht mehr zugemutet werden kann, so können die anderen Wohnungseigentümer von ihm die Veräußerung seines Wohnungseigentums verlangen. ²Die Ausübung des Entziehungsrechts steht der Gemeinschaft der Wohnungseigentümer zu, soweit es sich nicht um eine Gemeinschaft handelt, die nur aus zwei Wohnungseigentümern besteht.

(2) Die Voraussetzungen des Absatzes 1 liegen insbesondere vor, wenn
1. der Wohnungseigentümer trotz Abmahnung wiederholt gröblich gegen die ihm nach § 14 obliegenden Pflichten verstößt;
2. der Wohnungseigentümer sich mit der Erfüllung seiner Verpflichtungen zur Lasten- und Kostentragung (§ 16 Abs. 2) in Höhe eines Betrages, der drei vom Hundert des Einheitswertes seines Wohnungseigentums übersteigt, länger als drei Monate in Verzug befindet.

(3) ¹Über das Verlangen nach Absatz 1 beschließen die Wohnungseigentümer durch Stimmenmehrheit. ²Der Beschluss bedarf einer Mehrheit von mehr als der Hälfte der stimmberechtigten Wohnungseigentümer. ³Die Vorschriften des § 25 Abs. 3, 4 sind in diesem Falle nicht anzuwenden.

(4) Der in Absatz 1 bestimmte Anspruch kann durch Vereinbarung der Wohnungseigentümer nicht eingeschränkt oder ausgeschlossen werden.

Übersicht

	Rn.
A. Grundsätzliches	1
B. Die Generalklausel des § 18 Abs. 1	5
I. Schwere Pflichtverletzung	5
II. Verschulden	7
III. Unzumutbarkeit der Fortsetzung der Gemeinschaft mit dem Störer	8

Entziehung des Wohnungseigentums § 18

C. Die Fälle des § 18 Abs. 2 10
   I. Verstoß gegen die Pflichten aus § 14 11
   II. Zahlungsverzug 12
D. Einzelfälle 16
E. Mehrheitsbeschluss 18

A. Grundsätzliches

Das Recht zur Entziehung des Wohnungseigentums steht 1
grundsätzlich der Gemeinschaft der Wohnungseigentümer als
Verband zu. Die schwer verständliche Formulierung bedeutet,
dass der Verband die Entziehungsklage nach § 19 erhebt (*Köhler*
§ 18 Rn. 266). Bei Zweiergemeinschaften ist der andere Wohnungseigentümer berechtigt.

§ 18 gilt auch für die werdende Eigentümergemeinschaft (KK- 2
WEG/*Riecke* § 18 Rn. 5; Staudinger/*Kreuzer* § 18 Rn. 2; a.A.
Niedenführ/*Schulze* § 18 Rn. 3).

Bei einer Mehrheit von Eigentümern auf Seiten der Störer ist 3
der Veräußerungsanspruch bei auf die Veräußerung des gesamten
Wohnungseigentums nicht nur eines ideellen Bruchteils gerichtet
(Staudinger/*Kreuzer* § 18 Rn. 21).

Aus § 18 Abs. 4 ergibt sich, dass eine Entziehung aus Gründen 4
der Generalklausel des § 18 Abs. 1 unabdingbar ist. Unzulässig
ist eine Regelung, die als Entziehungsgrund „nachbarrechtliche
Störungen und schwere persönliche Misshelligkeiten" nennt
(OLG Düsseldorf ZMR 2000, 549). Modifizierende oder erweiternde Vereinbarungen sind wegen der nur eingeschränkten Unabdingbarkeit nach § 18 Abs. 4 zulässig, müssen jedoch dem Bestimmtheitsgrundsatz genügen (KK-WEG/*Riecke* § 18 Rn. 7). Die
Durchsetzung des Entziehungsanspruchs darf jedoch nicht unzumutbar erschwert oder unmöglich gemacht werden (Harz/Kääb/
Riecke/Schmid/*Förth* 22. Kap. Rn. 15). Durch Vereinbarung kann
eine geringere (OLG Hamm ZMR 2004, 701) oder eine größere
(OLG Celle NJW 1955, 953) Mehrheit als in Abs. 3 vorgesehen
festgelegt werden.

B. Die Generalklausel des § 18 Abs. 1

I. Schwere Pflichtverletzung

Es genügt, dass eine derartige Pflichtverletzung gegenüber ei- 5
nem einzelnen anderen Wohnungseigentümer, dessen Haushaltsoder Familienangehörigen bzw. Mietern begangen wurde (*Hogenschurz* NZM 2005, 613).

Dem Wohnungseigentümer ist das Verhalten Dritter Personen 6
entsprechend § 14 Nr. 2 (MünchKommBGB/*Engelhardt* § 18 Rn. 2)

zuzurechnen. Die Duldung von Störungen durch Dritte kann auch ein eigenes Fehlverhalten des Wohnungseigentümers begründen, wenn er gravierende Störungen des Hausfriedens z.B. durch seinen Mieter trotz Abmahnungen seitens der Eigentümergemeinschaft hinnimmt und keine Schritte gegen den Störer einleitet (KK-WEG/*Riecke* § 18 Rn. 15).

II. Verschulden

7   Ein Verschulden im technischen Sinn wird überwiegend nicht gefordert (Weitnauer/*Lüke* § 18 Rn. 5; KK-WEG/*Riecke* § 18 Rn. 20). Erfasst wird damit auch der schuldunfähige Wohnungseigentümer z.B. bei massiver Störung des Hausfriedens. Wenn eine krankhafte Störung der Geistestätigkeit verbunden mit Ruhestörung, Behinderung und sonstigen Belästigungen gegeben sind, müssen die Voraussetzungen für eine Wiederholungsgefahr und fehlende Behandlungseinsicht gegeben sein; außerdem muss die fehlende Schuldfähigkeit bei der Beurteilung der Schwere der Pflichtverletzung berücksichtigt werden (BVerfG NJW 1994, 241; LG Tübingen ZMR 1995, 179).

III. Unzumutbarkeit der Fortsetzung der Gemeinschaft mit dem Störer

8   Das Merkmal der Unzumutbarkeit erfordert eine Abwägung der Interessen aller Wohnungseigentümer unter Berücksichtigung der Besonderheiten des Einzelfalles, um letztlich zu bestimmen, ob das Ausschlussinteresse das Eigentumsrecht des Störers nennenswert überwiegt (Staudinger/*Kreuzer* § 18 Rn. 15; LG Stuttgart NJW-RR 1997, 589). In die Abwägung einzubeziehen sind insbesondere das Verschulden sowohl des Störers als auch schuldhafte oder provozierende Verhaltensweisen einzelner Eigentümer. In der Regel wird Unzumutbarkeit nur bei Wiederholungsgefahr bestehen (LG Augsburg ZMR 2005, 230). Maßgebend ist, ob der Gemeinschaft die Fortsetzung mit dem störenden Wohnungseigentümer weiterhin zugemutet werden kann (KK-WEG/*Riecke* § 18 Rn. 25).

9   Im Regelfall bedarf es einer Abmahnung mit Androhung der Entziehung des Wohnungseigentums (BGH NZM 2007, 290; AG Dachau ZMR 2006, 319). Abs. 2 Nr. 1 erwähnt dies ausdrücklich. Ein solcher Abmahnungsbeschluss ist nur auf formelle Mängel gerichtlich überprüfbar (LG Hannover ZMR 2006, 723). Von einer Abmahnung kann nur abgesehen werden, wenn sie den anderen Wohnungseigentümern unzumutbar ist oder keinen Erfolg verspricht. Ein wegen fehlender Abmahnung nicht wirksamer

Entziehungsbeschluss ist jedoch eine Abmahnung. Er erlaubt nach entsprechender Beschlussfassung eine Entziehungsklage, wenn der betroffene Wohnungseigentümer, und sei es auch nur einmal, die abgemahnten Pflichten versäumt. Etwas anderes gilt nur, wenn der Beklagte unter Berücksichtigung aller Umstände, insbesondere der Dauer seines Wohlverhaltens, annehmen darf, die zur Abmahnung führenden Vorgänge hätten sich für die Gemeinschaft erledigt (BGH NZM 2007, 290). Für den Abmahnungsbeschluss genügt die einfache Mehrheit (OLG Hamburg ZMR 2003, 597). Der Verwalter kann nur abmahnen, wenn er hierzu besonders bevollmächtigt ist (*Köhler* Rn. 272; streitig).

C. Die Fälle des 18 Abs. 2

Es ist umstritten, ob es sich nur um Regelbeispiele handelt (so KK-WEG/*Riecke* § 18 Rn. 31) oder ob in den Fällen des § 18 Abs. 2 eine Prüfung der Zumutbarkeit nicht mehr erforderlich (so Weitnauer/*Lüke* § 18 Rn. 6). Der Wortlaut spricht für letztere Auffassung. 10

I. Verstoß gegen die Pflichten aus § 14

Erforderlich sind mindestens drei gravierende Verstöße erheblicher Art gegen die Pflichten aus § 14. Dies bedeutet nicht, dass ein einzelner besonders gravierender Verstoß keine Entziehung des Wohnungseigentums rechtfertigen würde; dieser ist unter § 18 Abs. 1 zu subsumieren (MieWo/*Kahlen* § 18 Rn. 20; KK-WEG/*Riecke* § 18 Rn. 32). Die Mindestzahl von drei gravierenden Pflichtverstößen ergibt sich daraus, dass ein Verstoß vor und zwei nach der genannten Abmahnung vorliegen müssen (*Staudinger*/*Kreuzer* § 18 Rn. 20; *Niedenführ/Schulze* § 18 Rn. 10). 11

II. Zahlungsverzug

Der Verzug muss in der gesamten Höhe über die gesamte Zeit von drei Monaten andauern (MieWo/*Kahlen* § 18 Rn. 27). 12

Die fortlaufend unpünktliche Erfüllung von Wohngeld- und anderen Zahlungsansprüchen der Gemeinschaft der Wohnungseigentümer kann die Entziehung des Wohnungseigentums nach § 18 Abs. 1 rechtfertigen, wenn sie die ordnungsgemäße Verwaltung nachhaltig beeinträchtigt (BGH NZM 2007, 290 = ZMR 2007, 465). 13

Eine Abmahnung ist auch in den Fällen des Zahlungsverzugs erforderlich, obwohl das Gesetz diese Voraussetzung nicht ausdrücklich nennt (BGH NZM 2007, 290 = ZMR 2007, 465). 14

§ 18

15 Die Rückstände müssen in Höhe und Dauer zum Zeitpunkt der letzten mündlichen Verhandlung noch bestehen (Harz/Kääb/Riecke/Schmid/*Förth* 22. Kap. Rn. 12).

D. Einzelfälle

16 **Beispiele für schwere Pflichtverletzungen:**
- ständige andauernde Fäkalgerüche aus der Wohnung, jedenfalls dann, wenn eine Änderung dieses Zustands auch auf absehbare Zeit nicht zu erwarten ist (LG Tübingen ZMR 1995, 179),
- Betreiben einer Unzahl von Beschlussanfechtungsverfahren, das dazu führt, dass die Zahl der Rechtsstreite als Sachmangel beim Verkauf des Wohnungseigentums einzustufen ist und vom Veräußerer gegenüber dem Erwerber offenbart werden muss (KG NJW 1992, 1901),
- schwere Beleidigungen der Mitwohnungseigentümer (KG NJW 1967, 2268),
- permanente Lärmbelästigungen durch Erwachsene trotz Abmahnung (LG Aachen ZMR 1965, 75),
- dauernde nächtliche Ruhestörungen (LG Augsburg ZMR 2005, 230),
- Betreiben eines Bordells in der im Wohngebiet liegenden Eigentumswohnung mit Duldung des Eigentümers (LG Nürnberg-Fürth NJW 1963, 720),
- wiederholte Beschmutzungen und Sachbeschädigungen trotz vorangegangener Abmahnung (AG Reinbek WE 1993, 127),
- Nichteinhaltung der Heizregelung (LG Aachen ZMR 1993, 233).

17 **Keine schwere Pflichtverletzung** wird angenommen bei:
- Lärmstörungen durch Kleinkinder (LG Aachen ZMR 1965, 75),
- Vermietung der Wohnung an Ausländer (LG Wuppertal WE 1975, 124),
- wiederholte, aber noch nicht querulatorische Beschlussanfechtungen (OLG Köln NZM 2004, 260),
- Tätigkeit in einer politischen Organisation, auch wenn Angriffe politischer Gegner zu befürchten sind (AG München ZMR 1961, 304).

E. Mehrheitsbeschluss

18 Ein solcher Mehrheitsbeschluss ist lediglich dann nicht erforderlich, wenn bei einer faktischen Zweiergemeinschaft sich die Wohnungseigentümer unversöhnlich gegenüberstehen (LG Aachen ZMR 1993, 233; LG Köln ZMR 2002, 227).

19 Durch die Nichtanwendbarkeit der §§ 25 Abs. 3 und 4 wird klargestellt, dass mehr als die Hälfte aller stimmberechtigten

Wohnungseigentümer, d.h. nicht nur die Mehrheit der in der Eigentümerversammlung erschienenen Wohnungseigentümer für den Antrag gestimmt haben müssen. Für die Feststellung der Mehrheit gilt das Kopfprinzip (§ 25 Abs. 2 Satz 1 und Abs. 2 i. V. m. § 18 Abs. 3 Satz 3), wenn nicht in der Teilungserklärung/Gemeinschaftsordnung oder in einer späteren Vereinbarung Abweichendes geregelt ist. Ist in der Gemeinschaftsordnung für die Verwaltung das Kopfprinzip abbedungen und durch das Stimmrecht nach Miteigentumsanteilen ersetzt, so gilt dies grundsätzlich nicht für die Beschlussfassung über die Entziehung des Wohnungseigentums nach § 18 (BayObLG ZMR 1999, 724).

Bei Mehrhausanlagen ist auf die Gesamtheit der Wohnungseigentümer abzustellen (BayObLG Rpfleger 1972, 144). 20

Der betroffene Wohnungseigentümer ist nicht stimmberechtigt (MieWo/*Kahlen* § 18 Rn. 32). 21

Es muss die Veräußerung des Wohnungseigentums verlangt werden und dies muss sich unzweifelhaft aus der Beschlussformulierung ergeben (BayObLG WuM 1990, 95). Ungenügend ist es etwa zu beschließen, dass der Wohnungseigentümer aus der Gemeinschaft ausgeschlossen wird (vgl. AG Duisburg ZMR 2007, 314). In einer Beschlussanfechtungsklage wird nur geprüft, ob der Beschluss formell wirksam und mit dem richtigen Inhalt zustande kam (OLG Braunschweig ZMR 2006, 700). Die sachlichen Voraussetzungen für die Entziehung werden erst im Veräußerungsprozess geprüft (KK-WEG/*Riecke* § 18 Rn. 47). 22

Die Wohnungseigentümer haben bei ihrer Entscheidung einen weiten Ermessensspielraum (KG WuM 1996, 299). 23

§ 19. Wirkung des Urteils

(1) ¹Das Urteil, durch das ein Wohnungseigentümer zur Veräußerung seines Wohnungseigentums verurteilt wird, berechtigt jeden Miteigentümer zur Zwangsvollstreckung entsprechend den Vorschriften des Ersten Abschnitts des Gesetzes über die Zwangsversteigerung und die Zwangsverwaltung. ²Die Ausübung dieses Rechts steht der Gemeinschaft der Wohnungseigentümer zu, soweit es sich nicht um eine Gemeinschaft handelt, die nur aus zwei Wohnungseigentümern besteht.

(2) Der Wohnungseigentümer kann im Falle des § 18 Abs. 2 Nr. 2 bis zur Erteilung des Zuschlags die in Absatz 1 bezeichnete Wirkung des Urteils dadurch abwenden, daß er die Verpflichtungen, wegen deren Nichterfüllung er verurteilt ist, einschließlich der Verpflichtung zum Ersatz der durch den Rechtsstreit und das Versteigerungsverfahren entstandenen Kosten sowie die fälligen weiteren Verpflichtungen zur Lasten- und Kostentragung erfüllt.

(3) Ein gerichtlicher oder vor einer Gütestelle geschlossener Vergleich, durch den sich der Wohnungseigentümer zur Veräußerung seines Wohnungseigentums verpflichtet, steht dem in Absatz 1 bezeichneten Urteil gleich.

A. Urteilswirkungen

I. Urteile und Vergleiche

1   Gemäß § 19 Abs. 1 hat ein Urteil, durch das ein Raumeigentümer zur Veräußerung seines Raumeigentums verurteilt wird, zwangsvollstreckungsrechtliche Wirkungen. Der Tenor der Entscheidung muss dahin gehen, dass ein Raumeigentümer zur Veräußerung seines Raumeigentums verurteilt wird. Die gleichen Wirkungen entfaltet ein gerichtlicher oder vor einer Gütestelle geschlossener Vergleich (Abs. 3).

II. Wirkungen

2   Aus dem Urteil – und entsprechend aus dem Vergleich – findet die Zwangsvollstreckung nach dem ersten Abschnitt des ZVG statt. Die Ausübung dieses Rechts steht der Gemeinschaft der Wohnungseigentümer zu, soweit es sich nicht um eine Gemeinschaft handelt, die nur aus zwei Wohnungseigentümern besteht (§ 19 Abs. 1 Satz 2). Daneben wird man entsprechend dem Gesetzeswortlaut auch dem einzelnen Wohnungseigentümer die Zwangsvollstreckung zugestehen müssen, jedenfalls dann, wenn die Wohnungseigentümergemeinschaft als Verband nicht vollstreckt. Der vollstreckungswillige Wohnungseigentümer hat dann gegen die Wohnungseigentümergemeinschaft einen Anspruch auf Herausgabe des Titels (vgl. *Köhler* Rn. 293).

3   Unberührt bleibt die Möglichkeit, nach einer Zahlungsklage die Zwangsversteigerung zu betreiben und sich dadurch die günstige Rangklasse des § 10 Nr. 2 ZVG zu sichern (*v. Rechenberg/ v. Rechenberg* WE 2007, 7, 8).

B. Abwendungsmöglichkeiten

4   Der verklagte Raumeigentümer kann im Falle des § 18 Abs. 2 Nr. 2 bis zur Erteilung des Zuschlages die Urteilswirkungen dadurch abwenden, dass er die Verpflichtungen, wegen deren Nichterfüllung er verurteilt ist, einschließlich der Verpflichtung zum Ersatz der durch den Rechtsstreit und das Versteigerungsverfahren entstandenen Kosten sowie die fälligen weiteren Verpflichtungen zur Lasten- und Kostentragung erfüllt.

Die Abwendungsbefugnis besteht nur im Fall des § 18 Abs. 2 5
Nr. 2. Eine entsprechende Anwendung für den Fall, dass die Störungsquelle, der Anlass für eine Anwendung des § 18 Abs. 2 Nr. 1 oder der Generalklausel des § 18 Abs. 1 beseitigt werden, bietet sich an. Beispiel (nach MieWo/*Kahlen* § 18 Rn. 8): Nach erfolgter Scheidung wird die betreffende Raumeigentumseinheit dem nicht störenden Ehegatten zugeteilt (§§ 3 ff. HausratsVO).

3. Abschnitt. Verwaltung

§ 20. Gliederung der Verwaltung

(1) **Die Verwaltung des gemeinschaftlichen Eigentums obliegt den Wohnungseigentümern nach Maßgabe der §§ 21 bis 25 und dem Verwalter nach Maßgabe der §§ 26 bis 28, im Falle der Bestellung eines Verwaltungsbeirats auch diesem nach Maßgabe des § 29.**

(2) **Die Bestellung eines Verwalters kann nicht ausgeschlossen werden.**

Übersicht

	Rn.
A. Verwaltung	4
B. Verwaltungsgegenstand	5
I. Gemeinschaftliches Eigentum	6
II. Verwaltungsvermögen	9
C. Verwaltungsorgane	12
I. Die Gemeinschaft der Wohnungseigentümer	20
II. Die Summe der einzelnen Wohnungseigentümer	24
III. Der Wohnungseigentumsverwalter	27
1. Gesetzliche Verwaltungskompetenzen	28
2. Weitere Verwaltungskompetenzen	30
a) Vereinbarte Verwaltungskompetenzen	31
b) Kompetenzen kraft Verwaltervertrag	38
IV. Der Verwaltungsbeirat	41
1. Gesetzliche Verwaltungskompetenzen	43
a) § 29 Abs. 2	44
b) § 29 Abs. 3	45
c) § 24 Abs. 3	49
d) § 24 Abs. 6 Satz 2	51
e) § 23 Abs. 8	54
2. Weitere Verwaltungskompetenzen	56
a) Regelungsgrenzen	59
b) Sonderfall: Abschluss des Verwaltervertrages	60
V. Gesetzlich nicht vorgesehene Verwaltungsorgane	64
1. Sonderbeiräte	66
2. Ausschüsse	67
VI. Hilfsdienste	68
1. Selbständige Hilfsdienste	69

§ 20　　　　　　　　　　　　　　　　I. Teil. Wohnungseigentum

      a) Zivilrecht 70
      b) Steuerrecht 73
    2. Unselbständige Hilfsdienste 74
  D. **Verwaltungsverpflichtung** 76
    I. Der Gemeinschaft 77
    II. Des einzelnen Wohnungseigentümers 78
    III. Des Verwalters 80
      1. Gesetzliche Verwaltungspflichten 81
      2. Vertraglich vereinbarte Verwaltungspflichten 84
    IV. Des Beirats 88
      1. Gesetzliche Verwaltungspflichten 89
      2. Vertraglich vereinbarte Verwaltungspflichten 90
  E. **Beginn der Verwaltungsberechtigung/-verpflichtung** 92
    I. Der Gemeinschaft 92
    II. Des einzelnen Wohnungseigentümers 93
    III. Des Verwalters 96
    IV. Des Beirats 99
  F. **Beendigung der Verwaltungsberechtigung/-verpflichtung** 102
    I. Der Gemeinschaft 103
    II. Des einzelnen Wohnungseigentümers 104
    III. Des Verwalters 105
    IV. Des Beirats 106
  G. **Haftung der Verwaltungsorgane** 109
    I. Der Gemeinschaft für den Verwalter 110
    II. Der Gemeinschaft für den Verwaltungsbeirat 113
    III. Des Verwalters 116
      1. Deliktsrechtliche Haftung 117
        a) Regelfall 117
        b) Verletzung von Verkehrssicherungspflichten 119
      2. Schuldrechtliche Haftung 121
      3. Haftung des Verwalters für Dritthandeln 127
      4. Entlastung 128
    IV. Des Beirats 132
      1. Deliktsrechtliche Haftung 133
      2. Schuldrechtliche Haftung 134
      3. Entlastung 138
  H. **Verwalterbestellung** 141
    I. Bestellung 142
    II. Keine Bestellungsverpflichtung 143

1　§ 20 betrifft die Verwaltung des gemeinschaftlichen Eigentums. Sie obliegt den Wohnungseigentümern, dem Verwalter, dem Verwaltungsbeirat.

2　Die Wohnungseigentümer, der Verwalter und der Verwaltungsbeirat sind die Funktionsträger, die an der Verwaltung teilnehmen (KK-WEG/*Elzer* § 20 Rn. 1).

3　Die Verwaltungsorgane Wohnungseigentümer/Wohnungseigentumsverwalter/ Verwaltungsbeirat können die ihnen durch §§ 21 bis 25, 26 bis 28, 29 vorgegebenen Aufgaben theoretisch entweder für die Summe der einzelnen Wohnungseigentümer oder für den „Verband" (BGH NJW 2005, 2061 = ZMR 2005, 547) erbringen. Ob die jeweiligen Funktionsträger für die Summe der Wohnungseigentümer oder für den Verband tätig werden, ist im Einzelfall zu entscheiden (*Abramenko* ZMR 2005, 585; *Elzer* ZMR 2005, 683). Im Zweifel ist anzunehmen, dass der/die Handelnde für den „Verband" (BGH NJW 2005, 2061 = ZMR 2005, 547) tätig wird (KK-WEG/*Elzer* § 20 Rn. 6).

A. Verwaltung

Verwaltung ist als „Binnengeschäftsführung" (KK-WEG/*Elzer* 4 § 20 Rn. 75) im Interesse aller Wohnungseigentümer zu verstehen, die über die bloße Erhaltung, den Verbrauch, die Benutzung hinausgeht. Der BGH (NJW 1997, 2106) versteht bezogen auf BGB-Gemeinschaften unter Verwaltung den Inbegriff aller Maßnahmen, die in tatsächlicher oder rechtlicher Hinsicht auf die Änderung des bestehenden Zustandes gerichtet sind oder eine Geschäftsführung zugunsten der Wohnungseigentümer in Bezug auf das gemeinschaftliche Eigentum darstellen.

B. Verwaltungsgegenstand

Verwaltungsgegenstand ist nach dem Gesetzeswortlaut aus- 5 schließlich das gemeinschaftliche Eigentum.

I. Gemeinschaftliches Eigentum

Verwaltungsgegenstand ist das Gemeinschaftseigentum, somit 6 das Grundstück, die Bauteile des Gebäudes, die gemeinschaftlichen Anlagen und Einrichtungen (§ 1 Abs. 5), außerdem die Teile des Gebäudes, die für dessen Bestand oder Sicherheit erforderlich sind, sowie Anlagen und Einrichtungen, die dem gemeinschaftlichen Gebrauch der Wohnungseigentümer dienen (§ 5 Abs. 3).

Kein Verwaltungsgegenstand im Sinne des § 20 ist das Sonder- 7 eigentum. § 20 korrespondiert insoweit mit § 13: Das Sondereigentum verwaltet jeder Eigentümer allein (*Kahlen* WEG § 20 Rn. 4).

Im Ergebnis können die Wohnungseigentümer z.B. nicht den 8 Mieteinzug betreffend vermieteten Sondereigentums durch den Wohnungseigentumsverwalter beschließen (OLG Düsseldorf NZM 2001, 238). Hinsichtlich des Sondereigentums bestehen lediglich Beschlussmöglichkeiten bezogen auf den Gebrauch (§ 15 Abs. 3).

II. Verwaltungsvermögen

9 Auch das Verwaltungsvermögen ist Verwaltungsgegenstand (KK-WEG/*Elzer* § 20 Rn. 84) und zwar unabhängig vom Wechsel der Wohnungseigentümer (KK-WEG/*Elzer* § 10 Rn. 39 Stichwort „Verwaltungsvermögen").

10 Zum Verwaltungsvermögen gehört die Summe der allen Wohnungseigentümern gemeinschaftlich zustehenden Rechte, die nicht ausdrücklich dem Miteigentum zugewiesen sind. Vgl. insoweit ausführlich die Erläuterungen zu § 10.

11 Insbesondere gehören dazu Wohngeldansprüche (BGH NJW 2005, 2061 = ZMR 2005, 547) und auch Gewährleistungsansprüche, die das gemeinschaftliche Eigentum betreffen (KK-WEG/*Elzer* § 10 Rn. 39 Stichwort „Verwaltungsvermögen") sowie die Instandhaltungsrückstellung (BGH NJW 2005, 2061 = ZMR 2005, 547).

C. Verwaltungsorgane

12 Verwaltungsorgane sind nach der gesetzlichen Regelung die Wohnungseigentümer, der Verwalter sowie der Verwaltungsbeirat.

13 Seit BGH NJW 2005, 2061 ist der teilrechtsfähige „Verband" als weiteres „Organ" zu beachten.

14 Deutlich wird dies z. B. beim Abschluss des Verwaltervertrages. Vertragspartner des Verwalters ist zum einen der Verband, zum anderen sind es aber auch die Wohnungseigentümer (*Abramenko* ZMR 2006, 6).

15 Der Gesetzgeber hat einige Verwaltungsorgane nicht für als zwingend erforderlich angesehen.

16 So muss ein Verwalter nicht zwingend bestellt werden. Es ist zwar unzulässig, seine Bestellung auszuschließen (§ 20 Abs. 2). Würde Derartiges vereinbart oder beschlossen, wäre die Vereinbarung oder der Beschluss nichtig. Gleichwohl ist es möglich, dass der Verwalter schlichtweg nicht bestellt wird.

17 Falls die Bestellung erforderlich ist im Rahmen einer ordnungsgemäßen Verwaltung, kann eine solche gemäß § 21 Abs. 4 als Maßnahme ordnungsmäßiger Verwaltung verlangt werden. Ohne dahin gehenden Antrag bestellt auch das Gericht keinen Verwalter.

18 Ist die Bestellung eines Verwalters tatsächlich unterblieben, müssen die Wohnungseigentümer die dem Verwalter obliegenden Verwaltungsmaßnahmen selber – gemeinsam – vornehmen.

19 Auch die Bestellung eines Verwaltungsbeirates ist fakultativ.

I. Die Gemeinschaft der Wohnungseigentümer

Wohnungseigentümer ist, wer im Grundbuch eingetragen ist 20
(OLG Hamm DNotZ 2000, 215 = ZMR 2000, 128; OLG Saarbrücken DNotZ 1999, 217 = ZMR 1998, 595).
Der bloße Bucheigentümer ist kein Wohnungseigentümer 21
(OLG Düsseldorf ZMR 2005, 719).
Steht ein Wohnungseigentum mehreren gemeinschaftlich zu, ist 22
jeder von ihnen Wohnungseigentümer (KK-WEG/*Elzer* § 10
Rn. 7).
Die Summe aller im Grundbuch (zu Recht) eingetragenen 23
Wohnungseigentümer und Teileigentümer stellt die Wohnungseigentümergemeinschaft dar. Dieser obliegt (als Verband) die Verwaltung des gemeinschaftlichen Eigentums gemäß § 20 Abs. 1.

II. Die Summe der einzelnen Wohnungseigentümer

Die Wohnungseigentümer sind nicht nur als teilrechtsfähiger 24
Verband Verwaltungsorgan, sondern darüber hinaus auch in ihrer wohnungseigentumsrechtlichen Verbundenheit. Dies gilt in den Fällen, in denen sich Verwaltungshandeln nicht als „Teilnahme am Rechtsverkehr" (BGH NJW 2005, 2061 = ZMR 2005, 547) darstellt, beispielsweise wenn es um die Abwehr von Störungen innerhalb der Wohnungseigentümergemeinschaft geht (OLG München ZMR 2005, 733).
Regelmäßig üben die Wohnungseigentümer ihre Verwaltungs- 25
tätigkeit im Wege der Beschlussfassung aus. Diese muss grundsätzlich einstimmig erfolgen. Da dies praktisch nicht umsetzbar ist, hat das Gesetz für die praktisch wichtigsten Fälle Mehrheitsbeschlüsse zugelassen (§ 15 Abs. 2 = Gebrauch, § 21 Abs. 3 = Verwaltung, § 26 Abs. 1 = Verwalterbestellung, § 28 Abs. 5 = Wirtschaftsplan/Jahresabrechnung, § 29 Abs. 1 = Bestellung eines Verwaltungsbeirats).
Nur in Ausnahmefällen besteht eine Verwaltungskompetenz 26
einzelner Wohnungseigentümer (§ 21 Abs. 2 = Notverwaltungsmaßnahme).

III. Der Wohnungseigentumsverwalter

Der Wohnungseigentumsverwalter ist nach der gesetzlichen 27
Grundkonzeption das ausführende Organ (KG NZM 2000, 830 = ZMR 2000, 399), gelenkt von den Wohnungseigentümern als den originären Herren und Trägern der Verwaltung (KK-WEG/*Elzer* § 20 Rn. 87).

28 **1. Gesetzliche Verwaltungskompetenzen.** Die Verwaltungskompetenzen des Wohnungseigentumsverwalters im Einzelnen ergeben sich aus den §§ 26 bis 28. § 26 regelt die Bestellung und die Abberufung des Verwalters. § 27 stellt die Rechte und Pflichten des Verwalters sowohl gegenüber den Wohnungseigentümern als auch gegenüber der Gemeinschaft als auch gegenüber Dritten klar. § 28 klärt die „Wirtschaftsverfassung" einer Wohnungseigentümergemeinschaft sowie die damit verbundenen Rechte und Pflichten des Wohnungseigentumsverwalters.

29 Siehe im Einzelnen die Kommentierungen zu §§ 26 bis 28.

30 **2. Weitere Verwaltungskompetenzen.** Neben den dem Verwalter gesetzlich zugewiesenen Kompetenzen kommen Kompetenzen kraft Vereinbarung und Kompetenzen kraft Verwaltervertrag in Betracht.

31 **a) Vereinbarte Verwaltungskompetenzen.** Die Wohnungseigentümer können ihr Verhältnis untereinander abweichend vom WEG durch Vereinbarung regeln, soweit nicht etwas anderes ausdrücklich bestimmt ist (§ 10 Abs. 2 Satz 2). Solange nicht die „personenrechtliche Gemeinschaftsstellung der Wohnungseigentümer ausgehöhlt wird" (KK-WEG/*Elzer* § 10 Rn. 237), können die Wohnungseigentümer auch Befugnisse auf den Verwalter übertragen (*Lüke* WE 1996, 372). Die Eigentümer können durch Vereinbarung vor allem die Befugnisse des Verwalters über die gesetzlich vorgegebenen Rechte hinaus erweitern (BGH NJW-RR 2004, 874 = ZMR 2004, 522).

32 So ist es möglich, dass dem Verwalter die Befugnis übertragen wird, für die auf dem Grundstück errichteten Pkw-Abstellplätze eine Gebrauchsregelung zu bestimmen und diese rechtsverbindlich festzulegen (OLG Frankfurt DNotZ 1998, 392 = MDR 1997, 1017).

33 Dem Verwalter kann die Bestimmung des Kostenverteilungsschlüssels übertragen werden (BayObLG FGPrax 2004, 14 = ZMR 2004, 211).

34 Dem Verwalter kann die Zustimmung zu baulichen Veränderungen übertragen werden (OLG Zweibrücken FGPrax 2003, 60 = ZMR 2004, 60).

35 Dem Verwalter kann die Befugnis übertragen werden, einem Hausmeister zu kündigen (LAG Düsseldorf ZMR 2002, 303).

36 Dem Verwalter kann auch die Prüfung einer Nutzungsänderung übertragen werden (BayObLG DNotZ 2004, 385 = ZMR 2004, 133).

37 Wenn die Wohnungseigentümer dem Verwalter durch Vereinbarung eine Kompetenzerweiterung zugestanden haben, so ist eine Rückübertragung der Kompetenz auf die Wohnungseigentümer wiederum nur durch eine Vereinbarung möglich (KK-WEG/

Elzer § 20 Rn. 58). Wenn z. B. vereinbart wurde, dass dem Verwalter die Kündigungsbefugnis bezüglich eines Hausmeistervertrages zusteht, fehlt der Gemeinschaft die Beschlusskompetenz, im Verwaltervertrag ein Zustimmungserfordernis für die Kündigung aufzunehmen (LAG Düsseldorf ZMR 2002, 303). Ausnahme: Existenz einer dahin gehenden Öffnungsklausel.

b) Kompetenzen kraft Verwaltervertrag. Die Verwalterbestellung erfolgt entweder durch eine Regelung in der Teilungserklärung (BGH NJW 2002, 3240 = ZMR 2002, 766) oder durch Beschluss (vgl. z. B. BayObLG NZM 2003, 444 = ZMR 2004, 125). 38

Neben den wohnungseigentumsrechtlichen Akt der Bestellung tritt der schuldrechtliche Akt des Abschlusses des Verwaltervertrages („Trennungstheorie", KK-WEG/*Abramenko* § 26 Rn. 5). 39

Jedenfalls soweit eine dahin gehende Beschlusskompetenz der Wohnungseigentümer geregelt ist, kann der Wohnungseigentumsverwalter durch Beschluss erweiterte Befugnisse eingeräumt bekommen, beispielsweise Ansprüche gerichtlich und außergerichtlich geltend zu machen. Eine derartige Beschlussregelung in den Verwaltervertrag aufzunehmen ist zulässig und erspart dahin gehenden Aufwand (OLG Hamm NJW-RR 2001, 226 = ZMR 2001, 138). 40

IV. Der Verwaltungsbeirat

Die Wohnungseigentümer können durch Stimmenmehrheit die Bestellung eines Verwaltungsbeirats beschließen (§ 29 Abs. 1 Satz 1). Dessen Verwaltungskompetenzen sind geregelt in §§ 29 Abs. 2, 29 Abs. 3, 24 Abs. 3, 24 Abs. 6 Satz 2. 41

Weitere Verwaltungskompetenzen sind mittels Vereinbarung auf den Verwaltungsbeirat übertragbar. 42

1. Gesetzliche Verwaltungskompetenzen. Gesetzlich stehen dem Verwaltungsbeirat die folgenden Rechte und Pflichten zu: 43

a) § 29 Abs. 2. Gemäß § 29 Abs. 2 unterstützt der Verwaltungsbeirat den Verwalter bei der Durchführung seiner Aufgaben. Eine solche Unterstützung kommt insbesondere in Betracht bei der Feststellung von Baumängeln, der Einholung von Angeboten, der Vorbereitung der Eigentümerversammlung sowie der Durchsetzung der Hausordnung (KK-WEG/*Abramenko* § 29 Rn. 17). 44

b) § 29 Abs. 3. Gemäß § 29 Abs. 3 sollen der Wirtschaftsplan, die Abrechnung über den Wirtschaftsplan, Rechnungslegungen und Kostenanschläge, bevor die Wohnungseigentümerversammlung darüber beschließt, vom Verwaltungsbeirat geprüft und mit einer Stellungnahme versehen werden. 45

Obwohl der Gesetzgeber die Norm als Soll-Vorschrift ausgestaltet hat, handelt es sich im Regelfall um eine zwingende Ver- 46 pflichtung. Die Nichterfüllung dieser Pflicht kann Schadensersatzansprüche begründen (KG FGPrax 2004, 107 = ZMR 2004, 458).

47 Die nicht durchgeführte Prüfung führt allerdings nicht dazu, dass ansonsten nicht zu beanstandende Wirtschaftspläne/Jahresabrechnungen für ungültig zu erklären sind (KG NJW-RR 2003, 1596 = ZMR 2004, 145; BayObLG ZMR 2004, 358).

48 Die Prüfung umfasst die sachliche Richtigkeit der einzelnen Abrechnungspositionen (KK-WEG/*Abramenko* § 29 Rn. 18) und eine wenigstens stichprobenartige Kontrolle der Belege (OLG Düsseldorf NZM 1998, 36 = ZMR 1998, 104).

49 c) § 24 Abs. 3. § 24 Abs. 3 bestimmt, dass die Versammlung auch vom Versammlungsbeiratsvorsitzenden oder von dessen Stellvertreter einberufen werden kann, wenn ein Verwalter fehlt oder sich pflichtwidrig weigert.

50 Wenn also ein Verwaltungsbeirat bestellt ist, so hat entweder der Verwaltungsbeiratsvorsitzende oder dessen Stellvertreter ein Einberufungsrecht. Es handelt sich nicht um ein Alleineinberufungsrecht des Vorsitzenden, vielmehr kann statt des Vorsitzenden auch dessen Vertreter einberufen (KK-WEG/*Riecke* § 24 Rn. 10).

51 d) § 24 Abs. 6 Satz 2. Die Beschlüsse der Wohnungseigentümer, die in einer Wohnungseigentümerversammlung gefasst wurden, sind in eine Niederschrift aufzunehmen. Diese Niederschrift ist gemäß § 24 Abs. 6 Satz 2 vom Versammlungsvorsitzenden und einem Wohnungseigentümer und – falls ein Verwaltungsbeirat bestellt ist – auch vom Verwaltungsbeiratsvorsitzenden oder dessen Stellvertreter zu unterschreiben.

52 Angesichts dessen, dass der die Niederschrift Unterzeichnende mit seiner Unterschrift für die Richtigkeit der Niederschrift einsteht, beinhaltet diese Befugnis eine Prüfungspflicht (KK-WEG/ *Abramenko* § 29 Rn. 20).

53 Die Unterschriftsverpflichtung besteht nur, wenn der Verwaltungsbeiratsvorsitzende bzw. dessen Stellvertreter tatsächlich an der Eigentümerversammlung teilgenommen hat (KK-WEG/ *Riecke* § 24 Rn. 77).

54 e) § 23 Abs. 8. Gemäß § 23 Abs. 8 ist für den Fall, dass ein Verwalter fehlt, die Beschluss-Sammlung (vgl. § 23 Abs. 7) vom Vorsitzenden der Wohnungseigentümerversammlung zu führen, sofern nicht die Wohnungseigentümer einen anderen für diese Aufgabe bestellt haben.

55 Da in der Praxis der Verwaltungsbeiratsvorsitzende dann den Vorsitz in der Wohnungseigentümerversammlung übernimmt, wenn der Verwalter daran gehindert ist, handelt es sich dabei um eine weitere Kompetenz des Beirats.

2. Weitere Verwaltungskompetenzen. Dem Verwaltungsbeirat 56
können weitere Kompetenzen eingeräumt werden, sofern nicht
gesetzliche/vereinbarte Bestimmungen entgegenstehen, beispielsweise die Entscheidung über den Abschluss bereits von der Versammlung vorberatener Verträge (KK-WEG/*Abramenko* § 29
Rn. 21; zum Abschluss des Verwaltervertrages siehe Rn. 60 ff.).

Sofern die Wohnungseigentümer nähere Vorgaben gemacht haben, dürfen auch Bauverträge vom Verwaltungsbeirat geschlossen 57
werden (KG FGPrax 2003, 260 = ZMR 2004, 623; BayObLG
FGPrax 2005, 14 = ZMR 2005, 640).

Dem Verwaltungsbeirat kann die Entscheidung über die Er- 58
mächtigung zur außergerichtlichen/gerichtlichen Durchsetzung
von Ansprüchen übertragen werden (OLG Zweibrücken WE
1987, 137).

a) **Regelungsgrenzen.** Wenn Kompetenzen übertragen werden 59
sollen, die über die gesetzlichen Vorgaben (§ 29 Abs. 2, § 29
Abs. 3, § 24 Abs. 3, § 24 Abs. 6, § 23 Abs. 8) hinausgehen, so bedarf dies einer Vereinbarung (KG FGPrax 2003, 260 = ZMR
2004, 623).

b) **Sonderfall: Abschluss des Verwaltervertrages.** In der Rechtsprechung ist umstritten, ob Wohnungseigentümer dem Verwaltungsbeirat die Befugnis zum Aushandeln und Abschluss eines 60
Verwaltervertrages mit Stimmenmehrheit übertragen können.
Das OLG Düsseldorf (NZM 1998, 36 = ZMR 1998, 104) verneint diese Möglichkeit. Das OLG Köln (NJW 1991, 1302) und
das OLG Hamm (NJW-RR 2001, 226 = ZMR 2001, 138) hingegen halten eine mehrheitliche Bevollmächtigung für zulässig.

In einem weiteren Fall musste das OLG Düsseldorf (NJW 61
2006, 3645) den Meinungsstreit nicht entscheiden, weil
– nicht das Aushandeln des Verwaltervertrages (als Kernkompetenz der Wohnungseigentümer), sondern nur dessen Abschluss
 auf der Basis eines den Wohnungseigentümern bekannten Angebots des neuen Verwalters in die Hände des Beirats gelegt
 wurde,
– der Verwaltungsbeirat nicht zu Verhandlungen mit dem neuen
 Verwalter bevollmächtigt wurde, sondern lediglich zum Abschluss des Vertrages als solchem in der Form des bekannten
 Angebots.

Im Ergebnis bedeutet dies, dass der Verwaltungsbeirat im kon- 62
kreten Fall nur als Vollzugsorgan für die seitens der Wohnungseigentümergemeinschaft in der Wohnungseigentümerversammlung
bereits beschlossene Entscheidung eingesetzt wurde.

Der Umstand, dass die Bevollmächtigung des Verwaltungsbei- 63
rats ordnungsgemäßer Verwaltung entsprach, bedeutet jedoch
noch nicht, dass der Beschluss über die Verwalterbestellung im
konkreten Fall ordnungsmäßiger Verwaltung entspricht. Das ist

nur dann der Fall, wenn der Inhalt des Vertrages zwischen der Wohnungseigentümergemeinschaft und dem Wohnungseigentumsverwalter seinerseits den Grundsätzen ordnungsmäßiger Verwaltung entspricht. Insoweit sind die üblichen Kriterien zu prüfen.

V. Gesetzlich nicht vorgesehene Verwaltungsorgane

64 Der vom Gesetz vorgegebene Rahmen der Verwaltungsorgane ist nicht abschließend. Weitere Verwaltungsorgane können institutionalisiert werden (*Kahlen* WEG § 20 Rn. 56 ff.).

65 Diese gesetzlich nicht vorgesehenen Verwaltungsorgane können mit originären Befugnissen ausgestattet sein (AG Hannover ZMR 2004, 466). Eine verdrängende Kompetenzzuweisung durch Vereinbarung auf gesetzlich nicht vorgesehene Verwaltungsorgane ist jedoch an der Kernbereichslehre zu messen (KK-WEG/*Elzer* § 20 Rn. 71).

66 **1. Sonderbeiräte.** Als Sonderbeiräte kommen z. B. Gläubigerbeiräte in Betracht (BayObLG NJW 1972, 1377; KK-WEG/*Elzer* § 20 Rn. 70).

67 **2. Ausschüsse.** Je größer die Gemeinschaft ist und je umfangreicher diverse bauliche Maßnahmen sind, desto näher liegt es, einen Bauausschuss zu institutionalisieren (OLG Frankfurt OLGZ 1988, 188; KK-WEG/*Elzer* § 20 Rn. 70).

VI. Hilfsdienste

68 Die Wohnungseigentümer/der Verband können/kann sich diverser Hilfsdienste bedienen, die sowohl selbständig als auch unselbständig agieren können.

69 **1. Selbständige Hilfsdienste.** Selbständige Hilfsdienste sind z. B. Bewachungsunternehmen, Reinigungsunternehmen und ähnliche. Insoweit stellen sich sowohl zivilrechtliche als auch steuerrechtliche Fragen.

70 **a) Zivilrecht.** Zivilrechtlich ist zu klären, wer Vertragspartner des jeweiligen selbständigen Hilfsdienstes ist und wer gegebenenfalls für Fehler der Hilfsdienste einzustehen hat.

71 *(1) Vertragspartner.* Vertragspartner selbständiger Hilfsdienste ist (seit BGH NJW 2005, 2061 = ZMR 2005, 547) der Verband. Es handelt sich bei der Beauftragung eines Bewachungs- oder Reinigungsunternehmens um Teilnahme am Rechtsverkehr.

72 *(2) Haftung.* Haftungsrechtlich gilt allgemeines Recht. Entweder hat der Verband für einen Erfüllungsgehilfen (§ 278 BGB) oder für einen Verrichtungsgehilfen (§ 831 BGB) einzustehen

(z. B. für einen Hausmeister, OLG München NJW 2006, 1293 = ZMR 2006, 226).

b) Steuerrecht. Steuerrechtlich bestehen keine Besonderheiten. Die selbständigen Hilfsdienste haben für ihre steuerrechtlichen (und sozialversicherungsrechtlichen) Pflichten selber einzustehen. Ein Einstehenmüssen des Verbandes kommt allenfalls im Haftungswege in Betracht (vgl. z. B. §§ 69 ff. AO). 73

2. Unselbständige Hilfsdienste. Unselbständige Hilfsdienste (Pförtner, Hausmeister, angestellte Gärtner) sind zivilrechtlich Angestellte des Verbandes (BGH NJW 2005, 2061 = ZMR 2005, 547). 74

Steuerrechtlich bestehen keine Besonderheiten. Dem Verband obliegt die Erfüllung der diversen steuerrechtlichen Verpflichtungen, wobei der Verband sich insoweit des Verwalters bedient. 75

D. Verwaltungsverpflichtung

Verwaltungsverpflichtungen können sich aus dem Gesetz oder aus den getroffenen schuldrechtlichen Abreden ergeben. 76

I. Der Gemeinschaft

Eine Verwaltungsverpflichtung der Gemeinschaft hat der Gesetzgeber nicht vorgesehen. Er hat lediglich die dahin gehenden Kompetenzen geregelt (§ 21 Abs. 3), die jedoch nicht wahrgenommen werden müssen. 77

II. Des einzelnen Wohnungseigentümers

Einzelne Wohnungseigentümer sind verpflichtet, an einer ordnungsmäßigen Verwaltung des gemeinschaftlichen Eigentums mitzuwirken (BGH NJW 1999, 2108 = ZMR 1999, 647). Diese Mitwirkungspflicht korrespondiert mit Verwaltungsansprüchen anderer Wohnungseigentümer aus § 21 Abs. 4 (KK-WEG/*Elzer* § 20 Rn. 92). Derartige Mitwirkungspflichten bestehen z. B., wenn es darum geht, Schäden am gemeinschaftlichen Eigentum zu vermeiden oder zu beseitigen. 78

Eine gesetzliche Ausprägung findet diese Verpflichtung in § 14 Nr. 4, wonach Sondereigentümer das zur Instandhaltung und Instandsetzung des Gemeinschaftseigentums erforderliche Betreten des Sondereigentums zu dulden haben, sofern dieses Betreten nicht nur der bloßen Kontrolle dient (OLG Zweibrücken NJW-RR 2001, 730 = ZMR 2001, 309), sondern der Durchführung konkret erforderlicher Instandhaltungs-/Instandsetzungsmaßnah- 79 men (OLG Hamburg ZMR 2000, 480; OLG Celle ZMR 2004, 364), beispielsweise wenn Schäden durch austretendes Wasser entstehen oder wenn Versorgungsleitungen unterbrochen sind und dadurch das Gemeinschaftseigentum in Mitleidenschaft gezogen wurde (OLG Hamburg ZMR 2000, 479).

III. Des Verwalters

80 Verwaltungsverpflichtungen des Verwalters ergeben sich einmal aus dem WEG, zweitens aus dem Verwaltervertrag.

81 **1. Gesetzliche Verwaltungspflichten.** Das WEG verpflichtet den Verwalter
– zur Einberufung der jährlichen Eigentümerversammlung (§ 24 Abs. 1)
– zur Führung der Beschluss-Sammlung (§ 24 Abs. 8 Satz 1)
– zur Erstellung eines Wirtschaftsplans (§ 28 Abs. 1 Nr. 2)
– zur Erstellung der Jahresabrechnung (§ 28 Abs. 3)
– zur Rechnungslegung auf Verlangen (§ 28 Abs. 4).

82 Darüber hinaus ist der Verwalter verpflichtet
– Beschlüsse der Wohnungseigentümer durchzuführen und für die Durchführung der Hausordnung zu sorgen (§ 27 Abs. 1 Nr. 1)
– die für die ordnungsmäßige Instandhaltung und Instandsetzung des gemeinschaftlichen Eigentums erforderlichen Maßnahmen zu treffen (§ 27 Abs. 1 Nr. 2)
– in dringenden Fällen sonstige zur Erhaltung des gemeinschaftlichen Eigentums erforderliche Maßnahmen zu treffen (§ 27 Abs. 1 Nr. 3)
– eingenommene Gelder zu verwalten (§ 27 Abs. 1 Nr. 6).

83 Die dem Verwalter nach § 27 Abs. 1, 2 und 3 zustehenden Aufgaben können nicht durch Vereinbarung der Wohnungseigentümer eingeschränkt werden (§ 27 Abs. 4).

84 **2. Vertraglich vereinbarte Verwaltungspflichten.** Im Verwaltervertrag, den die Wohnungseigentümer als Verband (BGH NJW 2005, 2061 = ZMR 2005, 547) mit dem Verwalter schließen, können weitere Verwaltungspflichten des Verwalters geregelt werden, sofern diese Regelungen nicht gegen unabdingbares Recht verstoßen (KK-WEG/*Abramenko* § 26 Rn. 44).

85 Beispielsweise kann nicht nur eine Ermächtigung, sondern auch eine Verpflichtung zur Geltendmachung von Ansprüchen geregelt werden, ohne dass in jedem einzelnen Fall eine Beschlussfassung im Sinne des § 27 Abs. 2 Nr. 5 a. F. = § 27 Abs. 2 Nr. 3 n. F. erfolgt (OLG Hamm NJW-RR 2001, 226 = ZMR 2001, 142).

Der Verwalter kann im Verwaltervertrag verpflichtet werden, vor der Vergabe von Aufträgen zur Instandhaltung/Instandsetzung eine bestimmte Anzahl von Kostenvoranschlägen einzuholen (OLG Celle NJW-RR 2002, 303 = ZMR 2001, 643; OLG Köln ZMR 2004, 148). 86

Der Verwalter kann zur Bauleitung verpflichtet werden (BayObLG ZMR 2001, 817). 87

IV. Des Beirats

Dem Verwaltungsbeirat sind diverse Kompetenzen gesetzlich übertragen worden (Rn. 43 ff.). Durch die Übernahme der Verwaltungsbeiratstätigkeit ist die Grenze zwischen juristisch unverbindlicher Tätigkeit zum gegebenen rechtsgeschäftlichen Bindungswillen überschritten (*Kahlen* WEG § 29 Rn. 21). Konsequenterweise resultiert aus der Verwaltungskompetenz eine Verwaltungsverpflichtung, jedenfalls dann, wenn Vergütungen zugunsten des Verwaltungsbeirats gezahlt werden. 88

1. Gesetzliche Verwaltungspflichten. Die gesetzlichen Verwaltungspflichten sind normiert in 89
- § 29 Abs. 2 (Unterstützung des Verwalters)
- § 29 Abs. 3 (Prüfung von Wirtschaftsplan/Abrechnung/Rechnungslegung/Kostenanschlägen)
- § 24 Abs. 3 (Einberufung der Wohnungseigentümerversammlung)
- § 24 Abs. 6 Satz 2 (Unterzeichnung der Niederschrift)
- § 24 Abs. 8 Satz 2 (Führung der Beschluss-Sammlung).

2. Vertraglich vereinbarte Verwaltungsverpflichtungen. Im Wege einer Vereinbarung (KG NJOZ 2003, 3216 = ZMR 2004, 623) können dem Verwaltungsbeirat weitere Verpflichtungen übertragen werden (KK-WEG/*Abramenko* § 29 Rn. 21). Voraussetzung ist, dass dadurch die Rechte der Wohnungseigentümer nicht unzulässig beeinträchtigt werden, indem diese von der Verwaltung ausgeschlossen werden („Kernbereichslehre", KK-WEG/*Elzer* § 10 Rn. 227). 90

Außerdem darf durch eine Kompetenzzuweisung an den Beirat nicht in unentziehbare Rechte des Verwalters eingegriffen werden, insbesondere dürfen diesem nicht die Berechtigungen aus § 27 Abs. 2 und 3 genommen werden (§ 27 Abs. 4). Zwar regelt § 27 Abs. 4 lediglich, dass dem Verwalter die Rechte aus § 27 Abs. 1, 2, 3 nicht durch Vereinbarung genommen werden dürfen. Gleichwohl ist es h. M., dass eine Einschränkung der Rechte des Verwalters auch nicht durch Beschluss oder durch den Verwaltervertrag erfolgen darf (KK-WEG/*Abramenko* § 27 Rn. 44). 91

E. Beginn der Verwaltungsberechtigung/-verpflichtung

I. Der Gemeinschaft

92 Die Verwaltungsverpflichtung der Wohnungseigentümergemeinschaft beginnt mit dem Entstehen der Gemeinschaft. Insoweit reicht eine werdende Wohnungseigentümergemeinschaft, da die Mitglieder einer werdenden Wohnungseigentümergemeinschaft nach h. M. die gleichen Pflichten haben wie Wohnungseigentümer einer in Vollzug gesetzten Gemeinschaft (umfangreiche Rechtsprechungsnachweise bei KK-WEG/*Elzer* § 10 Rn. 24).

II. Des einzelnen Wohnungseigentümers

93 Die Verwaltungsberechtigung/-verpflichtung einzelner Wohnungseigentümer beginnt spätestens in dem Augenblick, in dem eine Eigentümergemeinschaft entstanden ist. Dies ist dann der Fall, wenn die Wohnungsgrundbücher angelegt sind und neben dem Teilenden mindestens ein Erwerber im Wohnungsgrundbuch eingetragen worden ist (KG ZMR 2001, 656 = NZM 2002, 252).

94 Im Fall der Gründung durch Teilungsvertrag (§ 3) entsteht die Eigentümergemeinschaft in dem Augenblick, in dem die Vertragspartner als Wohnungseigentümer im Grundbuch eingetragen sind (KK-WEG/*Elzer* § 3 Rn. 133).

95 Weil auf werdende Wohnungseigentümergemeinschaften die Verwaltungsvorschriften (§§ 20 ff.) nach h. M. anzuwenden sind (BayObLG NJW-RR 2002, 876 = ZMR 2003, 516; KG NJW-RR 2003, 589 = ZMR 2003, 53), beginnt für werdende Wohnungseigentümer die Verwaltungsberechtigung/-verpflichtung in dem Augenblick, in dem die Voraussetzungen einer werdenden Wohnungseigentümergemeinschaft (KK-WEG/*Elzer* § 10 Rn. 23) gegeben sind.

III. Des Verwalters

96 Die wohnungseigentumsrechtliche Verwaltungsberechtigung/-verpflichtung des Wohnungseigentumsverwalters beginnt mit Wirksamkeit seiner Bestellung, also in dem Augenblick, in dem der Bestellungsbeschluss gefasst, dem Verwalter bekannt gegeben und von ihm angenommen wurde (KK-WEG/*Abramenko* § 26 Rn. 6). Der Abschluss des schuldrechtlichen Verwaltervertrages ist insoweit ohne Bedeutung.

97 Die schuldrechtlichen Verwaltungsberechtigungen und Verwaltungsverpflichtungen bestehen ab dem Augenblick, in dem der Verwaltervertrag zustande gekommen ist.

Gegebenenfalls bestehen vorvertragliche Verpflichtungen im Sinne des § 311 Abs. 2 BGB. 98

IV. Des Beirats

Wohnungseigentumsrechtliche Verwaltungsberechtigungen und Verwaltungsverpflichtungen eines Verwaltungsbeiratsmitglieds bestehen ab dem Zeitpunkt, in dem der Bestellungsbeschluss gefasst wurde, dem zu Bestellenden bekannt gegeben wurde und die Bestellung von dem zu Bestellenden angenommen wurde. 99

Schuldrechtliche Verwaltungsberechtigungen und Verwaltungsverpflichtungen eines Beiratsmitglieds entstehen mit Abschluss des schuldrechtlichen Vertrages. 100

Auch bezüglich der Verpflichtungen eines Verwaltungsbeiratsmitglieds ist je nach Fallgestaltung § 311 Abs. 2 BGB anwendbar. 101

F. Beendigung der Verwaltungsberechtigung/-verpflichtung

Insbesondere in Fällen der Nichterfüllung ist es von Bedeutung, zu klären, ob (noch) eine Verwaltungsberechtigung/-verpflichtung bestand. 102

I. Der Gemeinschaft

Eine Verwaltungsverpflichtung der Wohnungseigentümergemeinschaft endet mit der Gemeinschaft als solcher, also in dem Zeitpunkt, in dem entweder sämtliche Anteile in einer Hand vereinigt wurden oder aber eine Aufhebung (§ 11) vereinbart und durchgeführt wurde. 103

II. Des einzelnen Wohnungseigentümers

Die Verwaltungsberechtigung/-verpflichtung einzelner Wohnungseigentümer endet spätestens in dem Augenblick, in dem der Wohnungseigentümer aus der Eigentümergemeinschaft ausgeschieden ist. Das ist in dem Augenblick der Fall, in dem die Umschreibung im Grundbuch erfolgte. 104

III. Des Verwalters

Die wohnungseigentumsrechtliche Verwaltungsberechtigung/-verpflichtung endet mit dem Ende der Bestellungszeit. Die Bestellungszeit endet
– mit deren Ablauf, 105

- mit dem Tod des Verwalters,
- mit der juristischen Beendigung einer Verwaltungs-GmbH,
- durch Niederlegung gegenüber sämtlichen Wohnungseigentümern (BayObLG NJW-RR 2000, 156 = ZMR 2000, 45),
- durch wirksamen Abberufungsbeschluss der Wohnungseigentümer, der gegenüber dem Verwalter erklärt worden sein muss,
- durch eine Abberufung durch das Gericht.

IV. Des Beirats

106 Die Verwaltungsberechtigung/-verpflichtung des einzelnen Verwaltungsbeiratsmitglieds endet in dem Zeitpunkt, in dem das einzelne Mitglied nicht mehr wirksam als Verwaltungsbeirat bestellt ist. Im Falle einer Abberufung muss diese dem Verwaltungsbeiratsmitglied gegenüber bekannt gegeben worden sein.

107 Die Verwaltungsberechtigung/-verpflichtung eines Verwaltungsbeiratsmitglieds endet automatisch mit seinem Ausscheiden aus der Wohnungseigentümergemeinschaft. Es sei denn, es wäre vereinbart, dass auch Nicht-Wohnungseigentümer Verwaltungsbeirat sein dürfen.

108 Für den Fall einer vertraglichen Verpflichtung eines Verwaltungsbeirats endet dessen Verwaltungsberechtigung/-verpflichtung mit dem Zugang einer (wirksamen) Kündigungserklärung.

G. Haftung der Verwaltungsorgane

109 Haftungsfragen sind von wohnungseigentumsrechtlicher Relevanz, wenn es darum geht, ob die Gemeinschaft für ein Verhalten des Verwalters bzw. des Verwaltungsbeirats einzutreten hat, und wenn es darum geht, ob entweder der Verwalter selber oder Mitglieder des Verwaltungsbeirats für ihr Verhalten selber einzustehen haben.

I. Der Gemeinschaft für den Verwalter

110 Wenn der Verwalter Dritten gegenüber tätig geworden ist, hat die Gemeinschaft für das Verhalten des Verwalters einzustehen. Er ist Erfüllungsgehilfe im Sinne des § 278 BGB.

111 Daneben kommt eine Haftung der Gemeinschaft für den Verwalter aus § 831 BGB in Betracht. Regelmäßig kann sich die Gemeinschaft jedoch exkulpieren.

112 Im Verhältnis der Wohnungseigentümer untereinander ist der Verwalter weder Erfüllungsgehilfe noch Verrichtungsgehilfe, da ihn die Wohnungseigentümer/der Verband gemeinsam bestellt haben/hat (OLG Hamburg ZMR 2003, 133).

II. Der Gemeinschaft für den Verwaltungsbeirat

Wenn und soweit der Verwaltungsbeirat bzw. einzelne Verwaltungsbeiratsmitglieder Dritten gegenüber tätig geworden ist/sind, kommt eine Haftung der Gemeinschaft für den Verwaltungsbeirat/einzelne Verwaltungsbeiratsmitglieder aus §§ 278, 831 BGB in Betracht (KK-WEG/*Abramenko* § 29 Rn. 28). 113

Im Verhältnis der Wohnungseigentümer untereinander ist der Verwaltungsbeirat weder Erfüllungsgehilfe (§ 278 BGB) noch Verrichtungsgehilfe (§ 831 BGB), da er im Wesentlichen lediglich den Verwalter unterstützt (OLG Hamburg ZMR 2003, 133), der seinerseits im Verhältnis der Wohnungseigentümer untereinander weder Erfüllungsgehilfe noch Verrichtungsgehilfe ist (Rn. 112). 114

Anderes kann gelten, wenn z.B. der Verwaltungsbeirat ausdrücklich bevollmächtigt wurde, rechtsgeschäftlich für den Verband tätig zu werden (Rn. 60 ff.), z.B. beim Abschluss des Verwaltervertrages (OLG Köln NJW 1991, 1302; OLG Hamm NJW-RR 2001, 226 = ZMR 2001, 138). 115

III. Des Verwalters

Der Verwalter kann entweder deliktsrechtlich oder schuldrechtlich haften. 116

1. Deliktsrechtliche Haftung. a) Regelfall. Fälle, in denen § 823 BGB unmittelbar angewendet wurde, sind nicht bekannt. 117

Neben Ansprüchen aus § 823 BGB kommen auch solche aus § 836 BGB (Haftung des Grundstücksbesitzers) in Betracht, so z.B. bei der Ablösung von Gebäudeteilen (OLG Zweibrücken NJW-RR 2002, 749 = ZMR 2002, 783). 118

b) Verletzung von Verkehrssicherungspflichten. Die dem Verband obliegenden Verkehrssicherungspflichten können dem Verwalter übertragen werden (OLG München NJW 2006, 1293 = ZMR 2006, 226). Verletzt der Verwalter diese übertragenen Verkehrssicherungspflichten, kann er auch Dritten gegenüber haften. 119

So haftet der Verwalter in Fällen, in denen er nicht rechtzeitig auf die Beseitigung von Gefahren hinwirkt (BGH NJW-RR 1989, 394) oder Beschlüsse, die in Befolgung der Verkehrssicherungspflicht des Verbandes gefasst werden, nicht unverzüglich ausführt (BayObLG WuM 1996, 498). Trotz gegebener Verkehrssicherungspflicht ist der Verwalter nicht verpflichtet, einen jahrelang zuverlässig arbeitenden Hausmeister/eine Hauswartfirma ständig zu kontrollieren (BayObLG NJW-RR 2005, 100 = ZMR 2005, 137; OLG München NJW 2006, 1293 = ZMR 2006, 226). 120

121 **2. Schuldrechtliche Haftung.** Schuldrechtlich haftet der Verwalter aus § 280 Abs. 1 BGB bei der Verletzung seiner vertraglichen Verpflichtungen (OLG Celle NZM 2004, 462 = ZMR 2004, 846).

122 Verschuldensmaßstab ist das, was von einem ordentlichen und gewissenhaften Durchschnittsverwalter verlangt werden kann (BGH NJW 1996, 1216 = ZMR 1996, 276). Gegebenenfalls – falls der Verwalter Kaufmann im Sinne des HGB ist – hat er seine Pflichten mit der Sorgfalt eines ordentlichen Kaufmanns zu erfüllen.

123 Ein verschärfter Haftungsmaßstab gilt, wenn für die Tätigkeit, bei deren Ausführung der Verwalter nicht die ausreichende Sorgfalt angelegt hat, Sondervergütungen (z. B. für die Bauüberwachung) vereinbart worden sind.

124 § 254 BGB (Mitverschulden der Wohnungseigentümer) ist anzuwenden (OLG Celle NZM 2004, 426 = ZMR 2004, 847).

125 Ist der Verwalter mit der Erfüllung seiner Verpflichtungen in Verzug, finden §§ 286, 280 Abs. 2 BGB Anwendung (BayObLG NJW-RR 2000, 1033 = ZMR 2000, 315).

126 Die Einstandsverpflichtung wurde von der Rechtsprechung beispielsweise bejaht, wenn ein Verwalter die Anfechtbarkeit von Beschlüssen verursacht hatte (BayObLG NJW-RR 2003, 874 = ZMR 2003, 521), eigenmächtig Aufträge vergab (OLG Celle NJW-RR 2002, 303 = ZMR 2001, 643), Wohnungseigentümer nicht auf Baumängel am Gemeinschaftseigentum hinwies (BayObLG NJW-RR 78 = ZMR 2003, 216), die Verwaltung nicht höchstpersönlich ausübte (BayObLG NJW-RR 1998, 301 = ZMR 1998, 176), nicht für ausreichende Liquidität sorgte (OLG Köln ZMR 1999, 789), einredebehaftete Forderungen aus der Gemeinschaftskasse beglich (OLG Düsseldorf ZMR 1997, 380), die Instandhaltungsrücklage spekulativ anlegte (OLG Celle NZM 2004, 426 = ZMR 2004, 845), die Jahresabrechnung mangelhaft erstellte (OLG Düsseldorf NZM 2003, 907 = ZMR 2003, 231), Wasserschäden nicht unverzüglich beseitigte (BayObLG NJW-RR 1999, 305 = ZMR 1998, 357) oder eine Veräußerungszustimmung verspätet erteilte (OLG Düsseldorf ZMR 2003, 956).

127 **3. Haftung des Verwalters für Dritthandeln.** Wenn ein Wohnungseigentumsverwalter zulässigerweise seine Aufgaben nicht höchstpersönlich durchführt, sondern sich der Hilfe Dritter bedient, z. B. für Buchführungsarbeiten (OLG Düsseldorf NJOZ 2003, 2925 = ZMR 2004, 136), hat der Verwalter gemäß § 278 BGB für Fehler des Dritten einzustehen. Das gilt selbst dann, wenn die Wohnungseigentümer davon informiert sind, dass der Verwalter nicht sämtliche Arbeiten, die im Rahmen der Verwaltung zu erledigen sind, höchstpersönlich vornimmt.

4. Entlastung. Wenn dem Wohnungseigentumsverwalter Entlastung erteilt worden ist, können die Wohnungseigentümer keine Ansprüche mehr geltend machen wegen solcher Umstände, die sie kannten oder hätten kennen müssen. 128

Hinsichtlich der Umstände, die die Wohnungseigentümer hätten kennen müssen, sind allerdings keine überzogenen Maßstäbe anzulegen (BayObLG ZMR 2003, 762). 129

Eine Kenntnis des Verwaltungsbeirats ist den Wohnungseigentümern insoweit zuzurechnen (OLG Düsseldorf NJOZ 2002, 1039 = ZMR 2002, 297). 130

Wenn die Entlastung im Zusammenhang mit der Genehmigung der Jahresabrechnung erteilt wurde, erfasst sie nur das Verwalterhandeln, das in der Jahresabrechnung seinen Niederschlag gefunden hat (OLG Hamburg ZMR 2003, 772 = BeckRS 2004, 1371). 131

IV. Des Beirats

Auch hinsichtlich einer Haftung des Beirats kommt sowohl eine deliktsrechtliche als auch eine schuldrechtliche Haftung in Betracht. 132

1. Deliktsrechtliche Haftung. Dass Verwaltungsbeiräte grundsätzlich nach den Prinzipien des Deliktsrechts haften, ist unbestritten. Dahin gehende Einzelfälle sind jedoch nicht bekannt. 133

2. Schuldrechtliche Haftung. Praxisrelevant ist ein Eintretenmüssen einzelner Verwaltungsbeiratsmitglieder bei schuldhaften Pflichtverletzungen aus § 280 BGB, so insbesondere, wenn die dem Verwaltungsbeirat obliegende Prüfung des Wirtschaftsplans, der Jahresabrechnung, einer erfolgten Rechnungslegung und diverser Kostenanschläge (§ 29 Abs. 3) nicht ordnungsgemäß erfolgt ist (OLG Düsseldorf NZM 1998, 36 = ZMR 1998, 104). 134

Insbesondere in den Fällen, in denen dem Verwaltungsbeirat gesonderte Kompetenzen übertragen worden sind (z. B. Abschluss des Verwaltervertrages), bestehen Haftungsrisiken schuldrechtlicher Art. 135

Für den Fall, dass eine Pflichtverletzung gegeben ist, haften die Verwaltungsbeiratsmitglieder als Gesamtschuldner (OLG Düsseldorf NZM 1998, 36 = ZMR 1998, 104). 136

Zur Vermeidung dahingehender Haftungsrisiken ist der Abschluss einer Vermögensschadenshaftpflichtversicherung zu empfehlen. Schließt die Gemeinschaft eine solche Versicherung zugunsten der Verwaltungsbeiratsmitglieder ab, entspricht dies ordnungsmäßiger Verwaltung (KG NZM 2004, 743 = ZMR 2004, 780). Die Kosten sind gemäß § 16 Abs. 2 umzulegen. 137

3. Entlastung. Werden die Mitglieder des Verwaltungsbeirats durch Beschluss der Wohnungseigentümergemeinschaft entlastet, führt dies – wie beim Verwalter – letztendlich zu einer Freistellung von denkmöglicherweise gegebenen Ersatzverpflichtungen.

139 Eine Entlastung widerspricht grundsätzlich nicht ordnungsgemäßer Verwaltung (BayObLG ZMR 2004, 51), es sei denn, dass ein Schadensersatzanspruch gegen Verwaltungsbeiräte möglich erscheint (BayObLG ZMR 2004, 51), insbesondere in den Fällen, in denen die Genehmigung der vom Verwaltungsbeirat geprüften Jahresabrechnung des Verwalters nicht ordnungsgemäßer Verwaltung entspricht (OLG Hamburg ZMR 2003, 773 = BeckRS 2004, 1370).

140 Bei der Beschlussfassung über die Entlastung des Verwaltungsbeirats sind die Verwaltungsbeiräte nicht stimmberechtigt (OLG Zweibrücken NJW-RR 2002, 735 = ZMR 2002, 786).

H. Verwalterbestellung

141 Ein Verwalter kann bestellt werden, seine Bestellung ist jedoch nicht zwingend.

I. Bestellung

142 Zur Bestellung des Verwalters siehe § 26 Rn. 6 ff.

II. Keine Bestellungsverpflichtung

143 Ein Verwalter muss nicht bestellt werden. § 20 Abs. 2 bestimmt lediglich, dass seine Bestellung nicht ausgeschlossen werden darf. Dahin gehende Vereinbarungen wären gemäß §§ 134 BGB, 20 Abs. 2 nichtig.

144 Rein tatsächlich besteht die Möglichkeit, Wohnungseigentümergemeinschaften ohne Verwalter zu belassen, und zwar dann, wenn tatsächlich kein Verwalter bestellt wird und auch kein dahin gehender Antrag gestellt wird. Von Amts wegen bestellt das Gericht keinen Verwalter.

145 Haben die Wohnungseigentümer keinen Verwalter bestellt, müssen sie die dem Verwalter obliegenden Verwaltungsmaßnahmen gemeinsam vornehmen.

146 Eine Schadensersatzpflicht aus der unterlassenen Verwalterbestellung folgt grundsätzlich nicht, es sei denn, die Bestellung eines Verwalters würde ordnungsgemäßer Verwaltung entsprechen.

§ 21. Verwaltung durch die Wohnungseigentümer

(1) Soweit nicht in diesem Gesetz oder durch Vereinbarung der Wohnungseigentümer etwas anderes bestimmt ist, steht die Verwaltung des gemeinschaftlichen Eigentums den Wohnungseigentümern gemeinschaftlich zu.

(2) Jeder Wohnungseigentümer ist berechtigt, ohne Zustimmung der anderen Wohnungseigentümer die Maßnahmen zu treffen, die zur Abwendung eines dem gemeinschaftlichen Eigentum unmittelbar drohenden Schadens notwendig sind.

(3) Soweit die Verwaltung des gemeinschaftlichen Eigentums nicht durch Vereinbarung der Wohnungseigentümer geregelt ist, können die Wohnungseigentümer eine der Beschaffenheit des gemeinschaftlichen Eigentums entsprechende ordnungsmäßige Verwaltung durch Stimmenmehrheit beschließen.

(4) Jeder Wohnungseigentümer kann eine Verwaltung verlangen, die den Vereinbarungen und Beschlüssen und, soweit solche nicht bestehen, dem Interesse der Gesamtheit der Wohnungseigentümer nach billigem Ermessen entspricht.

(5) Zu einer ordnungsmäßigen, dem Interesse der Gesamtheit der Wohnungseigentümer entsprechenden Verwaltung gehört insbesondere:
1. die Aufstellung einer Hausordnung;
2. die ordnungsmäßige Instandhaltung und Instandsetzung des gemeinschaftlichen Eigentums;
3. die Feuerversicherung des gemeinschaftlichen Eigentums zum Neuwert sowie die angemessene Versicherung der Wohnungseigentümer gegen Haus- und Grundbesitzerhaftpflicht;
4. die Ansammlung einer angemessenen Instandhaltungsrückstellung;
5. die Aufstellung eines Wirtschaftsplans (§ 28);
6. die Duldung aller Maßnahmen, die zur Herstellung einer Fernsprechteilnehmereinrichtung, einer Rundfunkempfangsanlage oder eines Energieversorgungsanschlusses zugunsten eines Wohnungseigentümers erforderlich sind.

(6) Der Wohnungseigentümer, zu dessen Gunsten eine Maßnahme der in Absatz 5 Nr. 6 bezeichneten Art getroffen wird, ist zum Ersatz des hierdurch entstehenden Schadens verpflichtet.

(7) Die Wohnungseigentümer können die Regelung der Art und Weise von Zahlungen, der Fälligkeit und der Folgen des Verzugs sowie der Kosten für eine besondere Nutzung des gemeinschaftlichen Eigentums oder für einen besonderen Verwaltungsaufwand mit Stimmenmehrheit beschließen.

(8) Treffen die Wohnungseigentümer eine nach dem Gesetz erforderliche Maßnahme nicht, so kann an ihrer Stelle das Gericht in einem Rechtsstreit gemäß § 43 nach billigem Ermessen entscheiden, soweit sich die Maßnahme nicht aus dem Gesetz, einer

Vereinbarung oder einem Beschluss der Wohnungseigentümer ergibt.

Übersicht

	Rn.
A. Gemeinschaftliche Verwaltung	4
I. Gemeinschaftlich	5
1. Grundsatz: Allstimmigkeit	6
2. Ausnahme: Mehrheitsentscheidung	7
II. Verwaltungsgegenstand	10
1. Gemeinschaftliches Eigentum	12
2. Verwaltungsvermögen	14
3. Mehrhausanlagen	16
III. Gesetzlich geregelte Ausnahmen von der gemeinschaftlichen Verwaltung	19
1. Verwaltungskompetenz einzelner Wohnungseigentümer	20
2. Verwaltungskompetenz des Verwalters	32
a) § 24 Abs. 1	33
b) § 24 Abs. 5	35
c) § 24 Abs. 6	37
d) § 27 Abs. 1	39
e) § 27 Abs. 2	44
f) § 28	46
3. Verwaltungskompetenz des Verwaltungsbeirats	48
a) § 24 Abs. 3	49
b) § 24 Abs. 6	51
c) § 29 Abs. 2	53
d) § 29 Abs. 3	55
IV. Vereinbarte Ausnahmen von der gemeinschaftlichen Verwaltung	57
1. Vereinbarungskompetenz kraft § 10 Abs. 2 Satz 2	58
2. Beschlusskompetenz kraft Öffnungsklausel	60
B. Notverwaltungsrecht	66
I. Notverwaltungsanlass	69
1. Drohender Schaden	70
2. Unmittelbarkeit der Drohung	71
II. Notverwaltungsgegenstand	73
1. Gemeinschaftliches Eigentum	74
2. Verwaltungsvermögen	75
3. Sondereigentum	77
III. Notverwaltungsmaßnahme	78
IV. Kosten der Notverwaltung	79
C. Mehrheitsverwaltung	82
I. Verwaltung durch Beschluss	83
II. Ordnungsmäßige Verwaltung	85
III. Entsprechend der Beschaffenheit des gemeinschaftlichen Eigentums	93
IV. Einzelfälle	94
1. Ordnungsmäßige Verwaltung	95
2. Nicht ordnungsmäßige Verwaltung	135
D. Verwaltungsanspruch	148

Verwaltung durch die Wohnungseigentümer § 21

    I. Anspruchsinhaber 149
    II. Anspruchsgegner 150
    III. Anspruchsinhalt 151
       1. Vereinbarungsgemäße Verwaltung 152
       2. Beschlussgemäße Verwaltung 153
       3. Interessengerechte Verwaltung 154
    IV. Anspruchsdurchsetzung 155
E. Gesetzliche Regelfälle 158
    I. Hausordnung 159
       1. Begriff 160
       2. Aufstellung 162
          a) Mittels Vereinbarung 163
          b) Mittels Beschluss 165
          c) Durch das Gericht 166
       3. Regelungsinhalte 167
          a) Gesetzliche Vorgaben 167
          b) Fallgruppen 168
          c) Drittwirkung 182
    II. Instandhaltung/Instandsetzung 184
       1. Begriff 187
          a) Instandhaltung 188
          b) Instandsetzung 194
          c) Ordnungsmäßigkeit der Instandhaltung/-setzung 199
       2. Zuführungen zur Instandhaltungsrückstellung 204
    III. Versicherung 205
       1. Feuerversicherung 207
       2. Haus- und Grundbesitzerhaftpflicht 208
    IV. Instandhaltungsrückstellung 209
       1. Begriff 210
       2. Errichtung 213
          a) Praktische Abwicklung 215
          b) Angemessenheit 218
       3. Verwendung 221
          a) Gesetzgeberische Intention 222
          b) Einzelfälle 223
       4. Steuerliche Fragen 226
          a) Zuführungen zur Instandhaltungsrückstellung 227
          b) Einkünfte aus der Instandhaltungsrückstellung 231
    V. Wirtschaftsplan 234
    VI. Kommunikationseinrichtungen 237
       1. Anwendungsfälle 238
       2. Ersatzanspruch 240
F. Ersatzanspruch aus § 21 Abs. 6 241
G. Weitere Beschlusskompetenzen (Abs. 7) 242
    I. Art und Weise von Zahlungen 243
    II. Fälligkeit 244
    III. Verzugsfolgen 247
    IV. Besondere Nutzung/Besonderer Verwaltungsaufwand 248
H. Gerichtliche Entscheidung (Abs. 8) 249

§ 21

1 § 21 ist Ausfluss des Umstandes, dass einstimmige Regelungen (Vereinbarungen bzw. allstimmige Beschlüsse) in der Praxis nicht zu erzielen sind, andererseits bestimmte Dinge unbedingt geregelt werden müssen. Konsequenterweise bestimmt § 21, dass bestimmte Dinge der Beschlusskompetenz der Wohnungseigentümer unterliegen.

2 Die nach Ansicht des Gesetzgebers wichtigsten Dinge sind in § 21 Abs. 5 aufgeführt, so dass sichergestellt ist, dass für diese Regelungsbereiche eine Beschlusskompetenz besteht.

3 § 21 gilt nach h. M. auch für werdende Wohnungseigentümergemeinschaften (KK-WEG/*Elzer* § 10 Rn. 21).

A. Gemeinschaftliche Verwaltung

4 Grundsätzlich obliegt den Wohnungseigentümern die Verwaltung gemeinschaftlich. Gesetzlich geregelte Ausnahmen bestehen für einzelne Wohnungseigentümer (§ 21 Abs. 2), für den Verwalter (§ 24 Abs. 1, § 24 Abs. 2, § 24 Abs. 5, § 24 Abs. 6, § 27 Abs. 1, § 27 Abs. 2, § 27 Abs. 3, § 28) und für den Verwaltungsbeirat (§ 24 Abs. 3, § 24 Abs. 6, § 24 Abs. 8, § 29 Abs. 2, § 29 Abs. 3).

I. Gemeinschaftlich

5 In § 21 Abs. 1 bestimmt der Gesetzgeber, dass grundsätzlich die Verwaltung des gemeinschaftlichen Eigentums den Wohnungseigentümern gemeinschaftlich zusteht.

6 **1. Grundsatz: Allstimmigkeit.** „Gemeinschaftlich" bedeutet Allstimmigkeit. Da jedoch das Verwaltungshandeln der Wohnungseigentümer sich in der Praxis auf die Teilnahme an der alljährlichen Wohnungseigentümerversammlung beschränkt, an dieser Wohnungseigentümerversammlung jedoch erfahrungsgemäß nicht alle Wohnungseigentümer teilnehmen, außerdem nicht alle Wohnungseigentümer mit den beabsichtigten Maßnahmen einverstanden sind, ist die Allstimmigkeit in der Praxis nicht zu erzielen.

7 **2. Ausnahme: Mehrheitsentscheidung.** Die gesetzliche Ausnahme ist der praktische Regelfall. Die das tägliche Leben innerhalb einer Wohnungseigentümergemeinschaft betreffenden Fragen werden durch Mehrheitsbeschluss entschieden.

8 Die dahin gehende Beschlusskompetenz (BGH NJW 2000, 3500 = ZMR 2000, 771) gibt insbesondere § 21 Abs. 3, 5.

9 § 21 Abs. 3 gibt die Beschlusskompetenz für Maßnahmen, die ordnungsgemäßer Verwaltung entsprechen. § 21 Abs. 5 konkretisiert dahin gehend, dass die dort genannten Maßnahmen nach

Ansicht des Gesetzgebers ordnungsmäßiger Verwaltung entsprechen.

II. Verwaltungsgegenstand

Verwaltungsgegenstand ist das gemeinschaftliche Eigentum, auch das Verwaltungsvermögen (BGH NJW 2005, 2061 = ZMR 2005, 547). Vgl. § 10 Abs. 7. **10**

Probleme hinsichtlich der Verwaltungskompetenzen ergeben sich, wenn es sich um Mehrhausanlagen handelt. **11**

1. Gemeinschaftliches Eigentum. Gemeinschaftliches Eigentum sind das Grundstück, die Bauteile des Gebäudes, die gemeinschaftlichen Anlagen und Einrichtungen (§ 1 Abs. 5). Gemeinschaftliches Eigentum sind auch die Teile des Gebäudes, die für dessen Bestand oder Sicherheit erforderlich sind, sowie Anlagen und Einrichtungen, die dem gemeinschaftlichen Gebrauch der Wohnungseigentümer dienen (§ 5 Abs. 3). **12**

Einzelheiten siehe bei § 1 und § 5. **13**

2. Verwaltungsvermögen. Auch das Verwaltungsvermögen unterliegt der gemeinschaftlichen Verwaltung, unabhängig vom Wechsel der Wohnungseigentümer (KK-WEG/*Elzer* § 10 Rn. 39 Stichwort „Verwaltungsvermögen"). **14**

Zum Verwaltungsvermögen gehört die Summe der allen Wohnungseigentümern gemeinschaftlich zustehenden Rechte, insbesondere Wohngeldansprüche (BGH NJW 2005, 2061 = ZMR 2005, 547), vgl. die Erläuterungen zu § 10 Abs. 7. **15**

3. Mehrhausanlagen. Probleme mit der Durchführung des Grundsatzes der gemeinschaftlichen Verwaltung gibt es, wenn es sich um so genannte Mehrhausanlagen handelt. Das sind Wohnungseigentumsanlagen, die tatsächlich aus mehreren Häusern bestehen. **16**

In der Praxis wird versucht, Regelungen zu finden, die der Problematik „Mehrhausanlage" gerecht werden. **17**

Voraussetzung für eine Abweichung von der gesetzlichen Regelung, wonach grundsätzlich alle Wohnungseigentümer an Verwaltungsmaßnahmen teilhaben, ist, dass entweder eine dahin gehende Vereinbarung vorliegt oder aber eine entsprechende Öffnungsklausel besteht. Falls eine solche Vereinbarung/Öffnungsklausel gegeben ist, besteht z. B. eine Beschlusszuständigkeit für Teileigentümerversammlungen, die über die Kostentragung betreffend ein einzelnes Haus einer Mehrhausanlage beschließen dürfen (BayObLG ZMR 2004, 356 = BeckRS 2004, 2015). **18**

III. Gesetzlich geregelte Ausnahmen von der gemeinschaftlichen Verwaltung

19 Der Gesetzgeber hat vom Grundsatz der gemeinschaftlichen Verwaltung durch alle Wohnungseigentümer Ausnahmen zugelassen. Es sind einzelne Verwaltungskompetenzen zugunsten einzelner Wohnungseigentümer, des Wohnungseigentumsverwalters und des Verwaltungsbeirats geschaffen worden.

20 **1. Verwaltungskompetenz einzelner Wohnungseigentümer.** § 21 Abs. 2 räumt jedem Wohnungseigentümer die Berechtigung ein, ohne Zustimmung der anderen Wohnungseigentümer die Maßnahmen zu treffen, die zur Abwendung eines dem gemeinschaftlichen Eigentum unmittelbar drohenden Schadens notwendig sind.

21 Damit ist § 21 Abs. 2 enger gefasst als § 744 Abs. 2 Halbsatz 1 BGB. § 21 Abs. 2 greift nur ein, wenn es um die Abwendung eines „unmittelbar drohenden" Schadens geht.

22 § 21 Abs. 2 ist anwendbar, wenn die vom Gesetz vorgesehenen Gefahrenabwehrmechanismen nicht eingreifen, wenn z. B. der Verwalter nicht gemäß § 27 Abs. 1 Nr. 2, Abs. 3 Nr. 3 die für die ordnungsmäßige Instandhaltung und Instandsetzung des gemeinschaftlichen Eigentums erforderlichen Maßnahmen treffen kann.

23 Das Gesetz statuiert insoweit eine Doppelzuständigkeit. § 27 Abs. 1 Nr. 3, Abs. 2 Nr. 2, Abs. 3 Nr. 4 verpflichtet den Verwalter, in dringenden Fällen „sonstige zur Erhaltung des gemeinschaftlichen Eigentums erforderliche Maßnahmen zu treffen".

24 § 21 Abs. 2 greift dann ein, wenn ein verständiger Eigentümer nicht länger warten würde und weder der Verwalter noch die übrigen Wohnungseigentümer zur Behebung einer Notlage herangezogen werden können (BayObLG vom 5. 3. 1990, BReg 1 b Z 6/89).

25 Konsequenterweise liegt kein Fall der Notgeschäftsführung vor, wenn bestimmte Mängel seit Jahren Gegenstand von Erörterungen in der Wohnungseigentümergemeinschaft waren (BayObLG NZM 2002, 1033 = ZMR 2003, 51).

26 Ebenfalls kann sich nicht auf das Recht zur Notgeschäftsführung aus § 21 Abs. 2 berufen, wer mit dem Beginn notwendiger Arbeiten ca. neun Monate wartet und trotz des Zeitablaufs einen Beschluss der Eigentümerversammlung weder anstrebt noch herbeiführt (OLG Celle ZWE 2002, 369). Das Gleiche gilt, wenn ein gefährlicher Zustand schon seit mehreren Jahren besteht und wenn dieser Zustand dem Verwalter bereits längere Zeit bekannt ist oder die Wohnungseigentümer ihn erörtert haben (BayObLG ZWE 2002, 129 = WuM 2002, 41).

27 Mit dem Notverwaltungsrecht aus § 21 Abs. 2 korrespondiert eine Notverwaltungspflicht. Diese beinhaltet je nach Einzelfall

auch eine Verkehrssicherungspflicht (OLG München ZMR 2006, 226).

Wenn nicht ein einzelner Wohnungseigentümer, sondern der 28 Verwalter im Rahmen seiner Notverwaltungspflicht bei Eintritt eines Schadensereignisses im Sondereigentum eines Wohnungseigentümers Notmaßnahmen ergriffen hat, haftet der Verwalter nicht wegen eines weiteren Schadens am Sondereigentum, der sich daraus ergibt, dass von ihm nicht Sofortmaßnahmen zur Verhinderung weiteren Schadens ergriffen wurden. Von den getroffenen Maßnahmen muss er den Wohnungseigentümer nicht unterrichten, wenn dessen Mieter Kenntnis von diesem Schadensfall hat (BayObLG DWE 2000, 156). Gleiches muss für Wohnungseigentümer gelten, die im Rahmen ihres eigenen Notverwaltungsrechtes/ihrer eigenen Notverwaltungsverpflichtung tätig geworden sind.

Ist ein einzelner Wohnungseigentümer als Notgeschäftsführer 29 im Sinne des § 21 Abs. 2 tätig geworden, hat er einen Aufwendungsersatzanspruch im Sinne des § 680 BGB. Dieser Aufwendungsersatzanspruch richtet sich gegen den Verband (BGH NJW 2005, 2061 = ZMR 2005, 547; KK-WEG/*Drabek* § 21 Rn. 69).

Kein Aufwendungsersatzanspruch steht einem Wohnungseigen- 30 tümer zu, der sich darum bemüht, die Ausübung der Prostitution in einzelnen Wohnungen der Wohnungseigentumsanlage zu unterbinden. Das gilt sowohl hinsichtlich der Fahrtkosten als auch hinsichtlich des Zeitaufwands des tätig gewordenen Wohnungseigentümers, jedenfalls dann, wenn bereits die Mehrheit der anderen Wohnungseigentümer ein solches Vorgehen gerade nicht als sinnvolle Maßnahme angesehen hat (BayObLG NZM 2002, 1033 = ZMR 2003, 51).

Vorstehendes gilt für alle Fälle, in denen einzelne Wohnungsei- 31 gentümer über als Notverwaltung „getarnte" Maßnahmen anderen Wohnungseigentümern, die einen entgegenstehenden Willen ausdrücklich bekundet haben, ihre Vorstellungen von einer ordnungsgemäßen Verwaltung im Wege des Aufwendungsersatzanspruchs aufdrängen wollen.

2. Verwaltungskompetenz des Verwalters. Die Verwaltungs- 32 kompetenzen der Wohnungseigentümer konkurrieren zum Teil mit denen, die der Gesetzgeber dem Wohnungseigentumsverwalter zugestanden hat.

a) **§ 24 Abs. 1.** § 24 Abs. 1 gibt dem Verwalter die Berechtigung 33 und legt ihm auch die Verpflichtung auf, mindestens einmal im Jahr die Versammlung der Wohnungseigentümer einzuberufen.

§ 24 Abs. 2 gibt den Wohnungseigentümern die Möglichkeit, 34 vom Verwalter die Einberufung einer Wohnungseigentümerversammlung zu verlangen. Einzelheiten siehe dort.

35 **b) § 24 Abs. 5.** Gemäß § 24 Abs. 5 führt der Verwalter den Vorsitz in der Wohnungseigentümerversammlung.

36 Voraussetzung für die Befugnis des Verwalters, den Vorsitz in der Wohnungseigentümerversammlung zu führen, ist, dass die Wohnungseigentümer nichts anderes beschließen.

37 **c) § 24 Abs. 6.** § 24 Abs. 6 gibt dem Wohnungseigentumsverwalter die Berechtigung und Verpflichtung, die nach der Wohnungseigentümerversammlung anzufertigende Niederschrift zu unterschreiben.

38 Diese Vorschrift ist abdingbar. Eine Bestimmung, dass die Niederschrift von zwei von der Wohnungseigentümerversammlung bestimmten Wohnungseigentümern zu unterzeichnen ist, ist wirksam (BGH NJW 1997, 2956 = ZMR 1997, 531).

39 **d) § 27 Abs. 1.** § 27 Abs. 1 gibt dem Verwalter unabdingbare (§ 27 Abs. 4) Aufgaben und Befugnisse.

40 § 27 Abs. 1 Nr. 1 berechtigt und verpflichtet den Verwalter, Beschlüsse der Wohnungseigentümer durchzuführen und für die Durchführung der Hausordnung zu sorgen.

41 Insoweit sind die Kompetenzen klar geregelt: Die Wohnungseigentümer beschließen (z.B. die Hausordnung), der Verwalter hat die Beschlüsse durchzuführen.

42 § 27 Abs. 1 Nr. 2 berechtigt und verpflichtet den Verwalter, die für die ordnungsmäßige Instandhaltung und Instandsetzung des gemeinschaftlichen Eigentums erforderlichen Maßnahmen zu treffen. Insoweit besteht eine Doppelzuständigkeit. Gemäß § 21 Abs. 5 Nr. 2 gehört die ordnungsmäßige Instandhaltung und Instandsetzung des gemeinschaftlichen Eigentums zu Maßnahmen ordnungsmäßiger Verwaltung, wofür den Wohnungseigentümern die Verwaltungskompetenz gesetzlich zugewiesen ist (§ 21 Abs. 3).

43 § 27 Abs. 1 Nr. 3 berechtigt und verpflichtet den Verwalter, in dringenden Fällen sonstige zur Erhaltung des gemeinschaftlichen Eigentums erforderliche Maßnahmen zu treffen. Insoweit besteht ebenfalls eine Doppelzuständigkeit. Gemäß § 21 Abs. 2 ist nämlich jeder einzelne Wohnungseigentümer berechtigt, ohne Zustimmung der anderen Wohnungseigentümer die Maßnahmen zu treffen, die zur Abwendung eines dem gemeinschaftlichen Eigentum unmittelbar drohenden Schadens notwendig sind.

44 **e) § 27 Abs. 2.** § 27 Abs. 2 gibt dem Verwalter weitere Befugnisse, ohne ihn insoweit zu verpflichten.

45 Insoweit besteht eine Konkurrenz der Kompetenzen dahin gehend, dass die in § 27 Abs. 2 genannten Maßnahmen im Zweifel im Rahmen der Notgeschäftsführung (§ 21 Abs. 2) auch von einzelnen Wohnungseigentümern durchgeführt werden dürfen.

46 **f) § 28.** § 28 verpflichtet den Verwalter zur Erstellung eines Wirtschaftsplans und einer Jahresabrechnung sowie zur Rechnungslegung im Einzelfall.

Auch insoweit bestehen Einflussmöglichkeiten der Wohnungs- 47
eigentümer. Gemäß § 28 Abs. 5 beschließen sie nämlich über den
Wirtschaftsplan, die Abrechnung und die Rechnungslegung des
Verwalters durch Stimmenmehrheit.

3. Verwaltungskompetenz des Verwaltungsbeirats. Auch dem 48
Verwaltungsbeirat sind Verwaltungskompetenzen gesetzlich vorgegeben, die mit denen der Wohnungseigentümer konkurrieren können.

a) § 24 Abs. 3. Falls ein Verwalter fehlt oder falls sich ein Ver- 49
walter pflichtwidrig weigert, die Wohnungseigentümerversammlung einzuberufen, so kann die Versammlung auch vom Verwaltungsbeiratsvorsitzenden oder von dessen Stellvertreter einberufen werden – sofern ein Verwaltungsbeirat bestellt ist.

Insoweit konkurriert § 24 Abs. 3 mit § 24 Abs. 2, wonach die 50
Einberufung von einem Viertel der Wohnungseigentümer verlangt werden kann. Außerdem kann die Einberufung einer Wohnungseigentümerversammlung eine Maßnahme der Notgeschäftsführung nach § 21 Abs. 2 sein.

b) § 24 Abs. 6. § 24 Abs. 6 Satz 2 bestimmt, dass die Nieder- 51
schrift, die über die in der Versammlung gefassten Beschlüsse
aufzunehmen ist, vom Verwaltungsbeiratsvorsitzenden oder dessen Stellvertreter zu unterschreiben ist, sofern ein Verwaltungsbeirat bestellt ist.

§ 24 Abs. 6 ist dahin gehend abdingbar, dass gesonderte Form- 52
erfordernisse vereinbart werden können (KK-WEG/*Riecke* § 24
Rn. 80, 81).

c) § 29 Abs. 2. Gemäß § 29 Abs. 2 unterstützt der Verwaltungs- 53
beirat den Verwalter bei der Durchführung seiner Aufgaben.

Diese Bestimmung korrespondiert einerseits mit der Befugnis 54
der Wohnungseigentümer aus § 21 Abs. 3, wonach sie im Rahmen ordnungsmäßiger Verwaltung diese Aufgaben vorgeben. Andererseits korrespondiert diese Bestimmung mit § 27 Abs. 1 Nr. 1,
wonach der Verwalter Beschlüsse der Wohnungseigentümer
durchzuführen nicht nur berechtigt, sondern auch verpflichtet ist.

d) § 29 Abs. 3. § 29 Abs. 3 regelt, dass sowohl der Wirtschafts- 55
plan als auch die Abrechnung über den Wirtschaftsplan, Rechnungslegungen und Kostenanschläge vom Verwaltungsbeirat geprüft und mit einer Stellungnahme versehen werden, bevor die
Wohnungseigentümerversammlung darüber beschließt.

§ 29 Abs. 3 korrespondiert mit § 21 Abs. 3, wonach die Woh- 56
nungseigentümer nur eine ordnungsgemäße Verwaltung mehrheitlich beschließen können. Für gegebene Ordnungsmäßigkeit
spricht eine Prüfung durch den Verwaltungsbeirat mit positivem
Ergebnis, das sich in der Stellungnahme des Verwaltungsbeirats
niederschlägt.

IV. Vereinbarte Ausnahmen von der gemeinschaftlichen Verwaltung

57 Soweit nicht das Gesetz Abweichendes vorsieht, sind die Angelegenheiten der Gemeinschaft grundsätzlich einstimmig zu regeln (KK-WEG/*Elzer* § 10 Rn. 275). Neben den vom Gesetz vorgesehenen Ausnahmen vom grundsätzlichen Einstimmigkeitserfordernis gibt es die Möglichkeit, dass die Wohnungseigentümer weitere Ausnahmen schaffen.

58 **1. Vereinbarungskompetenz kraft § 10 Abs. 2 Satz 2.** § 10 Abs. 2 Satz 2 bestimmt, dass die Wohnungseigentümer von den Vorschriften des WEG abweichende Vereinbarungen treffen können, soweit nicht etwas anderes ausdrücklich bestimmt ist.

59 Vereinbarungen bedürfen der Allstimmigkeit, gleichgültig, ob es sich um eine Wohnungseigentumsanlage bestehend aus einem Haus oder um eine Mehrhausanlage handelt (OLG Düsseldorf FGPrax 2003, 121 = ZMR 2003, 765). Somit stellt eine Verwaltungsregelung im Vereinbarungswege keine Ausnahme von dem Grundsatz dar, dass Entscheidungen von allen getroffen werden.

60 **2. Beschlusskompetenz kraft Öffnungsklausel.** § 10 Abs. 2 Satz 2 bietet jedoch nicht nur die Möglichkeit, das Verhältnis der Wohnungseigentümer untereinander durch Vereinbarung zu regeln. Es bietet nach h. M. auch die Möglichkeit, über solche Angelegenheiten durch Mehrheitsbeschluss zu entscheiden, die nach dem Gesetz eine Vereinbarung erfordern.

61 Sieht eine Vereinbarung vor, dass Mehrheitsbeschlüsse zulässig sind, wird dies als Öffnungsklausel bezeichnet. Seit der Zitterbeschluss-Entscheidung des BGH (NJW 2000, 3500 = ZMR 2000, 771) ist es völlig h. M., dass solche Öffnungsklauseln zulässig sind.

62 Öffnungsklauseln können allgemein oder konkret sein.

63 Eine allgemeine Öffnungsklausel liegt vor, wenn diese nicht auf bestimmte Fallgruppen beschränkt ist. Das sind die Fälle, in denen z. B. geregelt ist, dass Vereinbarungen auch mit einer bestimmten qualifizierten Mehrheit zustande kommen können, dass Dritten – beispielsweise dem Verwalter – die Möglichkeit eingeräumt wird, Vereinbarungen zu ändern, z. B. den Kostenverteilungsschlüssel, dass Vereinbarungen durch bestimmte Personen ergänzt werden dürfen (BGH NJW 2002, 2247).

64 Eine konkrete Öffnungsklausel liegt vor, wenn der Regelungsbereich klar umgrenzt ist, z. B. wenn nur die Änderung des Kostenverteilungsschlüssels einem Mehrheitsbeschluss zugänglich gemacht wird.

65 Vereinbarte Öffnungsklauseln sind regelmäßig in der Gemeinschaftsordnung vorgesehen. Dies führt in der Praxis dazu, dass sie insbesondere von Erwerbern von Wohnungseigentum nicht

ausreichend zur Kenntnis genommen werden. Konsequenterweise hat die Rechtsprechung Grenzen gezogen, innerhalb derer von einer Öffnungsklausel zur Änderung einer Vereinbarung Gebrauch gemacht werden darf. Zum einen muss ein sachlicher Grund zur Änderung oder Ergänzung des Gesetzes/einer Vereinbarung vorliegen. Zum anderen darf durch die Änderung auf Grund der Öffnungsklausel ein einzelner Wohnungseigentümer gegenüber dem früheren Rechtszustand nicht unbillig benachteiligt werden. So darf z. B. ein Kostenverteilungsschlüssel nur dann durch einen auf einer Öffnungsklausel beruhenden Mehrheitsbeschluss geändert werden, wenn sich die Verhältnisse gegenüber früher in wesentlichen Punkten geändert haben oder sich die ursprüngliche Regelung nicht bewährt hat (OLG Hamm NJW-RR 2000, 1181 = ZWE 2000, 424). Außerdem ist gerade bei Beschlüssen, die auf einer Öffnungsklausel beruhen, der Bestimmtheitsgrundsatz zu beachten (OLG Hamm NJW-RR 2004, 805 = ZMR 2004, 852).

B. Notverwaltungsrecht

§ 21 Abs. 5 Nr. 2 erklärt die ordnungsmäßige Instandhaltung 66 und Instandsetzung des gemeinschaftlichen Eigentums zu einer Maßnahme ordnungsmäßiger Verwaltung. Eine dahin gehende Verwaltungskompetenz hat auch der Verwalter gemäß § 27 Abs. 1 Nr. 3, Abs. 3 Nr. 4. Er hat für die ordnungsmäßige Instandhaltung und Instandsetzung des gemeinschaftlichen Eigentums erforderliche Maßnahmen zu treffen. Darüber hinaus hat er in dringenden Fällen sonstige zur Erhaltung des gemeinschaftlichen Eigentums erforderliche Maßnahmen zu treffen.

Insgesamt ist damit für den Regelfall ein Kompetenzsystem geschaffen, das bei ordnungsmäßiger Umsetzung dafür sorgt, dass das gemeinschaftliche Eigentum ordnungsgemäß instand gehalten wird. 67

Gleichwohl gibt es Fälle, die so dringend sind, dass die Regelmechanismen (Tätigwerden der Gemeinschaft bzw. des Verwalters) jedenfalls nicht rechtzeitig greifen. Für diese Fälle bestimmt § 21 Abs. 2, dass jeder Wohnungseigentümer berechtigt ist, ohne Zustimmung der anderen Wohnungseigentümer die Maßnahmen zu treffen, die zur Abwendung eines dem gemeinschaftlichen Eigentum unmittelbar drohenden Schadens notwendig sind. 68

I. Notverwaltungsanlass

Nicht jede nach Ansicht eines einzelnen Wohnungseigentümers 69 notwendige Instandhaltungs-/-setzungsmaßnahme berechtigt zu einer Notverwaltung im Sinne des § 21 Abs. 2.

70 **1. Drohender Schaden.** Dem gemeinschaftlichen Eigentum muss ein Schaden drohen. Das ist typischerweise der Fall, wenn es brennt, wenn Wasserleitungen verstopft sind oder wenn die Gas- oder Stromversorgung unterbrochen ist. In all diesen Fällen ist jeder einzelne Wohnungseigentümer grundsätzlich berechtigt, Sofortmaßnahmen (z.B. Feuerwehr rufen, Reparaturdienste beauftragen) zu ergreifen.

71 **2. Unmittelbarkeit der Drohung.** Der Schaden muss dem gemeinschaftlichen Eigentum unmittelbar drohen.

72 Unmittelbarkeit in diesem Sinne ist jedenfalls dann gegeben, wenn ein (weiterer) Schaden eintreten würde, wenn die üblichen Gefahrenabwehrmechanismen (Tätigwerden des Verwalters bzw. der Wohnungseigentümergemeinschaft in Form einer Wohnungseigentümerversammlung) abgewartet werden würden. Handelt es sich um Mängel, die seit Jahren in der jeweiligen Eigentümerversammlung diskutiert wurden, liegt jedenfalls keine Unmittelbarkeit vor (BayObLG NZM 2002, 1033 = ZMR 2003, 51).

II. Notverwaltungsgegenstand

73 Notverwaltungsgegenstand ist nach dem ausdrücklichen Wortlaut des § 21 Abs. 2 das gemeinschaftliche Eigentum.

74 **1. Gemeinschaftliches Eigentum.** Zur Frage, was alles gemeinschaftliches Eigentum ist und somit grundsätzlich dem Notverwaltungsrecht unterliegt, siehe die Anmerkungen zu § 1 Abs. 5 und § 5.

75 **2. Verwaltungsvermögen.** Auch das Verwaltungsvermögen unterliegt dem Notverwaltungsrecht. Seit der Teilrechtsfähigkeits-Entscheidung (BGH NJW 2005, 2061 = ZMR 2005, 547) dürfte dies unbestritten sein. Zudem entspricht dies Sinn und Zweck der Regelung. Der Gesetzgeber kann nicht gewollt haben, dass einzelne Wohnungseigentümer ein Notverwaltungsrecht für den Fall haben, dass jemand die Scheibe zum Verwalterbüro einschlägt, ihnen jedoch kein Notverwaltungsrecht für den Fall zusteht, dass jemand mit der Portokasse der Wohnungseigentümergemeinschaft entflieht.

76 Zum Verwaltungsvermögen siehe die Erläuterungen zu § 10 Abs. 7.

77 **3. Sondereigentum.** Wer als Wohnungseigentümer zugunsten fremden Sondereigentums tätig wird, findet seine Befugnis zum Tätigwerden nicht in § 21 Abs. 2, sondern im Recht der Geschäftsführung ohne Auftrag.

III. Notverwaltungsmaßnahme

Als Notverwaltungsmaßnahme ist alles gerechtfertigt, was die 78
Unmittelbarkeit der Drohung beseitigt. Im Zweifel ist dies all
das, was ein verständiger Alleineigentümer in vergleichbarer Situation tun würde (z. B. Verständigung der Feuerwehr, sonstiger
Rettungsdienste, Notreparaturen durchführen lassen).

IV. Kosten der Notverwaltung

Kosten, die bei Notverwaltungsmaßnahmen entstanden sind, 79
sind solche im Sinne des § 16 Abs. 2. Daneben können Ansprüche aus Geschäftsführung ohne Auftrag und Ansprüche aus ungerechtfertigter Bereicherung bestehen (OLG Schleswig DWE 2004, 143).

Wenn Aufwendungsersatz nach dem Recht der Geschäftsfüh- 80
rung ohne Auftrag verlangt wird, ergeben sich die Ansprüche des
Tätigen aus §§ 683, 670 BGB.

Wenn bereicherungsrechtliche Ansprüche geltend gemacht wer- 81
den, ergibt sich die Bereicherung der anderen Wohnungseigentümer aus der Befreiung von ihrer Verpflichtung, an ordnungsgemäßer Verwaltung mitzuwirken.

C. Mehrheitsverwaltung

Den praktischen Regelfall bildet die Beschlussfassung in einer 82
Wohnungseigentümerversammlung.

I. Verwaltung durch Beschluss

Verwaltung durch Beschluss im Sinne des § 23 Abs. 3 ist nur 83
zulässig, sofern es sich um eine ordnungsmäßige Verwaltung handelt, die der Beschaffenheit des gemeinschaftlichen Eigentums
entspricht.

Zur Ordnungsmäßigkeit der Verwaltung und zur Frage, wann 84
eine solche der Beschaffenheit des gemeinschaftlichen Eigentums
entspricht, s. nachfolgend. Die Rechtsfragen betreffend die Beschlussproblematik, insbesondere zur Beschlusskompetenz, siehe
Anmerkungen zu § 23.

II. Ordnungsmäßige Verwaltung

Mehrheitsbeschlüsse sind gemäß § 21 Abs. 3 nur zulässig, so- 85
weit es um ordnungsmäßige Verwaltung geht. Im Umkehrschluss

bedeutet dies, dass eine nicht ordnungsmäßige Verwaltung einstimmig beschlossen werden kann.

86 Ordnungsgemäß ist die Verwaltung, die entweder den Vereinbarungen der Wohnungseigentümer oder den Beschlüssen der Wohnungseigentümer entspricht oder – soweit insoweit keine Vereinbarungen/Beschlüsse bestehen – dem Interesse der Gesamtheit der Wohnungseigentümer nach billigem Ermessen entspricht (§ 21 Abs. 4).

87 Wann dies der Fall ist, ist im Einzelfall zu entscheiden. Im Vordergrund hat das Interesse der Gesamtheit der Wohnungseigentümer zu stehen. Der mit dem jeweiligen Beschluss verbundene Nutzen für die Wohnungseigentümer ist gegen die damit verbundenen Risiken abzuwägen (BayObLG NJW-RR 2004, 1021).

88 Für immer wiederkehrende Standardfälle sind in § 21 Abs. 5 Fälle genannt, deren Regelung kraft Gesetzes ordnungsmäßiger Verwaltung entspricht.

89 Für die nicht gesetzlich als ordnungsgemäß festgelegten Maßnahmen gilt, dass jeweils im Einzelfall entschieden werden muss, ob Ordnungsmäßigkeit gegeben ist. Entscheidend ist der Standpunkt eines vernünftig und wirtschaftlich Denkenden.

90 Es ist auf den Kenntnisstand der beschließenden Wohnungseigentümer im Beschlusszeitpunkt abzustellen. Spätere Erkenntnisse über die Angemessenheit einer Verwaltungsmaßnahme können weder eine ordnungsmäßig gewesene Maßnahme ordnungswidrig machen noch eine ordnungswidrig gewesene Maßnahme ordnungsmäßig werden lassen (KG NJW-RR 2004, 1089 = ZMR 2005, 470).

91 Nicht nur Handlungen tatsächlicher Natur (Durchführung von Reparaturarbeiten) entsprechen ordnungsmäßiger Verwaltung, sondern auch Handlungen rechtlicher Natur, beispielsweise die Geltendmachung schlüssiger Schadensersatzansprüche gegen einen ausgeschiedenen Verwalter unter Hinzuziehung eines Anwalts (OLG Oldenburg ZMR 2006, 72) oder die Einleitung eines selbständigen Beweisverfahrens zur Ursachenermittlung, wenn für eine Schimmelbildung Baumängel ursächlich sein können (BayObLG NJW-RR 2002, 805 = MieWoE § 21 WEG Nr. 34, ebenso die Wahrung der Verkehrssicherungspflicht (OLG München NJW 2006, 1293 = ZMR 2006, 226).

92 Es entspricht nicht ordnungsmäßiger Verwaltung, wenn beschlossen wird, den Verwalter zur Geltendmachung von Schadensersatzansprüchen gegen einen Wohnungseigentümer zu bevollmächtigen, die offensichtlich unbegründet sind (OLG München ZMR 2005, 907).

III. Entsprechend der Beschaffenheit des gemeinschaftlichen Eigentums

Ordnungsgemäß ist die Verwaltung nur dann, wenn sie entweder Vereinbarungen/Beschlüssen entspricht oder – soweit keine Vereinbarungen/Beschlüsse bestehen – dem Interesse der Gesamtheit der Wohnungseigentümer nach billigem Ermessen entspricht. Das ist dann der Fall, wenn sie bei objektiv vernünftiger Betrachtungsweise unter Berücksichtigung der besonderen Umstände des Einzelfalles nützlich ist (Bärmann/Pick/Merle/*Merle* § 21 Rn. 64). Es ist eine Kosten-Nutzen-Analyse anzustellen, bei der insbesondere die finanzielle Leistungsfähigkeit der Gemeinschaft zu berücksichtigen ist (Bärmann/Pick/Merle/*Merle* § 21 Rn. 65). So kann in einem Fall die Anschaffung einer Waschmaschine für 1.799 DM nicht ordnungsmäßiger Verwaltung entsprechen (OLG Hamburg ZMR 2006, 546), in einem anderen Fall kann genau diese Entscheidung sehr wohl ordnungsmäßiger Verwaltung entsprechen. 93

IV. Einzelfälle

Nachstehend Einzelfälle aus der Rechtsprechung, die bestimmte Maßnahmen als (nicht) ordnungsmäßige Verwaltung angesehen hat. 94

1. Ordnungsmäßige Verwaltung. Alternativangebote: Wenn ein Verwalter bei Maßnahmen zur Instandhaltung oder Instandsetzung des gemeinschaftlichen Eigentums vor der Auftragsvergabe mehrere Alternativ- oder Konkurrenzangebote eingeholt hat, entspricht das immer nicht ordnungsgemäßer Verwaltung, auch wenn er nicht unbedingt das billigste Angebot annimmt (BayObLG WE 1995, 287 f.) und dafür sachliche Gründe hat. 95

Angebote: Es entspricht ordnungsgemäßer Verwaltung, vor der Vergabe größerer Instandsetzungsarbeiten Konkurrenzangebote einzuholen (BayObLG NJW-RR 1989, 1293 = DG 1989, 1161 f.). 96

Balkonbrüstung: Die Installation von Leichtmetallgeländern anstelle von massiven Balkonbrüstungen kann eine modernisierende Instandsetzung darstellen, die mehrheitlich beschlossen werden kann (OLG München ZMR 2006, 303). 97

Baumrückschnitt: Ein Beschluss, der das Auslichten von schattenbildenden Bäumen im Garten einer Wohnungseigentumsanlage vorsieht, entspricht ordnungsmäßiger Verwaltung, wenn die Bäume sowohl die Wohnungen im Erdgeschoss als auch die Wohnungen im ersten Stock insoweit beeinträchtigen, als sie den dort belegenen Wohnzimmern und den Zimmern neben den 98

§ 21   I. Teil. Wohnungseigentum

Wohnzimmern Licht wegnehmen (AG Hamburg WE 2001, 178 f.; ebenso AG Hamburg-Altona WE 2000, 236 f.).

99 **Beschädigung des Gemeinschaftseigentums:** Ein Eigentümerbeschluss, der den Verwalter ermächtigt, beim Einbau von Tiefgaragenboxen im Falle der Beschädigung des Gemeinschaftseigentums notfalls auch gerichtlich dagegen vorzugehen, ist hinreichend bestimmt und entspricht ordnungsmäßiger Verwaltung (BayObLG ZMR 2004, 928 = BeckRS 2004, 8230).

100 **Durchgang:** Soll in einer Hecke, die das gemeinschaftliche Eigentum in zwei Teile trennt, ein Durchgang geschnitten werden, um allen Wohnungseigentümern das ungehinderte Betreten des gesamten im gemeinschaftlichen Eigentum stehenden Grundstücks zu ermöglichen, so stellt dies eine Maßnahme der ordnungsmäßigen Instandsetzung und Instandhaltung und damit der ordnungsgemäßen Verwaltung des gemeinschaftlichen Eigentums dar (BayObLG WE 1990, 60 f.).

101 **Entlastung:** Auch ein Eigentümerbeschluss, mit dem einem ausgeschiedenen Verwalter Entlastung erteilt wird, steht im Grundsatz nicht im Widerspruch zu einer ordnungsmäßigen Verwaltung, sondern erst dann, wenn Ansprüche gegen den (ausgeschiedenen) Verwalter erkennbar in Betracht kommen und nicht aus besonderen Gründen Anlass besteht, auf die hiernach möglichen Ansprüche zu verzichten (BGH NJW 2003, 3554 = DWE 2003, 143 f.).

102 **Fassadensanierung:** Maßnahmen der Fassadensanierung können grundsätzlich durch Mehrheitsbeschluss geregelt werden. Auch eine „Fassade mit Wärmedämmung" fällt noch unter den Begriff modernisierende Instandsetzung, ist somit mehrheitsfähig. Zur ordnungsgemäßen Verwaltung gehört auch, dass durch Grundsatzbeschluss zunächst die wesentlichen Teile einer Sanierungsmaßnahme verbindlich festgelegt werden (AG Bergisch-Gladbach ZMR 2006, 726).

103 **Feuchtigkeitsschäden:** Es entspricht ordnungsgemäßer Verwaltung, wenn sich die Wohnungseigentümer zur Beseitigung von Feuchtigkeitsschäden auf die Empfehlung eines Fachunternehmens verlassen, wonach zur Eingrenzung der Schadensursache schrittweise vorgegangen werden soll (BayObLG WE 1995, 189 f.).

104 **Grundsatzbeschluss:** Wenn die Wohnungseigentümer zunächst lediglich einen Grundsatzbeschluss über die Art der Sanierung des gemeinschaftlichen Eigentums fassen und die Umsetzung dieses Grundsatzbeschlusses einer weiteren Beschlussfassung vorbehalten, kann dies ordnungsmäßiger Verwaltung entsprechen (BayObLG NJW-RR 2004, 1455 = ZMR 2004, 927).

105 **Heizkostenverteilung:** Eine Änderung des Heizkostenverteilungsschlüssels kann ordnungsmäßiger Verwaltung entsprechen. Das ist dann der Fall, wenn das Festhalten am bisherigen Vertei-

lungsschlüssel als grob unbillig anzusehen ist (AG Königstein ZMR 2005, 314).

Heizkosten: Eine verbrauchsabhängige Abrechnung über die Heizungs- und Warmwasserkosten, in die die Kosten des Betriebsstroms der zentralen Heizungsanlage und des Wasserverbrauchs der zentralen Warmwasserversorgungsanlage nicht einbezogen, sondern wegen fehlender Messgeräte insgesamt nach Wohnfläche umgelegt werden, widerspricht nicht ordnungsmäßiger Verwaltung (BayObLG MieWoE § 21 WEG Nr. 55). 106

Kopierkosten: Es entspricht ordnungsgemäßer Verwaltung, zu beschließen, dass Eigentümer, die vom Verwalter die Anfertigung von Fotokopien aus den Verwaltungsunterlagen anfordern, pro Kopie dem Verwalter 0,50 DM zuzüglich Mehrwertsteuer zu bezahlen haben (BayObLG NJW 2003, 1328 = DWE 2003,18). 107

Kostenangebote: Zur ordnungsgemäßen Verwaltung gehört es, dass vor einer größeren Instandsetzungsmaßnahme grundsätzlich der Schadensumfang und die Sanierungsbedürftigkeit festgestellt sowie mehrere Kostenangebote eingeholt werden (BayObLG WE 1999, 119). 108

Kostenverteilung: Ein Mehrheitsbeschluss, durch den auf der Grundlage einer Öffnungsklausel der Kostenverteilungsschlüssel abgeändert wird, entspricht nur dann ordnungsgemäßer Verwaltung, wenn er zu der betreffenden Kostenposition die sachlich notwendigen Einzelregelungen umfasst und inhaltlich hinreichend klar gefasst ist (OLG Hamm NJW-RR 2004, 805 = ZMR 2004, 852). 109

Lastschriftverfahren: Die Teilnahme am Lastschriftverfahren entspricht ordnungsmäßiger Verwaltung (OLG Hamburg ZMR 2002, 961 f. = WE 2003,150 f.). 110

Leiter: Ob sich die Anschaffung einer Leiter für Montage- und Wartungsarbeiten am gemeinschaftlichen Eigentum im Rahmen ordnungsmäßiger Verwaltung hält, beurteilt sich nach der Größe und den Gegebenheiten der Wohnanlage sowie nach dem Preis des Gerätes (BayObLG WE 1998, 154). 111

Mängelbeseitigung: Ein Eigentümerbeschluss zur unverzüglichen Behebung unstrittiger Mängel an der Abluftanlage in den Räumen des Gewerbemieters eines Teileigentümers und zur Geltendmachung der Ersatzvornahmekosten gegen den Teileigentümer widerspricht nicht den Grundsätzen ordnungsmäßiger Verwaltung (KG FGPrax 2002, 215 = DWE 2003, 20 f.). 112

Mülltonnen: Ein Beschluss der Wohnungseigentümer, das Sondernutzungsrecht an zwei oberirdischen Kfz-Stellplätzen gegen Bezahlung zu erwerben, um darauf zusätzlich erforderliche Mülltonnen abzustellen, kann den Grundsätzen einer ordnungsmäßigen Verwaltung entsprechen (BayObLG NZM 1998, 978 = WE 1999, 237). 113

§ 21 I. Teil. Wohnungseigentum

114 **Neuanpflanzung:** Muss ein Baum aus krankheitsbedingten Gründen gefällt werden, so stellt die Neuanpflanzung eines gleichartigen Baumes eine Maßnahme ordnungsmäßiger Instandsetzung dar, die jeder Eigentümer beanspruchen kann, wenn Gründe nicht ersichtlich sind, welche diese Neuanpflanzung für die übrigen Beteiligten als unzumutbar erscheinen lassen könnten (LG Düsseldorf ZMR 2003, 454 = WE 2002, 247 f.).

115 **Protokollberichtigung:** Das Verlangen nach Berichtigung eines falschen Protokolls einer Wohnungseigentümerversammlung entspricht ordnungsmäßiger Verwaltung (BayObLG WE 2005, 172).

116 **Rechtsanwalt:** Ein Beschluss, durch den sich der Verwalter ermächtigen lässt, die Wohnungseigentümer gerichtlich und außergerichtlich zu vertreten sowie Rechtsanwälte mit der Interessenwahrnehmung der Eigentümer zu beauftragen, entspricht auch dann den Grundsätzen ordnungsmäßiger Verwaltung, wenn er im Hinblick auf ein Verfahren gefasst wird, das ein Wohnungseigentümer gegen die übrigen angestrengt hat. Für einen solchen Beschluss genügt die einfache Stimmenmehrheit, falls nicht die Gemeinschaftsordnung anderes bestimmt (BayObLG NJW-RR 2002, 158 = WE 2002, 79).

117 **Sachverständige:** Eigentümerbeschlüsse zur Beauftragung eines Sachverständigen zu weiteren Sanierungsuntersuchungen und zur Sanierungsplanung, um schädliche Bodenverunreinigungen zu beseitigen, stellen eine Maßnahme ordnungsmäßiger Verwaltung dar. Gleiches gilt für die beschlussmäßige Beauftragung eines Rechtsanwalts mit der rechtsberatenden Begleitung der Sanierung, wenn beispielsweise wegen der Beteiligung mehrerer Grundstückseigentümer ein Abstimmungsbedarf besteht. Die Honorare für Sachverständige und Rechtsberater können in derartigen Fällen grundsätzlich auch aus der Instandhaltungsrücklage entnommen werden (OLG München ZMR 2006, 311 = DWE 2006, 68).

118 **Schallschutzmaßnahmen:** Ordnungsmäßiger Verwaltung entsprechen regelmäßig auch Schallschutzmaßnahmen, die Schallschutzmängel beseitigen (OLG Schleswig DWE 2004, 69).

119 **Sonderumlage:** Der Beschluss über eine Sonderumlage zur weiteren Finanzierung einer unerwartet erheblich verteuerten Balkonsanierung (Kostensteigerung um ca. 50 Prozent) ist eine Maßnahme ordnungsmäßiger Verwaltung, wenn sich diese Verteuerung erst im Laufe der Sanierung herausstellt (AG Hannover WE 2001, 224 f.).

120 **Spielplatz:** Die Anlage eines Spielplatzes mit Federwipptieren, Wippe und Schaukel als typischen und gut geeigneten Spielgeräten für Kinder kann sich als Maßnahme ordnungsmäßiger Verwaltung aus der Landesbauordnung ergeben (LG Wuppertal ZMR 2006, 725).

§ 21

Tierhaltung: Es entspricht den Grundsätzen ordnungsmäßiger 121
Verwaltung, dass die Wohnungseigentümer im Rahmen der
Hausordnung eine Regelung mehrheitlich beschließen, wonach
die Tierhaltung auf einen Hund und eine Katze je Wohnung beschränkt wird (OLG Celle NZM 2002, 241 = DWE 2003,17).
Ähnlich OLG Düsseldorf (NZM 2002, 872 = WuM 2002, 506).

Vergleichsverhandlungen: Bedarf ein Vergleich der Zustim- 122
mung aller Wohnungseigentümer, so widerspricht ein Mehrheitsbeschluss über die Beauftragung eines Rechtsanwalts mit Vergleichsverhandlungen nur dann ordnungsmäßiger Verwaltung,
wenn kein Eigentümer in der Versammlung von vornherein seine
Ablehnung signalisiert (KG NZM 2004, 951 = DWE 2004,
100).

Verfallklausel: Eine Regelung, die für den konkreten Wirt- 123
schaftsplan die sofortige Fälligkeit der gesamten Jahresbeiträge
vorsieht und den Wohnungseigentümern in Verbindung mit einer
Verfallklausel die Zahlung in monatlichen Raten nachlässt, widerspricht im Grundsatz nicht ordnungsmäßiger Verwaltung
(BGH NJW 2003, 3550 = DWE 2003,135).

Vermietbarkeit: Ein Beschluss über die Vermietbarkeit von im 124
Gemeinschaftseigentum stehenden Räumen und Flächen einer
Wohnungseigentumsanlage hält sich im Rahmen ordnungsmäßiger Verwaltung (BGH NJW 2000, 3211 = DWE 2003, 104).

Verschiedenes: Unter dem Tagesordnungspunkt „Verschiedenes" 125
können nur Beschlüsse von untergeordneter Bedeutung gefasst
werden (*Riecke/Schmidt/Elzer* Die erfolgreiche Eigentümerversammlung, 4. Aufl., Rn. 443 ff.). Eine Beschlussfassung ist dabei
darüber hinaus möglich, wenn zusätzlich ein bestimmter Beschlussgegenstand unter diesem Tagesordnungspunkt näher bezeichnet wird (BayObLG NZM 1998, 978 = WE 1999, 237f.).

Versicherung, Verwaltungsbeirat: Im Interesse der Gewinnung 126
von Wohnungseigentümern für die Aufgaben des Verwaltungsbeirats widerspricht es regelmäßig nicht ordnungsmäßiger Verwaltung, im Zusammenhang mit der konkreten Bestellung eines
Verwaltungsbeirats als nähere Ausgestaltung des Beiratsvertrages
den Abschluss einer Vermögensschadenshaftpflichtversicherung
für den Beirat auf Kosten der Gemeinschaft zu beschließen (KG
NZM 2004, 743 = ZMR 2004, 780).

Versorgungssperre: Eine mehrheitlich beschlossene Androhung 127
einer Versorgungssperre bei einem Rückstand in Höhe von mehr
als sechs monatlichen Beitragsvorschüssen entspricht ordnungsmäßiger Verwaltung (KG NJW-RR 2006, 446 = WuM 2005,
600).

Versorgungssperre: Die Eigentümergemeinschaft ist bei erhebli- 128
chen in der Vergangenheit aufgelaufenen Wohngeldrückständen
eines Sondereigentümers berechtigt, ihm gegenüber und auch sei-

nem Mieter gegenüber, die Versorgung der vermieteten Räume mit Heizung und Wasser bis zum Ausgleich der Rückstände zu unterbinden (KG NJW-RR 2001, 1307 = WE 2002,78 f.).

129 **Verwalterentlastung:** Ein Eigentümerbeschluss, mit dem einem Verwalter Entlastung erteilt wird, entspricht insbesondere dann ordnungsmäßiger Verwaltung, wenn nicht erkennbar ist, dass Schadensersatzansprüche gegen den Verwalter bestehen. Das Gleiche gilt für einen Entlastungsbeschluss zugunsten des ehrenamtlichen Verwaltungsbeirats (BayObLG MieWoE § 21 WEG Nr. 64).

130 **Vorschüsse:** Soweit nicht Regelungen in der Teilungserklärung oder in einer Vereinbarung entgegenstehen, können die Wohnungseigentümer über die Fälligkeit von Beitragsvorschüssen aus dem konkreten Wirtschaftsplan mit Stimmenmehrheit beschließen (BGH NJW 2003, 3550; ähnlich BayObLG MieWoE § 16 WEG Nr. 47).

131 **Wärmedämmung:** Die Erneuerung einer mit Eternitplatten verkleideten Fassade als modernisierende Instandsetzung unter Anbringung einer zusätzlichen Wärmedämmung, die den Anforderungen der Wärmeschutzverordnung entspricht, entspricht ihrerseits ordnungsmäßiger Verwaltung (BayObLG NZM 2002, 75 = WE 2002, 222 f.).

132 **Wärmedämmverbundsystem:** Die Anbringung eines Wärmedämmverbundsystems zum Zweck der Sanierung einer erhebliche Risse aufweisenden Fassade kann sich als mit der Mehrheit der Eigentümer zu beschließende – modernisierende – Instandsetzung darstellen. Bei der Auswahl mehrerer gleichermaßen Erfolg versprechender Maßnahmen (hier: Wärmedämmverbundsystem oder Neuverputz nebst Aufbringung einer Vorsatzschale aus Sparverblendern) ist innerhalb des hierbei der Eigentümergemeinschaft zuzubilligenden Ermessens auch zu berücksichtigen, ob und inwieweit das Gemeinschaftseigentum durch die in Aussicht genommenen Baumaßnahmen optisch signifikant (z.B. Klinker statt Putz) verändert würde (OLG Düsseldorf NZM 2002, 704 = DWE 2002, 67).

133 **Wasserzähler:** Erfolgt der Einbau von Kaltwasserzählern zur Umsetzung einer beschlossenen oder vereinbarten verbrauchsabhängigen Verteilung der Wasserkosten, so handelt es sich um eine Maßnahme ordnungsmäßiger Verwaltung und nicht um eine bauliche Veränderung (BGH NJW 2003, 3476 = DWE 2003, 131).

134 **Wirtschaftsplan:** Der Mehrheitsbeschluss der Wohnungseigentümer über die Fortgeltung des Wirtschaftsplanes bis zur Beschlussfassung über den nächsten Wirtschaftsplan widerspricht nicht Grundsätzen ordnungsmäßiger Verwaltung und übersteigt nicht die Beschlusskompetenz der Eigentümergemeinschaft (KG NJW 2002, 3482 = DWE 2002, 104).

2. Nicht ordnungsmäßige Verwaltung. Aufzugsregelung: Es widerspricht einer ordnungsmäßigen Gebrauchsregelung und damit ordnungsmäßiger Verwaltung, wenn in einem fünfzehngeschossigen Haus mit 49 Wohnungen der Gebrauch des Aufzugs dadurch eingeschränkt wird, dass der Aufzug von Besuchern nur noch bis zum fünften Geschoss benutzt werden kann (OLG Köln DWE 2001, 56 f.). 135

Beschlussfassung: Die gemeinschaftliche Beschlussfassung von zwei rechtlich selbständigen Gemeinschaften in einer Versammlung entspricht grundsätzlich nicht ordnungsmäßiger Verwaltung (BayObLG NJW-RR 2001, 1233 = ZMR 2001, 294 f.). 136

Eichfrist: Ein Eigentümerbeschluss, der die Weiterbenutzung eichpflichtiger Wärme- oder Warmwasserverbrauchserfassungsgeräte nach Ablauf der Eichfrist vorsieht, widerspricht den Grundsätzen ordnungsmäßiger Verwaltung (BayObLG NJW-RR 1998, 1626 = WE 1999, 26 f.). 137

Entlastung: Ein Beschluss, durch den die Wohnungseigentümer dem Verwalter entsprechend der Ankündigung in der Tagesordnung zur Eigentümerversammlung Entlastung erteilen, entspricht grundsätzlich nicht ordnungsmäßiger Verwaltung, wenn den Wohnungseigentümern vom Verwalter „auch noch abverlangt wird, eine Haftung für einfache Fahrlässigkeit auszuschließen oder doch betragsmäßig zu begrenzen" (BayObLG NJW 2003, 1328 = DWE 2003, 17 f.). 138

Gebrauchsentzug: Ein Gebrauchsentzug ist keine Regelung des Gebrauchs, weil diese den Mitgebrauch voraussetzt. Somit handelt es sich auch nicht um eine Maßnahme ordnungsmäßiger Verwaltung (BayObLG NZM 2002, 447 = MieWoE § 15 WEG Nr. 62). 139

Haftung: Einem nach der Teilungserklärung zum Dachausbau berechtigten Wohnungseigentümer kann nicht durch späteren Mehrheitsbeschluss eine fünfjährige Haftung aufgezwungen werden (AG Hamburg ZMR 2004, 946). 140

Heckenrückschnitt: Wenn eine Hecke erkennbar Sichtschutzfunktionen hat, so stellt ein dauerhafter deutlicher Rückschnitt dieser Hecke eine bauliche Veränderung dar, die nicht mehr als Maßnahme ordnungsmäßiger Verwaltung beschlossen werden darf (BayObLG NJW-RR 2004, 1378 = ZMR 2005, 377). 141

Niederschrift, falsche: Es entspricht nicht ordnungsmäßiger Verwaltung, wenn der Versammlungsleiter in einer Wohnungseigentümerversammlung Beschlussanträge oder Abstimmungsergebnisse in der Niederschrift unrichtig festhält (BayObLG DWE 2004, 91). 142

Sonderumlagen: Es kann ordnungsmäßiger Verwaltung widersprechen, wenn für die Kosten des Anschlusses an die gemeinschaftliche Wasserversorgung Sonderumlagen beschlossen wer- 143 den, obwohl ausreichende Mittel in der Instandhaltungsrückstellung vorhanden sind (BayObLG MieWoE § 21 WEG Nr. 51).

144 **Tätige Mithilfe:** Ein einzelner Wohnungseigentümer kann nicht durch Mehrheitsbeschluss zur tätigen Mithilfe herangezogen werden, jedenfalls dann nicht, wenn er die ihm „aufgegebenen" Arbeiten nicht sachgerecht oder nur mit nicht vertretbarem Aufwand ausführen kann (OLG Düsseldorf NZM 2004, 554 = DWE 2004, 66).

145 **Vergleichsangebote:** Ein Eigentümerbeschluss, mit dem ohne vorherige Einholung von Vergleichsangeboten über die Durchführung einer größeren Baumaßnahme entschieden wird, entspricht in der Regel nicht ordnungsmäßiger Verwaltung (BayObLG NZM 2000, 512 = WE 2000, 81 f.).

146 **Vergütung, Verwaltungsbeiratsvorsitzender:** Eine Jahresvergütung von 500 Euro für den Beiratsvorsitzenden widerspricht ordnungsmäßiger Verwaltung (KG ZMR 2004, 775).

147 **Verwaltungsbeirat, Kostenerstattung:** Es widerspricht ordnungsmäßiger Verwaltung, wenn die Eigentümergemeinschaft beschließt, einem Verwaltungsbeirat dessen gerichtliche und außergerichtliche Kosten zu erstatten, die ihm entstanden sind, nachdem er durch gegen zwei Miteigentümer gerichtete Aushänge in der Wohnungseigentumsanlage seine Kompetenzen überschritten hat (KG NZM 2004, 951 = DWE 2004, 141).

D. Verwaltungsanspruch

148 Gemäß § 21 Abs. 4 kann jeder Wohnungseigentümer eine Verwaltung verlangen, die entweder den Vereinbarungen und Beschlüssen, oder, wenn und soweit solche nicht bestehen, dem Interesse der Gesamtheit der Wohnungseigentümer nach billigem Ermessen entspricht.

I. Anspruchsinhaber

149 Anspruchsinhaber sind die einzelnen Wohnungseigentümer (KK-WEG/*Drabek* § 21 Rn. 100).

II. Anspruchsgegner

150 Anspruchsgegner sind diejenigen, denen das Gesetz oder eine Vereinbarung eine Verwaltungskompetenz zuweist, also entweder die Wohnungseigentümer, der Wohnungseigentumsverwalter oder der Verwaltungsbeirat.

III. Anspruchsinhalt

Anspruchsinhalt ist eine Verwaltung, die entweder den Verein- 151
barungen oder den Beschlüssen oder – falls keine Vereinbarun-
gen/Beschlüsse vorliegen – dem Interesse der Gesamtheit der
Wohnungseigentümer nach billigem Ermessen entspricht.

1. **Vereinbarungsgemäße Verwaltung.** Siehe Rn. 57 ff.   152
2. **Beschlussgemäße Verwaltung.** Siehe Rn. 60 ff.   153
3. **Interessengerechte Verwaltung.** Siehe Rn. 85 ff.   154

IV. Anspruchsdurchsetzung

Die Durchsetzung des Verwaltungsanspruchs im gerichtlichen 155
Verfahren erfolgt im Verfahren nach § 43 Nr. 1, gegebenenfalls
im Verfahren nach § 43 Nr. 2.

Ein dahin gehendes Rechtsschutzbedürfnis ist jedenfalls dann 156
anzunehmen, wenn ein Versuch, einen Mehrheitsbeschluss herbeizuführen, gescheitert ist oder wenn eine vorherige Einberufung einer Wohnungseigentümerversammlung nicht zugemutet
werden kann, weil in Anbetracht der Mehrheitsverhältnisse ein
ablehnendes Abstimmungsergebnis von vorneherein feststeht
(OLG Düsseldorf NJW-RR 1999, 163 = ZMR 1998, 449).

Falls ein Beschlussantrag eines Wohnungseigentümers gerichtet 157
auf eine ordnungsgemäße Verwaltungsmaßnahme mehrheitlich
abgelehnt wurde, muss der jeweilige Wohnungseigentümer, wenn
er sein Begehren weiter verfolgen will, zunächst den Negativbeschluss der Wohnungseigentümer anfechten (BGH NJW 2001,
3339 = MDR 2001, 1283). Der Anfechtungsantrag kann mit einem Leistungsantrag gerichtet auf das ursprüngliche Begehren
verbunden werden. Mangelt es an der Beschlussanfechtung des
Negativbeschlusses, scheitert ein späterer Leistungsantrag an der
Bestandskraft des Negativbeschlusses (OLG Hamm NJW-RR
2004, 805 = ZMR 2004, 852).

E. Gesetzliche Regelfälle

Praktischen Bedürfnissen folgend hat der Gesetzgeber in § 21 158
Abs. 5 sechs Fälle geregelt, die kraft Gesetzes zu einer dem Inter-
esse der Gesamtheit der Wohnungseigentümer entsprechenden
Verwaltung gehören.

I. Hausordnung

159 Die Aufstellung einer Hausordnung gehört zur ordnungsgemäßen Verwaltung.

160 **1. Begriff.** Hausordnungen sind die Summe aller Regelungen, die sich auf das tatsächliche Verhalten der Wohnungseigentümer sowie der Mieter von Wohnungseigentümern sowie Dritter, die sich in der betreffenden Wohnungseigentumsanlage aufhalten, beziehen.

161 Die Bezeichnung als solche ist bedeutungslos. In der Praxis finden sich „Benutzungsordnungen", „Saunaordnungen", „Benutzungspläne", „Treppenreinigungspläne" oder Ähnliches.

162 **2. Aufstellung.** Hausordnungen können vereinbart, beschlossen oder gerichtlich aufgestellt werden.

163 a) **Mittels Vereinbarung.** Rechtsgrundlage zur Vereinbarung einer Hausordnung ist § 10 Abs. 2 Satz 2, wonach die Wohnungseigentümer ihre Beziehungen untereinander durch Vereinbarung regeln dürfen.

164 Es ist zulässig zu vereinbaren, dass der Wohnungseigentumsverwalter ermächtigt ist, eine Hausordnung zu erlassen, die sich allerdings in den Grenzen dessen halten muss, was überhaupt zulässigerweise Gegenstand einer Hausordnung sein kann. Statt des Verwalters kann auch der Verwaltungsbeirat ermächtigt werden.

165 b) **Mittels Beschluss.** Regelmäßig werden Hausordnungen durch Mehrheitsbeschluss geschaffen. Rechtsgrundlage sind §§ 15 Abs. 2, 21 Abs. 3.

166 c) **Durch das Gericht.** Eine Hausordnung kann auch im Verfahren nach §§ 43 ff. erlassen werden (LG Köln ZMR 2005, 311). Seit dem 1. 7. 2007 handelt es sich insoweit um einen Fall des § 21 Abs. 8.

167 **3. Regelungsinhalte. a) Gesetzliche Vorgaben.** Gesetzliche Vorgaben zum Inhalt einer Hausordnung gibt es nicht. § 21 gibt lediglich vor, dass die Aufstellung einer Hausordnung ordnungsmäßiger Verwaltung entsprechen muss.

168 b) **Fallgruppen.** *(1) Äußere Gestaltung der Anlage.* Gegenstand von Hausordnungsbestimmungen kann sein die Anbringung von Namenschildern an den Wohnungstüren und/oder an der gemeinsamen Haustür. Ebenso die Anbringung von Büroschildern bei freiberuflicher oder gewerblicher Nutzung. Auch die Gestattung von werblichen Maßnahmen kann Gegenstand einer Hausordnungsbestimmung sein.

169 *(2) Benutzungsordnungen.* Benutzungsordnungen für gemeinschaftliche Einrichtungen (Waschküche, Trockenraum, Fahrstuhl, gemeinschaftliche Keller, Müllschlucker, Kinderspielplätze,

Schwimmbäder) sind regelmäßig Gegenstand von Hausordnungsbestimmungen. Die Benutzungsordnungen dürfen nur den Gebrauch als solchen regeln, nicht jedoch zu einem völligen Benutzungsausschluss führen. Konsequenterweise ist ein Mehrheitsbeschluss, der den Betrieb einer Waschmaschine und das Trocknen von Wäsche in der Wohnung untersagt, unzulässig (OLG Frankfurt NJW-RR 2002, 82 = DWE 2002, 141).

(3) Berufsausübung. Konkretisierende Regelungen hinsichtlich 170 der Ausübung eines Berufes oder eines Gewerbes in einem Wohnungseigentum sind zulässigerweise Gegenstand einer Hausordnungsbestimmung, z.B. wenn es um die Frage werblicher Maßnahmen am Gebäude für die jeweilige berufliche/gewerbliche Betätigung geht.

Regelmäßig sind derartige Regelungen jedoch als Zweckbe- 171 stimmung in der Teilungserklärung enthalten (siehe die Anmerkung zu § 3, insbesondere § 3 Rn. 16 ff.).

(4) Brandvorsorge. Gegenstand von Hausordnungsbestimmun- 172 gen kann z.b. sein das Verbot des Betretens bestimmter Keller mit offenem Licht, insbesondere das Verbot, den Heizungsraum zu betreten.

(5) Musikausübung. Musizierverbote (zeitanteilige) können 173 durch eine Hausordnung ausgesprochen werden. Ein völliges Musizierverbot überschreitet die Grenzen einer zulässigen Hausordnungsregelung. So kann eine Beschränkung des Musizierens in der Hausordnung, die keine Ausnahme für berufsbedingt musizierende Wohnungseigentümer/Mieter vorsieht, nicht ordnungsmäßiger Verwaltung entsprechen (BayObLG MieWoE § 14 WEG Nr. 24). Die Beschränkung des Musizierens in der Hausordnung auf Zimmerlautstärke kann dem völligen Ausschluss eines Musizierens gleichkommen und dementsprechend unzulässig sein (BayObLG NJW 2001, 3635 = WE 2002, 127).

(6) Parkregelungen. Zulässig ist es, in Hausordnungen Bestim- 174 mungen dahin gehend zu treffen, dass an bestimmten Stellen Pkw abgestellt werden dürfen, solange dies dem Interesse der Wohnungseigentümer entspricht (BayObLG NJW-RR 1998, 443 = ZMR 1998, 356).

(7) Sanktionsverhängung. Sanktionen, z.B. Vertragsstrafen, 175 können vereinbart werden (Bärmann/Pick/Merle/*Pick* § 10 Rn. 74; *ders.* § 14 Rn. 71). Eine dahin gehende Beschlusskompetenz war bis zum 30.6.2007 nicht gegeben. Konsequenterweise waren Sanktionen in Hausordnungen nur dann zulässig, wenn die Hausordnung vereinbart wurde. Seit dem 1.7.2007 gilt insoweit § 21 Abs. 7, insbesondere wenn es um die Regelungen der Verzugsfolgen geht (Rn. 194).

(8) Sorgfaltspflichten. Die Regelung von Sorgfaltspflichten in 176 Hausordnungen ist zulässig, z.B. wenn es um Öffnungszeiten für

die Haustür geht, das Abstellen von Kinderwagen und/oder Fahrrädern in Fluren, die Abfallbeseitigung.

177 *(9) Video-Überwachung.* Seit einiger Zeit finden sich entweder Hausordnungs-Bestimmungen oder einzelne Beschlüsse zur Video-Überwachung insbesondere des Hauseingangsbereichs. Die Einführung einer Video-Überwachung ohne technische Einschränkungen widerspricht den Grundsätzen ordnungsmäßiger Verwaltung, wenn keine Regelungen enthalten sind zur Frage, wer überwachen darf und ob die Aufnahmen gespeichert werden oder nicht (BayObLG NJW-RR 2005, 384 = ZMR 2005, 299).

178 Zudem kann die gezielte Video-Überwachung einer gemeinschaftseigenen Hoffläche durch einen Wohnungseigentümer das allgemeine Persönlichkeitsrecht eines benachbarten Eigentümers verletzen (OLG Düsseldorf NJW 2007, 780).

179 Umgekehrt entspricht es ordnungsmäßiger Verwaltung, wenn durch einen Mehrheitsbeschluss einem Wohnungseigentümer die dauernde unkontrollierte Video-Überwachung von Flächen, die im Gemeinschaftseigentum stehen, verboten wird (OLG München NZM 2005, 668 = ZMR 2005, 474).

180 *(10) Tätigkeitsverpflichtungen.* Die Auferlegung von Tätigkeitsverpflichtungen ist unzulässig. Nach dem gesetzlichen Grundgedanken bedarf die Verpflichtung zur „tätigen Mithilfe" entweder eines rechtsgeschäftlichen Anknüpfungspunktes, z. B. einer Vereinbarung (Bärmann/Pick/Merle/*Merle* § 21 Rn. 115, 118) oder es verbleibt bei dem Grundsatz, dass die einzelnen Wohnungseigentümer ihren Beitrag durch finanzielle Leistungen entsprechend ihrem grundbuchmäßig festgehaltenen Anteil (§ 16 Abs. 2) erbringen. Das gilt jedenfalls dann, wenn einzelne Wohnungseigentümer die ihnen aufgegebenen Tätigkeiten nicht sachgerecht oder nur mit nicht vertretbarem Aufwand ausführen können (OLG Düsseldorf DWE 2004, 66 = ZMR 2004, 694).

181 *(11) Tierhaltung.* Tierhaltungsregelungen dürfen zulässigerweise Gegenstand von Hausordnungen sein (OLG Hamm NZM 2005, 911 = ZMR 2005, 897). Einzelheiten siehe in der Kommentierung zu § 15.

182 c) **Drittwirkung.** Hausordnungen entfalten Drittwirkungen gegenüber Sondernachfolgern der Wohnungseigentümer im Rahmen des § 10. Vereinbarte Hausordnungen gelten gegenüber Sondernachfolgern nur, wenn sie eingetragen sind (§ 10 Abs. 3). Beschlossene Hausordnungen wirken gegenüber Sondernachfolgern auch ohne Eintragung (§ 10 Abs. 4).

183 Gegenüber Dritten – z. B. Mietern – entfalten Hausordnungen nur mittels rechtsgeschäftlicher Vereinbarung Wirkungen. In der Praxis wird es vermietenden Wohnungseigentümern aufgegeben, im Fall der Vermietung die wohnungseigentumsrechtliche Hausordnung zum Gegenstand des Mietvertrages zu machen.

II. Instandhaltung/Instandsetzung

Instandhaltung und Instandsetzung des gemeinschaftlichen Eigentums entspricht gemäß § 21 Abs. 5 Nr. 2 ordnungsmäßiger Verwaltung. **184**

Einem eventuellen Verwaltungsanspruch aus § 21 Abs. 4, gerichtet auf eine Instandhaltungsmaßnahme, entspricht eine Verwaltungspflicht. Verletzungen dieser Verwaltungsverpflichtungen können Schadensersatzansprüche nach sich ziehen (BayObLG MieWoE § 21 WEG Nr. 40). **185**

Neben den Wohnungseigentümern steht auch dem Wohnungseigentumsverwalter eine dahin gehende Verwaltungskompetenz zu. Gemäß § 27 Abs. 1 Nr. 3 ist er nicht nur berechtigt, sondern auch verpflichtet, für eine ordnungsmäßige Instandhaltung und Instandsetzung Sorge zu tragen. **186**

1. Begriff. Wohnungseigentumsrechtlich bedarf es keiner Differenzierung zwischen „Instandhaltung" und „Instandsetzung". Sowohl hinsichtlich der anfallenden Kosten als auch hinsichtlich der zu bildenden Rückstellung unterscheidet das WEG nicht zwischen „Instandhaltung" und „Instandsetzung". **187**

a) **Instandhaltung.** Unter Instandhaltung versteht man die „Aufrechterhaltung des ursprünglichen Zustandes". **188**

(1) Regelfall. Der Regelfall der Instandsetzung liegt dann vor, wenn vorhandene Anlagen/Einrichtungen wieder hergestellt werden, nachdem sie irgendwelche Defekte aufweisen. Das reicht von der Reparatur einer zerbrochenen Scheibe bis zur Wiedereindeckung des Daches nach einem Sturm. **189**

(2) Erstmalige Herstellung eines ordnungsmäßigen Zustands. Auch die erstmalige Herstellung eines dem Aufteilungsplan entsprechenden oder mangelfreien Zustandes unterfällt § 21 Abs. 5 Nr. 2. Insoweit ist auf die Eigentumsverhältnisse bei Begründung der Wohnungseigentümergemeinschaft abzustellen (OLG Hamm FGPrax 2003, 203 = DWE 2003, 107). Dazu gehört z. B. die erstmalige Herstellung von Kfz-Stellplätzen (BayObLG NZM 2002, 875 = MieWoE § 21 WEG Nr. 37). **190**

Grenzen findet der Anspruch auf erstmalige Herstellung eines dem Aufteilungsplan entsprechenden Zustandes in § 242 BGB, beispielsweise wenn es um den Rückbau von angeblich zu breiten Fenstern geht (BayObLG MieWoE § 21 WEG Nr. 35). **191**

Es handelt jedoch nicht rechtsmissbräuchlich, wer einen Anspruch auf erstmalige Herstellung eines der Teilungserklärung/dem Aufteilungsplan entsprechenden Zustands geltend macht und beim Erwerb des Wohnungseigentums die Abweichung der Bauausführung von der Teilungserklärung/dem Aufteilungsplan **192** zwar nicht positiv kannte, aber hätte erkennen können (BayObLG ZMR 2004, 524 = BeckRS 2004, 3775).

193 *(3) Ersatzbeschaffungen.* Die Ersatzbeschaffung von Gerätschaften (z. B. einer defekten Waschmaschine) unterfällt der ordnungsmäßigen Instandhaltung. Luxusaufwendungen sind keine ordnungsmäßige Instandhaltung.

194 **b) Instandsetzung.** Instandsetzung ist definiert als die Herstellung eines mangelfreien Zustandes.

195 *(1) Regelfall.* Regelmäßig geht es um den laufenden Erhalt und die Pflege der Wohnanlage (KK-WEG/*Drabek* § 21 Rn. 151).

196 *(2) Modernisierende Instandsetzung.* Ordnungsmäßige Instandsetzung ist auch die Anpassung des vorhandenen Zustandes an neue baurechtliche Anforderungen, beispielsweise der nachträgliche Einbau von Fahrkorbtüren (VGH Mannheim NJW 1974, 74). Wenn bei Errichtung der Wohnungseigentumsanlage eingebaute Verbrauchserfassungssysteme den gesetzlichen Vorschriften weiterhin entsprechen, entspricht der Einbau neuer Verbrauchserfassungssysteme (z. B. für Heizenergie) nicht ordnungsmäßiger Verwaltung (BayObLG MieWoE § 21 WEG Nr. 45).

197 Regelfall der modernisierenden Instandsetzung sind Maßnahmen zur Energieeinsparung, beispielsweise die Erneuerung einer mit Heizöl betriebenen Zentralheizungsanlage dergestalt, dass sie wahlweise mit Heizöl oder mit Erdgas betrieben werden kann (OLG Hamburg NZM 2006, 27 = ZMR 2005, 803).

198 Ob eine modernisierende Instandsetzung eine Maßnahme der ordnungsgemäßen Instandsetzung darstellt, ist anhand einer Kosten-Nutzen-Analyse festzustellen (BayObLG NJOZ 2004, 2636 = ZMR 2004, 442).

199 **c) Ordnungsmäßigkeit der Instandhaltung/-setzung.** Instandhaltung und Instandsetzung als Verwaltungsmaßnahme sind an dem Kriterium der Ordnungsmäßigkeit zu messen.

200 Eine Maßnahme der Instandhaltung/Instandsetzung entspricht dann ordnungsmäßiger Verwaltung, wenn sie bei objektiv vernünftiger Betrachtung unter Berücksichtigung der besonderen Umstände des Einzelfalles nützlich ist. Maßgeblich sind die konkrete Situation der Wohnungseigentümergemeinschaft und deren finanzielle Leistungsfähigkeit. Es kann jedoch auch bei hoher finanzieller Belastung der Wohnungseigentümergemeinschaft geboten sein, eine Instandsetzungsmaßnahme angesichts einer fortschreitenden Verschlechterung des Bauzustandes nicht zu verschieben. Insoweit haben die Wohnungseigentümer jedoch einen Beurteilungsspielraum (BayObLG DWE 2003, 129).

201 Ordnungsgemäß ist auch der fachgerechte Rückschnitt eines das Erscheinungsbild der Wohnungseigentumsanlage prägenden Baumes. Nicht ordnungsgemäß ist ein nicht fachgerechter Rückschnitt (AG Hamburg ZMR 2005, 656).

In Kombination mit einer Kosten-Nutzen-Analyse orientiert 202
sich die Ordnungsmäßigkeit auch daran, ob die jeweilige Maßnahme eine Veränderung des optischen Gesamteindrucks mit sich bringt. So ist eine Maßnahme, wonach „wilder Wein" entfernt und künftig die Entstehung jeglichen Fassadengrüns sofort unterbunden werden soll, nicht mehr als ordnungsmäßige Instandhaltung/Instandsetzung anzusehen (OLG Düsseldorf NZM 2005, 149 = ZMR 2005, 304).

Kernpunkt der Beurteilung der Ordnungsmäßigkeit ist eine 203
umfassende Abwägung aller für und wider die Maßnahme sprechenden Umstände, insbesondere eine Kosten-Nutzen-Analyse (BayObLG NJOZ 2004, 2636 = ZMR 2004, 442).

2. Zuführungen zur Instandhaltungsrückstellung. Siehe inso- 204
weit die Hinweise zu § 21 Abs. 5 Nr. 4 und zu § 28 Abs. 1 Nr. 3.

III. Versicherung

Gemäß § 21 Abs. 5 Nr. 3 sind die Wohnungseigentümer zur 205
Feuerversicherung sowie zu einer angemessenen Versicherung gegen Haus- und Grundbesitzerhaftpflicht verpflichtet.

Seit unstreitig ist, dass Wohnungseigentum echtes Eigentum ist, 206
hat diese Vorschrift in der Praxis an Bedeutung verloren.

1. Feuerversicherung. Eine Feuerversicherung gewährt regel- 207
mäßig Versicherungsschutz gegen Schäden durch Brand, Blitzschlag und Explosionen. Die Versicherer bieten Versicherungspakete an, die auch Aufräum-, Abbruch- und Feuerlöschkosten umfassen.

2. Haus- und Grundbesitzerhaftpflicht. Versicherungen gegen 208
die Haus- und Grundbesitzerhaftpflicht decken die Schäden ab, die durch die Verletzung von Verkehrssicherungspflichten entstehen. Der Geltungsbereich des § 836 BGB ist regelmäßig mit umfasst.

IV. Instandhaltungsrückstellung

Die Bildung einer Instandhaltungsrückstellung hat der Gesetz- 209
geber in § 21 Abs. 5 Nr. 4 als Teil ordnungsmäßiger, dem Interesse der Gesamtheit der Wohnungseigentümer entsprechenden Verwaltung erklärt.

1. Begriff. Die Instandhaltungsrückstellung ist eine Ansamm- 210
lung von Kapital zwecks Bereitstellung der Mittel für künftig notwendige Instandhaltungs- und Instandsetzungsmaßnahmen (Bärmann/Pick/Merle/*Merle* § 21 Rn. 155).

§ 21

211 Rechtstechnisch wäre es sinnvoller gewesen, den Begriff der Rücklage zu verwenden, da es sich gerade nicht um eine Rückstellung im bilanztechnischen Sinne handelt (Bärmann/Pick/Merle/*Merle* § 21 Rn. 155). Gleichwohl hat es sich eingebürgert, den gesetzlichen Begriff zu verwenden.

212 Von der Instandhaltungsrückstellung im Sinne des § 21 Abs. 5 Nr. 4 zu unterscheiden sind sonstige Rücklagen, deren Bildung vereinbart werden kann. Praxisrelevant sind Rücklagen zum Ankauf angrenzender Flächen.

213 **2. Errichtung.** Eine Instandhaltungsrückstellung ist zwingend zu bilden, es sei denn, durch Vereinbarung (§ 10 Abs. 2 Satz 2) ist § 21 Abs. 5 Nr. 4 abbedungen.

214 Es muss – in Mehrhausanlagen – keine einheitliche Rückstellung für die gesamte Anlage gebildet werden. Sofern Entsprechendes vereinbart wurde, sind anteilige Rückstellungen zulässig, z. B. in den Tiefgaragenfällen (vgl. z. B. BayObLG MieWoE § 16 WEG Nr. 43).

215 **a) Praktische Abwicklung.** Die Rückstellung wird regelmäßig durch monatliche Zahlungen der Wohnungseigentümer angesammelt. Der Anteil entspricht dem des § 16 Abs. 1 Satz 2, sofern nichts anderes vereinbart wurde.

216 Weitere Zuführungen zur Instandhaltungsrückstellung erfolgen aus den Erträgen der Rückstellung.

217 Gelegentlich werden auch Sonderzahlungen in die Instandhaltungsrückstellung vorgenommen, z. B. Umzugskostenpauschalen (Bärmann/Pick/Merle/*Merle* § 21 Rn. 161).

218 **b) Angemessenheit.** Streit entsteht regelmäßig um die Frage, wie hoch die Zuführungen zur Instandhaltungsrückstellung sein dürfen. Zum Teil orientiert man sich an § 28 Abs. 2 II. BV (OLG Düsseldorf FGPrax 2002, 210 = DWE 2002, 123).

219 Nach der Peters'schen Formel berechnet sich die zu bildende Instandhaltungsrückstellung nach dem Verhältnis der Baukosten im Jahr der Errichtung der Anlage zu den Baukosten im Jahr der Durchführung eventueller Instandhaltungsmaßnahmen (Nachweise bei Bärmann/Pick/Merle/*Merle* § 21 Rn. 163).

220 Gelegentlich wird vorgeschlagen, zwischen 0,8 Prozent und einem Prozent des Kaufpreises ab Baufertigstellung jährlich insgesamt zurückzustellen (Bärmann/Pick/Merle/*Merle* § 21 Rn. 164).

221 **3. Verwendung.** Grundsätzlich ist die Instandhaltungsrücklage zweckbestimmt. Sie dient ausschließlich der wirtschaftlichen Absicherung künftig notwendiger Instandhaltungs- und Instandsetzungsmaßnahmen (Bärmann/Pick/Merle/*Merle* § 21 Rn. 155).

222 **a) Gesetzgeberische Intention.** Entsprechend der Intention des Gesetzgebers – Vorsorge treffen für eventuell erforderliche In-

standhaltungs-/-setzungsarbeiten – hat die Bildung der Instandhaltungsrücklage allein den Zweck, Kapital anzusammeln für die vorstehend genannten Zwecke.

b) Einzelfälle. In Anlehnung an die Zweckbestimmung der Ansammlung der Gelder in der Instandhaltungsrückstellung ist vertreten worden, dass es unzulässig ist, Rechtsanwalts- oder Sachverständigenhonorare aus der gebildeten Rückstellung zu zahlen. Diese Rechtsauffassung wird jedoch nicht durchgehend vertreten. Jedenfalls in den Fällen, in denen Sachverständige zu weiteren Sanierungsuntersuchungen und zur Sanierungsplanung beauftragt werden sollen, um schädliche Bodenverunreinigungen zu beseitigen, ist es zulässig, die Beauftragung eines Rechtsanwalts mit der rechtsberatenden Begleitung der Sanierung zu beschließen. Die Honorare für insoweit beauftragte Rechtsanwälte können aus der Instandhaltungsrückstellung entnommen werden (OLG München DWE 2006, 68 = ZMR 2006, 311). 223

Es kann auch ordnungsmäßiger Verwaltung entsprechen, bei Wohngeldausfällen auf die Instandhaltungsrückstellung zurückzugreifen (LG Saarbrücken ZMR 1999, 360). 224

Beschließt die Wohnungseigentümerversammlung eine Anlage des als Instandhaltungsrückstellung angesammelten Kapitalbetrages, die nicht ordnungsmäßiger Verwaltung entspricht, kann den Verwalter bei Verlust des angesammelten Kapitals eine Mithaftung treffen (OLG Celle NZM 2004, 426 = ZMR 2004, 845). 225

4. Steuerliche Fragen. Unter steuerlichen Aspekten stellt sich die Frage, ob und wann die Zuführungen zur Instandhaltungsrückstellung steuerlich zu beachten sind und wie Einnahmen aus der Instandhaltungsrückstellung steuerlich zu behandeln sind. 226

a) Zuführungen zur Instandhaltungsrückstellung. Bei ihr Sondereigentum selber zu Wohnzwecken nutzenden Wohnungseigentümern sind die Zuführungen zur Instandhaltungsrückstellung steuerlich unbeachtlich. 227

Wer sein Sondereigentum zu Wohnzwecken vermietet hat, kann unstreitig den Teil des Haus-/Wohngeldes, der auf die Instandhaltungsrückstellung entfällt, als Werbungskosten steuerlich geltend machen (gegebenenfalls als Betriebsausgaben). 228

Der Werbungskostenabzug erfolgt in dem Jahr, in dem die Gelder aus der Instandhaltungsrückstellung tatsächlich zu Instandhaltungs-/-setzungsarbeiten verwendet werden (BFH NJW 1988, 2824 = BB 1988, 1165). 229

Diese Rechtsauffassung hat sich durch die Teilrechtsfähigkeits-Entscheidung des BGH (NJW 2005, 2061 = ZMR 2005, 547) nicht geändert (BFH NZM 2006, 272). 230

b) Einkünfte aus der Instandhaltungsrückstellung. Einkünfte aus der verzinslichen Anlage der Instandhaltungsrückstellung ste- 231 hen dem insoweit rechtsfähigen (BGH NJW 2005, 2061 = ZMR 2005, 547) Verband zu.

232 Es handelt sich einkommensteuerlich um Einkünfte aus Kapitalvermögen (§ 20 EStG).

233 Eine Steuererklärungspflicht der Wohnungseigentümergemeinschaft resultiert daraus gemäß § 180 Abs. 3 Satz 1 Nr. 2 AO, §§ 13 Abs. 2 Satz 2, 16 Abs. 1 Satz 2 nicht (vgl. für den Fall der Einkünfte aus Vermietung und Verpachtung *Kahlen* Wohnungseigentumsrecht und Steuern, Teil 2 Rn. 418 ff.).

V. Wirtschaftsplan

234 Die Aufstellung eines Wirtschaftsplans gehört gemäß § 21 Abs. 5 Nr. 5 zu den Maßnahmen ordnungsmäßiger Verwaltung.

235 Unter „Wirtschaftsplan" ist nicht nur der Gesamtwirtschaftsplan, sondern sind auch die Einzelwirtschaftspläne zu verstehen. Die Einzelwirtschaftspläne gehören zu den unverzichtbaren Bestandteilen eines Wirtschaftsplans (BGH NJW 2005, 2061 = ZMR 2005, 547).

236 Einzelheiten siehe in den Erläuterungen zu § 28.

VI. Kommunikationseinrichtungen

237 Die Duldung aller Maßnahmen, die zur Herstellung einer Fernsprechteilnehmereinrichtung, einer Rundfunkempfangsanlage oder eines Energieversorgungsanschlusses zugunsten eines Wohnungseigentümers erforderlich sind, gehört gemäß § 21 Abs. 5 Nr. 6 zu den Maßnahmen ordnungsmäßiger Verwaltung.

238 **1. Anwendungsfälle.** § 21 Abs. 5 Nr. 6 findet insbesondere dann Anwendung, wenn nachträglich Wohnraum geschaffen wird – z. B. bei Dachausbauten oder beim Ausbau von Kellerräumen zu Wohnräumen. In solchen Fällen haben die (zulässigerweise) Ausbauenden einen Anspruch darauf, dass die Kommunikationseinrichtungen, die typischerweise zu Wohnräumen gehören, installiert werden. Die insoweit erforderlichen Leitungen dürfen im Bereich des gemeinschaftlichen Eigentums verlegt werden, ohne dass das in § 14 genannte Maß beachtet werden muss (OLG Hamburg ZMR 1992, 118).

239 Auf die Installation von Parabolantennen und auf Anschlüsse an das Breitbandkabelnetz der Deutschen Telekom oder anderer Anbieter findet § 21 Abs. 5 Nr. 6 in der Praxis keine Anwendung (Bärmann/Pick/Merle/*Merle* § 21 Rn. 178).

240 **2. Ersatzanspruch.** Siehe dazu F.

F. Ersatzanspruch aus § 21 Abs. 6

Wer aus einer Maßnahme nach § 21 Abs. 5, 6 (Anschluss an Kommunikationseinrichtungen/Energieversorgungsanschluss) begünstigt ist, ist zum Ersatz des hierdurch entstehenden Schadens verpflichtet. Verschulden ist insoweit nicht erforderlich. 241

G. Weitere Beschlusskompetenzen (Abs. 7)

§ 21 Abs. 7 gibt den Wohnungseigentümern die Beschlusskompetenz bezüglich der Regelung der Art und Weise von Zahlungen, der Fälligkeit und der Folgen des Verzugs sowie der Kosten für eine besondere Nutzung des gemeinschaftlichen Eigentums oder für einen besonderen Verwaltungsaufwand. 242

I. Art und Weise von Zahlungen

Seit dem 1.7.2007 sind Regelungen mehrheitsfähig, die die Art und Weise von Zahlungen betreffen, beispielsweise die Teilnahme am Lastschriftverfahren. 243

II. Fälligkeit

Regelungen, die die Fälligkeit betreffen, sind z. B. Regelungen der Frage, wann das Wohn-/Hausgeld fällig ist. 244

Grundsätzlich ergibt sich die Fälligkeit aus einem vom Verwalter aufgestellten Fälligkeitsplan (vgl. § 28 Abs. 2). 245

Die Fälligkeit ist allerdings auch nach schon bis zum 30.6.2007 geltendem Recht durch Beschluss regelbar. So wurden auch bislang schon von der Rechtsprechung so genannte Fälligkeitsregelungen mit Verfallklauseln gebilligt (BFH NJW 2003, 3550 = ZMR 2003, 943; KG FGPrax 2004, 62 = ZMR 2005, 221). 246

III. Verzugsfolgen

Beschlusskompetenz besteht seit dem 1.7.2007 hinsichtlich der Erhebung von Verzugszinsen oder der Regelung von Vertragsstrafen. 247

IV. Besondere Nutzung/Besonderer Verwaltungsaufwand

Beschlusskompetenz besteht auch hinsichtlich der Kosten für eine besondere Nutzung des gemeinschaftlichen Eigentums bzw. für einen besonderen Verwaltungsaufwand, z. B. die Kosten für 248 die Anfertigung von Kopien, wenn und soweit ein Wohnungseigentümer Einsicht in die Verwalterunterlagen begehrt.

H. Gerichtliche Entscheidung (Abs. 8)

249 Bis zum 30. 6. 2007 wurden wohnungseigentumsrechtliche Verfahren vom Amtsgericht im Verfahren der freiwilligen Gerichtsbarkeit entschieden. Seit dem 1. 7. 2007 ist das FGG-Verfahren durch das ZPO-Verfahren ersetzt worden. Die Möglichkeit, generell nach billigem Ermessen zu entscheiden, ist entfallen.

250 Dies bedeutet z. B. in den Fällen, in denen ein Wirtschaftsplan oder eine Jahresabrechnung nicht erstellt wurde, dies aber als Maßnahme ordnungsmäßiger Verwaltung gemäß § 21 Abs. 4 verlangt wird, dass im Klageverfahren seitens des Klägers ein ausformulierter Wirtschaftsplan oder eine ausformulierte Jahresabrechnung vorgelegt werden müssen. Dies ist faktisch nicht möglich.

251 Daher bestimmt § 21 Abs. 8 in der seit dem 1. 7. 2007 geltenden Fassung, dass dann, wenn die Wohnungseigentümer eine nach dem Gesetz erforderliche Maßnahme nicht treffen, an ihrer Stelle das Gericht in einem Rechtsstreit gemäß § 43 nach billigem Ermessen entscheiden kann.

§ 22. Besondere Aufwendungen, Wiederaufbau

(1) ¹Bauliche Veränderungen und Aufwendungen, die über die ordnungsmäßige Instandhaltung oder Instandsetzung des gemeinschaftlichen Eigentums hinausgehen, können beschlossen oder verlangt werden, wenn jeder Wohnungseigentümer zustimmt, dessen Rechte durch die Maßnahmen über das in § 14 Nr. 1 bestimmte Maß hinaus beeinträchtigt werden. ²Die Zustimmung ist nicht erforderlich, soweit die Rechte eines Wohnungseigentümers nicht in der in Satz 1 bezeichneten Weise beeinträchtigt werden.

(2) ¹Maßnahmen gemäß Absatz 1 Satz 1, die der Modernisierung entsprechend § 559 Abs. 1 des Bürgerlichen Gesetzbuches oder der Anpassung des gemeinschaftlichen Eigentums an den Stand der Technik dienen, die Eigenart der Wohnanlage nicht ändern und keinen Wohnungseigentümer gegenüber anderen unbillig beeinträchtigen, können abweichend von Absatz 1 durch eine Mehrheit von drei Viertel aller stimmberechtigten Wohnungseigentümer im Sinne des § 25 Abs. 2 und mehr als der Hälfte aller Miteigentumsanteile beschlossen werden. ²Die Befugnis im Sinne des Satzes 1 kann durch Vereinbarung der Wohnungseigentümer nicht eingeschränkt oder ausgeschlossen werden.

(3) Für Maßnahmen der modernisierenden Instandsetzung im Sinne des § 21 Abs. 5 Nr. 2 verbleibt es bei den Vorschriften des § 21 Abs. 3 und 4.

(4) Ist das Gebäude zu mehr als der Hälfte seines Wertes zerstört und ist der Schaden nicht durch eine Versicherung oder in anderer Weise gedeckt, so kann der Wiederaufbau nicht gemäß § 21 Abs. 3 beschlossen oder gemäß § 21 Abs. 4 verlangt werden.

Übersicht

	Rn.
A. Begriff	4
I. Bauliche Veränderungen	5
II. Aufwendungen	8
III. Fallgruppen	10
1. Eingriffe in Statik/Substanz des Gebäudes	13
2. Drohende Schäden am Sondereigentum/Gemeinschaftseigentum	14
3. Veränderung des optischen Gesamteindrucks	15
4. Erhöhte Wartungs- und Reparaturanfälligkeit	18
5. Gefahr intensiverer Nutzung	19
6. Entzug der Gebrauchsmöglichkeit	22
7. Gefährdung der Wohnungseigentümer	23
8. Nachteilige Immissionen	24
IV. Einzelfälle	25
B. Zulässigkeit	65
I. Kraft Vereinbarung	66
II. Kraft Beschlusses	69
1. Zustimmung Beeinträchtigter	70
2. Entbehrlichkeit der Zustimmung	75
III. Kraft Verlangens	78
C. Beseitigungsverlangen	80
I. Beseitigungsanspruch	81
1. Rechtsgrundlage	81
2. Verwirkung	83
3. Rechtsmissbrauch	85
II. Anspruchsinhaber	89
III. Anspruchsgegner	90
D. Beschlussfähige Modernisierungsmaßnahmen	94
I. Maßnahmen gemäß § 22 Abs. 1 Satz 1	95
II. Modernisierung im Sinne des § 559 Abs. 1 BGB	96
III. Anpassung des gemeinschaftlichen Eigentums an den Stand der Technik	101
IV. Eigenart der Wohnanlage	103
V. Unbillige Beeinträchtigung	109
VI. Erforderliche Mehrheiten	113
1. Drei Viertel aller stimmberechtigten Wohnungseigentümer	114
2. Hälfte aller Miteigentumsanteile	115
VII. Unabdingbarkeit des § 22 Abs. 2 Satz 1	119
E. Modernisierende Instandsetzung	123
F. Wiederaufbauverlangen	127
I. Hälfte des Wertes	129
1. Wertermittlung	131
2. Berechnung der Hälfte	132

II. Keine Schadensdeckung 133
  1. Versicherung 134
  2. Anderweitige Deckung 135
G. **Kosten baulicher Veränderungen** 136

1   Sowohl für bauliche Veränderungen als auch für Aufwendungen, die über die ordnungsmäßige Instandhaltung oder Instandsetzung des gemeinschaftlichen Eigentums hinausgehen, gelten Sonderregelungen.
2   Die Sonderregelungen bestehen einmal darin, dass in beiden Fallgruppen grundsätzlich die Zustimmung aller beeinträchtigten Wohnungseigentümer erforderlich ist. Insoweit liegt eine Abweichung von § 10 Abs. 5 vor, wonach Beschlüsse grundsätzlich auch für und gegen die Wohnungseigentümer wirken, die gegen den Beschluss gestimmt oder an der Beschlussfassung nicht mitgewirkt haben.
3   Außerdem gilt eine Besonderheit bezüglich der Kostentragung. Den Grundsatz enthält § 16 Abs. 2, wonach jeder Wohnungseigentümer die Lasten des gemeinschaftlichen Eigentums sowie die Kosten der Instandhaltung und Instandsetzung im Verhältnis seines Anteils zu tragen hat. Davon abweichend bestimmt § 16 Abs. 6, dass ein Wohnungseigentümer, der einer Maßnahme nach § 22 Abs. 1 nicht zugestimmt hat, nicht verpflichtet ist, Kosten, die durch eine solche Maßnahme verursacht sind, zu tragen. Anderes gilt nur, wenn § 16 Abs. 4 Anwendung findet. Einzelheiten siehe dort.

A. Begriff

4   In der Praxis wird meist nicht zwischen baulichen Veränderungen einerseits und Aufwendungen, die über die ordnungsgemäße Instandhaltung und Instandsetzung des gemeinschaftlichen Eigentums hinausgehen andererseits, differenziert, da in beiden Fällen die Rechtsfolgen identisch sind.

I. Bauliche Veränderungen

5   Bauliche Veränderungen werden definiert als jede Umgestaltung des gemeinschaftlichen Eigentums, die vom Aufteilungsplan oder früheren Zustand des Gebäudes nach Fertigstellung abweicht. Dies setzt eine auf Dauer angelegte gegenständliche Veränderung des gemeinschaftlichen Eigentums voraus (Bärmann/Pick/Merle/*Merle* § 22 Rn. 6).
6   Bauliche Veränderungen im Bereich des Sondereigentums ohne nachteilige Auswirkungen auf das gemeinschaftliche Eigentum sind von § 22 nicht erfasst.

Bauliche Veränderungen sind nur gegeben, wenn die jeweilige 7
Maßnahme über die ordnungsgemäße Instandhaltung oder Instandsetzung des gemeinschaftlichen Eigentums hinausgeht. Der Relativsatz in § 22 Abs. 1 Satz 1 bezieht sich nicht nur auf „Aufwendungen", sondern auch auf „bauliche(n) Veränderungen" (Bärmann/Pick/Merle/*Merle* § 22 Rn. 8).

II. Aufwendungen

Aufwendungen sind definiert als freiwillige Aufopferung von 8
Vermögenswerten im Interesse eines anderen (BGH NJW 1989, 2818; Palandt/*Heinrichs* § 256 BGB Rn. 1; Bärmann/Pick/Merle/*Merle* § 22 Rn. 10).

Dann, wenn diese Aufwendungen einerseits keine bauliche Ver- 9
änderung mit sich bringen, andererseits aber den Rahmen ordnungsgemäßer Instandhaltung oder Instandsetzung des gemeinschaftlichen Eigentums übersteigen, liegt ein Anwendungsfall des § 22 vor, beispielsweise bei unnötigen Verwaltungsmaßnahmen, wie z. B. eine außergewöhnlich teuere Ersatzbeschaffung oder eine Maßnahme, die dem bestehenden Zustand etwas hinzufügt, z. B. die Anschaffung nicht benötigter Geräte (Bärmann/Pick/Merle/*Merle* § 22 Rn. 11).

III. Fallgruppen

Die Frage, wann eine bauliche Veränderung vorliegt und wann 10
eine Aufwendung, die den Rahmen der Ordnungsmäßigkeit einer Instandhaltungs-/Instandsetzungsmaßnahme überschreitet, wird nicht immer randscharf beantwortet. Vielmehr hilft man sich in der Praxis mit der Bildung von Fallgruppen, an denen sich die jeweils neuere Rechtsprechung orientiert.

Bei allen nachstehend aufgezählten Fallgruppen ist zu be- 11
achten, dass die erstmalige Herstellung eines ordnungsgemäßen Zustandes, also eines Zustandes, der dem Aufteilungsplan entspricht, nicht § 22 unterfällt (BayObLG MieWoE § 22 WEG Nr. 46; WE 2000, 80 = ZMR 2000, 38; DWE 2003, 89).

Auch Maßnahmen zu einem Zeitpunkt, in dem noch nicht ein- 12
mal eine werdende Wohnungseigentümergemeinschaft vorliegt, unterfallen nicht den Bestimmungen des § 22 (Bärmann/Pick/Merle/*Merle* § 22 Rn. 31).

1. Eingriffe in Statik/Substanz des Gebäudes. Eingriffe in die 13
Statik und/oder Substanz des Gebäudes stellen jedenfalls dann eine bauliche Maßnahme dar, wenn sie von einiger Erheblichkeit sind (BGH NJW 2001, 1212; Bärmann/Pick/Merle/*Merle* § 22 Rn. 139).

14 **2. Drohende Schäden am Sondereigentum/Gemeinschaftseigentum.** § 22 findet auch Anwendung, wenn durch eine Maßnahme Schäden entweder am Sondereigentum eines anderen Wohnungseigentümers oder am gemeinschaftlichen Eigentum hinreichend wahrscheinlich sind. Insoweit liegt eine Überschneidung mit der Fallgruppe „Eingriffe in Statik/Substanz des Gebäudes" vor, weil bei Eingriffen in Statik/Substanz des Gebäudes die Gefahr von Schäden üblicherweise gegeben ist (Bärmann/Pick/Merle/*Merle* § 22 Rn. 142).

15 **3. Veränderung des optischen Gesamteindrucks.** Veränderungen des optischen Gesamteindrucks einer Wohnungseigentumsanlage, insbesondere des Gebäudes, unterfallen § 22 (Bärmann/Pick/Merle/*Merle* § 22 Rn. 143).

16 Allerdings ist, wenn es um Veränderungen des optischen Gesamteindrucks geht, besonders intensiv zu prüfen, ob ein Nachteil vorliegt, der zur Zustimmungspflicht führt. Diese Prüfung obliegt dem Tatrichter (BayObLG NZM 1998, 980 = WE 1999, 34).

17 Die Veränderung des optischen Gesamteindrucks durch eine Baumaßnahme ist nur dann nachteilig im Sinne des § 22 Abs. 1, wenn sie von außen, von der Straße, vom Hof oder vom Garten oder auch von der Wohnung eines anderen Wohnungseigentümers aus sichtbar ist. Wenn dem nicht so ist, liegt keine Beeinträchtigung des Erscheinungsbildes vor (OLG Köln NJW 1981, 585; OLG Düsseldorf DWE 1989, 176; BayObLG NJW-RR 1992, 975; MieWoE § 22 WEG Nr. 33). Daher stellt z. B. die Aufstellung von Pflanztrögen auf einer Terrasse, ohne dass diese von außen sichtbar sind, keine nicht hinzunehmende Veränderung des gemeinschaftlichen Eigentums dar (BayObLG MieWoE § 22 WEG Nr. 33).

18 **4. Erhöhte Wartungs- und Reparaturanfälligkeit.** Die Umgestaltung von Sondereigentum oder von Gemeinschaftseigentum kann dazu führen, dass die Wartungs- und Reparaturanfälligkeit des gemeinschaftlichen Eigentums erhöht wird, so dass allein deswegen § 22 Anwendung findet (KG WuM 1991, 128). Die rein theoretische Möglichkeit eines erhöhten Reparaturbedarfes reicht allerdings nicht aus; der erhöhte Bedarf muss konkret gegeben sein (Bärmann/Pick/Merle/*Merle* § 22 Rn. 145).

19 **5. Gefahr intensiverer Nutzung.** Insbesondere in Fällen der Umgestaltung gemeinschaftlicher Räume, die bislang nicht Wohnzwecken dienten, zu Räumen, die nunmehr Wohnzwecken dienen (ehemalige Hobbyräume, Kellerräume, Speicherräume), wird als bauliche Veränderung angesehen. Begründet wird dies mit der Gefahr der intensiveren Nutzung, da eine Nutzung als Wohnung üblicherweise intensiver ist als eine Nutzung als Hobbyraum, Keller oder Speicher (Bärmann/Pick/Merle/*Merle* § 22 Rn. 147).

Dass dem umgestaltenden Wohnungseigentümer an den jeweiligen Räumen ein Sondernutzungsrecht zusteht, ändert daran nichts, da dieses Sondernutzungsrecht nur im Rahmen der ursprünglichen Zweckbestimmung (Hobbyraum, Keller, Speicher) besteht.

Auch die Gefahr einer intensiveren Nutzung von Räumen, die im Sondereigentum stehen, kann dazu führen, dass § 22 Anwendung findet. Die Schwelle zu einer Beeinträchtigung im Sinne des § 22 liegt allerdings höher, da § 13 Abs. 1 jedem Wohnungseigentümer grundsätzlich gestattet, mit den im Sondereigentum stehenden Gebäudeteilen nach Belieben zu verfahren (Bärmann/Pick/Merle/*Merle* § 22 Rn. 148).

6. Entzug der Gebrauchsmöglichkeit. Der Entzug der Gebrauchsmöglichkeit von Teilen des gemeinschaftlichen Eigentums fällt unter § 22. Begründet wird dies damit, dass gemäß § 13 Abs. 2 jeder Wohnungseigentümer zum Mitgebrauch des gemeinschaftlichen Eigentums berechtigt ist (Bärmann/Pick/Merle/*Merle* § 22 Rn. 150). So bedarf das Anbringen einer Garderobe im Treppenhaus als Inanspruchnahme des Alleingebrauchs an Teilen des Gemeinschaftseigentums der Zustimmung aller. Ob der Treppenabsatz, auf dem sich die Garderobe befindet, tatsächlich von den anderen Wohnungseigentümern genutzt wird oder nicht, ist ohne Bedeutung (BayObLG NJW-RR 1998, 875 = WE 1999, 146; OLG München NJW-RR 2006, 803 = ZMR 2006, 712).

7. Gefährdung der Wohnungseigentümer. Eine Gefährdung müssen Wohnungseigentümer zustimmungsfrei hinnehmen. Beispielsweise ist ein Durchbruch durch eine Brandmauer ebenso wenig hinzunehmen wie der Einbau einer nicht feuersicheren Tür oder der Einbau gesundheitsgefährdender Materialien, selbst wenn der Einbau bau- und feuerpolizeilichen Anforderungen genügt (Bärmann/Pick/Merle/*Merle* § 22 Rn. 151).

8. Nachteilige Immissionen. Immissionen können andere beeinträchtigen und daher § 22 unterfallen. Erfasst werden nicht nur „positive" Immissionen (Lärm, Staub), sondern auch „negative" Immissionen wie der Entzug von Licht oder Luft, falls es sich nicht nur um vorübergehende Störungen während der Durchführung einer Baumaßnahme handelt (Bärmann/Pick/Merle/*Merle* § 22 Rn. 152, 153, 154).

IV. Einzelfälle

Von der Rechtsprechung sind als zustimmungspflichtige Maßnahmen im Sinne des § 22 angesehen worden/wurde § 22 problematisiert in folgenden Fällen:

26 **Abgrabungen:** Abgrabungen sind eine bauliche Veränderung (BayObLG MieWoE § 22 WEG Nr. 88);
27 **Absperrkette:** Das Anbringen einer Absperrkette vor einem Kfz-Stellplatz kann eine bauliche Veränderung sein, es liegt jedoch kein Nachteil im Sinne des § 14 Nr. 1 vor (BayObLG MieWoE § 22 WEG Nr. 99);
28 **Amateurfunkantenne:** Jedenfalls wenn eine Veränderung des optischen Gesamteindrucks durch das Anbringen einer Amateurfunkanlage erfolgt, stellt dies eine bauliche Veränderung dar (LG Stuttgart ZMR 1991, 191; LG Hamburg ZMR 2005, 312);
29 **Aufstockung:** Wenn durch Aufstockung eines Gebäudes neuer Wohnraum geschaffen wird, überschreitet dies den Rahmen einer modernisierenden Instandsetzung (BayObLG MieWoE § 22 WEG Nr. 58 b);
30 **Aufzug:** Der Einbau eines Fahrstuhls im Treppenhaus stellt eine bauliche Veränderung schon deshalb dar, wenn dadurch die Treppenhausfenster verkleinert werden müssen (KG ZMR 2005, 75);
31 **Balkon:** Die Anbringung eines Balkons stellt eine bauliche Veränderung dar (BayObLG DNotZ 2003, 932 = MieWoE § 22 WEG Nr. 82; OLG Hamburg ZMR 2006, 702);
32 **Balkonabtrennung:** Die Beseitigung einer Balkonabtrennung kann als bauliche Veränderung zu qualifizieren sein (BayObLG MieWoE § 22 WEG Nr. 58 a);
33 **Balkonsanierung:** Wenn im Wege einer notwendigen Balkonsanierung an Stelle der vorher in Zementmörtel verlegten keramischen Fliesen lose verlegte Betonplatten aufgebracht werden, stellt dies eine bauliche Veränderung dar (OLG Köln DWE 2001, 55);
34 **Balkonverglasung:** Die Verglasung eines Balkons stellt eine bauliche Veränderung dar (BayObLG MieWoE § 22 WEG Nr. 56). Dass auch andere Wohnungseigentümer ihre Balkone verglast haben und dadurch den optischen Gesamteindruck veränderten, steht einem Beseitigungsanspruch nach einer später vorgenommenen Balkonverglasung nicht entgegen (BayObLG MieWoE § 22 WEG Nr. 80; MieWoE § 22 WEG Nr. 83). Falls jedoch eine dahin gehende Regelung in der Teilungserklärung vorhanden ist, kann eine Balkonverglasung zustimmungsfrei vorgenommen werden (BayObLG WE 2004, 176);
35 **Baumfällung:** Wenn bestimmte Bäume für den optischen Gesamteindruck einer Wohnungseigentumsanlage mitbestimmend sind, stellt deren Fällung eine bauliche Veränderung dar. Es sei denn, dass die Fällung erforderlich geworden war, weil die Bäume nicht mehr standsicher waren (OLG Köln NJW-RR 1999, 1027 = ZMR 1999, 660). Die Entscheidung obliegt dem Tatrichter (OLG München ZMR 2006, 799);

Dachgauben: Dachgauben dürfen zustimmungsfrei eingebaut **36** werden, wenn dies in der Teilungserklärung geregelt ist. § 22 ist in solchen Fällen abbedungen (BayObLG NJOZ 2004, 2652);

Deckendurchbruch: Der Durchbruch durch eine Decke als **37** Substanzeingriff stellt eine bauliche Veränderung dar (KG NJW-RR 1990, 334);

Durchbruch/tragende Wand: Wenn eine tragende Wand durch- **38** brochen wird, stellt dies regelmäßig eine bauliche Veränderung dar. Zustimmungsbedürftig ist sie dann allerdings nicht, wenn weder eine optisch nachteilige Veränderung des Gesamteindrucks der Wohnungseigentumsanlage mit einer beabsichtigten Beseitigung von Betonwänden zwischen Loggien verbunden ist und auch die Statik des Gebäudes und die Brandsicherheit nicht gefährdet werden (BayObLG MieWoE § 22 WEG Nr. 67);

Eingang: Wenn mittels eines Wanddurchbruchs ein zusätzlicher **39** Eingang zu den Schließfächern einer Postfiliale geschaffen werden soll, kann darin eine bauliche Veränderung zu sehen sein (OLG Frankfurt vom 14.9.2005, 20 W 305/03, BeckRS 2005, 14050);

Fassadengrün: Maßnahmen, die darin bestehen, das vorhan- **40** dene Fassadengrün („wilder Wein") zu entfernen und zukünftig die Entstehung jeglichen Fassadengrüns zu unterbinden, sind bauliche Veränderungen (OLG Düsseldorf NZM 2005, 149 = ZMR 2005, 304);

Fensteraustausch: Wenn Holzfenster gegen optisch ähnliche **41** Kunststofffenster ausgetauscht werden, stellt dies keine bauliche Veränderung dar (BayObLG ZMR 2005, 894 = BeckRS 2005, 3084);

Garagenanbau: Der nachträgliche Anbau einer Garage kann **42** eine bauliche Veränderung sein (BayObLG NJW-RR 2003, 952 = DWE 2003, 88);

Garderobe im Treppenhaus: Das Anbringen einer Garderobe **43** im Treppenhaus stellt einen Entzug der Gebrauchsmöglichkeit für die anderen Wohnungseigentümer dar, ist somit als bauliche Veränderung zu qualifizieren (BayObLG NJW-RR 1998, 875 = WE 1999, 146; OLG München NJW-RR 2006, 803 = ZMR 2006, 712);

Gartenhaus: Die Errichtung eines Gartenhauses stellt grund- **44** sätzlich eine bauliche Veränderung dar (LG München I WE 1999, 6; BayObLG MieWoE § 22 WEG Nr. 87);

Grillplatz: Die Entfernung eines Grillplatzes stellt regelmäßig **45** eine bauliche Veränderung dar (BayObLG MieWoE § 22 WEG Nr. 59; NJOZ 2004, 3908 = ZMR 2004, 924);

Hecke/Heckenrückschnitt: Wenn eine Hecke verändert wird **46** dahin gehend, dass ein Durchgang hineingeschnitten wird, kann es sich um eine bauliche Veränderung handeln (BayObLG ZMR

§ 22 I. Teil. Wohnungseigentum

1989, 192): eine Abgrenzung zu Pflegemaßnahmen ist erforderlich (OLG München NJW-RR 2006, 88 = ZMR 2006, 67);

47 **Heizungsumstellung:** Wird eine sanierungsbedürftige Öl-Zentralheizungsanlage auf Gasbetrieb umgestellt, handelt es sich regelmäßig um eine zustimmungsfreie modernisierende Instandsetzung (BayObLG MieWoE § 22 WEG Nr. 65);

48 **Holztrennwand:** Der Ersatz der seitlichen Begrenzung eines offenen Garagenstellplatzes durch Maschendraht durch eine massive Holztrennwand stellt eine bauliche Veränderung dar (OLG München NZM 2006, 783 = ZMR 2006, 641);

49 **Kinderspielplatz:** Wenn ein baurechtlich vorgeschriebener Kinderspielplatz auf einer Gemeinschaftsfläche errichtet wird, liegt keine bauliche Veränderung vor. Gleiches gilt für die Versetzung einer Schaukel (BayObLG NZM 1998, 817 = WE 1999, 38);

50 **Leuchtreklame:** Die Anbringung beleuchteter Reklametafeln an der Außenwandfassade stellt eine bauliche Veränderung dar (OLG Köln NZM 2007, 92);

51 **Müllcontainerplatz/Mülltonnenanlage:** Die Umsetzung und Umgestaltung von Müllcontainerplätzen ist eine bauliche Veränderung (BayObLG NZM 2003, 114 = MieWoE § 22 WEG Nr. 66; AG Hannover ZMR 2005, 313);

52 **Parabolantenne:** Die Anbringung einer Parabolantenne stellt grundsätzlich eine bauliche Veränderung dar, auch wenn dies auf dem Balkon einer Eigentumswohnung geschieht (BayObLG NJW-RR 1999, 956; BGH NJW 2004, 937 = DWE 2005, 63; OLG Köln NZM 2005, 108 = ZMR 2004, 939); siehe auch Satellitenantenne;

53 **Pergola:** Die Errichtung einer Pergola stellt regelmäßig eine bauliche Veränderung dar (OLG München ZMR 2006, 800 = BeckRS 2006, 8282);

54 **Rollläden:** Die Veränderung von Rollläden verändert den optischen Gesamteindruck. Gleichwohl liegt keine bauliche Veränderung vor, wenn lediglich mechanische Rollladenheber durch elektrische Rollladenheber ausgetauscht werden (OLG Köln DWE 2000, 148);

55 **Rollladenkästen:** Die Anbringung von nach außen vorstehenden Rollladenkästen stellt eine bauliche Veränderung dar (OLG Düsseldorf WE 1996, 32);

56 **Satellitenantenne:** Die Installation einer Satellitenantenne stellt grundsätzlich wegen der Veränderung des optischen Gesamteindrucks eine bauliche Veränderung dar (OLG Schleswig NJOZ 2005, 3351 = ZMR 2005, 816), deren Anbringung jedoch eine Interessenabwägung insbesondere dann erfordert, wenn sie notwendig ist, um z. B. ausländischen Wohnungseigentümern den Empfang von Programmen in ihrer Heimatsprache zu ermöglichen (OLG Düsseldorf DWE 2001, 150 = ZMR 2001, 648);

Solaranlage: Die Neuerrichtung einer Solaranlage stellt eine 57 bauliche Veränderung dar (OLG München NZM 2005, 825 = ZMR 2006, 68);

Speicherausbau: Der Ausbau eines Speichers zu Wohnzwecken 58 bringt die Gefahr einer intensiveren Nutzung mit sich, stellt somit eine bauliche Veränderung dar (OLG München ZMR 2006, 301);

Stufen: Die Anbringung von Stufen in einer Böschung zwischen 59 einer zum Sondereigentum gehörenden Terrasse und der im gemeinschaftlichen Eigentum stehenden Gartenfläche ist eine bauliche Veränderung (BayObLG NZM 2004, 747 = ZMR 2005, 66);

Teichanlage: Die Anlage eines Teiches stellt eine bauliche Ver- 60 änderung dar (BayObLG NZM 2005, 744);

Terrassenüberdachung: Die Überdachung einer Terrasse stellt 61 eine bauliche Veränderung dar (OLG Hamburg WE 2001, 140; OLG München ZMR 2006, 230);

Versorgungsleitungen: Wenn Versorgungsleitungen wegen be- 62 stehender Hausgeldrückstände abgetrennt werden, stellt dies keine bauliche Veränderung dar, sondern lediglich eine Maßnahme zur Ermöglichung der Ausübung des den Wohnungseigentümern zustehenden Zurückbehaltungsrechts (BayObLG NJW-RR 2004, 1382);

Wandfliesen: Wenn Wandfliesen sichtbar im Balkonbereich an- 63 gebracht werden, stellt dies eine bauliche Veränderung dar (AG Hannover ZMR 2005, 658);

Wintergarten: Die Errichtung eines Wintergartens stellt eine 64 bauliche Veränderung dar (KG WE 2000, 55 = ZMR 1999, 850; OLG Zweibrücken WE 2000, 30 = ZMR 1999, 855; BayObLG MieWoE § 22 WEG Nr. 84).

B. Zulässigkeit

Die Zulässigkeit baulicher Veränderungen/von Maßnahmen, 65 die über eine ordnungsgemäße Instandhaltung oder Instandsetzung hinausgehen (jeweils im Sinne des § 22 Abs. 1), kann sich zum einen daraus ergeben, dass eine entsprechende Vereinbarung vorliegt. Zum anderen kann sich die Zulässigkeit daraus ergeben, dass ein entsprechender Beschluss mit der erforderlichen Zustimmung der Beeinträchtigten gefasst wurde. Drittens kann es sich um eine gemäß § 21 Abs. 4 verlangte Maßnahme handeln.

I. Kraft Vereinbarung

Es ist zulässig, in der Teilungserklärung das Erfordernis der Zu- 66 stimmung der übrigen Wohnungseigentümer zu einer baulichen Veränderung ausdrücklich auszuschließen oder einzuschränken

(BayObLG BeckRS 2004, 7242 = NWB Nr. 6 vom 7. 2. 2005 Eilnachrichten Fach 1 Seite 49). Dass kein Zustimmungserfordernis besteht, kann sich auch durch Auslegung einer Teilungserklärung/Gemeinschaftsordnung ergeben (BayObLG DNotZ 2005, 222).

67 Sieht die Gemeinschaftsordnung vor, dass bauliche Veränderungen der schriftlichen Einwilligung des Verwalters bedürfen, so ist dies in der Regel nur als zusätzliches Erfordernis anzusehen, das neben die Zustimmung der durch die Veränderungen beeinträchtigten Wohnungseigentümer tritt (BayObLG MieWoE § 22 WEG Nr. 43).

68 Macht die Teilungserklärung die Vornahme baulicher Veränderungen von der schriftlichen Zustimmung des Verwalters abhängig und bestimmt die Teilungserklärung zusätzlich, dass ein veränderungswilliger Wohnungseigentümer im Falle der Zustimmungsverweigerung durch den Verwalter einen Mehrheitsbeschluss der Gemeinschaft herbeiführen kann, so bedeutet dies nicht, dass die (nach bis zum 30. 6. 2007 geltendem Recht) grundsätzlich erforderliche Zustimmung zugunsten einer Mehrheitsentscheidung abbedungen sein soll (OLG Düsseldorf NJW-RR 1997, 1103 = DWE 1998, 85).

II. Kraft Beschlusses

69 Sowohl bauliche Veränderungen als auch Aufwendungen, die über die ordnungsmäßige Instandhaltung oder Instandsetzung des gemeinschaftlichen Eigentums hinausgehen, können beschlossen werden. Voraussetzung ist allerdings, dass jeder Wohnungseigentümer zustimmt, dessen Rechte durch die Maßnahmen über das in § 14 Nr. 1 bestimmte Maß hinaus beeinträchtigt werden (§ 22 Abs. 1 Satz 1).

70 **1. Zustimmung Beeinträchtigter.** Eine Zustimmung ist eine einseitige empfangsbedürftige Willenserklärung, die zu ihrer Wirksamkeit wie jede andere Willenserklärung des Zugangs bedarf (§ 130 BGB). Sie ist formfrei.

71 Zustimmungsberechtigt sind die Wohnungseigentümer, Abweichendes kann vereinbart werden, z. B. dass der Wohnungseigentumsverwalter zustimmungsberechtigt ist (LG Hamburg ZMR 2004, 863).

72 Die Zustimmung kann auch in der Unterzeichnung eines öffentlich-rechtlichen Bauantrages liegen, dem die Bauzeichnungen beigefügt sind. In der Unterzeichnung dieses Bauantrages liegt die privatrechtliche Zustimmung zu beantragten baulichen Veränderungen (KG WE 1998, 346).

73 Die Zustimmung kann widerrufen werden. Der Widerruf ist problemlos so lange möglich, wie der bauwillige Wohnungseigen-

tümer noch keine Dispositionen zur Verwirklichung einer geplanten Maßnahme (z. B. Errichtung einer Balkonanlage) getroffen hat (OLG Düsseldorf NZM 2006, 702 = ZMR 2006, 624).

Der Widerruf ist nicht mehr möglich, wenn eine Bindung der 74 Wohnungseigentümer eingetreten ist, die bereits zugestimmt haben. Eine Bindung kann sich auch aus einem bestandskräftigen Mehrheitsbeschluss über eine bauliche Veränderung ergeben. Die Beseitigung einer gemäß § 22 Abs. 1 beschlossenen baulichen Veränderung stellt nämlich ihrerseits wieder eine die Einstimmigkeit aller Beeinträchtigten voraussetzende bauliche Maßnahme im Sinne des § 22 dar (Weitnauer/*Lüke* § 22 Rn. 9). Zwar ist es grundsätzlich zulässig, über eine geregelte Angelegenheit erneut zu beschließen („Zweitbeschluss"), allerdings nur, soweit schutzwürdige Belange einzelner Wohnungseigentümer aus dem Erstbeschluss beachtet werden (BGH NJW 1991, 979 = ZMR 1991, 146). Soll jedoch durch einen Mehrheitsbeschluss die Genehmigung einer baulichen Änderung widerrufen werden, bedarf es dafür eines sachlichen Grundes. Der betroffene Wohnungseigentümer darf nicht unbillig benachteiligt werden (OLG Düsseldorf NJW 2006, 1143 = ZMR 2006, 389).

2. Entbehrlichkeit der Zustimmung. Die Zustimmung im Sinne 75 des § 22 Abs. 1 ist nur erforderlich, wenn Wohnungseigentümer über das in § 14 Nr. 1 bestimmte Maß hinaus beeinträchtigt werden.

Nicht jede Beeinträchtigung ist eine Beeinträchtigung im Sinne 76 des § 22 Abs. 1. Es muss sich um eine konkrete und objektive Beeinträchtigung handeln (BayObLG BeckRS 2005, 3087). Lediglich subjektive Beeinträchtigungen bleiben außer Betracht.

Wenn es demjenigen, der einen Beseitigungsanspruch geltend 77 macht, nur „ums Prinzip geht" oder wenn er nur „den Anfängen wehren will", reicht dies nicht zur Annahme einer Beeinträchtigung im Sinne des § 22 Abs. 1 (OLG Hamburg ZMR 2005, 305). Dass von der Rechtsprechung lediglich subjektiv empfundene Beeinträchtigungen nicht als ausreichende Beeinträchtigung angesehen werden, entspricht dem Charakter des § 22 Abs. 1 a. F. als Ausnahmeregelung (BVerfG NJW-RR 2005, 454 = ZMR 2005, 634). Durch die seit dem 1. 7. 2007 gegebene Beschlusskompetenz dürfte sich an der Einstufung als Ausnahmeregelung angesichts der geforderten qualifizierten Mehrheit nichts geändert haben.

III. Kraft Verlangens

Wenn jeder, dessen Rechte über das in § 14 Nr. 1 bestimmte 78 Maß hinaus beeinträchtigt werden, zustimmt, können bauliche

Veränderungen und Aufwendungen, die über die ordnungsmäßige Instandhaltung oder Instandsetzung des gemeinschaftlichen Eigentums hinausgehen, verlangt werden (§ 22 Abs. 1 i. V. m. § 21 Abs. 4).

79 Das bedeutet, dass ein einzelner Wohnungseigentümer einen Anspruch gegen die anderen Wohnungseigentümer hat, eine Maßnahme gemäß § 22 Abs. 1 Satz 1 im Beschlusswege zu gestatten. Im Ergebnis hat dies zur Konsequenz, dass „im äußersten Fall" ein einzelner Wohnungseigentümer die bauliche Veränderung allein durchführen kann, wenn kein anderer Wohnungseigentümer dadurch beeinträchtigt wird (Bärmann/Pick/Merle/ *Merle* § 22 Rn. 124).

C. Beseitigungsverlangen

80 Wenn und soweit ohne die gemäß § 22 Abs. 1 erforderliche Zustimmung der Beeinträchtigten eine Maßnahme im Sinne des § 22 Abs. 1 durchgeführt wurde, besteht ein Beseitigungsanspruch.

I. Beseitigungsanspruch

81 **1. Rechtsgrundlage.** Wenn nicht alle Wohnungseigentümer einer Maßnahme im Sinne des § 22 Abs. 1 zugestimmt haben, die hätten zustimmen müssen, ist die Maßnahme nicht rechtmäßig. Es besteht ein Beseitigungsanspruch. Rechtsgrundlage ist § 1004 Abs. 1 BGB i. V. m. § 22 Abs. 1 (Bärmann/Pick/Merle/*Merle* § 22 Rn. 264). Der Anspruch ist gerichtet auf Beseitigung der Beeinträchtigung. Wenn die Wiederherstellung des früheren Zustandes die einzige Möglichkeit ist, die Beeinträchtigung zu beseitigen, ist der Anspruch auf Wiederherstellung des früheren Zustandes gerichtet (Bärmann/Pick/Merle/*Merle* § 22 Rn. 267).

82 Als Rechtsgrundlage kommt auch § 823 Abs. 1 BGB i. V. m. § 249 BGB in Betracht. Der Anspruch aus § 823 Abs. 1 BGB ist verschuldensabhängig. Jedenfalls Fahrlässigkeit dürfte im Regelfall dann anzunehmen sein, wenn nicht alle Zustimmungsberechtigten zugestimmt haben und der Wohnungseigentümer, der die Veränderung ohne die erforderliche Zustimmung durchführte, sich nicht ausreichend hinsichtlich der Entbehrlichkeit einer Zustimmung informiert hat (Bärmann/Pick/Merle/*Merle* § 22 Rn. 270).

83 **2. Verwirkung.** Ein Beseitigungsanspruch kann verwirkt sein. Das Umstandsmoment kann sich daraus ergeben, dass ein Wohnungseigentümer trotz eines die Beseitigung der baulichen Verän-

derung ablehnenden Beschlusses erst mehr als dreieinhalb Jahre später die Beseitigung gerichtlich durchzusetzen versucht (BayObLG MieWoE § 22 WEG Nr. 100).

Fast zweijährige außergerichtliche Vergleichsverhandlungen führen nicht zur Verwirkung (KG DWE 2005, 36). Eine Duldung über 15 Jahre reicht zur Verwirkung aus (OLG Hamburg ZMR 2005, 805). Bei von außen sichtbaren baulichen Veränderungen reicht ein Zeitraum von sechs bzw. acht Jahren aus (KG NJW-RR 1997, 713 = ZMR 1997, 315). Im Fall einer Rechtsnachfolge reicht ein Zeitraum von zehn Jahren (OLG Hamburg IMR 2006, 82). 84

3. Rechtsmissbrauch. Das Verlangen nach Beseitigung einer baulichen Veränderung kann rechtsmissbräuchlich sein, wenn der in Anspruch Genommene dem Verlangen nur unter unverhältnismäßigen, billigerweise nicht zumutbaren Aufwendungen entsprechen kann. Im Rahmen der Zumutbarkeitsprüfung sind alle Umstände des Einzelfalls zu berücksichtigen. 85

Regelmäßig spricht es gegen einen Rechtsmissbrauch, wenn der in Anspruch genommene Wohnungseigentümer sich des Risikos der von ihm ohne die erforderliche Zustimmung vorgenommenen baulichen Veränderungen bewusst war. Etwas anderes kann jedoch gelten, wenn die Baumaßnahme nicht zum Vorteil einzelner Wohnungseigentümer vorgenommen wurde, sondern durch die Mehrheit in Verfolgung eines gemeinschaftlichen Zwecks (BayObLG NZM 1999, 1150 = DWE 2000, 35). 86

Ein Beseitigungsverlangen ist dann nicht rechtsmissbräuchlich, wenn eine Wohnungsabschlusstür wieder in den ursprünglichen Zustand versetzt werden soll. Das schutzwürdige Interesse der jeweiligen Antragsteller kann schon darin liegen, dass die Einheitlichkeit der Anlage gewahrt werden soll. 87

Dagegen kann sich ein zur Beseitigung verpflichteter Wohnungseigentümer regelmäßig nicht auf die finanzielle Unzumutbarkeit eines Rückbaus berufen, wenn er einen Umbau durchgeführt hat, ohne sich zuvor zwecks Erteilung einer Genehmigung mit den übrigen Wohnungseigentümern ins Benehmen zu setzen. Das gilt erst recht dann, wenn der Umbau im Bewusstsein des damit verbundenen Risikos durchgeführt wurde (OLG München BeckRS 2006, 4328). 88

II. Anspruchsinhaber

Ein Beseitigungsanspruch stand bis zum 30.6.2007 jedem Wohnungseigentümer dieser Wohnungseigentumsanlage zu (Bärmann/Pick/Merle/*Merle* § 22 Rn. 264), also nicht nur denjenigen Wohnungseigentümern, die beeinträchtigt sind und nicht zuge- 89

§ 22 I. Teil. Wohnungseigentum

stimmt haben. Seit dem 1.7.2007 steht der Anspruch der Gemeinschaft der Wohnungseigentümer zu (§ 10 Abs. 6 Satz 3, siehe dort).

III. Anspruchsgegner

90 Anspruchsgegner ist im Regelfall derjenige Wohnungseigentümer, der ohne die erforderliche Zustimmung einzuholen die Maßnahme im Sinne des § 22 Abs. 1 durchgeführt hat. Er wird als Handlungsstörer in Anspruch genommen (Bärmann/Pick/Merle/*Merle* § 22 Rn. 265).

91 Hat ein Wohnungseigentümer zugelassen, dass ein Mieter der von ihm vermieteten Eigentumswohnung Maßnahmen im Sinne des § 22 Abs. 1 ohne die erforderliche Zustimmung der Beeinträchtigten vorgenommen hat, ist der Wohnungseigentümer als Zustandsstörer in Anspruch zu nehmen (Bärmann/Pick/Merle/*Merle* § 22 Rn. 278).

92 Der Rechtsnachfolger eines Handlungsstörers wird auf Beseitigung in Anspruch genommen, wenn er Gesamtrechtsnachfolger ist (Bärmann/Pick/Merle/*Merle* § 22 Rn. 266), also regelmäßig in den Fällen der Vererbung.

93 Handelt es sich bei dem Rechtsnachfolger um einen Einzelrechtsnachfolger (Erwerbsfälle), ist der Rechtsnachfolger auf Duldung der Beseitigung in Anspruch zu nehmen (Bärmann/Pick/Merle/*Merle* § 22 Rn. 266).

D. Beschlussfähige Modernisierungsmaßnahmen

94 § 22 Abs. 2 in der seit dem 1.7.2007 geltenden Fassung bestimmt, dass Maßnahmen im Sinne des § 22 Abs. 1 Satz 1, die der Modernisierung im Sinne des § 559 Abs. 1 BGB oder der Anpassung des gemeinschaftlichen Eigentums an den Stand der Technik dienen, die Eigenart der Wohnanlage nicht ändern und keinen Wohnungseigentümer gegenüber anderen unbillig beeinträchtigen, abweichend vom Einstimmigkeitsprinzip (soweit es um beeinträchtigte Wohnungseigentümer geht) des Abs. 1 durch eine Mehrheit von $^3/_4$ aller stimmberechtigten Wohnungseigentümer und mehr als der Hälfte aller Miteigentumsanteile beschlossen werden können.

I. Maßnahmen gemäß § 22 Abs. 1 Satz 1

95 Beschlussfähige Modernisierungsmaßnahmen im Sinne des § 22 Abs. 2 sind nur Maßnahmen, die sich entweder als bauliche Verän-

derung im Sinne des § 22 Abs. 1 Satz 1 Alternative 1 oder als Aufwendungen, die über die ordnungsgemäße Instandhaltung oder Instandsetzung des gemeinschaftlichen Eigentums hinausgehen, im Sinne des § 22 Abs. 1 Satz 1 Alternative 2 darstellen (Rn. 25 ff.).

II. Modernisierung im Sinne des § 559 Abs. 1 BGB

§ 22 Abs. 2 Satz 1 gibt den Wohnungseigentümern die Beschlusskompetenz für Maßnahmen, die über die (normale) Instandhaltung/Instandsetzung und über die (modernisierende) Instandhaltung/Instandsetzung hinausgehen und sich als Modernisierungsmaßnahme im Sinne des § 559 Abs. 1 BGB darstellen. 96

Modernisierungsmaßnahmen im Sinne des § 559 Abs. 1 BGB sind Maßnahmen, die alternativ drei Zwecken dienen: 97

Ein von § 559 Abs. 1 BGB genannter Zweck ist die Erhöhung des Gebrauchswerts. Es muss sich um eine nachhaltige Erhöhung handeln. Anzulegen ist ein objektiver Maßstab. In Betracht kommen bauliche Maßnahmen, die den Zuschnitt der Wohnung betreffen, die den Schallschutz betreffen, die sanitären Einrichtungen oder die Sicherheit vor Diebstahl und Gewalt, beispielsweise der Einbau eines Aufzugs (LG Hamburg ZMR 2002, 918) oder der Einbau einer neuen Haustür mit zusätzlichen Sicherungen (PWW/*Elzer* § 559 BGB Rn. 6). 98

Der zweite in § 559 Abs. 1 BGB genannte Modernisierungszweck ist die Verbesserung der Wohnverhältnisse. Insoweit kommen in Betracht Verbesserungen der Außenanlagen, z.B. die Anlage von Kinderspielplätzen, Grünanlagen, Fahrradkellern, Hobbykellern und Stellplätzen. 99

Der dritte von § 559 Abs. 1 BGB genannte Zweck ist die nachhaltige Einsparung von Energie oder Wasser. Insoweit kommen in Betracht die Verbesserung der Wärmedämmung von Fenstern oder Außentüren. Eine Verbesserung des Wohnwertes durch die genannten Maßnahmen ist nicht erforderlich. Es reicht aus, wenn die Einsparung von Heizenergie wesentlich und von Dauer ist (BGH NJW-RR 2004, 658 = ZMR 2004, 407). Eine Mindesteinsparung ist nicht erforderlich (BGH NJW 2002, 2036 = ZMR 2002, 503). 100

III. Anpassung des gemeinschaftlichen Eigentums an den Stand der Technik

Auch Maßnahmen im Sinne des § 22 Abs. 1 Satz 1, die der Anpassung des gemeinschaftlichen Eigentums an den Stand der Technik dienen, unterliegen der Beschlusskompetenz der Wohnungseigentümer. 101

102 Mit „Stand der Technik" ist das Niveau einer anerkannten und in der Praxis bewährten, fortschrittlichen technischen Entwicklung gemeint (vgl. BGH vom 22.1.2004, NJW/NZM Sonderdruck 2004, 18). Der Begriff ist nicht identisch mit dem der „anerkannten Regeln der Technik".

IV. Eigenart der Wohnanlage

103 Es besteht keine Beschlusskompetenz zu einer Umgestaltung der Wohnungseigentumsanlage, die deren bisherige Eigenart ändert.

104 Eine Änderung der Eigenart liegt vor, wenn ein Anbau erfolgt, ein Wintergarten angebaut wird, ein Teil des Gebäudes abgerissen wird oder eine Aufstockung erfolgt.

105 Auch Luxussanierungen oder Veränderungen der Zweckbestimmung dergestalt, dass bisher als Speicher genutzte Räumlichkeiten zu Wohnungen umgebaut werden, sind unzulässig. Gleiches gilt für die Asphaltierung einer Grünfläche zwecks Schaffung von Abstellplätzen für Pkw.

106 Auch eine nachteilige andauernde Veränderung des optischen Gesamteindrucks ist nicht von der Beschlusskompetenz der Wohnungseigentümer umfasst, beispielsweise in den Fällen, in denen nur einzelne Balkone an der Front eines Hauses verglast werden anstatt aller Balkone an der Front des Hauses.

107 Auch Störungen der „Symmetrie" des Hauses, z.B. durch den vereinzelten Einbau von Dachgauben, verändern die Eigenart des Objekts.

108 Immer dann, wenn eine Veränderung der Eigenart vorliegt, ist es erforderlich, die Zustimmung aller Beeinträchtigten einzuholen.

V. Unbillige Beeinträchtigung

109 Selbst wenn es sich um eine grundsätzlich gemäß § 22 Abs. 1 Satz 1 mehrheitsfähige Modernisierungsmaßnahme handelt, verbleibt es bei der Regel des § 22 Abs. 1 (Zustimmung aller Beeinträchtigten) in den Fällen, in denen ein Wohnungseigentümer durch die Modernisierungsmaßnahme gegenüber anderen unbillig beeinträchtig wird.

110 Im Regierungsentwurf zur WEG-Novelle war geplant, eine „erhebliche" Beeinträchtigung gesetzlich zu verankern. Hintergrund war die bisherige Rechtsprechung, wonach als Beeinträchtigung jede „nicht ganz unerhebliche" Beeinträchtigung ausreichte (Bärmann/Pick/Merle/*Merle* § 22 Rn. 127 m. w. N.).

111 Der Umstand, dass in der Gesetz gewordenen Fassung des § 22 Abs. 2 nunmehr nicht auf die Erheblichkeit, sondern auf die Un-

billigkeit abgestellt wird, bedeutet, dass die individuellen Belange der einzelnen Wohnungseigentümer eine größere Relevanz haben als ursprünglich vorgesehen.

Somit kommt es im Ergebnis nicht nur darauf an, dass die Kosten der Maßnahme nach Durchführung einer Nutzen-Kosten-Analyse objektiv gesehen zu vernachlässigen sind, sondern es kommt auch darauf an, ob ein einzelner Wohnungseigentümer die aus der Maßnahme resultierende finanzielle Belastung tragen kann. Sofern es sich um Maßnahmen handelt, die aus einer angesammelten Instandhaltungsrückstellung finanziert werden können, ist dieser Aspekt allerdings zu vernachlässigen. Von Bedeutung ist er lediglich dann, wenn die Maßnahme durch eine Sonderumlage finanziert werden muss. 112

VI. Erforderliche Mehrheiten

Die Ausnahme vom (auf beeinträchtigte Wohnungseigentümer beschränkten) Einstimmigkeitsprinzip des § 22 Abs. 1 ist ihrerseits nicht uneingeschränkt. Der Gesetzgeber hat die Beschlusskompetenz an eine qualifizierte Mehrheit gebunden. 113

1. Drei Viertel aller stimmberechtigten Wohnungseigentümer. Ein Beschluss über eine Modernisierungsmaßnahme im Sinne des § 22 Abs. 2 Satz 1 setzt eine qualifizierte Mehrheit voraus. Abzustellen ist auf eine Mehrheit von drei Viertel aller stimmberechtigten Wohnungseigentümer im Sinne des § 25 Abs. 2. Dies bedeutet, dass es für die Berechnung der drei Viertel nicht darauf ankommt, wie viele Wohnungseigentümer in der Wohnungseigentümerversammlung anwesend sind, sondern darauf, wie viele Wohnungseigentümer grundsätzlich stimmberechtigt sind. Ob die stimmberechtigten Wohnungseigentümer in der jeweiligen Wohnungseigentümerversammlung, in der der Modernisierungsbeschluss gefasst wird, anwesend sind oder nicht, ist ohne Bedeutung. 114

2. Hälfte aller Miteigentumsanteile. Weiterhin ist erforderlich, dass die Wohnungseigentümer, die den Modernisierungsbeschluss fassen, mehr als die Hälfte aller Miteigentumsanteile repräsentieren. 115

Durch die Regelung soll verhindert werden, dass Wohnungseigentümer, denen der größere Teil des gemeinschaftlichen Eigentums zusteht, die demgemäß entsprechende Investitionen gemacht und die gemäß § 16 Abs. 2 die Kosten nach ihrem Miteigentumsanteil zu tragen haben, durch Mehrheiten überstimmt werden können, die allein nach Köpfen berechnet werden. 116

Dass auf die Hälfte der Miteigentumsanteile abgestellt wird, soll Missbräuche erschweren. 117

118 Die Regelung korrespondiert mit § 16 Abs. 4 Satz 2, wonach ein Beschluss zur Regelung der Verteilung von Kosten, die Maßnahmen im Sinne des § 22 Abs. 1, 2 betreffen, ebenfalls einer Mehrheit von drei Vierteln aller stimmberechtigten Wohnungseigentümer und mehr als der Hälfte aller Miteigentumsanteile erfordert.

VII. Unabdingbarkeit des § 22 Abs. 2 Satz 1

119 Die Beschlusskompetenz im Sinne des § 22 Abs. 2 Satz 1 kann durch Vereinbarung der Wohnungseigentümer nicht eingeschränkt und auch nicht ausgeschlossen werden (§ 22 Abs. 1 Satz 1).

120 Das betrifft sowohl bestehende als auch künftig zu treffende Vereinbarungen.

121 § 22 Abs. 2 Satz 2 ist i. V. m. § 16 Abs. 5 zu sehen, weil Entscheidungen über Maßnahmen im Sinne des § 22 Abs. 2 Satz 1 und Entscheidungen über den insoweit jeweils anzuwendenden Kostenverteilungsschlüssel in der Praxis regelmäßig einheitlich getroffen werden. Die Maßnahme, um die es geht, und die Kostenverteilung werden in der Praxis als einheitlicher Komplex angesehen.

122 Abweichende Beschlüsse zu baulichen Veränderungen oder Aufwendungen, die über die Instandhaltung/Instandsetzung hinausgehen, auf Grund einer Öffnungsklausel mit geringeren als den gesetzlichen Anforderungen bleiben zulässig. Durch derartige Beschlüsse wird die Befugnis der Mehrheit der Wohnungseigentümer nicht eingeschränkt, sondern erweitert.

E. Modernisierende Instandsetzung

123 § 22 Abs. 3 bestimmt, dass für Maßnahmen der modernisierenden Instandsetzung im Sinne des § 21 Abs. 5 Nr. 2 § 21 Abs. 3 und § 21 Abs. 4 gilt. Dies bedeutet, dass Maßnahmen der modernisierenden Instandsetzung solche ordnungsmäßiger Verwaltung sind, die gemäß § 21 Abs. 3 beschlossen und gemäß § 21 Abs. 4 verlangt werden können.

124 § 21 Abs. 3 in der seit dem 1. 7. 2007 geltenden Fassung dient lediglich der Klarstellung.

125 Wenn es sich um eine Maßnahme handelt, durch die bereits vorhandene Einrichtungen wegen bereits notwendiger oder absehbarer Reparaturen technisch auf einen aktuellen Stand gebracht oder durch eine wirtschaftlich sinnvollere Lösung ersetzt werden, handelt es sich um die Fälle, die bislang schon unter dem Oberbegriff „modernisierende Instandsetzung" der Beschlusskompetenz der Wohnungseigentümer unterlagen.

Zum Begriff der modernisierenden Instandsetzung und zu den insoweit einschlägigen Fällen siehe § 21 Rn. 143 ff.

126

F. Wiederaufbauverlangen

Wenn eine in der Rechtsform des Wohnungseigentumsgesetzes errichtete Immobilie zu mehr als der Hälfte ihres Wertes zerstört ist und der Schaden nicht durch eine Versicherung oder in anderer Weise gedeckt ist, so kann ein Wiederaufbau nicht als Maßnahme ordnungsmäßiger Verwaltung gemäß § 21 Abs. 3 beschlossen oder gemäß § 21 Abs. 4 verlangt werden.

127

Wenn das Gebäude nicht zu mehr als zur Hälfte seines Wertes zerstört ist, besteht eine Wiederaufbaupflicht, unabhängig davon, ob der Schaden durch eine Versicherung oder in sonstiger Weise gedeckt ist (Bärmann/Pick/Merle/*Merle* § 22 Rn. 293).

128

I. Hälfte des Wertes

§ 22 Abs. 4 spricht von „das Gebäude". Dies passt zu den gesetzgeberischen Vorstellungen, wonach Wohnungseigentum an einzelnen Gebäuden zu begründen war.

129

Konsequenterweise kommt es bei einer Mehrhausanlage in den Fällen, in denen nur ein einziges von mehreren Gebäuden zerstört wird, ausschließlich auf den Zerstörungsgrad dieses Gebäudes an (Bärmann/Pick/Merle/*Merle* § 22 Rn. 296).

130

1. Wertermittlung. Die Wertermittlung erfolgt durch Schätzung. Maßgebend ist der Verkehrswert zum Zeitpunkt des Schadenseintritts, der mit dem Restwert nach der Zerstörung verglichen wird (Bärmann/Pick/Merle/*Merle* § 22 Rn. 294).

131

2. Berechnung der Hälfte. Es ist streitig, ob bei der Berechnung nur auf den Wert des gemeinschaftlichen Eigentums abgestellt wird oder auch auf den Wert des Sondereigentums (Bärmann/Pick/Merle/*Merle* § 22 Rn. 293). Der Streit wird lediglich in der Literatur ausgetragen. Praxisfälle dazu sind nicht bekannt.

132

II. Keine Schadensdeckung

Wenn der durch die Zerstörung des Gebäudes eingetretene Schaden durch eine Versicherung oder in anderer Weise gedeckt ist, darf der Wiederaufbau unabhängig vom Grad der Zerstörung beschlossen werden.

133

1. Versicherung. In der Praxis sind entstandene Schäden – wenn überhaupt – durch Versicherungen abgedeckt.

134

135 **2. Anderweitige Deckung.** Anderweitige Deckungen können sich ergeben aus zivilrechtlichen Schadensersatzansprüchen gegen Dritte.

G. Kosten baulicher Veränderungen

136 Wer im Falle baulicher Veränderungen und bei Aufwendungen, die die ordnungsgemäße Instandhaltung/Instandsetzung überschreiten, kostentragungspflichtig ist, bestimmt sich nach § 16 Abs. 4, 6 (siehe dort).

§ 23. Wohnungseigentümerversammlung
(1) Angelegenheiten, über die nach diesem Gesetz oder nach einer Vereinbarung der Wohnungseigentümer die Wohnungseigentümer durch Beschluss entscheiden können, werden durch Beschlussfassung in einer Versammlung der Wohnungseigentümer geordnet.
(2) Zur Gültigkeit eines Beschlusses ist erforderlich, dass der Gegenstand bei der Einberufung bezeichnet ist.
(3) Auch ohne Versammlung ist ein Beschluss gültig, wenn alle Wohnungseigentümer ihre Zustimmung zu diesem Beschluss schriftlich erklären.
(4) ¹Ein Beschluss, der gegen eine Rechtsvorschrift verstößt, auf deren Einhaltung rechtswirksam nicht verzichtet werden kann, ist nichtig. ²Im Übrigen ist ein Beschluss gültig, solange er nicht durch rechtskräftiges Urteil für ungültig erklärt ist.

Übersicht

	Rn.
A. Beschlussfassung in einer Wohnungseigentümerversammlung	4
I. Beschlussfassung	5
1. Nichtbeschluss	8
2. Negativbeschluss	9
3. Erstbeschluss	10
4. Zweitbeschluss	12
a) Bestätigender Zweitbeschluss	14
b) Abändernder Zweitbeschluss	19
5. Ein-Mann-Beschluss	22
II. Wohnungseigentümerversammlung	24
B. Beschlussgegenstände	27
I. Gesetzlich vorgegebene Beschlussgegenstände	28
1. Aufhebung einer Veräußerungsbeschränkung (§ 12 Abs. 4)	29
2. Gebrauchsregelungen (§ 15 Abs. 2)	32
3. Betriebskosten (§ 16 Abs. 3)	37
4. Instandhaltung/-setzung (§ 16 Abs. 4)	42
5. Veräußerungsverlangen (§ 18 Abs. 3)	44

Wohnungseigentümerversammlung §23

     6. Ordnungsmäßige Verwaltung (§ 21 Abs. 3) 47
     7. Bauliche Veränderungen (§ 22 Abs. 1) 54
     8. Modernisierung (§ 22 Abs. 2) 56
     9. Vorsitz in der Wohnungseigentümerversammlung (§ 24 Abs. 5) 59
    10. Bestellung/Abberufung des Verwalters (§ 26 Abs. 1) 65
    11. Verwalterermächtigung (§ 27 Abs. 2 Nr. 3) 68
    12. Rechnungslegungsverlangen (§ 28 Abs. 4) 71
    13. Wirtschaftsplan/Verwalterabrechnung/Rechnungslegung
        durch Verwalter (§ 28 Abs. 5) 73
    14. Beiratsbestellung (§ 29 Abs. 1) 76
  II. Vereinbarte Beschlussgegenstände 78
     1. Grundsätzliche Zulässigkeit von Öffnungsklauseln 81
     2. Grenzen der Zulässigkeit 86
C. Gültigkeit eines Beschlusses 89
   I. Beschlusskompetenz 90
     1. Vereinbarungsändernde/gesetzesändernde Beschlüsse 91
     2. Vereinbarungswidrige/gesetzeswidrige Beschlüsse 96
     3. Vereinbarungsersetzende/gesetzesersetzende Beschlüsse 98
  II. Gegenstandsbezeichnung 100
 III. Sonstige Gültigkeitsvoraussetzungen 133
     1. Feststellung 134
     2. Bekanntgabe 136
     3. Protokollierung...........................139
     4. Bestimmtheit 143
D. Beschluss ohne Versammlung 144
   I. Erklärungsbefugte...........................145
  II. Schriftform der Erklärung 148
 III. Widerruf der Erklärung 150
E. Beschlusswirkung gegen Sondernachfolger 151
F. Beschluss(un)gültigkeit 152
   I. Richterlich festgestellte Beschlussungültigkeit 154
  II. Nichtigkeit 156
 III. Anfechtbarkeit 159
     1. Anfechtungsgrund 162
        a) Formelle Mängel 162
        b) Materielle Mängel 164
     2. Anfechtungsberechtigte 166
        a) Wohnungseigentümer 166
        b) Nießbraucher 167
        c) Dritte 168
     3. Anfechtungsfrist 169

Die für das tägliche Leben in einer Wohnungseigentümerge- 1
meinschaft wichtigen Dinge sind nach der Vorstellung des Gesetzgebers mehrheitsfähig. Wie die Wohnungseigentümer ihren dahin gehenden (mehrheitlichen) Willen bilden, regeln die §§ 23 bis 25.

Die dahin gehend zentrale Norm ist § 23 Abs. 1, wonach mehr- 2
heitsfähige Entscheidungen durch Beschlussfassung in der Wohnungseigentümerversammlung geordnet werden.

3   § 23 Abs. 2 enthält eine Formvorschrift (Bezeichnung des Beschlussgegenstandes), § 23 Abs. 3 regelt eine Sonderform des Zustandekommens eines Beschlusses.

A. Beschlussfassung in einer Wohnungseigentümerversammlung

4   Wenn und soweit eine Beschlusskompetenz besteht (BGH NJW 2000, 3500), erfolgt die Willensbildung grundsätzlich in einer Wohnungseigentümerversammlung.

I. Beschlussfassung

5   Dahin gehende Verfahrensfragen regelt § 25 (siehe dort).
6   Auch die Frage, wer welches Stimmrecht hat, ist in § 25 geregelt (siehe dort).
7   Hinsichtlich des Ergebnisses der Beschlussfassung wird unterschieden zwischen Nichtbeschlüssen, Erstbeschlüssen und Zweitbeschlüssen. Darüber hinaus stellt sich die Frage, ob Ein-Mann-Beschlüsse zulässig sind.
8   **1. Nichtbeschluss.** Ein „Nichtbeschluss" erfüllt nicht einmal die Mindestvoraussetzungen für das Zustandekommen eines Beschlusses (*Becker/Kümmel/Ott* Wohnungseigentum Rn. 99), beispielsweise weil der „Beschluss" nicht in einer Wohnungseigentümerversammlung gefasst wurde (OLG Hamm WE 1993, 24). Nichtbeschlüsse – gelegentlich auch „Scheinbeschluss" genannt – entfalten keinerlei Rechtswirkungen (Bärmann/Pick/Merle/*Merle* § 23 Rn. 115).
9   **2. Negativbeschluss.** Negativbeschlüsse erschöpfen sich in der Ablehnung eines Beschlussantrages (Bärmann/Pick/Merle/*Merle* § 23 Rn. 115). Obwohl durch einen Negativbeschluss letztendlich die Rechtslage unverändert bleibt (*Becker/Kümmel/Ott* Wohnungseigentum Rn. 304), handelt es sich um einen Willensakt mit Beschlussqualität (BGH NJW 2001, 3339).
10 **3. Erstbeschluss.** Ein Erstbeschluss liegt vor, wenn erstmalig über eine bestimmte Maßnahme ein Willensbildungsprozess innerhalb der Wohnungseigentümergemeinschaft durch Beschlussfassung beendet wurde.
11 Damit es sich um einen Beschluss im Sinne des WEG handelt, muss erkennbar durch Abstimmung eine verbindliche Regelung herbeigeführt werden. Eine Mehrheit muss entschieden haben. Eine Probeabstimmung reicht nicht. Eine Meinungsumfrage ebenso wenig (OLG Celle NJW-RR 2006, 1605). Der Beschluss muss festgestellt und bekannt gegeben werden. Mangels Feststel-

lung ist der Beschluss unwirksam, nicht nur anfechtbar (BGH NJW 2001, 3339 = ZMR 2001, 809). Eine nur mündliche Feststellung und Verkündung reicht aus. Protokollierung ist nicht erforderlich (BayObLG NJW-RR 2005, 456 = ZMR 2005, 462), es sei denn, die Protokollierung ist als Formerfordernis vereinbart worden (OLG Frankfurt vom 17.11.2005, 20 W 323/05). Als Formerfordernis kann auch die Eintragung in ein „Protokollbuch" vereinbart werden (OLG Köln FGPrax 2007, 19 = IMR 2007, 155).

4. Zweitbeschluss. Wohnungseigentümern ist es unbenommen, über eine bereits geregelte Angelegenheit erneut zu beschließen (BGH NJW 1991, 979; NJW 2001, 3339). 12

Es wird differenziert zwischen bestätigenden Zweitbeschlüssen und abändernden Zweitbeschlüssen. 13

a) Bestätigender Zweitbeschluss. Wenn durch einen Zweitbeschluss eine bereits schon einmal im Beschlusswege geregelte Angelegenheit bestätigt wird, spricht man von einem Zweitbeschluss. Dieser muss mit dem Erstbeschluss nicht wortgleich sein. Es reicht, dass er inhaltsgleich ist (Bärmann/Pick/Merle/*Merle* § 23 Rn. 65). 14

Zweck derartiger bestätigender Zweitbeschlüsse ist es, formelle Mängel des Erstbeschlusses (z.B. keine ordnungsgemäße Bezeichnung des Beschlussgegenstandes in der Ladung) zu beseitigen. Im Ergebnis kann der Erstbeschluss wirksam angefochten werden, die Wohnungseigentümer sind jedoch – mangels wirksamer Anfechtung – an den inhaltsgleichen Zweitbeschluss gebunden (Bärmann/Pick/Merle/*Merle* § 23 Rn. 65). 15

Der Zweitbeschluss ist selbständig anfechtbar, beispielsweise wenn er seinerseits an formellen Mängeln leidet (Bärmann/Pick/Merle/*Merle* § 23 Rn. 67). 16

Ist der Erstbeschluss angefochten worden und wird während des Verfahrens über die Anfechtung des Erstbeschlusses der (bestätigende) Zweitbeschluss bestandskräftig, erledigt sich das Anfechtungsverfahren bezüglich des Erstbeschlusses in der Hauptsache (OLG Düsseldorf WE 1997, 312). 17

Ist der Erstbeschluss bestandskräftig geworden und wird er sodann durch einen inhaltsgleichen Zweitbeschluss bestätigt, so verliert der Erstbeschluss seine Bestandskraft jedenfalls dann, wenn der Erstbeschluss durch den Zweitbeschluss „novatorisch" ersetzt wurde (Bärmann/Pick/Merle/*Merle* § 23 Rn. 71). 18

b) Abändernder Zweitbeschluss. Wenn ein Zweitbeschluss den gleichen Beschlussgegenstand betrifft wie ein Erstbeschluss, die durch den Erstbeschluss getroffene Regelung jedoch ändert oder völlig aufhebt, handelt es sich um einen abändernden Zweitbeschluss (Bärmann/Pick/Merle/*Merle* § 23 Rn. 76; *Becker/Kümmel/Ott* Wohnungseigentum Rn. 95). 19

20 Abändernde Zweitbeschlüsse sind grundsätzlich zulässig. Allerdings muss der abändernde Zweitbeschluss schutzwürdige Belange eines Wohnungseigentümers berücksichtigen, die sich aus dem Erstbeschluss ergeben (BGH NJW 1991, 979; OLG Düsseldorf NJW-RR 2000, 1541).

21 Es kommt letztendlich darauf an, ob ein Wohnungseigentümer im Einzelfall auf den Bestand der ihm durch den Erstbeschluss eingeräumten Rechtspositionen vertrauen konnte. Das ist jedenfalls nicht der Fall, wenn ein Beschluss über eine fehlerhafte Jahresabrechnung abgeändert wird (OLG Düsseldorf NJW-RR 2000, 1541 = ZWE 2000, 368). Ein Wohnungseigentümer hat kein schutzwürdiges Interesse daran, dass eine ihn begünstigende fehlerhafte Jahresabrechnung zu Lasten der anderen Wohnungseigentümer erhalten bleibt (Bärmann/Pick/Merle/*Merle* § 23 Rn. 77).

22 5. **Ein-Mann-Beschluss.** Eine Wohnungseigentümergemeinschaft existiert erst dann, wenn nicht nur Wohnungseigentum begründet wurde, sondern auch eine Gemeinschaft entstanden ist, somit neben dem Teilenden ein weiterer Wohnungseigentümer im Grundbuch eingetragen wurde. Daher sind – solange keine Gemeinschaft besteht – Ein-Mann-Beschlüsse grundsätzlich nicht denkbar.

23 Gleichwohl können Ein-Mann-Beschlüsse zustande kommen, wenn z. B. ein einzelner Wohnungseigentümer mehr als die Hälfte der Miteigentumsanteile repräsentiert (§ 25 Abs. 3) oder wenn an einer Wiederholungsversammlung (§ 25 Abs. 4) nur ein Wohnungseigentümer teilnimmt (KK-WEG/*Elzer* § 10 Rn. 304).

II. Wohnungseigentümerversammlung

24 Beschlüsse werden in einer Versammlung der Wohnungseigentümer gefasst (§ 23 Abs. 1).

25 Zu Rechtsfragen betreffend die Einberufung der Versammlung, den Vorsitz in der Versammlung und die Protokollierung der Beschlüsse siehe die Erläuterungen zu § 24.

26 Zu Stimmrechtsfragen und zur Frage der Zulässigkeit von Eventualversammlungen/Wiederholungsversammlungen siehe die Erläuterungen zu § 25.

B. Beschlussgegenstände

27 Über welche Dinge die Wohnungseigentümer beschließen dürfen, ergibt sich entweder aus dem Gesetz oder aus Vereinbarungen, die die gesetzlich gegebene Beschlusskompetenz erheblich erweitern können.

I. Gesetzlich vorgegebene Beschlussgegenstände

Gesetzlich vorgegeben sind Beschlusskompetenzen in §§ 12 Abs. 4, 15 Abs. 2, 16 Abs. 3, 16 Abs. 4, 18 Abs. 3, 21 Abs. 3, 22 Abs. 1, 22 Abs. 2, 24 Abs. 5, 26 Abs. 1, 27 Abs. 2 Nr. 5, 28 Abs. 4, 28 Abs. 5, 29 Abs. 1. **28**

1. Aufhebung einer Veräußerungsbeschränkung (§ 12 Abs. 4). **29** Gemäß § 12 Abs. 1 kann als Inhalt des Sondereigentums vereinbart werden, dass ein Wohnungseigentümer zur Veräußerung seines Wohnungseigentums der Zustimmung anderer Wohnungseigentümer oder eines Dritten bedarf. Die Zustimmung darf nur aus einem wichtigen Grund versagt werden (§ 12 Abs. 2 Satz 1).

Insoweit gibt es häufig Fälle, in denen der teilende Bauträger **30** in der Gemeinschaftsordnung vorgibt, dass zur Veräußerung die Zustimmung des Verwalters erforderlich war, der jedoch nicht bestellt wurde. Dies führte dazu, dass im Veräußerungsfall ein Verwalter nur deswegen bestellt wurde, damit dieser die Zustimmung zur Veräußerung erteilte.

Um derartige im Ergebnis überflüssige Verwalterbestellungen **31** zu vermeiden, bestimmt § 12 Abs. 4 Satz 1 in der seit dem 1. 7. 2007 geltenden Fassung, dass die Wohnungseigentümer durch Stimmenmehrheit beschließen können, dass eine bereits bestehende Veräußerungsbeschränkung aufgehoben wird. Einzelheiten dazu siehe in den Erläuterungen zu § 12 Abs. 4.

2. Gebrauchsregelungen (§ 15 Abs. 2). Soweit der Gebrauch **32** des Sondereigentums und/oder des gemeinschaftlichen Eigentums nicht durch eine anders lautende Vereinbarung geregelt ist, können die Wohnungseigentümer durch Stimmenmehrheit einen der Beschaffenheit der im Sondereigentum stehenden Gebäudeteile und des gemeinschaftlichen Eigentums entsprechenden ordnungsmäßigen Gebrauch beschließen.

Die Beschlusskompetenz ist somit zweifach begrenzt: Einmal **33** darf keine Vereinbarung im Sinne des § 15 Abs. 1 entgegenstehen. Zweitens muss der Gebrauch ordnungsgemäß sein.

Eine Vereinbarung, die ein Sondernutzungsrecht gewährt, darf **34** somit nicht durch eine lediglich beschlossene Hausordnung inhaltlich abgeändert werden (BayObLG ZMR 2005, 132).

Wenn die Teilungserklärung ein Sondernutzungsrecht an einem **35** Kfz-Abstellplatz regelt, darf nicht durch einen Mehrheitsbeschluss das Abstellen von Wohnmobilen auf genau dieser Fläche verboten werden (KG NZM 2000, 511 = ZMR 2000, 192).

Erlaubt die Gemeinschaftsordnung einer großen im Innenstadt- **36** bereich belegenen Wohnanlage die Nutzung von Wohnungs- und Teileigentum ohne Benutzungsbeschränkung und insbesondere auch zur beliebigen gewerblichen Nutzung und zur Ausübung eines freien Berufes, so entspricht eine Beschränkung des Musizierens in der Hausordnung, die keine Ausnahme für berufsbedingt musizierende Bewohner vorsieht, nicht ordnungsmäßiger Verwaltung (BayObLG NZM 2002, 492 = ZMR 2002, 606).

37 3. **Betriebskosten (§ 16 Abs. 3).** Grundsätzlich ist jeder Wohnungseigentümer den anderen Wohnungseigentümern gegenüber verpflichtet, die Lasten des gemeinschaftlichen Eigentums sowie die Kosten der Instandhaltung, Instandsetzung, sonstigen Verwaltung und eines gemeinschaftlichen Gebrauchs des gemeinschaftlichen Eigentums nach dem Verhältnis seines Anteils zu tragen (§ 16 Abs. 2).

38 Seit dem 1. 7. 2007 gibt § 16 Abs. 3 den Wohnungseigentümern die Beschlusskompetenz, von § 16 Abs. 2 abzuweichen.

39 Die Verteilung der Kosten des Verbrauchs von Strom, Gas und Wasser innerhalb eines Sondereigentums ist mehrheitsfähig, allerdings nur in den Fällen, in denen die Abrechnung über die Gemeinschaft der Wohnungseigentümer erfolgt. Wenn der jeweilige Sondereigentümer eigene vertragliche Beziehungen z. B. zum örtlichen Energieversorgungsunternehmen hat, ist § 16 Abs. 3 in der seit dem 1. 7. 2007 geltenden Fassung nicht einschlägig. Außerdem besteht eine Beschlusskompetenz zur Verteilung der Kosten des Verbrauchs, soweit es um das gemeinschaftliche Eigentum geht. Drittens besteht eine Beschlusskompetenz zur Verteilung der Verwaltungskosten.

40 Gemäß § 16 Abs. 5 ist diese Beschlusskompetenz durch Vereinbarung weder einschränkbar noch ausschließbar.

41 Einzelheiten siehe in den Erläuterungen zu § 16 Abs. 3, 5.

42 4. **Instandhaltung/-setzung (§ 16 Abs. 4).** Die Wohnungseigentümer haben die Beschlusskompetenz hinsichtlich der Kosten von Instandhaltungsmaßnahmen/Instandsetzungsmaßnahmen/baulichen Veränderungen/Aufwendungen im Sinne des § 22 Abs. 1, 2 gemäß § 16 Abs. 4.

43 Die Beschlusskompetenz besteht nur „im Einzelfall". Das bedeutet, dass künftige Beschlüsse (z. B.) über Instandhaltungsmaßnahmen nicht nur die Maßnahme als solche bezeichnen müssen, sondern auch die darauf entfallende Kostenverteilung regeln dürfen.

44 5. **Veräußerungsverlangen (§ 18 Abs. 3).** Über ein Veräußerungsverlangen nach § 18 Abs. 1 beschließen die Wohnungseigentümer gemäß § 18 Abs. 3 Satz 1 durch Stimmenmehrheit. Ein solcher Beschluss ist entbehrlich, wenn sich bei einer (faktischen) Zweiergemeinschaft die Parteien unpersönlich gegenüberstehen (LG Köln ZMR 2002, 227).

Der Beschluss bedarf einer Mehrheit von mehr als der Hälfte 45
der stimmberechtigten Wohnungseigentümer (§ 18 Abs. 3 Satz 2).
Somit gilt das Kopfprinzip (KK-WEG/*Riecke* § 18 Rn. 41). Ist
das Kopfprinzip in der Gemeinschaftsordnung abbedungen, so
gilt für eine Beschlussfassung nach § 18 Abs. 3 gleichwohl das
Kopfprinzip (BayObLG NJW-RR 2000, 17 = ZMR 1999, 724).

Für einen Abmahnungsbeschluss ist keine Mehrheit im Sinne 46
des § 18 Abs. 3 Satz 2 erforderlich (OLG Hamburg ZMR 2003,
596).

6. Ordnungsmäßige Verwaltung (§ 21 Abs. 3). § 21 Abs. 3 gibt 47
den Wohnungseigentümern die Beschlusskompetenz für eine der
Beschaffenheit des gemeinschaftlichen Eigentums entsprechende
ordnungsmäßige Verwaltung, sofern nicht eine Vereinbarung entgegensteht.

Mangelt es an der Beschlusskompetenz, sind gefasste Be- 48
schlüsse grundsätzlich nichtig. Eine Anfechtung nach § 23 Abs. 4
ist nicht erforderlich (BGH NJW 2000, 3500 = ZMR 2000,
771). Einzelheiten siehe in Rn. 90 ff.

Die Beschlusskompetenz umfasst nur eine ordnungsmäßige 49
Verwaltung. Das gilt auch dann, wenn das Gesetz die Ordnungsmäßigkeit nicht ausdrücklich als Tatbestandsmerkmal nennt
(*Becker/Kümmel/Ott* Wohnungseigentum Rn. 179).

Zur ordnungsmäßigen Verwaltung gehören alle Maßnahmen, 50
die im Interesse aller Wohnungseigentümer auf die Erhaltung,
Verbesserung oder den Zweckbestimmung des gemeinschaftlichen Eigentums entsprechenden Gebrauch gerichtet sind (Bärmann/Pick/Merle/*Merle* § 21 Rn. 63).

Eine Maßnahme erfolgt dann im Interesse der Gesamtheit der 51
Wohnungseigentümer, wenn sie bei objektiv vernünftiger Betrachtungsweise unter Berücksichtigung der besonderen Umstände des Einzelfalles nützlich ist (Bärmann/Pick/Merle/*Merle*
§ 21 Rn. 64).

Zur Sicherstellung der Funktionsfähigkeit einer Wohnungsei- 52
gentümergemeinschaft hat der Gesetzgeber in § 21 Abs. 5 sechs
verschiedene Maßnahmen genannt, die kraft Gesetzes zu einer
ordnungsmäßigen, dem Interesse der Gesamtheit der Wohnungseigentümer entsprechenden Verwaltung gehören, insbesondere
die Aufstellung einer Hausordnung (§ 21 Abs. 5 Nr. 1), die ordnungsmäßige Instandhaltung und Instandsetzung des gemeinschaftlichen Eigentums (§ 21 Abs. 5 Nr. 2), die Ansammlung einer
angemessenen Instandhaltungsrückstellung (§ 21 Abs. 5 Nr. 4)
und die Aufstellung eines Wirtschaftsplans (§ 21 Abs. 5 Nr. 5).
Trotz der Beschlusskompetenz aus § 21 Abs. 5 ist die Ordnungsmäßigkeit im jeweiligen konkreten Einzelfall erforderlich.

Einzelheiten siehe in den Erläuterungen zu § 21. 53

§ 23

54 **7. Bauliche Veränderungen (§ 22 Abs. 1).** Bis zum 30. 6. 2007 galt § 22 Abs. 1 Satz 1 in einer Fassung, wonach bauliche Veränderungen und Aufwendungen, die über die ordnungsgemäße Instandhaltung oder Instandsetzung des gemeinschaftlichen Eigentums hinausgehen, nicht gemäß § 21 Abs. 3 mit Stimmenmehrheit beschlossen oder gemäß § 21 Abs. 4 als Maßnahme ordnungsmäßiger Verwaltung verlangt werden konnten. Angesichts des Umstandes, dass die Rechtsprechung den Anwendungsbereich des § 22 Abs. 1 Satz 1 a. F. sehr weit gefasst hat, blieben in der Vergangenheit sachlich gebotene Anpassungen an (z. B.) den aktuellen Stand der Technik aus. Wohnungseigentumsanlagen veralteten.

55 Seit dem 1. 7. 2007 gilt § 22 Abs. 1 in einer Fassung, die den Wohnungseigentümern für bauliche Veränderungen und für Aufwendungen, die über die ordnungsmäßige Instandhaltung oder Instandsetzung des gemeinschaftlichen Eigentums hinausgehen, eine Beschlusskompetenz zubilligt. Einzelheiten siehe in den Erläuterungen zu § 22 Ab. 1.

56 **8. Modernisierung (§ 22 Abs. 2).** In der bis zum 30. 6. 2007 geltenden Fassung des § 22 Abs. 1 war geregelt, dass bauliche Veränderungen und Aufwendungen, die über die ordnungsmäßige Instandhaltung oder Instandsetzung des gemeinschaftlichen Eigentums hinausgehen, nicht als Maßnahme ordnungsmäßiger Verwaltung mit Stimmenmehrheit beschlossen oder verlangt werden konnten (§ 21 Abs. 3, § 21 Abs. 4). Lediglich wenn alle Beeinträchtigten zustimmten, waren derartige Maßnahmen durchführbar. Dies führt im Ergebnis dazu, dass Modernisierungsmaßnahmen unterblieben.

57 Seit dem 1. 7. 2007 gibt das Gesetz eine Beschlusskompetenz für Maßnahmen der Modernisierung im Sinne des § 559 Abs. 1 BGB, somit für Maßnahmen, die den Gebrauchswert der Immobilien nachhaltig erhöhen, die allgemeinen Wohnverhältnisse auf Dauer verbessern oder nachhaltig Einsparungen von Energie oder Wasser bewirken.

58 Die Neuregelung ist unmittelbarer Ausfluss der Zitterbeschluss-Entscheidung des BGH (NJW 2000, 3500). Im Gegensatz zur früher geltenden Rechtslage ist nunmehr grundsätzlich die Beschlusskompetenz gegeben. Gefasste Beschlüsse sind daher – selbst wenn sie im Einzelfall nicht ordnungsmäßiger Verwaltung entsprechen – mangels Anfechtung wirksam.

59 **9. Vorsitz in der Wohnungseigentümerversammlung (§ 24 Abs. 5).** Den Vorsitz in der Wohnungseigentümerversammlung führt grundsätzlich der Verwalter (§ 24 Abs. 5).

60 Der Verwalter ist regelmäßig eine natürliche Person. Trotz der Höchstpersönlichkeit der Verwalterpflichten, die er grundsätzlich nicht ohne Zustimmung der Wohnungseigentümer auf Dritte übertragen darf (OLG Hamm NJW-RR 1997, 143 = ZMR 1996, 679; BayObLG ZMR 2002, 534), kann er sich Dritter für den Vorsitz bedienen (KG FGPrax 2001, 15 = ZMR 2001, 223; BayObLG NZM 2001, 766 = ZMR 2001, 826; KK-WEG/*Riecke* § 24 Rn. 69).

Ist der Verwalter eine juristische Person (regelmäßig eine 61 GmbH), kann diese durch eine allgemein vertretungsberechtigte Person oder durch eine speziell rechtsgeschäftlich bestellte Person handeln (BayObLG NJW-RR 2003, 1666 = ZMR 2004, 131).

Die Wohnungseigentümer haben die Beschlusskompetenz, von 62 der gesetzlichen Regelung abzuweichen. Sie können beschließen, dass den Vorsitz in der Wohnungseigentümerversammlung jemand anderes führt, z. B. der Verwaltungsbeiratsvorsitzende.

Der Beschluss muss nicht einheitlich für die ganze Wohnungs- 63 eigentümerversammlung gelten. Er kann auf einzelne Tagesordnungspunkte beschränkt werden. Voraussetzung ist, dass die Person, die den Vorsitz übernehmen soll, berechtigt ist, an der Versammlung teilzunehmen (*Drasdo* Die Eigentümerversammlung nach WEG, 3. Aufl., Rn. 533).

Über die Frage, wer den Vorsitz innehat, kann auch ohne An- 64 kündigung in der Tagesordnung spontan beschlossen werden. Derartige Beschlüsse sind nicht selbständig anfechtbar (*Riecke/Schmidt/Elzer* Die erfolgreiche Eigentümerversammlung, 4. Aufl., Rn. 502).

10. Bestellung/Abberufung des Verwalters (§ 26 Abs. 1). Für 65 die Bestellung und die Abberufung des Verwalters gibt § 26 Abs. 1 Satz 1 den Wohnungseigentümern die Beschlusskompetenz.

Es gelten die allgemeinen Regeln des Beschlussrechtes (KK- 66 WEG/*Abramenko* § 26 Rn. 11). Insbesondere müssen sowohl der Bestellungsbeschluss als auch der Abberufungsbeschluss durch den Versammlungsleiter festgestellt werden (BayObLG NZM 2003, 444 = ZMR 2004, 126).

Stimmberechtigt sind alle Wohnungseigentümer inklusive des- 67 jenigen Wohnungseigentümers, der sich um die Verwalterstellung bewirbt (BGH NJW 2002, 3704 = ZMR 2002, 934).

11. Verwalterermächtigung (§ 27 Abs. 2 Nr. 3). § 27 Abs. 2 68 Nr. 3 gibt den Wohnungseigentümern die Kompetenz, den Wohnungseigentumsverwalter durch Beschluss zu ermächtigen, Ansprüche gerichtlich und außergerichtlich geltend zu machen.

Die Beschlusskompetenz umfasst nur die Geltendmachung von 69 Ansprüchen der Wohnungseigentümer (BGH NJW 2005, 2061 = ZMR 2005, 547). Die Geltendmachung von Individualansprüchen entspricht nicht ordnungsmäßiger Verwaltung (OLG Hamm

§ 23   I. Teil. Wohnungseigentum

NJW-RR 2001, 1527; OLG Frankfurt ZMR 2004, 290). Würde die Beschlusskompetenz auch die Geltendmachung von Individualansprüchen umfassen, würden letztendlich der Gemeinschaft die Kosten für die Durchsetzung von Individualinteressen aufgebürdet (KK-WEG/*Abramenko* § 27 Rn. 38).

70 Die per Mehrheitsbeschluss erteilte Ermächtigung kann per Mehrheitsbeschluss widerrufen werden (BayObLG ZMR 1997, 199). Ist die Ermächtigung im Vereinbarungswege erteilt worden, ist zum Widerruf dieser Ermächtigung wiederum eine Vereinbarung erforderlich.

71 **12. Rechnungslegungsverlangen (§ 28 Abs. 4).** § 28 Abs. 4 gibt den Wohnungseigentümern die Kompetenz, durch Mehrheitsbeschluss jederzeit von dem Verwalter Rechnungslegung zu verlangen (vgl. BayObLG NJW-RR 2000, 603).

72 Allerdings darf das Rechnungslegungsverlangen den Rahmen ordnungsmäßiger Verwaltung nicht überschreiten (BayObLG NJW-RR 2000, 1466).

73 **13. Wirtschaftsplan/Verwalterabrechnung/Rechnungslegung durch Verwalter (§ 28 Abs. 5).** Hat der Verwalter den Wirtschaftsplan erstellt, die Abrechnung erstellt, Rechnung gelegt, so beschließen die Wohnungseigentümer gemäß § 28 Abs. 5 darüber durch Stimmenmehrheit.

74 Erst durch die Beschlussfassung werden der Wirtschaftsplan und die Jahresabrechnung verbindlich (KK-WEG/*Happ* § 28 Rn. 44 zur Jahresabrechnung).

75 Die Beschlussfassung über die Jahresabrechnung enthält nicht zugleich die Entlastung des Verwalters (streitig, a. A. OLG Düsseldorf NZM 2002, 264).

76 **14. Beiratsbestellung (§ 29 Abs. 1).** Eine weitere Beschlusskompetenz gibt § 29 Abs. 1 Satz 1. Danach können die Wohnungseigentümer durch Stimmenmehrheit die Bestellung eines Verwaltungsbeirats beschließen.

77 Der Beschluss betrifft nur den wohnungseigentumsrechtlichen Akt der Bestellung. Das Beschlussergebnis muss dem Bestellten verkündet und von ihm angenommen werden, damit er die Stellung als Mitglied des Verwaltungsbeirats tatsächlich erhält (KK-WEG/*Abramenko* § 29 Rn. 5).

II. Vereinbarte Beschlussgegenstände

78 Das Gesetz geht davon aus, dass Angelegenheiten der Wohnungseigentümergemeinschaft grundsätzlich einstimmig zu regeln sind (KK-WEG/*Elzer* § 10 Rn. 275). Dies ist jedoch praktisch nicht umsetzbar.

Außerdem können sich Vereinbarungen entweder als von Anfang an als unzweckmäßig erweisen oder auf Grund technischer Weiterentwicklungen oder gesellschaftlicher Weiterentwicklungen überholt sein (BGH ZMR 1986, 19). 79

Konsequenterweise besteht ein praktisches Bedürfnis danach, einstimmige Regelungen (in der Regel in der Teilungserklärung/ Gemeinschaftsordnung) vom Einstimmigkeitszwang zu befreien und einer Mehrheitsentscheidung zugängig zu machen. 80

1. Grundsätzliche Zulässigkeit von Öffnungsklauseln. Die Möglichkeit, von der grundsätzlich erforderlichen Einstimmigkeit abzuweichen, bietet § 10 Abs. 2 Satz 2, wonach die Wohnungseigentümer von den Vorschriften des Gesetzes abweichende Vereinbarungen treffen können, soweit nicht etwas anderes ausdrücklich bestimmt ist. 81

Diese gesetzlich eingeräumte Möglichkeit beinhaltet auch die Möglichkeit, Vereinbarungen gegenüber Mehrheitsentscheidungen zu öffnen. Seit der Zitterbeschluss-Entscheidung des BGH (NJW 2000, 3500 = ZMR 2000, 771) ist dies völlig herrschende Meinung (vgl. z. B. OLG Düsseldorf NJW 2004, 1394 = ZMR 2004, 284). 82

Die Wohnungseigentümer geben sich somit selber – im Vereinbarungswege – eine Beschlusskompetenz. 83

Öffnungsklauseln werden in der Regel ausdrücklich vereinbart, z. B. dahin gehend, dass ein Alleineigentümer Vereinbarungen ergänzen darf (BGH NJW 2002, 2247), dass die Befugnisse des Verwalters erweitert werden (BGH NJW-RR 2004, 874 = ZMR 2004, 522), dass der Verwalter den Kostenverteilungsschlüssel bestimmen kann (BayObLG FGPrax 2004, 14 = ZMR 2004, 211), dass der Verwalter die Zustimmung zu baulichen Veränderungen erteilt (OLG Zweibrücken FGPrax 2003, 60 = ZMR 2004, 60) oder dass der Verwalter befugt ist, Angestellten des Verbandes zu kündigen (LAG Düsseldorf ZMR 2002, 303). 84

Bei gegebener hinreichender Bestimmtheit können sich Öffnungsklauseln auch als Auslegungsergebnis ergeben (KG ZMR 2002, 147). 85

2. Grenzen der Zulässigkeit. Die Rechtsprechung setzt der theoretisch unbegrenzten Möglichkeit, Öffnungsklauseln zu schaffen, Grenzen. Von einer Öffnungsklausel zur Änderung einer Vereinbarung darf nur Gebrauch gemacht werden, wenn ein sachlicher Grund zur Änderung oder Ergänzung des Gesetzes oder einer Vereinbarung vorliegt und einzelne Wohnungseigentümer durch die Änderung/Ergänzung gegenüber dem früheren Rechtszustand nicht unbillig benachteiligt werden (BGH NJW 1994, 3230). So kann z. B. ein Kostenverteilungsschlüssel nur dann kraft Öffnungsklausel mehrheitlich geändert werden, wenn 86 sich die Verhältnisse gegenüber früher in wesentlichen Punkten geändert haben oder aber sich die ursprüngliche Regelung nicht bewährt hat (OLG Hamm NJW-RR 2000,1181 = ZWE 2000, 424).

87 Darüber hinaus geben Öffnungsklauseln keine Beschlusskompetenz zur Änderung der sachenrechtlichen Grundlagen, etwa der Überführung von Gemeinschaftseigentum in Sondereigentum oder der Zuordnung von Sondereigentum von einem Sondereigentümer auf einen anderen Sondereigentümer (Nachweise bei KK-WEG/*Elzer* § 10 Rn. 288).

88 Darüber hinaus darf durch Beschlüsse, die auf einer Öffnungsklausel beruhen, nicht in den Kernbereich der Mitgliedschaft in einer Wohnungseigentümergemeinschaft eingegriffen werden, beispielsweise durch den völligen Ausschluss von Mitverwaltungsrechten, z. B. des Stimmrechts (BGH NJW 1987, 650).

C. Gültigkeit eines Beschlusses

89 Damit ein Beschluss wirksam wird, muss eine bestimmte Beschlusskompetenz gegeben sein, der Gegenstand muss bei der Einberufung bezeichnet sein, er muss festgestellt und bekannt gegeben worden sein.

I. Beschlusskompetenz

90 Eine Beschlusskompetenz haben die Wohnungseigentümer entweder kraft Gesetzes (siehe B. I.), oder kraft Vereinbarung (siehe B. II.). Wird diese Beschlusskompetenz überschritten, sind dennoch gefasste Beschlüsse entweder nichtig oder nur anfechtbar. Seit der Zitterbeschluss-Entscheidung des BGH (NJW 2000, 3500 = ZMR 2000, 771 = ZWE 2000, 518) wird insoweit wie folgt differenziert.

91 **1. Vereinbarungsändernde/gesetzesändernde Beschlüsse.** Vereinbarungsändernde/gesetzesändernde Beschlüsse liegen dann vor, wenn entweder gesetzlich vorgegebene oder vereinbarte Regelungen bezogen auf das Verhältnis der Wohnungseigentümer untereinander abgeändert werden.

92 Derartige Beschlüsse sind nichtig, selbst wenn die Anfechtungsfrist des § 23 Abs. 4 a. F. ungenutzt verstreicht; § 23 Abs. 4 a. F. ist nur auf Mehrheitsbeschlüsse im Sinne des § 23 Abs. 1 anwendbar, der vereinbarungsändernde/gesetzesändernde Beschlüsse gerade nicht umfasst (*Riecke/Schmidt/Elzer* Die erfolgreiche Eigentümerversammlung 4. Aufl., Rn. 102). Änderungen des Gesetzes oder einer Vereinbarung sind ausschließlich per Vereinbarung zulässig (sofern keine Öffnungsklausel existiert).

Was zu vereinbaren ist, kann nicht beschlossen werden, solange nicht vereinbart ist, dass dies auch beschlossen werden darf (*Müller* Festschrift für Bärmann und Weitnauer, S. 505, 510, zitiert nach *Riecke/Schmidt/Elzer* Die erfolgreiche Eigentümerversammlung, 4. Aufl., Rn. 103). 93

Beispielsweise war ein Beschluss, mit dem die Wohnungseigentümer eine über den konkreten Wirtschaftsplan hinausgehende generelle Fälligkeitsregelung schaffen, nach bis zum 30. 6. 2007 geltendem Recht nichtig (BGH NJW 2003, 3550 = ZMR 2003, 943). Ebenso Beschlüsse, die die Fortgeltung eines jeden Wirtschaftsplans generell regeln (OLG Düsseldorf NJW-RR 2003, 1595 = ZMR 2003, 862). Auch allgemein geltende Verzugszinsregelungen für Wohngeld-/Hausgeldschulden abweichend vom Gesetz waren nicht beschließbar (BayObLG NJW 2003, 2323 = ZMR 2003, 365). Zur Rechtslage seit dem 1. 7. 2007 siehe die Erläuterungen zu § 21 Abs. 7. 94

Ebenfalls nichtig waren Beschlüsse, die eine Vereinbarung bezüglich der Kostenverteilung der Bewirtschaftungskosten einer Sauna dahin gehend abändern, dass eine gesonderte Gebühr für die Saunanutzung erhoben wird (OLG Düsseldorf FGPrax 2003, 158 = ZMR 2004, 528), und Beschlüsse, die eine kraft Vereinbarung zulässige gewerbliche Nutzung einschränken (OLG Düsseldorf NZM 2003, 805 = ZMR 2003, 861). 95

2. Vereinbarungswidrige/gesetzeswidrige Beschlüsse. Wenn ein Beschluss gesetzliche/vereinbarte Regelungen nicht ändert, sondern lediglich gegen solche Regelungen verstößt, ist er nicht nichtig, sondern lediglich anfechtbar. 96

Derartige Fälle finden sich insbesondere im Bereich der Genehmigung von Jahresabrechnungen, soweit es um die Kostenverteilung geht. Dann, wenn Kostenverteilungsschlüssel nicht geändert, sondern nur falsch angewendet werden, sind die jeweiligen Beschlüsse lediglich anfechtbar. Das gilt auch dann, wenn eine Sonderumlage auf der Grundlage eines unrichtigen Kostenverteilungsschlüssels beschlossen wird (BayObLG NJW-RR 2001, 1020 = ZWE 2001, 370; Bärmann/Pick/Merle/*Merle* § 23 Rn. 145). 97

3. Vereinbarungsersetzende/gesetzesersetzende Beschlüsse. Eine dritte Fallgruppe betrifft die Fälle, in denen Beschlüsse weder Vereinbarungen/Gesetze ändern noch lediglich Vereinbarungen/Gesetze falsch anwenden. Betroffen sind vielmehr die Fälle, in denen zwar einerseits die Beschlusskompetenz gegeben ist (z. B. in Gebrauchsfragen – § 15 Abs. 2 – und in Verwaltungsfragen – § 21 Abs. 3 –), das Gesetz jedoch ein weiteres Tatbestandsmerkmal – z. B. die Ordnungsmäßigkeit – festlegt. Wenn Beschlüsse lediglich gegen dieses weitere Tatbestandsmerkmal – z. B. die 98

Ordnungsmäßigkeit – verstoßen, sind sie nicht nichtig, sondern lediglich anfechtbar.

99 Beispielsweise in den Fällen, in denen es nicht um eine Beschränkung des Gebrauchs, sondern um einen Ausschluss vom Gebrauch geht, z.B. der absolute Ausschluss des Musizierens (BGH NJW 1998, 3713 = MDR 1999, 28). Auch der Ausschluss anderer Wohnungseigentümer vom Gebrauch des Treppenhauses durch die Errichtung einer Garderobe fällt darunter, ebenso die Tierhaltungsfälle.

II. Gegenstandsbezeichnung

100 § 23 Abs. 2 bestimmt, dass es zur Gültigkeit eines Beschlusses erforderlich ist, dass der Gegenstand bei der Einberufung bezeichnet ist. Dahin gehende Mängel führen nicht zur Nichtigkeit eines gefassten Beschlusses, sondern lediglich zur Anfechtbarkeit.

101 Wie genau der Gegenstand bezeichnet werden muss, orientiert sich an dessen Bedeutung. Der Beschlussgegenstand ist umso genauer zu bezeichnen, je größer seine Bedeutung und je geringer der Wissensstand des einzelnen Wohnungseigentümers ist (OLG München NZM 2006, 934).

102 Einzelfälle:

103 „Abmeierungsklage": Eine Beschlussfassung nach § 18 über die Entziehung des Wohnungseigentums ist abgedeckt (KG NJW-RR 1996, 526 = ZMR 1996, 223).

104 „Änderungen des Verwaltervertrages": Zum Thema „Änderungen des Verwaltervertrages" hat sich die Rechtsprechung mehrfach geäußert. Danach kann – wirksam – über einen Verwaltervertrag mit einer höheren als der bisherigen Vergütung beschlossen werden, wenn es im Einladungsschreiben heißt: „Der Vertrag mit dem Verwalter läuft am ... aus. Abstimmung der Gemeinschaft über Verlängerung bzw. Erneuerung des Vertrages unter bestimmten Änderungen, Bevollmächtigung des Beirats zu detailliertem Vertragsschluss."

105 Vom Tagesordnungspunkt „Verwaltervertrag" ist auch eine Verlängerung des Verwaltervertrages mit dem bisherigen Verwalter gedeckt.

106 Die Bezeichnung „Rechte des Verwalters" deckt Beschlüsse über den Umfang der Vollmacht des Verwalters.

107 „Anfragen/Anregungen": Es sind allenfalls Beschlüsse von untergeordneter Bedeutung zulässig (BayObLG ZMR 2002, 527).

108 „Beschluss über ergänzende und weiterführende Beschlüsse zur Großsanierung": Nicht ausreichend, wenn über konkrete bauliche Einzelmaßnahmen beschlossen werden soll – im konkreten Fall Balkonsanierung und Fassadengestaltung (OLG München NZM 2006, 934).

"**Erklärungen zum Verwaltervertrag (Haftung)**": Diese Bezeichnung genügt für eine Beschlussfassung zur zeitlichen und betragsmäßigen Einschränkung der Verwalterhaftung (BayObLG NJW-RR 2003, 663 = ZMR 2003, 282). 109

"**Erneuerung der Aufzugsinnentüren i. V. m. einer Neuausstattung der Aufzugskabine konform zur Schadenshäufigkeit**": Diese Bezeichnung macht für jeden Eigentümer ersichtlich, dass hinsichtlich des Aufzugs eine Maßnahme der Instandsetzung geplant ist. Auch die Kosten und die Art der Finanzierung dürfen geregelt werden (OLG Düsseldorf NJW-RR 2002, 83 = ZMR 2001, 723). 110

"**Festsetzung des Haus-/Wohngeldes gemäß beiliegendem Wirtschaftsplan**": Diese Formulierung deckt nicht eine vom Gesetz abweichende Verzugsfolgenregelung (OLG Köln NZM 2002, 169). Siehe aber die Erläuterungen zu § 21 Abs. 7. 111

"**Freiflächengestaltung**": Unter dieser Bezeichnung darf auf einer Sondernutzungsfläche ein gemauerter Pflanzentrog und auf Gemeinschaftsflächen die Bepflanzung mit Bäumen und Sträuchern geregelt werden (BayObLGR 2004, 388). 112

"**Haftung eines Eigentümers für Kosten und Schäden einer baulichen Veränderung des gemeinschaftlichen Eigentums und über die Erstattung zu Unrecht in Anspruch genommener Gelder der Eigentümer**": Dies deckt auch eine Beschlussfassung über die Ermächtigung des Verwalters zur gerichtlichen Geltendmachung dieser Ansprüche (BayObLG WE 1997, 239). 113

"**Klageerhebung**": Der Tagesordnungspunkt „Klageerhebung gegen Baufirma" umfasst auch die Geltendmachung von Gewährleistungsansprüchen gegen dieselbe. 114

"**Neuwahl eines Verwalters**": Diese Formulierung deckt nicht nur die (wohnungseigentumsrechtliche) Bestellung eines Verwalters, sondern auch die wesentlichen Bedingungen des (schuldrechtlichen) Verwaltervertrages (OLG Schleswig NJW-RR 2006, 1525 = ZMR 2006, 803). 115

"**Sanierung der Balkone ... – Auftragsabwicklung, Umfang und Finanzierung**": Diese Bezeichnung ist für die Beschlussfassung über die Verlegung von Fliesen bzw. Klinkerplatten im fest verlegten Mörtelbett ausreichend (OLG Celle vom 7.2.2003, 4 W 208/02). 116

"**Sonderumlage**": Wenn im Einladungsschreiben von der „Bereitstellung erforderlicher Mittel für beschlossene Maßnahmen" die Rede ist, ist diese Bezeichnung nicht ausreichend für die Beschlussfassung über eine Sonderumlage (KG NZM 2006, 158 = ZMR 2006, 794). 117

"**Sonstiges**": Unter dieser Bezeichnung dürfen nur Beschlüsse über Gegenstände von untergeordneter Bedeutung gefasst werden (OLG Hamm NJW-RR 1993, 468). 118

119 „Verschiedenes": Der Tagesordnungspunkt „Verschiedenes" reicht nur dann, wenn über Angelegenheiten von untergeordneter Bedeutung Beschluss gefasst werden soll. Das sind die Dinge, mit deren Beratung und Beschlussfassung ohnehin jeder Versammlungsteilnehmer rechnen musste.

120 Unter dem Tagesordnungspunkt „Verschiedenes" oder „Sonstiges" sollte nicht beschlossen werden über (nachfolgend einige Beispiele aus der Rechtsprechung)
– die Verwendung eines Tischtennisraums als Geräteraum;
– die Abwahl des Verwalters;
– die Gebrauchszeitregelungen der Waschmaschinen;
– die Vorlauftemperatur der Heizung in den Sommermonaten;
– die Errichtung einer Nottreppe.

121 Ebenfalls nicht ausreichend ist folgender Einladungsinhalt:

122 „6. Anfragen/Anregungen
a) Anschaffung von zwei Leitern (800 DM)
b) Anschaffung eines Verlängerungskabels für den Rasenmäher (100 DM)
c) Vergabe von Gartenarbeiten an Mieter
d) Höhe der Kosten für hausmeisterliche Tätigkeiten (500 DM)".

123 Dazu das BayObLG (ZMR 2002, 527 = MietWoE § 25 WEG Nr. 14): „Der angekündigte TOP „Anfragen/Anregungen" lässt allenfalls Beschlüsse von untergeordneter Bedeutung zu. Die getroffenen Beschlüsse bewegen sich wegen ihrer finanziellen Auswirkungen nicht in diesem Rahmen".

124 „Verwalterwechsel": Wenn in der Tagesordnung eine Beschlussfassung über den „Verwalterwechsel" angekündigt wird, muss jeder Wohnungseigentümer damit rechnen, dass damit auch über die Bedingungen des Verwaltervertrages und somit auch über Änderungen des bisherigen Verwaltervertrages beraten und entschieden wird.

125 Die Bezeichnung „außerordentliche Kündigung des Verwaltervertrages" deckt auch dessen wohnungseigentumsrechtliche Abberufung.

126 „Vorgehen wegen der Feuchtigkeitsschäden im Haus": Die vorstehende Formulierung deckt auch eine Beschlussfassung über die Beauftragung eines Sachverständigen zur Ermittlung der Ursache der Schäden ab, selbst wenn darauf im Einladungsschreiben nicht ausdrücklich hingewiesen wurde (OLG Köln NZM 2003, 121).

127 „Wahl eines Verwalters": Heißt es in der Einberufung, dass abgestimmt werden soll über die „Wahl eines Verwalters ab ...", so versteht es sich von selbst, dass bei Bestellung eines Verwalters auch ein Beschluss über die wesentlichen Bedingungen eines Verwaltervertrages in Betracht kommt. Eine Aufnahme von Einzelheiten in die Ladung ist nicht erforderlich.

Der Tagesordnungspunkt „Wahl des Verwalters" deckt auch 128
dessen Abwahl.

Unter dem Tagesordnungspunkt „Erneuerung des Verwalter- 129
vertrages" ist auch eine Beschlussfassung über die Höhe der Verwaltervergütung zulässig.

„**Wahl eines Verwalters**": Durch diese Bezeichnung ist für jeden 130
Wohnungseigentümer erkennbar, dass nicht nur über die (wohnungseigentumsrechtliche) Bestellung eines Verwalters beschlossen werden soll, sondern auch die wesentlichen Bedingungen des (schuldrechtlichen) Verwaltervertrages beraten und beschlossen werden sollen. Die Benennung eines konkreten Namens für das Amt des Verwalters in der Einladung ist nicht erforderlich. Es ist durchaus möglich, dass in einer laufenden Versammlung weitere Vorschläge für den zu bestellenden Verwalter gemacht werden (OLG Celle ZWE 2002, 474).

„**Wirtschaftsplan**": Diese Bezeichnung deckt auch die Be- 131
schlussfassung über eine Erhöhung der jährlichen Zuführung zur Instandhaltungsrücklage.

„**Wohngelderhöhung**": Die Bezeichnung „Wohngelderhöhung" 132
ist nicht ausreichend, wenn nicht erkennbar ist, dass das Wohngeld nicht allgemein, sondern nur für einzelne Eigentümer erhöht werden soll. Mit einem Beschluss, durch den ausschließlich bestimmte Eigentümer „noch dazu durch eine sehr erhebliche Erhöhung" belastet würden, brauchte niemand zu rechnen. Enthält die Ladung den Tagesordnungspunkt „Hausgeldabrechnung", muss allerdings nicht mit einer Änderung des Kostenverteilungsschlüssels gerechnet werden (OLG Düsseldorf ZMR 2005, 895).

III. Sonstige Gültigkeitsvoraussetzungen

Beschlüsse müssen festgestellt und bekannt gegeben werden. 133

1. Feststellung. Die Feststellung des Beschlussergebnisses ist 134
Voraussetzung dafür, dass überhaupt ein Beschluss zustande gekommen ist (BGH NJW 2001, 3339).

Gelegentlich wird eine förmliche Feststellung verlangt 135
(Rn. 139 ff.).

2. Bekanntgabe. Neben der Feststellung des Beschlussergebnis- 136
ses ist die Bekanntgabe des Beschlusses Voraussetzung dafür, dass überhaupt ein Beschluss zustande gekommen ist (BGH NJW 2001, 3339).

Wenn der Vorsitzende einer Wohnungseigentümerversammlung 137
erkennt, dass die Versammlungsteilnehmer einen Beschluss fassen, der rechtswidrig ist, stellt sich die Frage, ob ein Versammlungsvorsitzender einen solchen (rechtswidrigen) Beschluss verkünden darf. In einem Fall, in dem es um die erkennbar rechts-

widrige Bestellung eines Verwaltungsbeirats ging, verkündete der Vorsitzende der Versammlung den Beschluss, nachdem er die Wohnungseigentümer auf die Anfechtbarkeit hingewiesen hatte. Der Beschluss wurde mit Erfolg angefochten und außerdem mit dem Ergebnis, dass dem Versammlungsvorsitzenden die Kosten des gerichtlichen Verfahrens auferlegt wurden (AG Hamburg-Barmbeck DWE 2005, 5).

138 In vergleichbaren Fällen ist wie folgt zu argumentieren:
– Einerseits ist der Versammlungsvorsitzende zur Beschlussfeststellung und zur Beschlussverkündung verpflichtet (BGH NJW 2001, 3339 = ZMR 2001, 809).
– Andererseits hat der Versammlungsvorsitzende dafür Sorge zu tragen, dass nur rechtmäßige Beschlüsse gefasst werden. Daraus resultiert die Verpflichtung, die Wohnungseigentümer darauf hinzuweisen, dass eine Anfechtung in Betracht kommt.
– Das bedeutet jedoch nicht, dass sich der Versammlungsvorsitzende weigern darf, von ihm als rechtswidrig erkannte Beschlüsse festzustellen und zu verkünden. Die Wohnungseigentümer sind die „Herren des Verfahrens". Der Verwalter als regelmäßiger Versammlungsvorsitzender ist nur ausführendes Organ, zumal bei gegebener Beschlusskompetenz auch anfechtbare Beschlüsse mangels Anfechtung bestandskräftig werden können.
– Im Ergebnis hat der Vorsitzende auch als rechtswidrig erkannte Beschlüsse festzustellen und zu verkünden.
– Es empfiehlt sich jedoch, die geäußerten juristischen Bedenken zu protokollieren. Dann entspricht es jedenfalls nicht der Billigkeit, den Versammlungsvorsitzenden später mit gerichtlichen oder außergerichtlichen Kosten zu belasten (*Deckert* DWE 2005, 7; *Müller* DWE 2005, 8). Ergänzend wird empfohlen, dass sich der Versammlungsvorsitzende durch einen Zusatzbeschluss eine Haftungsfreistellung zusichern lassen soll (*Deckert* DWE 2005, 7). Derartige Beschlüsse dürften jedoch nicht ordnungsmäßiger Verwaltung entsprechen, somit anfechtbar sein.

139 **3. Protokollierung.** Eine Aufnahme des Beschlusswortlauts in das Versammlungsprotokoll ist für die Wirksamkeit eines Beschlusses grundsätzlich ohne Bedeutung (BayObLG NJW-RR 2005, 456 = ZMR 2005, 462). Empfehlenswert ist die Protokollierung jedoch zwecks Streitvermeidung.

140 Wenn allerdings vereinbart wurde, dass eine förmliche Feststellung des Beschlussergebnisses Wirksamkeitsvoraussetzung für einen Beschluss ist, ist eine Aufnahme in das Versammlungsprotokoll rechtlich zwingend (OLG Frankfurt BeckRS 2006, 7390). Ein nicht protokollierter Beschluss ist dann rechtlich nicht existent.

Sieht die Teilungserklärung vor, dass zur Gültigkeit eines Be- 141
schlusses die Eintragung in ein „Protokollbuch" erforderlich ist,
so genügt es nicht, wenn die Protokolle in sich geheftet und genietet, durchnummeriert sowie mit Seitenzahlen versehen sind
und mit einem vorgehefteten Inhaltsverzeichnis in einem Ordner
aufbewahrt werden (OLG Köln NZM 2007, 133 = ZMR 2006,
711). Die Beschlusseintragung in ein „Protokollbuch" kann als
Gültigkeitsvoraussetzung vereinbart werden (OLG Köln FGPrax
2007, 19).

Ist in einer Vereinbarung geregelt, dass zur Gültigkeit eines Be- 142
schlusses der Wohnungseigentümerversammlung die Protokollierung des Beschlusses erforderlich und das Protokoll vom Verwalter und von zwei von der Eigentümerversammlung bestimmten
Wohnungseigentümern zu unterzeichnen ist, so hat die Bestimmung der zwei Wohnungseigentümer zu Beginn der Versammlung durch Mehrheitsbeschluss zu erfolgen (OLG Schleswig
NJW-RR 2006, 1675 = ZMR 2006, 721).

4. Bestimmtheit. Die Frage, ob unbestimmte Beschlüsse nichtig 143
sind oder nur anfechtbar, ist umstritten (vgl. Niedenführ/Schulze/
Schulze § 23 Rn. 11; Bärmann/Pick/Merle/*Merle* § 23 Rn. 148 f.).
Das BayObLG hat in einem Fall, in dem der Inhalt eines Beschlusses nicht einmal bestimmbar war, die Frage ausdrücklich
offengelassen (BayObLG ZMR 2004, 762).

D. Beschluss ohne Versammlung

Ein Beschluss ist auch ohne Versammlung gültig, wenn alle 144
Wohnungseigentümer ihre Zustimmung zu diesem Beschluss
schriftlich erklären (§ 23 Abs. 3).

I. Erklärungsbefugte

Erklärungsbefugt sind „alle" Wohnungseigentümer. Allstim- 145
migkeit ist erforderlich. Wenn sich nicht alle Wohnungseigentümer erklärt haben, handelt es sich um einen Nichtbeschluss
(BayObLG NZM 2002, 300 = ZMR 2002, 138).

Ob § 23 Abs. 3 abdingbar ist, ist streitig. Teils wird vertreten, 146
dass § 23 Abs. 3 einerseits abdingbar ist, jedoch mit der Einschränkung, dass Mehrheitsbeschlüsse im schriftlichen Verfahren
unzulässig sind (Niedenführ/Schulze/*Schulze* § 23 Rn. 16). Es be-
stehe lediglich die Möglichkeit der Vereinbarung über den Mo-
dus der schriftlichen Beschlussfassung, ob einzeln zugestimmt
werden muss oder ein Zirkular ausreicht.

Andererseits wird unter Berufung auf § 10 Abs. 2 Satz 2 vertre- 147
ten, dass § 24 Abs. 3 insgesamt abdingbar ist, da der Gesetzgeber

§ 24 Abs. 2 nicht „ausdrücklich" im Sinne von § 10 Abs. 2 Satz 2 für unverzichtbar erklärt hat (Bärmann/Pick/Merle/*Merle* § 23 Rn. 112).

II. Schriftform der Erklärung

148 Das Gesetz fordert ausdrücklich eine schriftliche Erklärung.
149 Ob Schweigen als Zustimmung fingiert werden darf, ist streitig. *Merle* (Bärmann/Pick/Merle/*Merle* § 23 Rn. 110) vertritt die Auffassung, dass derartige Fiktionen vereinbart werden dürfen.

III. Widerruf der Erklärung

150 Bis wann eine Zustimmungserklärung widerrufen werden kann, ist streitig. Zum Teil wird vertreten, dass es auf den Zugang der einzelnen Zustimmungserklärung ankomme. Andere vertreten die Auffassung, dass es auf den Zeitpunkt des Wirksamwerdens des Beschlusses – somit seiner Feststellung und Verkündung – ankommt (Bärmann/Pick/Merle/*Merle* § 23 Rn. 108).

E. Beschlusswirkung gegen Sondernachfolger

151 Vergleiche insoweit die Anmerkungen zu § 10 Abs. 4.

F. Beschluss(un)gültigkeit

152 Gemäß § 23 Abs. 4 Satz 2 ist ein Beschluss gültig, solange er nicht durch rechtskräftiges Urteil für ungültig erklärt worden ist.
153 Nichtig – und damit ebenfalls ungültig – sind Beschlüsse, die gegen eine Rechtsvorschrift verstoßen, auf deren Einhaltung rechtswirksam nicht verzichtet werden kann (§ 23 Abs. 4 Satz 1).

I. Richterlich festgestellte Beschlussungültigkeit

154 Seit dem 1. 7. 2007 werden Beschlüsse im Wege der Anfechtungsklage angefochten (§ 46). Die Verfahren sind gerichtet auf „Erklärung der Ungültigkeit eines Beschlusses" (§ 46 Abs. 1 Satz 1). Die Klage ist innerhalb eines Monats seit Beschlussfassung zu erheben. Der Klageantrag lautet auf Ungültigerklärung eines bestimmten Beschlusses. Die Rechtshängigkeit eines Beschlussanfechtungsverfahrens hat keine aufschiebende Wirkung. Das Verfahren richtet sich nach der ZPO.
155 Siehe im Einzelnen die Erläuterungen zu §§ 46 ff.

II. Nichtigkeit

Nichtig sind Beschlüsse, die gegen Rechtsvorschriften verstoßen, auf deren Einhaltung rechtswirksam nicht verzichtet werden kann (§ 23 Abs. 4 Satz 1). 156

Danach ist ein Beschluss nichtig, wenn er gegen die guten Sitten verstößt (§ 138 BGB). 157

Außerdem ist ein Beschluss nichtig, wenn er gegen ein gesetzliches Verbot verstößt (§ 134 BGB). Insoweit sind zu beachten: § 5 Abs. 2, § 6, § 11, § 12 Abs. 1, § 12 Abs. 4, § 16 Abs. 5, § 22 Abs. 2 Satz 4, § 27 Abs. 4. 158

III. Anfechtbarkeit

Beschlüsse sind anfechtbar gemäß § 46, wenn sie entweder an formellen oder an materiellen Mängeln leiden. 159

Eine Beschlussanfechtung lediglich „zur Klarstellung" ist unzulässig (AG Flensburg ZMR 2005, 482). 160

Eine pauschale Anfechtung aller Beschlüsse ist unzulässig, es sei denn, dem Anfechtenden liegt im Anfechtungszeitpunkt keine Niederschrift über die Wohnungseigentümerversammlung vor (LG Landshut ZMR 2005, 480). 161

1. Anfechtungsgrund

a) **Formelle Mängel.** Leidet ein Beschluss lediglich an formellen Mängeln (nicht ordnungsgemäße Einberufung, nicht ordnungsgemäße Feststellung des Beschlussergebnisses, nicht ordnungsgemäße Protokollierung), wird geprüft, ob sich der Fehler auf das Beschlussergebnis ausgewirkt hat. Fehlt eine Kausalität des Verfahrensmangels, wird der Beschluss nicht für unwirksam erklärt. Die Kausalität wird im Zweifel vermutet (OLG Hamm NJW-RR 1997, 523 = ZMR 1997, 49). 162

Dass führt jedoch nicht dazu, dass es zulässig ist, folgenlos einzelne Wohnungseigentümer nicht zur Wohnungseigentümerversammlung einzuberufen. Die Nichteinberufung einzelner führt auch mangels Kausalität zur Anfechtbarkeit. Bei vorsätzlicher Nicht-Einladung sind die in der Versammlung gefassten Beschlüsse in der Regel nichtig (BayObLG NZM 2005, 630 = ZMR 2005, 801). Lediglich die versehentliche Nichteinladung führt nur zur Anfechtbarkeit, nicht zur Nichtigkeit (OLG Frankfurt BeckRS 2005, 14051). 163

b) **Materielle Mängel.** Materielle Mängel führen stets zur Anfechtbarkeit. Sie liegen regelmäßig dann vor, wenn der Beschlussinhalt nicht ordnungsmäßiger Verwaltung entspricht. 164

Sie liegen beispielsweise vor, wenn es um Beschlüsse über Jahresabrechnungen geht (BayObLG NJW-RR 2004, 443 = MieWoE 165

§ 24 I. Teil. Wohnungseigentum

§ 23 WEG Nr. 65) oder um den Verteilungsschlüssel für Müllgebühren (LG Hamm NJW 2000, 1181 = DWE 2000, 125), um Protokollberichtigungsverlangen (BayObLG NJW-RR 2002, 1667 = ZMR 2002, 951), um die Zurückweisung von Vertretern in der Wohnungseigentümerversammlung (BayObLG NJW-RR 2004, 1602 = DWE 2005, 24) oder um überhöhte Verwaltervergütungen, die rückwirkend gewährt werden (OLG Düsseldorf NZM 1998, 770 = WE 1998, 488).

2. Anfechtungsberechtigte

166 a) **Wohnungseigentümer.** Wohnungseigentümer sind stets anfechtungsberechtigt. Gehört ein Wohnungseigentum einer Erbengemeinschaft, kann jeder Miterbe allein einen Eigentümerbeschluss wirksam anfechten (BayObLG NJW-RR 1999, 164 = WE 1999, 33).

167 b) **Nießbraucher.** Nießbraucher sind nicht anfechtungsberechtigt (OLG Düsseldorf NZM 2005, 380 = ZMR 2005, 469).

168 c) **Dritte.** Dritte sind grundsätzlich nicht anfechtungsberechtigt.

169 **3. Anfechtungsfrist.** Die Anfechtungsfrist bestimmt sich nach § 46 Abs. 1 Satz 2. Die Klage muss innerhalb eines Monats nach der Beschlussfassung erhoben sein. Sie muss innerhalb zweier Monate nach der Beschlussfassung begründet werden.

§ 24. Einberufung, Vorsitz, Niederschrift

(1) Die Versammlung der Wohnungseigentümer wird von dem Verwalter mindestens einmal im Jahre einberufen.

(2) Die Versammlung der Wohnungseigentümer muss von dem Verwalter in den durch Vereinbarung der Wohnungseigentümer bestimmten Fällen, im übrigen dann einberufen werden, wenn dies schriftlich unter Angabe des Zweckes und der Gründe von mehr als einem Viertel der Wohnungseigentümer verlangt wird.

(3) Fehlt ein Verwalter oder weigert er sich pflichtwidrig, die Versammlung der Wohnungseigentümer einzuberufen, so kann die Versammlung auch, falls ein Verwaltungsbeirat bestellt ist, von dessen Vorsitzenden oder seinem Vertreter einberufen werden.

(4) ¹Die Einberufung erfolgt in Textform. ²Die Frist der Einberufung soll, sofern nicht ein Fall besonderer Dringlichkeit vorliegt, mindestens zwei Wochen betragen.

(5) Den Vorsitz in der Wohnungseigentümerversammlung führt, sofern diese nichts anderes beschließt, der Verwalter.

(6) ¹Über die in der Versammlung gefassten Beschlüsse ist eine Niederschrift aufzunehmen. ²Die Niederschrift ist von dem Vorsitzenden und einem Wohnungseigentümer und, falls ein Verwal-

tungsbeirat bestellt ist, auch von dessen Vorsitzenden oder seinem Vertreter zu unterschreiben. [3]Jeder Wohnungseigentümer ist berechtigt, die Niederschriften einzusehen.
(7) [1]Es ist eine Beschluss-Sammlung zu führen. [2]Die Beschluss-Sammlung enthält nur den Wortlaut
1. der in der Versammlung der Wohnungseigentümer verkündeten Beschlüsse mit Angabe von Ort und Datum der Versammlung,
2. der schriftlichen Beschlüsse mit Angabe von Ort und Datum der Verkündung und
3. der Urteilsformeln der gerichtlichen Entscheidungen in einem Rechtsstreit gemäß §43 mit Angabe ihres Datums, des Gerichts und der Parteien,

soweit diese Beschlüsse und gerichtlichen Entscheidungen nach dem 1. Juli 2007 ergangen sind. [3]Die Beschlüsse und gerichtlichen Entscheidungen sind fortlaufend einzutragen und zu nummerieren. [4]Sind sie angefochten oder aufgehoben worden, so ist dies anzumerken. [5]Im Falle einer Aufhebung kann von einer Anmerkung abgesehen und die Eintragung gelöscht werden. [6]Eine Eintragung kann auch gelöscht werden, wenn sie aus einem anderen Grund für die Wohnungseigentümer keine Bedeutung mehr hat. [7]Die Eintragungen, Vermerke und Löschungen gemäß den Sätzen 3 bis 6 sind unverzüglich zu erledigen und mit Datum zu versehen. [8]Einem Wohnungseigentümer oder einem Dritten, den ein Wohnungseigentümer ermächtigt hat, ist auf sein Verlangen Einsicht in die Beschluss-Sammlung zu geben.
(8) [1]Die Beschluss-Sammlung ist von dem Verwalter zu führen. [2]Fehlt ein Verwalter, so ist der Vorsitzende der Wohnungseigentümerversammlung verpflichtet, die Beschluss-Sammlung zu führen, sofern die Wohnungseigentümer durch Stimmenmehrheit keinen anderen für diese Aufgabe bestellt haben.

Übersicht

	Rn.
A. Einberufung	4
I. Einberufender	5
1. Verwalter	6
a) Regelfall	7
b) Abberufener Verwalter	10
2. Beirat	14
a) Gesetzliches Einberufungsrecht	15
b) Vereinbartes Einberufungsrecht	29
c) Beschlossenes Einberufungsrecht	31
3. Einzelne Wohnungseigentümer	32
a) Gesetzliche Einberufungsbefugnis	33
b) Vereinbarte Einberufungsbefugnis	35
c) Beschlossene Einberufungsbefugnis	36
d) Richterlich angeordnete Einberufungsbefugnis	37

§ 24 I. Teil. Wohnungseigentum

    4. Einberufungsverlangen durch mehrere Wohnungseigentümer 39
       a) Vereinbarte Einberufungspflicht des Verwalters 40
       b) Gesetzliche Einberufungspflicht des Verwalters 41
    5. Dritte 47
    6. Unbefugte Einberufung 48
  II. Einzuberufende 52
    1. Wohnungseigentümer 53
    2. Sonstige Personen 56
    3. Folgen fehlerhafter Nichteinberufung 62
  III. Einberufungsinhalt 64
    1. Bestimmtheit 66
    2. Einzelfälle 70
  IV. Einberufungsform 92
    1. Textform 93
    2. Formfehler 95
  V. Frist 98
    1. Regelfall 99
    2. Fälle besonderer Dringlichkeit 102
  VI. Häufigkeit 103
    1. Ordentliche Wohnungseigentümerversammlung 104
    2. Außerordentliche Wohnungseigentümerversammlung 107
       a) Vereinbarte Einberufungsgründe 108
       b) Sonstige Einberufungsgründe 109
       c) Regelungen im Verwaltervertrag 111
       d) Verwalterhonorar 112
  VII. Ort der Versammlung 114
    1. Grundsatz 115
       a) Nichtöffentlichkeit 118
       b) Zumutbarkeit 123
       c) Behindertenschutz 127
    2. Kein Kapitalanlegerschutz 128
  VIII. Zeit der Versammlung 129
  IX. Eventualeinberufung 137
B. Durchführung 140
  I. Vorsitz 141
    1. Verwalter 142
    2. Beirat 148
    3. Wohnungseigentümer 149
    4. Dritte 150
  II. Teilnehmer 151
    1. Wohnungseigentümer 152
    2. Verwalter 155
    3. Stellvertreter 156
    4. Berater/Sachkundige Dritte 162
       a) Berater einzelner Wohnungseigentümer 163
       b) Berater des Verwalters 165
       c) Sonstige Berater 166
    5. Besucher 167
    6. Sonstige 168

Einberufung, Vorsitz, Niederschrift § 24

III. Ablauf	170
1. Beschlussfähigkeit	175
a) Ermittlung	176
b) Feststellung	185
c) Protokollierung	186
2. Aufrufung/Diskussion der TOP	192
3. Abstimmung	193
a) Regelfall	194
b) Subtraktionsmethode	196
C. Niederschrift	200
I. Anfertigung	202
1. Verpflichteter	203
2. Form	204
a) Gesetzliche Formerfordernisse	205
b) Vereinbarte Formerfordernisse	206
3. Inhalt	208
a) Mindestinhalt	209
b) Weitere Inhalte	211
4. Zugang	212
II. Einsichtsrecht	214
1. Ort	215
2. Zeitpunkt	216
3. Abschriften	218
III. Berichtigung	221
1. Anspruchsgrundlage	222
2. Anspruchsgegner	223
3. Frist	224
4. Durchführung	225
D. Beschluss-Sammlung	226
I. Inhalt	228
1. Beschlüsse	229
a) In der Versammlung gefasste Beschlüsse	230
b) Schriftlich gefasste Beschlüsse	231
2. Urteile	232
II. Anfertigung	235
1. Fortlaufende Eintragung	237
2. Nummerierung	239
3. Anfertigungsverpflichteter	241
a) Verwalter	242
b) Versammlungsvorsitzender	246
c) Sonstige Personen	247
III. Einsichtsrecht	248
E. Sonstiges	251

§ 24 enthält die technischen Vorschriften (KK-WEG/*Riecke* § 24 **1**
Rn. 1) über die Beschlussfassung. Zweck der Regelungen ist es, eine
Beweissicherung hinsichtlich der gefassten Beschlüsse zu erreichen.

In § 24 Abs. 1, 2, 3 werden das Recht und die Pflicht zur Ein- **2**
berufung normiert. Abs. 4 regelt die Frist und die Form der Ein-

§ 24

berufung, Abs. 5, 6 befassen sich mit dem Ablauf einer Versammlung.

3   Mit Wirkung vom 1.7.2007 sind die Abs. 7 und 8 eingeführt worden, wonach eine Beschluss-Sammlung zu führen ist.

A. Einberufung

4   Die Versammlung wird von dem Verwalter mindestens einmal im Jahr einberufen (§ 24 Abs. 1). Auf Verlangen von mindestens einem Viertel der Wohnungseigentümer hat der Verwalter die Versammlung einzuberufen, wenn bestimmte Formalien eingehalten sind (§ 24 Abs. 2). Fehlt ein Verwalter oder weigert er sich pflichtwidrig, die Versammlung einzuberufen, besteht ein Einberufungsrecht des Verwaltungsbeirats (§ 24 Abs. 3).

I. Einberufender

5   Die Einberufung erfolgt im Regelfall durch den Verwalter, ausnahmsweise durch den Beirat oder durch einzelne Wohnungseigentümer.

6   **1. Verwalter.** Verwalter ist im Regelfall eine natürliche Person. Auch eine juristische Person (z. B. GmbH) kann Verwalterin sein. Eine Gesellschaft bürgerlichen Rechts ist nicht verwalterfähig (BGH NJW 2006, 2189 = ZMR 2006, 375). Wird dennoch eine Gesellschaft bürgerlichen Rechts zur Verwalterin bestellt und beruft diese eine Wohnungseigentümerversammlung ein, sind gefasste Beschlüsse wirksam aber anfechtbar (KK-WEG/*Riecke* § 24 Rn. 13). Die Anfechtung führt nur bei gegebener Kausalität des Mangels zur Aufhebung. Die Kausalität wird im Zweifel vermutet (OLG Hamm NJW-RR 1997, 523 = ZMR 1997, 49).

7   **a) Regelfall.** Regelmäßig erfolgt die Einberufung durch den Verwalter.

8   Dem von den Eigentümern bestellten Verwalter steht der durch rechtskräftige gerichtliche Entscheidung bestellte Verwalter gleich (*Elzer* ZMR 2004, 229), ebenso der im Wege einstweiliger Anordnung berufene Verwalter (KK-WEG/*Riecke* § 24 Rn. 5).

9   In Fällen des Verwalterwechsels ist zur Einberufung berechtigt und verpflichtet der Verwalter, der in dem Zeitpunkt Verwalter ist, in dem die Einladung zur Eigentümerversammlung versandt wird.

10 **b) Abberufener Verwalter.** Wenn der Beschluss über die Bestellung eines Verwalters noch nicht bestandskräftig ist, ist dies unschädlich für die Befugnis des Verwalters zur Einberufung (OLG Hamburg ZMR 2000, 478; *Drasdo* Die Eigentümerversammlung nach WEG, 3. Aufl., Rn. 39).

Während der Dauer eines Anfechtungsverfahrens bleibt der Bestellungsbeschluss wirksam (§ 23 Abs. 4 a. F.), wenn nicht eine entgegenstehende einstweilige Anordnung im Sinne des § 44 Abs. 3 Satz 1 a. F. getroffen wurde. Somit kann auch ein Verwalter wirksam die Wohnungseigentümerversammlung einberufen, wenn der ihn betreffende Bestellungsbeschluss angefochten wurde. **11**

Hat die Anfechtung eines Bestellungsbeschlusses Erfolg, so gilt dies rückwirkend. Der Beschluss ist von Anfang an unwirksam. Gleichwohl ist es h. M., dass die vom Verwalter veranlassten Maßnahmen wirksam sind (*Drasdo* Die Eigentümerversammlung nach WEG, 3. Aufl., Rn. 39; KK-WEG/*Riecke* § 24 Rn. 8). **12**

Wenn ein Verwalter nach Ablauf seiner Bestellungszeit eine Eigentümerversammlung einberuft, so sind die auf dieser Versammlung gefassten Beschlüsse bei gegebener Ursächlichkeit des Mangels auf Anfechtung hin für ungültig zu erklären (BayObLG MieWoE § 24 WEG Nr. 4). **13**

2. Beirat. § 24 Abs. 3 gibt dem Verwaltungsbeirat ein gesetzliches Einberufungsrecht. Ein solches kann zusätzlich vereinbart oder beschlossen werden. **14**

a) Gesetzliches Einberufungsrecht. Der Verwaltungsbeiratsvorsitzende/dessen Stellvertreter ist einberufungsberechtigt, wenn ein Verwalter fehlt, wenn sich ein Verwalter pflichtwidrig weigert, eine Wohnungseigentümerversammlung einzuberufen, und wenn tatsächlich keine Einberufung erfolgt. **15**

(1) Fehlender Verwalter. Ein Verwalter fehlt, wenn er tatsächlich nicht bestellt ist. § 20 Abs. 2 steht einer Nicht-Bestellung nicht im Wege. Diese Norm verbietet lediglich die Begründung eines Bestellungshindernisses. **16**

Der Verwalter fehlt auch, wenn der Bestellungsbeschluss wirksam angefochten wurde. Die wirksame Anfechtung hat Rückwirkung. Wenn z. B. ein Abberufungsbeschluss bezüglich eines bisherigen Verwalters erfolgreich angefochten wurde, ist die Bestellung eines neuen Verwalters hinfällig geworden (OLG Zweibrücken FGPrax 2003, 62 = ZMR 2004, 63). **17**

Ein Verwalter fehlt auch dann, wenn er zwar tatsächlich bestellt wurde, jedoch an der Einberufung gehindert ist, z. B. auf Grund langandauernder Krankheit. **18**

Es bietet sich an, für derartige Fälle in der Gemeinschaftsordnung Regelungen zu treffen, ab wann ein Verwalter „fehlt". **19**

(2) Sich weigernder Verwalter. Dem fehlenden Verwalter stellt das Gesetz den sich weigernden Verwalter gleich. Die Weigerung muss pflichtwidrig sein. **20**

Pflichtwidrig ist die Weigerung dann, wenn entweder gegen die gesetzliche Einberufungspflicht (§ 24 Abs. 1) verstoßen wird oder gegen eine vereinbarte Einberufungspflicht. **21**

§ 24

22 Pflichtwidrig ist die Weigerung auch dann, wenn ein Einberufungsverlangen durch mindestens ein Viertel der Wohnungseigentümer ausgesprochen wurde (Abs. 2) und der Verwalter diesem Verlangen nicht nachkommt.

23 Pflichtwidrig ist die Nichteinberufung auch dann, wenn eine Versammlung nach pflichtgemäßem Ermessen des Verwalters notwendig wäre, z. B. in den Fällen, in denen eine Reparaturmaßnahme erforderlich ist, die derart umfangreich ist, dass der Verwalter nicht allein darüber entscheiden darf.

24 Eine Maßnahme kann allerdings so dringend sein, dass der Verwalter handeln muss, ohne zuvor eine Versammlung einzuberufen (§ 27 Abs. 1 Nr. 3). Das sind die Fälle, die wegen ihrer Eilbedürftigkeit eine vorherige Einberufung einer Versammlung nicht zulassen, insbesondere dann, wenn die Erhaltung des gemeinschaftlichen Eigentums gefährdet wäre, wenn nicht unverzüglich gehandelt würde, z. B. im Fall eines Wasserschadens (BayObLG NZM 2004, 390).

25 Die Einberufung einer Versammlung während der Schulferien steht einer pflichtwidrigen Weigerung nicht gleich (BayObLG NZM 2002, 794 = MieWoE § 24 WEG Nr. 10).

26 Die bloße Ankündigung, innerhalb der nächsten vier bis sechs Wochen eine Versammlung einzuberufen, ist keine Weigerung (BayObLG vom 29. 12. 1990, 2Z BR 72/90). Eine Weigerung liegt jedoch vor, wenn die Versammlung auf einen drei Monate nach Zugang eines Einberufungsverlangens liegenden Zeitpunkt einberufen wird (OLG Düsseldorf NZM 2004, 110 = ZMR 2004, 692).

27 *(3) Nichteinberufung.* Wenn der Verwalter keinerlei Maßnahmen unternimmt, die Versammlung einzuberufen, liegt eine Nichteinberufung vor. Insoweit steht dem Verwalter jedoch ein Ermessensspielraum zu. Es bietet sich an, in der Gemeinschaftsordnung oder im Verwaltervertrag Regelungen zu treffen, bis wann spätestens die jährliche Eigentümerversammlung einzuberufen ist.

28 Die mehrfache Verlegung einer bereits einmal einberufenen Wohnungseigentümerversammlung steht der tatsächlichen Nichteinberufung gleich.

29 **b) Vereinbartes Einberufungsrecht.** Die die Einberufung betreffenden Normen sind abdingbar (Bärmann/Pick/Merle/*Merle* § 24 Rn. 7). Konsequenterweise kann die Gemeinschaftsordnung Bestimmungen enthalten, wonach (z. B.) die regelmäßige Wohnungseigentümerversammlung nicht jährlich, sondern etwa alle 18 Monate stattfindet oder dass pro Jahr mindestens zwei Versammlungen stattfinden müssen (Bärmann/Pick/Merle/*Merle* § 24 Rn. 7).

30 Es kann (z. B.) auch vereinbart werden, dass eine außerordentliche Versammlung einberufen werden muss, wenn Beschlüsse

mit einem Gegenstandswert, der einen bestimmten Betrag überschreitet, anstehen.

c) Beschlossenes Einberufungsrecht. Hinsichtlich der Durchführung einer Eigentümerversammlung als Verwaltungsmaßnahme steht den Wohnungseigentümern grundsätzlich die Beschlusskompetenz (BGH NJW 2000, 3500) zu. Sofern nicht grundlegend und dauerhaft von den Bestimmungen des WEG abgewichen wird, ist es somit zulässig, Beschlüsse zur Eigentümerversammlung zu fassen (vgl. *Riecke/Schmidt/Elzer* Die erfolgreiche Eigentümerversammlung, 4. Aufl., Rn. 116 ff.). Jedenfalls dann, wenn beschlossen wird, eine (zusätzliche) Eigentümerversammlung einzuberufen, so dürfte dafür die Beschlusskompetenz gegeben sein. Konsequenterweise ist es zulässig, zu beschließen, dass für einen bestimmten Sachverhalt eine Wohnungseigentümerversammlung einzuberufen ist, beispielsweise in den Fällen, in denen im Rahmen der Kompetenzabgrenzung zwischen den Wohnungseigentümern einerseits und dem Wohnungseigentumsverwalter andererseits festgelegt wird, dass der Verwalter Instandhaltungsmaßnahmen bis zu einem bestimmten Betrag ohne Einberufung einer Wohnungseigentümerversammlung durchführen darf, ab einem bestimmten Betrag jedoch die Wohnungseigentümer sich das Recht vorbehalten, über die jeweilige Maßnahme selber zu entscheiden. 31

3. Einzelne Wohnungseigentümer. Einzelne Wohnungseigentümer sind grundsätzlich nicht zur Einberufung einer Wohnungseigentümerversammlung berechtigt. 32

a) Gesetzliche Einberufungsbefugnis. Auch § 21 Abs. 2 berechtigt einzelne Wohnungseigentümer nicht, eine Wohnungseigentümerversammlung einzuberufen. 33

§ 21 Abs. 2 greift ein, wenn eine Gefahrensituation für das gemeinschaftliche Eigentum vorliegt, die ein Eingreifen erforderlich macht, das so eilbedürftig ist, dass gerade keine Wohnungseigentümerversammlung mehr einberufen werden kann. Wenn noch Zeit bliebe für die Einberufung einer Wohnungseigentümerversammlung, ist regelmäßig keine solche Eilbedürftigkeit gegeben, dass die Voraussetzungen des § 21 Abs. 2 erfüllt sind (Bärmann/Pick/Merle/*Merle* § 21 Rn. 47). 34

b) Vereinbarte Einberufungsbefugnis. Da § 24 Abs. 1 abdingbar ist (Bärmann/Pick/Merle/*Merle* § 24 Rn. 7), kann in der Gemeinschaftsordnung oder in einer anderen Vereinbarung vorgesehen werden, dass einzelnen Wohnungseigentümern ein Einberufungsrecht zusteht. Um jedoch einer Inflation der Wohnungseigentümerversammlungen vorzubeugen, ist zu fordern, dass dieses Einberufungsrecht auf klar umgrenzte Einzelfälle beschränkt ist. 35

36 c) **Beschlossene Einberufungsbefugnis.** Mangels dahin gehender Öffnungsklausel sind Beschlüsse, die eine Befugnis einzelner Wohnungseigentümer zur Einberufung einer Versammlung begründen, mangels Beschlusskompetenz (BGH NJW 2000, 3500) nichtig.

37 d) **Richterlich angeordnete Einberufungsbefugnis.** Einzelne Wohnungseigentümer können vom Gericht ermächtigt werden, eine Wohnungseigentümerversammlung einzuberufen. Die Rechtsgrundlage ist umstritten. Einerseits wird § 37 Abs. 2 BGB analog angewendet (OLG Hamm NJW-RR 1997, 523 = ZMR 1997, 49). Andererseits wird vertreten, für eine Analogie zu § 37 Abs. 2 BGB fehle die Regelungslücke. § 43 Abs. 1 Nr. 2 a. F. WEG, § 887 ZPO seien unmittelbar anzuwenden (Bärmann/Pick/Merle/*Merle* § 24 Rn. 24).

38 Gleichgültig, auf welcher Rechtsgrundlage die Einberufungsbefugnis gerichtlich erstritten wird: Der dahin gehende Beschluss muss in Rechtskraft erwachsen, damit daraus vollstreckt werden kann (§ 45 Abs. 2 a. F., § 48 Abs. 3, § 325 ZPO). Konsequenterweise darf die Einberufung erst erfolgen, wenn die gerichtliche Entscheidung nicht mehr anfechtbar ist (*Drasdo* Die Eigentümerversammlung nach WEG, 3. Aufl., Rn. 88).

39 **4. Einberufungsverlangen durch mehrere Wohnungseigentümer.** Die Versammlung der Wohnungseigentümer muss von dem Verwalter in den Fällen einberufen werden, die im Vereinbarungswege festgeschrieben worden sind (§ 24 Abs. 2 Alternative 1), im Übrigen dann, wenn dies schriftlich unter Angabe des Zweckes und der Gründe von mehr als einem Viertel der Wohnungseigentümer verlangt wird (§ 24 Abs. 2 Alternative 2).

40 a) **Vereinbarte Einberufungspflicht des Verwalters.** Die Gemeinschaftsordnung kann vorsehen, dass der Verwalter in bestimmten Fällen einberufungspflichtig ist, beispielsweise dann, wenn Instandhaltungsmaßnahmen anstehen, die eine (genau definierte) außerordentliche finanzielle Belastung der Wohnungseigentümer mit sich bringen.

41 b) **Gesetzliche Einberufungspflicht des Verwalters.** Gesetzlich ist der Verwalter zur Einberufung verpflichtet, wenn mehr als ein Viertel der Wohnungseigentümer dies schriftlich unter Angabe des Zweckes und der Gründe verlangt.

42 *(1) Einberufungsverlangen.* § 24 Abs. 2 Alternative 2 gibt den Wohnungseigentümern bei Beachtung bestimmter Formalien das Recht, die Einberufung vom Verwalter zu verlangen. Ob § 24 Abs. 2 abdingbar ist oder nicht, ist umstritten. Teilweise wird unter Berufung auf § 10 Abs. 1 Satz 2 a. F. vertreten, dass § 24 Abs. 2 insgesamt abdingbar ist (OLG Hamm NJW 1973, 2300). Die h. M. zählt die Befugnisse aus § 24 Abs. 2 jedoch zu den grundlegenden Minderheitsrechten, die nicht gänzlich zur Disposition stehen. Im Ergebnis wird überwiegend vertreten, dass im Vereinbarungswege die Voraussetzungen des Einberufungsverlangens erleichtert, nicht jedoch erschwert werden können. Beispielsweise soll es zulässig sein, zu vereinbaren, dass auch weniger als ein Viertel der Wohnungseigentümer die Einberufung verlangen können (Bärmann/Pick/Merle/*Merle* § 24 Rn. 10).

(2) Zweck-/Grundangabe. Das Schreiben, mittels dessen ein 43 Viertel der Wohnungseigentümer vom Verwalter die Einberufung einer Wohnungseigentümerversammlung verlangt, muss den Zweck enthalten und die Gründe, auf die sich das Einberufungsverlangen stützt. Der Zweck wird durch das Ziel bestimmt, welches die Wohnungseigentümer mit der Versammlung erreichen wollen. Regelmäßig geht es um die Fassung eines bestimmten Beschlusses (Bärmann/Pick/Merle/*Merle* § 24 Rn. 13). In der Praxis häufig: Einberufung einer Eigentümerversammlung mit dem einzigen Zweck, einen Abberufungsbeschluss bezüglich des Verwalters zu fassen (OLG München NJW-RR 2006, 1159 = ZMR 2006, 719).

Wenn Zweck und Gründe (schriftlich) mitgeteilt worden sind, 44 hat der Verwalter dem Einberufungsverlangen binnen angemessener Frist zu entsprechen. Ein materielles Prüfungsrecht steht ihm – abgesehen von Missbrauchsfällen – nicht zu (OLG München NJW-RR 2006, 1159 = ZMR 2006, 719).

(3) Schriftform. Das Gesetz fordert die Einhaltung der Schrift- 45 form. Demgemäß müssen die das Verlangen stellenden Wohnungseigentümer das Einberufungsverlangen gemäß § 126 Abs. 1 BGB eigenhändig unterschreiben (Bärmann/Pick/Merle/*Merle* § 24 Rn. 13).

(4) Ein Viertel der Wohnungseigentümer. Bei der Berechnung 46 des gemäß § 24 Abs. 2 geforderten Viertels der Wohnungseigentümer gilt das Kopfprinzip (*Briesemeister* NZM 2000, 992) und zwar auch dann, wenn ansonsten § 25 Abs. 2 (z. B. zugunsten des Wertprinzips) abbedungen wurde (Bärmann/Pick/Merle/*Merle* § 24 Rn. 9).

5. Dritte. Anderen als dem Verwalter, dem Beirat und den 47 Wohnungseigentümern steht keine Einberufungsbefugnis zu. Nach der Kernbereichslehre (BGH NJW-RR 2005, 39) darf grundsätzlich weder durch Beschluss noch durch Vereinbarung in den unentziehbaren Bereich des Wohnungseigentums eingegriffen werden. Zwar lässt die Rechtsprechung solche Eingriffe im Vereinbarungswege in Grenzen zu (BGH NJW 2004, 937 = ZMR 2004, 438). Eine Grenze besteht jedoch dann, wenn die Wohnungseigentümer nicht mehr selber über das „Ob" und das „Wie" der Verwaltung bestimmen (OLG Düsseldorf NZM 2002,

1031 = ZMR 2003, 126). Diese Grenze dürfte überschritten sein, wenn Dritten, die nicht Wohnungseigentümer dieser Wohnungseigentumsanlage sind, das Recht zugestanden würde, Wohnungseigentümerversammlungen einzuberufen.

48   6. **Unbefugte Einberufung.** Wenn eine Versammlung durch Dritte einberufen wurde, die nicht einberufungsbefugt sind, sind gefasste Beschlüsse wirksam, aber anfechtbar (OLG Köln NZM 1998, 920).

49   Da es sich um einen Formfehler handelt, erfolgt eine Ungültigerklärung auf Anfechtung hin nur dann, wenn der Einberufungsmangel ursächlich für das Beschlussergebnis war (KG WE 1993, 221). Die Ursächlichkeit wird grundsätzlich vermutet (OLG Hamm NJW-RR 1997, 523 = ZMR 1997, 49).

50   Die Feststellung, dass keine Kausalität des Ladungsfehlers für das Beschlussergebnis gegeben ist, setzt voraus, dass kein vernünftiger Zweifel daran in Betracht kommt, dass auch bei ordnungsmäßiger Einladung der Beschluss ebenso zustande gekommen wäre. Ein eindeutiges Abstimmungsergebnis in der Versammlung reicht für sich allein nicht zur Widerlegung der Kausalitätsvermutung (OLG Köln NZM 1998, 920).

51   Falls sämtliche Wohnungseigentümer in der Versammlung anwesend waren und mit abgestimmt haben, kann darin eine Heilung des Einberufungsmangels liegen (OLG Köln NZM 1998, 920). Das gilt jedenfalls dann, wenn den Anwesenden/Abstimmenden der Ladungsfehler bekannt ist.

II. Einzuberufende

52   Das Gesetz regelt nicht ausdrücklich, wer einzuberufen ist.

53   1. **Wohnungseigentümer.** Alle Wohnungseigentümer sind einzuladen. Das sind diejenigen, die im Zeitpunkt der Versendung der Einladung im Wohnungsgrundbuch/Teileigentumsgrundbuch als Eigentümer eingetragen sind (KG NJW-RR 1997, 1033 = ZMR 1997, 318). Falls das Grundbuch unrichtig ist und dies dem Einladenden bekannt ist, hat er den wirklichen Eigentümer einzuladen (KK-WEG/*Riecke* § 24 Rn. 40).

54   Auch vom Stimmrecht ausgeschlossene Wohnungseigentümer (§ 25 Abs. 5) sind einzuladen. Der Ausschluss vom Stimmrecht führt nicht zum Ausschluss von der Teilnahme an der Beratung in der Wohnungseigentümerversammlung (BayObLG NJW 1993, 603). Der Stimmrechtsausschluss macht somit eine Ladung nicht überflüssig.

55   Die Einladung ist an jeden Wohnungseigentümer persönlich zu richten. Das gilt auch in Ehegattenfällen. Sind Ehegatten zu

ideellen Anteilen Miteigentümer, sind nicht die „Eheleute" zu laden, sondern jeder einzelne Ehegatte.

2. Sonstige Personen. Wenn ein Wohnungseigentümer einen empfangszuständigen Ladungsbevollmächtigten benannt hat, ist in der Regel nur der Bevollmächtigte zu laden, es sei denn, dass sich aus der Vollmachtsurkunde ergibt, dass sich der Bevollmächtigende nur des Rechts zur Stimmabgabe begeben hat, nicht aber des Rechts zur Teilnahme an der Versammlung. Im Zweifel reicht es, nur den Bevollmächtigten zu laden. 56

Wenn ein Wohnungseigentümer geschäftsunfähig ist, ist der gesetzliche Vertreter zu laden. 57

In Zwangsverwaltungsfällen ist der Zwangsverwalter zu laden. 58
In Insolvenzfällen ist der Insolvenzverwalter zu laden. 59
Wenn ein Wohnungseigentümer eine juristische Person ist, ist entweder der Geschäftsführer der GmbH zu laden (§ 35 GmbHG) oder aber ein Vorstandsmitglied einer AG (§ 78 Abs. 2 Satz 2 AktG). 60

In Nießbrauchsfällen ist entscheidungserheblich für die Frage, wer geladen wird, ob der Nießbraucher in der Versammlung stimmberechtigt ist (streitig, vgl. BGH NJW 2002, 1647 = ZMR 2002, 440; OLG Hamm NZM 2001, 1086 = ZMR 2001, 1004; OLG Hamburg ZMR 2003, 701). Im Zweifel wird auch der Nießbrauchsberechtigte geladen. Ob ihm ein Stimmrecht zusteht, kann dann in der Wohnungseigentümerversammlung geklärt werden. 61

3. Folgen fehlerhafter Nichteinberufung. Wenn ein Einberufungsberechtigter nicht einberufen wurde, führt dies grundsätzlich nur zur Anfechtbarkeit gefasster Beschlüsse (BGH NJW 1999, 3717), falls Kausalität des Einberufungsmangels gegeben ist. 62

Wurde jedoch ein Einberufungsberechtigter bewusst nicht eingeladen, um ihn von der Willensbildung in der Wohnungseigentümerversammlung auszuschließen, sind gefasste Beschlüsse nichtig (OLG Zweibrücken FGPrax 2003, 60 = ZMR 2004, 60; OLG Köln ZMR 2004, 299). 63

III. Einberufungsinhalt

Zum Inhalt eines Einberufungsschreibens bestimmt § 23 Abs. 2, dass „der Gegenstand" bei der Einberufung bezeichnet sein muss. 64

Allgemein anerkannt ist, dass eine Einberufung mindestens enthalten muss Angaben zum Tagungsort, zur Anfangszeit der Versammlung, zur Tagesordnung und zum Einladenden (KK-WEG/*Riecke* § 24 Rn. 34). 65

1. Bestimmtheit. Die Angaben im Einladungsschreiben zur Bezeichnung des Beschlussgegenstandes müssen mindestens so genau sein, dass die Einberufenen vor Überraschungen geschützt 66 sind und ihnen eine Vorbereitungsmöglichkeit gegeben ist. Der Wortlaut muss allgemein verständlich sein. Der Beschlussgegenstand ist umso genauer zu bezeichnen, je größer seine Bedeutung und je geringer der Wissensstand des einzelnen Wohnungseigentümers ist. Die Wohnungseigentümer müssen die Möglichkeit haben, auf Grund der Angaben im Einladungsschreiben zu entscheiden, ob es erforderlich ist, an der Versammlung teilzunehmen oder nicht (OLG München NZM 2006, 934).

67 In der Praxis wird mit dem Einladungsschreiben die Tagesordnung der Wohnungseigentümerversammlung bekannt gegeben. Die Tagesordnung wird vom Einladenden (in der Regel dem Verwalter) aufgestellt.

68 Einzelne Wohnungseigentümer können die Aufnahme einzelner Tagesordnungspunkte verlangen (OLG Saarbrücken ZMR 2004, 533; OLG Frankfurt ZMR 2004, 288).

69 Der Einladende hat auf Verlangen die Tagesordnungspunkte aufzunehmen. Eine dahin gehende Weigerung ist pflichtwidrig, wenn für die Behandlung des verlangten Tagesordnungspunktes sachliche Gründe sprechen (OLG Frankfurt vom 23.10.2000, 20 W 541/99). Weigert sich ein Verwalter, bestimmte Tagesordnungspunkte aufzunehmen, ist eine Rechtsmittelmöglichkeit nach § 43 gegeben (KK-WEG/*Riecke* § 24 Rn. 37).

70 **2. Einzelfälle. „Abmeierungsklage":** Mit dieser Formulierung ist eine Beschlussfassung nach § 18 über die Entziehung des Wohnungseigentums gedeckt (KG NJW-RR 1996, 526 = ZMR 1996, 223).

71 **„Anfragen/Anregungen":** Beschlüsse von untergeordneter Bedeutung sind zulässig (BayObLG ZMR 2002, 527).

72 **„Anfragen/Anregungen":** Nur Beschlüsse von untergeordneter Bedeutung sind zulässig. Dazu gehört es nicht, die Anschaffung von zwei Leitern für 800 DM und die Anschaffung eines Verlängerungskabels für 100 DM zu beschließen (BayObLG MieWoE § 25 WEG Nr. 14 = ZMR 2002, 527).

73 **„Bereitstellung erforderlicher Mittel für beschlossene Maßnahmen":** Nicht ausreichend für die Beschlussfassung über eine Sonderumlage (KG NZM 2006, 158 = ZMR 2006, 704).

74 **„Beschlussfassung über die Beauftragung von Rechtsanwalt ... zur Durchführung der Rechte der Gemeinschaft":** Reicht nicht für ein Vorgehen gemäß § 18 (BayObLG WE 1990, 61).

75 **„Beschluss über ergänzende und weiterführende Beschlüsse zur Großsanierung":** Dieser Einladungstext reicht nicht aus, wenn über konkrete bauliche Einzelmaßnahmen beschlossen werden soll (OLG München vom 14.9.2006, 24 Wx 049/06 B/sch).

76 **„Erklärungen zum Verwaltervertrag (Haftung)":** Diese Bezeichnung genügt für eine zeitliche/betragsmäßige Einschränkung

der Verwalterhaftung (BayObLG NJW-RR 2003, 663 = ZMR 2003, 282).

„**Erneuerung der Aufzugsinnentüren i. V. m. einer Neuausstattung der Aufzugskabine konform zur Schadenshäufigkeit**": Diese Bezeichnung greift für Beschlüsse zur Instandsetzung des Aufzugs inklusive der Beschlussfassung über die Kosten und die Art der Finanzierung (OLG Düsseldorf NJW-RR 2002, 83 = ZMR 2001, 723). 77

„**Finanzierung**": Es darf auch über eine Kreditaufnahme beschlossen werden (AG München WE 1991, 112). 78

„**Freiflächengestaltung**": Ausreichend für den Beschluss über die Aufstellung eines gemauerten Pflanztroges im Sondernutzungsbereich und für die Bepflanzung mit Bäumen im Gemeinschaftsbereich (BayObLGR 2004, 388). 79

„**Hausgeldabrechnung**": Unzulässig ist eine Änderung des Kostenverteilungsschlüssels (OLG Düsseldorf ZMR 2005, 895). 80

„**Konkretisierung der Hausordnung hinsichtlich der Benutzung der Kellerräume**": Dadurch ist nur ein Beschluss über eine private Nutzung der Kellerräume gedeckt, nicht über eine berufliche Nutzung (OLG Köln WuM 1991, 615). 81

„**Neuwahl eines Verwalters**": Nicht nur die Bestellung eines Verwalters nach WEG, sondern auch die wesentlichen Bedingungen des Verwaltervertrages dürfen beschlossen werden (OLG Schleswig NJW-RR 2006, 1525 = ZMR 2006, 803). 82

„**Sanierung der Balkone**": Es darf über die Verlegung von Fliesen bzw. Klinkerplatten im fest verlegten Mörtelbett beschlossen werden (OLG Celle vom 7. 2. 2003, 4 W 208/02). 83

„**Unterrichtung der Gemeinschaft für Aktivitäten des Wohnungseigentümers..., seinen Schuldenstand und Beschlussfassung**": Reicht nicht zur Durchführung eines Verfahrens nach § 18 (OLG Düsseldorf ZMR 1998, 244). 84

„**Untersagung der Vermietung der Kellerräume zum Wohnen**": Reicht aus für einen Beschluss, wonach nach erfolgloser Abmahnung ein Verfahren nach § 18 eingeleitet werden darf (BayObLG WE 1990, 29). 85

„**Verlängerung des Verwaltervertrages**": Eine Beschlussfassung über die Neubestellung des bisherigen Verwalters ist zulässig (BayObLG WuM 1992, 231). 86

„**Verschiedenes**": Unter dem TOP „Verschiedenes" dürfen nur Angelegenheiten von untergeordneter Bedeutung beschlossen werden. Eine untergeordnete Bedeutung liegt jedenfalls dann nicht vor, wenn sich aus der Beschlussfassung die Belastung eines Wohnungseigentümers mit Kosten ergibt (LG Lüneburg ZMR 2006, 896). 87

„**Verwalterbestellung**": Zulässig ist eine Beschlussfassung über die Vergütung des Verwalters (BayObLG NJW 2003, 1328). 88

89 „**Verwalterwechsel**": Die Beschlussfassung über die Vertragsbedingungen mit einem neuen Verwalter ist zulässig (BayObLG DWE 1982, 137).

90 „**Wirtschaftsplan**": Von diesem TOP ist keine Erhöhung der Hausmeistervergütung umfasst (BayObLG WE 1990, 27).

91 „**Wohngelderhöhung**": Diese Bezeichnung in der Ladung ist nicht ausreichend, wenn das Wohngeld nicht allgemein, sondern nur für einzelne Wohnungseigentümer erhöht werden soll.

IV. Einberufungsform

92 Die Einberufung erfolgt in Textform (§ 24 Abs. 4 Satz 1).

93 1. **Textform.** § 24 Abs. 4 Satz 1 enthält ein gesetzliches Formerfordernis im Sinne des § 126b BGB. Dies bedeutet, dass auch Telefaxe, Fotokopien einer im Original unterschriebenen Einladung, E-Mails, Telegramme oder SMS ausreichen (KK-WEG/ *Riecke* § 24 Rn. 29).

94 Eine Ladung im Wege des Umlaufs von Hand zu Hand oder durch einen Aushang genügt nicht den Anforderungen des § 126b BGB (KK-WEG/*Riecke* § 24 Rn. 30).

95 2. **Formfehler.** Ladungsfehler sind Formfehler, führen daher zur Anfechtbarkeit. Die Anfechtung hat jedoch nur Aussicht auf Erfolg, wenn der Ladungsfehler ursächlich für einen gefassten Beschluss ist. Dies dürfte regelmäßig nicht der Fall sein (*Riecke* MDR 1997, 824). Bei „vernünftiger Betrachtungsweise (ist) eine Beeinflussung des Abstimmungsverhaltens der übrigen Wohnungseigentümer" durch einen solchen Formfehler nicht ernsthaft in Betracht zu ziehen (OLG Düsseldorf NJWE-MietR 1997, 85 = ZMR 1997, 91).

96 Im Übrigen kommt insoweit ein Rügeverzicht in Betracht. Insbesondere wer in Kenntnis des Ladungsfehlers einem Beschluss ausdrücklich zustimmt, sieht sich der Gefahr ausgesetzt, mit dem Argument „Rügeverzicht" konfrontiert zu werden. Zwar gibt es „keinen Grund, einem Eigentümer mit dem Vorwurf, er sei anderen Sinnes geworden, ein Anfechtungsrecht zu versagen, obwohl er den Beschluss zunächst selbst mitgetragen hat" (OLG Celle MDR 1985, 145). Auch verstößt es nicht gegen Treu und Glauben, wenn jemand zunächst „um des lieben Friedens willen" einem Beschluss zustimmt, innerhalb der Monatsfrist dann aber auf Grund ihm erst jetzt bekannt gewordener Tatsachen den Beschluss anficht (OLG Celle MDR 1985, 145; BayObLG NZM 2004, 623 = ZMR 2004, 688).

97 Zu beachten ist jedoch, dass die vorstehend zitierte Rechtsprechung regelmäßig Fälle betraf, in denen es um Beschlüsse über Jahresabrechnungen ging. Insoweit gilt, dass mancher Wohnungseigentümer die Abrechnung nach der Beschlussfassung einem Sachkundigen (Rechtsanwalt, Steuerberater) vorlegt, der dann Fehler entdeckt, die zu entdecken dem einzelnen Wohnungseigentümer nicht möglich war.

V. Frist

Die Frist der Einberufung soll, sofern nicht ein Fall besonderer Dringlichkeit vorliegt, mindestens zwei Wochen betragen (§ 24 Abs. 4 Satz 2). **98**

1. Regelfall. Die seit dem 1. 7. 2007 geltende Regelfrist beträgt zwei Wochen. Es handelt sich um eine Mindestfrist. Dementsprechend wird eine längere Einberufungsfrist vom Gesetzgeber toleriert, eine kürzere nicht. **99**

Die Frist beginnt mit dem Zugang des Einladungsschreibens beim jeweiligen Eingeladenen (KK-WEG/*Riecke* § 24 Rn. 60). **100**

Verstöße gegen die Ladungsfrist führen zur Anfechtbarkeit. Beschlüsse sind auf Anfechtung hin für ungültig zu erklären, es sei denn, es steht fest, dass die Beschlüsse auch ohne den Einberufungsmangel ebenso gefasst worden wären (BayObLG NZM 1999, 130 = ZMR 1999, 186; OLG Hamm NZM 2001, 1086 = ZMR 2001, 104). Wenn eine Ladung am 8. 5. eines Jahres zugeht und die Versammlung bereits am 13. 5. dieses Jahres stattfindet und es in der Sache um den Abschluss eines Verwaltervertrages mit jemandem geht, den der (zu spät) geladene Wohnungseigentümer schon zuvor ausdrücklich abgelehnt hatte, ist die Ursächlichkeit des Ladungsmangels zu bejahen (BayObLG MieWoE § 24 WEG Nr. 17 = BeckRS 2004, 6297). **101**

2. Fälle besonderer Dringlichkeit. In Fällen besonderer Dringlichkeit lässt der Gesetzgeber eine Unterschreitung der Zwei-Wochen-Frist zu. Das sind die Fälle, in denen auf der einen Seite das Notverwaltungs-Stadium (§ 21 Abs. 2) noch nicht erreicht ist, auf der anderen Seite keine zwei Wochen mehr gewartet werden kann. **102**

VI. Häufigkeit

Wie oft eine Wohnungseigentümerversammlung einberufen wird, orientiert sich daran, ob es sich um eine ordentliche oder um eine außerordentliche Versammlung handelt. **103**

1. Ordentliche Wohnungseigentümerversammlung. Die ordentliche Wohnungseigentümerversammlung wird mindestens einmal im Jahr einberufen (§ 24 Abs. 1). **104**

105 Die Einberufung ist auch dann erforderlich, wenn der Termin der jährlichen Wohnungseigentümerversammlung in der Gemeinschaftsordnung festgeschrieben wurde (KK-WEG/*Riecke* § 24 Rn. 38).

106 § 24 Abs. 1 ist abdingbar. Daher können kürzere und längere Zeiträume vereinbart werden.

107 **2. Außerordentliche Wohnungseigentümerversammlung.** Außerordentliche Wohnungseigentümerversammlungen werden nach Bedarf einberufen.

108 **a) Vereinbarte Einberufungsgründe.** Wann entsprechender Bedarf vorliegt, kann vereinbart werden (§ 10 Abs. 2 Satz 2). Empfehlenswert sind Regelungen, wonach eine außerordentliche Versammlung dann einzuberufen ist, wenn Instandhaltungsarbeiten anstehen, die einen vorgegebenen finanziellen Rahmen übersteigen.

109 **b) Sonstige Einberufungsgründe.** Sonstige Einberufungsgründe können sich vor allem in kleineren Gemeinschaften („Familiengemeinschaften") ergeben, wenn ein dahin gehender konkreter Anlass vorliegt, der auf der einen Seite noch keinem der Wohnungseigentümer ein Eingreifen nach § 21 Abs. 2 erlaubt, auf der anderen Seite jedoch so dringlich ist, dass die nächste (ordentliche) Eigentümerversammlung nicht abgewartet werden kann.

110 Insbesondere in kleineren Gemeinschaften finden in solchen Fällen gelegentlich „Spontanversammlungen" statt. Diese sind mangels grundsätzlich nicht gegebenem „Selbstversammlungsrecht" (KK-WEG/*Riecke* § 24 Rn. 38) nur zulässig, wenn es sich um eine Vollversammlung handelt und alle Anwesenden zumindest stillschweigend auf die Einhaltung der Formvorschriften verzichtet haben (vgl. BayObLG WE 1997, 268 zu einem Fall, in dem ausdrücklich auf die Einhaltung der Formvorschriften verzichtet wurde).

111 **c) Regelungen im Verwaltervertrag.** Es ist zulässig, im schuldrechtlichen Verwaltervertrag mit dem Verwalter zu regeln, dass dieser in bestimmten Fällen (z. B. beim Erreichen eines finanziellen Limits) verpflichtet ist, eine Wohnungseigentümerversammlung einzuberufen.

112 **d) Verwalterhonorar.** Im Verwaltervertrag sollte geregelt werden, ob der Wohnungseigentumsverwalter für Wohnungseigentümerversammlungen, die über die jährliche Versammlung hinausgehen, ein Sonderhonorar verlangen darf.

113 Falls für zusätzliche Wohnungseigentümerversammlungen Sonderhonorare geregelt werden sollen, ist zu beachten, dass Sonderhonorare nur dann ordnungsgemäßer Verwaltung entsprechen, wenn sie nicht die ohnehin schon zu den typischen Pflichten des Verwalters gehörenden Tätigkeiten umfassen (BGH NJW 1993, 1925). Damit ist jedenfalls die Einberufung und Durchführung

der jährlichen Wohnungseigentümerversammlung (§ 24 Abs. 1) vom Regelhonorar des Verwalters umfasst. Um Streitigkeiten bezüglich weiterer Versammlungen zu vermeiden, sind dahin gehende Regelungen zu empfehlen.

VII. Ort der Versammlung

Zur Frage, wo die Wohnungseigentümerversammlung stattzufinden hat, enthält das Gesetz keine Regelung. **114**

1. Grundsatz. Grundsätzlich ist zu beachten, dass eine Wohnungseigentümerversammlung zwar nicht unbedingt in der politischen Gemeinde stattfinden muss, in der die Wohnungseigentumsanlage liegt. **115**

Der Versammlungsort muss jedoch so gewählt werden, dass den Wohnungseigentümern eine Teilnahme nicht über Gebühr erschwert wird oder sonst unzumutbar ist. **116**

Auswärtigen Wohnungseigentümern ist eine Anreise zuzumuten (OLG Köln NJW-RR 2006, 520). **117**

a) **Nichtöffentlichkeit.** Wohnungseigentumsversammlungen sind nicht öffentliche Veranstaltungen (BGH NJW 1993, 1329; BayObLG NJW-RR 2004, 1312). **118**

Daher ist die Abhaltung einer Wohnungseigentümerversammlung in einem nicht abgetrennten, öffentlich zugänglichen Gaststättenraum unzulässig. Die Vertraulichkeit der Beratungen und der freie Austausch der Meinungen sind nicht gewährleistet (OLG Frankfurt NJW 1995, 3395). **119**

Falls eine Versammlung zunächst in einem frei zugänglichen Gaststättenraum stattfindet und sodann in einem Vorgarten der Gaststätte fortgesetzt wird, der anderen Gaststättenbesuchern nicht zugänglich ist, führt die anfangs gegebene Öffentlichkeit nicht zur Ungültigerklärung gefasster Beschlüsse, wenn feststeht, dass sich die ursprüngliche Öffentlichkeit nicht auf die Beschlussfassung ausgewirkt hat (KG NJW-RR 1997, 1171 = MieWoE § 25 WEG Nr. 9). **120**

Der Grundsatz der Nichtöffentlichkeit besagt jedoch nicht, dass eine Wohnungseigentümerversammlung stets in geschlossenen Räumen stattzufinden hat. Wenn sichergestellt ist, dass Meinungsäußerungen der Teilnehmer von Dritten nicht wahrgenommen werden können, sind z.B. auch Wohnungseigentümerversammlungen im Garten einer Wohnanlage zulässig (KK-WEG/*Riecke* § 24 Rn. 21). **121**

Eine Teilöffentlichkeit ist ein Verstoß gegen den Grundsatz der Nichtöffentlichkeit, so in den Fällen, in denen gemeinsame Versammlungen rechtlich selbständiger Wohnungseigentümergemeinschaften stattfinden (OLG Köln NZM 2002, 617). **122**

123 **b) Zumutbarkeit.** Die Wahl des Ortes darf den Wohnungseigentümern eine Teilnahme an der Versammlung nicht unzumutbar machen.

124 Der Ort muss verkehrsüblich sein (OLG Hamm NJW-RR 2001, 516 = ZMR 2001, 383). Die Erreichbarkeit mit öffentlichen Verkehrsmitteln muss gewährleistet sein (KK-WEG/*Riecke* § 24 Rn. 16).

125 Unzumutbar ist eine Versammlung im Wohnwagen des Verwalters bei „gespannten Beziehungen" zwischen den Wohnungseigentümern und dem Verwalter (OLG Hamm NJW-RR 2001, 516 = ZMR 2001, 383).

126 Im Einzelfall ist die Abhaltung einer Wohnungseigentümerversammlung in der Waschküche einer Wohnungseigentumsanlage zumutbar (OLG Düsseldorf WuM 1993, 305).

127 **c) Behindertenschutz.** Unzumutbar ist auch eine Versammlung im dritten Stock eines Bürogebäudes ohne Aufzug, wenn ein bekanntermaßen gehbehinderter Wohnungseigentümer geladen ist (LG Bonn ZMR 2004, 218).

128 **2. Kein Kapitalanlegerschutz.** Selbst wenn es sich um ein Anlageobjekt handelt, bei dem die Mehrheit der Wohnungseigentümer außerhalb des Ortes der Anlage wohnt, hat die Wohnungseigentümerversammlung in möglichst enger geografischer Nähe zu der Immobilie stattzufinden. Auswärtige Wohnungseigentümer müssen eine Anreise in Kauf nehmen (OLG Köln NJW-RR 2006, 520).

VIII. Zeit der Versammlung

129 Die Festlegung des Zeitpunktes der Versammlung obliegt dem Einberufenden, der insoweit eine (nachprüfbare) Ermessensentscheidung fällt (KK-WEG/*Riecke* § 24 Rn. 22).

130 Der Zeitpunkt muss verkehrsüblich und zumutbar sein (OLG Frankfurt NJW 1983, 398). Die Versammlung ist für eine Zeit einzuberufen, die die Teilnahme nicht ungebührlich erschwert.

131 An Werktagen soll die Versammlung nicht vor 18:00 Uhr beginnen, jedenfalls nicht um 14:00 Uhr (AG Hamburg-Wandsbek DWE 2004, 51).

132 Wenn Wohnungseigentümer bekanntermaßen Arbeitnehmer sind, sollte die Versammlung nicht vor 17:00 Uhr liegen, damit Arbeitnehmer teilnehmen können, ohne sich einen Tag Urlaub zu nehmen (AG Köln ZMR 2004, 456).

133 Die von der Rechtsprechung gezogene Grenze (17:00 Uhr/ 18:00 Uhr) ist nicht als unumstößliche Grenze zu beachten. Wenn für eine auf fünf Stunden angelegte Versammlung 500 Wohnungseigentümer erwartet werden, darf die Versammlung

auch werktags um 15:00 Uhr beginnen (OLG Köln NZM 2005, 20 = ZMR 2005, 77).

Eine Einberufung in der Hauptferienzeit ist jedenfalls dann bedenklich, wenn dem Einberufenden bekannt ist, dass die Mehrzahl der Wohnungseigentümer schulpflichtige Kinder hat – es sei denn, es handelt sich um eine außerordentliche Versammlung (BayObLG NZM 2002, 794 = ZMR 2002, 774). **134**

Die Einladung zu einer Wohnungseigentümerversammlung am Karfreitag-Nachmittag um 16:00 Uhr stellt keine unzumutbare Anforderung dar (OLG Schleswig NJW-RR 1987, 1362). **135**

Versammlungen zwischen Weihnachten und Neujahr sind nicht grundsätzlich untersagt (OLG Hamm NJW-RR 2001, 516 = ZMR 2001, 383). **136**

IX. Eventualeinberufung

Wenn in einer Wohnungseigentümerversammlung die zur Beschlussfähigkeit erforderliche Mehrheit nicht erreicht wird, sieht das Gesetz die Möglichkeit einer Wiederholungsversammlung vor (§ 25 Abs. 4). **137**

In der Praxis ist versucht worden, § 25 Abs. 4 zu umgehen, indem eine so genannte Eventualeinberufung erfolgte. Die Eventualeinberufung wurde verbunden mit der Einberufung der ursprünglichen Wohnungseigentümerversammlung mit dem Hinweis, dass für den Fall, dass die erste Versammlung nicht beschlussfähig sei, im zeitlich unmittelbaren Zusammenhang mit der Erstversammlung eine zweite Versammlung stattfinden werde. Grundsätzlich sind Eventualversammlungen unzulässig, da das gesetzliche System (Erstversammlung; Feststellung der mangelnden Beschlussfähigkeit; Einladung zur Wiederholungsversammlung) dadurch umgangen wird. **138**

Die Rechtsprechung billigt jedoch Vereinbarungen, mittels derer Eventualversammlungen und somit auch Eventualeinberufungen geregelt werden (OLG Köln MDR 1999, 799 = ZMR 1999, 282, zitiert nach KK-WEG/*Riecke* § 24 Rn. 65). **139**

B. Durchführung

Hinsichtlich der Durchführung der Wohnungseigentümerversammlung bestimmt das Gesetz lediglich, dass den Vorsitz grundsätzlich der Verwalter innehat (§ 24 Abs. 5) und dass eine Niederschrift aufzunehmen ist, die zu unterzeichnen ist (§ 24 Abs. 6). **140**

I. Vorsitz

141 Regelmäßig führt den Vorsitz in der Versammlung der Verwalter (§ 24 Abs. 5).

142 **1. Verwalter.** Der Verwalter führt den Vorsitz nur dann, wenn die Wohnungseigentümerversammlung nichts anderes beschlossen hat (§ 24 Abs. 5).

143 Eine einfache Mehrheit genügt.

144 Die Wahl des Versammlungsvorsitzenden ist nicht als Tagesordnungspunkt in die Ladung aufzunehmen (Bärmann/Pick/Merle/*Merle* § 24 Rn. 53).

145 Ein Wahlbeschluss ist nicht selbständig anfechtbar.

146 Der Beschluss wird nicht einmalig für die ganze Versammlung gefasst, sondern kann während der Versammlung von Tagesordnungspunkt zu Tagesordnungspunkt unterschiedlich gefasst werden.

147 Ist der Verwalter eine juristische Person (z.B. eine Verwaltungs-GmbH), leitet deren Geschäftsführer die Versammlung. Dieser kann sich eines Erfüllungsgehilfen bedienen (OLG Schleswig vom 29.6.1998, 2 W 62/98; BayObLG NJW-RR 2003, 1666 = ZMR 2004, 131).

148 **2. Beirat.** Es kann beschlossen werden, dass der Verwaltungsbeiratsvorsitzende oder dessen Stellvertreter oder irgendein Verwaltungsbeiratsmitglied den Vorsitz übernimmt (§ 25 Abs. 5).

149 **3. Wohnungseigentümer.** Jeder einzelne Wohnungseigentümer kann zum Verwaltungsbeiratsvorsitzenden berufen werden (§ 25 Abs. 5).

150 **4. Dritte.** Auch Dritte dürfen den Vorsitz in der Wohnungseigentümerversammlung übernehmen, selbst wenn sie nicht selber Wohnungseigentümer sind, z.B. Rechtsanwälte. Voraussetzung ist eine dahin gehende Vereinbarung.

II. Teilnehmer

151 Teilnahmeberechtigt sind nicht nur die Wohnungseigentümer selber und der Wohnungseigentumsverwalter, sondern auch Stellvertreter und Berater.

152 **1. Wohnungseigentümer.** Wohnungseigentümer sind auf jeden Fall teilnahmeberechtigt, sofern sie im Grundbuch eingetragen sind.

153 Die Teilnahmeberechtigung umfasst auch Wohnungseigentümer, die gemäß § 25 Abs. 5 vom Stimmrecht ausgeschlossen sind. Ein

Stimmrechtsausschluss macht die Ladung der vom Stimmrecht Ausgeschlossenen nicht überflüssig (BayObLG NJW 1993, 603; OLG Zweibrücken FGPrax 2003, 60 = ZMR 2004, 60; *Drasdo* Die Eigentümerversammlung nach WEG, 3. Aufl., Rn. 123).

Wenn Teilversammlungen vereinbart worden sind, ist jeder 154 Wohnungseigentümer in jeder Teilversammlung teilnahmeberechtigt (*Drasdo* Die Eigentümerversammlung nach WEG, 3. Aufl., Rn. 945).

2. Verwalter. Der Verwalter ist schon angesichts des Umstan- 155 des teilnahmeberechtigt, dass er vom Gesetzgeber als regelmäßiger Vorsitzender angesehen wird.

3. Stellvertreter. Grundsätzlich ist jederzeitige Stellvertretung 156 zulässig (§ 166 Abs. 2 Satz 1 BGB). So genannte Vertreterklauseln, wonach sich ein Wohnungseigentümer nur durch bestimmte Personen (Ehegatten, andere Wohnungseigentümer, den Verwalter) vertreten lassen darf, sind allerdings grundsätzlich wirksam. Durch derartige Vertreterklauseln darf die Möglichkeit der Vertretung jedoch weder ganz ausgeschlossen noch auf den Verwalter beschränkt werden (OLG Düsseldorf NJW-RR 1995, 1294 = ZMR 1996, 221).

Die Beschränkung auf Ehegatten als mögliche Bevollmächtigte 157 schließt Lebensabschnittspartner von der Vertretung aus (KK-WEG/*Riecke* § 24 Rn. 56). Das gilt nicht, wenn es sich um eine Vertretungsregelung in einer Teilungserklärung aus dem Jahre 1962 handelt, wenn die nicht eheliche Lebensgemeinschaft unstreitig auf längere Dauer angelegt und durch gemeinsame Kinder die Verfestigung der Gemeinschaft nach außen hin dokumentiert wird (OLG Köln NZM 2004, 656 = ZMR 2004, 378).

Die Berufung auf eine Vertreterklausel kann treuwidrig sein 158 (LG Hamburg ZMR 2006, 967), z. B. dann, wenn ein vermietender Wohnungseigentümer im Ausland lebt, unverheiratet ist und es sich zudem um eine zerstrittene Gemeinschaft handelt, bei der der Verwalter zugleich Wohnungseigentümer ist (AG Hamburg-Wandsbek vom 1. 12. 2005, 715 II 128/04; LG Nürnberg-Fürth NZM 2002, 619).

Wenn ein Wohnungseigentümer seinen ständigen Aufenthalt 159 nicht innerhalb der Europäischen Union hat (konkret: in den USA) und er beantragt, festzustellen, dass er sich auch durch Angehörige eines zur Verschwiegenheit verpflichteten Berufsstandes (Rechtsanwälte, Steuerberater) vertreten lassen darf, kann die Auslegung einer Vertreterklausel ergeben, dass die Einberufungsfrist verlängert werden muss (OLG Karlsruhe FGPrax 2006, 252 = ZMR 2006, 795).

Grundlegend zur Teilnahmeberechtigung von Vertretern ent- 160 schied der BGH, dass eine Vertreterklausel nicht nur die Stimmabgabe betrifft, sondern jede aktive Beteiligung eines Vertreters. Wenn eine Vertreterklausel existiert, die bestimmte Personen gerade nicht zur Vertretung zulässt, ist es diesen Personen auch nicht erlaubt, in der Versammlung Erklärungen abzugeben und Anträge zu stellen (BGH NJW 1993, 1329).

161 Allerdings dürfen Wohnungseigentümer auch bei existenter Vertreterklausel in Gegenwart eines Beistands an der Wohnungseigentümerversammlung teilnehmen, falls die betroffenen Wohnungseigentümer daran ein berechtigtes Interesse haben. Dieses berechtigte Interesse kann sich aus persönlichen Gründen (z. B. dem Alter des Wohnungseigentümers) oder aus dem Schwierigkeitsgrad der Angelegenheit ergeben, über die nach der Tagesordnung zu beschließen ist (BGH NJW 1993, 1329).

162 **4. Berater/Sachkundige Dritte.** Auch Berater/sachkundige Dritte können teilnahmeberechtigt sein.

163 a) **Berater einzelner Wohnungseigentümer.** Berater einzelner Wohnungseigentümer sind teilnahmeberechtigt, wenn der jeweilige Wohnungseigentümer daran ein berechtigtes Interesse hat, das sich aus persönlichen Gründen oder aus dem Schwierigkeitsgrad der Angelegenheit ergeben kann, über die nach der Tagesordnung zu beschließen ist (BGH NJW 1993, 1329).

164 In einem Fall, in dem in einer Wohnungseigentümergemeinschaft fast jeder Beschluss bis auf OLG-Ebene angefochten wurde, entschied das angerufene Gericht, dass diese innere Zerstrittenheit keinen Beratungsbedarf durch einen Rechtsanwalt in einer Wohnungseigentümerversammlung begründe, die Teilnahme eines Rechtsanwalts jedoch beschlossen werden dürfe (OLG Hamm NJW-RR 2004, 1310 = ZMR 2004, 699). Voraussetzung sei jedoch, dass ein Beratungsbedarf festgestellt worden sei. Die „innere Zerstrittenheit" reiche dafür nicht aus. Der Beratungsbedarf müsse z. B. durch diverse juristische Probleme begründet werden. Außerdem müsse die Festlegung eines maximalen Honorars erfolgen.

165 b) **Berater des Verwalters.** Obwohl Wohnungseigentümerversammlungen nicht öffentlich sind, ist es dem Verwalter erlaubt, Rechtsanwälte, Architekten oder sonstige Dritte zur Wohnungseigentümerversammlung hinzuzuziehen (BayObLG NJW-RR 2004, 1312).

166 c) **Sonstige Berater.** Sonstige Berater sind grundsätzlich nicht teilnahmeberechtigt. Ist die Teilnahmeberechtigung fraglich, entscheidet nicht der Versammlungsleiter, sondern die Eigentümerversammlung über den Ausschluss der jeweiligen Person (AG Clausthal-Zellerfeld WE 2003, 247).

167 **5. Besucher.** Ist in der Gemeinschaftsordnung geregelt, dass „Besucher keinen Zutritt" haben, so stellt dies lediglich einen

Hinweis auf den geltenden Grundsatz der Nichtöffentlichkeit dar.

6. Sonstige. Grundpfandgläubiger, Wohnberechtigte und Dauerwohnberechtigte und Mieter haben kein Teilnahmerecht. 168

Sind Mitglieder des Verwaltungsbeirats selber Wohnungseigentümer, sind sie auf jeden Fall teilnahmeberechtigt. Es ist jedoch zulässig, zu vereinbaren, dass auch Nicht-Wohnungseigentümer zu Verwaltungsbeiräten bestellt werden (OLG Köln NZM 2000, 193 = ZMR 2000, 637). In solchen Fällen steht einem Verwaltungsbeiratsmitglied, das nicht zugleich Wohnungseigentümer ist, ein Anwesenheitsrecht in der Eigentümerversammlung jedenfalls in dem Umfang zu, in dem der Aufgabenbereich des Verwaltungsbeirats betroffen ist. Das gilt auch für die Beschlussfassung über eine Abberufung des Verwalters aus wichtigem Grund, wenn der Abberufungsgrund maßgebend auf eine Zerrüttung des Vertrauensverhältnisses zwischen dem Verwalter und dem Beirat gestützt wird (OLG Hamm FGPrax 2007, 71). 169

III. Ablauf

Wie genau eine Wohnungseigentümerversammlung abzulaufen hat, ist vom Gesetz nicht geregelt. Insbesondere gibt es keine Regelungen über die Aufstellung einer zumindest in größeren Wohnungseigentumsanlagen sinnvolle Geschäftsordnung. 170

Mangels dahin gehender besonderer Bestimmungen gelten insoweit die allgemeinen Regelungen. Geschäftsordnungen können vereinbart (§ 10 Abs. 2 Satz 2) oder beschlossen (§ 21 Abs. 1, 4) werden. 171

Aus dem Selbstorganisationsrecht der Wohnungseigentümer folgt bei noch nicht vorhandener Geschäftsordnung, dass dahin gehende Beschlüsse ohne vorherige Aufnahme des Beschlussgegenstandes in die Tagesordnung getroffen werden können (OLG Hamm NJWE-MietR 1997, 62 = ZMR 1996, 677). 172

Geschäftsordnungsanträge gehen den nach der Tagesordnung vorgesehenen Diskussionspunkten vor, sind somit zu Beginn der Versammlung abzuhandeln. 173

Empfehlenswerte Geschäftsordnungsinhalte sind Regelungen zur Abstimmungsreihenfolge, zum Abstimmungsvorgang, zur Auflösung/Beendigung der Versammlung, zum Beginn der Versammlung, zur Diskussionsleitung, zu Redezeitbegrenzungen, zu Fragen der Tagesordnung (Änderung der Reihenfolge), zum Teilnahmerecht Dritter, zum Versammlungsausschluss, zur Versammlungsunterbrechung bei Störungen und zur Qualifizierung von Wortmeldungen. 174

§ 24

175 **1. Beschlussfähigkeit.** Die Beschlussfähigkeit muss ermittelt, festgestellt und protokolliert werden.

176 **a) Ermittlung.** Bei der Ermittlung der Beschlussfähigkeit ist zu unterscheiden zwischen Erstversammlungen und Wiederholungsversammlungen.

177 *(1) Erstversammlung.* Gemäß § 25 Abs. 3 ist eine Erstversammlung nur beschlussfähig, wenn die erschienenen stimmberechtigten Wohnungseigentümer mehr als die Hälfte der Miteigentumsanteile, berechnet nach der im Grundbuch eingetragenen Größe dieser Anteile, vertreten.

178 Vom Stimmrecht ausgeschlossene Wohnungseigentümer zählen bei der Berechnung der Beschlussfähigkeit nicht mit (KK-WEG/*Riecke* § 25 Rn. 42).

179 Ist mindestens die Hälfte der Miteigentumsanteile vom Stimmrecht ausgeschlossen, ist § 25 Abs. 3 auf die erste Versammlung nicht anzuwenden (OLG Düsseldorf NZM 1999, 269). Eine Einberufung einer Zweitversammlung ist in solchen Fällen nicht erforderlich (KK-WEG/*Riecke* § 25 Rn. 46).

180 Der Umstand, dass nicht stimmberechtigte Wohnungseigentümer zu der Wohnungseigentümerversammlung erschienen sind, ändert nichts daran, dass diese bei der Berechnung der Beschlussfähigkeit nicht zu beachten sind (BayObLG NJOZ 2002, 1056 = MieWoE § 25 WEG Nr. 14).

181 § 25 Abs. 3 ist abdingbar (BayObLG NJW 2005, 1587).

182 *(2) Wiederholungsversammlung.* Ist die Erstversammlung beschlussunfähig, ist eine Wiederholungsversammlung einzuberufen (§ 25 Abs. 4). Gemäß § 25 Abs. 4 Satz 2 besteht die Verpflichtung, bei der Einladung die Eingeladenen darauf hinzuweisen, dass die Wiederholungsversammlung ohne Rücksicht auf die Anzahl der vertretenen Anteile beschlussfähig sein wird.

183 Die Zweitversammlung = Wiederholungsversammlung ist schon dann einzuberufen, wenn der Vorsitzende der Erstversammlung die Beschlussunfähigkeit festgestellt hat. Sie muss nicht tatsächlich gegeben sein (KK-WEG/*Riecke* § 25 Rn. 49).

184 Eine Wiederholungsversammlung ist ohne Rücksicht auf die Höhe der vertretenen Anteile beschlussfähig. Darauf muss bei der Einberufung der Wiederholungsversammlung hingewiesen werden (§ 25 Abs. 4 Satz 2). Fehlt dieser Hinweis, führt dies nur zur Anfechtbarkeit der in der Wiederholungsversammlung gefassten Beschlüsse, die nur bei gegebener Kausalität Aussicht auf Erfolg hat.

185 **b) Feststellung.** Voraussetzung dafür, dass überhaupt ein Beschluss zustande gekommen ist, ist die Feststellung des Beschlussergebnisses und die Bekanntgabe des Ergebnisses (BGH NJW 2001, 339). Unterbleibt die Feststellung, handelt es sich um einen Nichtbeschluss.

c) **Protokollierung.** Eine Aufnahme des Beschlusswortlauts in 186
das Versammlungsprotokoll ist für die Wirksamkeit eines Beschlusses ohne Bedeutung (BayObLG NJW-RR 2005, 456).

Wenn vereinbart wurde, dass eine förmliche Feststellung des 187
Beschlussergebnisses Wirksamkeitsvoraussetzung ist, ist ein nicht
protokollierter Beschluss rechtlich nicht existent (OLG Frankfurt
BeckRS 2006, 7390).

Wenn vereinbart wurde (regelmäßig in der Teilungserklärung/ 188
Gemeinschaftsordnung), dass zur Gültigkeit eines Beschlusses die
Eintragung in ein „Protokollbuch" erforderlich ist, so genügt es
nicht, wenn die Protokolle in sich geheftet und genietet, durchnummeriert sowie mit Seitenzahlen versehen sind und mit einem
vorgehefteten Inhaltsverzeichnis in einem Ordner aufbewahrt
werden (OLG Köln FGPrax 2006, 156 = ZMR 2006, 711).

Wenn in der Teilungserklärung bestimmt ist, dass zur Gültigkeit 189
eines Beschlusses der Wohnungseigentümerversammlung erstens
die Protokollierung des Beschlusses erforderlich ist und zweitens
das Protokoll vom Verwalter und von zwei von der Eigentümerversammlung bestimmten Wohnungseigentümern zu unterzeichnen
ist, so hat die Bestimmung der zwei Wohnungseigentümer zu Beginn der Versammlung durch Mehrheitsbeschluss der Wohnungseigentümer zu erfolgen (OLG Schleswig NJW-RR 2006, 1675).

Wenn die Versammlungsteilnehmer einen Beschluss fassen, der 190
erkennbar rechtswidrig ist, stellt sich die Frage, ob ein Versammlungsvorsitzender einen solchen (rechtswidrigen) Beschluss verkünden darf. Grundsätzlich ist der Versammlungsvorsitzende zur
Beschlussfeststellung und zur Verkündung des Beschlusses verpflichtet (BGH NJW 2001, 3339). Er hat jedoch gleichzeitig
dafür Sorge zu tragen, dass nur rechtmäßige Beschlüsse gefasst
werden. Erkennt er die Rechtswidrigkeit eines Beschlusses, hat er
die Versammlungsteilnehmer darauf hinzuweisen. Er darf sich
jedoch nicht weigern, von ihm als rechtswidrig erkannte Beschlüsse festzustellen und zu verkünden. Die Wohnungseigentümer sind die Entscheidungsträger. Der Versammlungsvorsitzende
(regelmäßig = Verwalter) ist lediglich ausführendes Organ, zumal
auch anfechtbare Beschlüsse bei gegebener Beschlusskompetenz
bestandskräftig werden können. Der Versammlungsvorsitzende
sollte jedoch seine juristischen Bedenken protokollieren, damit es
jedenfalls nicht der Billigkeit entspricht, ihn später mit den gerichtlichen oder außergerichtlichen Kosten zu belasten (§ 47 a. F.;
vgl. AG Hamburg-Barmbeck DWE 2005, 5 m. Anm. *Deckert*
DWE 2005, 7 und *Müller* DWE 2005, 8).

Jedenfalls in größeren Wohnungseigentümerversammlungen ist 191
es empfehlenswert, einen Schriftführer zu bestellen. Ein Beschluss
über die Bestellung eines Schriftführers ist nicht selbständig anfechtbar (BayObLG NZM 2004, 794).

192 **2. Aufrufung/Diskussion der TOP.** Sobald erstmalig die Beschlussfähigkeit festgestellt worden ist, wird der erste Tagesordnungspunkt aufgerufen und zur Diskussion gestellt. Jeder anwesende Wohnungseigentümer hat ein Recht zur Teilnahme an der Diskussion. Das gilt auch für solche Wohnungseigentümer, die vom Stimmrecht ausgeschlossen sind.

193 **3. Abstimmung.** In welcher Form die Abstimmung erfolgt, entscheidet der Versammlungsleiter.

194 **a) Regelfall.** Falls nicht durch Geschäftsordnungsregelungen anderes bestimmt ist, wird regelmäßig erst die Anzahl der Ja-Stimmen festgestellt, dann die Anzahl der Nein-Stimmen, dann die Anzahl der Enthaltungen.

195 Die Reihenfolge kann vom Versammlungsvorsitzenden beliebig festgelegt werden. Wichtig ist lediglich, dass ein bestimmtes Beschlussergebnis zweifelsfrei festgestellt wird.

196 **b) Subtraktionsmethode.** Wenn und soweit eine zweifelsfreie Feststellung des Abstimmungsergebnisses sichergestellt ist, kann der Vorsitzende entweder die Ja-Stimmen und die Enthaltungen oder die Nein-Stimmen und die Enthaltungen abfragen und die dann gegebenen Nein-Stimmen oder Ja-Stimmen als Unterschiedsbetrag zu der Zahl der in der Versammlung vertretenen Stimmen ermitteln (BayObLG FGPrax 2002, 212 = MieWoE § 25 WEG Nr. 15).

197 Diese so genannte Subtraktionsmethode ist auch nach Ansicht des BGH zulässig (BGH NJW 2002, 3629 = GE 2002, 1494).

198 Der BGH fordert Ein- und Auslasskontrollen. Das BayObLG fordert solche Kontrollen nur, wenn sie erforderlich sind (BayObLG NZM 2005, 262 = MieWoE § 25 WEG Nr. 20).

199 Entfernen sich Wohnungseigentümer, nachdem der Verwalter angesichts einer unübersichtlichen Rechtslage die Versammlung für aufgelöst erklärt hat, können die ohne die abwesenden Eigentümer auf der weitergeführten Versammlung gefassten Beschlüsse wegen formeller Fehlerhaftigkeit aufzuheben sein (KG NJW-RR 1989, 16 = MieWoE § 24 WEG Nr. 1).

C. Niederschrift

200 Gemäß § 24 Abs. 6 Satz 2 ist über die in der Versammlung gefassten Beschlüsse eine Niederschrift aufzunehmen, die vom Vorsitzenden der Versammlung und einem Wohnungseigentümer und – falls ein Verwaltungsbeirat bestellt ist – auch von dessen Vorsitzendem oder seinem Stellvertreter zu unterschreiben ist.

201 Für die Wirksamkeit eines Beschlusses ist die Protokollierung = Anfertigung einer Niederschrift nicht erforderlich (BayObLG NJW 2005, 456 = ZMR 2005, 462), es sei denn, Abweichendes ist vereinbart (OLG Frankfurt BeckRS 2006, 7390).

I. Anfertigung

Das Gesetz bestimmt lediglich, dass eine Niederschrift aufzunehmen ist und dass sie zu unterschreiben ist (§ 24 Abs. 6). Nähere Regelungen zur Anfertigung enthält das Gesetz nicht. 202

1. Verpflichteter. Regelmäßig wird die Niederschrift vom Versammlungsvorsitzenden angefertigt. Abweichendes kann sowohl vereinbart als auch beschlossen werden. Die Bestellung eines Schriftführers ist zulässig. Der Bestellungsbeschluss ist als Geschäftsordnungsbeschluss unanfechtbar (BayObLG NZM 2004, 794). 203

2. Form. Formvorschriften enthält das Gesetz nur in rudimentärer Form. 204

a) Gesetzliche Formerfordernisse. Gemäß § 24 Abs. 6 Satz 2 ist die Niederschrift vom Vorsitzenden, einem Wohnungseigentümer und, falls ein Verwaltungsbeirat bestellt ist, auch von dessen Vorsitzendem oder seinem Stellvertreter zu unterschreiben. 205

b) Vereinbarte Formerfordernisse. In der Praxis finden sich häufig vereinbarte Formvorschriften, beispielsweise die Führung eines so genannten Beschlussbuches (OLG Düsseldorf NJW-RR 2005, 165 = ZMR 2005, 218). Ist die Führung eines Beschlussbuches vereinbart und wird gegen diese Vereinbarung verstoßen, stellt die Nichteintragung lediglich einen Anfechtungsgrund dar. Die (nicht protokollierten) Beschlüsse sind nicht nichtig (BGH NJW 1997, 2956; KK-WEG/*Riecke* § 24 Rn. 78). 206

Zur Rechtslage seit dem 1. 1. 2007 siehe D. 207

3. Inhalt. Gesetzliche Vorgaben zum Inhalt der Niederschrift fehlen völlig. 208

a) Mindestinhalt. Eine Niederschrift muss mindestens enthalten die Angabe des Namens der Wohnungseigentümergemeinschaft (vgl. § 10 Abs. 6 Satz 3), den Tag der Versammlung, den Wortlaut der gefassten Beschlüsse, Angaben zum Abstimmungsergebnis und Hinweise darauf, dass der jeweilige Beschluss festgestellt wurde (KK-WEG/*Riecke* § 24 Rn. 37, 34). 209

Das Gesetz fordert kein Verlaufsprotokoll, sondern lediglich eine Fixierung des Ergebnisses. Wird dennoch ein Verlaufsprotokoll erstellt, so ist dies unschädlich. 210

b) Weitere Inhalte. Es bleibt dem Protokollführer unbenommen, über die genannten Mindestinhalte hinaus weitere Dinge zu protokollieren, z. B. einzelne Diskussionsbeiträge, die dem Protokollführer besonders wichtig erscheinen. Ein Anspruch eines Wohnungseigentümers auf Aufnahme bestimmter Diskussionsbeiträge in die Niederschrift ist allerdings nicht gegeben (BayObLG MieWoE § 24 WEG Nr. 12). 211

§ 24 I. Teil. Wohnungseigentum

212   **4. Zugang.** Die Niederschrift muss den Wohnungseigentümern zugehen, und zwar auch denjenigen, die nicht an der Wohnungseigentümerversammlung teilgenommen haben.

213   Ein Wohnungseigentümer, dem die Niederschrift nicht vor Ablauf der Klagefrist (§ 46 Abs. 1 Satz 2) zugeht, kann vorsorglich alle Eigentümerbeschlüsse anfechten. Wird die Anfechtung dann nach Zugang der Niederschrift auf einzelne Beschlüsse beschränkt, ist es in der Regel geboten, dem Verwalter, der zur Übersendung der Niederschrift spätestens eine Woche vor Ablauf der Klagefrist verpflichtet ist, die durch die weitergehende Anfechtung entstandenen Kosten aufzuerlegen (BayObLG NJOZ 2002, 1061 = MieWoE § 24 WEG Nr. 8).

II. Einsichtsrecht

214   Jeder Wohnungseigentümer ist berechtigt, die Niederschriften einzusehen. Es ist zulässig, Dritte zu ermächtigen, Einsicht zu nehmen.

215   **1. Ort.** Das Einsichtsrecht ist in den Räumen des Wohnungseigentumsverwalters auszuüben. Dort ist der Leistungsort für die Tätigkeit des Verwalters (OLG Köln NJW-RR 2006, 1557).

216   **2. Zeitpunkt.** Die Einsichtnahme ist angemessene Zeit vor der Einsichtnahme anzukündigen, wobei auf die Bürozeiten und den Bürobetrieb des Verwalters Rücksicht zu nehmen ist (OLG Köln NJW-RR 2006, 1447).

217   Das Einsichtsrecht besteht auch nach der Genehmigung der Jahresabrechnung und der Entlastung des Verwalters (BayObLG ZMR 2004, 839).

218   **3. Abschriften.** Das Einsichtsrecht ist verbunden mit dem Recht, Abschriften anzufertigen. Eine dahin gehende Pflicht des Verwalters besteht jedoch nicht. Dieser muss keine Abschriften/Kopien anfertigen.

219   Fertigt er dennoch Kopien an, hat er einen Aufwendungsersatzanspruch. Seit dem 1.7.2007 besteht eine dahin gehende Beschlusskompetenz (§ 21 Abs. 7).

220   Die Rechtsprechung gesteht dem Verwalter sogar einen Vorschussanspruch zu (BayObLG NJW-RR 2004, 1090 = ZMR 2005, 134).

III. Berichtigung

221   Weil Beschlüsse gemäß § 10 Abs. 5 gegen alle Wohnungseigentümer gelten – auch gegen Überstimmte und Abwesende – ist größte Exaktheit bei der Abfassung der Niederschrift erforder-

lich. Konsequenterweise kann jeder Wohnungseigentümer verlangen, dass Fehler im Protokoll berichtigt werden (BayObLG BeckRS 2005, 3098).

1. Anspruchsgrundlage. Rechtsgrundlage für einen Protokollberichtigungsanspruch kann sein §§ 1004, 823 BGB (BayObLG BeckRS 2005, 3098) oder aber § 21 Abs. 4 (OLG Hamm MDR 1989, 914). 222

2. Anspruchsgegner. Anspruchsgegner für einen Anspruch auf Protokollberichtigung ist der Verfasser des Protokolls, somit regelmäßig der Wohnungseigentumsverwalter als Versammlungsvorsitzender. 223

3. Frist. Es ist streitig, ob ein Protokollberichtigungsverlangen innerhalb der Monatsfrist des § 46 Abs. 1 Satz 2 zu stellen ist (Nachweise bei KK-WEG/*Riecke* § 24 Rn. 86). Im Zweifel sollte die Monatsfrist eingehalten werden. 224

4. Durchführung. Die Berichtigung erfolgt, indem derjenige, der durch seine Unterschrift die angebliche Richtigkeit der ursprünglichen Niederschrift bestätigt hat, das Original mit einem Berichtigungsvermerk versieht und diesen unterzeichnet (*Kümmel* MietRB 2003, 58). 225

D. Beschluss-Sammlung

Angesichts der Bindung von Erwerbern (§ 10 Abs. 4) und überstimmten Wohnungseigentümern (§ 10 Abs. 5) an einmal gefasste Beschlüsse ist es sinnvoll, dass der Gesetzgeber mit Wirkung vom 1.7.2007 Regelungen getroffen hat, die die Möglichkeit schaffen, in übersichtlicher Form Kenntnis von der aktuellen Beschlusslage der Gemeinschaft und damit zusammenhängender gerichtlicher Entscheidungen (Begründung des Regierungsentwurfs 2006, *Bärmann/Pick* ErgBd. 17. Aufl. S. 80) zu erlangen. 226

Die Neuregelung verpflichtet zur Führung einer Beschluss-Sammlung (§ 24 Abs. 7 Satz 1) durch den Verwalter (§ 24 Abs. 8 Satz 1), die alle die Wohnungseigentümergemeinschaft betreffenden Beschlüsse/Entscheidungen enthält. 227

I. Inhalt

Die Beschlusssammlung hat den Wortlaut gefasster Beschlüsse sowie die Urteilsformeln gerichtlicher Entscheidungen zu enthalten. 228

1. Beschlüsse. Einzutragen sind nicht nur in der Versammlung gefasste Beschlüsse, sondern auch solche, die im Verfahren nach § 23 Abs. 3 gefasst wurden. 229

230 **a) In der Versammlung gefasste Beschlüsse.** Es sind nur die Beschlüsse als solche (der Wortlaut) einzutragen, damit die Sammlung übersichtlich bleibt. Die gemäß § 24 Abs. 6 anzufertigenden Niederschriften sind nicht aufzunehmen (Begründung des Regierungsentwurfs 2006, *Bärmann/Pick* ErgBd. 17. Aufl. S. 81).

231 **b) Schriftlich gefasste Beschlüsse.** Auch insoweit ist nur der Wortlaut der Beschlüsse aufzunehmen.

232 **2. Urteile.** Von den gerichtlichen Entscheidungen ist nur der Tenor – die Urteilsformel im Sinne des § 313 Abs. 1 Nr. 4 ZPO – aufzunehmen (Begr. RegE 2006, *Bärmann/Pick* ErgBd. 17. Aufl. S. 81).

233 Entgegen dem Wortlaut des § 24 Abs. 7 sollten auch Vergleiche aufgenommen werden (*Bielefeld* DWE 2007, 19).

234 Außerdem muss das Datum der Entscheidung angegeben werden, das Gericht und die Parteien (§ 24 Abs. 7 Satz 2 Nr. 3).

II. Anfertigung

235 Die Anfertigung der Beschlusssammlung betrifft alle Beschlüsse und gerichtliche Entscheidungen, die seit dem 1. 7. 2007 ergangen sind (§ 24 Abs. 7 Satz 2 am Ende).

236 Sie sind unverzüglich einzutragen und mit Datum zu versehen (§ 24 Abs. 7 Satz 7).

237 **1. Fortlaufende Eintragung.** § 24 Abs. 7 Satz 3 bestimmt, dass die Beschlüsse und die gerichtlichen Entscheidungen fortlaufend einzutragen und zu nummerieren sind.

238 „Fortlaufend" bedeutet in der historischen Abfolge.

239 **2. Nummerierung.** Um überprüfen zu können, ob die Eintragungen tatsächlich „unverzüglich" (§ 24 Abs. 7 Satz 7) erfolgt sind, ist jede Eintragung mit ihrem Datum zu versehen und fortlaufend zu nummerieren. Die fortlaufende Nummer dient als Indiz für die Vollständigkeit der Sammlung (Begründung des Regierungsentwurfs 2006, *Bärmann/Pick* ErgBd. 17. Aufl. S. 82).

240 „Unverzüglich" ist herkömmlicherweise definiert als ohne schuldhafte Verzögerung. Dies bedeutet, dass Eintragungen bei ordnungsmäßiger Verwaltung unmittelbar im Anschluss an die Verkündung erfolgen müssen. Eintragungen, die erst mehrere Tage später vorgenommen werden, sind nach Ansicht des Gesetzgebers nicht mehr „unverzüglich" erfolgt (Begründung des Regierungsentwurfs 2006, *Bärmann/Pick* ErgBd. 17. Aufl. S. 81).

241 **3. Anfertigungsverpflichteter.** Die Beschluss-Sammlung ist grundsätzlich vom Wohnungseigentumsverwalter zu führen, alternativ vom Vorsitzenden der Wohnungseigentümerversammlung.

a) **Verwalter.** Gemäß § 24 Abs. 8 Satz 1 ist die Beschluss- 242
Sammlung von dem Verwalter zu führen.

Führt der Verwalter die Sammlung nicht so, wie es vorge- 243
schrieben ist, liegt in der Regel ein wichtiger Grund für seine Abberufung vor (§ 26 Abs. 1 Satz 4).

Außerdem stellt die nicht gesetzeskonforme Führung der Be- 244
schluss-Sammlung eine Schlechterfüllung des Verwaltervertrages dar.

Eine Haftung des Verwalters gegenüber einem künftigen Erwer- 245
ber ist vom Gesetzgeber nicht vorgesehen worden (Begründung des Regierungsentwurfs 2006, *Bärmann/Pick* ErgBd. 17. Aufl. S. 83, 84). Insoweit gelten die allgemeinen Haftungsgrundsätze.

b) **Versammlungsvorsitzender.** Fehlt ein Verwalter, so ist der 246
Vorsitzende der Wohnungseigentümerversammlung verpflichtet, die Beschluss-Sammlung zu führen (§ 24 Abs. 8 Satz 2). Diese Regelung ist Ausfluss des Umstandes, dass der Wohnungseigentumsverwalter nicht automatisch den Vorsitz in der Wohnungseigentümerversammlung innehat, sondern dass den Wohnungseigentümern die Beschlusskompetenz zusteht, jemand anderen mit dem Vorsitz zu betrauen (§ 24 Abs. 5).

c) **Sonstige Personen.** § 24 Abs. 8 gibt den Wohnungseigentü- 247
mern die Beschlusskompetenz, die Führung der Beschluss-Sammlung jemand anderem als dem Verwalter/dem Versammlungsvorsitzenden zu übertragen.

III. Einsichtsrecht

Entsprechend der Zielsetzung der Bestimmungen des § 24 248
Abs. 7, 8, insbesondere Erwerbern von Wohnungseigentum Rechtssicherheit zu verschaffen, ist es konsequent, dass diesen ein Einsichtsrecht zusteht (§ 24 Abs. 7 Satz 8).

Das Einsichtsrecht schließt die Verpflichtung ein, auf eine ent- 249
sprechende Bitte Ablichtungen zu fertigen. Da es sich insoweit um einen besonderen Verwaltungsaufwand handelt, können die Wohnungseigentümer gemäß § 21 Abs. 7 eine entsprechende Kostenerstattung beschließen (Begründung des Regierungsentwurfs 2006, *Bärmann/Pick* ErgBd. 17. Aufl. S. 83).

Das Einsichtsrecht steht nicht nur den Wohnungseigentümern 250
selber zu, sondern auch Dritten, die von einem Wohnungseigentümer ermächtigt worden sind (§ 24 Abs. 7 Satz 8).

E. Sonstiges

Die Regelung des § 24 Abs. 7 Satz 4, wonach im Fall der An- 251
fechtung oder der Aufhebung eine Anmerkung anzubringen ist,

wird ergänzt durch § 24 Abs. 7 Satz 5, wonach statt einer Anmerkung eine Löschung erfolgen kann. Die Löschung ist nicht zwingend vorgeschrieben. Sie dient lediglich der Übersichtlichkeit der Sammlung.

252 Bei einer Sammlung in Papierform ist der Text der Eintragung durchzustreichen und die Löschung mit einem entsprechenden Hinweis zu versehen („gelöscht am ... "). Bei einer Sammlung in elektronischer Form erfolgt die Löschung durch Entfernung des Textes.

253 Die laufende Nummer muss auf jeden Fall bestehen bleiben, damit ein Vollständigkeitsnachweis geführt werden kann.

254 Eine Löschung ist nicht nur zulässig im Fall einer Aufhebung, sondern auch dann, wenn eine Eintragung „aus einem anderen Grund" für die Wohnungseigentümer keine Bedeutung mehr hat (§ 24 Abs. 7 Satz 6).

255 § 24 Abs. 7 Satz 6 betrifft die Fälle, in denen sich ein Beschluss entweder erledigt hat oder aber in denen ein Beschluss durch einen Zweitbeschluss überholt ist.

§ 25. Mehrheitsbeschluss

(1) **Für die Beschlussfassung in Angelegenheiten, über die die Wohnungseigentümer durch Stimmenmehrheit beschließen, gelten die Vorschriften der Absätze 2 bis 5.**

(2) [1]**Jeder Wohnungseigentümer hat eine Stimme.** [2]**Steht ein Wohnungseigentum mehreren gemeinschaftlich zu, so können sie das Stimmrecht nur einheitlich ausüben.**

(3) **Die Versammlung ist nur beschlussfähig, wenn die erschienenen stimmberechtigten Wohnungseigentümer mehr als die Hälfte der Miteigentumsanteile, berechnet nach der im Grundbuch eingetragenen Größe dieser Anteile, vertreten.**

(4) [1]**Ist eine Versammlung nicht gemäß Absatz 3 beschlussfähig, so beruft der Verwalter eine neue Versammlung mit dem gleichen Gegenstand ein.** [2]**Diese Versammlung ist ohne Rücksicht auf die Höhe der vertretenen Anteile beschlussfähig; hierauf ist bei der Einberufung hinzuweisen.**

(5) **Ein Wohnungseigentümer ist nicht stimmberechtigt, wenn die Beschlussfassung die Vornahme eines auf die Verwaltung des gemeinschaftlichen Eigentums bezüglichen Rechtsgeschäfts mit ihm oder die Einleitung oder Erledigung eines Rechtsstreits der anderen Wohnungseigentümer gegen ihn betrifft oder wenn er nach § 18 rechtskräftig verurteilt ist.**

Übersicht

	Rn.
A. Beschlussfassung/Anzuwendende Vorschriften	4
I. Beschlussfassung	4
II. Anzuwendende Vorschriften	5

§ 25 Mehrheitsbeschluss

B. Stimmrecht 6
  I. Stimmrechtsinhaber 8
    1. Wohnungseigentümer 9
    2. Nießbraucher 12
    3. Dritte 15
  II. Einheitliche Ausübung des Stimmrechts 24
    1. Gesetzliche Regelung 26
    2. Fallgruppen 27
    3. Folgen uneinheitlicher Stimmabgabe 31
    4. Unterteilung des Wohnungseigentums 32
  III. Stimmenthaltungen 33
  IV. Vertretungsfragen 34
    1. Grundsatz 35
    2. Öffentlichkeitsproblematik 36
    3. Vertreterklausel 37
  V. Ruhen des Stimmrechts 38
C. Beschlussfähigkeit 42
  I. Kopfprinzip 45
    1. Alleineigentum 46
    2. Teilung des Alleineigentums 48
    3. Bruchteilseigentum 51
  II. Wertprinzip 52
  III. Objektprinzip 57
D. Wiederholungsversammlung 59
  I. Beschlussfähigkeit 60
  II. Eventualversammlung 63
    1. Grundsätzliche Unzulässigkeit 64
    2. Vereinbarkeit 65
E. Stimmrechtsausschluss 66
  I. Rechtsgeschäft mit einem Wohnungseigentümer 69
    1. Rechtsgeschäft 70
    2. Bestellung zum Verwalter 71
      a) Bestellung 73
      b) Abschluss des Verwaltervertrages 75
    3. Abberufung des Verwalters 77
      a) Abberufung 78
      b) Kündigung des Verwaltervertrages 79
    4. Beiratsbestellung/-abberufung 80
    5. Entlastung 81
    6. Vertretungsfragen 84
      a) Vertretung eines vom Stimmrecht ausgeschlossenen
        Wohnungseigentümers 85
      b) Vertretung durch einen vom Stimmrecht
        ausgeschlossenen Wohnungseigentümer 86
  II. Rechtsstreit gegen einen Wohnungseigentümer 88
  III. Fälle des § 18 91
  IV. Missbrauchsfälle 92

§ 25

1   § 25 gilt für die Beschlussfassung in den Angelegenheiten, über die die Wohnungseigentümer durch Stimmenmehrheit beschließen.
2   Das sind einmal die gesetzlich vorgegebenen Beschlussgegenstände, nämlich die Aufhebung einer Veräußerungsbeschränkung (§ 12 Abs. 4), Gebrauchsregelungen (§ 15 Abs. 2), Betriebskostenregelungen (§ 16 Abs. 3), Instandhaltungskostenregelungen (§ 16 Abs. 4), Veräußerungsverlangen (§ 18 Abs. 3), die ordnungsmäßige Verwaltung (§ 21 Abs. 3), bauliche Veränderungen (§ 22 Abs. 1), Modernisierungsmaßnahmen (§ 22 Abs. 2), die Vorsitzproblematik in der Wohnungseigentümerversammlung (§ 24 Abs. 5), die Bestellung/Abberufung des Verwalters (§ 26 Abs. 1), die Verwalterermächtigung (§ 27 Abs. 2 Nr. 5), das Rechnungslegungsverlangen (§ 28 Abs. 4), Wirtschaftsplan- und Jahresabrechnungsfragen (§ 28 Abs. 5) und die Beiratsbestellung (§ 29 Abs. 1).
3   Darüber hinaus sind vereinbarte Beschlusskompetenzen gegeben (§ 23 Rn. 78 ff.).

A. Beschlussfassung/Anzuwendende Vorschriften

I. Beschlussfassung

4   Zum Ablauf der Beschlussfassung siehe die Anmerkungen zu § 24 B. III.

II. Anzuwendende Vorschriften

5   Es gelten § 25 Abs. 2 bis 5, die das Stimmrecht (Abs. 2, 5), die Beschlussfähigkeit (Abs. 3) und die Wiederholungsversammlung (Abs. 4) regeln.

B. Stimmrecht

6   Jeder Wohnungseigentümer hat eine Stimme. Steht ein Wohnungseigentum mehreren gemeinschaftlich zu, so können sie das Stimmrecht nur einheitlich ausüben (§ 25 Abs. 2).
7   Für eng umgrenzte Fälle schließt § 25 Abs. 5 einzelne Wohnungseigentümer von der Stimmberechtigung aus.

I. Stimmrechtsinhaber

8   Wohnungseigentümer sind grundsätzlich immer stimmberechtigt. Praxisprobleme bereiten die Nießbrauchsfälle sowie die Insolvenz- und Zwangsverwaltungsfälle.

1. Wohnungseigentümer. Die Grundregel enthält § 25 Abs. 2 9
Satz 1, wonach jeder Wohnungseigentümer eine Stimme hat.
Das Stimmrecht gehört zu den aus der Mitgliedschaft in der 10
Eigentümergemeinschaft erwachsenden Teilhaberrechten mit personenrechtlichem Bezug (KK-WEG/*Riecke* § 25 Rn. 4). Es ist von
der Mitgliedschaft in der Wohnungseigentümergemeinschaft
nicht zu trennen („Abspaltungsverbot", vgl. Bärmann/Pick/
Merle/*Merle* § 25 Rn. 12).
Auch werdende Wohnungseigentümer sind stimmberechtigt. 11
Bei Geltung des Kopfprinzips verliert der Teilende seine Mehrheit
bereits mit der Entstehung einer werdenden Wohnungseigentümergemeinschaft. Bei Geltung des Wertprinzips oder des Objektprinzips büßt der Teilende seine Stimmkraft in Abhängigkeit zu
den noch verbliebenen Miteigentumsanteilen ein (KK-WEG/
Riecke § 25 Rn. 6).

2. Nießbraucher. In Nießbrauchsfällen ist der Nießbrauchsver- 12
pflichtete und nicht der Nießbrauchsberechtigte stimmberechtigt
(BGH NJW 2002, 1647 = ZMR 2003, 440; OLG Hamburg
ZMR 2003, 701; Bärmann/Pick/Merle/*Merle* § 25 Rn. 15).
Stünde dem Nießbrauchsberechtigten ein Stimmrecht zu, hätte 13
dies zur Folge, dass der Nießbraucher durch die Zustimmung zu
finanziell belastenden Verwaltungsmaßnahmen den an der Beschlussfassung nicht mitwirkenden Wohnungseigentümer gegen
dessen Willen binden könnte (KK-WEG/*Riecke* § 25 Rn. 14).
Konsequenterweise sind Nießbraucher in Verfahren nach 14
§§ 43 ff. a. F. grundsätzlich nicht antragsbefugt (OLG Düsseldorf
NZM 2005, 380 = DWE 2005, 51).

3. Dritte. Insolvenzverwalter sind jedenfalls ab Eröffnung des 15
Insolvenzverfahrens befugt, das zum Vermögen des Schuldners
gehörende Wohnungseigentum zu verwalten (§ 80 Abs. 1 InsO),
somit stimmberechtigt (Bärmann/Pick/Merle/*Merle* § 25 Rn. 25).
Zwangsverwaltern steht ebenfalls das Stimmrecht zu (Bär- 16
mann/Pick/Merle/*Merle* § 25 Rn. 23).
Wenn einem Wohnungseigentümer mehrere Wohnungseigen- 17
tumsrechte zustehen, von denen nur eines/einzelne zwangsverwaltet sind, kommt es für die Frage, wer das Stimmrecht ausüben darf, darauf an, ob das Kopfprinzip des § 25 Abs. 2 Satz 1
gilt oder ob das Objekt-/Wertprinzip vereinbart wurde.
Wenn das Kopfprinzip gilt, sind die Wohnungseigentümer und 18
der Zwangsverwalter entsprechend § 25 Abs. 2 Satz 2 nur zur
einheitlichen Ausübung des Stimmrechts berechtigt (KG WE
1989, 207; Bärmann/Pick/Merle/*Merle* § 25 Rn. 24).
Wenn das Objekt-/Wertprinzip gilt, steht dem Zwangsverwal- 19
ter das Stimmrecht nur in Höhe der Belastung zu (Bärmann/Pick/
Merle/*Merle* § 25 Rn. 24).

20 Testamentsvollstrecker üben das Stimmrecht als Partei kraft Amtes aus (KK-WEG/*Riecke* § 25 Rn. 7).

21 Wohnungsberechtigte (§ 1093 BGB) und Dauerwohnberechtigte (§ 31) sind nicht stimmberechtigt (KK-WEG/*Riecke* § 25 Rn. 15).

22 Grundschuldgläubiger und Hypothekengläubiger sind nicht stimmberechtigt (KK-WEG/*Riecke* § 25 Rn. 16).

23 Mieter und Pächter sind nicht stimmberechtigt (KK-WEG/*Riecke* § 25 Rn. 17).

II. Einheitliche Ausübung des Stimmrechts

24 Praxisprobleme ergeben sich dann, wenn Bruchteilsgemeinschaften, Erbengemeinschaften oder Gütergemeinschaften Wohnungseigentümer sind.

25 Wenn die jeweilige Gemeinschaft insoweit rechtsfähig ist (Gesellschaft bürgerlichen Rechts, KG, OHG), stellen sich diese Probleme nicht.

26 **1. Gesetzliche Regelung.** Steht ein Wohnungseigentum mehreren gemeinschaftlich zu, so können sie das Stimmrecht nur einheitlich ausüben (§ 25 Abs. 2 Satz 2).

27 **2. Fallgruppen.** Regelfall des § 25 Abs. 2 Satz 2 sind die Ehegattenfälle. Sind Ehegatten – oder andere Personen – jeweils zu ideellen Anteilen Wohnungseigentümer, verlangt das Gesetz von ihnen eine einheitliche Stimmrechtsausübung.

28 Erscheint nur einer der Beteiligten in der Wohnungseigentümerversammlung, hat er seine Bevollmächtigung durch den anderen Beteiligten nachzuweisen. Kann er dies nicht, kann der Versammlungsvorsitzende die Stimmabgabe zurückweisen (KK-WEG/*Riecke* § 25 Rn. 54).

29 Sind alle Mitberechtigten erschienen, stimmen sie jedoch uneinheitlich ab, so ist dies als Abgabe einer ungültigen Stimme zu werten (OLG Düsseldorf FGPrax 2003, 216 = ZMR 2004, 53).

30 § 25 Abs. 2 Satz 2 umfasst auch die Fälle, in denen nicht (insoweit) rechtsfähige Gemeinschaften als Wohnungseigentümer im Grundbuch eingetragen sind, z. B. Bruchteilsgemeinschaften, Erbengemeinschaften und Gütergemeinschaften.

31 **3. Folgen uneinheitlicher Stimmabgabe.** Eine uneinheitliche Stimmabgabe ist nicht als Stimmenthaltung, sondern als ungültige Stimme zu werten (OLG Düsseldorf FGPrax 2003, 216 = ZMR 2004, 53).

32 **4. Unterteilung des Wohnungseigentums.** Sieht die Teilungserklärung ein Stimmrecht in der Eigentümerversammlung nach Anzahl der Sondereigentumseinheiten vor, führt die Unterteilung

eines Wohnungseigentums nicht zu einer Stimmrechtsmehrung (OLG Hamm NZM 2003, 123 = DWE 2003, 29), es sei denn, alle anderen Wohnungseigentümer hätten zugestimmt. Bei Geltung des Kopfprinzips muss vermieden werden, dass durch eine Teilung die Stimmrechte der anderen Wohnungseigentümer reduziert werden (OLG Hamm FGPrax 2003, 203 = ZMR 2004, 697; OLG Stuttgart NZM 2005, 312 = ZMR 2005, 478).

III. Stimmenthaltungen

Wer sich der Stimme enthält, will gerade nicht an der Beschlussfassung mitwirken. Die jeweils anderen Wohnungseigentümer sollen entscheiden. Daher sind Stimmenthaltungen nicht mitzuzählen. Bei der Frage, ob eine Mehrheit erzielt worden ist, kommt es allein auf das Verhältnis der Ja-Stimmen zu den Nein-Stimmen an (BGH NJW 1989, 1090; Bärmann/Pick/Merle/*Merle* § 25 Rn. 93, 94; KK-WEG/*Riecke* § 25 Rn. 60). 33

IV. Vertretungsfragen

Wohnungseigentümer müssen ihr Stimmrecht nicht zwingend selber ausüben. Vertretungsrecht findet Anwendung. 34

1. Grundsatz. Anders als das Vereinsrecht (§ 38 Satz 2 BGB) enthält das WEG kein Gebot, die Mitgliedschaftsrechte nur persönlich auszuüben. Somit ist jeder Wohnungseigentümer grundsätzlich berechtigt, Dritte zur Stimmabgabe zu bevollmächtigen (Bärmann/Pick/Merle/*Merle* § 25 Rn. 51). 35

2. Öffentlichkeitsproblematik. Wohnungseigentümerversammlungen sind nicht öffentlich. Die Teilnahme eines Vertreters verstößt grundsätzlich gegen das Gebot der Nicht-Öffentlichkeit. Deshalb darf ein Wohnungseigentümer, wenn durch Teilungserklärung oder Vereinbarung nichts anderes geregelt ist, auch einen ihn lediglich beratenden Beistand nicht immer hinzuziehen, sondern nur dann, wenn der Wohnungseigentümer daran ein berechtigtes Interesse hat. Dieses kann sich aus beachtlichen persönlichen Gründen oder aus dem Schwierigkeitsgrad der Angelegenheit ergeben, über die nach der Tagesordnung zu beschließen ist (BGH NJW 1993, 1329 = ZMR 1993, 287). 36

3. Vertreterklausel. Die Problematik „Öffentlichkeit" wird insbesondere in den Fällen diskutiert, in denen eine so genannte Vertreterklausel vereinbart wurde (Einzelheiten siehe § 24 Rn. 134 ff.). 37

V. Ruhen des Stimmrechts

38 Wenn ein Wohnungseigentümer/dessen Vertreter generell von der Mitwirkung bei Beschlussfassungen ausgeschlossen ist, spricht man vom Ruhen des Stimmrechts (Bärmann/Pick/Merle/*Merle* § 25 Rn. 144).

39 Gesetzlich geregelte Fälle finden sich in § 25 Abs. 5 (siehe E.).

40 Das Ruhen des Stimmrechts kann auch vereinbart werden, z. B. bei Wohngeldrückständen (BayObLG ZMR 2003, 519; KK-WEG/*Riecke* § 25 Rn. 62). Eine derartige Vereinbarung betrifft nicht nur den Wohnungseigentümer selber, sondern auch von ihm bevollmächtigte Dritte (KK-WEG/*Riecke* § 25 Rn. 39 am Ende).

41 Ein Ruhen des Stimmrechts ist nur gerechtfertigt, wenn dafür ein hinreichender Grund besteht, insbesondere in den Fällen, in denen ein Wohnungseigentümer seinen Pflichten nicht nachkommt. Die Kriterien für das Ruhen des Stimmrechts müssen objektiv messbar sein. Das Wiederaufleben des Stimmrechts darf nicht in der Willkür der anderen Wohnungseigentümer liegen (Bärmann/Pick/Merle/*Merle* § 25 Rn. 156).

C. Beschlussfähigkeit

42 Die Bestimmung des § 25 Abs. 3, wonach die Versammlung nur beschlussfähig ist, wenn die erschienenen stimmberechtigten Wohnungseigentümer mehr als die Hälfte der Miteigentumsanteile vertreten, betrifft die so genannte Erstversammlung.

43 Sonderregelungen gelten gemäß § 25 Abs. 4 für die Wiederholungsversammlung.

44 Nicht stimmberechtigte Wohnungseigentümer scheiden bei der Berechnung aus, selbst wenn sie erschienen sind (BayObLG MieWoE § 25 WEG Nr. 14).

I. Kopfprinzip

45 Grundsätzlich gilt das Kopfprinzip, das bedeutet, dass jedem Miteigentümer eine Stimme zusteht.

46 **1. Alleineigentum.** Das bedeutet, dass jeder Alleineigentümer eine Stimme hat. Dabei kommt es nicht darauf an, ob es sich bei dem Alleineigentümer um eine natürliche oder um eine juristische Person handelt.

47 Auch Alleineigentümer, die Eigentümer mehrerer Miteigentumsanteile sind, haben nur eine Stimme.

2. Teilung des Alleineigentums. Es ist zulässig, dass ein Woh- 48
nungseigentümer sein Wohnungseigentum/Teileigentum in mehrere in sich abgeschlossene Wohnungs-/Teileigentumseinheiten unterteilt (BGH NZM 2004, 876 = ZMR 2005, 59; NJW 1968, 499; BayObLG NJW-RR 1991, 910; KK-WEG/*Elzer* § 8 Rn. 63).

Für den Fall, dass in Unterteilungsfällen das Wertprinzip ver- 49
einbart ist, hat die Unterteilung keinen Einfluss auf das Stimmrecht der anderen Wohnungseigentümer. Sie werden durch die Unterteilung nicht beeinträchtigt (*Wedemeyer* NZM 2000, 638).

Wenn jedoch das Objektstimmrecht oder das gesetzliche Kopf- 50
stimmrecht gilt, würde eine Unterteilung zu einer Stimmrechtsvermehrung führen. Im Ergebnis wären die Stimmrechte der anderen Wohnungseigentümer weniger wert. Daher ist es h. M., dass bei Geltung des Objekt-/Kopfstimmrechts eine Unterteilung nicht zu einer Stimmrechtsvermehrung führen darf (BGH NJW 2004, 3413 = MDR 2004, 1403). Es kommt stattdessen zu einer Spaltung des Stimmrechts (KG ZfIR 2004, 677). Siehe dazu auch A. II. 4.

3. Bruchteilseigentum. Steht ein Wohnungseigentum mehreren 51
als Bruchteilsberechtigten zu, haben die Mitberechtigten insgesamt nur eine Stimme (LG Bremen ZMR 2004, 535).

II. Wertprinzip

§ 25 Abs. 2 kann abbedungen werden (Bärmann/Pick/Merle/ 52
Merle § 25 Rn. 28). Daher kann auch das Wertprinzip oder das Objektprinzip vereinbart werden.

Gilt das Wertprinzip, richtet sich die Bedeutung der Stimme 53
eines Wohnungseigentümers nach der Größe des jeweiligen Miteigentumsanteils (Bärmann/Pick/Merle/*Merle* § 25 Rn. 29).

Das Wertprinzip muss sich nicht zwingend an der im Grund- 54
buch eingetragenen Größe der Miteigentumsanteile orientieren. Es ist zulässig, die Miteigentumsanteile abweichend von dem Wert der einzelnen Wohnungseigentumsrechte festzulegen (Bärmann/Pick/Merle/*Merle* § 25 Rn. 29).

Das Wertprinzip kann auch in einer Gemeinschaft mit nur 55
zwei Wohnungseigentümern vereinbart werden, deren Miteigentumsanteile unterschiedlich groß sind (BayObLG NJW-RR 1986, 566; Bärmann/Pick/Merle/*Merle* § 25 Rn. 29).

Bei Geltung des Wertprinzips sind Unterteilungen der einzelnen 56
Miteigentumsrechte, soweit es um Stimmrechtsfragen geht, unproblematisch. Die Stimmrechte der jeweils anderen Wohnungseigentümer werden nicht beeinträchtigt (vgl. OLG Hamm DWE 2003, 29; FGPrax 2003, 123 = ZMR 2004, 697).

III. Objektprinzip

57 Bei Geltung des Objektprinzips bestimmen sich die Stimmrechte der einzelnen Wohnungseigentümer nach der Anzahl der ihnen jeweils zustehenden Wohnungseigentumsrechte (Bärmann/Pick/Merle/*Merle* § 25 Rn. 30).

58 In Unterteilungsfällen gilt bei Geltung des Objektprinzips das Gleiche wie bei Geltung des Kopfprinzips (Rn. 48).

D. Wiederholungsversammlung

59 Wenn eine Erstversammlung beschlussunfähig ist, so bestimmt § 25 Abs. 4, dass der Wohnungseigentumsverwalter eine neue Versammlung einberuft.

I. Beschlussfähigkeit

60 War eine Erstversammlung beschlussunfähig, ist eine Zweitversammlung einzuberufen. Diese ist ohne Rücksicht auf die Anzahl der vertretenen Anteile beschlussfähig, worauf der Verwalter bei der Einladung hinzuweisen hat.

61 Unterbleibt diese Belehrung, sind auf der Zweitversammlung gefasste Beschlüsse bei gegebener Kausalität anfechtbar.

62 Falls jedoch bei der Zweitversammlung (Wiederholungsversammlung) die für die Erstversammlung erforderliche Mehrheit erreicht wird, ist ein Verstoß gegen die Belehrungspflicht unschädlich (KK-WEG/*Riecke* § 25 Rn. 48).

II. Eventualversammlung

63 In der Praxis wird versucht, das vom WEG vorgesehene System (Erstversammlung, Feststellung der mangelnden Beschlussfähigkeit, Einberufung einer Zweitversammlung/Wiederholungsversammlung) dadurch zu unterlaufen, dass schon mit der Einberufung zur Erstversammlung die Einberufung zu einer weiteren Versammlung verbunden wird für den Fall, dass die Erstversammlung nicht beschlussfähig ist.

64 **1. Grundsätzliche Unzulässigkeit.** Grundsätzlich sind Eventualeinberufungen/Eventualversammlungen unzulässig, da sie von der Systematik des § 25 WEG abweichen, der ein schrittweises Vorgehen (Erstversammlung, Feststellung der Beschlussunfähigkeit, Einberufung einer weiteren Versammlung) vorsieht (KK-WEG/*Riecke* § 24 Rn. 64).

2. **Vereinbarkeit.** Es darf jedoch vereinbart werden, dass für 65
den Fall, dass die Erstversammlung beschlussunfähig sein sollte,
zu einer zweiten Versammlung am gleichen Tage eine halbe
Stunde nach dem Termin der Erstversammlung einberufen wird
(OLG Köln NZM 1999, 378 = MDR 1999, 799; LG Offenburg
WuM 1993, 710; KK-WEG/*Elzer* § 10 Rn. 252). Rechtsgrundlage für eine derartige Vereinbarung ist § 10 Abs. 2 Satz 2.

E. Stimmrechtsausschluss

Das Stimmrecht in der Wohnungseigentümerversammlung ist 66
eines der elementarsten Rechte eines jeden Wohnungseigentümers. Grundsätzlich steht es ihm frei, ob und wie er davon Gebrauch macht.

Allerdings ist der Gebrauch nicht schrankenlos zulässig. 67

§ 25 Abs. 5 enthält so genannte „starre Stimmrechtsschranken", die ohne Rücksicht darauf bestehen, ob im konkreten Fall 68
eine Stimmrechtsbeschränkung erforderlich ist (Bärmann/Pick/
Merle/*Merle* § 25 Rn. 98).

I. Rechtsgeschäft mit einem Wohnungseigentümer

Gemäß § 25 Abs. 5 Alternative 1 ist ein Wohnungseigentümer 69
nicht stimmberechtigt, wenn ein Beschluss die Vornahme eines
Rechtsgeschäfts mit ihm betrifft.

1. Rechtsgeschäft. Rechtsgeschäfte sind grundsätzlich definiert 70
als Tatbestände, die aus mindestens einer Willenserklärung bestehen und an die die Rechtsordnung den Eintritt eines gewollten
rechtlichen Erfolges knüpft (Bärmann/Pick/Merle/*Merle* § 25
Rn. 100).

2. Bestellung zum Verwalter. Hinsichtlich der Bestellung des 71
Verwalters ist zwischen dem wohnungseigentumsrechtlichen Akt
der Bestellung und dem schuldrechtlichen Akt des Verwaltervertrages zu unterscheiden („Trennungstheorie", BGH NJW 1997,
2107).

Diese Unterscheidung ist auch in Bezug auf § 25 Abs. 5 einzuhalten. 72

a) Bestellung. Die Wahl zum Verwalter betrifft kein Rechtsgeschäft, sondern die Wahrnehmung mitgliedschaftlicher Interessen 73
(Bärmann/Pick/Merle/*Merle* § 25 Rn. 102). Daher kann ein Wohnungseigentümer, der zum Verwalter bestellt werden soll, an der
Bestellung mitwirken.

Ein Verwalter, der nicht gleichzeitig Wohnungseigentümer der 74
betreffenden Wohnungseigentumsanlage ist, ist weder durch § 25
Abs. 5 noch durch § 181 BGB gehindert, als Stellvertreter einzel-

ner Wohnungseigentümer an der Beschlussfassung über seine (erneute) Bestellung mitzuwirken (OLG Hamm DWE 2006, 141 = IMR 2006, 196).

75 **b) Abschluss des Verwaltervertrages.** Von § 25 Abs. 5 erfasst wird hingegen der Fall, in dem die Wohnungseigentümergemeinschaft (BGH NJW 2005, 2061 = ZMR 2005, 547) mit dem Verwalter den Verwaltervertrag schließt (h. M., a. A. Bärmann/Pick/Merle/*Merle* § 25 Rn. 104).

76 Auch wenn es um die Erhöhung der Verwaltervergütung geht, handelt es sich um ein Rechtsgeschäft. Daher besteht auch insoweit ein Stimmverbot zu Lasten des Verwalters. Das gilt selbst dann, wenn ein Wohnungseigentümer nicht selber der Verwalter ist, sondern mit dem Verwalter wirtschaftlich so eng verbunden ist, dass man sein persönliches Interesse mit dem des Verwalters völlig gleichsetzen kann (KG NJW-RR 1986, 642 = MieWoE § 25 WEG Nr. 1).

77 **3. Abberufung des Verwalters.** Auch wenn es um die Abberufung des Verwalters geht, ist die Trennungstheorie konsequent einzuhalten.

78 **a) Abberufung.** Die Beschlussfassung über die Abberufung des Verwalters stellt einen Fall der Ausübung mitgliedschaftlicher Rechte dar. Es handelt sich nicht um ein Rechtsgeschäft. Daher ist selbst ein Mehrheitseigentümer, der zugleich Verwalter der betreffenden Wohnungseigentumsanlage ist, bei der Abstimmung über die gegen ihn ohne wichtigen Grund ausgesprochene Abberufung nicht vom Stimmrecht ausgeschlossen (KG NZM 2002, 618 = DWE 2002, 103).

79 **b) Kündigung des Verwaltervertrages.** § 25 Abs. 5 Alternative 1 umfasst nicht nur zwei- oder mehrseitige Rechtsgeschäfte. Auch einseitige Rechtsgeschäfte werden erfasst (Bärmann/Pick/Merle/*Merle* § 25 Rn. 100). Konsequenterweise ist auch die Kündigung des Verwaltervertrages ein Fall des § 25 Abs. 5 Alternative 1. Insoweit ist ein Verwalter, dessen Vertrag gekündigt werden soll, nicht stimmberechtigt.

80 **4. Beiratsbestellung/-abberufung.** Wenn und soweit schuldrechtliche Abreden zwischen der Wohnungseigentümergemeinschaft/den Wohnungseigentümern einerseits und den Mitgliedern des Verwaltungsbeirats andererseits getroffen werden, greift § 25 Abs. 5 Alternative 1 ein. Regelmäßig sind Beiräte jedoch ehrenamtlich tätig, so dass es bei deren Bestellung/Abberufung lediglich um den wohnungseigentumsrechtlichen Akt geht, der § 25 Abs. 5 Alternative 1 nicht unterfällt.

81 **5. Entlastung.** Rechtsfolge eines Entlastungsbeschlusses ist eine Rechtsstellung des Entlasteten, wie wenn der Entlastende ein ne-

gatives Schuldanerkenntnis abgegeben hätte (BGH NJW 2003, 3124 = ZMR 2003, 750). Konsequenterweise findet § 25 Abs. 5 Alternative 1 Anwendung.

Wer der Entlastung nicht die rechtlichen Konsequenzen eines negativen Schuldanerkenntnisses zuordnet, muss jedoch § 25 Abs. 5 Alternative 1 zumindest entsprechend anwenden (KK-WEG/*Riecke* § 25 Rn. 28). 82

Vorstehendes gilt sowohl für die Entlastung des Wohnungseigentumsverwalters als auch für die Entlastung der Beiräte. 83

6. Vertretungsfragen. Insoweit ist zu unterscheiden zwischen der Vertretung eines vom Stimmrecht ausgeschlossenen Wohnungseigentümers und der Vertretung durch einen vom Stimmrecht ausgeschlossenen Wohnungseigentümer. 84

a) Vertretung eines vom Stimmrecht ausgeschlossenen Wohnungseigentümers. Wer kein eigenes Stimmrecht hat, weil er nach § 25 Abs. 5 davon ausgeschlossen ist, unterliegt einem umfassenden Verbot der Stimmrechtsvollmacht (h. M., vgl. umfangreiche Rechtsprechungsnachweise bei Bärmann/Pick/Merle/*Merle* § 25 Rn. 121). 85

b) Vertretung durch einen vom Stimmrecht ausgeschlossenen Wohnungseigentümer. Die h. M. vertritt die Auffassung, dass ein vom Stimmrecht ausgeschlossener Wohnungseigentümer sich nicht nur nicht selber vertreten lassen könne, sondern dass er darüber hinaus auch nicht als Vertreter eines anderen Wohnungseigentümers, der nicht vom Stimmrecht ausgeschlossen ist, auftreten darf (statt vieler Bärmann/Pick/Merle/*Merle* § 25 Rn. 121; KK-WEG/*Riecke* § 25 Rn. 36). 86

Die Mindermeinung differenziert danach, ob ein Fall der gebundenen Vertretungsmacht im Sinne des § 166 Abs. 2 BGB vorliegt oder nicht (*Kahlen* BlGBW 1984, 22; *ders.* WEG § 25 Rn. 121). 87

II. Rechtsstreit gegen einen Wohnungseigentümer

Einleitung und Erledigung eines Rechtsstreits gegen einen Wohnungseigentümer sind vom Stimmrecht des betroffenen Wohnungseigentümers ausgenommen. Das gilt für alle auf Fortführung oder Beendigung eines Rechtsstreits gerichteten Maßnahmen. 88

Beschließen die Wohnungseigentümer, einen Rechtsstreit gegen einen Wohnungseigentümer und einen Dritten einzuleiten, die wegen Baumängeln am Gemeinschaftseigentum in Anspruch genommen werden sollen, ist der Wohnungseigentümer vom Stimmrecht auch insoweit ausgeschlossen, als der Dritte in Anspruch genommen werden soll (BayObLG NJW-RR 1998, 231 = WE 1998, 353). 89

90 Die bisherige, die Summe der Wohnungseigentümer betreffende Rechtsprechung ist auch anzuwenden auf Rechtsstreitigkeiten zwischen einzelnen Wohnungseigentümern und der Gemeinschaft der Wohnungseigentümer.

III. Fälle des § 18

91 Wer nach § 18 rechtskräftig verurteilt worden ist, sein Wohnungseigentum zu veräußern, ist nicht stimmberechtigt. Maßgebend ist die formelle Rechtskraft des Urteils. Anträge auf Wiederaufnahme oder Wiedereinsetzung führen mangels aufschiebender Wirkung nicht zu einem Wiederaufleben des Stimmrechts (Bärmann/Pick/Merle/*Merle* § 25 Rn. 146). Worüber Beschluss gefasst werden soll, ist in diesen Fällen ohne Bedeutung (KK-WEG/*Riecke* § 25 Rn. 38).

IV. Missbrauchsfälle

92 Unabhängig von den in § 25 Abs. 5 genannten Fällen kann die Stimmrechtsausübung missbräuchlich sein. Beispielsweise in dem Fall, in dem ein Wohnungseigentümer der Nutzung von Kellerräumen zu Wohnzwecken ursprünglich zustimmte, später aber an einem Beschluss mitwirkt, der gerade diese Nutzung unterbinden soll (Bärmann/Pick/Merle/*Merle* § 25 Rn. 158).

93 Allein das Stimmübergewicht eines Wohnungseigentümers („Majorisierung") stellt noch keinen Missbrauchsfall dar (BGH NZM 2002, 995 = DB 2003, 1169). Jedenfalls dann, wenn für die Stimmabgabe nachvollziehbare und verständliche Gründe vorliegen, ist die Majorisierung als solche für das Stimmrecht unschädlich (BayObLG ZMR 2006, 139).

§ 26. Bestellung und Abberufung des Verwalters

(1) ¹Über die Bestellung und Abberufung des Verwalters beschließen die Wohnungseigentümer mit Stimmenmehrheit. ²Die Bestellung darf auf höchstens fünf Jahre vorgenommen werden, im Falle der ersten Bestellung nach der Begründung von Wohnungseigentum aber auf höchstens drei Jahre. ³Die Abberufung des Verwalters kann auf das Vorliegen eines wichtigen Grundes beschränkt werden. ⁴Ein wichtiger Grund liegt regelmäßig vor, wenn der Verwalter die Beschluss-Sammlung nicht ordnungsmäßig führt. ⁵Andere Beschränkungen der Bestellung oder Abberufung des Verwalters sind nicht zulässig.

(2) Die wiederholte Bestellung ist zulässig; sie bedarf eines erneuten Beschlusses der Wohnungseigentümer, der frühestens ein Jahr vor Ablauf der Bestellungszeit gefaßt werden kann.

Bestellung und Abberufung des Verwalters § 26

(3) Soweit die Verwaltereigenschaft durch eine öffentlich beglaubigte Urkunde nachgewiesen werden muß, genügt die Vorlage einer Niederschrift über den Bestellungsbeschluss, bei der die Unterschriften der in § 24 Abs. 6 bezeichneten Personen öffentlich beglaubigt sind.

Übersicht

	Rn.
A. Bestellung/Abberufung des Verwalters	4
I. Bestellung	6
1. Person des Verwalters	8
a) Natürliche Personen	9
b) Juristische Personen	13
c) Gesellschaft bürgerlichen Rechts	15
2. Trennungstheorie	16
3. Bestellung durch den teilenden Eigentümer	19
4. Bestellung durch die Wohnungseigentümer	21
a) Bestellungsbeschluss	22
b) Bestelldauer	39
c) Wiederholungsbestellung	49
II. Abberufung	56
1. Abberufungsbefugte	57
2. Abberufungsform	58
3. Wirksamwerden der Abberufung	60
4. Ordentliche Abberufung	62
5. Abberufung aus wichtigem Grund	68
a) Gesetzliche Regelung	69
b) Wichtige Gründe	73
III. Verwaltervertrag	92
1. Vertragsparteien	93
2. Abschluss des Vertrages	94
a) Durch die Wohnungseigentümer	95
b) Durch den Verwaltungsbeirat	98
c) Durch andere Bevollmächtigte	101
3. Inhalt des Vertrages	103
a) Gesetzliche Vorgaben	104
b) Vereinbarte Vorgaben	114
c) Schuldrechtliche Regelungen	115
4. Beendigung des Vertrages	117
a) Beendigung durch Befristung	119
b) Beendigung durch Kündigung	120
IV. Verwalterhonorar	128
1. Schuldner des Honorars	129
2. Höhe des Honorars	131
a) Regelmäßiges Honorar	132
b) Sonderhonorare	141
3. Steuerliche Behandlung des Honorars	154
a) Einkommensteuer	156
b) Gewerbesteuer	164
c) Umsatzsteuer	165

B. Wiederholungsbestellung 173
C. Richterliche Bestellung 176
   I. Bestellung gemäß § 26 Abs. 3 a. F. 176
   II. Bestellung gemäß § 21 Abs. 4 179
     1. Hauptsacheverfahren 180
     2. Einstweilige Anordnung 181
D. Bestellungsurkunde 182

1   Nach der Intention des Gesetzgebers sind die Wohnungseigentümer die Entscheidungsträger innerhalb einer Wohnungseigentümergemeinschaft. Die von den Wohnungseigentümern getroffenen Entscheidungen sind vom Verwalter auszuführen. Dieser wird dabei vom Verwaltungsbeirat unterstützt.

2   In der Praxis ist es häufig anders. Mancher Verwalter ist ein „starker" Verwalter, der den Wohnungseigentümern de facto vorgibt, was sie zu beschließen haben. Konsequenterweise sind Rechtsfragen rund um die Stellung und Rechte und Pflichten des Verwalters häufig Gegenstand gerichtlicher Auseinandersetzungen, da sich nicht jeder Wohnungseigentümer den Vorgaben des Verwalters beugt.

3   Zu den Aufgaben und Befugnissen des Verwalters siehe §§ 27, 28. § 26 regelt Rechtsfragen rund um die Bestellung und die Abberufung des Verwalters.

A. Bestellung/Abberufung des Verwalters

4   Über die Bestellung und Abberufung des Verwalters beschließen die Wohnungseigentümer mit Stimmenmehrheit (§ 26 Abs. 1 Satz 1). Die Bestellung darf auf höchstens fünf Jahre vorgenommen werden, im Fall der ersten Bestellung nach der Begründung von Wohnungseigentum auf höchstens drei Jahre (§ 26 Abs. 1 Satz 2).

5   Die Abberufung des Verwalters kann auf das Vorliegen eines wichtigen Grundes beschränkt werden, der regelmäßig vorliegt, wenn der Verwalter die Beschluss-Sammlung im Sinne des § 24 Abs. 7, 8 nicht ordnungsgemäß führt (§ 26 Abs. 1 Satz 3, 4).

I. Bestellung

6   Es ist zwischen dem wohnungseigentumsrechtlichen Akt der Bestellung und dem schuldrechtlichen Akt des Abschlusses des Verwaltervertrages zu unterscheiden. Diese so genannte „Trennungstheorie" ist h. M. (BGH NJW 1997, 2106; BayObLGZ 1998, 310; OLG Köln WE 1989, 142; OLG Zweibrücken FGPrax 2003, 62 = ZMR 2004, 63; Bärmann/Pick/Merle/*Merle* § 26 Rn. 21; KK-WEG/*Abramenko* § 26 Rn. 5).

Die Differenzierung zwischen der Bestellung einerseits und dem Vertragsschluss andererseits ist insbesondere in den Fällen von Bedeutung, in denen entweder die Bestellung wirksam, der Verwaltervertrag jedoch unwirksam oder die Bestellung unwirksam, der Verwaltervertrag jedoch wirksam ist, beispielsweise wenn es um die Frage geht, ob ein abberufener Verwalter noch Vergütungsansprüche aus dem Vertrag hat (vgl. z. B. OLG Zweibrücken FGPrax 2003, 62 = ZMR 2004, 63). 7

1. Person des Verwalters. Verwalterfähig sind sowohl natürliche als auch juristische Personen. 8

a) Natürliche Personen. Theoretisch kann jede rechts- und geschäftsfähige natürliche Person Wohnungseigentumsverwalter sein. Praktisch ist eine entsprechende Qualifikation zu fordern, beispielsweise eine Berufsausbildung zum Kaufmann in der Grundstücks- und Wohnungswirtschaft. 9

Unabhängig von der Qualifikation hat ein Wohnungseigentumsverwalter für Verwaltungsfehler zu haften, auch wenn es sich um einen so genannten „Amateurverwalter" handelt (OLG München ZMR 2006, 716). 10

Das Gesetz geht von einem einzigen Verwalter aus. Daher können Eheleute nicht (gemeinsam) zu Verwaltern bestellt werden. 11

Kaufleute können die Verwaltertätigkeit unter ihrer Firma ausüben. Beim Verkauf der Firma (eines Einzelunternehmens) geht die Verwaltertätigkeit nicht automatisch auf den Erwerber über (BayObLG ZMR 2001, 367). 12

b) Juristische Personen. Juristische Personen sind verwalterfähig (BayObLG WuM 1993, 488). Im Regelfall handelt es sich um eine Verwalter-GmbH. 13

Wird ein Einzelunternehmen in eine GmbH eingebracht oder wird ein Einzelunternehmen in eine GmbH umgewandelt, geht das Verwalteramt nicht automatisch auf die GmbH über. Dies bedarf der Zustimmung der Wohnungseigentümer, für die ein Mehrheitsbeschluss ausreicht (BayObLG NJW 2002, 732 = MieWoE § 26 WEG Nr. 22). 14

c) Gesellschaft bürgerlichen Rechts. Gesellschaften bürgerlichen Rechts sind nicht verwalterfähig (BGH NJW 2006, 2189). 15

2. Trennungstheorie. Es ist zwischen dem wohnungseigentumsrechtlichen Akt der Bestellung des Verwalters und dem schuldrechtlichen Akt des Abschlusses des Verwaltervertrages zu unterscheiden (Nachweise siehe Rn. 6). 16

§ 26 befasst sich mit dem wohnungseigentumsrechtlichen Akt der Bestellung/der Abberufung. Der Abschluss/die Kündigung des Verwaltervertrages bestimmt sich nach schuldrechtlichen Regeln. 17

Die Konsequenz dieser „Trennungstheorie" ist, dass sich trotz erfolgter Abberufung oder unwirksamer Bestellung Honoraran- 18 sprüche des Verwalters aus den schuldrechtlichen Beziehungen ergeben können, z. b. wenn der Abberufungsbeschluss nicht angefochten wurde, im Verwaltervertrag zur Bedingung gemacht wurde, dass dieser nur aus wichtigem Grunde gekündigt werden kann, aber im konkreten Fall kein wichtiger Grund vorliegt (vgl. z. B. OLG Düsseldorf vom 13. 8. 2003, I-3 Wx 181/03).

19 **3. Bestellung durch den teilenden Eigentümer.** In Teilungsfällen (§ 8) bestellt oftmals der Teilende in der Gemeinschaftsordnung den künftigen Verwalter. Dies ist zulässig, insbesondere stellt es keinen Verstoß gegen § 242 BGB dar. Außerdem ist es AGB-rechtlich unbedenklich (BGH NJW 2002, 3240).

20 Zu beachten ist § 26 Abs. 1 Satz 2 n. F., wonach im Fall der ersten Bestellung nach der Begründung von Wohnungseigentum die Bestellung auf höchstens drei Jahre erfolgen darf. Dies gilt auch für die Bestellung durch den Teilenden.

21 **4. Bestellung durch die Wohnungseigentümer.** Regelmäßig erfolgt die Bestellung durch die Wohnungseigentümer.

22 a) **Bestellungsbeschluss.** Die Bestellung des Wohnungseigentumsverwalters durch die Wohnungseigentümer erfolgt durch Beschluss. Die einfache Stimmenmehrheit der in der Versammlung anwesenden oder vertretenen Wohnungseigentümer genügt, ist aber auch erforderlich. Eine relative Stimmenmehrheit genügt auch dann nicht, wenn die Wohnungseigentümer über mehrere Bewerber gleichzeitig abstimmen (BayObLGZ 2003, Nr. 11 = NZM 2003, 444).

23 *(1) Beschlussfassung.* Die Beschlussfassung erfolgt durch Stimmenmehrheit (BayObLGZ 2003, Nr. 11 = NZM 2003, 444).

24 Die Vorbereitung der Beschlussfassung kann dem Verwaltungsbeirat übertragen werden, z. B. in der Gestalt, dass dieser eine Vorauswahl trifft und der Wohnungseigentümerversammlung nur eine Auswahl der insgesamt vorhandenen Bewerber präsentiert (OLG Düsseldorf NJW-RR 2002, 661).

25 Es muss sich tatsächlich um eine Beschlussfassung mit Rechtsbindungswillen handeln. Eine bloße Vertrauenskundgabe für einen potenziellen Verwalter reicht nicht (OLG Hamburg BeckRS 2004, 4304), um rechtsgestaltende Wirkungen herbeizuführen.

26 Die Verwalterbestellung ist bedingungsfeindlich (BayObLG NJW-RR 1992, 802).

27 *(2) Beschlussanfechtung.* Bestellungsbeschlüsse können wie alle anderen Beschlüsse auch unter formellen oder materiellen Mängeln leiden.

28 *(a) Formelle Mängel.* Bestellungsbeschlüsse werden häufig mit der Begründung angefochten, dass die Formulierung im Einladungsschreiben zur Wohnungseigentümerversammlung nicht ausreichend war. Die Formulierung „Wahl eines Verwalters"

deckt jedenfalls Beschlüsse, mittels derer nicht nur über die Bestellung des Verwalters, sondern auch über den Abschluss des Verwaltervertrages entschieden wird.

Die Benennung eines konkreten Namens für das Amt des Verwalters in der Einladung ist nicht erforderlich, da es durchaus möglich ist, dass in einer laufenden Versammlung weitere Vorschläge für den zu bestellenden Verwalter gemacht werden (OLG Celle ZWE 2002, 474). 29

(b) Materielle Mängel. Materielle Mängel sind gegeben, wenn der Bestellungsbeschluss entweder nicht ordnungsmäßiger Verwaltung entspricht oder aber wenn ein wichtiger Grund gegen die Bestellung des Verwalters spricht. 30

(aa) Fehlende Ordnungsmäßigkeit. Verwalterbestellungsbeschlüsse sind dann nicht ordnungsgemäß, wenn entweder in der Person des Verwalters liegende Gründe gegen dessen Bestellung sprechen oder aber wenn der Beschluss aus sonstigen Gründen nicht ordnungsmäßiger Verwaltung entspricht. 31

Ein Beschluss entspricht jedenfalls dann nicht ordnungsmäßiger Verwaltung, wenn er nicht ausreichend bestimmt ist, z. B. dann, wenn nicht die wichtigsten Elemente des Verwaltervertrages (Vertragslaufzeit, Höhe der Vergütung) geregelt werden (OLG Hamm NZM 2003, 486). 32

(bb) Wichtiger Grund. Gemäß § 26 Abs. 1 Satz 3 ist es zulässig, die Abberufung eines Wohnungseigentumsverwalters auf das Vorliegen eines wichtigen Grundes zu beschränken, wobei ein wichtiger Grund regelmäßig dann vorliegt, wenn der Verwalter die Beschluss-Sammlung nicht ordnungsmäßig führt (§ 26 Abs. 1 Satz 4). 33

§ 26 Abs. 1 Satz 3 betrifft seinem Wortlaut nach nur die Abberufung. Wenn jedoch ein Verwalter bestellt wird, von dem bekannt ist, dass in seiner Person wichtige Gründe zur sofortigen Abberufung bestehen, widerspricht es ordnungsmäßiger Verwaltung, genau diesen Verwalter zu bestellen. 34

(3) Anfechtungswirkung. (a) Grundsatz: Rückwirkende Unwirksamkeit. Die Anfechtung eines Bestellungsbeschlusses führt im Erfolgsfalle grundsätzlich zur rückwirkenden Unwirksamkeit der Bestellung (BayObLG NJW-RR 1991, 532). Daran hat sich durch die WEG-Novelle zum 1. 7. 2007 nichts geändert. 35

(b) Ausnahme: Vertretungsrecht. Das grundsätzliche Rückwirkungsprinzip wird durchbrochen, wenn es um die Anfechtung eines Bestellungsbeschlusses geht. 36

Zur Vermeidung „unzuträglicher" (KK-WEG/*Abramenko* § 26 Rn. 16) Rechtsunsicherheit wird davon ausgegangen, dass Verwalterhandlungen, die dieser bis zur Rechtskraft der Ungültigerklärung des Bestellungsbeschlusses vorgenommen hat, wirksam sind (BayObLG NJW 1997, 2107). 37

38 Auch behält ein Wohnungseigentumsverwalter seine Vergütungsansprüche für den Zeitraum zwischen Bestellungsbeschluss und dem Zeitpunkt der Rechtskraft der Ungültigerklärung des Bestellungsbeschlusses (BGH NJW 1997, 2107; KG NJW-RR 1991, 274). Darüber (zeitlich) hinausgehende Ansprüche unterliegen der Verwirkung (OLG Düsseldorf ZMR 2004, 691).

39 b) **Bestelldauer.** Bis 1973 konnte ein teilender Bauträger einen Verwalter ohne zeitliche Beschränkung bestellen. Damals war es üblich, einen Verwalter bis zu dem Zeitpunkt zu bestellen, in dem sämtliche Fremdmittel getilgt waren.

40 Durch Art. 3 § 2 des Gesetzes vom 13.7.1973 (BGBl. I S. 910) wurde die Bestelldauer auf fünf Jahre begrenzt (§ 26 Abs. 1 Satz 2). Seit dem 1.7.2007 gilt eine Neuregelung.

41 *(1) Gesetzliche Befristung.* § 26 Abs. 1 befristet die Bestelldauer.

42 *(a) Dauer der Frist.* Die Bestellung darf auf höchstens fünf Jahre vorgenommen werden (§ 26 Abs. 1 Halbsatz 1).

43 Im Falle der ersten Bestellung nach der Begründung von Wohnungseigentum darf die Bestellung auf höchstens drei Jahre vorgenommen werden (§ 26 Abs. 1 Satz 2 Halbsatz 2). Maßgebend ist der Zeitpunkt, in dem Wohnungseigentum begründet wurde, nicht der Zeitpunkt, in dem eine Wohnungseigentümergemeinschaft begründet wurde (vgl. § 3 Rn. 60 ff.).

44 § 26 Abs. 1 Satz 2 ist nicht abdingbar (Bärmann/Pick/Merle/*Merle* § 26 Rn. 42).

45 *(b) Fristbeginn.* Die Frist beginnt an dem Tag zu laufen, an dem der Verwalter seine Tätigkeit aufgenommen hat (Bärmann/Pick/Merle/*Merle* § 26 Rn. 45). Das ist nicht der Tag, an dem der schuldrechtliche Verwaltervertrag geschlossen wird (Bärmann/Pick/Merle/*Merle* § 26 Rn. 45). Vielmehr kommt es darauf an, wann der Verwalter tatsächlich mit seiner Verwaltungstätigkeit beginnt.

46 In der Praxis ist dies in Fällen des Verwalterwechsels der Tag, an dem die Tätigkeit des vorherigen Verwalters endet.

47 *(2) Teilnichtigkeit bei Fristüberschreitung.* Wenn die Bestellung für einen Zeitraum von mehr als drei/fünf Jahren erfolgt, liegt hinsichtlich des den Drei-/Fünf-Jahres-Zeitraum übersteigenden Zeitraums Teilnichtigkeit des Bestellungsbeschlusses gemäß § 139 BGB vor (KK-WEG/*Abramenko* § 26 Rn. 83).

48 *(3) Formularverträge.* § 26 Abs. 1 Satz 2 geht als lex specialis § 309 Nr. 9 a BGB vor (BGH NJW 2002, 3240). Dementsprechend kann in Allgemeinen Geschäftsbedingungen in Verwalterverträgen eine Laufzeit von mehr als zwei Jahren (bis zur Höchstgrenze von drei/fünf Jahren) wirksam vereinbart werden.

49 c) **Wiederholungsbestellung.** Die wiederholte Bestellung eines Wohnungseigentumsverwalters ist zulässig. Sie bedarf eines erneuten Beschlusses der Wohnungseigentümer, der frühestens ein Jahr vor Ablauf der Bestellungszeit gefasst werden kann (§ 26 Abs. 2).

Um eine Umgehung der Höchstbestellungsdauer (drei Jahre/ 50 fünf Jahre) zu vermeiden, darf der Beschluss über die Wiederbestellung erst im letzten Jahr der Bestellungszeit gefasst werden.

§ 26 Abs. 2 betrifft sowohl die Bestellung auf fünf Jahre als 51 auch die Bestellung auf drei Jahre im Erstbestellungsfall.

Verlängerungsklauseln sind grundsätzlich wirksam (KK-WEG/ 52 *Abramenko* § 26 Rn. 87), allerdings nur dann, wenn sich aus der Verlängerung keine Überschreitung der Drei-/Fünf-Jahres-Frist ergibt (BayObLG WE 1996, 315). Würde eine Verlängerungsklausel dazu führen, dass die Drei-/Fünf-Jahres-Frist überschritten wird, endet die Bestellung wie bei einer befristeten Bestellung nach drei/fünf Jahren (OLG Köln WE 1990, 171).

In einer zweigliedrigen Wohnungseigentümergemeinschaft, de- 53 ren Mitglieder zerstritten sind, widerspricht es den Grundsätzen ordnungsmäßiger Verwaltung, wenn der Mehrheitseigentümer sich bereits kurze Zeit nach seiner gerichtlichen Abberufung erneut zum Verwalter wählt (OLG Köln FGPrax 2005, 147 = WuM 2005, 603).

Im Falle der Wiederwahl eines Verwalters bedarf es nicht der 54 Unterbreitung von Alternativangeboten (OLG Schleswig NJW-RR 2006, 1525 = ZMR 2006, 803).

Die Bestellung eines neuen Verwalters führt nicht automatisch 55 zum Erlöschen der Vollmacht des Vorgängers (OLG Frankfurt BeckRS 2006, 7432).

II. Abberufung

Die Abberufung ist das Spiegelbild der Bestellung. 56

1. Abberufungsbefugte. Die Beschlusskompetenz zur Abberu- 57 fung eines Wohnungseigentumsverwalters haben die Wohnungseigentümer (§ 26 Abs. 1 Satz 1). Konsequenterweise genügt ein Mehrheitsbeschluss. Dieser muss ordnungsgemäßer Verwaltung entsprechen.

2. Abberufungsform. Die Abberufung erfolgt durch Beschluss. 58 Ist der abzuberufende Verwalter gleichzeitig Wohnungseigentümer, ist er bezüglich des Abberufungsbeschlusses stimmberechtigt (BGH NJW 2002, 3704).

Die Abberufung kann auch konkludent erfolgen, z. B. durch 59 Bestellung eines neuen Verwalters, insbesondere wenn dieser mit sofortiger Wirkung bestellt wird (BayObLG NJW-RR 2003, 517).

60 **3. Wirksamwerden der Abberufung.** Der Wohnungseigentumsverwalter verliert seine Organstellung mit dem Zugang der Abberufungserklärung, die entweder im Abberufungsbeschluss mit enthalten ist oder auf Grund dieses Beschluss gesondert abgegeben wird (BGH NJW 2002, 3240).

61 Der Verwalter verliert seine wohnungseigentumsrechtliche Stellung unabhängig vom Fortbestehen des Verwaltervertrages (KK-WEG/*Abramenko* § 26 Rn. 19). Wenn die Laufzeit des Verwaltervertrages jedoch vertraglich auf die Dauer der Bestellung im Sinne des WEG beschränkt wird, verliert der Verwalter mit der Abberufung automatisch auch die aus dem Verwaltervertrag resultierenden schuldrechtlichen Befugnisse. Eine derartige vertragliche Verknüpfung zwischen Bestellung und Verwaltervertrag bedarf keiner ausdrücklichen Abrede. Vielmehr genügt es, wenn sich aus der förmlichen oder materiell-rechtlichen Verknüpfung von Verwalterstellung und Verwaltervertrag ergibt, dass die Vertragsparteien die Bestellung und den Verwaltervertrag als Einheit behandelt wissen wollen (BGH NJW 1997, 2106; Bärmann/Pick/Merle/*Merle* § 26 Rn. 146).

62 **4. Ordentliche Abberufung.** Ist der Verwalter befristet bestellt, endet seine Amtszeit mit Ablauf der Befristung.

63 Ist keine Befristung vorgesehen, kann er jederzeit von den Wohnungseigentümern abberufen werden (OLG Hamm NZM 1999, 230).

64 Die Abberufung erfolgt per Mehrheitsbeschluss. Der Wohnungseigentumsverwalter, der zugleich Wohnungseigentümer dieser Wohnungseigentumsanlage ist, ist insoweit stimmberechtigt (BGH NJW 2002, 3704).

65 Eine ordentliche Abberufung bedarf keiner Begründung (KG WE 1989, 138; KK-WEG/*Abramenko* § 26 Rn. 18).

66 Die ordentliche Abberufung wird mit ihrem Zugang wirksam (BGH NZM 2002, 788; OLG Düsseldorf vom 13. 8. 2003, 3 Wx 181/03).

67 Mit dem Zugang der Abberufung endet die organschaftliche Stellung des Verwalters. Der Verwaltervertrag ist davon nicht betroffen, sofern dieser nicht schuldrechtlich mit der organschaftlichen Stellung verknüpft ist (OLG Zweibrücken FGPrax 2003, 62).

68 **5. Abberufung aus wichtigem Grund.** Die Abberufung eines Wohnungseigentumsverwalters kann auf das Vorliegen eines wichtigen Grundes beschränkt werden (§ 26 Abs. 1 Satz 3).

69 **a) Gesetzliche Regelung.** Der Gesetzgeber hat sich damit begnügt, anzuordnen, dass die Abberufung des Verwalters auf das Vorliegen eines wichtigen Grundes beschränkt werden kann. Eine dahin gehende Beschränkung erfolgt regelmäßig in der Gemeinschaftsordnung.

Seit dem 1.7.2007 gilt, dass ein wichtiger Grund regelmäßig 70
dann vorliegt, wenn der Verwalter die Beschluss-Sammlung nicht
ordnungsgemäß führt (§ 26 Abs. 1 Satz 4).

Schon bei einer einmaligen Verletzung der Verpflichtungen 71
nach § 24 Abs. 7 soll eine Pflichtverletzung gegeben sein, die zur
Abberufung ausreicht (Begründung des Regierungsentwurfs 2006
für ein Gesetz zur Änderung des WEG und anderer Gesetze, *Bärmann/Pick* ErgBd. 17. Aufl. S. 84).

Ansonsten hat es der Gesetzgeber der Rechtsprechung überlas- 72
sen, festzulegen, was ein wichtiger Grund im Sinne des § 26
Abs. 1 Satz 3 ist.

b) Wichtige Gründe. Als wichtige Gründe, die zur Abberufung 73
des Verwalters berechtigen, hat die Rechtsprechung angesehen:

Abrechnung: Wenn der Verwalter, ohne dass ihm förmlich eine 74
Ausschlussfrist gesetzt wurde, die Jahresabrechnung über einen
längeren Zeitraum verzögert und die Gemeinschaft diesbezüglich
über mehrere Eigentümerversammlungen hinweg vertröstet, kann
das Vertrauensverhältnis zwischen den Wohnungseigentümern
und dem Verwalter so nachhaltig gestört sein, dass dies eine Abberufung rechtfertigt (OLG Köln DWE 2000, 38).

Abrechnungsunterlagen: Wenn ein Wohnungseigentumsverwal- 75
ter trotz Mahnung und Fristsetzung keine Einsicht in die Abrechnungsunterlagen gewährt, stellt dies einen wichtigen Grund zur
Abberufung dar (AG Pinneberg ZMR 2005, 318).

Angriffe des Verwalters gegen den Beirat: Rechtfertigen die 76
Abberufung des Verwalters (OLG Frankfurt DWE 1988, 105).

Beleidigung: Wenn ein Verwalter der Einladung zu einer außer- 77
ordentlichen Eigentümerversammlung mit dem Tagesordnungspunkt seiner Abberufung aus wichtigem Grund ein Schreiben seines Rechtsanwalts an ihn beilegt, in dem der Verwaltungsbeiratsvorsitzende als „klassisch psychologischer Fall" bezeichnet wird,
kann dies allein zu einer Abberufung berechtigen (BayObLG
MieWoE § 26 WEG Nr. 34).

Ehrverletzung: Ehrverletzungen können eine Abberufung begrün- 78
den (BayObLG NZM 2001, 712 = MieWoE § 26 WEG Nr. 19).

Eigentümerversammlung, Nichteinberufung: Die unterlassene 79
Einberufung einer Eigentümerversammlung kann eine Abberufung rechtfertigen (BayObLG WE 2004, 90).

Entgeltsvorschüsse: Wenn ein Wohnungseigentumsverwalter 80
die ihm für die nächsten vier Jahre zustehende Vergütung vorab
vom Gemeinschaftskonto entnimmt, kann dies ein Grund zur
vorzeitigen Abberufung sein (OLG Zweibrücken FGPrax 2003,
62 = DWE 2003, 32).

Interna: Wenn ein Wohnungseigentumsverwalter Interna an die 81
örtliche Presse gibt, kann dies ein Grund für die außerordentliche
Abberufung sein (AG Kassel ZMR 2006, 322).

§ 26 I. Teil. Wohnungseigentum

82 **Instandsetzung:** Die Vergabe von nicht notwendigen Instandsetzungsarbeiten ohne dahin gehenden Beschluss der Wohnungseigentümer kann die Abberufung des Verwalters rechtfertigen (BayObLG FGPrax 2004, 66 = MieWoE § 26 WEG Nr. 35).

83 **Jahresabrechnung:** Die mangelnde Bereitschaft eines Verwalters, eine dem Gesetz entsprechende Jahresabrechnung zu erstellen, stellt einen wichtigen Grund zur Abberufung des Verwalters dar (OLG Düsseldorf ZMR 2006, 293). Selbst die nicht zeitnahe Aufstellung einer Jahresabrechnung kann ein wichtiger Grund sein, wenn dies nicht nur einmalig vorkommt (BayObLG NJW-RR 2000, 462 = MieWoE § 26 WEG Nr. 12; ebenso BayObLG MieWoE § 26 WEG Nr. 32).

84 **Maklertätigkeit des Verwalters:** Wenn ein Wohnungseigentumsverwalter gegen den Willen der Wohnungseigentümer als Makler tätig ist und ihm der entgegenstehende Wille bekannt ist, kann die dennoch erfolgte Maklertätigkeit ein wichtiger Grund zur Abberufung sein (BayObLG NJW-RR 1998, 302 = MieWoE § 26 WEG Nr. 7).

85 **Provisionen:** Wenn ein Wohnungseigentumsverwalter den Wohnungseigentümern verschweigt, dass er für den Abschluss von Versicherungsverträgen für die Gemeinschaft von der begünstigten Versicherungsgesellschaft Provisionen (im konkreten Fall: mehr als 8.000 DM) erhalten hat, so stellt dies einen wichtigen Grund zur Abberufung dar (OLG Düsseldorf NJW-RR 1998, 1023; NJOZ 2003, 3600).

86 **Strafanzeigen:** Unbegründete Strafanzeigen gegen Wohnungseigentümer stellen einen wichtigen Grund zur Abberufung dar (OLG Düsseldorf vom 16. 3. 1998, 3 Wx 18/98; OLG Hamm NJOZ 2002, 2037).

87 **Versicherungsschutz:** Ein Abberufungsgrund liegt dann vor, wenn der Verwalter es über Monate hinweg versäumt, für einen ausreichenden Gebäudeversicherungsschutz zu sorgen (OLG Düsseldorf NJW-RR 2005, 1606 = ZMR 2006, 57).

88 **Verurteilung:** Die Verurteilung eines Verwalters wegen eines Vermögens- oder Eigentumsdelikts rechtfertigt grundsätzlich seine Abberufung, auch dann, wenn die Tat sich nicht gegen die Wohnungseigentümer dieser Wohnungseigentumsanlage gerichtet hat (BayObLG NJW-RR 1998, 1022 = WE 1998, 406; ebenso LG Berlin ZMR 2001, 143).

89 Kein wichtiger Grund liegt vor, wenn es sich um Mängel handelt, die nicht der Verwalter, sondern ein Dritter (z.B. der Bauträger) zu vertreten hat. Ebenfalls stellen Nachlässigkeiten des Hausmeisters, die dem Verwalter nicht zugerechnet werden können, keinen wichtigen Grund dar.

90 Kein wichtiger Grund sind Fehler bei der Verwaltung einer anderen Wohnungseigentumsanlage. Diese berechtigen nur die

Wohnungseigentümer der anderen Wohnungseigentumsanlage zur Abberufung (OLG Düsseldorf ZMR 2004, 54).

Auch reicht nicht jeder leichte Verstoß gegen die Verwalterpflichten zur Abberufung (BGH NJW 2002, 3240 = ZMR 2002, 766). In derartigen Fällen ist zunächst eine Abmahnung angebracht (OLG Düsseldorf ZMR 2004, 54). 91

III. Verwaltervertrag

Der Verwaltervertrag regelt die schuldrechtlichen Beziehungen zwischen den Wohnungseigentümern als Verband bzw. der Summe der Wohnungseigentümer und dem Verwalter. 92

1. Vertragsparteien. Seit der Teilrechtsfähigkeits-Entscheidung (BGH NJW 2005, 2061 = ZMR 2005, 547) ist Vertragspartei auf der einen Seite der Verwalter, auf der anderen Seite die Wohnungseigentümergemeinschaft als Verband, daneben aber auch noch die einzelnen Wohnungseigentümer – je nachdem, welche Rechte und Pflichten geregelt werden (*Abramenko* ZMR 2006, 6). 93

2. Abschluss des Vertrages. Der Verwaltervertrag kommt nach den Bestimmungen des BGB zustande. Er bedarf somit eines Angebots und einer Annahme. 94

a) Durch die Wohnungseigentümer. Die Wohnungseigentümer beschließen über den Abschluss eines Verwaltervertrages. Dieser Beschluss muss dem potenziellen Verwalter bekannt gegeben und durch diesen angenommen werden. 95

Theoretisch denkbar – jedoch nur in Kleinstanlagen realistisch – ist ein schriftliches Angebot aller Wohnungseigentümer, das von allen – zu Beweissicherungszwecken – unterzeichnet ist. 96

Sobald der (bis dahin) potenzielle Verwalter dieses Angebot angenommen hat, ist der Vertrag zustande gekommen. 97

b) Durch den Verwaltungsbeirat. Die Abgabe eines Angebots zum Abschluss des Verwaltervertrages durch alle Wohnungseigentümer ist wenig realistisch. In der Praxis wird häufig das Angebot stellvertretend für den Verband vom Verwaltungsbeirat abgegeben. 98

In der Rechtsprechung ist umstritten, ob Wohnungseigentümer dem Verwaltungsbeirat die Befugnis zum Aushandeln und Abschluss eines Verwaltervertrages mit Stimmenmehrheit übertragen können. Das OLG Düsseldorf (NZM 1998, 36) verneint diese Möglichkeit. Das OLG Köln (NJW 1991, 1302) und das OLG Hamm (NJW-RR 2001, 226) hingegen halten eine mehrheitliche Bevollmächtigung für zulässig. 99

Wenn nicht das Aushandeln des Verwaltervertrages (als Kernkompetenz der Wohnungseigentümer), sondern nur dessen Ab- 100 schluss auf der Basis eines den Wohnungseigentümern bekannten Angebots des neuen Verwalters in die Hände des Beirats gelegt wurde und der Verwaltungsbeirat nicht zu Verhandlungen mit dem neuen Verwalter bevollmächtigt wurde, sondern lediglich zum Abschluss des Vertrages als solchem in der Form des bekannten Angebotes, bestehen keine Bedenken gegen die Zulässigkeit eines Vertragsabschlusses durch den Beirat (OLG Düsseldorf NJW 2006, 3645).

101 c) **Durch andere Bevollmächtigte.** In der Praxis selten, aber zulässig: Vertragsschluss durch Bevollmächtigte, die nicht Wohnungseigentümer sind und auch nicht dem Verwaltungsbeirat angehören, z. B. Rechtsanwälte (KK-WEG/*Abramenko* § 26 Rn. 37).

102 Insoweit ist jedoch zu beachten, dass die Bevollmächtigung eindeutig ist. Es ist nämlich h. M., dass der Vertrag nur insoweit zustande kommt – gegen die Wohnungseigentümer/bzw. die Gemeinschaft der Wohnungseigentümer wirkt – wie der Bevollmächtigte sich im Rahmen seiner Bevollmächtigung hält. Die Vollmacht ermächtigt nur zum Abschluss solcher Regelungen, die ihrerseits ordnungsmäßiger Verwaltung entsprechen (OLG Hamm NJW-RR 2001, 266).

103 **3. Inhalt des Vertrages.** Ausdrückliche gesetzliche Vorgaben zum Vertragsinhalt enthält das WEG nicht.

104 a) **Gesetzliche Vorgaben.** Das WEG bestimmt in § 26 Abs. 1 Satz 4, dass andere Beschränkungen der Bestellung oder Abberufung des Verwalters als die Beschränkung auf das Vorliegen eines wichtigen Grundes nicht zulässig sind. Gesetzliche Vorgaben ergeben sich allerdings aus dem Auftragsrecht.

105 *(1) Persönliche Leistungserbringung.* Der Verwalter hat seine Tätigkeit grundsätzlich höchstpersönlich auszuüben (§ 664 Abs. 1 BGB). Ohne Zustimmung der Wohnungseigentümer darf er sie nicht auf Dritte übertragen (BayObLG NJW-RR 2002, 732 = BayObLGZ 2002, Nr. 5). Anderenfalls würde das Mitspracherecht der Eigentümer bei der Bestellung eines Verwalters mittelbar ausgeschlossen (BayObLG NJW-RR 1997, 1443). Eine dahin gehende Vereinbarung (z. B. in der Gemeinschaftsordnung) ist unwirksam (BayObLGZ 1975, 330).

106 Vorstehendes gilt selbst dann, wenn der Verwalter seine Rechtsform ändert, beispielsweise von einem Einzelunternehmen in eine GmbH (BayObLG NJW-RR 2002, 732 BayObLGZ 2002, Nr. 5).

107 *(2) Informationspflicht.* Der Wohnungseigentumsverwalter ist den Wohnungseigentümern gegenüber informationspflichtig (§ 666 BGB).

108 *(3) Herausgabepflicht.* Der Verwalter ist zur Herausgabe des Erlangten verpflichtet (§§ 675, 667 BGB).

(a) Während der Vertragslaufzeit. Die Herausgabepflicht um- 109
fasst „alles", was der Verwalter aus der Geschäftsbesorgung erlangt (§ 667 BGB). Dazu gehören auch Provisionen, die der Verwalter nicht hätte annehmen dürfen, z. B. für den Abschluss eines Versicherungsvertrages mit der Eigentümergemeinschaft. Diese sind an die Gemeinschaft auszukehren (LG Köln WuM 1993, 712; OLG Düsseldorf NJW-RR 1998, 1023).

(b) Nach Beendigung der Vertragslaufzeit. Sobald ein Woh- 110
nungseigentumsverwalter abberufen und der schuldrechtliche Verwaltervertrag beendet ist, hat er die Verpflichtung, alles, was er zur Ausführung seiner Tätigkeit erlangt hat, herauszugeben (§§ 675, 667 BGB; BayObLG NZM 2004, 621). Die Pflicht umfasst sämtliche Unterlagen im Original (KK-WEG/*Abramenko* § 26 Rn. 74). Die Herausgabepflicht umfasst auch Bauunterlagen, die ein zum Verwalter bestellter früherer Bauträger im Besitz hat, jedenfalls wenn diese für die Durchsetzung von Gewährleistungsansprüchen gegen den (ehemaligen) Bauträger erforderlich sind (BayObLG NJW-RR 2001, 1667).

Ein Zurückbehaltungsrecht gegen den Herausgabeanspruch 111
steht dem Verwalter nicht zu (OLG Frankfurt vom 19. 5. 1994, 20 W 488/93).

Der Verwalter kann sich gegen einen Herausgabeanspruch 112
nicht mit dem Argument wehren, dass sich die Unterlagen bei Dritten befinden. In derartigen Fällen reicht es nicht, den Herausgabeanspruch gegen den Dritten abzutreten. Er hat sich die Unterlagen zu beschaffen (OLG Frankfurt WuM 1999, 62).

(4) Verkehrssicherungspflicht. Grundsätzlich ist ein Verwalter 113
verkehrssicherungspflichtig. Das bedeutet jedoch nicht, dass eine Pflicht zur ständigen Kontrolle einer jahrelang zuverlässig arbeitenden Hauswartfirma besteht (BayObLG NJW-RR 2005, 100).

b) Vereinbarte Vorgaben. Durch Vereinbarung (z. B. in der Ge- 114
meinschaftsordnung) kann den Wohnungseigentümern gemäß § 10 Abs. 2 Satz 2 die Beschlusskompetenz gegeben werden, zu regelnde Vertragsinhalte zu beschließen, die von den gesetzlichen Vorgaben – soweit zulässig – abweichen. Das darf jedoch nicht dazu führen, dass dem Verwalter Kompetenzen eingeräumt werden, derer sich die Wohnungseigentümer nicht begeben dürfen („Kernbereichslehre", vgl. § 10 Rn. 89 ff.).

c) Schuldrechtliche Regelungen. Die Regelungen der §§ 27, 28 115
bezüglich der Rechte und Verpflichtungen des Verwalters werden in der Praxis häufig im Verwaltervertrag konkretisiert.

Eine Konkretisierung erfolgt beispielsweise durch eine Rege- 116
lung, wonach
– der Verwalter bei Instandhaltungsmaßnahmen bis zu einem bestimmten Auftragswert eigenmächtig handeln darf,

- der Verwalter ab einem bestimmten Auftragswert der Zustimmung des Verwaltungsbeirats bedarf,
- der Verwalter ab einem bestimmten Auftragswert eine Entscheidung der Wohnungseigentümer einholen muss,
- ab einem bestimmten Auftragswert eine bestimmte Anzahl von Kostenvoranschlägen einzuholen ist,
- Wirtschaftsplan/Jahresabrechnung bis zu einem bestimmten Termin aufgestellt werden müssen.

117 **4. Beendigung des Vertrages.** Der Verwaltervertrag kann wie jedes schuldrechtliche Verhältnis durch Zeitablauf oder durch Kündigung enden.

118 Daneben endet der Verwaltervertrag durch die Amtsniederlegung durch den Verwalter, durch dessen Tod sowie durch die Löschung oder Rechtsformänderung einer Verwalter-Firma (KK-WEG/*Abramenko* § 26 Rn. 72).

119 a) **Beendigung durch Befristung.** Ist der Verwaltervertrag auf bestimmte Zeit abgeschlossen worden und keine Verlängerungsklausel vereinbart, endet der Verwaltervertrag durch Zeitablauf.

120 b) **Beendigung durch Kündigung.** Der Verwaltervertrag kann sowohl durch ordentliche Kündigung enden als auch durch eine außerordentliche Kündigung.

121 *(1) Ordentliche Kündigung.* In den Fällen der ordentlichen Kündigung ist danach zu unterscheiden, ob der Verwaltervertrag dem Auftragsrecht unterfällt oder dem Recht der Geschäftsbesorgung (Bärmann/Pick/Merle/*Merle* § 26 Rn. 148).

122 Ist Auftragsrecht anwendbar, findet § 671 Abs. 1 BGB Anwendung, wonach der Auftrag von dem Auftraggeber (der Wohnungseigentümergemeinschaft) jederzeit widerrufen werden kann, von dem Beauftragten (= Verwalter) jederzeit gekündigt werden kann.

123 Findet das Recht der Geschäftsbesorgung Anwendung, sind auch bei einer ordentlichen Kündigung die Fristen des § 621 BGB zu beachten. Der Verwaltervertrag endet dann erst mit Ablauf der Kündigungsfrist (Bärmann/Pick/Merle/*Merle* § 26 Rn. 150).

124 *(2) Außerordentliche Kündigung.* Wie jede andere schuldrechtliche Beziehung kann auch ein Vertrag zwischen einer Wohnungseigentümergemeinschaft und einem Wohnungseigentumsverwalter aus wichtigem Grund gekündigt werden.

125 Regelmäßig fallen der Verlust des wohnungseigentumsrechtlichen Amtes und die Kündigung der schuldrechtlichen Verbindung zeitlich und sachlich zusammen. Mit der Abberufung des Verwalters als Organ der Wohnungseigentümergemeinschaft ist regelmäßig die Kündigung des Verwaltervertrages verbunden. Wenn ein wichtiger Grund für die Abberufung des Verwalters vorliegt, berechtigt dieser regelmäßig auch zur außerordentlichen Kündigung des Verwaltervertrages (BGHZ 151, 164 = NJW

2002, 3240; BayObLG WuM 1993, 762; BayObLGZ 1998, 310; BayObLGZ 2004, Nr. 4 = FGPrax 2004, 66).

Konsequenterweise sind die Gründe, die eine Abberufung aus 126 wichtigem Grund rechtfertigen, regelmäßig auch Gründe, die eine Kündigung des Verwaltervertrages rechtfertigen (Rn. 73 ff.).

Auf Grund der „Trennungstheorie" (Rn. 16 ff.) ist Vorstehen- 127 des jedoch nicht zwingend. So kann die Abberufung des Wohnungseigentumsverwalters wirksam sein, die Kündigung des Verwaltervertrages jedoch nicht, z. B. weil insoweit schuldrechtlich geregelt wurde, dass für die Kündigung des Verwaltervertrages ein wichtiger Grund erforderlich ist, der im konkreten Fall jedoch nicht vorliegt (OLG Düsseldorf vom 13. 8. 2003, I-3 Wx 181/03). In vergleichbaren Fällen behält der abberufene Verwalter seine Ansprüche aus dem schuldrechtlichen Vertrag. Insbesondere bleibt der Vergütungsanspruch des Verwalters bestehen, da die Wohnungseigentümergemeinschaft die Annahme der Dienste, die der Verwalter schuldet, aber wegen der Abberufung nicht mehr ausüben kann, verweigert (Bärmann/Pick/Merle/*Merle* § 26 Rn. 150).

IV. Verwalterhonorar

Wohnungseigentumsverwalter werden regelmäßig gegen Ent- 128 gelt tätig. So genannte „Gefälligkeitsverwalter" finden sich in Kleinstgemeinschaften, z. B. so genannten Familiengemeinschaften. Zu beachten ist, dass auch die Tätigkeit von Gefälligkeitsverwaltern einkommensteuerrechtlich relevant sein kann (BFH DStR 2001, 1696 = BStBl. II 2002, 338) und dass auch „Amateurverwalter" haftungsrechtlich relevante Tätigkeiten ausüben (OLG München ZMR 2006, 716).

1. Schuldner des Honorars. Seit der Teilrechtsfähigkeits-Ent- 129 scheidung (BGH NJW 2005, 2061 = ZMR 2005, 547) ist Schuldner der Verwaltervergütung die Wohnungseigentümergemeinschaft als solche (vgl. § 10 Abs. 6).

Ein Einstehenmüssen einzelner Wohnungseigentümer für das 130 Honorar des Verwalters kommt nur noch dann in Betracht, wenn sich diese gesondert schuldrechtlich dazu verpflichtet haben.

2. Höhe des Honorars. Bestellungsbeschlüsse/Verwalterver- 131 träge regeln üblicherweise das regelmäßige Honorar eines Verwalters. In der Praxis fehlen häufig Bestimmungen zu Sonderhonoraren, die verlangt werden (können).

a) Regelmäßiges Honorar. Hinsichtlich des regelmäßig zu zah- 132 lenden Honorars ist zu unterscheiden zwischen dem Honorar, das geschuldet wird in dem Zeitraum, in dem der Verwalter seinen Verwalterpflichten nachkommt, und dem Honorar, das ge-

§ 26 I. Teil. Wohnungseigentum

schuldet wird in einem Zeitraum, in dem bereits die Abberufung/ Kündigung des Vertrages erfolgt ist.

133 *(1) Honorar während der Vertragslaufzeit.* Die Höhe des Verwalterhonorars ist frei vereinbar. Die Vorschriften der II. BV werden häufig entsprechend angewendet.

134 Wenn keine Vergütung vereinbart worden ist, gilt gemäß §§ 675, 612 Abs. 1, 2 BGB eine branchenübliche Vergütung als vereinbart (KG FGPrax 2004, 109). Branchenüblich sind aktuell (2007) etwa 20 bis 30 Euro je Wohnungseigentum und etwa 2 bis 4 Euro je dazugehöriger Garage. Branchenübliche Vergütungen für Teileigentumseinheiten sind nicht bekannt. Insoweit kommt es auf die Umstände des Einzelfalls an.

135 Eine Erhöhung des Honorars während der Zeit, für die der Verwaltervertrag geschlossen wurde, entspricht jedenfalls nicht ordnungsmäßiger Verwaltung (BayObLG NZM 2004, 794 = ZMR 2005, 211).

136 Falls eine Erhöhung der Verwaltervergütung dennoch beschlossen wird, so muss diese Erhöhung eindeutig erkennbar sein. Sie darf nicht in „einer Vielzahl von Einzelpositionen versteckt" werden (LG Mainz NZM 2004, 712 = ZMR 2005, 153).

137 Eine Klausel im Verwaltervertrag, die sich als Allgemeine Geschäftsbedingung darstellt, wonach das Verwalterhonorar der „allgemeinen Verwaltungskostenentwicklung" angepasst werden kann, ist ungültig. Die Ungültigkeit ergibt sich schon daraus, dass es eine „allgemeine Verwaltungskostenentwicklung" nicht gibt, die Bestimmung somit nicht eindeutig ist (OLG Düsseldorf NZM 2005, 628 = ZMR 2005, 468).

138 *(2) Honorar nach erfolgter Kündigung.* Wird der Verwaltervertrag (z. B. aus wichtigem Grund) gekündigt, stellt sich die Frage, ob der Verwalter noch einen Honoraranspruch hat – jedenfalls bis zu dem Zeitpunkt, in dem die Kündigung rechtskräftig festgestellt wurde.

139 *(a) Übergangszeit.* In Fällen, in denen ein Bestellungsbeschluss auf Anfechtung hin mit Rückwirkung für ungültig erklärt wird, wird das allgemein geltende Rückwirkungsprinzip im Interesse der Rechtssicherheit durchbrochen. Damit in der Schwebezeit zwischen Abberufungsbeschluss/Anfechtung eines Bestellungsbeschlusses und rechtskräftiger Feststellung der Abberufung/fehlerhaften Bestellung für die Wohnungseigentümergemeinschaft anstehende Angelegenheiten geregelt werden können, muss dem Verwalter für diese Schwebezeit ein Mindestmaß an Aufgaben und Befugnissen zustehen. Entsprechend erhält er für diese Schwebezeit für die geleistete Tätigkeit das vereinbarte oder übliche Honorar (OLG München NJW-RR 2006, 1159; BGH NJW 1997, 2106; Bärmann/Pick/Merle/*Merle* § 26 Rn. 214; KK-WEG/*Abramenko* § 26 Rn. 16).

§ 26 Bestellung und Abberufung des Verwalters

(b) Verwirkung des Honoraranspruchs. Honoraransprüche, die 140
über die Schwebezeit hinausgehen, können verwirkt sein, beispielsweise dann, wenn ein Verwalter es pflichtwidrig unterlässt, eine Wohnungseigentümerversammlung mit dem Ziel seiner sofortigen Abberufung anzuberaumen (OLG München NJW-RR 2006, 1159 = ZMR 2006, 719). Dann kann der Verwalter nur noch Vergütungsansprüche für den Zeitraum bis zum verlangten Termin der Wohnungseigentümerversammlung verlangen.

b) Sonderhonorare. Sonderhonorare sind grundsätzlich zuläs- 141
sig.

(1) Grundsatz. Für den Standardfall ist durch die entweder 142
konkret vereinbarte oder übliche Vergütung die gesamte Tätigkeit des Verwalters abgegolten. Der Umfang der Pflichten eines Verwalters ist in §§ 27, 28 dargestellt. Jedenfalls dann, wenn dieser Tätigkeitsbereich überschritten wird, sind Sonderhonorare zulässig (KK-WEG/*Abramenko* § 26 Rn. 59).

(2) Einzelfälle. **Angebote:** Für die Einholung von Angeboten 143
zur Schadensbeseitigung kann ein Verwalter grundsätzlich keine Zusatzvergütung verlangen (OLG Düsseldorf NZM 1998, 721 = ZMR 1998, 654).

Bauüberwachung: Sonderhonorare für Bauüberwachungen in 144
Prozenten der Bausumme widersprechen ordnungsmäßiger Verwaltung (KK-WEG/*Abramenko* § 26 Rn. 61).

Durchführung gerichtlicher Verfahren: Für die Übernahme der 145
Durchführung gerichtlicher Verfahren darf ein Sonderhonorar in Höhe des ansonsten anfallenden Anwaltshonorars vereinbart werden, ohne dass gegen die Grundsätze ordnungsmäßiger Verwaltung verstoßen wird (OLG Hamm NJW-RR 2001, 226; OLG Düsseldorf NJW-RR 2003, 302). Ein Stundensatz in Höhe von 130 Euro ist allerdings nicht mehr ordnungsgemäß (BayObLG NJW-RR 2005, 165).

Eigentümerversammlung: Die Durchführung von Eigentümer- 146
versammlungen – auch wenn es sich um Wiederholungsversammlungen handelt – gehört zu den gesetzlichen Aufgaben des Verwalters. Ein dahin gehendes Sonderhonorar entspricht mangels ausdrücklicher Vereinbarung nicht ordnungsmäßiger Verwaltung (OLG Düsseldorf NZM 1998, 721; OLG Hamm NJW-RR 2001, 226).

Klageverfahren: Jedenfalls in einem formularmäßigen Verwal- 147
tervertrag kann nicht wirksam geregelt werden, dass eine pauschale Sondervergütung für den Fall der „Veranlassung von Klageverfahren bei Zahlungsrückstand, zahlbar vom säumigen Eigentümer" erhoben wird (OLG Düsseldorf NJW-RR 2003, 302 = DWE 2003, 25).

Mahnverfahren: Jedenfalls 1988 entsprach ein Eigentümerbe- 148
schluss, der einem Verwalter unter der alleinigen Voraussetzung

der Einleitung eines gerichtlichen Mahnverfahrens eine Sondervergütung von DM 120 zubilligte, nicht ordnungsmäßiger Verwaltung (BayObLG NJW-RR 1988, 847 = WE 1988, 200).

149 **Stundensatz:** „Dem Verwalter kann von den Wohnungseigentümern eine Sondervergütung bewilligt werden, die er nach der BRAGO (seit 1. 7. 2004: RVG) abrechnen darf. Es ist auch nicht grundsätzlich ausgeschlossen, bei der Bewilligung einer Sondervergütung auf den Zeit- und Arbeitsaufwand des Verwalters abzustellen und einen bestimmten Stundensatz festzulegen. Ein durch Eigentümerbeschluss im Jahr 2003 bewilligter Stundensatz von 130 Euro für den Geschäftsführer einer Verwaltungsgesellschaft ist übersetzt und widerspricht den Grundsätzen ordnungsmäßiger Verwaltung" (BayObLG NJW-RR 2005, 165 = ZMR 2005, 379).

150 **Tätigkeitsstunden:** Eine Vergütung in Höhe von ca. 50 Euro pro Tätigkeitsstunde (zuzüglich Auslagen und Mehrwertsteuer) ist angemessen (BayObLG vom 24. 8. 2000, 2Z BR 25/00).

151 **Überwachung:** Sonderhonorare für die Überwachung baulicher Maßnahmen sind grundsätzlich zulässig (OLG Hamm NJW-RR 2001, 226).

152 **Zustimmung zu Veräußerungen:** Für die Zustimmung zu Veräußerungen im Sinne des § 12 darf eine Sondervergütung vereinbart werden (KK-WEG/*Abramenko* § 26 Rn. 63), jedoch nicht als Prozentsatz vom Kaufpreis (KG NJW-RR 1997, 1231 = WuM 1997, 522).

153 Wenn die Verwaltervergütung bereits im Bestellungsbeschluss bestimmt wurde, ist der Verwaltungsbeirat ohne dahin gehenden gesonderten Beschluss nicht ermächtigt, Sondervergütungen zugunsten des Verwalters mit diesem zu vereinbaren (BayObLG NZM 2004, 658).

154 **3. Steuerliche Behandlung des Honorars.** Sofern der Wohnungseigentumsverwalter nicht lediglich aus Gefälligkeit tätig wird, übt er regelmäßig eine auch steuerlich relevante Tätigkeit aus.

155 Steuerliche Belastungen ergeben sich aus dem Einkommensteuergesetz, dem Gewerbesteuergesetz und dem Umsatzsteuergesetz.

156 **a) Einkommensteuer.** Einkommensteuerlich kann es sich bei der Tätigkeit des Verwalters um eine nicht selbständige Tätigkeit handeln (§ 19 EStG), eine gewerbliche (§ 15 EStG) oder eine freiberufliche (§ 18 EStG).

157 *(1) Gefälligkeitsverwalter.* In Kleinstgemeinschaften, oft familiär strukturiert, finden sich gelegentlich Verwalter, die die Verwaltertätigkeit lediglich aus Gefälligkeit gegenüber den (andern) Wohnungseigentümern erbringen.

158 Entgelte werden für die Verwaltertätigkeit nicht gezahlt. Eine Einkünfteerzielungsabsicht seitens desjenigen (Wohnungseigentü-

mers), der die Verwalterfunktion ausübt, ist nicht gegeben. Im Ergebnis handelt es sich um eine jedenfalls einkommensteuerlich nicht relevante Tätigkeit (*Kahlen* Wohnungseigentumsrecht und Steuern, Teil 10 Rn. 2).

(2) Nichtselbständiger Verwalter. Es gibt Fälle, in denen der Verwalter nicht nur wohnungseigentumsrechtlich, sondern auch schuldrechtlich sehr stark gebunden ist. Dann dominieren dienstvertragliche Elemente den Verwaltervertrag. Im Ergebnis erzielt der Verwalter Einkünfte aus nicht selbständiger Tätigkeit (§ 19 EStG). 159

In diesen Fällen ist der Verwalter Arbeitnehmer. Arbeitgeber ist der „Verband" (BGH NJW 2005, 2061), der die dahin gehenden steuerlichen Verpflichtungen (§§ 38 ff. EStG) zu erfüllen hat. 160

(3) Gewerblicher Verwalter. Regelfall ist, dass der Verwalter seine Tätigkeit „hauptberuflich" ausübt. Er ist dann Gewerbetreibender. Das ist insbesondere dann der Fall, wenn es sich um eine Hausverwaltungstätigkeit in größerem Umfang handelt, beispielsweise wenn 280 Wohnungen im „Bestand" des Verwalters sind (FG Hamburg vom 24.5.2000, II 155/99). Auch die Verwaltung von 150 Grundstücken mit rund 1.500 Mietern ist als gewerbliche Betätigung anzusehen (BFH vom 13.5.1966, VI 63/64, BStBl. III 1966, 489). Wer 130 Einheiten und zusätzlich 33 Garagen verwaltet, ist möglicherweise ebenfalls gewerblich tätig (BFH NZM 2000, 929 = BFH/NV 1999, 1456). 161

Die Gewerblichkeit ergibt sich in der Praxis häufig nicht nur aus dem Umfang der Verwaltertätigkeit. Vielmehr ergibt sich die Gewerblichkeit aus der Verbindung mit anderen gewerblichen Betätigungen, beispielsweise in den Fällen, in denen ein Wohnungseigentumsverwalter nicht nur als Verwalter tätig ist, sondern gleichzeitig als Immobilienmakler und Versicherungsvermittler (BFH NZM 2000, 929 = BFH/NV 1999, 1456). Oder in den Fällen, in denen eine Tätigkeit als Geschäftsführer einer Baubetreuungs-GmbH mit einer Maklertätigkeit verbunden wird (BFH vom 8.3.1989, X R 108/87, BStBl. II 1989, 572). 162

(4) Freiberuflicher Verwalter. Wenn die Tätigkeit eines Verwalters nicht über die reine Vermögensverwaltung hinausgeht, keine qualifizierten Aufgaben auf Angestellte oder Subunternehmer übertragen werden und die Beschäftigung von Hilfskräften für untergeordnete Arbeiten die Tätigkeit nicht nach dem Gesamtbild der Verhältnisse als gewerbliche erscheinen lässt, ist der Verwalter freiberuflich tätig im Sinne des § 18 EStG (BFH NZM 2000, 929 = BFH/NV 1999, 1456; FG Hamburg vom 24.5.2000, II 155/99). 163

b) Gewerbesteuer. Wenn und soweit die Einkünfte eines Wohnungseigentumsverwalters als gewerbliche Einkünfte qualifiziert sind (Rn. 161 f.), ist der vom Verwalter erzielte gewerbliche Gewinn mit Gewerbesteuer belastet. 164

165 c) **Umsatzsteuer.** Umsatzsteuerrechtlich sind Wohnungseigentumsverwalter Unternehmer im Sinne des § 2 UStG.

166 *(1) Regelbesteuerung.* Die Unternehmereigenschaft hat zur Konsequenz, dass die Verwaltertätigkeit eine sonstige Leistung (§ 3 Abs. 9 Satz 1 UStG) darstellt, die auch steuerbar ist (§ 1 Abs. 1 Satz 1 Nr. 1 UStG).

167 Steuerbefreiungen greifen regelmäßig nicht (*Kahlen* Wohnungseigentumsrecht und Steuern, Teil 10 III. Rn. 36).

168 Bemessungsgrundlage für die zu entrichtende Umsatzsteuer ist das Entgelt des Verwalters (§ 10 Abs. 1 Satz 1 UStG). Der Steuersatz beträgt seit dem 1. 1. 2007 19 Prozent (§ 12 Abs. 1 UStG).

169 Der Verwalter hat eine Rechnung auszustellen (§ 14 Abs. 1 Satz 1 UStG) über die von ihm erbrachten Verwaltungstätigkeiten. Die Rechnung hat den Anforderungen des § 14 Abs. 4 UStG zu entsprechen. Ein Doppel der Rechnung hat der Verwalter zehn Jahre aufzubewahren (§ 14 b Abs. 1 Satz 1 UStG).

170 Dem Verwalter steht in Fällen, in denen er eine umsatzsteuerpflichtige Tätigkeit ausübt, der Vorsteuerabzug zu (§ 15 Abs. 1 Satz 1 Nr. 1 UStG).

171 *(2) Kleinunternehmerregelung.* Die für Umsätze im Sinne des § 1 Abs. 1 Nr. 1 UStG geschuldete Umsatzsteuer wird vom Unternehmer (dem Verwalter) nicht erhoben, wenn der Gesamtumsatz zuzüglich der darauf entfallenden Umsatzsteuer im jeweils vorangegangenen Kalenderjahr 17.500 Euro nicht überstiegen hat und im jeweils laufenden Kalenderjahr 50.000 Euro nicht übersteigen wird (§ 19 Abs. 1 UStG).

172 Diese so genannte „Kleinunternehmerregelung" betrifft sehr viele Wohnungseigentumsverwalter. Es gibt allerdings zwei Ausnahmefälle: Auf die Anwendung der Kleinunternehmer-Regelung kann verzichtet werden (§ 19 Abs. 3 Satz 1 UStG). Der „Kleinunternehmer" hat Umsatzsteuer offen ausgewiesen. Dann muss er diese auch abführen (§ 14 e Abs. 2 Satz 1 UStG).

B. Wiederholungsbestellung

173 § 26 Abs. 2 bestimmt, dass eine wiederholte Bestellung des Verwalters zulässig ist. Sie bedarf eines erneuten Bestellungsbeschlusses der Wohnungseigentümer, der frühestens ein Jahr vor Ablauf der Bestellungszeit gefasst werden kann.

174 Ziel der Regelung des § 26 Abs. 2 ist, dass sich Wohnungseigentümer auch nach drei-/fünfjähriger Amtszeit nicht von einem Verwalter trennen müssen, mit dem sie zufrieden waren/sind (KK-WEG/*Abramenko* § 26 Rn. 87).

175 Erfolgt keine Wiederholungsbestellung, endet die Bestellung wie bei einer unbefristeten Bestellung nach fünf Jahren (OLG

Köln WE 1990, 181), in Erstbestellungsfällen nach drei Jahren (§ 26 Abs. 1 Satz 2).

C. Richterliche Bestellung

I. Bestellung gemäß § 26 Abs. 3 a. F.

§ 26 Abs. 3 a. F. sah vor, dass dann, wenn ein Verwalter fehlte, ein solcher in dringenden Fällen bis zur Behebung des Mangels (= fehlender Verwalter) auf Antrag eines Wohnungseigentümers oder eines Dritten mit berechtigtem Interesse an der Bestellung durch den Richter zu bestellen war. 176

Anträge Dritter mit vermeintlich berechtigtem Interesse einer Bestellung eines Verwalters spielten bislang in der Praxis keine Rolle. 177

Anträge von Wohnungseigentümern konnten auch bislang schon gemäß § 21 Abs. 4 gestellt werden. Daher ist diese Vorschrift (§ 26 Abs. 3 a. F.) mit Wirkung vom 1. 7. 2007 gestrichen worden. 178

II. Bestellung gemäß § 21 Abs. 4

§ 21 Abs. 4 sieht vor, dass jeder Wohnungseigentümer eine Verwaltung verlangen kann, die „dem Interesse der Gesamtheit der Wohnungseigentümer nach billigem Ermessen entspricht". Der Anspruch richtet sich gegen die Wohnungseigentümer in ihrer Gesamtheit (Bärmann/Pick/Merle/*Merle* § 21 Rn. 82), seit BGH vom 2. 6. 2005 je nachdem, worauf sich der Anspruch richtet, gegen den „Verband". Er kann auch gerichtet sein auf die Bestellung eines Verwalters (Bärmann/Pick/Merle/*Merle* § 26 Rn. 39). 179

1. Hauptsacheverfahren. Eine Bestellung nach § 21 Abs. 4 beschränkt sich – anders als eine Bestellung nach dem früheren § 26 Abs. 3 – nicht auf dringende Fälle. Wer aus § 21 Abs. 4 vorgeht, hat die grundsätzliche Notwendigkeit einer Verwalterbestellung vor Augen. Wer nach dem früheren § 26 Abs. 3 vorging, wollte lediglich einen konkret gegebenen aktuellen Notstand beseitigen. 180

2. Einstweilige Anordnung. Ein Verwalter kann im Wege der einstweiligen Anordnung bestellt werden. Diese Bestellung bleibt bis zum rechtskräftigen Abschluss des Hauptverfahrens wirksam (OLG Düsseldorf vom 21. 11. 1994, 3 Wx 416/92 zu § 26 Abs. 3 a. F.; KK-WEG/*Abramenko* § 26 Rn. 93). 181

D. Bestellungsurkunde

182 § 26 Abs. 4 bestimmt, dass für die Fälle, in denen die Verwaltereigenschaft durch eine öffentlich beglaubigte Urkunde nachgewiesen werden muss, die Vorlage einer Niederschrift über den Bestellungsbeschluss ausreicht, wenn die Unterschriften der in § 24 Abs. 6 bezeichneten Personen öffentlich beglaubigt sind.

183 Dies sind in der Praxis die Fälle, in denen nach § 29 GBO die Vorlage öffentlich beglaubigter Urkunden vorgesehen ist.

184 Lediglich im Fall einer schriftlichen Beschlussfassung gemäß § 23 Abs. 3 bedarf es der Beglaubigung der Unterschriften aller Eigentümer (BayObLG Rpfleger 1986, 299; KK-WEG/*Abramenko* § 26 Rn. 98).

§ 27. Aufgaben und Befugnisse des Verwalters

(1) Der Verwalter ist gegenüber den Wohnungseigentümern und gegenüber der Gemeinschaft der Wohnungseigentümer berechtigt und verpflichtet,
1. Beschlüsse der Wohnungseigentümer durchzuführen und für die Durchführung der Hausordnung zu sorgen;
2. die für die ordnungsmäßige Instandhaltung und Instandsetzung des gemeinschaftlichen Eigentums erforderlichen Maßnahmen zu treffen;
3. in dringenden Fällen sonstige zur Erhaltung des gemeinschaftlichen Eigentums erforderliche Maßnahmen zu treffen;
4. Lasten- und Kostenbeiträge, Tilgungsbeträge und Hypothekenzinsen anzufordern, in Empfang zu nehmen und abzuführen, soweit es sich um gemeinschaftliche Angelegenheiten der Wohnungseigentümer handelt;
5. alle Zahlungen und Leistungen zu bewirken und entgegenzunehmen, die mit der laufenden Verwaltung des gemeinschaftlichen Eigentums zusammenhängen;
6. eingenommene Gelder zu verwalten;
7. die Wohnungseigentümer unverzüglich darüber zu unterrichten, dass ein Rechtsstreit gemäß § 43 anhängig ist;
8. die Erklärungen abzugeben, die zur Vornahme der in § 21 Abs. 5 Nr. 6 bezeichneten Maßnahmen erforderlich sind.

(2) Der Verwalter ist berechtigt, im Namen aller Wohnungseigentümer und mit Wirkung für und gegen sie:
1. Willenserklärungen und Zustellungen entgegenzunehmen, soweit sie an alle Wohnungseigentümer in dieser Eigenschaft gerichtet sind;
2. Maßnahmen zu treffen, die zur Wahrung einer Frist oder zur Abwendung eines sonstigen Rechtsnachteils erforderlich sind,

insbesondere einen gegen die Wohnungseigentümer gerichteten Rechtsstreit gemäß § 43 Nr. 1, Nr. 4 oder Nr. 5 im Erkenntnis- und Vollstreckungsverfahren zu führen;
3. Ansprüche gerichtlich und außergerichtlich geltend zu machen, sofern er hierzu durch Vereinbarung oder Beschluss mit Stimmenmehrheit der Wohnungseigentümer ermächtigt ist;
4. mit einem Rechtsanwalt wegen eines Rechtsstreits gemäß § 43 Nr. 1, Nr. 4 oder Nr. 5 zu vereinbaren, dass sich die Gebühren nach einem höheren als dem gesetzlichen Streitwert, höchstens nach einem gemäß § 49a Abs. 1 Satz 1 des Gerichtskostengesetzes bestimmten Streitwert bemessen.

(3) [1]Der Verwalter ist berechtigt, im Namen der Gemeinschaft der Wohnungseigentümer und mit Wirkung für und gegen sie
1. Willenserklärungen und Zustellungen entgegenzunehmen;
2. Maßnahmen zu treffen, die zur Wahrung einer Frist oder zur Abwendung eines sonstigen Rechtsnachteils erforderlich sind, insbesondere einen gegen die Gemeinschaft gerichteten Rechtsstreit gemäß § 43 Nr. 2 oder Nr. 5 im Erkenntnis- und Vollstreckungsverfahren zu führen;
3. die laufenden Maßnahmen der erforderlichen ordnungsmäßigen Instandhaltung und Instandsetzung gemäß Absatz 1 Nr. 2 zu treffen;
4. die Maßnahmen gemäß Absatz 1 Nr. 3 bis 5 und 8 zu treffen;
5. im Rahmen der Verwaltung der eingenommenen Gelder gemäß Absatz 1 Nr. 6 Konten zu führen;
6. mit einem Rechtsanwalt wegen eines Rechtsstreits gemäß § 43 Nr. 2 oder Nr. 5 eine Vergütung gemäß Absatz 2 Nr. 4 zu vereinbaren;
7. sonstige Rechtsgeschäfte und Rechtshandlungen vorzunehmen, soweit er hierzu durch Vereinbarung oder Beschluss der Wohnungseigentümer mit Stimmenmehrheit ermächtigt ist.
[2]Fehlt ein Verwalter oder ist er zur Vertretung nicht berechtigt, so vertreten alle Wohnungseigentümer die Gemeinschaft. [3]Die Wohnungseigentümer können durch Beschluss mit Stimmenmehrheit einen oder mehrere Wohnungseigentümer zur Vertretung ermächtigen.

(4) Die dem Verwalter nach den Absätzen 1 bis 3 zustehenden Aufgaben und Befugnisse können durch Vereinbarung der Wohnungseigentümer nicht eingeschränkt oder ausgeschlossen werden.

(5) [1]Der Verwalter ist verpflichtet, eingenommene Gelder von seinem Vermögen gesondert zu halten. [2]Die Verfügung über solche Gelder kann durch Vereinbarung oder Beschluss der Wohnungseigentümer mit Stimmenmehrheit von der Zustimmung eines Wohnungseigentümers oder eines Dritten abhängig gemacht werden.

§ 27

(6) Der Verwalter kann von den Wohnungseigentümern die Ausstellung einer Vollmachts- und Ermächtigungsurkunde verlangen, aus der der Umfang seiner Vertretungsmacht ersichtlich ist.

Übersicht

	Rn.
A. Rechte und Pflichten des Verwalters aus § 27 Abs. 1	3
I. Anspruchsgegner	4
II. Durchführung der Beschlüsse (Abs. 1 Nr. 1 Alternative 1)	7
1. Vertretungsmacht	10
2. Durchführung	13
a) Unstreitig wirksamer Beschluss	15
b) Nicht-Beschluss	20
c) Nichtiger Beschluss	22
d) Anfechtbarer Beschluss	25
e) Durchführung von Vereinbarungen	31
III. Durchführung der Hausordnung (Abs. 1 Nr. 1 Alternative 2)	32
1. Vertretungsmacht	33
2. Vereinbarte/beschlossene/richterliche Hausordnung	34
3. Maßnahmen zur Durchführung	38
a) Tatsächliche	39
b) Rechtliche	41
IV. Instandhaltung/-setzung des gemeinschaftlichen Eigentums (Abs. 1 Nr. 2)	48
1. Vertretungsmacht	49
2. Kompetenzverteilung zwischen Wohnungseigentümern und Verwalter	52
a) Grundsatz: Entscheidungskompetenz der Wohnungseigentümer	54
b) Ausnahme 1: Entscheidungskompetenz des Verwalters	55
c) Ausnahme 2: Entscheidungskompetenz des Verwaltungsbeirats	62
3. Erforderliche Maßnahmen	65
a) Feststellung von Mängeln	67
b) Einholung von Kostenvoranschlägen	70
c) Information der Wohnungseigentümer	72
d) Erteilung der Aufträge	75
e) Überwachung der Arbeiten	78
V. Erhaltungsmaßnahmen in dringenden Fällen (Abs. 1 Nr. 3)	80
1. Vertretungsmacht	80
2. Dringender Fall	83
VI. Beiträge/Zinsen (Abs. 1 Nr. 4)	85
1. Lasten- und Kostenbeiträge	86
2. Tilgungsbeträge	91
3. Hypothekenzinsen	92
4. Anfordern/in Empfang nehmen/abführen	94
5. Gemeinschaftliche Angelegenheiten der Wohnungseigentümer	99
VII. Zahlungen/Leistungen (Abs. 1 Nr. 5)	101

Aufgaben und Befugnisse des Verwalters §27

     1. Zahlungen 102
     2. Leistungen 103
     3. Bewirken/entgegennehmen 105
     4. Verwaltung des gemeinschaftlichen Eigentums 107
 VIII. Gelder verwalten (Abs. 1 Nr. 6) 112
     1. Eingenommene Gelder 113
     2. Verwalten 117
  IX. Unterrichtungspflicht (Abs. 1 Nr. 7) 119
   X. Erklärungspflicht (Abs. 1 Nr. 8) 121
B. Rechte des Verwalters aus § 27 Abs. 2 (Wohnungseigentümer) ... 122
    I. Willenserklärungen/Zustellungen (Abs. 2 Nr. 1) 124
     1. Willenserklärungen 125
     2. Zustellungen 128
     3. Entgegennahme 131
     4. Verpflichtungen nach Zugang 133
   II. Rechtliche Maßnahmen (Abs. 2 Nr. 2) 137
     1. Fristwahrung 139
     2. Rechtsnachteile abwenden 142
     3. Rechtsstreit führen 144
  III. Ansprüche geltend machen (Abs. 2 Nr. 3) 150
     1. Gerichtlich 153
     2. Außergerichtlich 154
     3. Ermächtigung 155
       a) Durch Vereinbarung 157
       b) Durch Beschluss 159
       c) Im Verwaltervertrag 160
  IV. Vergütungsvereinbarungen 161
     1. RVG-Bestimmungen 162
     2. Ermächtigungsgrenzen 164
       a) betroffene Rechtsstreitigkeiten 165
       b) Streitwertbegrenzung 170
C. Rechte des Verwalters aus § 27 Abs. 3 (Verband) 175
    I. Willenserklärungen/Zustellungen (Abs. 3 Satz 1 Nr. 1) 179
     1. Willenserklärungen 179
     2. Zustellungen 180
     3. Entgegennahme 181
     4. Verpflichtungen nach Zugang 182
   II. Rechtliche Maßnahmen (Abs. 3 Satz 1 Nr. 2) 183
     1. Fristwahrung 186
     2. Rechtsnachteile abwenden 187
     3. Rechtsstreit führen 188
       a) Fälle des § 43 Nr. 2 189
       b) Fälle des § 43 Nr. 5 191
       c) Sonstige Fälle 193
  III. Instandhaltung/Instandsetzung (Abs. 3 Satz 1 Nr. 3) 196
  IV. Maßnahmen gemäß § 27 Abs. 1 Nr. 3, 4, 5, 8
     (Abs. 3 Satz 1 Nr. 4) 201
   V. Kontoführung (Abs. 3 Satz 1 Nr. 5) 203
     1. Eingenommene Gelder 205

Kahlen

§ 27   1. Teil. Wohnungseigentum

    2. Verwaltung der Gelder 206
        a) Kontoeröffnung 207
        b) Kontoführung 213
        c) Kontoüberziehung/Darlehensaufnahme 214
  VI. Vergütungsvereinbarung (Abs. 3 Satz 1 Nr. 6) 215
    1. Rechtsstreit gemäß § 43 Nr. 2, Nr. 5 216
    2. Vergütungsvereinbarung gemäß § 27 Abs. 2 Nr. 4 219
  VII. Sonstige Rechtsgeschäfte (Abs. 3 Satz 1 Nr. 7) 220
    1. Rechtsgeschäfte 222
    2. Rechtshandlungen 223
    3. Ermächtigung 224
        a) Durch Vereinbarung 226
        b) Durch Beschluss 227
  VIII. Vertretung des Verbandes durch andere Personen als den
      Verwalter (Abs. 3 Satz 2) 228
    1. Fehlender Verwalter 229
    2. Nicht vertretungsberechtigter Verwalter 232
    3. Ermächtigung von Wohnungseigentümern 234
        a) Wohnungseigentümer 235
        b) Beschlusskompetenz 237
D. Unabdingbarkeit (Abs. 4) 238
E. Eingenommene Gelder (Abs. 5) 239
  I. Absonderung 240
  II. Verfügung 244
F. Vollmachtsurkunde (Abs. 6) 248
  I. Vollmachtgeber 249
  II. Urkunde 250

1   § 27 in der seit dem 1. 7. 2007 geltenden Fassung differenziert zwischen den Aufgaben und Befugnissen, die der Wohnungseigentumsverwalter gegenüber den Wohnungseigentümern einerseits und gegenüber der Gemeinschaft der Wohnungseigentümer andererseits hat.

2   Die Aufgaben und Befugnisse des Verwalters können diesem nicht genommen werden. § 27 Abs. 1 bis 3 sind unabdingbar (§ 27 Abs. 4).

A. Rechte und Pflichten des Verwalters aus § 27 Abs. 1

3   § 27 Abs. 1 regelt die Rechte und Pflichten des Verwalters sowohl gegenüber den Wohnungseigentümern als auch gegenüber der Gemeinschaft der Wohnungseigentümer (dem „Verband").

I. Anspruchsgegner

4   Die Berechtigungen und die Verpflichtungen, die in § 27 Abs. 1 geregelt sind, sind diejenigen, die dem Verwalter sowohl gegenüber den Wohnungseigentümern als solchen als auch gegenüber dem teilrechtsfähigen (BGH NJW 2005, 2061 = ZMR 2005, 547) Verband zustehen. Die Regelung ist die Konsequenz daraus, dass die Teilrechtsfähigkeits-Entscheidung des BGH a.a.O. die Teilrechtsfähigkeit nur insoweit festgestellt hat, wie die Gemeinschaft der Wohnungseigentümer bei der Verwaltung des gemeinschaftlichen Eigentums am Rechtsverkehr teilnimmt.

Der BGH hat ausdrücklich hervorgehoben, dass es neben dem Rechtskreis, innerhalb dessen der Verband rechtsfähig ist, einen weiteren Rechtskreis gibt, der lediglich die Willensbildung innerhalb der Gemeinschaft betrifft, z.B. die Anfechtung von Beschlüssen der Wohnungseigentümerversammlung, die Angelegenheit der Wohnungseigentümer bleibt (BGH NJW 2005, 2061 sub III 12). 5

Daneben gibt es Fälle, in denen vertragliche Beziehungen nur zu einem einzigen Wohnungseigentümer bestehen (BGH NJW 2005, 2061 sub IV). 6

II. Durchführung der Beschlüsse (Abs. 1 Nr. 1 Alternative 1)

§ 27 Abs. 1 Nr. 1 Alternative 1 berechtigt und verpflichtet den Wohnungseigentumsverwalter, Beschlüsse der Wohnungseigentümer durchzuführen. Angesichts des Umstandes, dass das WEG insoweit nicht differenziert, sind sowohl Beschlüsse nach § 25, die in einer Versammlung der Wohnungseigentümer gefasst werden, gemeint, als auch solche, die gemäß § 23 Abs. 3 ohne Versammlung mittels allstimmiger schriftlicher Zustimmung zustande gekommen sind. 7

Es macht auch keinen Unterschied, ob es sich um eine Erstversammlung im Sinne des § 25 Abs. 1 bis 3 handelt oder um eine Wiederholungsversammlung im Sinne des § 25 Abs. 4. 8

Die Berechtigung und Verpflichtung aus § 27 Abs. 1 Nr. 1 Alternative 1 trifft nicht nur professionelle Verwalter, sondern auch „Amateurverwalter" (OLG München ZMR 2006, 716). 9

1. Vertretungsmacht. § 27 Abs. 1 Nr. 1 Alternative 1 berechtigt und verpflichtet den Verwalter, ohne für eventuell erforderliche rechtsgeschäftliche Maßnahmen ein ausdrückliches Vertretungsrecht zu statuieren. Daraus können Probleme resultieren, wenn der Verwalter Beschlüsse der Wohnungseigentümer ausführt, die später – mit Rückwirkung – für ungültig erklärt werden. 10

Die gleiche Problematik stellt sich, wenn ein Bestellungsbeschluss mit Rückwirkung für ungültig erklärt wird/der Verwaltervertrag nicht wirksam zustande gekommen ist. 11

Gleichwohl ist es h. M., dass der Verwalter zur Durchführung von Beschlüssen keine gesetzliche Vertretungsmacht hat (Bär- 12 mann/Pick/Merle/*Merle* § 27 Rn. 18). Im Regelfall ist der Verwalter jedoch vertraglich bevollmächtigt. Die Bevollmächtigung kann in der Beauftragung zur Beschlussdurchführung gesehen werden (OLG Hamm WE 1997, 316).

13 **2. Durchführung.** Unter „Durchführung" sind Maßnahmen tatsächlicher Art zu verstehen (Bärmann/Pick/Merle/*Merle* § 27 Rn. 16), z. B. Instandhaltungs- oder Instandsetzungsmaßnahmen.
14 Auch rechtsgeschäftliche Maßnahmen unterfallen dem Begriff „Durchführung" (Bärmann/Pick/Merle/*Merle* § 27 Rn. 17), z. B. die Beauftragung von Werkunternehmern zur Durchführung von Instandhaltungs- oder Instandsetzungsmaßnahmen oder den Abschluss oder die Kündigung von Dienstverträgen (z. B. mit einem Hausmeister).
15 **a) Unstreitig wirksamer Beschluss.** Ist ein Beschluss unstreitig wirksam, hat ihn der Verwalter nach Weisung der Wohnungseigentümer auszuführen (BGH NJW 1996, 1217).
16 Der Beschluss ist unverzüglich durchzuführen. Verzögert der Verwalter die Durchführung, verstößt er nicht nur gegen seine Verpflichtung aus § 27 Abs. 1 Nr. 1 Alternative 1, sondern in der Regel auch gegen den Verwaltervertrag.
17 Bei der Durchführung von Beschlüssen hat der Verwalter diejenige Sorgfalt anzuwenden, die ein vernünftiger Eigentümer in eigenen Angelegenheiten anwenden würde (KK-WEG/*Abramenko* § 27 Rn. 7). Beispielsweise ist er zwar grundsätzlich nicht verpflichtet, für Sanierungsarbeiten in Betracht gezogene Firmen auf ihre wirtschaftliche Leistungsfähigkeit hin zu überprüfen, es sei denn, wenn gerade die wirtschaftliche Leistungsfähigkeit ein besonders herausragendes Kriterium für die Auftragsvergabe darstellt (OLG Düsseldorf ZMR 1997, 490).
18 Falls der Verwalter Kaufmann ist, hat er die handelsrechtlichen Sorgfaltspflichten eines ordentlichen Kaufmanns zu wahren (BGH NJW 1996, 1217).
19 Insbesondere hat er bei der Vergabe größerer Instandsetzungs-/-haltungsarbeiten mehrere Angebote einzuholen. Dies betrifft nicht nur den Abschluss von Werkverträgen, sondern auch den Abschluss von Versicherungsverträgen oder anderen Verträgen (BayObLG NZM 2002, 566).
20 **b) Nicht-Beschluss.** Ein Nicht-Beschluss entfaltet keinerlei Bindungswirkung. Daher ist der Verwalter weder berechtigt noch verpflichtet, einen solchen durchzuführen.
21 Dass ein solcher Nicht-Beschluss vorliegt, der nicht einmal die Mindestvoraussetzungen für das Zustandekommen eines Beschlusses (z. B. Beschlussfassung nur anlässlich einer spontanen Zusammenkunft und nicht in einer Wohnungseigentümerversammlung, vgl. OLG Hamm WE 1993, 24) aufweist, muss ein Wohnungs-

eigentumsverwalter erkennen. Hat er dahin gehende Zweifel, kann er diese im Verfahren nach § 43 Nr. 3 klären lassen.

c) Nichtiger Beschluss. Auch nichtige Beschlüsse entfalten keinerlei Bindungswirkung, sind somit nicht durchzuführen. 22

Angesichts des Umstandes, dass die Grenzen zwischen bloß gegebener Anfechtbarkeit und Nichtigkeit nicht immer eindeutig festgelegt sind/erkennbar sind, bietet es sich insoweit an, dass der Verwalter die Nichtigkeit gerichtlich feststellen lässt, im Zweifel im Wege des einstweiligen Rechtsschutzes. 23

Falls im summarischen Verfahren zunächst die Nichtigkeit angenommen wird, im Hauptsacheverfahren jedoch nicht, ist dem Verwalter zumindest kein Verschuldensvorwurf bezüglich der nicht erfolgten Durchführung des Beschlusses zu machen (vgl. KK-WEG/*Abramenko* § 27 Rn. 8). 24

d) Anfechtbarer Beschluss. Liegt ein nicht nichtiger aber anfechtbarer Beschluss vor (regelmäßig die Fälle, in denen einerseits die Beschlusskompetenz der Wohnungseigentümer gegeben ist, andererseits das Kriterium der Ordnungsmäßigkeit nicht erfüllt ist), ist zwischen dem Zeitraum bis zu einer eventuellen Anfechtung und dem Zeitraum ab einer eventuellen Anfechtung zu unterscheiden. 25

(1) Zeitraum bis zur Anfechtung. Es bleibt den Wohnungseigentümern unbenommen, anfechtbare Beschlüsse durch Zeitablauf wirksam werden zu lassen (BGH NJW 2000, 3500). Wenn und soweit keine Anfechtung erfolgt, hat der Wohnungseigentumsverwalter die Berechtigung und Verpflichtung, den betreffenden Beschluss durchzuführen. Der Verwalter ist auch seinerseits nicht verpflichtet, von ihm als anfechtbar erkannte Beschlüsse anzufechten (KK-WEG/*Abramenko* § 27 Rn. 9). 26

(2) Zeitraum ab einer Anfechtung. Ab dem Zeitpunkt der Anfechtung eines Beschlusses ist auf der einen Seite zu beachten, dass die Anfechtung keine aufschiebende Wirkung hat, der Wohnungseigentumsverwalter konsequenterweise auch angefochtene Beschlüsse durchzuführen berechtigt und verpflichtet ist (Bärmann/Pick/Merle/*Merle* § 27 Rn. 28). 27

Aus der Durchführung eines angefochtenen Beschlusses ergibt sich auch kein Schadensersatzanspruch gegen den Verwalter, wenn der bereits ausgeführte Beschluss später für ungültig erklärt wird (Bärmann/Pick/Merle/*Merle* § 27 Rn. 29). Insbesondere hat der Verwalter bei Zweifeln über die Anfechtbarkeit den jeweiligen Beschluss gleichwohl unverzüglich durchzuführen. Die Monatsfrist des § 23 Abs. 2 Satz 2 a. F. muss vom Verwalter nicht abgewartet werden (Bärmann/Pick/Merle/*Merle* § 27 Rn. 29). Gleiches gilt seit dem 1. 7. 2007 für die Monatsfrist des § 46. 28

(a) Ermächtigungsbeschluss. Es wird empfohlen, dass der Wohnungseigentumsverwalter sich durch die Eigentümerver- 29

sammlung ausdrücklich ermächtigen lässt, einen (möglicherweise) anfechtbaren Beschluss sofort durchzuführen oder aber mit der Beschlussdurchführung erst ab dem Zeitpunkt der Unanfechtbarkeit zu beginnen (kritisch dazu KK-WEG/*Abramenko* § 27 Rn. 10).

30 *(b) Einstweilige Anordnung.* Nach anderer Ansicht ist es sinnvoller, dass der Wohnungseigentumsverwalter im Wege des einstweiligen Rechtsschutzes begehrt, den Beschluss nicht durchführen zu müssen (KK-WEG/*Abramenko* § 27 Rn. 11).

31 **d) Durchführung von Vereinbarungen.** Das Gesetz berechtigt und verpflichtet den Verwalter lediglich, mehrheitlich gefasste Beschlüsse durchzuführen. Im Umkehrschluss bedeutet dies, dass der Verwalter erst recht berechtigt und verpflichtet ist, allstimmige Willensentscheidungen der Wohnungseigentümer – Vereinbarungen – durchzuführen (Bärmann/Pick/Merle/*Merle* § 27 Rn. 15).

III. Durchführung der Hausordnung (Abs. 1 Nr. 1 Alternative 2)

32 § 27 Abs. 1 Nr. 1 Alternative 2. berechtigt und verpflichtet den Verwalter, für die Durchführung der Hausordnung zu sorgen.

33 **1. Vertretungsmacht.** Wenn in Fällen, in denen der Verwalter für die Durchführung der Hausordnung sorgt, Maßnahmen rechtsgeschäftlicher Art erforderlich sind (z. B. wenn es darum geht, einen Wohnungseigentümer zu ermahnen, seine ihm nach der Hausordnung obliegenden Pflichten zu erfüllen), steht dem Verwalter ein dahin gehendes Vertretungsrecht bezüglich der anderen Wohnungseigentümer zu. Die Vertretungsmacht folgt aus § 10 Abs. 5, wonach Beschlüsse auch für und gegen die Wohnungseigentümer gelten, die entweder gegen den Beschluss gestimmt haben oder an der Beschlussfassung nicht mitgewirkt haben (Bärmann/Pick/Merle/*Merle* § 27 Rn. 42).

34 **2. Vereinbarte/beschlossene/richterliche Hausordnung.** Die Berechtigung und Verpflichtung des Verwalters aus § 27 Abs. 1 Nr. 1 Alternative 2 betrifft nicht nur den Standardfall = beschlossene Hausordnungen.

35 Der Verwalter ist auch berechtigt und verpflichtet, Hausordnungen durchzuführen, die er selber auf Grund einer Ermächtigung durch die Wohnungseigentümer aufgestellt hat (KK-WEG/*Abramenko* § 27 Rn. 12).

36 Wenn der Verwalter schon für die Durchführung beschlossener Hausordnungen zu sorgen hat, gilt dies erst recht für die Durchführung vereinbarter Hausordnungen. Das sind regelmäßig die Fälle, in denen die Hausordnung vom Teilenden (§ 8) in die Gemeinschaftsordnung aufgenommen wurde.

Wenn und soweit eine Hausordnung als Maßnahme ordnungs- 37
mäßiger Verwaltung gemäß § 21 Abs. 4 verlangt wurde und dieses Verlangen gerichtlich durchgesetzt wurde, indem das Gericht gemäß §§ 21 Abs. 8, 43 eine Hausordnung nach billigem Ermessen erlassen hat, ist der Verwalter auch zur Durchführung einer solchen richterlichen Hausordnung berechtigt und verpflichtet.

3. Maßnahmen zur Durchführung. Für die Durchführung der 38
Hausordnung „sorgen" kann sowohl durch tatsächliche Maßnahmen als auch durch solche rechtlicher Art geschehen.

a) Tatsächliche. Der Verwalter hat durch „Hinweise, Auffor- 39
derungen, Ermahnungen, Rundschreiben, Aushänge, Aufstellung von Nutzungsplänen" dafür zu sorgen, dass die gemeinschaftlichen Anlagen gereinigt werden, Streu- und Räumpflichten befolgt werden, Benutzungsregelungen der gemeinschaftlichen Einrichtungen wie Waschküche, Trockenböden, Aufzug, Schwimmbad, Garage, Pkw-Abstellplätze eingehalten werden (Bärmann/Pick/Merle/*Merle* § 27 Rn. 40).

Er hat auf die Wohnungseigentümer einzuwirken, dass sie die 40
in der Hausordnung aufgestellten Regelungen befolgen. Mietern gegenüber hat er keine Befugnisse (KK-WEG/*Abramenko* § 27 Rn. 12). Geht es darum, Mieter anzuhalten, sich hausordnungsgerecht zu verhalten, hat der Verwalter auf den jeweiligen vermietenden Wohnungseigentümer einzuwirken, dass dieser seinerseits auf die Mieter einwirkt (Bärmann/Pick/Merle/*Merle* § 27 Rn. 41).

b) Rechtliche. § 27 Abs. 1 Nr. 1 Alternative 2 umfasst auch 41
rechtliche Maßnahmen zur Durchführung der Hausordnung.

Insoweit ist zu unterscheiden zwischen der außergerichtlichen 42
Durchsetzung und der gerichtlichen Durchsetzung der Hausordnungsbestimmungen.

(1) Außergerichtliche Durchsetzung. Die Befugnis des Verwal- 43
ters zur außergerichtlichen Durchsetzung der beschlossenen Hausordnung ergibt sich aus § 10 Abs. 5, wonach der Hausordnungsbeschluss auch für und gegen die Wohnungseigentümer wirkt, die entweder gegen den Beschluss gestimmt haben oder an der Beschlussfassung nicht mitgewirkt haben (Bärmann/Pick/Merle/*Merle* § 27 Rn. 42). Konsequenterweise darf der Verwalter z. B. Mahnungen aussprechen, die den jeweiligen Wohnungseigentümer – z. B. bei Nichterfüllung der Streupflichten – in Verzug bringen.

Wenn der Verwalter schon auf Grund einer beschlossenen 44
Hausordnung Maßnahmen rechtsgeschäftlicher Art ergreifen darf, dann gilt dies erst recht für vereinbarte Hausordnungen (Bärmann/Pick/Merle/*Merle* § 27 Rn. 42).

(2) Gerichtliche Durchsetzung. Weigert sich ein Wohnungs- 45
eigentümer trotz außergerichtlicher Aktivitäten des Verwalters

(Mahnung) seinen Verpflichtungen aus der Hausordnung nachzukommen, ist der Verwalter zur gerichtlichen Geltendmachung namens der Wohnungseigentümer mit Wirkung für und gegen sie nur berechtigt, sofern er hierzu ausdrücklich entweder durch eine Vereinbarung oder durch einen Beschluss ermächtigt worden ist (§ 27 Abs. 2 Nr. 3).

46 Namens der Gemeinschaft der Wohnungseigentümer ist er nur zu derartigen Rechtshandlungen berechtigt, soweit er hierzu durch Vereinbarung oder Beschluss der Wohnungseigentümer ermächtigt ist (§ 27 Abs. 3 Satz 1 Nr. 7).

47 Es ist jedoch h. M. (Nachweise bei Bärmann/Pick/Merle/*Merle* § 27 Rn. 44), dass der Verwalter im eigenen Namen einen Rechtsstreit im Sinne des § 43 Nr. 3 („Streitigkeiten über die Rechte und Pflichten des Verwalters") führen darf. In der Praxis dürfte dies der Ausnahmefall sein. Regelmäßig stellt der Verwalter fest, dass ein Wohnungseigentümer seiner Verpflichtung zur Einhaltung der Hausordnung nicht nachkommt, und lässt sich sodann in der nächst folgenden Eigentümerversammlung ausdrücklich ermächtigen, gegen den jeweiligen Wohnungseigentümer außergerichtlich und/oder gerichtlich vorzugehen.

IV. Instandhaltung/-setzung des gemeinschaftlichen Eigentums (Abs. 1 Nr. 2)

48 Zur Definition der Begriffe Instandhaltung und Instandsetzung siehe § 21 Rn. 131 ff.

49 **1. Vertretungsmacht.** Geht es um kleinere oder um regelmäßig wiederkehrende Reparaturen (Dachrinnenreinigung, Anstreicherarbeiten), ist der Verwalter gesetzlich vertretungsberechtigt (OLG Koblenz vom 2. 7. 1998, 5 U 1636/97; a. A. Bärmann/Pick/Merle/ *Merle* § 27 Rn. 62).

50 Bei größeren absehbaren, nicht aktuell dringlichen Maßnahmen hat der Verwalter kein gesetzliches Vertretungsrecht (BGH NJW 1977, 44; Bärmann/Pick/Merle/*Merle* § 27 Rn. 58).

51 Für die Praxis ist es empfehlenswert, dem Verwalter bis zu einem bestimmten Gegenstandswert eine Ermächtigung (im Beschlusswege) zu erteilen. Ein Eigentümerbeschluss, der den Verwalter ermächtigt, im Falle der Beschädigung des Gemeinschaftseigentums notfalls auch gerichtlich die Ansprüche der Gemeinschaft geltend zu machen, entspricht ordnungsmäßiger Verwaltung (BayObLG BeckRS 2004, 8230).

52 **2. Kompetenzverteilung zwischen Wohnungseigentümern und Verwalter.** Da Wohnungseigentümerversammlungen – das Forum zur Willensbildung der Wohnungseigentümer – üblicherweise nur

einmal pro Kalenderjahr stattfinden, stellt sich für den Zeitraum zwischen zwei Wohnungseigentümerversammlungen die Frage, wie insoweit die Kompetenzen zwischen den Wohnungseigentümern einerseits und dem Wohnungseigentumsverwalter andererseits verteilt sind.

Praxisgerecht ist es, eine Regelung zu treffen, wonach für laufend anfallende Dinge der Wohnungseigentumsverwalter berechtigt ist, jedoch über die laufenden Dinge hinausgehende Angelegenheiten von den Wohnungseigentümern in einer Wohnungseigentümerversammlung geregelt werden. 53

a) Grundsatz: Entscheidungskompetenz der Wohnungseigentümer. Grundsätzlich sind die Wohnungseigentümer für Maßnahmen der Instandhaltung und Instandsetzung entscheidungsbefugt. § 21 Abs. 5 Nr. 2 erklärt die ordnungsmäßige Instandhaltung und Instandsetzung des gemeinschaftlichen Eigentums ausdrücklich zum Gegenstand einer ordnungsmäßigen Verwaltung, die der Beschlusskompetenz der Wohnungseigentümer unterliegt (§ 21 Abs. 3). 54

b) Ausnahme 1: Entscheidungskompetenz des Verwalters. § 21 Abs. 5 Nr. 2 konkurriert mit § 27 Abs. 1 Nr. 2 und § 27 Abs. 3 Nr. 3. Einerseits sind die Wohnungseigentümer beschlusskompetent für Maßnahmen der Instandhaltung und Instandsetzung, andererseits ist der Wohnungseigentumsverwalter insoweit berechtigt und verpflichtet. Der Gesetzgeber hat erkannt, dass eine „Allzuständigkeit" der Wohnungseigentümer praktisch nicht umsetzbar ist. Dies gilt um so mehr, als dass die Willensbildung durch die Wohnungseigentümer regelmäßig nur in der jährlichen Wohnungseigentümerversammlung stattfindet. 55

Daher ist es geboten, bei der Abwägung zwischen § 21 Abs. 5 Nr. 2 und § 27 Abs. 1 Nr. 2, Abs. 3 Nr. 3 im Zweifel zugunsten einer Kompetenz des Verwalters zu entscheiden. Die Alternative wäre, wegen jeder geringfügigen Angelegenheit einen Beschluss der Wohnungseigentümer herbeizuführen. Dies würde bedeuten, dass entweder die Angelegenheit erst geregelt wird, wenn die nächste regelmäßige Wohnungseigentümerversammlung ansteht, oder aber dass wegen Angelegenheiten mit nur geringem Gegenstandswert eine kosten- und zeitintensive Wohnungseigentümerversammlung einberufen wird. 56

(1) Entscheidungskompetenz kraft Vereinbarung. Es ist zulässig, dem Verwalter die Entscheidungskompetenz im Wege der Vereinbarung zu übertragen. So kann die Gemeinschaftsordnung entsprechende Regelungen vorsehen (KK-WEG/*Abramenko* § 27 Rn. 14). 57

(2) Entscheidungskompetenz kraft Beschluss. Wenn dem Wohnungseigentumsverwalter keine Entscheidungskompetenz im Wege einer Vereinbarung gegeben wurde, so handelt er grundsätzlich bei der Vergabe von Aufträgen zur Instandhaltung oder 58

Instandsetzung des gemeinschaftlichen Eigentums entweder im eigenen Namen oder als Vertreter ohne Vertretungsmacht.

59 Handelt er im eigenen Namen, kann er letztendlich nur die Herausgabe einer eventuellen Bereicherung aus §§ 684 Satz 1, 812 ff. BGB verlangen (OLG Düsseldorf NJW-RR 1996, 914), alternativ – bei berechtigter Geschäftsführung ohne Auftrag – Aufwendungsersatz nach §§ 683, 670 BGB.

60 Regelmäßig ergibt sich eine Kompetenz des Verwalters jedoch entweder aus dem beschlossenen Wirtschaftsplan, der bestimmte Reparaturarbeiten vorsieht, oder aber als Genehmigung aus dem Beschluss über die Jahresabrechnung (OLG Hamm vom 10. 2. 1997, 15 W 197/96).

61 *(3) Entscheidungskompetenz kraft Verwaltervertrag.* Im Verwaltervertrag kann wirksam geregelt werden, dass der Wohnungseigentumsverwalter zu bestimmten Instandhaltungsmaßnahmen oder Instandsetzungsmaßnahmen entscheidungskompetent ist. Da der Verwaltervertrag nur dann zustande kommt, wenn zuvor ein entsprechender Beschluss über den Abschluss des Verwaltervertrages gefasst wurde („Trennungstheorie"), stellt die Einräumung einer Entscheidungskompetenz im Verwaltervertrag letztendlich die Einräumung einer Entscheidungskompetenz kraft Beschlusses dar.

62 c) **Ausnahme 2: Entscheidungskompetenz des Verwaltungsbeirats.** Es ist grundsätzlich unzulässig, Entscheidungskompetenzen von den Wohnungseigentümern auf den Verwaltungsbeirat zu übertragen. Eine Ausnahme gilt dann, wenn das finanzielle Risiko hieraus begrenzt bleibt und die grundsätzliche Entscheidungsbefugnis bei der Eigentümerversammlung bleibt (Bärmann/Pick/Merle/*Merle* § 29 Rn. 85; KK-WEG/*Abramenko* § 27 Rn. 14).

63 Die gesetzliche Regelung geht davon aus, dass die Eigentümergemeinschaft die notwendigen Entscheidungen über das „Ob" und das „Wie" von Instandsetzungs- und Instandhaltungsmaßnahmen grundsätzlich selber treffen muss. Da es aber aus Sicht der Wohnungseigentümergemeinschaft/der Wohnungseigentümer sinnvoll sein kann, ein weniger „schwerfälliges" Organ als die Eigentümerversammlung mit der Entscheidung und Durchführung von Instandsetzungs- oder Instandhaltungsmaßnahmen zu betrauen, können weitere Befugnisse auf den Beirat übertragen werden.

64 Grundsätzlich ist die Übertragung nur in Form einer Vereinbarung möglich, da es in der Sache um eine grundlegende Zuständigkeitsänderung zwischen den Organen Wohnungseigentümerversammlung/Wohnungseigentumsverwalter/Verwaltungsbeirat geht. Lediglich in „engen Grenzen" kann auch im Wege des Beschlusses eine solche Kompetenzverlagerung erfolgen. Voraussetzung ist, dass der mit der gesetzlichen Regelung intendierte Schutzzweck

nicht ausgehöhlt wird. Das ist beispielsweise dann der Fall, wenn die Kompetenzverlagerung auf den Verwaltungsbeirat hinsichtlich ihrer finanziellen Auswirkungen betragsmäßig begrenzt wird (OLG Düsseldorf NJW-RR 1998, 13).

3. Erforderliche Maßnahmen. Zur Beantwortung der Frage, welche Maßnahmen im Sinne des § 27 Abs. 1 Nr. 2 „erforderlich" sind, kann auf die grundsätzliche Kompetenzverteilung zwischen den Wohnungseigentümern einerseits und dem Verwalter andererseits (Rn. 52 ff.) zurückgegriffen werden. 65

Dies bedeutet im Ergebnis, dass der Verwalter grundsätzlich zunächst vorbereitende Maßnahmen zu ergreifen und eine Beschlussfassung der Wohnungseigentümer herbeizuführen hat. Selbständige Maßnahmen kann er nur in Notfällen (§ 27 Abs. 1 Nr. 3) und jedenfalls nicht gegen den Willen der Wohnungseigentümer ergreifen (BayObLG FGPrax 2004, 66, 212 = BayObLGZ 2004, Nr. 4). 66

a) Feststellung von Mängeln. Steht die Erforderlichkeit von Instandsetzungs-/-haltungsarbeiten im Raum, hat der Verwalter zunächst einmal die Mängel als solche festzustellen, insbesondere die Mangelursache zu ermitteln (OLG Celle NJW-RR 2002, 303; ZMR 2001, 642). 67

Zur Feststellung, ob Instandhaltungs-/-setzungsbedarf vorliegt, hat der Verwalter das von ihm verwaltete Objekt regelmäßig zu begehen (OLG Zweibrücken NJW-RR 1991, 1301). 68

Mängelhinweisen, die er entweder von den Wohnungseigentümern oder von Mietern bekommen hat, hat er nachzugehen. Er kann sich nicht damit entlasten, dass er keinen Schlüssel zu dem Sondereigentumsbereich hat, in dem die Mangelursache vermutet wird. Vielmehr hat er alle Möglichkeiten auszuschöpfen, um in die fragliche Wohnung zu gelangen (BayObLG NJW-RR 1999, 305 = ZMR 1998, 356). 69

b) Einholung von Kostenvoranschlägen. Wenn die Instandhaltung/Instandsetzung erhebliche finanzielle Auswirkungen hat, hat der Verwalter die Verpflichtung, sich durch die Einholung von Kostenvoranschlägen über den Umfang der voraussichtlichen Arbeiten sowie die voraussichtlichen Kosten zu informieren. Selbst wenn die Wohnungseigentümer beschlossen haben, eine aufwendige Renovierungsmaßnahme allein auf Grund einer pauschalen Kostenschätzung in Auftrag zu geben, ist der Verwalter nicht von der Verpflichtung zur Einholung von Kostenvoranschlägen befreit. Er kann sich auch nicht darauf berufen, dass es Sache der Wohnungseigentümer sei, Vergleichsangebote einzuholen (OLG Köln NJOZ 2004, 641). 70

Die gelegentlich aufgestellte Behauptung, es müsse sich um drei Kostenvoranschläge handeln, ist nicht zutreffend. Dem Ver- 71 walter steht insoweit ein Gestaltungsspielraum zu (OLG Köln NZM 1998, 820).

72 **c) Information der Wohnungseigentümer.** Sobald der Verwalter sich selber kundig gemacht hat, hat er zu entscheiden, ob er die Maßnahme allein durchführen darf oder ob er eine Entscheidung der Wohnungseigentümer herbeiführt.

73 Insoweit ist zu differenzieren zwischen Wohnungseigentumsverwaltern, die als Mitglied der Wohnungseigentümergemeinschaft die Verwaltung unentgeltlich als Beauftragte ausführen, und zwischen gewerblichen Verwaltern. Erstere können/müssen im Regelfall ohne weiteres die Gemeinschaft um eine Weisung (§ 665 BGB) angehen. Letztere haben die Entscheidung der Wohnungseigentümer dann herbeizuführen, wenn die Sorgfalt, die der übernommene Pflichtenkreis erfordert (§ 276 BGB), dies erfordert. Dies dürfte immer dann der Fall sein, wenn Alternativen mit – bezogen auf die jeweilige Wohnungseigentümergemeinschaft – erheblichen finanziellen Unterschieden bestehen.

74 Wenn und soweit eine Entscheidung der Wohnungseigentümer durch den Verwalter herbeizuführen ist, hat der Verwalter die Wohnungseigentümer umfassend über sämtliche tatsächlichen und rechtlichen Umstände aufzuklären und der Gemeinschaft – jedenfalls auf Verlangen – einen Vorschlag zum weiteren Vorgehen zu machen. Die Wohnungseigentümerversammlung muss auf Grund der Aufklärung durch den Wohnungseigentumsverwalter in der Lage sein, zwischen den einzelnen Alternativen zu wählen (BGH NJW 1996, 1216; KK-WEG/*Abramenko* § 27 Rn. 15).

75 **d) Erteilung der Aufträge.** Sobald die Wohnungseigentümer im Beschlusswege entschieden haben, hat der Verwalter die entsprechenden Beschlüsse unverzüglich und umfassend umzusetzen. Dies bedeutet, dass er z. B. die erforderlichen Arbeiten in Auftrag zu geben hat.

76 Die dahin gehende Vertretungsmacht des Verwalters ergibt sich aus dem jeweiligen Beschluss. Dabei kann es sich auch um den Beschluss über die Genehmigung des Wirtschaftsplans handeln, in den die jeweiligen Arbeiten eingestellt sind.

77 Eine Genehmigung des Verwalterhandelns kann sich aus dem Beschluss über die Genehmigung der Jahresabrechnung ergeben (OLG Hamm vom 10. 2. 1997, 15 W 197/96).

78 **e) Überwachung der Arbeiten.** Der Verwalter hat die Ausführung der Instandsetzungs-/-haltungsarbeiten zu überwachen (KK-WEG/*Abramenko* § 27 Rn. 15). Er hat erkennbare Fehler zu rügen. Ohne dahin gehende Regelung im Verwaltervertrag ist er allerdings nicht zur Bauleitung verpflichtet (KG WuM 1993, 307). Dringende Maßnahmen hat er jedoch ohne dahin gehende Beschlussfassung/Regelung im Verwaltervertrag durchzuführen,

z. B. im Rahmen der Verkehrssicherung (BayObLG WE 1996, 316).

Werden die Arbeiten nicht ordnungsgemäß ausgeführt, darf der Verwalter insoweit keine Zahlungen erbringen. Bezahlt ein Verwalter eine Rechnung trotz mangelhafter Leistung eines Werkunternehmers, ohne Mängelrügen zu erheben oder ein Zurückbehaltungsrecht geltend zu machen, so kann sich daraus ein Schadensersatzanspruch der Wohnungseigentümer/der Wohnungseigentümergemeinschaft wegen Verletzung des Verwaltervertrages ergeben (OLG Düsseldorf NJWE-MietR 1997, 208; KK-WEG/*Abramenko* § 26 Rn. 50). 79

V. Erhaltungsmaßnahmen in dringenden Fällen (Abs. 1 Nr. 3)

1. Vertretungsmacht. Es ist h. M., dass ein Verwalter in dringenden Fällen ein gesetzliches Vertretungsrecht hat (OLG Hamm WE 1997, 314; KG ZWE 2001, 278; Niedenführ/Schulze/*Niedenführ* § 27 Rn. 23; *Sauren* § 27 Rn. 44; a. A. Bärmann/Pick/Merle/*Merle* § 27 Rn. 78). 80

Wohnungseigentümer sind gemäß § 21 Abs. 2 lediglich „berechtigt" die Maßnahmen zu treffen, die zur Abwendung eines dem gemeinschaftlichen Eigentum unmittelbar drohenden Schadens notwendig sind. Wohnungseigentumsverwalter sind aus § 27 Abs. 1 Nr. 3 auch verpflichtet. 81

Im Unterschied zu § 21 Abs. 2 besteht die Verpflichtung des Verwalters aus § 27 Abs. 1 Nr. 3 auch dann, wenn kein Schaden unmittelbar droht. 82

2. Dringender Fall. Ein dringender Fall liegt dann vor, wenn die Erhaltung des gemeinschaftlichen Eigentums gefährdet wäre, wenn nicht umgehend gehandelt würde (BayObLG NZM 2004, 390 = WE 2004, 272). Beispiel: Bruch oder Verstopfung einer Versorgungs- oder Abwasserleitung (OLG Hamm NJW-RR 1989, 331; Bärmann/Pick/Merle/*Merle* § 27 Rn. 75; KK-WEG/*Abramenko* § 27 Rn. 17). 83

Unter den Begriff „dringende(n) Fälle(n)" fallen nicht nur Maßnahmen zur Beseitigung der unmittelbar drohenden Gefahr, sondern auch weitere Maßnahmen. Wenn z. B. im Rahmen einer Dachsanierung erkennbar wird, dass ein weitergehender Reparaturbedarf besteht, kann auch dieser die von § 27 Abs. 1 Nr. 3 geforderte Eilbedürftigkeit auslösen, wenn die Einberufung einer Wohnungseigentümerversammlung zur Beschlussfassung über den weitergehenden Reparaturbedarf zur Vermeidung weiterer Schäden zu spät käme (Bärmann/Pick/Merle/*Merle* § 27 Rn. 75). 84

VI. Beiträge/Zinsen (Abs. 1 Nr. 4)

85 Gemäß § 27 Abs. 1 Nr. 4 ist der Verwalter sowohl gegenüber den Wohnungseigentümern als auch gegenüber der Gemeinschaft der Wohnungseigentümer berechtigt und verpflichtet, Lasten- und Kostenbeiträge, Tilgungsbeträge und Hypothekenzinsen anzufordern, in Empfang zu nehmen und abzuführen, soweit es sich um gemeinschaftliche Angelegenheiten der Wohnungseigentümer handelt.

86 **1. Lasten- und Kostenbeiträge.** Die in § 27 Abs. 1 Nr. 4 genannten Lasten- und Kostenbeiträge sind solche im Sinne des § 16 Abs. 2 (Bärmann/Pick/Merle/*Merle* § 27 Rn. 105). Die Aufteilung der insgesamt anfallenden Lasten und Kosten orientiert sich entweder am gesetzlichen Verteilungsmaßstab (§ 16 Abs. 2) oder an einem vereinbarten Kostenverteilungsschlüssel. Im Wirtschaftsplan müssen diese ausgewiesen sein (§ 28 Abs. 1 Satz 2 Nr. 2).

87 Die Verpflichtung der Wohnungseigentümer zur Abführung der jeweiligen Beiträge ergibt sich aus § 28 Abs. 2.

88 Lasten sind Leistungen, die aus dem Grundstück zu entrichten sind. Sie können öffentlich-rechtlicher Natur oder privat-rechtlicher Natur sein.

89 Zu den öffentlich-rechtlichen Lasten gehören insbesondere Gebühren und Abgaben wie z. B. Anliegerbeiträge, Abwassergebühren, Müllabfuhrgebühren, Straßenreinigungsgebühren, Schornsteinfegergebühren (Weitnauer/*Gottschalg* § 16 Rn. 12).

90 Zu den privat-rechtlichen Lasten zählen nach umstrittener Auffassung Hypotheken- und Grundschuldzinsen sowie die auf Grund einer Rentenschuld zu erbringenden Leistungen (Weitnauer/*Gottschalg* § 16 Rn. 12).

91 **2. Tilgungsbeträge.** Ob Tilgungsbeträge zu den Lasten- und Kostenbeiträgen zählen, ist umstritten (Bärmann/Pick/Merle/*Merle* § 27 Rn. 105). Daher dient § 27 Abs. 1 Nr. 4 insoweit zur Klarstellung.

92 **3. Hypothekenzinsen.** Auch Hypothekenzinsen anzufordern, in Empfang zu nehmen und abzuführen ist der Wohnungseigentumsverwalter gemäß § 27 Abs. 1 Nr. 4 sowohl gegenüber den Wohnungseigentümern als auch gegenüber der Gemeinschaft der Wohnungseigentümer berechtigt und verpflichtet.

93 Zur Frage, ob Hypothekenzinsen nicht schon von dem Begriff „Lasten- und Kostenbeiträge" umfasst sind, siehe Bärmann/Pick/Merle/*Merle* § 27 Rn. 105; Weitnauer/*Lüke* § 27 Rn. 13. Dadurch, dass § 27 Abs. 1 Nr. 4 die Hypothekenzinsen ausdrücklich nennt, ist dieser Streit lediglich theoretischer Natur.

4. Anfordern/in Empfang nehmen/abführen. Die Berechtigung 94
und Verpflichtung zur Anforderung der Lasten- und Kostenbeiträge etc. beinhaltet alle außergerichtlichen Tätigkeiten wie z. B. Zahlungsaufforderungen, die Überwachung der Zahlungseingänge, das Mahnwesen, bei entsprechender Einzugsermächtigung auch deren Ausführung. In der Praxis handelt es sich um die Anforderung der monatlich zu entrichtenden Vorschüsse, regelmäßig als „Hausgeld" oder „Wohngeld" bezeichnet (Bärmann/Pick/Merle/*Merle* § 27 Rn. 106).

Merle weist zu Recht darauf hin, dass § 27 Abs. 1 Nr. 4 (= § 27 95
Abs. 2 Nr. 1 a. F.) lex specialis gegenüber § 27 Abs. 2 Nr. 3 (= § 27 Abs. 2 Nr. 5 a. F.) ist, somit die außergerichtliche Geltendmachung der jeweiligen Ansprüche keinen Ermächtigungsbeschluss der Wohnungseigentümer erfordert (Bärmann/Pick/Merle/*Merle* § 27 Rn. 106).

Die Berechtigung zur Inempfangnahme der jeweiligen Gelder 96
beinhaltet eine (unabdingbare) Empfangszuständigkeit des Verwalters. Im Ergebnis tritt mit Zahlung an den Verwalter Erfüllungswirkung ein (Bärmann/Pick/Merle/*Merle* § 27 Rn. 109).

Die Erfüllungswirkung tritt auch dann ein, wenn die Zahlung 97
nicht auf das vom Verwalter für die Eigentümergemeinschaft eingerichtete Sonderkonto erfolgte, sondern auf das allgemeine Geschäftskonto des Verwalters. Voraussetzung ist lediglich, dass dieser uneingeschränkte Verfügungsgewalt über das Geld erlangt (OLG Saarbrücken OLGZ 1988, 45; Bärmann/Pick/Merle/*Merle* § 27 Rn. 109).

Vereinzelt wird auch vertreten, dass Erfüllungswirkung auch 98
eintritt bei Zahlung auf ein privates Konto des Verwalters (*Sauren* § 27 Rn. 55). Sofern dieser Rechtsauffassung gefolgt wird, ist der Verwalter jedoch zur ordnungsgemäßen – das heißt unverzüglichen – Umbuchung des Betrages, der auf dem privaten Verwalterkonto eingegangen ist, verpflichtet (Bärmann/Pick/Merle/*Merle* § 27 Rn. 109).

5. Gemeinschaftliche Angelegenheiten der Wohnungseigentü- 99
mer. Die Verpflichtungen und Befugnisse des Verwalters gegenüber den Wohnungseigentümern und gegenüber der Gemeinschaft bestehen nur insoweit, als es sich um Verpflichtungen handelt, die nicht einzelne Wohnungseigentümer selbständig treffen (Bärmann/Pick/Merle/*Merle* § 27 Rn. 110; Weitnauer/*Lüke* § 27 Rn. 13).

Dies bedeutet, dass Grundsteuern, die nur das einzelne Woh- 100
nungseigentum betreffen, von den jeweiligen Wohnungseigentümer an den Steuergläubiger abzuführen sind. Gleiches gilt für hypothekarische oder sonstige Belastungen, die nicht das Gesamtobjekt, sondern nur das einzelne Wohnungseigentum betreffen.

VII. Zahlungen/Leistungen (Abs. 1 Nr. 5)

101 § 27 Abs. 1 Nr. 5 (= § 27 Abs. 2 Nr. 2 a. F.) berechtigt und verpflichtet den Verwalter sowohl gegenüber den Wohnungseigentümern als auch gegenüber der Gemeinschaft der Wohnungseigentümer, alle Zahlungen und Leistungen zu bewirken und entgegenzunehmen, die mit der laufenden Verwaltung des gemeinschaftlichen Eigentums zusammenhängen.

102 **1. Zahlungen.** Zahlungen sind sowohl bare Zahlungen als auch unbare.

103 **2. Leistungen.** „Leistungen" ist der Oberbegriff für Zahlungen und sonstige Leistungen. Daher ist die gesonderte Erwähnung der „Zahlungen" gegenstandslos. Gleichwohl hat der Gesetzgeber die „Zahlungen" besonders genannt – wohl weil es sich um den Regelfall der Leistungen handelt.

104 Zu den Leistungen gehören auch Bauleistungen, zu deren Abnahme der Wohnungseigentumsverwalter berechtigt ist (Bärmann/Pick/Merle/*Merle* § 27 Rn. 113).

105 **3. Bewirken/entgegennehmen.** Die Bewirkung von Zahlungen/Leistungen besteht darin, die Zahlung zu tätigen, die Leistung zu erbringen, also beispielsweise Verpflichtungen der Wohnungseigentümer/der Gemeinschaft der Wohnungseigentümer zu erfüllen.

106 Die Befugnis und die Verpflichtung, Zahlungen und Leistungen entgegenzunehmen betrifft insbesondere die Fälle, in denen gemeinschaftliches Eigentum vermietet ist (Bärmann/Pick/Merle/*Merle* § 27 Rn. 113). Aus § 27 Abs. 1 Nr. 4 resultiert jedoch nur die Befugnis zur Abwicklung des Zahlungsverkehrs. Eine Befugnis zum Abschluss oder zur Kündigung eines Mietvertrages resultiert daraus nicht.

107 **4. Verwaltung des gemeinschaftlichen Eigentums.** Die Bewirkung/Entgegennahme der Zahlungen/Leistungen muss mit der laufenden Verwaltung des gemeinschaftlichen Eigentums zusammenhängen, damit der Verwalter insoweit berechtigt/verpflichtet ist.

108 Zur Frage, was Gegenstand des gemeinschaftlichen Eigentums und was Gegenstand des Sondereigentums ist, siehe die Erläuterungen zu §§ 1, 5.

109 Zum gemeinschaftlichen Eigentum gehört insbesondere das Verwaltungsvermögen. Dies besteht aus den im Rahmen der gesamten Verwaltung des gemeinschaftlichen Eigentums gesetzlich begründeten und rechtsgeschäftlich erworbenen Sachen und Rechte sowie den entstandenen Verbindlichkeiten. Einzelheiten siehe die Erläuterungen zu § 10 Abs. 7 n. F.

Die Zahlungen/Leistungen müssen mit der „laufenden" Verwaltung des gemeinschaftlichen Eigentums zusammenhängen. Das sind beispielsweise Zahlungen an Versicherungsunternehmen, Hausmeister, Reinigungsunternehmer, Energieversorgungsunternehmen, Zahlungen für die Müllabfuhr, der Werklohn für Instandsetzungs- und Instandhaltungsarbeiten (vgl. Bärmann/Pick/Merle/*Merle* § 27 Rn. 114). 110

Auch die Entgegennahme des Betrages, den ein Wohnungseigentümer auf Grund eines Kostenfestsetzungsbeschlusses zu erstatten hat, fällt unter „laufende" Verwaltung (BayObLG NJW-RR 1995, 852). 111

VIII. Gelder verwalten (Abs. 1 Nr. 6)

§ 27 Abs. 1 Nr. 6 berechtigt und verpflichtet den Verwalter, „eingenommene" Gelder zu verwalten. Die Vorschrift ist mit Wirkung vom 1. 7. 2007 neu gefasst worden. 112

1. Eingenommene Gelder. In der bis zum 30. 6. 2007 geltenden Fassung (§ 27 Abs. 1 Nr. 4 a. F.) regelte der Gesetzgeber nur die Verwaltung „gemeinschaftlicher" Gelder. 113

Einigkeit bestand darin, dass es sich dabei sowohl um Bargeld (die Portokasse des Verwalters) und um Forderungen gegen ein Kreditinstitut (Kontostände) handelte. Es musste sich weiterhin um Gelder handeln, welche die Wohnungseigentümer für die gemeinschaftliche Verwaltung geleistet hatten, also regelmäßig die gemäß § 28 Abs. 2 zu leistenden Vorschüsse. 114

In der seit dem 1. 7. 2007 geltenden Fassung wird nicht mehr auf die Gemeinschaftlichkeit der Gelder abgestellt, sondern darauf, dass die Gelder eingenommen wurden. In der Literatur wird die Auffassung vertreten, dass es sich dabei lediglich um eine „sprachliche Anpassung" an § 10 Abs. 7 Satz 3 n. F. handele, wonach zum Verwaltungsvermögen insbesondere die Ansprüche und Befugnisse aus Rechtsverhältnissen mit Dritten und Wohnungseigentümern „sowie die eingenommenen Gelder" gehören (*Blankenstein* WEG-Reform, 2007, S. 180, 7.6.1.6). 115

Diese Rechtsauffassung lässt außer Betracht, dass § 10 Abs. 7 Satz 3 zum Verwaltungsvermögen die Ansprüche und Befugnisse aus Rechtsverhältnissen einerseits und die eingenommenen Gelder andererseits zählt. Es wird nicht darauf abgestellt, dass es sich um Gelder handelt, die die einzelnen Wohnungseigentümer oder den Verband betreffen. Es wird auch nicht darauf abgestellt, wer die Gelder eingenommen hat. Lediglich im Wege einer teleologischen Reduktion kommt man zum Ergebnis, dass die nunmehr vom Gesetzgeber geregelten „eingenommenen" Gelder mit den bis zum 30. 6. 2007 geregelten „gemeinschaftlichen" Geldern identisch sind. 116

117 **2. Verwalten.** Die Verwaltungsbefugnis des Verwalters aus § 27 Abs. 1 Nr. 6 umfasst nach h. M. die Befugnis des Verwalters, über die gemeinschaftlichen Gelder zu verfügen, soweit er die finanziellen Mittel für solche Maßnahmen verwendet, deren Erfüllung ihm nach dem Gesetz, nach Vereinbarungen, Beschlüssen oder aus dem Verwaltervertrag obliegen (Bärmann/Pick/Merle/*Merle* § 27 Rn. 84; Weitnauer/*Lüke* § 27 Rn. 27).

118 Aus der Verwaltungsbefugnis des Verwalters aus § 27 Abs. 1 Nr. 4 a. F. wurde bislang schon seine Berechtigung und Verpflichtung zur Kontenführung hergeleitet (Bärmann/Pick/Merle/*Merle* § 27 Rn. 85). Die dahin gehende Berechtigung und Verpflichtung ergibt sich seit dem 1. 7. 2007 aus § 27 Abs. 3 Nr. 5 (siehe dort).

IX. Unterrichtungspflicht (Abs. 1 Nr. 7)

119 § 27 Abs. 1 Nr. 7 berechtigt und verpflichtet den Wohnungseigentumsverwalter dazu, die Wohnungseigentümer unverzüglich darüber zu unterrichten, dass ein Rechtsstreit gemäß § 43 anhängig ist. Im Gesetzentwurf der Bundesregierung über ein Gesetz zur Änderung des Wohnungseigentumsgesetzes und anderer Gesetze vom 8. 3. 2006 war ursprünglich formuliert, dass die Unterrichtungspflicht nur den Fall betrifft, dass ein Rechtsstreit auf Erfüllung „seiner Pflichten" anhängig ist. Dem Bundesrat war diese Einschränkung zu weitgehend. Er verlangte, dass der Verwalter die Wohnungseigentümer nicht nur über Rechtsstreitigkeiten auf Erfüllung seiner eigenen Pflichten, sondern über alle Rechtsstreitigkeiten gemäß § 43, in denen er gemäß § 45 Abs. 1 Zustellungsvertreter ist, zu unterrichten.

120 Die Unterrichtungspflicht ist eingeführt worden, um sicherzustellen, dass sich einzelne Miteigentümer als Nebenintervenienten an dem jeweiligen Rechtsstreit beteiligen können (siehe im Einzelnen § 66 ZPO). Voraussetzung ist, dass derjenige Wohnungseigentümer, der sich an dem Rechtsstreit beteiligen will, ein rechtliches Interesse hat (§ 66 Abs. 1 ZPO).

X. Erklärungspflicht (Abs. 1 Nr. 8)

121 § 27 Abs. 1 Nr. 8 verpflichtet die Wohnungseigentümer, die Erklärungen abzugeben, die zur Vornahme der in § 21 Abs. 5 Nr. 6 bezeichneten Maßnahmen erforderlich sind. Dies sind alle Maßnahmen, die zur Herstellung einer Fernsprechteilnehmereinrichtung, einer Rundfunkempfangsanlage oder eines Energieversorgungsanschlusses zugunsten eines Wohnungseigentümers erforderlich sind. Siehe im Einzelnen die Anmerkungen zu § 21 Abs. 5 Nr. 6.

B. Rechte des Verwalters aus § 27 Abs. 2 (Wohnungseigentümer)

§ 27 differenziert in Abs. 2 und Abs. 3 zwischen Berechtigungen des Verwalters, die alle Wohnungseigentümer betreffen (Abs. 2), und solchen Berechtigungen, die die Gemeinschaft der Wohnungseigentümer betreffen (Abs. 3). Diese Differenzierung ist die Konsequenz aus der Teilrechtsfähigkeit der Wohnungseigentümergemeinschaft (BGH NJW 2005, 2061). 122

§ 27 Abs. 2 betrifft die Berechtigungen gegenüber den Wohnungseigentümern. 123

I. Willenserklärungen/Zustellungen (Abs. 2 Nr. 1)

§ 27 Abs. 2 Nr. 1 dient dem Interesse der Allgemeinheit an einer sachgerechten Abwicklung des Rechtsverkehrs mit „so komplizierten Gebilden wie Wohnungseigentümergemeinschaften" (Bärmann/Pick/Merle/*Merle* § 27 Rn. 115). 124

1. Willenserklärungen. Dem Verwalter wird Vertretungsmacht beim Empfang von Willenserklärungen eingeräumt, die an alle Wohnungseigentümer in dieser Eigenschaft gerichtet sind. Wenn sie dem Verwalter zugehen (§ 130 BGB), wirken sie gemäß § 164 Abs. 3 Satz 1 BGB für und gegen alle Wohnungseigentümer. Voraussetzung ist, dass der Erklärende seine Erklärung ausdrücklich oder aus den Umständen erkennbar an alle Wohnungseigentümer richtet (Bärmann/Pick/Merle/*Merle* § 27 Rn. 116). 125

Relevant ist diese Alternative des § 27 Abs. 2 Nr. 1 insbesondere in den Fällen, in denen eine auf dem Grundstück lastende Gesamthypothek gekündigt wird oder aber wenn es um die Kündigung eines Mietvertrages über gemeinschaftliches Eigentum geht. 126

§ 181 BGB ist zu beachten. Dementsprechend kann der Verwalter eine eigene Erklärung gegenüber den Wohnungseigentümern für diese nur entgegennehmen, wenn er vom Selbstkontrahierungsverbot befreit ist (Bärmann/Pick/Merle/*Merle* § 27 Rn. 117; KK-WEG/*Abramenko* § 27 Rn. 25). 127

2. Zustellungen. Der Verwalter ist berechtigt, an die Wohnungseigentümer in dieser Eigenschaft gerichtete Zustellungen entgegenzunehmen. In der Praxis geht es um die gerichtliche Zustellung von Klagen, Schriftsätzen, Terminsbestimmungen, Urteilen (weitere Beispiele bei Bärmann/Pick/Merle/*Merle* § 27 Rn. 118). 128

Die Zustellung muss an den Verwalter in seiner Eigenschaft als Verwalter erfolgen und nicht nur in seiner Eigenschaft als Beteiligter in einem gerichtlichen Verfahren. Kommt dies nicht zum 129

Ausdruck, ist die Zustellung unwirksam (BayObLGZ 1993, 18; KK-WEG/*Abramenko* § 27 Rn. 26).

130 § 27 Abs. 2 Nr. 1 gilt auch für Zustellungen im Verwaltungsgerichtsverfahren und in außergerichtlichen Verwaltungsverfahren (Bärmann/Pick/Merle/*Merle* § 27 Rn. 119).

131 **3. Entgegennahme.** § 27 Abs. 2 Nr. 1 räumt dem Verwalter eine gesetzliche Vertretungsmacht für die Entgegennahme von Willenserklärungen/Zustellungen ein. Die Zustellung an den Verwalter steht einer Zustellung an alle Wohnungseigentümer gleich (Bärmann/Pick/Merle/*Merle* § 27 Rn. 120).

132 Unabhängig von der Zahl der Wohnungseigentümer genügt die Zustellung einer einzigen Abschrift oder einer einzigen Ausfertigung des zuzustellenden Schriftstücks an den Verwalter (Weitnauer/*Lüke* § 27 Rn. 16).

133 **4. Verpflichtungen nach Zugang.** Sobald einem Verwalter eine Willenserklärung oder eine Zustellung zugegangen ist, hat er die Wohnungseigentümer zu unterrichten, und zwar unverzüglich (§§ 675, 666 BGB; Bärmann/Pick/Merle/*Merle* § 27 Rn. 121).

134 Wie der Verwalter seiner Informationspflicht nachkommt, ist Sache des Verwalters. Jedenfalls bei nicht eilbedürftigen Angelegenheiten genügt die Information auf der nächsten Eigentümerversammlung. Auch ein Aushang am Anschlagbrett des Objekts genügt, sofern das Anschlagbrett den Wohnungseigentümern bekannt und zugänglich ist (KK-WEG/*Abramenko* § 27 Rn. 28; a. A. Bärmann/Pick/Merle/*Merle* § 27 Rn. 121).

135 Welchen Informationsweg der Verwalter im jeweils einzelnen Fall wählt, ist ohne Bedeutung. Wichtig ist nur, dass alle Wohnungseigentümer rechtzeitig informiert werden. Auf welchem Wege der Wohnungseigentumsverwalter die Information sicherstellt, ist seine Sache.

136 Die Kosten der Information der Wohnungseigentümer sind als allgemeine Verwaltungskosten umzulegen (Bärmann/Pick/Merle/*Merle* § 27 Rn. 121; KK-WEG/*Abramenko* § 27 Rn. 28).

II. Rechtliche Maßnahmen (Abs. 2 Nr. 2)

137 § 27 Abs. 2 Nr. 2 berechtigt den Verwalter, im Namen aller Wohnungseigentümer und mit Wirkung für und gegen sie fristwahrende Maßnahmen zu treffen, ebenso Maßnahmen, die zur Abwendung eines sonstigen Rechtsnachteils erforderlich sind.

138 Als Beispiel nennt § 27 Abs. 2 Nr. 2 die Berechtigung, einen gegen die Wohnungseigentümer gerichteten Rechtsstreit gemäß § 43 Nr. 1, Nr. 4 oder Nr. 5 im Erkenntnisverfahren und im Vollstreckungsverfahren zu führen.

1. Fristwahrung. Fristwahrende Maßnahmen im Sinne des § 27 139
Abs. 2 Nr. 2 sind „juristische Erhaltungsakte", zu deren Regelung
durch die Wohnungseigentümer insbesondere wegen Eilbedürftigkeit keine Gelegenheit mehr besteht (Bärmann/Pick/Merle/*Merle*
§ 27 Rn. 133).

Das sind insbesondere die Fälle, in denen fristgebundene 140
Rechtsmittel eingelegt werden, Anfechtungsfristen eingehalten
werden müssen oder Gewährleistungsfristen einzuhalten sind
(KK-WEG/*Abramenko* § 27 Rn. 33).

Auch die Einleitung eines selbständigen Beweisverfahrens ist 141
von § 27 Abs. 2 Nr. 2 umfasst, wenn Verjährung wegen der betroffenen Baumängel droht (BGHZ 78, 172). Gleiches gilt für die
fristwahrende Inanspruchnahme eines Gewährleistungsbürgen
(OLG Düsseldorf NJW-RR 1993, 470).

2. Rechtsnachteile abwenden. Unter „Abwendung eines sonsti- 142
gen Rechtsnachteils" fallen z. B. Anträge in Zwangsversteige-
rungs-, Zwangsverwaltungs- oder Vollstreckungsschutzverfahren
ebenso wie die Geltendmachung eines Grundbuchberichtigungs-
anspruchs.

Auch die Beantragung vorläufigen Rechtsschutzes gegenüber 143
bauaufsichtlichen Anordnungen nach § 80 Abs. 5 VwGO fällt
unter „Abwendung eines sonstigen Rechtsnachteils" (Bärmann/
Pick/Merle/*Merle* § 27 Rn. 135).

3. Rechtsstreit führen. Als Unterfall der „Abwendung eines 144
sonstigen Rechtsnachteils" nennt § 27 Abs. 2 Nr. 2 die Führung
eines Rechtsstreits, der gegen die Wohnungseigentümer gerichtet
ist.

Genannt werden Rechtsstreitigkeiten gemäß § 43 Nr. 1, Nr. 4 145
oder Nr. 5.

Rechtsstreitigkeiten gemäß § 43 Nr. 1 sind Streitigkeiten über 146
die sich aus der Gemeinschaft der Wohnungseigentümer und aus
der Verwaltung des gemeinschaftlichen Eigentums ergebenden
Rechte und Pflichten der Wohnungseigentümer untereinander.

Rechtsstreitigkeiten gemäß § 43 Nr. 4 sind Streitigkeiten über 147
die Gültigkeit von Beschlüssen der Wohnungseigentümer.

Rechtsstreitigkeiten gemäß § 43 Nr. 5 sind Klagen Dritter, die 148
sich gegen die Gemeinschaft der Wohnungseigentümer oder gegen Wohnungseigentümer richten und sich auf das gemeinschaftliche Eigentum, seine Verwaltung oder das Sondereigentum beziehen.

Die Berechtigung des Verwalters aus § 27 Abs. 2 Nr. 4 betrifft 149
sowohl das Erkenntnisverfahren als auch das Vollstreckungsverfahren.

III. Ansprüche geltend machen (Abs. 2 Nr. 3)

150 § 27 Abs. 2 Nr. 3 berechtigt den Verwalter, im Namen aller Wohnungseigentümer und mit Wirkung für und gegen sie Ansprüche gerichtlich und außergerichtlich geltend zu machen, sofern er hierzu entweder durch eine Vereinbarung oder durch einen mit Stimmenmehrheit gefassten Beschluss der Wohnungseigentümer ermächtigt ist.

151 § 27 Abs. 2 Nr. 3 erfasst sowohl Verfahren gegen Wohnungseigentümer, z. B. Ansprüche auf rückständiges Wohngeld (Bärmann/Pick/Merle/*Merle* § 27 Rn. 164; KK-WEG/*Abramenko* § 27 Rn. 36; BayObLG NJW-RR 1992, 82), als auch Verfahren gegen Nicht-Wohnungseigentümer (KK-WEG/*Abramenko* § 27 Rn. 35), z. B. Ansprüche aus Verträgen mit Lieferanten oder aus Verträgen mit Handwerkern über die Instandsetzung des gemeinschaftlichen Eigentums, die im Rahmen der Verwaltung des gemeinschaftlichen Eigentums abgeschlossen wurden.

152 Auch Unterlassungsansprüche aus § 1004 BGB oder aus unerlaubter Handlung wegen Verletzung des gemeinschaftlichen Eigentums sowie Ansprüche gegen einen früheren Verwalter auf Herausgabe der Verwaltungsunterlagen oder auf Schadensersatz wegen schuldhafter Verletzung des Verwaltervertrages kommen in Betracht (Bärmann/Pick/Merle/*Merle* § 27 Rn. 159).

153 **1. Gerichtlich.** Wenn es sich um die gerichtliche Geltendmachung von Ansprüchen im Namen aller Wohnungseigentümer mit Wirkung für und gegen sie handelt, setzt § 27 Abs. 2 Nr. 3 eine gesonderte Ermächtigung voraus. Einzelheiten siehe Rn. 155 ff.

154 **2. Außergerichtlich.** § 27 Abs. 2 Nr. 3 verlangt auch für die außergerichtliche Geltendmachung von Ansprüchen im Namen aller Wohnungseigentümer mit Wirkung für und gegen sie eine gesonderte Ermächtigung.

155 **3. Ermächtigung.** Die gemäß § 27 Abs. 2 Nr. 3 erforderliche Ermächtigung zur gerichtlichen oder außergerichtlichen Geltendmachung von Ansprüchen kann entweder in einer Vereinbarung enthalten sein oder in einem Beschluss.

156 Auch eine Ermächtigung im Verwaltervertrag ist zulässig (Bärmann/Pick/Merle/*Merle* § 27 Rn. 144).

157 **a) Durch Vereinbarung.** Die Ermächtigung des Verwalters zur gerichtlichen oder außergerichtlichen Geltendmachung von Ansprüchen kann schon nach dem Wortlaut des § 27 Abs. 2 Nr. 3 in einer Vereinbarung enthalten sein. Regelmäßig in der Gemeinschaftsordnung. Auch eine Ermächtigung in der Teilungserklärung ist zulässig (Bärmann/Pick/Merle/*Merle* § 27 Rn. 145).

Die vereinbarte Ermächtigung ist grundsätzlich jederzeit widerrufbar (Bärmann/Pick/Merle/*Merle* § 27 Rn. 146; KK-WEG/*Abramenko* § 27 Rn. 39). Der Widerruf bedarf dann jedoch wiederum einer Vereinbarung. 158

b) Durch Beschluss. Die Ermächtigung im Beschlusswege ist in § 27 Abs. 2 Nr. 3 ausdrücklich vorgesehen. Die bislang diskutierte Frage, ob es sich um einen Mehrheitsbeschluss oder um einen einstimmigen Beschluss handeln muss (vgl. Bärmann/Pick/Merle/ *Merle* § 27 Rn. 140), ist durch die Neufassung des § 27 seit dem 1. 7. 2007 eindeutig geregelt. Es reicht ein Beschluss mit Stimmenmehrheit der Wohnungseigentümer. 159

c) Im Verwaltervertrag. Die Ermächtigung zur gerichtlichen oder außergerichtlichen Geltendmachung von Ansprüchen zugunsten aller Wohnungseigentümer kann nach h. M. auch im Verwaltervertrag enthalten sein (umfangreiche Rechtsprechungsnachweise bei Bärmann/Pick/Merle/*Merle* § 27 Rn. 144 Fn. 7). 160

IV. Vergütungsvereinbarungen

§ 27 Abs. 2 Nr. 4 berechtigt den Verwalter, im Namen aller Wohnungseigentümer und mit Wirkung für und gegen sie mit einem Rechtsanwalt Vergütungsvereinbarungen zu treffen. 161

1. RVG-Bestimmungen. § 4 Abs. 1 RVG bestimmt, dass aus einer Vereinbarung eine höhere als die gesetzliche Vergütung nur gefordert werden kann, wenn die Erklärung des Auftraggebers (= die Wohnungseigentümer) schriftlich abgegeben und nicht in der Vollmacht enthalten ist (§ 4 Abs. 1 Satz 1 RVG). 162

Ist das Schriftstück, in dem die Vergütung geregelt wird, nicht von den Wohnungseigentümern oder dem Verwalter verfasst, muss es als „Vergütungsvereinbarung" bezeichnet sein. Die Vergütungsvereinbarung muss von anderen Vereinbarungen deutlich abgesetzt sein (§ 4 Abs. 1 Satz 2 RVG). 163

2. Ermächtigungsgrenzen. Die Berechtigung zum Abschluss von Vergütungsvereinbarungen ist doppelt beschränkt. Einmal dürfen es nur Vergütungsvereinbarungen sein, die Rechtsstreitigkeiten gemäß § 43 Nr. 1, Nr. 4 oder Nr. 5 betreffen. Zum Zweiten findet eine Streitwertbegrenzung statt. 164

a) Betroffene Rechtsstreitigkeiten. Die Berechtigung des Verwalters zum Abschluss einer Vergütungsvereinbarung betrifft nur die Fälle des § 43 Nr. 1, Nr. 4 und Nr. 5. 165

Fälle des § 43 Nr. 1 sind Streitigkeiten über die sich aus der Gemeinschaft der Wohnungseigentümer und aus der Verwaltung des gemeinschaftlichen Eigentums ergebenden Rechte und Pflichten der Wohnungseigentümer untereinander. 166

167 Fälle des § 43 Nr. 4 sind Streitigkeiten über die Gültigkeit von Beschlüssen der Wohnungseigentümer.

168 Fälle des § 43 Nr. 5 sind Klagen Dritter, die sich gegen die Gemeinschaft der Wohnungseigentümer oder gegen Wohnungseigentümer richten und sich auf das gemeinschaftliche Eigentum, seine Verwaltung oder das Sondereigentum beziehen.

169 Einzelheiten siehe in den Erläuterungen zu § 43 Nr. 1, Nr. 4, Nr. 5.

170 **b) Streitwertbegrenzung.** Der Verwalter ist berechtigt zu vereinbaren, dass sich die Gebühren des Anwalts nach einem höheren als dem gesetzlichen Streitwert bemessen. Als Obergrenze ist jedoch der gemäß § 49a Abs. 1 Satz 1 des GKG bestimmte Streitwert vorgegeben.

171 *(1) Gesetzlicher Streitwert.* Der gesetzliche Streitwert ermittelt sich nach den Vorschriften des ZPO (§§ 2 ff.).

172 *(2) § 49a Abs. 1 Satz 1 GKG.* Gemäß § 49a Abs. 1 Satz 1 GKG ist in Wohnungseigentumssachen der Streitwert auf 50 Prozent des Interesses der Parteien und aller Beigeladenen an der Entscheidung fest zu setzen.

173 Der Streitwert darf das Interesse des Klägers und der auf seiner Seite Beigetretenen an der Entscheidung nicht unterschreiten und das Fünffache des Wertes ihres Interesses nicht überschreiten (§ 49a Abs. 1 Satz 2 GKG).

174 Der Streitwert darf in keinem Fall den Verkehrswert des Wohnungseigentums des Klägers und der auf seiner Seite Beigetretenen übersteigen (§ 49a Abs. 1 Satz 3 GKG).

C. Rechte des Verwalters aus § 27 Abs. 3 (Verband)

175 Seit der Teilrechtsfähigkeits-Entscheidung des BGH (NJW 2005, 2061) ist in der Praxis in jedem einzelnen Fall zu klären, ob Ansprüche den Wohnungseigentümern oder dem Verband als solchem zustehen.

176 Die Teilrechtsfähigkeits-Entscheidung des BGH hat den Gesetzgeber gezwungen, im Gesetz zur Änderung des Wohnungseigentumsgesetzes und anderer Gesetze vom 26. 3. 2007 (BGBl. I S. 370) zwischen den Wohnungseigentümern als solchen (§ 27 Abs. 2) und der Gemeinschaft der Wohnungseigentümer (= der Verband, § 27 Abs. 3) zu unterscheiden.

177 Nach der seit dem 2. 6. 2005 ergangenen Rechtsprechung ist beispielsweise der Verband betroffen, wenn es um Herausgabeansprüche gegen einen Wohnungseigentumsverwalter bezogen auf die Verwaltungsunterlagen geht (OLG München NJW-RR 2006, 1024); um nachbarrechtliche Ansprüche (LG Würzburg vom 13. 12. 2005, 64 O 1887/05); um Schadensersatzansprüche gegen

den Wohnungseigentumsverwalter (LG Mönchen-Gladbach BeckRS 2007, 2379); um Schadensersatzansprüche wegen der Verletzung von Verkehrssicherungspflichten (OLG München NJW 2006, 1293 = IBR 2005, 715); um Wohngeldrückforderungsansprüche (OLG München NZM 2006, 704).

Angesichts der teilweise wortgleichen Regelungen in § 27 Abs. 2 betreffend die Wohnungseigentümer und § 27 Abs. 3 betreffend den Verband ist hinsichtlich der Bestimmungen des § 27 Abs. 3 weitgehend auf die Erläuterungen zu § 27 Abs. 2 zu verweisen. **178**

I. Willenserklärungen/Zustellungen (Abs. 3 Satz 1 Nr. 1)

1. **Willenserklärungen.** Siehe Rn. 125 ff. **179**

2. **Zustellungen.** Siehe Rn. 128 ff. **180**

3. **Entgegennahme.** Siehe Rn. 131 f. **181**

4. **Verpflichtungen nach Zugang.** Siehe Rn. 133 ff. **182**

II. Rechtliche Maßnahmen (Abs. 3 Satz 1 Nr. 2)

Auch hinsichtlich der Berechtigung, im Namen der Gemeinschaft der Wohnungseigentümer mit Wirkung für und gegen sie bestimmte rechtliche Maßnahmen durchzuführen, entspricht § 27 Abs. 3 Nr. 2 dem Regelungsgehalt des § 27 Abs. 2 Nr. 2. **183**

Unterschiede im Regelungsgehalt ergeben sich lediglich daraus, dass aus den Aktivitäten des Verwalters gemäß § 27 Abs. 3 nicht die Wohnungseigentümer verpflichtet werden, sondern die Gemeinschaft der Wohnungseigentümer. **184**

Außerdem ergibt sich ein Unterschied im Regelungsgehalt dahin gehend, dass andere Rechtsstreitigkeiten erfasst werden. **185**

1. **Fristwahrung.** Siehe Rn. 139 ff. **186**

2. **Rechtsnachteile abwenden.** Siehe Rn. 142 f. **187**

3. **Rechtsstreit führen.** Der Regelungsgehalt des § 27 Abs. 3 (Verband) unterscheidet sich vom Regelungsgehalt des § 27 Abs. 2 (Wohnungseigentümer) dahin gehend, dass die Berechtigung des Verwalters betreffend den Verband andere Rechtsstreitigkeiten betrifft als § 27 Abs. 2. **188**

a) **Fälle des § 43 Nr. 2.** § 43 Nr. 2 betrifft Streitigkeiten über die Rechte und Pflichten zwischen der Gemeinschaft der Wohnungseigentümer und den Wohnungseigentümern. **189**

Betroffen sind z. B. die Fälle, in denen es um rückständiges Hausgeld/Wohngeld geht (OLG München NZM 2006, 704). **190**

§ 27   I. Teil. Wohnungseigentum

191   b) **Fälle des § 43 Nr. 5.** § 43 Nr. 5 betrifft Klagen Dritter, die sich gegen die Gemeinschaft der Wohnungseigentümer oder gegen Wohnungseigentümer richten und sich auf das gemeinschaftliche Eigentum, seine Verwaltung oder das Sondereigentum beziehen.

192   Betroffen sind z. B. die Fälle, in denen es um die Verletzung von Verkehrssicherungspflichten durch die Gemeinschaft geht (OLG München NJW 2006, 1293 = IBR 2005, 715).

193   c) **Sonstige Fälle.** § 27 Abs. 3 Nr. 2 nennt als Maßnahmen zur Abwendung eines sonstigen Rechtsnachteils die Verfahren nach § 43 Nr. 2, § 43 Nr. 5 nur exemplarisch.

194   Andere Verfahren unterfallen ebenfalls § 27 Abs. 3 Nr. 2. Voraussetzung ist lediglich, dass sie einen Rechtsstreit gegen die Gemeinschaft der Wohnungseigentümer betreffen und nicht gegen die Wohnungseigentümer als solche.

195   § 27 Abs. 3 Nr. 2 ist schon dem Wortlaut nach nicht abschließend („insbesondere").

III. Instandhaltung/Instandsetzung (Abs. 3 Satz 1 Nr. 3)

196   § 27 Abs. 3 Nr. 3 entspricht § 27 Abs. 1 Nr. 2, soweit es um die „laufenden Maßnahmen" geht. Diese seit dem 1. 7. 2007 geltende Regelung entspricht der auch bislang schon herrschenden Rechtsauffassung, wonach Instandhaltungs-/-setzungsarbeiten in Auftrag zu geben grundsätzlich Sache der Wohnungseigentümer ist (KK-WEG/*Abramenko* § 27 Rn. 13 m. w. N.). Dies gilt grundsätzlich auch für „kleinere" Reparatur- und Wartungsarbeiten, da eine Unterscheidung zu „größeren" Arbeiten dogmatisch nicht möglich ist (KK-WEG/*Abramenko* § 27 Rn. 14).

197   *Merle* verweist zu Recht darauf, dass Versuche, dem Verwalter eine gesetzliche Vertretungsmacht zuzusprechen, sobald es sich um „laufende Reparaturen", „unproblematische Maßnahmen", „notwendige Ersatzbeschaffungen", „sonstige Maßnahmen geringeren Umfangs" handelt, nicht überzeugen (Bärmann/Pick/Merle/ *Merle* § 27 Rn. 62). Zwar käme es den Anforderungen der Praxis entgegen, dem Verwalter für Fälle von geringer Bedeutung eine gesetzliche Vertretungsmacht zuzubilligen. Dogmatisch begründbar ist dies jedoch nicht. Daher ist es zu begrüßen, dass durch das Gesetz zur Änderung des Wohnungseigentumsgesetzes und anderer Gesetze vom 26. 3. 2007 (BGBl. I S. 370) für die Fälle, die als „laufende" Maßnahme definiert werden können, dem Verwalter die Berechtigung eingeräumt worden ist.

198   Zur „laufenden" Verwaltung gehören sicherlich alle Maßnahmen, die regelmäßig erforderlich sind, beispielsweise die Reinigung der Dachrinnen im Spätherbst, das Beschneiden von Bäu-

men und Büschen im Jahresturnus, Wartungs- und Inspektionsarbeiten. Dahin gehende Verträge im Namen der Gemeinschaft mit Wirkung für und gegen sie abzuschließen, ist der Verwalter aus § 27 Abs. 3 Nr. 3 befugt.

Zu den „laufenden" Maßnahmen gehören auch solche, die 199 nicht regelmäßig (siehe vorstehende Rn.) aber erfahrungsgemäß anfallen, beispielsweise das Auswechseln durchgebrannter Glühbirnen, die Beseitigung von Sturmschäden, der Ersatz zerbrochener Fensterscheiben.

Maßstab zur Beantwortung der Frage, ob der Verwalter aus 200 § 27 Abs. 3 Nr. 3 berechtigt ist, sollte sein, ob ein Zuwarten bis zur nächsten turnusmäßigen Wohnungseigentümerversammlung sachgerecht ist oder nicht.

IV. Maßnahmen gemäß § 27 Abs. 1 Nr. 3, 4, 5, 8 (Abs. 3 Satz 1 Nr. 4)

§ 27 Abs. 3 Satz 1 Nr. 4 berechtigt den Verwalter, im Namen 201 der Gemeinschaft Maßnahmen gemäß § 27 Abs. 1 Nr. 3, 4, 5, 8 zu treffen.

Siehe dazu die Erläuterungen zu § 27 Abs. 1 Nr. 3 (Rn. 80 ff.), 202 Nr. 4 (Rn. 85 ff.), Nr. 5 (Rn. 101 ff.), Nr. 8 (Rn. 121).

V. Kontoführung (Abs. 3 Satz 1 Nr. 5)

Gemäß § 27 Abs. 1 Nr. 6 hat der Verwalter sowohl gegenüber 203 den Wohnungseigentümern als auch gegenüber der Gemeinschaft der Wohnungseigentümer die Berechtigung und Verpflichtung, eingenommene Gelder zu verwalten.

§ 27 Abs. 3 Nr. 5 ergänzt diese Regelung dahin gehend, dass 204 der Verwalter im Namen der Gemeinschaft der Wohnungseigentümer berechtigt ist, mit Wirkung für und gegen sie im Rahmen der Verwaltung der eingenommenen Gelder Konten zu führen.

1. Eingenommene Gelder. Siehe Rn. 113 ff. 205

2. Verwaltung der Gelder. Siehe Rn. 117 f. 206
a) Kontoeröffnung. Im Rahmen seiner Befugnisse ist der Ver- 207 walter ab dem Zeitpunkt der Übertragung der Verwalterbefugnisse zumindest konkludent zur Eröffnung eines Kontos ermächtigt (KK-WEG/*Abramenko* § 27 Rn. 20).

Die Führung gesonderter Konten ist schon im Hinblick auf 208 § 27 Abs. 5 geboten, wonach der Verwalter verpflichtet ist, eingenommene Gelder von seinem Vermögen gesondert zu halten.

In der Praxis führt der Verwalter zwei Konten für die Gemein- 209 schaft. Einmal ein Girokonto, aus dem die laufenden Zahlungen für die Gemeinschaft bestritten werden. Zweitens ein Festgeldkonto, auf dem die angesammelten Gelder der Instandhaltungsrücklage verzinslich angelegt sind.

210 Die Konten müssen entweder als offene Fremdgeldkonten oder als offene Treuhandkonten angelegt sein. Beide Formen sind zulässig (OLG Hamburg BeckRS 2007, 2237; BGH NJW 1996, 65).

211 Anderer Ansicht ist KK-WEG/*Abramenko* § 27 Rn. 20, der die Auffassung vertritt, dass ein offenes Treuhandkonto keinen ausreichenden Schutz gegen den Zugriff von Gläubigern des Verwalters bietet. Beim offenen Treuhandkonto ist der Verwalter Kontoinhaber, so dass der Gemeinschaft der Wohnungseigentümer nach allgemeinen Grundsätzen nur die Widerspruchsklage nach § 771 ZPO oder in der Insolvenz des Verwalters nur ein Aussonderungsrecht bleibt. Dies setzt jedoch eine Kenntnis von der Pfändungsmaßnahme voraus, die mangels Informationspflicht des jeweiligen Kreditinstitutes keineswegs sicher gewährleistet ist (KK-WEG/*Abramenko* § 27 Rn. 20).

212 Dass in der Praxis neben den genannten Konten eine Barkasse vorhanden ist, aus der kleinere Ausgaben in bar getätigt werden, ist ständige Praxis und von der Befugnis des Verwalters gedeckt (KK-WEG/*Abramenko* § 27 Rn. 21).

213 b) **Kontoführung.** Die Befugnis zur Führung von Konten beinhaltet alle Maßnahmen, die gerade daraus resultieren, dass Geschäfte unbar abgewickelt werden, z. B. die Erteilung von Abbuchungserlaubnissen, die Tätigung von Überweisungen, Barabhebungen etc., auch Verhandlungen mit der kontoführenden Stelle im Namen der Gemeinschaft der Wohnungseigentümer über die Höhe der Sollzinssätze oder Habenzinssätze sind umfasst.

214 c) **Kontoüberziehung/Darlehensaufnahme.** Eine Kreditaufnahmebefugnis folgt weder aus § 27 Abs. 1 Nr. 4 a. F. (OLG Celle NJW-RR 2006, 1307) noch aus § 27 Abs. 3 Nr. 5 n. F.

VI. Vergütungsvereinbarung (Abs. 3 Satz 1 Nr. 6)

215 § 27 Abs. 3 Nr. 6 berechtigt und verpflichtet den Verwalter, mit einem Rechtsanwalt wegen eines Rechtsstreits gemäß § 43 Nr. 2 oder Nr. 5 eine Vergütung gemäß § 27 Abs. 2 Nr. 4 zu vereinbaren.

216 1. **Rechtsstreit gemäß § 43 Nr. 2, Nr. 5.** Rechtsstreitigkeiten gemäß § 43 Nr. 2 sind solche über die Rechte und Pflichten zwischen der Gemeinschaft der Wohnungseigentümer und Wohnungseigentümern.

217 Rechtsstreitigkeiten gemäß § 43 Nr. 5 sind Klagen Dritter, die sich gegen die Gemeinschaft der Wohnungseigentümer oder ge-

gen Wohnungseigentümer richten und sich auf das gemeinschaftliche Eigentum, seine Verwaltung oder das Sondereigentum beziehen.
Einzelheiten siehe in den Erläuterungen zu § 43 Nr. 2, Nr. 5. 218

2. Vergütungsvereinbarung gemäß § 27 Abs. 2 Nr. 4. Vergütungs- 219
vereinbarungen gemäß § 27 Abs. 2 Nr. 4 sind der Höhe nach begrenzt. Siehe im Einzelnen die Erläuterungen zu § 27 Abs. 2 Nr. 4.

VII. Sonstige Rechtsgeschäfte (Abs. 3 Satz 1 Nr. 7)

§ 27 Abs. 3 Nr. 7 berechtigt und verpflichtet den Verwalter im 220
Namen der Gemeinschaft der Wohnungseigentümer mit Wirkung für und gegen sie sonstige Rechtsgeschäfte und Rechtshandlungen vorzunehmen, soweit er hierzu durch Vereinbarung oder Beschluss der Wohnungseigentümer mit Stimmenmehrheit ermächtigt ist.

§ 27 Abs. 3 Nr. 1 bis Nr. 6 sind die Konsequenz aus der Teil- 221
rechtsfähigkeits-Entscheidung des BGH vom 2. 6. 2005. Der Gesetzgeber ist sich jedoch des Umstandes bewusst gewesen, dass die Aufzählung in § 27 Abs. 3 Nr. 1 bis 6 nicht alle Fälle des täglichen Lebens erfasst. Er hat daher in § 27 Abs. 3 Nr. 7 eine „Generalklausel" geschaffen, die es den Wohnungseigentümern ermöglicht, die Befugnisse des Verwalters auszuweiten. Die Handlungsfähigkeit der teilrechtsfähigen Gemeinschaft soll dadurch gestärkt werden.

1. Rechtsgeschäfte. Mangels sprachlicher Einschränkung sind 222
alle Arten von Rechtsgeschäften erfasst, gleichgültig ob es sich um einseitige Rechtsgeschäfte handelt oder nicht, um empfangsbedürftige Willenserklärungen oder nicht, um Gestaltungserklärungen etc. Der Gesetzgeber hat bewusst keine Einschränkung vorgenommen.

2. Rechtshandlungen. Der Kreis der Befugnisse des Verwalters 223
kann auch dahin gehend erweitert werden, dass ihm die Kompetenz eingeräumt wird, tatsächliche Handlungen mit rechtlicher Auswirkung vorzunehmen.

3. Ermächtigung. Die Ermächtigung, sonstige Rechtsgeschäfte 224
und Rechtshandlungen vorzunehmen, kann dem Verwalter entweder durch Vereinbarung oder durch Beschluss der Wohnungseigentümer mit Stimmenmehrheit eingeräumt werden.

Die Ermächtigung muss nicht auf einzelne Rechtsgeschäfte 225
oder einzelne Rechtshandlungen beschränkt sein. Auch eine „Generalbevollmächtigung" des Verwalters entspricht nach den Vorstellungen des Gesetzgebers ordnungsmäßiger Verwaltung (*Blankenstein* WEG-Reform, 2007, S. 191 (7.6.3.7)).

226 a) **Durch Vereinbarung.** Zum Begriff siehe die Erläuterungen zu § 10.
227 b) **Durch Beschluss.** Zum Begriff siehe die Erläuterungen zu § 23.

VIII. Vertretung des Verbandes durch andere Personen als den Verwalter (Abs. 3 Satz 2)

228 Wenn ein Verwalter fehlt oder wenn er nicht zur Vertretung berechtigt ist, so wird die Gemeinschaft der Wohnungseigentümer von allen Wohnungseigentümern vertreten (§ 27 Abs. 3 Satz 2). Die Wohnungseigentümer können jedoch beschließen, dass nur einer oder mehrere Wohnungseigentümer zur Vertretung ermächtigt werden (§ 27 Abs. 3 Satz 3).

229 **1. Fehlender Verwalter.** Ein Verwalter fehlt, wenn er tatsächlich nicht bestellt ist. Die Bestimmung des § 20 Abs. 2, wonach die Bestellung eines Verwalters nicht ausgeschlossen werden kann, beinhaltet keinen Bestellungszwang.

230 Einer fehlenden Bestellung steht die spätere Ungültigkeitserklärung einer Verwalterbestellung gleich (OLG Zweibrücken FGPrax 2003, 62 = ZMR 2004, 63).

231 In § 24 Abs. 3 ist für den Fall der Einberufung einer Wohnungseigentümerversammlung der sich pflichtwidrig weigernde Verwalter dem fehlenden Verwalter gleichgestellt. Diese Gleichstellung enthält § 27 Abs. 3 Satz 2 nicht. Dies ist jedoch auch nicht erforderlich, da die Wohnungseigentümer gemäß § 27 Abs. 3 Satz 3 einen oder mehrere Wohnungseigentümer zur Vertretung ermächtigen können.

232 **2. Nicht vertretungsberechtigter Verwalter.** Obwohl § 27 Abs. 4 ausdrücklich anordnet, dass die dem Verwalter nach § 27 Abs. 3 zustehenden Aufgaben und Befugnisse durch Vereinbarung der Wohnungseigentümer nicht eingeschränkt oder ausgeschlossen werden können, sind Fälle denkbar, in denen es um Rechtsgeschäfte oder Rechtshandlungen geht, die von § 27 Abs. 3 Nr. 1 bis 7 nicht erfasst werden.

233 Für diese Fälle bestimmt § 27 Abs. 3 Satz 2, dass auch andere Personen als der Verwalter, nämlich entweder alle Wohnungseigentümer oder mehrere Wohnungseigentümer zur Vertretung ermächtigt werden können, wenn und soweit die Wohnungseigentümergemeinschaft den Verwalter nicht gemäß § 27 Abs. 3 Satz 1 Nr. 7 ermächtigen will.

234 **3. Ermächtigung von Wohnungseigentümern.** Im Fall eines fehlenden Verwalters und im Fall eines nicht vertretungsberechtigten Verwalters vertreten grundsätzlich alle Wohnungseigentümer zusammen die Gemeinschaft der Wohnungseigentümer (§ 27

Abs. 3 Satz 2). Angesichts des Umstandes, dass dies in kleineren Wohnungseigentümergemeinschaften faktisch umsetzbar ist, in größeren jedoch nicht, hat der Gesetzgeber in § 27 Abs. 3 Satz 3 vorgesehen, dass auch ein oder mehrere Wohnungseigentümer zur Vertretung ermächtigt werden können.

a) **Wohnungseigentümer.** Wohnungseigentümer sind nach dem klaren gesetzlichen Wortlaut diejenigen, die im Wohnungsgrundbuch eingetragen sind. 235

Angesichts des Umstandes, dass die Rechtsprechung auch werdenden Wohnungseigentümern die Teilhabe an der Verwaltung der Gemeinschaft zugesteht, bestehen keine Bedenken, auch werdende Wohnungseigentümer zu bevollmächtigen. 236

b) **Beschlusskompetenz.** Der Gesetzgeber hat in § 27 Abs. 3 Satz 3 klargestellt, dass eine Beschlusskompetenz zur Ermächtigung eines oder einzelner Wohnungseigentümer besteht. Es reicht die einfache Stimmenmehrheit. Bei der Beschlussfassung nicht anwesende Wohnungseigentümer und Wohnungseigentümer, die gegen diesen Beschluss gestimmt haben, sind an den Beschluss gebunden (§ 10 Abs. 5). 237

D. Unabdingbarkeit (Abs. 4)

Die dem Verwalter nach § 27 Abs. 1 bis 3 zustehenden Aufgaben und Befugnisse können nicht durch Vereinbarung – und erst recht nicht durch Beschluss – eingeschränkt oder völlig ausgeschlossen werden (§ 27 Abs. 4). 238

E. Eingenommene Gelder (Abs. 5)

§ 27 Abs. 5 Satz 1 verpflichtet den Verwalter, eingenommene Gelder von seinem Vermögen gesondert zu halten. Die Vorschrift entspricht im Wesentlichen § 27 Abs. 4 Satz 1 a. F. Neu ist seit dem 1.7.2007, dass der Gesetzgeber nicht mehr von „Geldern der Wohnungseigentümer" spricht, sondern von „eingenommenen" Geldern (Rn. 113 ff.). 239

I. Absonderung

Der Verwalter hat eingenommene Gelder von seinem Vermögen gesondert zu halten. 240

Die Absonderungsverpflichtung betrifft nicht nur das Privatvermögen des Verwalters, sondern auch das Vermögen anderer ihm nahestehender Unternehmen (BayObLG WuM 1996, 118). 241

Der Verwalter hat die Gelder einer Wohnungseigentümergemeinschaft auch von den Geldern anderer Wohnungseigentümer- 242 gemeinschaften abzusondern, auch wenn er dort ebenfalls zum Verwalter bestellt wurde (KK-WEG/*Abramenko* § 27 Rn. 21).

243 Ein Verstoß gegen das Trennungsgebot stellt einen wichtigen Grund für eine außerordentliche Abberufung und eine Kündigung des Verwaltervertrages dar (KK-WEG/*Abramenko* § 27 Rn. 21). Sie kann sogar strafrechtlich zu ahnden sein (BGH NJW 1996, 65).

II. Verfügung

244 Zur Sicherung der eingenommenen Gelder – letztendlich der Gelder der Gemeinschaft der Wohnungseigentümer – kann die Verfügung über solche Gelder durch Vereinbarung oder Beschluss von der Zustimmung eines Wohnungseigentümers oder eines Dritten abhängig gemacht werden.

245 Dass das Zustimmungserfordernis vereinbar ist, war auch vor dem 1.7.2007 schon h.M. (Bärmann/Pick/Merle/*Merle* § 27 Rn. 101).

246 Die bisher streitige Frage, ob insoweit ein Beschluss ausreichend ist (vgl. Nachweise bei Bärmann/Pick/Merle/*Merle* § 27 Rn. 101 Fn. 10), hat der Gesetzgeber durch § 27 Abs. 5 Satz 2 zugunsten der Beschlusskompetenz mit einfacher Stimmenmehrheit geregelt.

247 In der Praxis finden sich oftmals Regelungen, wonach derartige Verfügungsbeschränkungen erst ab einem bestimmten Betrag gelten. Die Zustimmungsbefugnis wird meist dem Verwaltungsbeirat insgesamt oder dem Vorsitzenden des Verwaltungsbeirats eingeräumt.

F. Vollmachtsurkunde (Abs. 6)

248 Der Verwalter kann von den Wohnungseigentümern die Ausstellung einer Vollmachts- und Ermächtigungsurkunde verlangen, aus der sich der Umfang seiner Vertretungsmacht ergibt (§ 27 Abs. 6).

I. Vollmachtgeber

249 Angesichts der systematischen Stellung des § 27 Abs. 6 umfasst die Befugnis des Verwalters, eine entsprechende Urkunde zu verlangen, sowohl die Fälle, in denen er ausschließlich die Wohnungseigentümer vertritt (§ 27 Abs. 2), als auch die Fälle, in denen er die Gemeinschaft der Wohnungseigentümer vertritt (§ 27 Abs. 3). Vollmachtgeber sind somit entweder alle Wohnungseigentümer oder die Gemeinschaft der Wohnungseigentümer.

II. Urkunde

Die Urkunde hat die Person des Verwalters und den Umfang 250
seiner Vertretungsmacht zu enthalten (Bärmann/Pick/Merle/*Merle*
§ 27 Rn. 197).

Die Urkunde ist insbesondere in den Fällen von Bedeutung, in 251
denen der Beschluss über die Bestellung rückwirkend unwirksam
geworden ist. Dann greift § 173 BGB. Dritten gegenüber bleibt
er so lange vertretungsberechtigt, bis der Dritte die Beendigung
der Verwalterstellung kannte oder fahrlässig nicht kannte (Bärmann/Pick/Merle/*Merle* § 27 Rn. 199).

§ 28. Wirtschaftsplan, Rechnungslegung

(1) ¹Der Verwalter hat jeweils für ein Kalenderjahr einen Wirtschaftsplan aufzustellen. ²Der Wirtschaftsplan enthält:
1. die voraussichtlichen Einnahmen und Ausgaben bei der Verwaltung des gemeinschaftlichen Eigentums;
2. die anteilmäßige Verpflichtung der Wohnungseigentümer zur Lasten- und Kostentragung;
3. die Beitragsleistung der Wohnungseigentümer zu der in § 21 Abs. 5 Nr. 4 vorgesehenen Instandhaltungsrückstellung.

(2) Die Wohnungseigentümer sind verpflichtet, nach Abruf durch den Verwalter dem beschlossenen Wirtschaftsplan entsprechende Vorschüsse zu leisten.

(3) Der Verwalter hat nach Ablauf des Kalenderjahres eine Abrechnung aufzustellen.

(4) Die Wohnungseigentümer können durch Mehrheitsbeschluß jederzeit von dem Verwalter Rechnungslegung verlangen.

(5) Über den Wirtschaftsplan, die Abrechnung und die Rechnungslegung des Verwalters beschließen die Wohnungseigentümer durch Stimmenmehrheit.

Übersicht

	Rn.
A. Pflichten des Verwalters	4
I. Wirtschaftsplan (Abs. 1)	5
1. Aufstellung	6
a) Aufstellender	7
b) Aufstellungszeitraum	16
c) Aufstellungszeitpunkt	21
2. Inhalt	28
a) Gesamtwirtschaftsplan (Abs. 1 Satz 2 Nr. 1)	29
b) Einzelwirtschaftspläne (Abs. 1 Satz 2 Nr. 2, 3)	39
3. Wirkung	45
a) Regelfall	47
b) Sondernachfolger	49

  c) Überstimmte Wohnungseigentümer 50
 4. Prüfung 51
  a) Durch den Verwaltungsbeirat 52
  b) Durch externe Prüfer 56
 5. Sonderumlagen 57
  a) Grundsatz 57
  b) Ausnahme: ausreichende Instandhaltungsrückstellung
   vorhanden 63
  c) Höhe der Sonderumlage 66
  d) Verfahrensfragen 67
  e) Überstimmte Wohnungseigentümer 78
  f) Fälligkeit der Sonderumlage 79
  g) An den Umlagebeschluss gebundene Wohnungs-
   eigentümer 80
  h) Rückforderungsansprüche 83
  i) Zweckbestimmung 84
 II. Jahresabrechnung (Abs. 3) 85
  1. Aufstellung 88
   a) Aufsteller 89
   b) Aufstellungszeitraum 91
   c) Aufstellungszeitpunkt 94
  2. Inhalt 100
   a) Gesamtabrechnung 103
   b) Einzelabrechnung 106
   c) Kontenabstimmung 109
  3. Wirkung 114
   a) Regelfall 116
   b) Sondernachfolger 121
   c) Überstimmte Wohnungseigentümer 124
  4. Prüfung 125
   a) Durch den Verwaltungsbeirat 126
   b) Durch externe Prüfer 132
 III. Rechnungslegung (Abs. 4) 133
  1. Rechnungslegungsanspruch 135
  2. Rechnungslegungsinhalt 139
  3. Rechnungslegungszeitraum 140
  4. Rechnungslegungsform 141
 IV. Beschlussfassung durch Wohnungseigentümer 142
B. Pflichten der Wohnungseigentümer (Abs. 2) 144
 I. Beitragsforderung, Entstehung 145
  1. Haus-/Wohngeld 146
  2. Sonderumlage 147
 II. Beitragsgläubiger 149
 III. Beitragsschuldner 150
  1. Regelfall 151
  2. Eigentümerwechsel 152
 IV. Beitragsdurchsetzung 153
 V. Beitragsforderung, Verjährung 154

§ 28

Wirtschaftsplan, Rechnungslegung

§ 28 enthält die „Finanzverfassung" (*Kahlen* MieWo § 28 1
Rn. 1) der Wohnungseigentümergemeinschaft. Die Vorschrift bildet die „Grundlage für das Rechnungswesen" der Gemeinschaft (Bärmann/Pick/Merle/*Merle* § 28 Rn. 1).
Instrumente dieses Rechnungswesens sind der Wirtschaftsplan 2 (Abs. 1), die daraus resultierende Beitragsverpflichtung (Abs. 2), die Jahresabrechnung (Abs. 3) und die Möglichkeit, Rechnungslegung zu verlangen (Abs. 4).
§ 28 ist abdingbar (Bärmann/Pick/Merle/*Merle* § 28 Rn. 5). 3 Rechtsgrundlage war bis zum 30. 6. 2007 § 10 Abs. 1 Satz 2, seit dem 1. 7. 2007 gilt § 10 Abs. 2 Satz 2.

A. Pflichten des Verwalters

Der Verwalter hat Einzel- und Gesamtwirtschaftspläne aufzu- 4 stellen, damit korrespondierende Einzel- und Gesamtjahresabrechnungen sowie Rechnung zu legen.

I. Wirtschaftsplan (Abs. 1)

Es ist ein Wirtschaftsplan zu erstellen (§ 28 Abs. 1 Satz 2), der 5 sich einmal als Gesamtwirtschaftsplan darstellt (§ 28 Abs. 1 Satz 2 Nr. 1), einmal als Einzelwirtschaftsplan (§ 28 Abs. 1 Satz 2 Nr. 2, 3).

1. Aufstellung. § 28 Abs. 1 Satz 1 verpflichtet den Verwalter, 6 einen Wirtschaftsplan „aufzustellen".
a) Aufstellender. Gemäß § 27 Abs. 1 Satz 1 hat der Verwalter 7 den Wirtschaftsplan aufzustellen.
(1) Regelfall. Die Verpflichtung zur Aufstellung des Wirt- 8 schaftsplans durch den Verwalter ergibt sich aus dem Gesetz. Ein dahin gehender Beschluss der Wohnungseigentümer ist somit nicht erforderlich (Bärmann/Pick/Merle/*Merle* § 28 Rn. 8).
Kommt ein Wohnungseigentumsverwalter seiner Verpflichtung 9 zur Aufstellung des Wirtschaftsplans nicht nach, kann jeder Wohnungseigentümer gemäß § 21 Abs. 4 die Aufstellung verlangen. Anspruchsgegner ist der Verwalter, nicht der Verband oder die anderen Wohnungseigentümer.
Das Verlangen kann gemäß § 43 Satz 1 Nr. 3 durchgesetzt wer- 10 den. Es handelt sich um eine vertretbare Handlung, die im Wege der Ersatzvornahme vollstreckbar ist (Bärmann/Pick/Merle/*Merle* § 28 Rn. 8 zur Rechtslage bis zum 30. 6. 2007). Das Gericht entscheidet in derartigen Fällen gemäß § 21 Abs. 8 n. F. nach billigem Ermessen.
Da § 28 insgesamt abdingbar ist (Bärmann/Pick/Merle/*Merle* 11 § 28 Rn. 5), ist es zulässig, zu vereinbaren, dass jemand anderes

als der Verwalter den Wirtschaftsplan aufstellt. Insbesondere in Wohnungseigentümergemeinschaften mit hunderten von Wohnungseigentümern ist es eventuell sogar angebracht, dass der Wirtschaftsplan jedenfalls nicht alleine vom Verwalter erstellt wird. Die Hinzuziehung sachkundiger Dritter (Wirtschaftsprüfer, Steuerberater, Rechtsanwälte) ist zulässig, da der Verwalter zwar die Verwalterleistung grundsätzlich persönlich zu erbringen hat, einzelne Aufgaben aber auf Dritte übertragen darf (BayObLG NJW-RR 1997, 1444; KK-WEG/*Abramenko* § 26 Rn. 41).

12 Eine Regelung, wonach der Verwalter sich nicht nur Dritter als Hilfskräfte/Berater bedient, sondern die Erstellung des Wirtschaftsplans völlig auf Dritte verlagert wird, bedarf jedoch zumindest einer Vereinbarung im Sinne des § 10 Abs. 2 Satz 2. Wenn und soweit eine solche Vereinbarung getroffen wird, stellt dies keinen Eingriff in den Kernbereich des Wohnungseigentums (vgl. KK-WEG/*Elzer* § 10 Rn. 236 ff.) dar.

13 Ein Eigentümerbeschluss, der den Verwalter von der Aufstellung von Einzelwirtschaftsplänen zukünftig freistellt, ist nichtig (BayObLG FGPrax 2005, 59 = MieWoE § 28 WEG Nr. 47). Dahin gehend besteht keine Beschlusskompetenz (vgl. BGH NJW 2000, 3500).

14 *(2) Verwalterwechsel.* Der Wirtschaftsplan ist von demjenigen aufzustellen, der in dem Zeitraum, in dem die Aufstellungsverpflichtung besteht, wirksam zum Verwalter bestellt ist.

15 Da die Aufstellungsverpflichtung unmittelbar aus dem Gesetz resultiert, reicht es zur Begründung der Aufstellungsverpflichtung aus, dass die jeweilige Person wohnungseigentumsrechtlich wirksam bestellt ist. Der von der wohnungseigentumsrechtlichen Bestellung zu unterscheidende Abschluss des schuldrechtlichen Verwaltervertrages („Trennungstheorie", vgl. Bärmann/Pick/Merle/ *Merle* § 26 Rn. 21 ff.) ist nicht erforderlich.

16 **b) Aufstellungszeitraum.** Die gesetzliche Vorgabe lautet, dass der Wirtschaftsplan für „ein Kalenderjahr" aufzustellen ist (§ 28 Abs. 1 Satz 1).

17 *(1) Kalenderjahr.* Der Wortlaut des § 28 Abs. 1 Satz 1 ist insoweit eindeutig. Der Wirtschaftsplan ist für ein „Kalenderjahr" aufzustellen. Da § 28 abdingbar ist (Bärmann/Pick/Merle/*Merle* § 28 Rn. 52), sind kürzere oder längere Zeiträume vereinbar (§ 10 Abs. 2 Satz 2).

18 *(2) Wirtschaftsjahr.* Der Wirtschaftsplan wird für „ein" Kalenderjahr erstellt, nicht aber für „das" Kalenderjahr. Konsequenterweise können auch Wirtschaftsjahre gewählt werden, die nicht mit dem kalendarischen Jahr übereinstimmen.

19 *(3) Rumpfwirtschaftsjahr.* Wenn eine Wohnungseigentümergemeinschaft im Laufe eines Kalenderjahres entsteht und die gesetzliche Vorgabe des § 28 Abs. 1 Satz 1 dahin gehend umgesetzt

werden soll, dass der Wirtschaftsplan jeweils ein kalendarisches Jahr umfassen soll, ist es zwingend, dass der erste Wirtschaftsplan (vom Zeitpunkt der Entstehung bis zum Ablauf des 31. 12. des ersten Kalenderjahres) nicht ein ganzes Kalenderjahr umfasst.

Angesichts der Abdingbarkeit der Bestimmungen des § 28 20 reicht es in solchen Fällen jedoch aus, wenn vom ersten Verwalter ein Wirtschaftsplan erstellt wird vom Zeitpunkt der Entstehung bis zum 31. 12. des Entstehungsjahres der jeweiligen Wohnungseigentümergemeinschaft. Eine dahin gehende Regelung in der Teilungserklärung/Gemeinschaftsordnung stellt eine ausreichende Vereinbarung im Sinne des § 10 Abs. 2 Satz 2 dar.

c) **Aufstellungszeitpunkt.** Ein Zeitpunkt, bis zu dem der Wirt- 21 schaftsplan vorgelegt werden muss, ist vom Gesetz nicht vorgegeben.

(1) Regelfall. Angesichts des Umstandes, dass der Wirtschafts- 22 plan eine Prognose für den Zeitraum enthält, für den der Wirtschaftsplan gilt, entspricht es ordnungsgemäßer Verwaltung, ihn entweder vor oder zu Beginn des laufenden Wirtschaftsjahres vorzulegen (Bärmann/Pick/Merle/*Merle* § 28 Rn. 10).

Es ist h. M., dass der Wirtschaftsplan spätestens sechs Monate 23 nach Beginn des fraglichen Zeitraumes vorzulegen ist (Bärmann/Pick/Merle/*Merle* § 28 Rn. 11; BayObLG WE 1991, 223; OLG Hamm WE 1990, 25).

Die Vorlegung des Wirtschaftsplans nach Ablauf des Wirt- 24 schaftsjahres ist sinnlos, da das zu planende Wirtschaftsjahr bereits abgeschlossen ist. Daher kann nach Ablauf des Wirtschaftsjahres nur noch die Erstellung der Jahresabrechnung verlangt werden (Bärmann/Pick/Merle/*Merle* § 28 Rn. 12).

Der Beschluss über einen Wirtschaftsplan für ein bereits abge- 25 laufenes Wirtschaftsjahr ist jedoch nicht nichtig. Es gibt nämlich keinen allgemeinen Rechtssatz, wonach unsinnige Beschlüsse nichtig sind (AG Saarbrücken ZMR 2005, 319).

Sinnvoll ist es, im Verwaltervertrag einen Termin festzulegen, 26 bis zu dem spätestens der Wirtschaftsplan für das jeweilige Jahr vorzulegen ist, z. B. den 30. 3. des jeweiligen Jahres.

(2) Folge verspäteter Aufstellung. Hat der Verwalter den Wirt- 27 schaftsplan nicht spätestens bis zum Ablauf des sechsten Monats des jeweiligen Wirtschaftsjahres oder bis zu dem Termin, der im Verwaltervertrag festgelegt wurde, vorgelegt, hat er gegen seine Verwalterpflichten verstoßen. Falls keine dahin gehende Bestimmung im Verwaltervertrag enthalten ist, kommt er nach Mahnung in Verzug (Bärmann/Pick/Merle/*Merle* § 28 Rn. 11). Für den Fall, dass er insoweit gemahnt wird, ist ihm eine angemessene Frist zu setzen. 17 Tage sind „auf jeden Fall" ausreichend (BayObLG WE 1991, 223).

28　**2. Inhalt.** Der Wirtschaftsplan setzt sich zusammen aus einem Gesamtwirtschaftsplan und Einzelwirtschaftsplänen.

29　**a) Gesamtwirtschaftsplan (Abs. 1 Satz 2 Nr. 1).** Die Verpflichtung zur Aufstellung eines Gesamtwirtschaftsplans enthält § 28 Abs. 1 Satz 2 Nr. 1. Danach sind die voraussichtlichen Einnahmen und Ausgaben bei der Verwaltung des gemeinschaftlichen Eigentums aufzunehmen.

30　*(1) Einnahmen.* Planbare und somit in den Gesamtwirtschaftsplan einzustellende Einnahmen sind insbesondere die Beitragsleistungen der Wohnungseigentümer (§ 28 Abs. 2) sowie Einnahmen aus der Vermietung gemeinschaftlichen Eigentums.

31　Zinserträge aus der Instandhaltungsrücklage sind ebenfalls einzustellen. Das gilt selbst dann, wenn die Erträge aus der Anlage der Instandhaltungsrücklage dieser regelmäßig gutgeschrieben werden (streitig, vgl. Bärmann/Pick/Merle/*Merle* § 28 Rn. 19). Da der Wirtschaftsplan die Basis für die Berechnung der künftigen Wohn-/Hausgeldzahlungen darstellt, sind nur realistischerweise zu erwartende Einnahmen einzustellen. Anderenfalls würde ein „Schein-Haushalt" geschaffen, der durch „Nachtragshaushalte" (= Sonderumlagen, siehe B. I. 2.) korrigiert werden müsste.

32　Gleichwohl sind die Ansprüche aus § 28 Abs. 2 auch dann in voller Höhe einzustellen, wenn fraglich ist, ob die jeweiligen Beitragspflichtigen leistungsfähig sind. Der Umstand, dass Zweifel an der finanziellen Leistungsfähigkeit einzelner Wohnungseigentümer bestehen, kann durch eine Erhöhung auf der Ausgabenseite und daraus resultierende höhere Wohngeld-/Hausgeldzahlungen der einzelnen Wohnungseigentümer berücksichtigt werden (BGHZ 108, 44 = NJW 1989, 3018; Bärmann/Pick/Merle/*Merle* § 28 Rn. 21).

33　Mögliche Sondereinnahmen, wie z. B. Einnahmen aus der Nutzung gemeinschaftlicher Einrichtungen (Eintrittsgelder einer gemeinschaftlichen Sauna, „Trommelgeld") sollten, sofern gegenüber dem Vorjahr keine Veränderungen zu erwarten sind, mit dem Vorjahresbetrag angesetzt werden. In der Literatur wird vertreten, dass auf den gesonderten Ausweis solcher Sondereinnahmen insgesamt verzichtet werden kann, wenn sie nur unwesentliche Beträge darstellen, das Gesamtvolumen des Wirtschaftsplanes nicht beeinflussen (Weitnauer/*Wilhelmy* Anhang II Rn. 4 am Ende). Dieser Rechtsauffassung ist nicht zu folgen. Wenn es sich um feststehende Beträge handelt, sind sie in den Gesamtwirtschaftsplan als zu erwartende Einnahmen aufzustellen, da nur dann ein vollständiger Wirtschaftsplan vorliegt. Nicht umsonst bestimmt § 28 Abs. 1 Satz 2 Nr. 1, dass „die" voraussichtlichen Einnahmen zu erfassen sind. „Die" sind „alle" voraussichtlichen Einnahmen.

Wirtschaftsplan, Rechnungslegung **§ 28**

(2) Ausgaben. Auf der Ausgabenseite des Gesamtwirtschafts- 34
plans sind insbesondere die Lasten und Kosten des gemeinschaftlichen Eigentums zu erfassen, also z. B. die Kosten für Instandhaltung und für Instandsetzung, das Verwalterhonorar, die sonstigen Verwalterkosten, Entgelte für angestellte Hilfsdienste (z. B. Hausmeister), die Kosten des gemeinschaftlichen Gebrauchs (Strom, Gas, Wasser, Heizung).

Die von den Kreditinstituten einzubehaltende Kapitalertrag- 35
steuer auf Erträge aus der Anlage der Instandhaltungsrückstellung ist ebenfalls aufzunehmen (Bärmann/Pick/Merle/*Merle* § 28 Rn. 24).

Auch auf der Ausgabenseite gilt, dass bei regelmäßig wieder- 36
kehrenden Ausgaben Erfahrungswerte aus der letzten Jahresabrechnung/den letzten Jahresabrechnungen übernommen werden können (Weitnauer/*Wilhelmy* Anhang II Rn. 5).

(3) Wohn-/Hausgeld. Insbesondere die Wohn-/Hausgeldbei- 37
träge der einzelnen Wohnungseigentümer im Sinne des § 28 Abs. 2 stellen die wesentliche Einnahme-Position im Gesamtwirtschaftsplan dar.

(4) Instandhaltungsrückstellung. Die Zuführungen zur Instand- 38
haltungsrückstellung sind in der Summe darzustellen. Das gilt auch für Zinserträge aus der bereits angesammelten Instandhaltungsrückstellung (Bärmann/Pick/Merle/*Merle* § 28 Rn. 19).

b) Einzelwirtschaftspläne (Abs. 1 Satz 2 Nr. 2, 3). Die Einzel- 39
wirtschaftspläne enthalten die anteilmäßige Verpflichtung der Wohnungseigentümer zur Lasten- und Kostentragung (§ 28 Abs. 1 Satz 2 Nr. 2).

(1) Verteilungsschlüssel. Der sich aus dem Gesamtwirtschafts- 40
plan (§ 28 Abs. 1 Satz 2 Nr. 1) insgesamt gegebene Finanzbedarf ist im Rahmen der Einzelwirtschaftspläne (§ 28 Abs. 1 Satz 2 Nr. 2) auf die einzelnen Wohnungseigentümer umzulegen.

Umlegungsmaßstab ist entweder der gesetzliche Verteilungs- 41
schlüssel (§ 16 Abs. 2, siehe dort) oder ein vereinbarter Verteilungsschlüssel.

Besonderheiten, wie z. B. die noch nicht erfolgte Fertigstellung 42
einer Einheit oder die noch nicht gegebene bestimmungsgemäße Nutzbarkeit einer Einheit sind zu beachten (Bärmann/Pick/Merle/*Merle* § 28 Rn. 25).

Die Angabe des Verteilungsschlüssels ist zwingend erforderlich. 43
Wird trotz fehlender Angabe des Verteilungsschlüssels über den Wirtschaftsplan beschlossen, entspricht dieser Beschluss nicht ordnungsmäßiger Verwaltung, ist somit anfechtbar (Bärmann/Pick/Merle/*Merle* § 28 Rn. 26). Dies gilt seit dem 1. 1. 2007 insbesondere in Bezug auf Instandhaltungsmaßnahmen und in Bezug auf bauliche Veränderungen. § 16 Abs. 4 n. F. gibt eine dahin gehende Beschlusskompetenz.

44 *(2) Absolute Beträge.* Aus den Einzelwirtschaftsplänen muss jeder einzelne Wohnungseigentümer auf den Cent genau entnehmen können, wie hoch die von ihm gemäß § 28 Abs. 2 zu leistenden Vorschüsse sind (Bärmann/Pick/Merle/*Merle* § 28 Rn. 27).

45 **3. Wirkung.** Eine Wirkung dahin gehend, dass die Wohnungseigentümer verpflichtet sind, dem Wirtschaftsplan entsprechende Vorschüsse zu leisten, entfaltet der Wirtschaftsplan erst dann, wenn er beschlossen worden ist.

46 Der Beschluss kann entweder den Wirtschaftsplan enthalten oder aber lediglich dahin gehend lauten, dass der vorgelegte Wirtschaftsplan genehmigt wird (Bärmann/Pick/Merle/*Merle* § 28 Rn. 29).

47 a) **Regelfall.** Im Regelfall wird durch einen einheitlichen Genehmigungsbeschluss sowohl der Gesamtwirtschaftsplan beschlossen als auch die einzelnen Einzelwirtschaftspläne.

48 Der Beschluss erlangt sofortige Geltung. Auch eine Anfechtung des Genehmigungsbeschlusses hat keine Rückwirkung. Erst wenn ein Rechtsmittel gegen den Genehmigungsbeschluss erfolgreich abgeschlossen wurde, ist der Beschluss mit Rückwirkung unwirksam. Bereits auf Grund dieses – unwirksamen – Beschlusses geleistete Zahlungen können zurückgefordert werden. Anspruchsgegner ist die Gemeinschaft der Wohnungseigentümer (§ 10 Abs. 6 n. F.).

49 b) **Sondernachfolger.** Sondernachfolger eines Wohnungseigentümers sind an den Genehmigungsbeschluss auch ohne Eintragung in das Grundbuch gebunden (§ 10 Abs. 5 Satz 1).

50 c) **Überstimmte Wohnungseigentümer.** Gegen den Genehmigungsbeschluss stimmende Wohnungseigentümer sind an den Genehmigungsbeschluss ebenfalls gebunden, sofern die erforderliche Mehrheit zustande kommt (§ 10 Abs. 5).

51 **4. Prüfung.** Der Wirtschaftsplan muss geprüft werden. Im Rahmen einer Soll-Vorschrift schreibt § 29 Abs. 3 eine Prüfung durch den Verwaltungsbeirat vor. Es kann jedoch verbindlich vereinbart werden, dass der Wirtschaftsplan zwingend zu überprüfen ist. Einer dahin gehenden Mehrheitsentscheidung stehen keine Bedenken entgegen, wenn die Prüfung durch den Beirat erfolgt.

52 a) **Durch den Verwaltungsbeirat.** § 29 Abs. 3 bestimmt, dass der Wirtschaftsplan, bevor die Wohnungseigentümerversammlung darüber beschließt, vom Verwaltungsbeirat geprüft und mit einer Stellungnahme versehen werden soll.

53 Trotz der Formulierung „sollen" ergibt sich daraus eine Verpflichtung des Verwaltungsbeirats und somit seiner Mitglieder auf Prüfung und auf Abgabe einer solchen Stellungnahme (Bärmann/Pick/Merle/*Merle* § 29 Rn. 58).

Der Verwaltungsbeirat kann sich bei der ihm obliegenden Prüfung fachkundiger Hilfe bedienen (Bärmann/Pick/Merle/*Merle* § 29 Rn. 59; *Kahlen* GE 1986, 26). 54

Die einzelnen Wohnungseigentümer haben aus § 21 Abs. 4 einen Anspruch zumindest auf Abgabe einer Stellungnahme, der titulierbar und mit Zwangsmitteln durchsetzbar ist (streitig, vgl. Bärmann/Pick/Merle/*Merle* § 29 Rn. 48). 55

b) Durch externe Prüfer. Es ist zulässig zu vereinbaren, dass der Wirtschaftsplan durch externe Prüfer überprüft wird. Voraussetzung ist jedoch, da es sich um eine Abweichung von § 29 Abs. 3 handelt, dass eine Vereinbarung vorliegt (Bärmann/Pick/Merle/*Merle* § 29 Rn. 49, 59). Sinnvoll ist Derartiges insbesondere in Großgemeinschaften, deren Wirtschaftsplan bezogen auf den finanziellen Umfang vergleichbar ist mit dem Etat einer kleineren Gemeinde. 56

5. Sonderumlagen
a) Grundsatz. Grundsätzlich gilt: Sonderumlagen sind zulässig, wenn Kosten anfallen, die die gewöhnlichen Unterhaltskosten der Wohnungseigentumsanlage übersteigen (Bärmann/Pick/Merle/*Pick* § 16 Rn. 48), z. B. wenn außergewöhnliche Mängelbeseitigungskosten/Reparaturen anfallen (BayObLG NJOZ 2003, 411 = MieWoE § 28 WEG Nr. 33 zu Schäden am Dach, die zu Feuchtigkeit in den darunter liegenden Wohnungen führten). Dies entspricht ordnungsgemäßer Verwaltung. 57

Das Gleiche gilt, wenn Verfahrenskosten eines Rechtsstreits zu begleichen sind (Bärmann/Pick/Merle/*Pick* § 16 Rn. 62), die entgegen § 16 Abs. 8 umlagefähig sind, z. B. bei Streitigkeiten mit dem Bauträger. 58

Da es zulässig ist, bestimmte Kosten, die nur einzelnen Wohnungseigentümern oder Gruppen von Wohnungseigentümern zuzuordnen sind – beispielsweise bei Mehrhausanlagen (vgl. *Bielefeld* Der Wohnungseigentümer, 7. Aufl., S. 312) oder in Tiefgaragenfällen (BayObLG NZM 2003, 29 = MieWoE § 16 WEG Nr. 42) –, auch tatsächlich nur einzelnen Wohnungseigentümern oder Gruppen von Wohnungseigentümern zuzuordnen, können auch Sonderumlagen auf einzelne Wohnungseigentümer oder Gruppen von Wohnungseigentümern beschränkt werden. 59

Das gilt jedenfalls dann, wenn eine entsprechende Kostenverteilung klar und eindeutig geregelt ist (BayObLG NZM 1999, 850 = MieWoE § 16 WEG Nr. 23 zur Verteilung von Aufzugskosten). 60

Ein Eigentümerbeschluss, der einem einzelnen Wohnungseigentümer eine besondere Verpflichtung auferlegt, muss dies für den Betroffenen klar erkennbar machen, anderenfalls ist der Beschluss wegen fehlender inhaltlicher Bestimmtheit für ungültig zu 61 erklären (BayObLG MieWoE § 16 WEG Nr. 20 = ZMR 1999, 271 zu besonderen Verwaltervergütungen).

62 Insoweit exemplarisch das BayObLG (NZM 2005, 768): Zur Dachsanierung wurde beschlossen: „Der Betrag in Höhe von 650.000 DM wird als Sonderumlage auf Abruf nach Bedarf beschlossen. Voraussetzung hierzu ist, dass jeder Eigentümer eine Bankbestätigung als Sicherheit der Hausverwaltung hinterlegt." Der Beschluss ist laut BayObLG a. a. O. nichtig, weil unbestimmt. Es ist nicht erkennbar, welchen Inhalt die Bankbestätigung haben soll. Außerdem ist der Beschluss unwirksam, weil er nicht die Belastung jedes einzelnen Wohnungseigentümers erkennen lässt. Der Sonderumlagebeschluss ändert den Beschluss über den Wirtschaftsplan. Daher muss der Änderungsbeschluss die individuelle Belastung ausweisen.

63 **b) Ausnahme: ausreichende Instandhaltungsrückstellung vorhanden.** Wenn und soweit eine ausreichende Instandhaltungsrückstellung angesammelt wurde (§ 21 Abs. 5 Nr. 2), kann es ordnungsgemäßer Verwaltung widersprechen, Instandhaltungsmaßnahmen durch eine Sonderumlage statt aus der Rücklage/Rückstellung zu finanzieren (Bärmann/Pick/Merle/*Merle* § 28 Rn. 37).

64 Das dürfte immer dann der Fall sein, wenn es um plötzlichen und unerwarteten Liquiditätsbedarf geht, der nach dem Sinn und Zweck der Instandhaltungsrückstellung gerade aus dieser gedeckt werden sollte. Also dann, wenn es um „Instandhaltung" oder „Instandsetzung" geht. „Instandhaltung" ist definiert als „Aufrechterhaltung des ursprünglichen Zustandes durch pflegende, erhaltende, vorsorgende Maßnahmen" (*Kahlen* Praxiskommentar zum WEG, 2000, § 21 Rn. 296), „Instandsetzung" als „Herstellung eines mangelfreien Zustandes" (*Kahlen* a. a. O.).

65 Es besteht jedoch kein Anspruch darauf, immer zunächst die Instandhaltungsrücklage/Instandhaltungsrückstellung auszuschöpfen (Bärmann/Pick/Merle/*Pick* § 16 Rn. 48).

66 **c) Höhe der Sonderumlage.** Die Höhe der Sonderumlage hat sich am geschätzten Finanzbedarf zu orientieren. Eine großzügige Prognose ist zulässig (Bärmann/Pick/Merle/*Pick* § 16 Rn. 48). Die Prognose erstellt der Verwalter. Insbesondere wenn es in der Sache um unerwartete Reparaturarbeiten geht, ist es sinnvoll, dass der Verwalter Angebote einholt, die er seiner Prognose zugrunde legt.

67 **d) Verfahrensfragen.** Wenn und soweit eine Sonderumlage zulässig ist, kann diese nicht einseitig durch den Verwalter den Wohnungseigentümern auferlegt werden. Vielmehr ist ein entsprechender Beschluss der Wohnungseigentümer erforderlich. Immerhin handelt es sich um eine Änderung des Wirtschaftsplans, der seinerseits beschlossen wurde (§ 28 Abs. 5).

68 Ansprüche auf Wohngeld – somit auch auf Sonderumlagen – können erst dann durchgesetzt werden, wenn ein entsprechender

Eigentümerbeschluss vorliegt (BayObLG MieWoE § 16 WEG Nr. 21).

69 Der Wohnungseigentümerversammlung mangelt es insoweit auch nicht an der Beschlusskompetenz (BayObLG NJW-RR 2000, 603 = MieWoE § 28 WEG Nr. 19).

70 Inhaber des Wohngeldanspruchs ist die Gemeinschaft der Wohnungseigentümer (BGH NJW 2005, 2061 = ZMR 2005, 547), vgl. § 10 Abs. 6, 7.

71 Beschlüsse werden in einer Versammlung der Wohnungseigentümer gefasst (§ 23 Abs. 1). Somit ist eine Wohnungseigentümerversammlung einzuberufen. Einberufungsgegenstand (§ 23 Abs. 2): „Erhebung einer Sonderumlage".

72 Der Beschlussgegenstand muss bei der Einberufung so genau bezeichnet sein, dass die Einberufenen vor Überraschungen geschützt sind und ihnen eine Vorbereitungsmöglichkeit gegeben ist. Mit anderen Worten: Um eventuellen Anfechtungen des Sonderumlagebeschlusses durch überstimmte/nicht anwesende Wohnungseigentümer vorzubeugen, sollten jedenfalls die durchzuführende Maßnahme und der voraussichtliche Kostenrahmen angegeben werden. Jeder Wohnungseigentümer muss sich in etwa ausrechnen können, welche finanzielle Belastung eine solche Sonderumlage für ihn persönlich bedeutet.

73 Die Rechtsprechung verlangt, dass der Gesamtbetrag der Sonderumlage festgeschrieben wird und außerdem die betragsmäßige Verteilung auf die einzelnen Wohnungseigentümer feststeht (BayObLG NJOZ 2003, 411 = MieWoE § 28 WEG Nr. 33; BayObLG DWE 2004 138 = NZM 2005, 110).

74 Lediglich wenn die auf den jeweiligen Wohnungseigentümer entfallenden Einzelbeträge nach objektiven Maßstäben eindeutig bestimmbar sind und von jedem einzelnen Wohnungseigentümer ohne weiteres selbst errechnet werden können, ist eine betragsmäßige Festlegung im Beschluss entbehrlich (Bärmann/Pick/Merle/*Merle* § 28 Rn. 38). Diesen Anforderungen sollte schon im Einladungsschreiben soweit wie möglich entgegengekommen werden.

75 Umlagemaßstab ist grundsätzlich der auch für den Wirtschaftsplan geltende (Bärmann/Pick/Merle/*Merle* § 28 Rn. 38), somit eine Verteilung nach dem Verhältnis der Anteile (§ 16 Abs. 1 Satz 2, Abs. 2; BayObLG NZM 2000, 287 = MieWoE § 16 WEG Nr. 26).

76 Ein Beschluss der Wohnungseigentümer zu einer Sonderumlage unter Zugrundelegung eines unrichtigen Kostenverteilungsschlüssels ist nicht nichtig, sondern nur anfechtbar (BayObLG ZMR 2005, 462).

77 Kosten eines Verfahrens nach § 43 sind nur dann umlagefähig, wenn es sich um Mehrkosten gegenüber der gesetzlichen Vergü-

§ 28 I. Teil. Wohnungseigentum

tung eines Rechtsanwalts auf Grund einer Vereinbarung über die Vergütung (§ 27 Abs. 2 Nr. 4, Abs. 3 Nr. 6) handelt (§ 16 Abs. 8). Sie können somit – soweit sie nicht umlagefähig sind – auch nicht Gegenstand einer Sonderumlage sein. Wird eine solche dennoch beschlossen, ist der Beschluss nur anfechtbar, nicht nichtig (BayObLG ZMR 2004, 763).

78 e) **Überstimmte Wohnungseigentümer.** Auch gegen eine Sonderumlage stimmende Wohnungseigentümer sind an entsprechende Beschlüsse gebunden (§ 10 Abs. 5). Gleiches gilt für und gegen Wohnungseigentümer, die an der Wohnungseigentümerversammlung nicht teilgenommen haben.

79 f) **Fälligkeit der Sonderumlage.** Wenn und soweit im Beschluss über die Sonderumlage nichts anderes bestimmt ist, bestimmt der Verwalter die Fälligkeit durch Abruf (Bärmann/Pick/Merle/*Merle* § 28 Rn. 38). Im Zweifel ist die Sonderumlage sofort fällig (§ 271 Abs. 1 BGB; Bärmann/Pick/Merle/*Pick* § 16 Rn. 48; *ders.* § 16 Rn. 45 unter Hinweis auf KG NJW-RR 2002, 1591).

80 g) **An den Umlagebeschluss gebundene Wohnungseigentümer.** An den Umlagebeschluss gebunden sind auf jeden Fall die aktuellen Mitglieder der Wohnungseigentümergemeinschaft (diejenigen, die im Zeitpunkt der Beschlussfassung Wohnungseigentümer dieser Gemeinschaft waren und es im Zeitpunkt der Fälligkeit der Umlage noch sind).

81 In Veräußerungsfällen gilt: Entweder ist der Veräußerer an den Beschluss gebunden oder der Erwerber. Zahlt ein Erwerber, obwohl der Veräußerer zahlungspflichtig war, hat er eventuell einen Ersatzanspruch gegen den Veräußerer (Bärmann/Pick/Merle/*Pick* § 16 Rn. 104).

82 Insoweit ist die so genannte „Fälligkeitsrechtsprechung" zu beachten. Beispiel (nach OLG Karlsruhe ZMR 2005, 310): 26.7.1999 = Beschluss über die Sonderumlage; 30.8.1999 = notarieller Kaufvertrag über das Wohnungseigentum; 15.10.1999 = Umschreibung im Wohnungsgrundbuch; 30.9.2000 = Fälligkeit der Sonderumlage; im Ergebnis ist der Erwerber zahlungspflichtig. Eventuelle Ausgleichsansprüche gegenüber dem Veräußerer ergeben sich aus den vertraglichen Abreden zwischen Veräußerer und Erwerber.

83 h) **Rückforderungsansprüche.** Wurde ein Sonderumlagebeschluss erfolgreich angefochten, ergeben sich Rückforderungsansprüche für bereits gezahlte Sonderumlagen erst aus einem erneuten Beschluss der Wohnungseigentümer, der gerichtlich erzwungen werden kann (Bärmann/Pick/Merle/*Merle* § 28 Rn. 40).

84 i) **Zweckbestimmung.** Auch wenn zur Begründung der Sonderumlage eine Reihe von Verbindlichkeiten genannt worden ist, dient dies lediglich zur Bestimmung der Umlagenhöhe, ohne dass dies eine strikte Bindung in dem Sinne bewirkt, dass die Umlage-

beträge nur zur Begleichung dieser Verbindlichkeiten genutzt werden dürfen (KG NZM 2005, 344 = ZMR 2005, 309).

II. Jahresabrechnung

Die Jahresabrechnung ist die vollständige Zusammenstellung aller im jeweiligen Abrechnungszeitraum getätigten Einnahmen und Ausgaben der Verwaltung des gemeinschaftlichen Eigentums. 85

Sie ist eine Einnahme- und Ausgabenrechnung mit der Aufteilung des Ergebnisses auf die einzelnen Wohnungseigentümer (OLG Zweibrücken NZM 1999, 276). 86

Sie dient unter anderem der Kontrolle des Verwalters (*Niedenführ* DWE 2005, 58). 87

1. Aufstellung. Gemäß § 28 Abs. 3 hat der Verwalter nach Ablauf des Kalenderjahres eine Abrechnung aufzustellen. 88

a) Aufstellender. Aufzustellen ist die Jahresabrechnung vom Verwalter. Endet das Amt eines Verwalters mit dem 31. 12. eines Jahres, so obliegt es seinem Nachfolger, die Abrechnung für das abgelaufene Jahr aufzustellen. Derjenige hat die Abrechnung zu erstellen, der in dem Zeitpunkt Verwalter ist, in dem die Abrechnung spätestens zu erstellen ist (OLG Celle ZMR 2005, 718 = BeckRS 2005, 8029). 89

Die Verpflichtung des Verwalters entsteht mit Ablauf des Wirtschaftsjahres, ohne dass es eines entsprechenden Beschlusses der Wohnungseigentümer bedarf (Bärmann/Pick/Merle/*Merle* § 28 Rn. 56). 90

b) Aufstellungszeitraum. § 28 Abs. 3 besagte lediglich, dass der Verwalter nach Ablauf des Kalenderjahres eine Abrechnung aufzustellen hat. Für welchen Zeitraum die Abrechnung zu erstellen ist, besagt § 28 Abs. 3 jedenfalls nicht ausdrücklich. 91

Angesichts des Umstandes, dass schon nach dem Wortlaut des § 28 Abs. 3 die Aufstellungspflicht nach Ablauf eines jeden Kalenderjahres besteht, ist jedoch klar, dass der Aufstellungszeitraum jeweils ein Kalenderjahr umfasst. Angesichts des weiteren Umstandes, dass die Jahresabrechnung letztendlich das Spiegelbild des Wirtschaftsplans ist, kann es sich bei dem jeweiligen Abrechnungsjahr auch um ein vom Kalenderjahr abweichendes Wirtschaftsjahr handeln. 92

Es ist eine Abrechnung für ein Jahr aufzustellen. Genehmigt die Eigentümerversammlung anstelle einer einzigen Jahresabrechnung vier einzelne Quartalsabrechnungen, so ist dieser Beschluss insgesamt für ungültig zu erklären (OLG Düsseldorf NJW-RR 2007, 594 = ZMR 2007, 128). 93

c) Aufstellungszeitpunkt. Die Jahresabrechnung ist „nach Ablauf des Kalenderjahres" aufzustellen. 94

95 *(1) Regelfall.* Der Anspruch der Wohnungseigentümer auf Aufstellung (und Vorlage!) der Abrechnung wird nach Ablauf einer angemessenen Frist fällig, die maximal sechs Monate nach Ablauf des Zeitraumes beträgt, für den die Abrechnung aufzustellen ist (Bärmann/Pick/Merle/*Merle* § 28 Rn. 58).

96 Die Frist verlängert sich nicht, wenn einzelne Rechnungen von Werkunternehmern fehlen, da die Jahresabrechnung eine Einnahmen- und Ausgabenrechnung ist, in der nur die tatsächlichen Einnahmen und die tatsächlichen Ausgaben gegenüber zustellen sind (OLG Karlsruhe NZM 1998, 768).

97 *(2) Folge verspäteter Aufstellung.* Wenn zum Fälligkeitszeitpunkt die Jahresabrechnung noch nicht aufgestellt und vorgelegt worden ist, kommt der Verwalter durch Mahnung in Verzug (Bärmann/Pick/Merle/*Merle* § 28 Rn. 58).

98 Falls dem Verwalter nach Verzugseintritt eine Frist zur Aufstellung der Jahresabrechnung gesetzt worden ist, können die Wohnungseigentümer die Jahresabrechnung von einem Dritten erstellen lassen und die dadurch entstehenden Kosten vom Verwalter als Schadensersatz fordern (KG NJW-RR 1993, 529).

99 Zudem stellt die nicht rechtzeitige Aufstellung der Abrechnung (jedenfalls im Zusammenhang mit anderen Verfehlungen des Verwalters) einen Grund für eine Abberufung des Verwalters aus wichtigem Grund sowie einen Grund für eine außerordentliche Kündigung des Verwaltervertrages dar (Bärmann/Pick/Merle/*Merle* § 28 Rn. 58 m. w. N.).

100 **2. Inhalt.** Die Jahresabrechnung muss eine geordnete und übersichtliche, inhaltlich zutreffende Aufstellung sämtlicher Einnahmen und Ausgaben für den Abrechnungszeitraum enthalten (Bärmann/Pick/Merle/*Merle* § 28 Rn. 66).

101 Die Jahresabrechnung muss nachvollziehbar sein. Die Buchungsvorgänge müssen in einer für die Wohnungseigentümer verständlichen Weise dargestellt sein (BayObLG NZM 2005, 750 = MieWoE § 28 WEG Nr. 45). Sie muss aus sich heraus ohne die Hinzuziehung eines Sachverständigen verständlich sein (AG Erfurt vom 22. 5. 2006, 14 UR II 98/03 WEG).

102 Die Jahresabrechnung besteht aus einer Gesamtabrechnung und aus einer Einzelabrechnung.

103 **a) Gesamtabrechnung.** Die Gesamtabrechnung listet die gesamten Einnahmen und die gesamten Ausgaben für den Abrechnungszeitraum auf (Bärmann/Pick/Merle/*Merle* § 28 Rn. 67).

104 Es sind alle tatsächlich getätigten Einnahmen und tatsächlich getätigten Ausgaben einzustellen, ohne Rücksicht darauf, ob sie zu Recht getätigt worden sind oder nicht (OLG München ZMR 2006, 949). So sind Beträge für „Betreutes Wohnen", die tatsächlich aus dem Vermögen der Gemeinschaft an eine Betreuungs-

gesellschaft gezahlt worden sind, in die Jahresabrechnung aufzunehmen, unabhängig davon, ob die Bezahlung dieser Beträge aus dem Verwaltungsvermögen ordnungsmäßiger Verwaltung entsprochen hat (OLG München ZMR 2006, 949).

Auch Sonderzahlungen (z. B. auf Grund eines Sonderumlage-Beschlusses) sind in der Jahresabrechnung abzurechnen. Es besteht kein Anspruch einzelner Wohnungseigentümer gegen den Verwalter auf die gesonderte Abrechnung von Sonderumlagen (KG DWE 2005, 31 = ZMR 2005, 309). 105

b) **Einzelabrechnung.** Aus der Einzelabrechnung muss sich für jeden einzelnen Wohnungseigentümer die endgültige Beitragsverpflichtung ergeben (Bärmann/Pick/Merle/*Merle* § 28 Rn. 67). 106

(1) Verteilungsschlüssel. Der (gesetzliche bzw. vereinbarte) Verteilungsschlüssel muss angegeben werden, und zwar so, dass das Endergebnis jedem Wohnungseigentümer nachvollziehbar ist. Bei nicht gegebener Nachvollziehbarkeit treffen den Verwalter die Kosten der Aufklärung durch einen Buchsachverständigen (BayObLGZ 1975, 372). 107

(2) Absolute Beträge. Aus der Einzelabrechnung muss sich für jeden einzelnen Wohnungseigentümer die Nachzahlungsverpflichtung/ein eventuelles Guthaben sowie die Höhe der künftigen Beiträge (§ 28 Abs. 2) auf den Cent genau ergeben (Bärmann/Pick/Merle/*Merle* § 28 Rn. 82). 108

c) **Kontenabstimmung.** Die Jahresabrechnung muss nicht nur die Einnahmen und die Ausgaben enthalten, sondern darüber hinaus Angaben über die Höhe der gebildeten Rücklagen und die Kontostände auf den Gemeinschaftskonten am Anfang und am Ende des Abrechnungszeitraumes (Bärmann/Pick/Merle/*Merle* § 28 Rn. 67). 109

(1) Laufende Konten. Üblicherweise hat die Gemeinschaft der Wohnungseigentümer zwei Konten. Einmal ein laufendes Girokonto, auf das die Einnahmen – im Wesentlichen die Hausgelder – eingezahlt/überwiesen werden und von dem die laufenden Kosten beglichen werden. Daneben ein Konto zur Anlage der Gelder, die der Instandhaltungsrückstellung zugeführt worden sind. 110

Für beide Konten (und auch für eventuelle darüber hinausgehende gesonderte Konten) sind in der Jahresabrechnung sowohl die Anfangsbestände als auch die Endbestände anzugeben, damit überprüft werden kann, ob die Kontoführung durch den Verwalter ordnungsgemäß war. 111

(2) Instandhaltungsrückstellung. Eine Kontenabstimmung ist insbesondere erforderlich, soweit es um das Konto geht, dem die Zahlungen auf die Instandhaltungsrückstellung zugeführt werden. Dies folgt schon aus dem Umstand, dass es sich regelmäßig um nicht unerhebliche Beträge handelt. 112

§ 28 I. Teil. Wohnungseigentum

113 Ob es sich dabei um ein Konto handelt, das auf den Namen der Gemeinschaft der Wohnungseigentümer lautet, verwaltet vom insoweit befugten Verwalter, oder ob es sich um ein Treuhandkonto handelt, ist ohne Bedeutung.

114 **3. Wirkung.** Erst mit der Beschlussfassung über die Jahresgesamtabrechnung und über die Jahreseinzelabrechnungen entstehen Zahlungsverpflichtungen der Wohnungseigentümer bzw. Erstattungsansprüche. Diese Ansprüche werden durch den Beschluss gemäß § 28 Abs. 5 originär begründet (Bärmann/Pick/Merle/*Merle* § 28 Rn. 134).

115 Es gehört zur ordnungsgemäßen Verwaltung, zugleich mit der Beschlussfassung über die Jahresgesamtabrechnung eine solche über die Einzelabrechnungen herbeizuführen. Eine Beschlussfassung auch über die Einzelabrechnungen ist notwendig, weil die Gesamtabrechnung und die Einzelabrechnungen in einem untrennbaren Zusammenhang stehen (Bärmann/Pick/Merle/*Merle* § 28 Rn. 101).

116 **a) Regelfall.** Regelmäßig ergeben sich aus den Abrechnungen Nachzahlungsverpflichtungen der einzelnen Wohnungseigentümer. Diese resultieren daraus, dass in der jeweiligen Einzelabrechnung den auf eine Wohnung entfallenden Kosten die tatsächlich für diese Wohnung geleisteten Vorauszahlungen gegenüberzustellen sind. Die insoweit gelegentlich unrichtige Bezeichnung der tatsächlich geleisteten Zahlungen berührt die Richtigkeit der Abrechnung nicht (BayObLG MieWoE § 28 WEG Nr. 28 b).

117 Auch fehlerhafte Abrechnungen werden bestandskräftig, wenn sie nicht binnen Monatsfrist angefochten und für ungültig erklärt werden (OLG Köln DWE 2001, 58 = ZMR 2001, 573).

118 Wird eine Jahreseinzelabrechnung, die Zahlungen eines Wohnungseigentümers während des Abrechnungszeitraums nicht aufführt, mangels Klage gegen den Eigentümerbeschluss bestandskräftig, ist es dem in Anspruch genommenen Wohnungseigentümer verwehrt, eine Tilgung der Wohngeldschuld durch Zahlungen im Abrechnungszeitraum einzuwenden (BayObLG ZMR 2005, 65).

119 *(1) Nachzahlungsverpflichtung.* Nachzahlungen sind im Zweifel sofort fällig, d. h. nach Beschlussfassung.

120 *(2) Abrechnungsguthaben.* Was vorstehend zur Nachzahlungsverpflichtung gesagt wurde, gilt entsprechend für eventuelle Abrechnungsguthaben.

121 **b) Sondernachfolger.** Sondernachfolger sind an Abrechnungsbeschlüsse gebunden (§ 10 Abs. 4) – auch ohne Eintragung in das Grundbuch.

122 Insoweit ist jedoch die so genannte Fälligkeitsrechtsprechung des BGH zu beachten (BGHZ 104, 197 = NJW 1988, 1910;

OLG Hamm NJW-RR 1996, 911; Bärmann/Pick/Merle/*Merle* § 28 Rn. 141). Die Bindung erstreckt sich nur auf Verpflichtungen, die fällig geworden sind, nachdem der jeweilige Sondernachfolger Wohnungseigentümer geworden ist.

In der Praxis wird insoweit ein schuldrechtlicher Ausgleich 123 zwischen Veräußerern und Erwerbern durchgeführt.

c) **Überstimmte Wohnungseigentümer.** Gegen den Beschluss 124 über die Jahresabrechnung stimmende Wohnungseigentümer sind gemäß § 10 Abs. 5 an den Beschluss gebunden. Gleiches gilt für Wohnungseigentümer, die an der Beschlussfassung nicht mitgewirkt haben.

4. Prüfung. Ein Prüfungsrecht bezüglich der Jahresabrechnung 125 zugunsten eines einzelnen Wohnungseigentümers oder zugunsten der Gemeinschaft der Eigentümer ist vom WEG nicht vorgesehen (vgl. Bärmann/Pick/Merle/*Merle* § 28 Rn. 90).

a) **Durch den Verwaltungsbeirat.** § 29 Abs. 3 bestimmt, dass 126 nicht nur der Wirtschaftsplan, sondern auch die Abrechnung über den Wirtschaftsplan, Rechnungslegungen und Kostenvoranschläge, bevor über sie die Wohnungseigentümerversammlung beschließt, vom Verwaltungsbeirat geprüft und mit dessen Stellungnahme versehen werden sollen.

Trotz der „Soll"-Formulierung ergibt sich aus § 29 Abs. 3 eine 127 Verpflichtung des Verwaltungsbeirats zur Prüfung (Bärmann/Pick/Merle/*Merle* § 28 Rn. 58). Die Verpflichtung besteht zugunsten der einzelnen Wohnungseigentümer.

Bei nicht ordnungsgemäßer Erfüllung der Prüfungspflicht kann 128 im Falle schuldhaften Verhaltens eine Verpflichtung zum Ersatz des daraus der Gemeinschaft oder den Wohnungseigentümern entstehenden Schadens begründet werden (BayObLG NJW-RR 1991, 1360; Bärmann/Pick/Merle/*Merle* § 29 Rn. 58).

Der Verwaltungsbeirat kann sich bei der Erfüllung seiner Prü- 129 fungspflicht fachkundiger Hilfe bedienen (Bärmann/Pick/Merle/*Merle* § 29 Rn. 59; *Kahlen* GE 1986, 26). Eine vollständige Übertragung der Prüfungsaufgaben und der Prüfungsbefugnisse auf Dritte ist jedoch nur durch Vereinbarung zulässig (Bärmann/Pick/Merle/*Merle* § 29 Rn. 59 m. w. N.).

Zur Prüfung ist den Mitgliedern des Verwaltungsbeirates alles 130 vorzulegen, was insoweit erforderlich ist, sämtliche Unterlagen und Belege, die der Verwalter der Erstellung der Jahresabrechnung zugrunde gelegt hat. Insoweit steht den Mitgliedern des Verwaltungsbeirats ein Auskunfts- und Einsichtsrecht in die Verwaltungsunterlagen zu (Bärmann/Pick/Merle/*Merle* § 29 Rn. 60).

Die Prüfung umfasst sowohl die rechnerische als auch die 131 sachliche Richtigkeit, darüber hinaus die Ordnungsmäßigkeit der Kostenzuordnung (Bärmann/Pick/Merle/*Merle* § 29 Rn. 61).

§ 28   I. Teil. Wohnungseigentum

132   **b) Durch externe Prüfer.** Eine Prüfung ausschließlich durch externe Prüfer setzt eine dahin gehende Vereinbarung voraus (Bärmann/Pick/Merle/*Merle* § 29 Rn. 59). Ohne dahin gehende Vereinbarung darf sich jedoch der Verwaltungsbeirat externer Hilfe bedienen (*Kahlen* GE 1986, 26).

III. Rechnungslegung

133   Gemäß § 28 Abs. 4 können die Wohnungseigentümer durch Mehrheitsbeschluss jederzeit von dem Verwalter Rechnungslegung verlangen.

134   Es handelt sich insoweit um eine innergemeinschaftliche Angelegenheit, so dass der Rechnungslegungsanspruch den einzelnen Wohnungseigentümern zusteht und nicht der Gemeinschaft der Wohnungseigentümer (vgl. § 10 Abs. 6).

135   **1. Rechnungslegungsanspruch.** Ein Anspruch auf Rechnungslegung entsteht erst durch einen dahin gehenden Mehrheitsbeschluss. Wenn sämtliche Wohnungseigentümer den Anspruch auf Rechnungslegung klageweise geltend machen, bedarf es keines vorherigen förmlichen Beschlusses in einer Wohnungseigentümerversammlung (BayObLG NZM 2004, 621 = ZMR 2004, 761).

136   Ein einzelner Wohnungseigentümer hat nach seinem Beitritt zu einer Wohnungseigentümergemeinschaft keinen Anspruch auf Rechnungslegung für Zeiträume, die schon vor seinem Beitritt abgeschlossen waren (OLG Hamburg MieWoE § 28 WEG Nr. 38).

137   Ein Rechnungslegungsanspruch besteht nicht, wenn entweder der Grundsatz von Treu und Glauben (§ 242 BGB) oder das Schikaneverbot (§ 226 BGB) entgegenstehen.

138   Eine unzulässige Rechtsausübung liegt insbesondere vor, wenn Auskünfte erzwungen werden sollen, die unschwer bereits aus den vorliegenden Unterlagen entnommen werden können (Bärmann/Pick/Merle/*Merle* § 28 Rn. 126).

139   **2. Rechnungslegungsinhalt.** Der Verwalter ist verpflichtet, Rechnung zu legen über die Einnahmen und die Ausgaben des jeweiligen Zeitraumes. Da es nicht um die Festlegung von Zahlungspflichten der Wohnungseigentümer geht, sondern um die Kontrolle des Verwalters, sind nur die Daten zu belegen, die den Angaben in der Gesamtjahresabrechnung entsprechen. Eine Rechnungslegung entsprechend den Einzeljahresabrechnungen ist nicht gefordert (Bärmann/Pick/Merle/*Merle* § 28 Rn. 128).

140   **3. Rechnungslegungszeitraum.** Rechnungslegungszeitraum ist das laufende Wirtschaftsjahr. Nach Ablauf des Wirtschaftsjahres besteht nur noch eine Pflicht zur Erstellung der Jahresabrechnung (Bärmann/Pick/Merle/*Merle* § 28 Rn. 128).

4. Rechnungslegungsform. Insoweit gilt § 259 BGB. Der Verwalter hat die Einnahmen und die Ausgaben des Rechnungslegungszeitraums unter Beifügung der jeweils dazu gehörigen Belege aufzuführen, aufzugliedern und die Kontostände anzugeben (Bärmann/Pick/Merle/*Merle* § 28 Rn. 128). 141

IV. Beschlussfassung durch Wohnungseigentümer

§ 28 regelt drei Beschlusskompetenzen. Einmal bezüglich des Wirtschaftsplans (§ 28 Abs. 2, 5), einmal bezüglich der Jahresabrechnung (§ 28 Abs. 5), einmal bezüglich der Rechnungslegung (§ 28 Abs. 4, 5). 142

Erst durch die Beschlussfassung über den Wirtschaftsplan entstehen die Verpflichtungen aus § 28 Abs. 2 – Vorschussleistung (Bärmann/Pick/Merle/*Merle* § 28 Rn. 134). 143

B. Pflichten der Wohnungseigentümer

Die Wohnungseigentümer sind verpflichtet, nach Abruf durch den Verwalter dem beschlossenen Wirtschaftsplan entsprechende Vorschüsse zu leisten. 144

I. Beitragsforderung, Entstehung

Grundlage aller Beitragsansprüche sind die dahin gehenden Beschlüsse der Wohnungseigentümer gemäß § 28 Abs. 5. Diese setzen die Verpflichtung aus § 16 Abs. 2, Lasten und Kosten des gemeinschaftlichen Eigentums zu tragen, um (Bärmann/Pick/Merle/*Merle* § 28 Rn. 134). 145

1. Haus-/Wohngeld. Regelfall der Beitragsforderung sind die gemäß § 28 Abs. 2 zu leistenden Vorschüsse, in der Praxis regelmäßig als „Hausgeld" oder als „Wohngeld" bezeichnet. 146

2. Sonderumlage. Auch Ansprüche auf eine Sonderumlage entstehen erst nach entsprechender Beschlussfassung. 147
Einzelheiten siehe A. I. 5. 148

II. Beitragsgläubiger

Beitragsgläubiger ist seit der Entscheidung des BGH vom 2. 6. 2005 (NJW 2005, 2061 = ZMR 2005, 547) die Gemeinschaft der Wohnungseigentümer (vgl. Erläuterungen zu § 10 Abs. 6, 7). 149

III. Beitragsschuldner

150 Beitragsschuldner ist jeder einzelne Wohnungseigentümer nach Maßgabe des gesetzlichen (§ 16 Abs. 2) oder eines vereinbarten (§ 10 Abs. 2 Satz 2) oder eines beschlossenen (§ 16 Abs. 3, 4) Kostenverteilungsschlüssels.

151 **1. Regelfall.** Regelmäßig ergibt sich der Kostenverteilungsschlüssel aus § 16 Abs. 2 i. V. m. § 16 Abs. 1 Satz 2 (siehe dort).

152 **2. Eigentümerwechsel.** Im Falle eines Eigentümerwechsels im Laufe einer Abrechnungsperiode hat der jeweilige Wohnungseigentümer für die Beiträge im Sinne des § 28 Abs. 2 einzustehen, die fällig geworden sind in dem Zeitraum, in dem er als Wohnungseigentümer im Grundbuch eingetragen war (BGHZ 104, 197 = NJW 1988, 1910; OLG Hamm NJW-RR 1996, 911; Bärmann/Pick/Merle/*Merle* § 28 Rn. 141).

IV. Beitragsdurchsetzung

153 Die Durchsetzung der Ansprüche der Gemeinschaft obliegt gemäß § 27 Abs. 1 Nr. 4 n. F. seit dem 1. 7. 2007 dem Verwalter, der insoweit gegenüber dem Beitragsgläubiger – der Gemeinschaft der Wohnungseigentümer – berechtigt und verpflichtet ist.

V. Beitragsforderung, Verjährung

154 Beitragsansprüche auf Grund einer beschlossenen Jahresabrechnung verjähren regelmäßig in drei Jahren gemäß § 195 BGB (Bärmann/Pick/Merle/*Merle* § 28 Rn. 156).

§ 29. Verwaltungsbeirat
(1) ¹Die Wohnungseigentümer können durch Stimmenmehrheit die Bestellung eines Verwaltungsbeirats beschließen. ²Der Verwaltungsbeirat besteht aus einem Wohnungseigentümer als Vorsitzenden und zwei weiteren Wohnungseigentümern als Beisitzern.
(2) Der Verwaltungsbeirat unterstützt den Verwalter bei der Durchführung seiner Aufgaben.
(3) Der Wirtschaftsplan, die Abrechnung über den Wirtschaftsplan, Rechnungslegungen und Kostenanschläge sollen, bevor über sie die Wohnungseigentümerversammlung beschließt, vom Verwaltungsbeirat geprüft und mit dessen Stellungnahme versehen werden.
(4) Der Verwaltungsbeirat wird von dem Vorsitzenden nach Bedarf einberufen.

Verwaltungsbeirat § 29

Übersicht

	Rn.
A. Bestellung der Beiratsmitglieder	3
I. Bestellung durch die Gemeinschaftsordnung	6
II. Bestellung durch Beschluss	10
1. Anforderungen an die Ladung zur Versammlung	17
2. Wahlberechtigte	19
3. Blockwahl	22
III. Bestellung als Maßnahme im Sinne des § 21 Abs. 4	23
IV. Bestellzeitraum	25
B. Zusammensetzung des Beirats	27
I. Wohnungseigentümer als Beirat	28
II. Nicht-Wohnungseigentümer als Beirat	33
III. Anzahl der Beiräte	37
1. Gesetzlicher Regelfall	37
2. Vereinbarte Anzahl	38
3. Beschlossene Anzahl	39
C. Innere Organisation des Beirats	41
I. Einberufung des Beirats	42
II. Geschäftsordnung des Beirats	47
D. Rechte/Pflichten des Beirats	48
I. Gesetzliche Regelungen	49
1. Einberufung der Eigentümerversammlung (§ 24 Abs. 3)	50
2. Unterzeichnung der Niederschrift (§ 24 Abs. 6)	53
3. Unterstützung des Verwalters (§ 29 Abs. 2)	55
4. Überprüfung von Wirtschaftsplan/Rechnungslegung/ Jahresabrechnung (§ 29 Abs. 3)	60
II. Vereinbarte/beschlossene/vertraglich fixierte Regelungen	65
E. Vergütung der Beiratsmitglieder	70
F. Haftung der Beiratsmitglieder	73
I. Schuldrechtlich	74
II. Deliktisch	79
G. Beendigung der Beiratstätigkeit	80
I. Abberufung	81
1. Ordentliche Abberufung	82
2. Außerordentliche Abberufung	84
II. Verlust der Eigentümereigenschaft	87

Das Gesetz statuiert drei Selbstverwaltungsorgane der Gemein- 1
schaft. Neben der Wohnungseigentümerversammlung und dem
Verwalter ist der Verwaltungsbeirat das dritte Organ.

Nach der gesetzlichen Konzeption treffen die Wohnungseigen- 2
tümer die grundlegenden Entscheidungen, die vom Wohnungseigentumsverwalter durchgeführt werden, der dabei vom Verwaltungsbeirat unterstützt und überwacht wird.

A. Bestellung der Beiratsmitglieder

3 § 29 gibt den Wohnungseigentümern die Beschlusskompetenz zur Bestellung eines Verwaltungsbeirats. Eine Bestellungspflicht ergibt sich aus § 29 nicht. Ob sich aus der tatsächlichen Notwendigkeit eines Beirats – insbesondere in Anlagen mit mehreren hundert oder noch mehr Einheiten – ein Anspruch auf die Bestellung eines Beirats ergibt, ist umstritten (vgl. *Drasdo* DWE 2005, 77), angesichts der klaren gesetzlichen Regelung („können") meines Erachtens jedoch zu verneinen.

4 § 29 ist allerdings durch Vereinbarung abdingbar (OLG Düsseldorf NJW-RR 1991, 594 = ZMR 1991, 32; BayObLG NJW-RR 1994, 338 = ZMR 1994, 69). Somit ist sowohl eine Bestellungsverpflichtung als auch ein Bestellungsausschluss vereinbar. Ein Bestellungsausschluss muss jedoch eindeutig sein. Werden in einem Vordruck für eine Teilungserklärung die den Verwaltungsbeirat betreffenden Bestimmungen gestrichen, bedeutet dies nicht, dass die Beiratsbestellung ausgeschlossen ist. Vielmehr gelten dann die Vorschriften des § 29 (OLG Köln Rpfleger 1972, 261; KK-WEG/*Abramenko* § 29 Rn. 1).

5 Die Bestellung betrifft die organschaftliche Verleihung des Amtes. Sie ist von eventuellen schuldrechtlichen Beziehungen zwischen den Beiräten und den Wohnungseigentümern bzw. dem teilrechtsfähigen Verband „Wohnungseigentümergemeinschaft" zu unterscheiden (KK-WEG/*Abramenko* § 29 Rn. 5). Vergütungsansprüche der Beiräte (siehe E.) beruhen auf schuldrechtlichen Beziehungen, beurteilen sich demzufolge nach schuldrechtlichen Regeln.

I. Bestellung durch die Gemeinschaftsordnung

6 Die Bestellung eines Verwaltungsbeirats betrifft zumindest auch das Verhältnis der Wohnungseigentümer untereinander, kann somit gemäß § 10 Abs. 2 Satz 2 vereinbart werden. Die Verleihung der Beschlusskompetenz durch § 29 beinhaltet keine andere Bestimmung im Sinne des § 10 Abs. 2 Satz 2.

7 Ist die Bestellung eines Verwaltungsbeirats vereinbart, sind die Wohnungseigentümer zur Wahl nach den Grundsätzen einer ordnungsmäßigen Verwaltung verpflichtet (OLG Köln ZMR 2002, 152).

8 Durch die jahrelange Übung, einen Verwaltungsbeirat durch unangefochten gebliebenen Mehrheitsbeschluss zu bestellen, wird eine Vereinbarung, nach der hierfür die Zustimmung aller Wohnungseigentümer erforderlich ist, nur dann abgeändert, wenn angenommen werden kann, dass alle Wohnungseigentümer auch

künftig einen Mehrheitsbeschluss ausreichen lassen wollen; diese Annahme setzt voraus, dass den Wohnungseigentümern die abweichende Regelung der Gemeinschaftsordnung bekannt ist (BayObLG NZM 2004, 587).

In der Praxis wird von der Möglichkeit einer Vereinbarung allerdings nur selten Gebrauch gemacht. Nur gelegentlich finden sich in Gemeinschaftsordnungen den Verwaltungsbeirat betreffende Bestimmungen. 9

II. Bestellung durch Beschluss

Regelfall der Beiratsbestellung ist die Bestellung durch Beschluss. Zu beachten ist, dass die Beschlussfassung nur den wohnungseigentumsrechtlichen Akt der Bestellung umfasst. Davon abzugrenzen ist eine mögliche schuldrechtliche Beziehung zwischen den einzelnen Beiratsmitgliedern und den Wohnungseigentümern/dem Verband. 10

Der Bestellungsbeschluss als solcher führt noch nicht dazu, dass die Bestellten Verwaltungsbeirat sind. Sie müssen sich mit der Bestellung einverstanden erklären. 11

Hinsichtlich der Beschlussfassung gelten keine Besonderheiten. Insoweit wird auf die Anmerkungen zu § 23 verwiesen. 12

Die Bestellung per Beschluss steht im Belieben der Wohnungseigentümer. Sie „können" die Bestellung beschließen (§ 29 Abs. 1 Satz 1). Es darf jedoch auch vereinbart werden (§ 10 Abs. 2 Satz 2), dass die Wohnungseigentümer zur Wahl eines Verwaltungsbeirates verpflichtet werden. Ist solches vereinbart, sind die Wohnungseigentümer zur Wahl nach den Grundsätzen einer ordnungsgemäßen Verwaltung verpflichtet (OLG Köln ZMR 2002, 152; *Drasdo* DWE 2005, 77). 13

Dies bedeutet zum einen, dass die Beschlussformalitäten beachtet werden. 14

Dies bedeutet zum anderen, dass keine Personen gewählt werden dürfen, mit denen eine Zusammenarbeit den Wohnungseigentümern unzumutbar ist. Wenn das erforderliche Vertrauensverhältnis zwischen Beirat und Wohnungseigentümern von vornherein nicht zu erwarten ist, entspricht die Bestellung solcher Personen nicht den Grundsätzen ordnungsmäßiger Verwaltung (BayObLG 30. 3. 1990, zitiert nach *Deckert* ETW Gruppe 2 S. 1152 f.). Das fehlende Vertrauen nur einzelner Wohnungseigentümer oder einer bestimmten Eigentümergruppe reicht nicht aus, um die erforderliche Qualifikation eines Verwaltungsbeirats in Frage zu stellen (KG FGPrax 2004, 107 = ZMR 2004, 458). 15

Auch allein der Umstand, dass der Bruder eines Wohnungseigentümers mit einem der bestellten oder zu bestellenden Beiratsmitglieder zerstritten ist, ist kein ausreichender Grund, um 16 dessen Eignung für das Amt des Beirats in Frage zu stellen (BayObLG DWE 2003, 18 = MieWoE § 29 WEG Nr. 3).

17 **1. Anforderungen an die Ladung zur Versammlung.** Den Anforderungen an eine Ladung zur Wohnungseigentümerversammlung ist nur dann Genüge getan, wenn jeder Geladene aus der Ladung erkennen kann, über welche Gegenstände Beschluss gefasst werde soll. Jeder Geladene muss die Möglichkeit haben, sich ausreichend vorzubereiten.

18 Bezogen auf die Ladung zu einer Eigentümerversammlung, in der über die Bestellung des Verwaltungsbeirats beschlossen werden soll, bedeutet dies, dass es nicht ausreicht zu formulieren „Neuwahl des Verwaltungsbeirats". Diese Formulierung gibt keinen Aufschluss darüber, ob der gesamte Verwaltungsbeirat oder nur einzelne Mitglieder des Verwaltungsbeirats neu gewählt werden sollen. Es bedarf der Angabe, auf welches (bisherige) Mitglied sich die Wahl bezieht (KK-WEG/*Abramenko* § 29 Rn. 5).

19 **2. Wahlberechtigte.** Wahlberechtigt ist jeder Wohnungseigentümer.

20 Auch Wohnungseigentümer, die sich selber zur Wahl stellen, sind abstimmungsberechtigt (BayObLG WE 1991, 227; NZM 2001, 990 = ZWE 2002, 32; Bärmann/Pick/Merle/*Merle* § 25 Rn. 103; KK-WEG/*Riecke* § 25 Rn. 27).

21 Die Wahl zum Verwaltungsbeirat stellt – ebenso wie die Wahl zum Verwalter – kein Rechtsgeschäft im Sinne des § 25 Abs. 5 dar.

22 **3. Blockwahl.** Es ist zulässig, dass nicht für jedes einzelne Verwaltungsbeiratsmitglied ein Wahlgang stattfindet, sondern dass der Verwaltungsbeirat im Wege einer Blockwahl gewählt wird. Dies widerspricht nicht dem Verständnis von demokratischem Wahlverhalten. Es schont eher missliebige Kandidaten, die hinzunehmen die Wohnungseigentümer oftmals bereit sind, schon um die Anzahl der erforderlichen Verwaltungsbeiräte zusammenzubekommen (OLG Hamburg NJOZ 2005, 1444 = ZMR 2005, 395).

III. Bestellung als Maßnahme im Sinne des § 21 Abs. 4

23 Ob ein Verwaltungsbeirat gerichtlich als Maßnahme ordnungsmäßiger Verwaltung bestellt werden kann, ist umstritten. *Merle* (Bärmann/Pick/Merle/*Merle* § 29 Rn. 8) bejaht diese Möglichkeit, *Abramenko* (KK-WEG/*Abramenko* § 29 Rn. 13 bezeichnet dies als „zweifelhaft".

24 Es handelt sich um ein rein theoretisches Problem. Dahin gehende Praxisfälle sind nicht bekannt.

IV. Bestellzeitraum

Bestellzeiträume sieht das Gesetz nicht vor, insbesondere keine 25
Höchstdauer der Bestellung (OLG Köln NZM 2000, 193 =
ZMR 2000, 637). Der Verwaltungsbeirat wird daher auf unbestimmte Zeit bestellt (OLG Hamm NZM 1999, 227 = ZMR 1999, 280).
Befristungen können entweder vereinbart oder beschlossen 26
werden. In diesem Fall endet die Bestellzeit mit Fristablauf.

B. Zusammensetzung des Beirats

Gemäß § 29 Abs. 1 Satz 2 besteht der Verwaltungsbeirat aus einem Wohnungseigentümer als Vorsitzenden und zwei weiteren Wohnungseigentümern als Beisitzern. 27

I. Wohnungseigentümer als Beirat

Nach der Vorstellung des Gesetzgebers besteht der Verwaltungsbeirat aus Wohnungseigentümern. 28

Testamentsvollstrecker, Zwangsverwalter, Insolvenzverwalter 29
sind keine Wohnungseigentümer. Sie können somit nicht zu Beiräten bestellt werden (mangels abweichender Vereinbarung). Das Gleiche gilt für Nießbrauchsberechtigte (KK-WEG/*Abramenko* § 29 Rn. 31).

Wenn Personengesellschaften Wohnungseigentümer sind, kön- 30
nen ihre persönlich haftenden Gesellschafter dem Verwaltungsbeirat angehören (OLG Frankfurt WE 1986, 141).

Ist eine juristische Person Wohnungseigentümerin (z. B. GmbH), 31
kann deren gesetzlicher Vertreter (z. B. der Geschäftsführer) dem Verwaltungsbeirat angehören.

Der Verwalter kann nicht Mitglied des Verwaltungsbeirates 32
sein, selbst dann nicht, wenn er selber Wohnungseigentümer ist.
Dies würde gegen den allgemein anerkannten Rechtssatz verstoßen, dass der zu Kontrollierende sich nicht selber kontrollieren darf (Bärmann/Pick/Merle/*Merle* § 29 Rn. 13).

II. Nicht-Wohnungseigentümer als Beirat

§ 29 Abs. 1 Satz 2 ist abdingbar (Bärmann/Pick/Merle/*Merle* 33
§ 29 Rn. 14). Die Abbedingung bedarf einer Vereinbarung. Eine Abbedingung im Beschlusswege wäre wegen absoluter Beschlussunzuständigkeit nichtig (BGH NJW 2000, 3500; Bärmann/Pick/Merle/*Merle* § 29 Rn. 15). Es würde sich um einen gesetzesändernden Beschluss handeln.

34 Wenn allerdings im Einzelfall abweichend von § 29 Abs. 1 Satz 2 eine Person zum Mitglied des Verwaltungsbeirats bestellt wird, die nicht Wohnungseigentümerin ist, handelt es sich nicht um einen gesetzesändernden, sondern um einen gesetzeswidrigen Beschluss (BGH NJW 2000, 3500), der lediglich anfechtbar ist (Bärmann/Pick/Merle/*Merle* § 29 Rn. 15; *ders.* § 23 Rn. 143).

35 Auch wenn in der Gemeinschaftsordnung vereinbart ist, dass die Bestellung eines Verwaltungsbeirates der Zustimmung aller Wohnungseigentümer bedarf, ist eine Bestellung im Beschlusswege nicht nichtig, sondern lediglich anfechtbar (BayObLG NJW-RR 2002, 1092 = ZWE 2002, 405).

36 Wenn und soweit § 29 Abs. 1 Satz 2 wirksam abbedungen worden ist, dürfen auch Nicht-Wohnungseigentümer zu Verwaltungsbeiräten bestellt werden. Dies entspricht einem praktischen Bedürfnis. Insbesondere in Großanlagen ist es angebracht, sich fremden Sachverstandes zu bedienen.

III. Anzahl der Beiräte

37 **1. Gesetzlicher Regelfall.** § 29 Abs. 1 Satz 2 bestimmt, dass der Beirat aus einem Vorsitzenden und zwei Beisitzern, somit aus drei Personen bestimmt.

38 **2. Vereinbarte Anzahl.** Abweichende Vereinbarungen sind zulässig (§ 10 Abs. 2 Satz 2).

39 **3. Beschlossene Anzahl.** Abweichungen von § 29 Abs. 1 Satz 2 durch Mehrheitsbeschluss sind als gesetzeswidrige Regelung mangels Beschlusskompetenz nichtig, sofern es sich um eine abstrakt-generelle Entscheidung für die Zukunft handelt (OLG Düsseldorf NJW-RR 1991, 595).

40 Lediglich anfechtbar ist die Wahl von 21 Beiräten im Einzelfall (BayObLG ZMR 2003, 760).

C. Innere Organisation des Beirats

41 Die gesetzlichen Regelungen zur inneren Organisation des Verwaltungsbeirats sind lediglich fragmentarisch.

I. Einberufung des Beirats

42 Gemäß § 29 Abs. 4 wird der Verwaltungsbeirat von dem Verwaltungsbeiratsvorsitzenden nach Bedarf einberufen.

43 Ein dahin gehender Bedarf besteht jedenfalls vor der (jährlichen) Eigentümerversammlung, die über den Wirtschaftsplan und die Jahresabrechnung beschließt (§ 28 Abs. 5), da der Wirt-

schaftsplan und die Jahresabrechnung ebenso wie Rechnungslegungen und Kostenanschläge vor der Beschlussfassung durch die Wohnungseigentümerversammlung vom Versammlungsbeirat geprüft und mit dessen Stellungnahme versehen werden (§ 29 Abs. 3).

Dies bedarf jedoch nicht zwingend eines räumlichen Zusammentreffens aller Beiratsmitglieder. Die Prüfung und die Stellungnahme kann auch im Umlaufverfahren erfolgen. 44

Die Einberufung unterliegt keinerlei Formvorschriften. 45

Die Einberufung kann nicht entsprechend § 24 Abs. 2 verlangt werden. 46

II. Geschäftsordnung des Beirats

Der Verwaltungsbeirat kann sich eine Geschäftsordnung geben, die z. B. die Anzahl der (jährlichen) Sitzungen regelt oder die Art der beiratsinternen Willensbildung. 47

D. Rechte/Pflichten des Beirats

Pflichten des Beirats sind normiert in § 24 Abs. 3, § 24 Abs. 6, § 29 Abs. 2, § 29 Abs. 3. Weitere Pflichten können vereinbart, beschlossen oder schuldrechtlich festgelegt werden. 48

I. Gesetzliche Regelungen

Gesetzlich sind die folgenden Verpflichtungen des Verwaltungsbeirats normiert: 49

1. Einberufung der Eigentümerversammlung (§ 24 Abs. 3). 50
Fehlt ein Verwalter oder weigert er sich pflichtwidrig, die Wohnungseigentümerversammlung einzuberufen, kann die Versammlung, falls ein Verwaltungsbeirat bestellt ist, von dessen Vorsitzenden oder seinem Vertreter einberufen werden (§ 24 Abs. 3).

Das Einberufungsrecht kommt dem Vorsitzenden und – alternativ – dessen Stellvertreter zu. Nach dem Gesetzeswortlaut sind beide gleichermaßen berechtigt, die Einberufung vorzunehmen. Ist ein Vertreter nicht benannt, kann auch jeder Beisitzer einberufen (KK-WEG/*Abramenko* § 29 Rn. 19). Beruft der gesamte Verwaltungsbeirat ein, so ist dies auf jeden Fall ordnungsgemäß, selbst wenn kein Vorsitzender benannt ist (OLG Köln NZM 2000, 676). 51

Die Befugnis zur Einberufung schließt die Möglichkeit ein, zusätzliche Beschlussgegenstände auf die vom Verwalter aufgestellte Tagesordnung zu setzen (KK-WEG/*Abramenko* § 29 Rn. 19). 52

§ 29 I. Teil. Wohnungseigentum

53 2. **Unterzeichnung der Niederschrift (§ 24 Abs. 6).** Über die in einer Wohnungseigentümerversammlung gefassten Beschlüsse ist eine Niederschrift aufzunehmen (das Protokoll). Die Niederschrift ist, falls ein Verwaltungsbeirat bestellt ist, auch von dem Verwaltungsbeiratsvorsitzenden oder dem Stellvertreter des Verwaltungsbeiratsvorsitzenden zu unterschreiben (§ 24 Abs. 6 Satz 2).

54 Die Unterschriftspflicht besteht nicht, wenn weder der Verwaltungsbeiratsvorsitzende noch dessen Stellvertreter während der Wohnungseigentümerversammlung zugegen waren (KK-WEG/ *Abramenko* § 29 Rn. 20).

55 3. **Unterstützung des Verwalters (§ 29 Abs. 2).** Im Dreiklang Wohnungseigentümerversammlung/Wohnungseigentumsverwalter/Verwaltungsbeirat besteht die wesentliche Funktion des Beirats darin, den Verwalter bei der Durchführung von dessen Aufgaben zu unterstützen (§ 29 Abs. 2).

56 Dies bedeutet nicht, dass der Verwaltungsbeirat von sich aus die laufende Verwaltung zu beaufsichtigen hat (BayObLG WE 1996, 236).

57 Eine Unterstützung des Verwalters kommt insbesondere in Betracht, wenn es um die Feststellung und Behebung baulicher Mängel geht. Eine gesetzliche Vertretungsmacht steht den Verwaltungsbeiratsmitgliedern insoweit jedoch nicht zu. Sie kann allerdings rechtsgeschäftlich verliehen werden (OLG Düsseldorf NZM 1998, 36 = ZMR 1998, 104).

58 Relevant wird diese Möglichkeit in der Praxis oft dann, wenn es darum geht, dass der Abschluss des Vertrages mit dem Verwalter auf den Verwaltungsbeirat delegiert wird. Durch bloßen Mehrheitsbeschluss sind die Wohnungseigentümer nicht befugt, das Aushandeln des Vertrages auf den Beirat zu übertragen. Geht es jedoch nicht um das Aushandeln des Vertrages, sondern nur um den formalen Akt des Abschlusses eines Vertrages, der in seinen Kernpunkten bereits von den Wohnungseigentümern gebilligt wurde, so steht einer solchen Übertragung der Befugnisse auf den Beirat nichts im Wege (OLG Düsseldorf NJW 2006, 3645 = ZMR 2006, 870).

59 Wenn die Wohnungseigentümer den Verwaltungsbeirat ermächtigen, im eigenen Namen Mängelgewährleistungsansprüche gegen den Bauträger geltend zu machen, sind damit die jeweils amtierenden Mitglieder des Verwaltungsbeirats befugt (BGH NJW-RR 2004, 949 = WE 2004, 57).

60 4. **Überprüfung von Wirtschaftsplan/Rechnungslegung/Jahresabrechnung (§ 29 Abs. 3).** Gemäß § 29 Abs. 3 sollen der Wirtschaftsplan, die Abrechnung über den Wirtschaftsplan, Rechnungslegungen und Kostenanschläge vom Verwaltungsbeirat ge-

prüft und mit einer Stellungnahme versehen werden, bevor die Wohnungseigentümerversammlung darüber beschließt.

Diese „Vorprüfung" ist für den Beirat eine Verpflichtung mit der Folge, dass bei schuldhafter Pflichtverletzung Schadensersatzansprüche gegen die Beiratsmitglieder entstehen (KG FGPrax 2004, 107 = ZMR 2004, 458). Außerdem stellt eine derartige Pflichtverletzung einen wichtigen Grund zur Abberufung des Verwaltungsbeirats dar (KG ZMR 1997, 544). 61

Der Verwaltungsbeirat hat die Beschlussvorlage zum Wirtschaftsplan zumindest auf rechnerische Richtigkeit hin zu überprüfen. Bezüglich der Jahresabrechnung sind die Belege zumindest stichprobenartig zu prüfen. Eine Prüfung ohne jegliche Belegeinsicht reicht nicht aus (OLG Düsseldorf NZM 1998, 36 = ZMR 1998, 104). 62

Außerdem hat der Verwaltungsbeirat zu prüfen, ob in die Jahresabrechnung eingestellte Aufwendungen zu Recht erfolgten (*Drasdo* ETW 4 Rn. 5103). Die Feststellung der mangelnden Berechtigung, die jeweilige Ausgabe zu tätigen, führt zwar nicht zur Unrichtigkeit der Abrechnung, kann jedoch Ersatzansprüche gegen den Verwalter aufzeigen, was dazu führt, dass diesem die Entlastung zu versagen ist. 63

Übt der Verwaltungsbeirat seine Kontrollpflicht überhaupt nicht oder ohne den Verwalter um die Vorlage aussagekräftiger Unterlagen zu ersuchen, nur oberflächlich und daher unzureichend aus und erlangt er deshalb keine Kenntnis davon, für welche Leistungen im Zusammenhang mit der „Rechtswahrung" der Verwalter Sonderhonorare beansprucht, vereinnahmt und als Kosten in die Jahresabrechnung eingestellt hat, so muss sich die Eigentümerversammlung so behandeln lassen, als hätte sie vor ihrer Beschlussfassung Kenntnis von diesen Vorgängen gehabt und die Jahresabrechnung mit diesem Kenntnisstand gebilligt (OLG Düsseldorf NZM 2002, 264 = ZMR 2002, 294). 64

II. Vereinbarte/beschlossene/vertraglich fixierte Regelungen

Eine generelle Übertragung von Aufgaben und Befugnissen, die über die Bestimmung des § 29 Abs. 2 hinausgehen, bedarf einer Vereinbarung (KG FGPrax 2003, 260 = ZMR 2004, 622; Bärmann/Pick/Merle/*Merle* § 29 Rn. 78). 65

Wenn dahin gehende Beschlüsse der Eigentümerversammlung dem Verwaltungsbeirat nicht über den gesetzlichen Regelungsbereich des § 29 Abs. 2 hinausgehende Aufgaben übertragen, sondern die Aufgaben und Befugnisse des Verwaltungsbeirats lediglich für einen bestimmten Einzelfall konkretisieren, besteht eine Beschlusskompetenz der Wohnungseigentümer (Bärmann/Pick/Merle/*Merle* § 29 Rn. 78). 66

67 Es bleibt den einzelnen Verwaltungsbeiratsmitgliedern unbenommen, schuldrechtliche Verpflichtungen gegenüber den Wohnungseigentümern oder – je nach Fallgestaltung – gegenüber der teilrechtsfähigen Gemeinschaft zu übernehmen. Jedenfalls dann, wenn eine Vergütung der Beiratsmitglieder (siehe E.) vorgesehen ist, dürfte ein entsprechender Rechtsbindungswille gegeben sein.

68 Das dann gegebene schuldrechtliche Verhältnis enthält sowohl Elemente des Dienstvertragsrechts als auch des Rechts der Geschäftsbesorgung (§§ 611 ff., 675 ff. BGB; vgl. KK-WEG/*Abramenko* § 29 Rn. 14).

69 Das Angebot zum Abschluss eines entsprechenden schuldrechtlichen Vertrages liegt regelmäßig in der Bestellung des Verwaltungsbeirats, die bekannt gegeben und angenommen werden muss, damit eine entsprechende vertragliche Vereinbarung zustande kommt.

E. Vergütung der Beiratsmitglieder

70 Werden Verwaltungsbeiräte unentgeltlich tätig, steht ihnen zumindest ein Aufwendungsersatzanspruch zu, der alle Aufwendungen umfasst, die ein Verwaltungsbeirat den Umständen nach für erforderlich halten durfte (BayObLG NZM 1999, 865). Dieser Anspruch kann aus Zweckmäßigkeitsgründen auch durch eine Pauschale abgegolten werden, z. B. 20 Euro pro Sitzung und Fahrtkostenerstattung entsprechend der Dienstreise-Regelungen (OLG Schleswig NJW-RR 2005, 1471 = ZMR 2005, 735).

71 Aufwendungen, die die persönlichen Voraussetzungen für die Tätigkeit als Verwaltungsbeirat erst schaffen – z. B. wohnungseigentumsrechtliche Fortbildung –, sind nicht zu ersetzen (KK-WEG/*Abramenko* § 29 Rn. 15; a. A. BayObLG vom 30. 6. 1983, zitiert nach *Bielefeld* Ratgeber 16. 5. 4).

72 Ein Gesamtbetrag von 3.579,04 Euro als Aufwandsentschädigung pro Jahr für insgesamt drei Beiratsmitglieder entspricht bei Großanlagen (340 Einheiten) noch ordnungsmäßiger Verwaltung (LG Hannover ZMR 2006, 398).

F. Haftung der Beiratsmitglieder

73 Die Mitglieder des Verwaltungsbeirats können sowohl schuldrechtlich als auch deliktsrechtlich in die Haftung genommen werden.

I. Schuldrechtlich

Bei schuldhaften Pflichtverletzungen haften die Verwaltungs- 74
beiratsmitglieder aus § 280 BGB (KK-WEG/*Abramenko* § 29
Rn. 23). Auftragsrecht findet Anwendung (OLG Düsseldorf
NZM 1998, 36 = ZMR 1998, 104).

So ist es z.B. grob fahrlässig, einem Verwalter entgegen der 75
ausdrücklichen Weisung der Eigentümerversammlung die uneingeschränkte
Verfügungsmacht über ein der Eigentümergemeinschaft
zustehendes Rücklagenkonto von erheblicher Höhe einzuräumen.
Ebenfalls als grob fahrlässige Pflichtverletzung ist es anzusehen,
wenn bei der Prüfung der Jahresabrechnung auf die
Kontrolle der Kontenbelege verzichtet wird (OLG Düsseldorf
NZM 1998, 36 = ZMR 1998, 104).

Haftungsbegründend ist es auch, wenn ein Verwaltungsbeirat 76
die Wohnungseigentumsverwalterin durch beleidigende Äußerungen
so weit bringt, dass diese ihre Verwaltertätigkeit niederlegt
(BayObLG NJW-RR 2000, 156 = WE 2000, 172).

Schadensersatzansprüche gegen Verwaltungsbeiratsmitglieder 77
verjähren gemäß § 195 BGB nach drei Jahren.

Haftungsrisiken drohen den Verwaltungsbeiratsmitgliedern ins- 78
besondere dann, wenn ihnen eigene Entscheidungskompetenzen
zugewiesen wurden (KK-WEG/*Abramenko* § 29 Rn. 24). Insoweit
empfiehlt sich der Abschluss einer Vermögensschadenhaftpflichtversicherung.
Im Interesse der Gewinnung von Wohnungseigentümern
für die Aufgabe des Verwaltungsbeirats widerspricht
es regelmäßig nicht ordnungsmäßiger Verwaltung, im Zusammenhang
mit der konkreten Bestellung eines Verwaltungsbeirats
als nähere Ausgestaltung des Beiratsvertrages den Abschluss einer
Vermögensschadenhaftpflichtversicherung für den Beirat auf
Kosten der Gemeinschaft zu beschließen (KG NZM 2004, 743 =
ZMR 2004, 780).

II. Deliktisch

Theoretisch haften die Verwaltungsbeiratsmitglieder auch de- 79
liktisch. Dahin gehende Praxisfälle sind nicht bekannt.

G. Beendigung der Beiratstätigkeit

Beiräte beenden ihre Tätigkeit üblicherweise entweder nach er- 80
folgter Abberufung oder durch den Verlust der Eigenschaft als
Wohnungseigentümer.

I. Abberufung

81 Hinsichtlich der Abberufung eines Verwaltungsbeirats ist zwischen der ordentlichen und der außerordentlichen Abberufung zu unterscheiden.

82 **1. Ordentliche Abberufung.** Die Abberufung ist das Spiegelbild der Bestellung. Der jeweils Abzuberufende ist insoweit stimmberechtigt.

83 Die ordentliche Abberufung ist jederzeit möglich, genauso wie jedes Verwaltungsbeiratsmitglied jederzeit sein Amt niederlegen kann (KG ZMR 1997, 544).

84 **2. Außerordentliche Abberufung.** Anderes gilt, wenn vereinbart wurde, dass eine Abberufung nur aus wichtigem Grund zulässig ist (OLG Hamm NZM 1999, 227 = ZMR 1999, 280).

85 Wichtige Gründe in diesem Sinne sind jedenfalls diejenigen, die zur Abberufung eines Wohnungseigentumsverwalters berechtigen. Bezüglich des Verwaltungsbeirats sind insoweit jedoch geringere Anforderungen zu stellen als an den Verwalter (KK-WEG/*Abramenko* § 29 Rn. 10).

86 Die Abberufung erfolgt per Beschluss. Eine Anfechtung eines solchen Beschlusses hat keine aufschiebende Wirkung (OLG Hamm NJW-RR 1997, 1232).

II. Verlust der Eigentümereigenschaft

87 § 29 Abs. 1 Satz 2 bestimmt, dass Verwaltungsbeiratsmitglieder Wohnungseigentümer sein müssen. Konsequenterweise führt der Verlust der Eigenschaft als Wohnungseigentümer dazu, dass der betreffende (ehemalige) Wohnungseigentümer nicht mehr Verwaltungsbeirat sein kann.

88 Der Neuerwerb von Wohnungseigentum führt nicht zum Wiederaufleben der Bestellung zum Verwaltungsbeirat (BayObLGZ 1992, 340).

4. Abschnitt. Wohnungserbbaurecht

§ 30. Wohnungserbbaurecht

(1) **Steht ein Erbbaurecht mehreren gemeinschaftlich nach Bruchteilen zu, so können die Anteile in der Weise beschränkt werden, daß jedem der Mitberechtigten das Sondereigentum an einer bestimmten Wohnung oder an nicht zu Wohnzwecken dienenden bestimmten Räumen in einem auf Grund des Erbbaurechts errichteten oder zu errichtenden Gebäude eingeräumt wird (Wohnungserbbaurecht, Teilerbbaurecht).**

§ 30

(2) Ein Erbbauberechtigter kann das Erbbaurecht in entsprechender Anwendung des § 8 teilen.

(3) ¹Für jeden Anteil wird von Amts wegen ein besonderes Erbbaugrundbuchblatt angelegt (Wohnungserbbaugrundbuch, Teilerbbaugrundbuch). ²Im übrigen gelten für das Wohnungserbbaurecht (Teilerbbaurecht) die Vorschriften über das Wohnungseigentum (Teileigentum) entsprechend.

Begründet wird das Wohnungserbbaurecht wie das Wohnungseigentum nach § 30 Abs. 1 oder § 30 Abs. 2 i. V. m. § 8. Das Entstehen eines Wohnungs- oder Teilerbbaurechts erfordert Eintragung im Grundbuch (BayObLG NZM 2004, 789). Wohnungserbbaurechte können auch an einem Gesamterbbaurecht begründet werden (BayObLGZ 1989, 354). Zulässig ist auch ein Untererbbaurecht (Bärmann/Pick/Merle/*Merle* § 30 Rn. 63; vgl. § 6a GBO). 1

Das Wohnungserbbaurecht erlischt mit dem Erbbaurecht (BayObLGZ 1999, 63). Der Untergang des Gebäudes führt nicht zum Erlöschen des Wohnungserbbaurechts (Bärmann/Pick/Merle/*Merle* § 30 Rn. 50). 2

Für das Rechtsverhältnis zwischen dem Grundstückseigentümer und den Wohnungserbbauberechtigten gilt die ErbbauVO (Palandt/*Bassenge* § 30 Rn. 2). Die Rechtsverhältnisse der Wohnungserbbauberechtigten untereinander bestimmen sich nach dem WEG (§ 30 Abs. 3 Satz 2). 3

Ist als Inhalt des Erbbaurechts eine Veräußerungs- oder Belastungsbeschränkung vereinbart, so wird diese mit der Begründung von Wohnungserbbaurechten Inhalt eines jeden dieser Rechte. Durch Einigung zwischen dem Inhaber des Wohnungserbbaurechts und dem Grundstückseigentümer sowie Eintragung in das Grundbuch kann das Zustimmungserfordernis für ein einzelnes Recht aufgehoben werden; die Mitwirkung der übrigen Wohnungserbbauberechtigten und der an den Wohnungserbbaurechten oder am Grundstück dinglich Berechtigten ist dazu nicht erforderlich (BayObLGZ 1989, 354). 4

II. Teil. Dauerwohnrecht

§ 31. Begriffsbestimmung
(1) ¹Ein Grundstück kann in der Weise belastet werden, daß derjenige, zu dessen Gunsten die Belastung erfolgt, berechtigt ist, unter Ausschluß des Eigentümers eine bestimmte Wohnung in einem auf dem Grundstück errichteten oder zu errichtenden Gebäude zu bewohnen oder in anderer Weise zu nutzen (Dauerwohnrecht). ²Das Dauerwohnrecht kann auf einen außerhalb des Gebäudes liegenden Teil des Grundstücks erstreckt werden, sofern die Wohnung wirtschaftlich die Hauptsache bleibt.
(2) Ein Grundstück kann in der Weise belastet werden, daß derjenige, zu dessen Gunsten die Belastung erfolgt, berechtigt ist, unter Ausschluß des Eigentümers nicht zu Wohnzwecken dienende bestimmte Räume in einem auf dem Grundstück errichteten oder zu errichtenden Gebäude zu nutzen (Dauernutzungsrecht).
(3) Für das Dauernutzungsrecht gelten die Vorschriften über das Dauerwohnrecht entsprechend.

Dauerwohnrecht- und Dauernutzungsrecht sind besondere Formen der Dienstbarkeit (MünchKommBGB/*Engelhardt* § 31 Rn. 3). 1

Ein Dauerwohnrecht bzw. Dauernutzungsrecht kann an einem Grundstück, einem Grundstücksteil (§ 7 Abs. 2 GBO), an einem Erbbaurecht (§ 42) und an einem Wohnungs- bzw. Teileigentum (Wohnungs- und Teilerbbaurecht – Palandt/*Bassenge* § 31 Rn. 4), begründet werden, nicht an einem Sondernutzungsrecht (OLG Hamburg ZMR 2004, 616). Ein Sondernutzungsrecht kann vom Berechtigten nur schuldrechtlich einem Dritten überlassen werden. Das Dauerwohnrecht kann jedoch nach § 31 Abs. 1 Satz 2 auf einen außerhalb des Gebäudes liegenden Grundstücksteil erstreckt werden, sofern die Wohnung wirtschaftlich die Hauptsache bleibt. 2

Ein Wohnungsrecht nach § 1093 BGB und ein Dauerwohnrecht können nicht nebeneinander bestehen (Bärmann/*Pick* § 31 Rn. 16). 3

Berechtigter kann jede natürliche oder juristische Person sein, auch der Grundstückseigentümer selbst (BayObLGZ 1997, 163). Mehrere Berechtigte können sowohl Bruchteilsberechtigte (DNotZ 1996, 88 = ZMR 1995, 543), Gesamtgläubiger gemäß § 428 BGB (KK-WEG/*Schneider* § 32 Rn. 23; a.A. Palandt/*Bassenge* § 31 Rn. 4) oder Gesamthandsberechtigte sein (Palandt/*Bassenge* § 31 Rn. 4) 4

5   Die Bestellung erfolgt gemäß § 873 BGB durch Einigung und Eintragung ins Grundbuch (vgl. § 32).

6   Mehrere Dauerwohnungsberechtigte an verschiedenen Räumen eines Gebäudes bilden keine Wohnungseigentümergemeinschaft (Palandt/*Bassenge* § 31 Rn. 5).

§ 32. Voraussetzungen der Eintragung

(1) Das Dauerwohnrecht soll nur bestellt werden, wenn die Wohnung in sich abgeschlossen ist.

(2) ¹Zur näheren Bezeichnung des Gegenstandes und des Inhalts des Dauerwohnrechts kann auf die Eintragungsbewilligung Bezug genommen werden. ²Der Eintragungsbewilligung sind als Anlagen beizufügen:

1. eine von der Baubehörde mit Unterschrift und Siegel oder Stempel versehene Bauzeichnung, aus der die Aufteilung des Gebäudes sowie die Lage und Größe der dem Dauerwohnrecht unterliegenden Gebäude- und Grundstücksteile ersichtlich ist (Aufteilungsplan); alle zu demselben Dauerwohnrecht gehörenden Einzelräume sind mit der jeweils gleichen Nummer zu kennzeichnen;
2. eine Bescheinigung der Baubehörde, daß die Voraussetzungen des Absatzes 1 vorliegen.

³Wenn in der Eintragungsbewilligung für die einzelnen Dauerwohnrechte Nummern angegeben werden, sollen sie mit denen des Aufteilungsplans übereinstimmen. ⁴Die Landesregierungen können durch Rechtsverordnung bestimmen, dass und in welchen Fällen der Aufteilungsplan (Satz 2 Nr. 1) und die Abgeschlossenheit (Satz 2 Nr. 2) von einem öffentlich bestellten oder anerkannten Sachverständigen für das Bauwesen statt von der Baubehörde ausgefertigt und bescheinigt werden. ⁵Werden diese Aufgaben von dem Sachverständigen wahrgenommen, so gelten die Bestimmungen der Allgemeinen Verwaltungsvorschrift für die Ausstellung von Bescheinigungen gemäß § 7 Abs. 4 Nr. 2 und § 32 Abs. 2 Nr. 2 des Wohnungseigentumsgesetzes vom 19. März 1974 (BAnz. Nr. 58 vom 23. März 1974) entsprechend. ⁶In diesem Fall bedürfen die Anlagen nicht der Form des § 29 der Grundbuchordnung. ⁷Die Landesregierungen können die Ermächtigung durch Rechtsverordnung auf die Landesbauverwaltungen übertragen.

(3) Das Grundbuchamt soll die Eintragung des Dauerwohnrechts ablehnen, wenn über die in § 33 Abs. 4 Nrn. 1 bis 4 bezeichneten Angelegenheiten, über die Voraussetzungen des Heimfallanspruchs (§ 36 Abs. 1) und über die Entschädigung beim Heimfall (§ 36 Abs. 4) keine Vereinbarung getroffen sind.

§ 32 Abs. 1 entspricht § 3 Abs. 2 (vgl. § 3 Rn. 65 ff.). § 32 1
Abs. 2 entspricht § 7 Abs. 3 und 4 (§ 7 Rn. 9 und 11).
§ 32 Abs. 3 enthält eine Sollvorschrift. Ein Verstoß hiergegen 2
berührt die Wirksamkeit der Rechtsbestellung nicht (Weitnauer/
Mansel § 32 Rn. 8). Ist über den Heimfall nichts bestimmt, so
kann das Grundbuchgericht davon ausgehen, dass ein solcher
nicht vorgesehen ist (BayObLG NJW 1954, 959). Da der Heimfall selbst nicht zum wesentlichen Inhalt des Dauerwohnrechts
gehört, muss die Vereinbarung einen Heimfallanspruch auch
nicht begründen (KK-WEG/*Schneider* § 32 Rn. 19).

§ 33. Inhalt des Dauerwohnrechts
(1) ¹Das Dauerwohnrecht ist veräußerlich und vererblich. ²Es kann nicht unter einer Bedingung bestellt werden.

(2) Auf das Dauerwohnrecht sind, soweit nicht etwas anderes vereinbart ist, die Vorschriften des § 14 entsprechend anzuwenden.

(3) Der Berechtigte kann die zum gemeinschaftlichen Gebrauch bestimmten Teile, Anlagen und Einrichtungen des Gebäudes und Grundstücks mitbenutzen, soweit nichts anderes vereinbart ist.

(4) Als Inhalt des Dauerwohnrechts können Vereinbarungen getroffen werden über:
1. Art und Umfang der Nutzungen;
2. Instandhaltung und Instandsetzung der dem Dauerwohnrecht unterliegenden Gebäudeteile;
3. die Pflicht des Berechtigten zur Tragung öffentlicher oder privatrechtlicher Lasten des Grundstücks;
4. die Versicherung des Gebäudes und seinen Wiederaufbau im Falle der Zerstörung;
5. das Recht des Eigentümers, bei Vorliegen bestimmter Voraussetzungen Sicherheitsleistung zu verlangen.

A. Veräußerlichkeit und Vererblichkeit

Durch die Veräußerlichkeit und Vererblichkeit unterscheidet 1
sich das Dauerwohnrecht wesentlich von dem Wohnrecht des
§ 1093 BGB. Zur Veräußerungsbeschränkung siehe § 35. Die Vererblichkeit kann faktisch dadurch ausgeschlossen werden, dass
Dauerwohnrecht auf den Tod des Berechtigten befristet wird (Palandt/*Bassenge* § 33 Rn. 5). Zur Übertragung genügt die Eintragungsbewilligung des Veräußerers; § 20 GBO ist nicht entsprechend anwendbar (Weitnauer/*Mansel* § 33 Rn. 2).

Als Belastungen kommen nur Nießbrauch und Pfandrecht in 2
Betracht (MünchKommBGB/*Engelhardt* § 33 Rn. 2).

B. Bedingungsfeindlichkeit

3 Das Dauerwohnrecht kann nicht unter einer Bedingung bestellt werden (§ 33 Abs. 1 Satz 2). Zulässig sind Befristungen (vgl. § 41) und die Vereinbarung eines Heimfallanspruchs (§ 36) sowie Rechtsbedingungen (MieWo/*Kahlen* § 33 Rn. 11). Die Vereinbarung eines Heimfallanspruches wird zur Berücksichtigung künftiger ungewisser Ereignisse empfohlen (Weitnauer/*Mansel* § 33 Rn. 3).

C. Rechtsinhalt

I. Gesetzlicher Inhalt

4 § 33 Abs. 2 und 3 sind anzuwenden, sofern nichts anderes vereinbart ist (Rn. 9 ff.).

5 Für die Pflichten des Dauerwohnberechtigten gilt § 14 entsprechend. Entsprechend bedeutet, dass die § 14 genannten Pflichten gegenüber dem Eigentümer bestehen, nicht gegenüber anderen Dauerwohnungsberechtigten. An die Stelle von Sondereigentum treten die dem Dauerwohnrecht unterfallenden Gegenstände, an die Stelle des gemeinschaftlichen Eigentums die nicht dem Dauerwohnrecht unterliegenden Flächen und Gebäudeteile (Palandt/*Bassenge* § 33 Rn. 4). Bei der Beurteilung des Nachteils sind allerdings auch die Interessen der anderen Bewohner des Gebäudes einzubeziehen (Weitnauer/*Mansel* § 33 Rn. 5), auch wenn diesen insoweit kein eigenes Recht zusteht.

6 Dass der Dauerwohnberechtigte die dem Recht unterfallenden Räume und Flächen benutzen darf, ergibt sich bereits aus § 31. § 33 Abs. 3 erweitert diese Befugnis auf die Mitbenutzung von Teilen, Anlagen und Einrichtungen des Gebäudes und des Grundstücks, die zum gemeinschaftlichen Gebrauch bestimmt sind. Hierunter fallen insbesondere Treppenhäuser, Hofraum, Wasch- und Trockeneinrichtungen, Heizung, Wasserleitungen, Aufzüge; bei einem Dauernutzungsrecht an Geschäftsräumen auch die Benutzung der Außenfassade für Reklamezwecke (OLG Frankfurt BB 1970, 731).

II. Vereinbarungen

7 **1. Allgemeines.** Den Beteiligten bleibt es unbenommen, im Rahmen der allgemeinen Vertragsfreiheit schuldrechtliche Vereinbarungen über das Dauerwohnrecht zu treffen. Daran sind aber nur die Vertragspartner gebunden. § 33 Abs. 4 eröffnet die Möglichkeit, als Inhalt des Dauerwohnrechts Vereinbarungen mit

dinglicher Wirkung zu treffen, die bei Eintragung ins Grundbuch auch gegenüber dem Sonderrechtsnachfolger wirken. Die in Nr. 1 bis 4 genannten Regelungen sind zu treffen, da ansonsten das Grundbuchamt die Eintragung ablehnen soll (§ 32 Abs. 3).

Andere als die in § 33 Abs. 2 bis 4, §§ 35, 36, 39, 40, 41 und § 882 BGB genannten Regelungen können nicht mit dinglicher Wirkung getroffen werden (MünchKommBGB/*Engelhardt* § 33 Rn. 6). 8

2. Einzelne Regelungsgegenstände. a) Art und Umfang der Nutzungen. Hierunter fallen insbesondere Regelungen über eine Wohnungsnutzung oder eine gewerbliche Nutzung (MieWo/*Kahlen* § 33 Rn. 11), Zustimmungserfordernis für eine Vermietung (BayObLG NJW 1960, 2100). Bereits die Bezeichnung als Dauerwohnrecht kann eine Benutzung zu anderen als Wohnzwecken ausschließen (Weitnauer/*Mansel* § 33 Rn. 12). 9

b) Instandhaltung und Instandsetzung. Die Instandhaltung der dem Dauerwohnrecht unterliegenden Gebäudeteile kann voll auf den Berechtigten übertragen werden. Eine Instandhaltungspflicht für das ganze Gebäude ist nur zulässig, wenn sich das Dauerwohnrecht auch auf das ganze Gebäude erstreckt (MieWo/*Kahlen* § 33 Rn. 37). Die Vereinbarung kann jedoch auch gemeinschaftliche Einrichtungen (Rn. 6) betreffen (Palandt/*Bassenge* § 33 Rn. 6). Wird keine Regelung getroffen, gilt § 14 i. V. m. § 33 Abs. 2. 10

c) Öffentliche und private Lasten. Ohne Vereinbarung trägt der Eigentümer die Lasten (MünchKommBGB/*Engelhardt* § 33 Rn. 5). Die Vereinbarung wirkt nur zwischen dem Eigentümer und dem Dauerwohnungsberechtigten, nicht im Außenverhältnis zu Dritten (Palandt/*Bassenge* § 33 Rn. 6). 11

d) Versicherung und Wiederaufbau. Ohne Vereinbarung besteht keine Verpflichtung zum Abschluss von Versicherungen. Wer in einem solchen Fall Versicherungen abschließt, hat diese auch zu bezahlen. Eine Pflicht zum Wiederaufbau besteht ohne Vereinbarung nicht. Aus einer Versicherungspflicht kann sich jedoch eine Wiederaufbaupflicht ergeben (Palandt/*Bassenge* § 33 Rn. 6). 12

e) Sicherheitsleistung. Eine Verpflichtung zur Sicherheitsleistung besteht nur bei entsprechender Vereinbarung. § 1051 BGB ist nicht analog anwendbar (Palandt/*Bassenge* § 33 Rn. 6). 13

§ 34. Ansprüche des Eigentümers und der Dauerwohnberechtigten

(1) **Auf die Ersatzansprüche des Eigentümers wegen Veränderungen oder Verschlechterungen sowie auf die Ansprüche der Dauerwohnberechtigten auf Ersatz von Verwendungen oder auf Gestattung der Wegnahme einer Einrichtung sind die §§ 1049, 1057 des Bürgerlichen Gesetzbuches entsprechend anzuwenden.**

§ 36   II. Teil. Dauerwohnrecht

(2) Wird das Dauerwohnrecht beeinträchtigt, so sind auf die Ansprüche des Berechtigten die für die Ansprüche aus dem Eigentum geltenden Vorschriften entsprechend anzuwenden.

1   Die Ansprüche des Dauerwohnberechtigten gegen den Eigentümer auf Ersatz von Verwendungen oder Gestattung der Wegnahme werden durch Verweisung auf die Nießbrauchsvorschrift des § 1049 BGB geregelt. Dort wird für den Ersatz von Verwendungen auf die Vorschriften über die Geschäftsführung ohne Auftrag verwiesen. Für die Ersatzansprüche des Eigentümers wegen Veränderungen oder Verschlechterungen besteht keine gesonderte Anspruchsgrundlage. Es gelten deshalb die allgemeinen Vorschriften über Pflichtverletzung und unerlaubte Handlung.

2   Die Verjährung der in § 34 Abs. 1 genannten Ansprüche richtet sich nach § 1057 BGB, der seinerseits auf die kurze Verjährungsfrist des § 548 BGB verweist.

3   Gegenüber Dritten hat der Dauerwohnberechtigte Ansprüche wie ein Eigentümer (Abs. 2). Es handelt sich dabei insbesondere um Ansprüche aus § 985 und § 1004 BGB.

§ 35. Veräußerungsbeschränkung
¹Als Inhalt des Dauerwohnrechts kann vereinbart werden, daß der Berechtigte zur Veräußerung des Dauerwohnrechts der Zustimmung des Eigentümers oder eines Dritten bedarf. ²Die Vorschriften des § 12 gelten in diesem Falle entsprechend.

1   Für das Dauerwohnrecht kann eine Veräußerungsbeschränkung abweichend von § 137 BGB vereinbart werden.

2   § 12 ist entsprechend anwendbar. Ihrem Wortlaut nach erstreckt sich die Verweisung auch auf § 12 Abs. 4. Jedoch kommt eine Aufhebung durch Mehrheitsbeschluss beim Dauerwohnrecht nach der Natur des Rechts nicht in Betracht.

§ 36. Heimfallanspruch
(1) ¹Als Inhalt des Dauerwohnrechts kann vereinbart werden, daß der Berechtigte verpflichtet ist, das Dauerwohnrecht beim Eintritt bestimmter Voraussetzungen auf den Grundstückseigentümer oder einen von diesem zu bezeichnenden Dritten zu übertragen (Heimfallanspruch). ²Der Heimfallanspruch kann nicht von dem Eigentum an dem Grundstück getrennt werden.

(2) Bezieht sich das Dauerwohnrecht auf Räume, die dem Mieterschutz unterliegen, so kann der Eigentümer von dem Heimfallanspruch nur Gebrauch machen, wenn ein Grund vorliegt, aus dem ein Vermieter die Aufhebung des Mietverhältnisses verlangen oder kündigen kann.

(3) Der Heimfallanspruch verjährt in sechs Monaten von dem Zeitpunkt an, in dem der Eigentümer von dem Eintritt der Voraussetzungen Kenntnis erlangt, ohne Rücksicht auf diese Kenntnis in zwei Jahren von dem Eintritt der Voraussetzungen an.

(4) [1]Als Inhalt des Dauerwohnrechts kann vereinbart werden, daß der Eigentümer dem Berechtigten eine Entschädigung zu gewähren hat, wenn er von dem Heimfallanspruch Gebrauch macht. [2]Als Inhalt des Dauerwohnrechts können Vereinbarungen über die Berechnung oder Höhe der Entschädigung oder die Art ihrer Zahlung getroffen werden.

A. Heimfallanspruch

Der Heimfallanspruch kann als Inhalt des Dauerwohnrechts 1 mit dinglicher Wirkung vereinbart werden. Erforderlich hierzu ist auch die Eintragung im Grundbuch. Ansonsten wirkt die Vereinbarung nur schuldrechtlich (MieWo/*Kahlen* § 36 Rn. 1 a). Die Voraussetzungen für den Heimfallanspruch müssen in der Eintragungsbewilligung genannt sein (*Niedenführ/Schulze* § 36 Rn. 6).

Der Heimfallanspruch steht dem jeweiligen Eigentümer gegen 2 den jeweiligen Dauerwohnberechtigten zu (Weitnauer/*Mansel* § 36 Rn. 1). Ein begünstigter Dritter erlangt keinen eigenen Anspruch, kann den Anspruch des Eigentümers jedoch als Prozeßstandschafter geltend machen (*Niedenführ/Schulze* § 36 Rn. 4).

Die Beteiligten können die Voraussetzungen für den Heimfall 3 im Rahmen der allgemeinen Vertragsfreiheit frei vereinbaren. In der Regel werden dabei vor allem Pflichtverletzungen des Dauerwohnberechtigten herangezogen. Umstritten ist, ob auch die Veräußerung des Dauerwohnrechts als Heimfallgrund vereinbart werden kann. Teilweise wird hierin eine Umgehung des § 35 gesehen (*Niedenführ/Schulze* § 36 Rn. 9; Weitnauer/*Mansel* § 36 Rn. 8; a.A. Palandt/*Bassenge* § 36 Rn. 2; *Mayer* DNotZ 2003, 308).

Der Heimfallanspruch begründet eine Verpflichtung zur Über- 4 tragung des Dauerwohnrechts. Allein durch die Ausübung des Heimfallrechts entsteht noch keine Veränderung der dinglichen Rechtslage (Palandt/*Bassenge* § 36 Rn. 3).

B. Beschränkung

Die Fassung von § 36 Abs. 2 ist veraltet. Den „Mieterschutz" 5 im Sinne der damaligen Regelungen gibt es nicht mehr. Die überwiegende Auffassung (Palandt/*Bassenge* § 36 Rn. 4; MieWo/*Kahlen* § 36 Rn. 9 ff.; Weitnauer/*Mansel* § 36 Rn. 6) wendet jedoch die §§ 572 bis 576 b, 577 a, 549 BGB entsprechend an. Demgegenüber vertritt *Mayer* (DNotZ 2003, 926) die Auffassung, dass für die eigentumsähnliche Ausgestaltung des Dauerwohnrechts im Wege der teleologischen Reduktion § 36 Abs. 2 BGB nicht mehr anwendbar ist. Dem kann nicht mehr zugestimmt werden, nachdem die Vorschrift im Rahmen der WEG-Reform unverändert geblieben ist.

C. Verjährung

6   § 36 Abs. 3 enthält – in Abweichung von § 902 BGB – eine selbständige Verjährungsregelung.

D. Entschädigung

7   Die Vereinbarung einer Entschädigung ist grundsätzlich nicht zwingend. Eine Ausnahme macht § 41 Abs. 3 für langfristige Dauerwohnrechte. Der Ausschluss einer Entschädigung soll wegen § 32 Abs. 3 ausdrücklich vereinbart werden.

§ 37. Vermietung

(1) **Hat der Dauerwohnberechtigte die dem Dauerwohnrecht unterliegenden Gebäude- oder Grundstücksteile vermietet oder verpachtet, so erlischt das Miet- oder Pachtverhältnis, wenn das Dauerwohnrecht erlischt.**

(2) **Macht der Eigentümer von seinem Heimfallanspruch Gebrauch, so tritt er oder derjenige, auf den das Dauerwohnrecht zu übertragen ist, in das Miet- oder Pachtverhältnis ein; die Vorschriften der §§ 566 bis 566e des Bürgerlichen Gesetzbuches gelten entsprechend.**

(3) ¹**Absatz 2 gilt entsprechend, wenn das Dauerwohnrecht veräußert wird.** ²**Wird das Dauerwohnrecht im Wege der Zwangsvollstreckung veräußert, so steht dem Erwerber ein Kündigungsrecht in entsprechender Anwendung des § 57a des Gesetzes über die Zwangsversteigerung und Zwangsverwaltung zu.**

1   Für die Bestellung des Dauerwohnrechts an einer bereits vermieteten Wohnung gilt nicht § 37, sondern § 567 BGB. Der Dauerwohnberechtigte tritt in das Mietverhältnis anstelle des Grundstückseigentümers ein.

2   § 37 Abs. 1 BGB regelt den Fall, dass der Dauerwohnberechtigte die Vermietung oder Verpachtung vorgenommen hat und dass das Dauerwohnrecht erlischt. In diesen Fällen erlischt auch das Miet- oder Pachtverhältnis. Der Eigentümer tritt nicht in den Vertrag ein. Er kann den Herausgabeanspruch nach § 985 BGB, nicht aber den nach § 546 BGB geltend machen (*Niedenführ/*

Schulze § 37 Rn. 4). Eine dem Mieter gegenüber treuwidrige Aufgabe des Dauerwohnrechts kann zu Ansprüchen des Mieters aus § 536 BGB (Palandt/*Bassenge* § 37 Rn. 2) oder § 826 BGB führen (*Niedenführ/Schulze* § 37 Rn. 6).

Anders ist die Regelung, wenn der Eigentümer von seinem 3 Heimfallanspruch Gebrauch macht (§ 37 Abs. 2). In diesen Fällen treten der Eigentümer oder derjenige, auf den das Dauerwohnrecht zu übertragen ist, in das Miet- oder Pachtverhältnis ein, wobei die Regelungen der §§ 566 ff. BGB entsprechend gelten.

Unerheblich ist, ob der Dauerwohnberechtigte den Vertrag 4 mit, ohne oder gegen den Willen des Eigentümers abgeschlossen hat oder ob sogar ein Ausschluss der Vermietung vereinbart war (Palandt/*Bassenge* § 37 Rn. 3).

Umstritten ist, ob der Eigentümer nach Vollzug des Heimfalls 5 durch Aufhebung des Dauerwohnrechts nach § 37 Abs. 1 ein Erlöschen des Mietvertrages herbeiführen kann (bejahend z.B. Weitnauer/*Mansel* § 37 Rn. 5; verneinend z.B. *Constantin* NJW 1969, 1417). Der Mietvertrag erlischt in einem solchen Fall deshalb nicht, weil der Eigentümer Vermieter geworden ist und Vertragsgegenstand die Mietsache ist, unabhängig davon, auf Grund welchen Rechts dem Vermieter die Besitzüberlassung möglich ist (KK-WEG/*Schmid* § 37 Rn. 5).

§ 37 Abs. 3 betrifft die Fälle, in denen das Dauerwohnrecht 6 veräußert wird. § 37 Abs. 2 gilt entsprechend, wobei bei einer Zwangsversteigerung das Sonderkündigungsrecht nach § 57 a ZVG besteht.

§ 38. Eintritt in das Rechtsverhältnis

(1) Wird das Dauerwohnrecht veräußert, so tritt der Erwerber an Stelle des Veräußerers in die sich während der Dauer seiner Berechtigung aus dem Rechtsverhältnis zu dem Eigentümer ergebenden Verpflichtungen ein.
(2) ¹Wird das Grundstück veräußert, so tritt der Erwerber an Stelle des Veräußerers in die sich während der Dauer seines Eigentums aus dem Rechtsverhältnis zu dem Dauerwohnberechtigten ergebenden Rechte ein. ²Das gleiche gilt für den Erwerb auf Grund Zuschlages in der Zwangsversteigerung, wenn das Dauerwohnrecht durch den Zuschlag nicht erlischt.

A. Veräußerung des Dauerwohnrechts

Dass bei der Veräußerung des Dauerwohnrechts der Erwerber 1 an die Stelle des Veräußerers tritt, ergibt sich für den dinglichen Inhalt des Rechts von selbst. Nach § 38 Abs. 1 BGB erfolgt aber auch ein Eintritt in die schuldrechtlichen Vereinbarungen, wobei die Wirkungen auf die Dauer der Berechtigungen beschränkt sind. Der bisherige Dauerwohnberechtigte wird frei (*Niedenführ/ Schulze* § 38 Rn. 10).

2 Problematisch ist, ob § 38 auch für Vereinbarungen gilt, die nach §§ 33 ff. zwar verdinglicht werden können, von den Parteien aber nicht verdinglicht wurden. Die überwiegende Meinung (Weitnauer/*Mansel* § 38 Rn. 5; Palandt/*Bassenge* § 38 Rn. 1; *Niedenführ/Schulze* § 38 Rn. 5) verneint dies.

B. Veräußerung des Grundstücks

3 Entsprechendes gilt nach § 38 Abs. 2, wenn das Grundstück veräußert wird. Ein Kündigungsrecht entsprechend § 57a ZVG besteht nicht (Palandt/*Bassenge* § 38 Rn. 3). Vorausverfügungen über das Entgelt sind dem Erwerber gegenüber wirksam, da anders lautende mietrechtliche Vorschriften nicht für entsprechend anwendbar erklärt sind (*Niedenführ/Schulze* § 38 Rn. 17).

§ 39. Zwangsversteigerung

(1) **Als Inhalt des Dauerwohnrechts kann vereinbart werden, dass das Dauerwohnrecht im Falle der Zwangsversteigerung des Grundstücks abweichend von § 44 des Gesetzes über die Zwangsversteigerung und Zwangsverwaltung auch dann bestehen bleiben soll, wenn der Gläubiger einer dem Dauerwohnrecht im Range vorgehenden oder gleichstehenden Hypothek, Grundschuld, Rentenschuld oder Reallast die Zwangsversteigerung in das Grundstück betreibt.**

(2) **Eine Vereinbarung gemäß Absatz 1 bedarf zu ihrer Wirksamkeit der Zustimmung derjenigen, denen eine dem Dauerwohnrecht im Range vorgehende oder gleichstehende Hypothek, Grundschuld, Rentenschuld oder Reallast zusteht.**

(3) **Eine Vereinbarung gemäß Absatz 1 ist nur wirksam für den Fall, dass der Dauerwohnberechtigte im Zeitpunkt der Feststellung der Versteigerungsbedingungen seine fälligen Zahlungsverpflichtungen gegenüber dem Eigentümer erfüllt hat; in Ergänzung einer Vereinbarung nach Absatz 1 kann vereinbart werden, daß das Fortbestehen des Dauerwohnrechts vom Vorliegen weiterer Voraussetzungen abhängig ist.**

1 Die Vorschrift dient dem Bestandsschutz des Dauerwohnrechts bei einer Zwangsversteigerung, damit der Dauerwohnungsberechtigte nicht schlechter steht als der Mieter (*Niedenführ/ Schulze* § 39 Rn. 2).

2 Die Vereinbarung bedarf als Inhalt des Dauerwohnrechts der Vereinbarung und der Eintragung im Grundbuch (Palandt/*Bas-

senge § 39 Rn. 2). Die Gläubiger mit Vorrang oder Gleichrang müssen zustimmen.

Über § 39 kann nur ein Schutz des Dauerwohnberechtigten erreicht werden, wenn die Inhaber der dort genannten Rechte die Zwangsversteigerung betreiben. Gegenüber anderen Gläubigern wirkt die Vereinbarung nicht; es besteht nur die Möglichkeit der Ablösung nach § 268 BGB (*Niedenführ/Schulze* § 39 Rn. 5). 3

Die Regelung des § 39 Abs. 3 Halbsatz 1 ist unabdingbar (*Niedenführ/Schulze* § 39 Rn. 14). 4

§ 40. Haftung des Entgelts

(1) ¹Hypotheken, Grundschulden, Rentenschulden und Reallasten, die dem Dauerwohnrecht im Range vorgehen oder gleichstehen, sowie öffentliche Lasten, die in wiederkehrenden Leistungen bestehen, erstrecken sich auf den Anspruch auf das Entgelt für das Dauerwohnrecht in gleicher Weise wie auf eine Mietforderung, soweit nicht in Absatz 2 etwas Abweichendes bestimmt ist. ²Im übrigen sind die für Mietforderungen geltenden Vorschriften nicht entsprechend anzuwenden.

(2) ¹Als Inhalt des Dauerwohnrechts kann vereinbart werden, daß Verfügungen über den Anspruch auf das Entgelt, wenn es in wiederkehrenden Leistungen ausbedungen ist, gegenüber dem Gläubiger einer dem Dauerwohnrecht im Range vorgehenden oder gleichstehenden Hypothek, Grundschuld, Rentenschuld oder Reallast wirksam sind. ²Für eine solche Vereinbarung gilt § 39 Abs. 2 entsprechend.

Die Grundregel enthält Abs. 1 Satz 2. Die für Mietforderungen geltenden Vorschriften sind grundsätzlich nicht entsprechend anzuwenden. 1

Hievon macht Abs. 1 Satz 1 eine Ausnahme und gleicht die Haftung für das vom Dauerwohnberechtigten geschuldete Entgelt an die Vorschriften über die Miete an. Der Umfang der Haftung bestimmt sich nach den §§ 1123 ff. BGB. Unerheblich ist, ob es sich um einmalige oder wiederkehrende Leistungen oder Vorauszahlungen des Dauerwohnberechtigten handelt (*MieWo/Kahlen* § 40 Rn. 1 a). 2

Von den Regelungen des Abs. 1 Satz 1 kann durch eine Vereinbarung nach Abs. 2 für wiederkehrende Leistungen abgewichen werden. Es wirkt dann jede Zahlung des Dauerwohnberechtigten an den Eigentümer befreiend. Um dingliche Wirkung zu erlangen, muss die Vereinbarung im Grundbuch eingetragen werden (MünchKommBGB/*Engelhardt* § 40 Rn. 3). Sie bedarf der Zustimmung der vor- oder gleichrangigen Realgläubiger (§ 40 Abs. 2 Satz 2, § 39 Abs. 2). 3

§ 41. Besondere Vorschriften für langfristige Dauerwohnrechte

(1) Für Dauerwohnrechte, die zeitlich unbegrenzt oder für einen Zeitraum von mehr als zehn Jahren eingeräumt sind, gelten die besonderen Vorschriften der Absätze 2 und 3.

(2) Der Eigentümer ist, sofern nicht etwas anderes vereinbart ist, dem Dauerwohnberechtigten gegenüber verpflichtet, eine dem Dauerwohnrecht im Range vorgehende oder gleichstehende Hypothek löschen zu lassen für den Fall, daß sie sich mit dem Eigentum in einer Person vereinigt, und die Eintragung einer entsprechenden Löschungsvormerkung in das Grundbuch zu bewilligen.

(3) Der Eigentümer ist verpflichtet, dem Dauerwohnberechtigten eine angemessene Entschädigung zu gewähren, wenn er von dem Heimfallanspruch Gebrauch macht.

1   Die Sonderregelung gilt für Dauerwohnrechte, die zeitlich unbegrenzt oder für einen Zeitraum von mehr als zehn Jahren eingeräumt sind. Wird ein Dauerwohnrecht verlängert, läuft die Zehn-Jahres-Frist vom Zeitpunkt der Verlängerung an (Palandt/*Bassenge* § 41 Rn. 1).

2   Das Dauerwohnrecht hat nicht kraft Gesetzes die Wirkung einer Löschungsvormerkung (Palandt/*Bassenge* § 41 Rn. 2). Abs. 2 ist abdingbar (MünchKommBGB/*Engelhardt* § 41 Rn. 2). Die Abbedingung wirkt gegenüber Dritten aber nur bei Eintragung ins Grundbuch (Palandt/*Bassenge* § 41 Rn. 2).

3   Die Entschädigungspflicht ist unabdingbar (BGHZ 27, 158). Über die Berechnung und Höhe der Entschädigung und die Art der Zahlung können entsprechend § 36 Abs. 4 Vereinbarungen getroffen werden. Diese müssen sich im Rahmen der Angemessenheit halten (MünchKommBGB/*Engelhardt* § 41 Rn. 3). Die Angemessenheit beurteilt sich insbesondere nach dem geleisteten Entgelt, den Aufwendungen des Berechtigten, der Nutzungsdauer und Verbesserungen oder Verschlechterungen (*Niedenführ/Schulze* § 41 Rn. 19). In besonderen Fällen, insbesondere bei Abwicklung entsprechend einem Mietverhältnis, kann die Entschädigung auch gleich Null sein (MünchKommBGB/*Engelhardt* § 41 Rn. 3).

§ 42. Belastung eines Erbbaurechts

(1) Die Vorschriften der §§ 31 bis 41 gelten für die Belastung eines Erbbaurechts mit einem Dauerwohnrecht entsprechend.

(2) Beim Heimfall des Erbbaurechts bleibt das Dauerwohnrecht bestehen.

1   Abs. 1 ist deklaratorisch (§ 11 Abs. 1 Satz 1 ErbbauVO).

Ein Heimfall des Erbbaurechts bringt dieses nicht zum Erlöschen (vgl. § 2 Nr. 4 ErbbauVO). Es entsteht ein Eigentümererbbaurecht. An diesem bleibt nach § 42 Abs. 2 in Abweichung von § 33 Abs. 1 Satz 3 ErbbauVO das Dauerwohnrecht bestehen. Die Regelung ist abdingbar (MünchKommBGB/*Engelhardt* § 42 Rn. 2). Erlischt das Erbbaurecht durch Zeitablauf, erlischt auch das Dauerwohnrecht (MünchKommBGB/*Engelhardt* § 42 Rn. 2). Das Dauerwohnrecht erlischt auch, wenn das Erbbaurecht aufgehoben wird. Der Dauerwohnberechtigte ist jedoch durch § 876 BGB geschützt (MieWo/*Kahlen* § 42 Rn. 6).

III. Teil. Verfahrensvorschriften

§ 43. Zuständigkeit

Das Gericht, in dessen Bezirk das Grundstück liegt, ist ausschließlich zuständig für:
1. Streitigkeiten über die sich aus der Gemeinschaft der Wohnungseigentümer und aus der Verwaltung des gemeinschaftlichen Eigentums ergebenden Rechte und Pflichten der Wohnungseigentümer untereinander;
2. Streitigkeiten über die Rechte und Pflichten zwischen der Gemeinschaft der Wohnungseigentümer und Wohnungseigentümern;
3. Streitigkeiten über die Rechte und Pflichten des Verwalters bei der Verwaltung des gemeinschaftlichen Eigentums;
4. Streitigkeiten über die Gültigkeit von Beschlüssen der Wohnungseigentümer;
5. Klagen Dritter, die sich gegen die Gemeinschaft der Wohnungseigentümer oder gegen Wohnungseigentümer richten und sich auf das gemeinschaftliche Eigentum, seine Verwaltung oder das Sondereigentum beziehen;
6. Mahnverfahren, wenn die Gemeinschaft der Wohnungseigentümer Antragstellerin ist. Insoweit ist § 689 Abs. 2 der Zivilprozessordnung nicht anzuwenden.

Übersicht

	Rn.
A. Grundsätzliches	1
B. Die einzelnen Fälle	8
I. Nummer 1	8
1. Allgemeines	8
2. Persönlicher Anwendungsbereich	9
3. Sachlicher Anwendungsbereich	10
4. Einzelfälle	11
II. Nummer 2	21
III. Nummer 3	22
1. Allgemeines	22
2. Persönlicher Anwendungsbereich	23
3. Sachlicher Anwendungsbereich	24
IV. Nummer 4	46
V. Nummer 5	48
VI. Nummer 6	51
C. Einstweiliger Rechtsschutz	52
D. Streitwert	53
E. Zwangsvollstreckung	58

A. Grundsätzliches

1 Das Verfahrensrecht der §§ 43 ff. n. F. gilt seit 1.7.2007. Zu den Übergangsregelungen siehe § 62.
2 Funktionell zuständig ist ab 1.7.2007 nicht mehr das Gericht der freiwilligen Gerichtsbarkeit, sondern das Streitgericht. Das Verfahren richtet sich, soweit nicht Sonderregelungen bestehen, nach der ZPO (*Köhler* Rn. 534 ff.). Anwendung findet auch die Vorschrift des § 15 a EGZPO über die obligatorische Streitschlichtung. Für Beschlussanfechtungsklagen nach § 46 Abs. 1 Satz 1 gilt der Ausnahmetatbestand des § 15 a Abs. 2 Nr. 1 EGZPO (Hügel/Elzer/*Elzer* § 13 Rn. 9).
3 § 43 regelt die ausschließliche **örtliche Zuständigkeit** des Gerichts für das Verfahren erster Instanz.
4 **Sachlich ausschließlich zuständig** ist für Streitigkeiten nach Nr. 1 bis 4 und 6 nach § 23 Nr. 2 lit. c GVG das Amtsgericht. In den Fällen der Nr. 5 richtet sich die Zuständigkeit nach dem Streitwert (*Briesemeister* NZM 2007, 345, 346). Bis 5000 Euro sind die Amtsgerichte zuständig (§ 23 Nr. 1 GVG), für höhere Streitwerte die Landgerichte (§ 71 Abs. 1 GVG).
5 Die **Rechtsmittelzuständigkeit** richtet sich in den Fällen der Nr. 5 nach den allgemeinen Vorschriften. In den Fällen der Nr. 1 bis 4 und 6 gilt § 72 Abs. 2 GVG. Das für den Sitz des Oberlandesgerichts zuständige Landgericht ist gemeinsames Berufungs- und Beschwerdegericht für den Bezirk des Oberlandesgerichts, in dem das erstinstantiell entscheidende Amtsgericht seinen Sitz hat. Dies gilt auch in den Fällen des § 119 Abs. 1 Nr. 1 lit. b und lit. c GVG (Auslandsbezug). Die Länder können ein anderes Landgericht im Bezirk des Oberlandesgerichts bestimmen. Mehrere zuständige Gerichte können nicht bestimmt werden (Hügel/Elzer/*Elzer* § 13 Rn. 17).
6 Die Revisionsmöglichkeit ist durch § 62 Abs. 2 eingeschränkt (siehe dort).
7 Für **aus der Gemeinschaft ausgeschiedene Wohnungseigentümer** sollen nach der amtlichen Begründung (BT-Drucks. 16/3843) die gleichen Regelungen gelten, auch wenn die früheren Mitglieder der Wohnungseigentümergemeinschaft anders als in § 29 b ZPO a. F. nicht mehr erwähnt sind.

B. Die einzelnen Fälle

I. Nummer 1

8 **1. Allgemeines.** Die Regelung entspricht im Wesentlichen dem bisherigen § 43 Abs. 1 Nr. 1. Erfasst sind jetzt auch Streitigkeiten

Zuständigkeit **§ 43**

nach §§ 17, 18. § 43 Nr. 1 ist weit auszulegen (*Abramenko* § 7 Rn. 9).

2. Persönlicher Anwendungsbereich. Auch Streitigkeiten mit 9 ausgeschiedenen Wohnungseigentümern sind umfasst (BGH ZMR 2002, 941; BayObLG NJW-RR 1994, 856), ebenso Streitigkeiten innerhalb einer werdenden Wohnungseigentümergemeinschaft. Entsprechendes gilt für den Testamentsvollstrecker über den Nachlass eines verstorbenen Wohnungseigentümers (OLG Hamburg ZMR 2003, 134) oder nach der Insolvenz eines Wohnungseigentümers für den Insolvenzverwalter (BGH ZMR 2002, 941). Die Abtretung von Ansprüchen ändert an der Zuständigkeit nichts (KG MDR 1984, 584). Nicht erwähnt ist der Verwalter (siehe Nr. 3).

3. Sachlicher Anwendungsbereich. Entscheidend ist, ob der 10 Streitgegenstand in einem inneren Zusammenhang mit dem Gemeinschaftsverhältnis der Wohnungseigentümer steht (vgl. z. B. OLG München ZMR 2005, 979). Ein innerer Zusammenhang fehlt, wenn die Streitpartien nur „zufällig" Mitglieder der gleichen Wohnungseigentümergemeinschaft sind, z. B. für Streitigkeiten aus einem Mietvertrag zwischen Wohnungseigentümern (BayObLG NZM 1998, 516). Unerheblich ist die Anspruchsgrundlage, auf die die Klage gestützt wird (BayObLG ZMR 2002, 213).

4. Einzelfälle. Hierbei handelt es sich insbesondere um Streitig- 11 keiten um den zulässigen **Gebrauch** von Sonder- und Gemeinschaftseigentum (OLG Frankfurt NJW 1965, 2205); nicht jedoch, wenn es sich um schuldrechtliche Vereinbarungen zwischen zwei Miteigentümern handelt (BGH NJW-RR 1986, 1335).

Erfasst sind Ansprüche auf **Änderung einer Vereinbarung** (Hü- 12 gel/Elzer/*Elzer* § 13 Rn. 41).

Streit über die Zulässigkeit **baulicher Veränderungen** (Hügel/ 13 Elzer/*Elzer* § 13 Rn. 41).

Streit um die **Änderung des Kostenverteilungsschlüssels** (Hü- 14 gel/Elzer/*Elzer* § 13 Rn. 41).

Steht die **dingliche Rechtslage,** z. B. Herausgabe und Umfang 15 von Sondereigentum im Streit, handelt es sich in der Regel nicht um einen Fall der Nr. 1 (BayObLG ZMR 1998, 583); etwas anderes gilt nur dann, wenn aus dem Gemeinschaftsverhältnis heraus eine Änderung der dinglichen Rechtslage begehrt wird, z. B. eine Änderung von Sondernutzungsrechten (BayObLG ZMR 1998, 583).

Die **Bestellung eines Verwalters** (OLG Köln ZMR 2003, 960), 16 sofern es sich nicht um Beschlussanfechtungsverfahren oder Verfahren nach Nr. 3 handelt.

17 Streitigkeiten um Rechte und Pflichten des **Verwaltungsbeirats** und seiner Mitglieder (BayObLG NJW 1972, 1377).

18 **Zustimmungsansprüche** nach § 12 gegen andere Miteigentümer (BayObLGZ 1977, 40), nicht jedoch gegen außenstehende Dritte (Bärmann/Pick/Merle/*Merle* § 43 Rn. 14).

19 **Schadensersatzansprüche**, wenn ein Zusammenhang mit dem Gemeinschaftsverhältnis besteht (BGH NJW-RR 1991, 907).

20 Klagen auf **Entziehung des Wohnungseigentums** (*Löffler/Weise* MDR 2007, 561, 565).

II. Nummer 2

21 Die Regelung ist neu und trägt der Anerkennung der Teilrechtsfähigkeit der Wohnungseigentümergemeinschaft als Verband Rechnung. Erfasst sind vor allem Zahlungsansprüche der Wohnungseigentümergemeinschaft gegen einzelne Wohnungseigentümer aus Wirtschaftplänen, Abrechnungen und Sonderumlagen, aber auch Rückzahlungsansprüche der Wohnungseigentümer gegen die Wohnungseigentümergemeinschaft (*Köhler* Rn. 547) einschließlich damit im Zusammenhang stehender Vorfragen (BayObLG NZM 2003, 521). Das gilt auch für Ansprüche für und gegen frühere Wohnungseigentümer (*Abramenko* § 7 Rn. 10). Erfasst sind auch Schadensersatzansprüche des Verbandes gegen einzelne Wohnungseigentümer bzw. der Wohnungseigentümer gegen den Verband (Hügel/Elzer/*Elzer* § 13 Rn. 45).

III. Nummer 3

22 **1. Allgemeines.** Die Regelung entspricht der bisherigen Nr. 2 des § 43 Abs. 1. Unerheblich ist, ob die Klage vom Verwalter, von der Wohnungseigentümergemeinschaft oder einem einzelnen Wohnungseigentümer erhoben wird. Entscheidend ist auch hier nicht die Anspruchsgrundlage, sondern der innere Zusammenhang mit der Tätigkeit des Verwalters (*Abramenko* § 7 Rn. 11).

23 **2. Persönlicher Anwendungsbereich.** Die Vorschrift gilt auch, wenn der Verwalter nicht förmlich bestellt ist oder wenn die Bestellung unwirksam war (KG NJW-RR 1991, 1363). Dasselbe gilt, wenn das Verwalteramt bereits beendet ist (BayObLG ZMR 1989, 386) und wenn ein früherer Wohnungseigentümer gegen den noch amtierenden Verwalter Ansprüche geltend macht (KG ZMR 2000, 401). Keine Anwendung soll die Vorschrift finden, wenn vor Rechtshängigkeit sowohl das Verwalteramt beendet ist als auch der streitbeteiligte Wohnungseigentümer aus der Gemeinschaft ausgeschieden ist (OLG Köln WE 1996, 76; KK-WEG/*Abramenko* § 43 Rn. 7). Eine Zuständigkeit auch in diesen

Fällen erscheint jedoch sachgerecht (Weitnauer/*Mansel* § 43 Rn. 19).

3. Sachlicher Anwendungsbereich. Der Nummer 3 unterfallen: 24
Die Verfolgung eines Anspruchs auf **Abberufung** des Verwal- 25
ters (BGH NZM 2002, 789).
Anspruch auf Erstellung der **Abrechnung** (Hügel/Elzer/*Elzer* 26
§ 13 Rn. 48).
Aufwendungsersatzansprüche des Verwalters (BayObLG WE 27
1997, 76), sofern diese nicht nach Ablauf der Bestellungszeit auf
Bitten des neuen Verwalters getätigt wurden (OLG Köln NZM
2002, 749).
Auskunftsansprüche (BayObLGZ 1972, 166). 28
Führung der **Beschlusssammlung** und Einsicht in dieselbe 29
(*Köhler* Rn. 549).
Verpflichtung des Verwalters zur **Einberufung einer Eigen-** 30
tümerversammlung (BayObLG WuM 1992, 450).
Ansprüche des Verwalters wegen **ehrverletzender Äußerungen** 31
von Wohnungseigentümern (BayObLG ZWE 2001, 319; OLG
Düsseldorf ZWE 2001, 165) und ebenso eines Wohnungseigentümers wegen entsprechender Äußerungen des Verwalters, wenn
ein Zusammenhang mit der Verwaltung besteht (KK-WEG/*Abramenko* § 43 Rn. 10).
Streit um **Genehmigungen,** die dem Verwalter obliegen (OLG 32
Saarbrücken NZM 1999, 622).
Sorge für die Einhaltung der **Hausordnung** (KG NJW 1956, 33
1697).
Einhaltung der Verpflichtung zur **Instandhaltung und Instand-** 34
setzung (OLG Köln OLGZ 1976, 143).
Abfassung und Berichtigung des **Protokolls** der Eigentümerver- 35
sammlung (BayObLGZ 1982, 447f.).
Rechnungslegung (OLG Karlsruhe NJW 1969, 1968). 36
Schadensersatzansprüche (BGH NJW 1972, 1319). 37
Einsicht in die **Unterlagen des Verwalters** (OLG Frankfurt 38
OLGZ 1979, 138) und Herausgabe (BayObLGZ 1969, 211).
Unterlassung weiterer Tätigkeit des abberufenen Verwalters 39
(BayObLG ZMR 1982, 224).
Vergütung des Verwalters (BGH NJW 1980, 2468). 40
Umfang und Inhalt der **Verwalteraufgaben** (OLG Köln OLGZ 41
1979, 284).
Bestehen eines **Verwaltervertrags** (BGH NZM 2002, 789). 42
Wirksamkeit der **Verwalterbestellung** (KG OLGZ 1976, 267), 43
sofern es sich nicht um eine Beschlussanfechtung nach § 43
Abs. 1 Nr. 4 handelt.
Anspruch des Verwalters auf Ausstellung einer **Vollmachtsur-** 44
kunde (Weitnauer/*Mansel* § 43 Rn. 19).

45 **Zustimmungsansprüche** zur Veräußerung nach § 12, soweit der Verwalter zuständig ist (BayObLGZ 1977, 40).

IV. Nummer 4

46 Die Regelung entspricht von der Zuständigkeitsbestimmung her dem bisherigen § 43 Abs. 1 Nr. 4. Die Anfechtungsberechtigten sind nicht mehr genannt. Die Anfechtungsbefugnis ist damit jedoch nicht geändert worden. Sie besteht weiterhin für die Wohnungseigentümer und den Verwalter (*Köhler* Rn. 551). Der abberufende Verwalter ist zur Anfechtung des Abberufungsbeschlusses befugt (BGH NJW 2002, 3240).

47 Umfasst sind sowohl eine Klage auf Ungültigerklärung von Eigentümerbeschlüssen nach § 23 Abs. 4 Satz 2 als auch Klagen auf Feststellung des Zustandekommens, der Wirksamkeit, Unwirksamkeit und des Inhalts von Eigentümerbeschlüssen (vgl. *Abramenko* § 7 Rn. 12; Weitnauer/*Mansel* § 43 Rn. 28; (Hügel/Elzer/ *Elzer* § 13 Rn. 51).

V. Nummer 5

48 Die Regelung ersetzt für Klagen Dritter den bisherigen § 29 b ZPO. Infolge der Anerkennung der Teilrechtsfähigkeit ist die Zuständigkeit auf Klagen gegen den Verband erweitert. Im Gegensatz zu § 29 b ZPO handelt es sich nunmehr um eine ausschließliche örtliche Zuständigkeit.

49 Als Wohnungseigentümer gilt auch ein früherer Wohnungseigentümer (Hügel/Elzer/*Elzer* § 13 Rn. 58). Dritter ist, wer nicht Wohnungseigentümer ist. Umstritten ist, ob auch der Verwalter Dritter ist (bejahend Thomas/Putzo/*Hüßtege* § 29 ZPO Rn. 3; verneinend LG Karlsruhe NJW 1996, 1481; Hügel/Elzer/*Elzer* § 13 Rn. 55).

50 Die Vorschrift betrifft auch Klagen gegen einzelne Wohnungseigentümer. Es muss jedoch ein Zusammenhang mit dem Wohnungseigentum bestehen. Die Vorschrift wird überwiegend sehr weit ausgelegt (vgl. *Briesemeister* NMZ 2007, 345, 346, der der Vorschrift auch Streitigkeiten über die Bezahlung einer Einbauküche und der Stromversorgung zurechnet). Streitigkeiten betreffend die Vergütung des Sondereigentumsverwalters (Hügel/ Elzer/ *Elzer* § 13 Rn. 62). Auflassungsanspruch aus einem Kaufvertrag mit einem Wohnungseigentümer (BT-Drucks. 11/3621). Einschränkend für Klagen aus besonderen schuldrechtlichen Verträgen *Abramenko* § 7 Rn. 13.

VI. Nummer 6

Die Regelung betrifft nur eine Antragstellung durch die Gemeinschaft der Wohnungseigentümer (*Löffler/Weise* MDR 2007, 561, 565). Sie gilt nicht für Anträge einzelner Wohnungseigentümer oder des Verwalters (Hügel/Elzer/*Elzer* § 13 Rn. 22). Sie gilt ferner nicht für Mahnbescheide, die gegen die Wohnungseigentümergemeinschaft gerichtet sind. Nr. 6 bestimmt auch nur den Vorrang vor § 689 Abs. 2 ZPO (allgemeiner Gerichtsstand des Antragstellers). Unberührt bleibt eine besondere Zuständigkeit nach § 689 Abs. 3 ZPO (Konzentrationsermächtigung). 51

C. Einstweiliger Rechtsschutz

An die Stelle der bisherigen einstweiligen Anordnung nach § 44 a. F. tritt nunmehr der vorläufige Rechtsschutz nach der ZPO, insbesondere die einstweilige Verfügung nach § 935 ZPO. 52

D. Streitwert

Der Streitwert bestimmt sich nach § 49 a GKG. 53

Danach ist der Streitwert in Wohnungseigentumssachen vom Grundsatz her auf 50 Prozent des Interesses der Parteien und aller Beigeladenen an der Entscheidung festzusetzen. 54

Er darf das Interesse des Klägers und der auf seiner Seite Beigetretenen an der Entscheidung nicht unterschreiten und das Fünffache des Wertes ihres Interesses nicht überschreiten. Das bedeutet, dass bei Zahlungsklagen meist der volle Wert anzusetzen ist (*Abramenko* § 7 Rn. 64). 55

Der Wert darf in keinem Fall den Verkehrswert des Wohnungseigentums des Klägers und der auf seiner Seite Beigetretenen übersteigen. Richtet sich eine Klage gegen einzelne Wohnungseigentümer, darf der Streitwert das Fünffache des Wertes ihres Interesses sowie des Interesses der auf ihrer Seite Beigetretenen nicht übersteigen. Die Verkehrswertbegrenzung gilt auch hier. 56

Höhere Streitwerte können nach Maßgabe von § 27 Abs. 2 Nr. 4, Abs. 3 Satz 1 Nr. 6 vereinbart werden (siehe Kommentierung zu § 27). 57

E. Zwangsvollstreckung

In der Zwangsversteigerung besteht ein Vorrecht für bestimmte Ansprüche der Wohnungseigentümergemeinschaft und Rückgriffsansprüche einzelner Wohnungseigentümer nach Maßgabe des § 10 Abs. 1 Nr. 2, Abs. 3 ZVG. 58

§ 44. Bezeichnung der Wohnungseigentümer in der Klageschrift

(1) ¹Wird die Klage durch oder gegen alle Wohnungseigentümer mit Ausnahme des Gegners erhoben, so genügt für ihre nähere Bezeichnung in der Klageschrift die bestimmte Angabe des gemeinschaftlichen Grundstücks; wenn die Wohnungseigentümer Beklagte sind, sind in der Klageschrift außerdem der Verwalter und der gemäß § 45 Abs. 2 Satz 1 bestellte Ersatzzustellungsvertreter zu bezeichnen. ²Die namentliche Bezeichnung der Wohnungseigentümer hat spätestens bis zum Schluss der mündlichen Verhandlung zu erfolgen.

(2) ¹Sind an dem Rechtsstreit nicht alle Wohnungseigentümer als Partei beteiligt, so sind die übrigen Wohnungseigentümer entsprechend Absatz 1 von dem Kläger zu bezeichnen. ²Der namentlichen Bezeichnung der übrigen Wohnungseigentümer bedarf es nicht, wenn das Gericht von ihrer Beiladung gemäß § 48 Abs. 1 Satz 1 absieht.

A. Klagen durch oder gegen alle Wohnungseigentümer (Abs. 1)

1   Anzugeben sind bei einer Klage gegen die Wohnungseigentümer sowohl der Verwalter wie auch der Zustellungsbevollmächtigte, weil die Entscheidung, an wen zuzustellen ist, dem Gericht obliegt (amtliche Begründung, BT-Drucks 16/888; Hügel/Elzer/*Elzer* § 13 Rn. 81).

2   Um die namentliche Bezeichnung durchführen zu können, hat der einzelne Wohnungseigentümer wie bisher gegen den Verwalter einen Anspruch auf Mitteilung von Namen und Anschrift der Wohnungseigentümer. Ob dies auch im Wege einer einstweiligen Verfügung geschehen kann (so *Köhler* Rn. 569), erscheint zweifelhaft, da wohl nur in besonders gelagerten Fällen die Voraussetzungen für eine Leistungsverfügung vorliegen werden. Zutreffender erscheint die Auffassung, dass das Gericht in entsprechender Anwendung von § 142 Abs. 1 ZPO dem Verwalter aufgeben kann, eine Eigentümerliste vorzulegen (*Abramenko* § 7 Rn. 26). Jedenfalls darf das Gericht die letzte mündliche Verhandlung nicht so früh anberaumen, dass dem Kläger die Mitteilung der Namen und Anschriften unmöglich ist (*Abramenko* § 7 Rn. 26). Eine unmittelbare Benennung der Wohnungseigentümer durch den Verwalter ist nicht vorgesehen (*Bergerhoff* NZM 2007, 425).

3   Ein Versäumnisurteil im schriftlichen Vorverfahren kann nur ergehen, wenn die Parteibezeichnung bereits vollständig ist (Hügel/Elzer/*Elzer* § 13 Rn. 76).

B. Streit zwischen einzelnen Wohnungseigentümern (Abs. 2)

Bei Streitigkeiten zwischen einzelnen Wohnungseigentümern 4
müssen diese bereits in der Klagschrift namentlich bezeichnet
werden (*Abramenko* § 7 Rn. 28). Für die Beigeladenen gilt Abs. 1
entsprechend.

C. Streitigkeiten mit der Wohnungseigentümergemeinschaft

Eine ausdrückliche Regelung fehlt. Da die Wohnungseigentü- 5
mergemeinschaft selbst Partei ist, genügt es, sie als solche zu bezeichnen. Außerdem ist der für die Entgegennahme der Zustellung Vertretungsberechtigte (vgl. § 27) zu benennen. Einer
namentlichen Bezeichnung der einzelnen Wohnungseigentümer
bedarf es weder in Klage noch im Laufe des Verfahrens, da die
einzelnen Wohnungseigentümer nicht Partei sind und auch nicht
beigeladen werden (*Abramenko* § 7 Rn. 30).

D. Klagen Dritter

Auch hierfür gibt es keine Sonderregelung. Zu bezeichnen sind 6
deshalb der oder die Beklagten, wobei bei einer Klage gegen die
Wohnungseigentümergemeinschaft deren Bezeichnung genügt.

§ 45. Zustellung

(1) Der Verwalter ist Zustellungsvertreter der Wohnungseigentümer, wenn diese Beklagte oder gemäß § 48 Abs. 1 Satz 1 beizuladen sind, es sei denn, dass er als Gegner der Wohnungseigentümer an dem Verfahren beteiligt ist oder aufgrund des Streitgegenstandes die Gefahr besteht, der Verwalter werde die Wohnungseigentümer nicht sachgerecht unterrichten.

(2) ¹Die Wohnungseigentümer haben für den Fall, dass der Verwalter als Zustellungsvertreter ausgeschlossen ist, durch Beschluss mit Stimmenmehrheit einen Ersatzzustellungsvertreter sowie dessen Vertreter zu bestellen, auch wenn ein Rechtsstreit noch nicht anhängig ist. ²Der Ersatzzustellungsvertreter tritt in die dem Verwalter als Zustellungsvertreter der Wohnungseigentümer zustehenden Aufgaben und Befugnisse ein, sofern das Gericht die Zustellung an ihn anordnet; Absatz 1 gilt entsprechend.

(3) Haben die Wohnungseigentümer entgegen Absatz 2 Satz 1 keinen Ersatzzustellungsvertreter bestellt oder ist die Zustellung nach Absätzen 1 und 2 aus sonstigen Gründen nicht ausführbar, kann das Gericht einen Ersatzzustellungsvertreter bestellen.

A. Allgemeines

1   Die Vorschrift dient dazu, den Gerichten Arbeit (amtliche Begründung, BT-Drucks 16/887) zu ersparen und damit auch dem Staat Geld. Der Nutzen für die Wohnungseigentümer ist eher gering und besteht nur in der Ersparnis der Zustellungskosten (*Köhler* Rn. 572 Fn. 2). Teuer wird die Regelung für die kostentragungspflichtige Partei, wenn sich nur ein Zustellungsvertreter finden lässt, der gegen Entgelt tätig wird. Die Zustellung kann, aber muss nicht an den Verwalter erfolgen (Hügel/Elzer/*Elzer* § 13 Rn. 92).
2   Die Vorschrift wird restriktiv dahin interpretiert, dass sie nur für Verfahren nach § 43 gilt (Hügel/Elzer/*Elzer* § 13 Rn. 95).
3   Für die Wohnungseigentümergemeinschaft als Verband richtet sich die Zustellungsvollmacht nach § 27 Abs. 3 Satz 1 Nr. 1 und § 27 Abs. 3 Satz 2 und 3 (siehe dort). Vertreten alle oder mehrere Wohnungseigentümer die Gemeinschaft (§ 27 Abs. 3 Satz 2 und 3), genügt die Zustellung an einen von ihnen (§ 170 Abs. 3 ZPO).
4   Die Vorschrift gilt auch für eine werdende Wohnungseigentümergemeinschaft (Hügel/Elzer/*Elzer* § 13 Rn. 87).

B. Verwalter (Abs. 1)

5   Grundsätzlich ist der Verwalter Zustellungsvertreter für die Wohnungseigentümer und die Beizuladenden. Eine Zustellung an alle Wohnungseigentümer kann nicht erfolgen (*Abramenko* § 7 Rn. 33).
6   Das gilt nicht, wenn der Verwalter als Gegner der Wohnungseigentümer am Verfahren beteiligt ist. Entsprechendes muss gelten, wenn der Verwalter Gegner der Wohnungseigentümergemeinschaft oder der Beizuladenden ist.
7   Wann auf Grund des Streitgegenstandes die Gefahr besteht, der Verwalter werde die Wohnungseigentümer nicht sachgerecht unterrichten, kann nur im jeweiligen Einzelfall beurteilt werden. Hierfür kann eine Interessenkollision genügen. Eine solche „Gefahr" besteht m. E. bereits bei einer abstrakten Interessenkollision (a. A. *Abramenko* § 7 Rn. 34, der eine konkrete Gefahr der Fehlinformation verlangt). Die konkrete Gefahr hat mit dem Streitgegenstand nichts zu tun und kann vom Gericht an Hand der Klagschrift allein auch kaum beurteilt werden. Eine persönliche Unzuverlässigkeit, die sich z. B. in einer mangelnden Unterrichtung der Wohnungseigentümer in früheren Verfahren manifestiert hat, genügt mangels Bezug zum Streitgegenstand nicht. Eine Interessenkollision ist vor allem dann gegeben, wenn die Rechtsstellung des Verwalters betroffen ist, z. B. bei Beschlüssen über Bestellung und

Zustellung **§ 45**

Abberufung des Verwalters (Hügel/Elzer/*Elzer* § 13 Rn. 99), aber auch bei Beschlüssen über die Entlastung des Verwalters (a. A. BayObLG ZMR 1997, 613; Hügel/Elzer/*Elzer* § 13 Rn. 101).

Erfolgt die Zustellung an den Verwalter, obwohl dieser als Zustellungsvertreter ausgeschlossen ist, ist die Zustellung unwirksam (Hügel/Elzer/*Elzer* § 13 Rn. 102). 8

Ist in einem anhängigen Verfahren ein Prozessbevollmächtigter bestellt, hat die Zustellung nach § 172 Abs. 1 ZPO an diesen zu erfolgen. 9

C. Von den Wohnungseigentümern bestellter Ersatzzustellungsvertreter (Abs. 2)

Die Vorschrift gilt analog, wenn kein Verwalter vorhanden ist (*Abramenko* § 7 Rn. 35). 10

Trotz des apodiktischen Wortlauts „haben" bleibt es sanktionslos, wenn kein Ersatzzustellungsvertreter bestellt wird. Es greift dann lediglich Abs. 3 ein. 11

Der Ersatzzustellungsvertreter muss kein Wohnungseigentümer sein (*Abramenko* § 7 Rn. 235; Hügel/Elzer/*Elzer* § 13 Rn. 112). Es entspricht nicht ordnungsmäßiger Verwaltung, jemanden zu bestellen, bei dem die Gefahr besteht, dass er die Wohnungseigentümer nicht sachgerecht unterrichtet. 12

Es ist niemand verpflichtet, das Amt eines Ersatzzustellungsvertreters zu übernehmen (*Abramenko* § 7 Rn. 35; *Köhler* Rn. 581). 13

Wenn nichts anderes bestimmt ist, wird der Ersatzzustellungsvertreter im Wege des Auftrags unentgeltlich tätig, hat aber Anspruch auf Aufwendungsersatz (§§ 662, 670 BGB). Eine Vergütung kann jedoch vereinbart werden. 14

D. Vom Gericht bestellter Ersatzzustellungsvertreter (Abs. 3)

Das Gericht kann nach Abs. 3 einen Ersatzzustellungsvertreter bestellen. Wird dies erforderlich, weil ein solcher von den Wohnungseigentümern nicht bestellt ist, so muss das Gericht dies zunächst einmal wissen. In Ermangelung anderer Möglichkeiten wird man für die Zustellung der Klage die Erklärung des Klägers als ausreichend ansehen müssen. 15

Da die Bestellung ein hoheitlicher Akt ist, wird die Wirksamkeit einer Zustellung nicht dadurch in Frage gestellt, dass die Voraussetzungen für eine Ersatzzustellungsvertreterbestellung durch das Gericht nicht vorgelegen haben. 16

Auch eine gerichtliche Bestellung zum Ersatzzustellungsvertreter muss niemand annehmen (*Köhler* Rn. 581). Es steht daher zu erwarten, dass die Annahme einer Bestellung zum Ersatzzustel- 17 lungsvertreter von der Zahlung eines Entgelts abhängig gemacht wird. Zur Festsetzung eines solchen Entgeltes ermächtigt das Gesetz aber das Gericht nicht (a. A. *Abramenko* § 7 Rn. 38; Hügel/Elzer/*Elzer* § 13 Rn. 116).

E. Zustellung an alle Betroffenen

18 Findet auch das Gericht keinen Ersatzzustellungsvertreter, ist an alle (betroffenen) Wohnungseigentümer persönlich zuzustellen.

§ 46. Anfechtungsklage

(1) ¹Die Klage eines oder mehrerer Wohnungseigentümer auf Erklärung der Ungültigkeit eines Beschlusses der Wohnungseigentümer ist gegen die übrigen Wohnungseigentümer und die Klage des Verwalters ist gegen die Wohnungseigentümer zu richten. ²Sie muss innerhalb eines Monats nach der Beschlussfassung erhoben und innerhalb zweier Monate nach der Beschlussfassung begründet werden. ³Die §§ 233 bis 238 der Zivilprozessordnung gelten entsprechend.

(2) Hat der Kläger erkennbar eine Tatsache übersehen, aus der sich ergibt, dass der Beschluss nichtig ist, so hat das Gericht darauf hinzuweisen.

A. Kläger und Beklagte

I. Kläger

1 Die Anfechtungsklage kann von jedem Wohnungseigentümer und vom Verwalter erhoben werden. Zur Anfechtung berechtigt ist auch ein aus der Wohnungseigentümergemeinschaft bereits ausgeschiedener Eigentümer, es sei denn, dass seine Interessen durch den Beschluss nicht mehr berührt werden können (BayObLG ZMR 1998, 447). Ein Wohnungseigentümer, der bereits bei der Beschlussfassung aus der Gemeinschaft ausgeschieden war, ist in der Regel nicht anfechtungsberechtigt, da ihn der Beschluss nicht bindet (OLG Zweibrücken ZMR 2007, 398). Insbesondere besteht kein Anfechtungsrecht für die Genehmigung der Jahresabrechnung (OLG Düsseldorf ZMR 1997, 545). Bei einer werdenden Wohnungseigentümergemeinschaft sind die werdenden Wohnungseigentümer anfechtungsberechtigt (Hügel/Elzer/*Elzer* § 13 Rn. 120). Nicht anfechtungsberechtigt ist die Wohnungseigentümergemeinschaft als solche, also als Verband (a. A. Hügel/Elzer/*Elzer* § 13 Rn. 123). Das Anfechtungsrecht des Verwalters ist nach dem Gesetzeswortlaut unbeschränkt. Eine Beschränkung auf Angelegenheiten, die den Verwalter selbst oder die Durchführung von Beschlüssen betreffen, erscheint weder

notwendig noch findet sich hierfür im Gesetz eine Stütze (a. A. Hügel/Elzer/*Elzer* § 13 Rn. 120).

Von besonderen Fällen des Rechtsmissbrauchs abgesehen wird die Anfechtungsbefugnis nicht dadurch ausgeschlossen, dass der Wohnungseigentümer dem Beschluss zugestimmt hat (BayObLG NJW-RR 1992, 910). Ein Rechtsschutzbedürfnis ist für die Beschlussanfechtung grundsätzlich nicht erforderlich (KG ZMR 1998, 656). Jedoch kann eine Anfechtung rechtsmissbräuchlich sein, wenn der Kläger von der Ungültigerklärung keinen Vorteil hätte.

II. Beklagte

Die Klage ist von den anfechtenden Wohnungseigentümern gegen die übrigen Wohnungseigentümer und vom Verwalter gegen alle Wohnungseigentümer zu erheben, auch gegen diejenigen, die gegen den Beschluss gestimmt haben. Der Verwalter ist bei einer Anfechtungsklage nie Beklagter. Sofern er nicht Partei ist, ist er beizuladen (§ 48 Abs. 1 Satz 2).

B. Anfechtbare Beschlüsse

Anfechtbar sind grundsätzlich alle Eigentümerbeschlüsse. Auch ablehnende Beschlüsse sind grundsätzlich anfechtbar, jedenfalls dann, wenn der Anfechtungsantrag mit einem Antrag auf Vornahme der abgelehnten Handlung verbunden wird (vgl. BGH ZMR 2002, 931).

Nicht anfechtbar sind reine Geschäftsordnungsbeschlüsse, die nach Beendigung der Eigentümerversammlung keine Wirkung mehr entfalten (BayObLG WuM 1996, 117). Wirken sich die Geschäftsordnungsbeschlüsse auf andere Beschlussfassungen aus, so ist bei der Anfechtung dieser Beschlüsse zu prüfen, ob der Geschäftsordnungsbeschluss ordnungsmäßiger Verwaltung entsprach; falls nicht, ob er sich auf die Beschlussfassung ausgewirkt hat. Selbständig anfechtbar sind Geschäftsordnungsbeschlüsse, die auch für zukünftige Versammlungen gelten sollen (OLG Düsseldorf NJW-RR 1995, 1294).

C. Frist

I. Klageerhebung

Wie bisher gilt eine Anfechtungsfrist von einem Monat. Die Frist beginnt mit der Beschlussfassung. Auf die Kenntnis des Klägers kommt es nicht an. Sie ist nur im Rahmen der Wiedereinsetzung von Bedeutung. Die Frist gilt nicht für die Klage auf Feststellung der Nichtigkeit eines Beschlusses (Hügel/Elzer/*Elzer* § 13 Rn. 130).

7   Maßgeblich ist die Klageerhebung. Erhoben ist die Klage erst, wenn sie dem Beklagten zugestellt ist (§ 253 Abs. 1 ZPO). Anders als vor dem 1.7.2007 genügt es deshalb nicht immer, dass die Klage innerhalb der Monatsfrist bei Gericht eingeht. Erfolgt nicht auch die Zustellung innerhalb der Monatsfrist, wird die Frist durch die rechtzeitige Einreichung bei Gericht nur gewahrt, wenn die Zustellung „demnächst" erfolgt. Geringfügige Verzögerungen bis zu zwei Wochen sind unschädlich, auch wenn sie auf einer Nachlässigkeit des Klägers beruhen (BGH NJW-RR 2006, 789). Für den darüber hinausgehenden Zeitraum kommt es darauf an, ob der Kläger alles ihm Zumutbare getan hat, um die Zustellung zu ermöglichen. Das gilt insbesondere für die unverzügliche Einzahlung des Kostenvorschusses nach dessen Anforderung (*Abramenko* § 7 Rn. 47). Verzögerungen, die auf den Gerichtsbetrieb des Gerichts zurückzuführen sind, schließen die Demnächstigkeit nicht aus (vgl. zum Ganzen Thomas/Putzo/*Hüßtege* § 253 ZPO Rn. 13). Die Fristversäumung führt zur Abweisung der Klage als unbegründet (*Bergerhoff* NZM 2007, 425, 427), sofern nicht Wiedereinsetzung in den vorigen Stand gewährt wird (Rn. 10 ff.)

II. Klagebegründung

8   Im Gegensatz zum bisherigen Recht muss die Anfechtung begründet werden. Die Frist hierfür beträgt zwei Monate ab Beschlussfassung. Nach dem Gesetzeswortlaut ist die Begründung bereits Voraussetzung für die Zulässigkeit der Klage. Für die Fristwahrung genügt es, dass die Begründung rechtzeitig bei Gericht eingeht. Eine Zustellung ist zur Fristwahrung nicht erforderlich. Eine Fristverlängerung durch das Gericht sieht das Gesetz nicht vor (*Köhler* Rn. 604). Eine Fristversäumung führt zur Abweisung der Klage als unzulässig (Hügel/Elzer/*Elzer* § 13 Rn. 154).

9   Wie tiefgreifend die Begründung sein muss, regelt das Gesetz nicht. Es wird eine analoge Anwendung des § 520 ZPO vorgeschlagen (Hügel/Elzer/*Elzer* § 13 Rn. 157).

III. Wiedereinsetzung in den vorigen Stand

10 Die Regelungen über die Wiedereinsetzung in den vorigen Stand (§§ 233 bis 238 ZPO) gelten sowohl für die Klagefrist als auch für die Klagebegründungsfrist. Entscheidend dafür ist insbesondere fehlendes Verschulden.

11 Hierfür genügt es nicht, dass der anwaltliche Vertreter die Sache nicht schnell genug bearbeiten kann (*Köhler* Rn. 604).

Allein die Tatsache, dass kein Protokoll versandt wurde, ist 12
ebenfalls nicht ausreichend, da vom Wohnungseigentümer eine
Einsichtnahme beim Verwalter verlangt wird (OLG Düsseldorf
NJW-RR 1995, 464). Wiedereinsetzung ist jedoch zu gewähren,
wenn das Protokoll bei Fristablauf noch nicht einmal fertig gestellt ist, da es dem Wohnungseigentümer nicht zumutbar ist, sich
auf mündliche unautorisierte Auskünfte zu verlassen (BayObLG
ZMR 2003, 435). Eine fehlende Protokollübersendung führt auch
dann zur Wiedereinsetzung, wenn der Beschlussgegenstand in der
Einladung zur Eigentümerversammlung nicht oder nicht ausreichend angekündigt war, da in solchen Fällen für den Wohnungseigentümer keine Veranlassung besteht, sich nach einem Beschluss
zu erkundigen (KG ZMR 1997, 256). Erst recht gilt dies, wenn
der Wohnungseigentümer zur Versammlung nicht geladen wurde
und von deren Stattfinden keine Kenntnis hatte (BayObLGZ
1998, 145). Der bei der Beschlussverkündung anwesende Wohnungseigentümer kann sich auf das Fehlen eines Protokolls nicht
berufen (KK-WEG/*Abramenko* Vor § 47 Rn. 63).

D. Hinweispflicht des Gerichts

Abs. 3 ist an sich überflüssig, da sich die Hinweispflicht bereits 13
aus § 139 ZPO ergibt (*Hinz* ZMR 2005, 278). Ein Hinweis nur
an den Kläger erscheint nicht ausreichend. Man wird die Vorschrift so lesen müssen, dass der Hinweis an die Parteien ergeht
(Hügel/Elzer/*Elzer* § 13 Rn. 165). Siehe zum Verhältnis von Anfechtbarkeit und Nichtigkeit auch § 48 Abs. 4.

§ 47. Prozessverbindung
¹Mehrere Prozesse, in denen Klagen auf Erklärung oder Feststellung der Ungültigkeit desselben Beschlusses der Wohnungseigentümer erhoben werden, sind zur gleichzeitigen Verhandlung
zu verbinden. ²Die Verbindung bewirkt, dass die Kläger der vorher selbständigen Prozesse als Streitgenossen anzusehen sind.

Die Verbindung ist zwingend vorgeschrieben. Unterbleibt sie, 1
aus welchen Gründen auch immer, so tritt Erledigung der Hauptsache ein, wenn das erste Verfahren rechtskräftig abgeschlossen
ist und hieran alle Wohnungseigentümer formell beteiligt waren
(OLG München ZMR 2007, 395).

§ 48. Beiladung, Wirkung des Urteils
(1) ¹Richtet sich die Klage eines Wohnungseigentümers, der in
einem Rechtsstreit gemäß § 43 Nr. 1 oder Nr. 3 einen ihm allein
zustehenden Anspruch geltend macht, nur gegen einen oder ein-

zelne Wohnungseigentümer oder nur gegen den Verwalter, so sind die übrigen Wohnungseigentümer beizuladen, es sei denn, dass ihre rechtlichen Interessen erkennbar nicht betroffen sind. ²Soweit in einem Rechtsstreit gemäß § 43 Nr. 3 oder Nr. 4 der Verwalter nicht Partei ist, ist er ebenfalls beizuladen.

(2) ¹Die Beiladung erfolgt durch Zustellung der Klageschrift, der die Verfügungen des Vorsitzenden beizufügen sind. ²Die Beigeladenen können der einen oder anderen Partei zu deren Unterstützung beitreten. ³Veräußert ein beigeladener Wohnungseigentümer während des Prozesses sein Wohnungseigentum, ist § 265 Abs. 2 der Zivilprozessordnung entsprechend anzuwenden.

(3) Über die in § 325 der Zivilprozessordnung angeordneten Wirkungen hinaus wirkt das rechtskräftige Urteil auch für und gegen alle beigeladenen Wohnungseigentümer und ihre Rechtsnachfolger sowie den beigeladenen Verwalter.

(4) Wird durch das Urteil eine Anfechtungsklage als unbegründet abgewiesen, so kann auch nicht mehr geltend gemacht werden, der Beschluss sei nichtig.

A. Beiladung

1   Durch die Beiladung soll die Rechtskrafterstreckung auf alle Beteiligten erreicht werden (Abs. 3). Die Beiladung hat von Amts wegen zu erfolgen.

2   Wird die Verwaltung von einer Partei kraft Amtes (Testamentsvollstrecker, Zwangsverwalter, Insolvenzverwalter) ausgeübt, ist diese beizuladen (*Abramenko* Rn. 18). Der ausgeschiedene Verwalter ist beizuladen, wenn seine Rechtsstellung noch berührt wird (*Abramenko* Rn. 18). Dasselbe gilt für einen Wohnungseigentümer, der bereits vor Rechtshängigkeit aus der Wohnungseigentümergemeinschaft ausgeschieden ist.

3   Die Beiladung kann unterbleiben, wenn die rechtlichen Interessen der übrigen Wohnungseigentümer erkennbar nicht betroffen sind. Das sind die Fälle, in denen ausschließlich Individualansprüche eines Wohnungseigentümers gegen einen anderen oder den Verwalter verfolgt werden (*Abramenko* § 7 Rn. 17).

4   Die Rechte des Beigeladenen sind recht dürftig geregelt. Es ist lediglich geregelt, dass er der einen oder anderen Partei beitreten kann. Es wird vorgeschlagen, die Vorschriften der §§ 66 ff. ZPO analog anzuwenden (*Abramenko* § 7 Rn. 20; *Köhler* Rn. 612), was dem Wortlaut entspricht, aber eine Schwächung der Stellung des Beigeladenen bewirkt, die der Rechtskrafterstreckung nicht angemessen ist. Es erscheint verfassungsrechtlich (Art. 103 GG) bedenklich, den Beigeladenen an das Ergebnis eines Prozesses zu binden, auf dessen Führung er nur beschränkten Einfluss hat.

Man wird deshalb dem Beigeladenen die gleichen Rechte zugestehen müssen wie der Partei, zu deren Unterstützung er beigetreten ist.

Die Durchführung einer an sich entbehrlichen Beiladung ist nicht anfechtbar. Beantragt eine Partei ausdrücklich die Beiladung und wird diese vom Gericht abgelehnt, ist die sofortige Beschwerde nach § 567 Abs. 1 Nr. 2 ZPO gegeben (*Abramenko* § 7 Rn. 22).

B. Klagabweisung und Nichtigkeit

Abs. 4 entspricht der bisherigen Rechtsprechung. Der Verwalter ist jedoch nicht verpflichtet, Beschlüsse auszuführen, wenn er sich dadurch strafbar machen oder ordnungswidrig handeln würde.

§ 49. Kostenentscheidung

(1) Wird gemäß § 21 Abs. 8 nach billigem Ermessen entschieden, so können auch die Prozesskosten nach billigem Ermessen verteilt werden.

(2) Dem Verwalter können Prozesskosten auferlegt werden, soweit die Tätigkeit des Gerichts durch ihn veranlasst wurde und ihn ein grobes Verschulden trifft, auch wenn er nicht Partei des Rechtsstreits ist.

A. Kostenentscheidung nach billigem Ermessen

Die Kostenentscheidung richtet sich grundsätzlich nach §§ 91 ff. ZPO. Dass ausnahmsweise nach billigem Ermessen entschieden werden kann (Abs. 1), ist die Folge der Ermessensentscheidung nach § 21 Abs. 8. Es wird vorgeschlagen, die Kosten nach dem Erfolg des Klägers zu bemessen (*Abramenko* § 7 Rn. 5). Das erscheint jedoch zu starr, da dieses Ergebnis bereits weitgehend über die §§ 91 ff. ZPO erreicht werden könnte. Man wird hier auch berücksichtigen können, welche Wohnungseigentümer die erforderliche Maßnahme verhindert haben.

B. Kostentragungspflicht des Verwalters

Die Vorschrift betrifft nicht die Verfahren, in denen der Verwalter selbst Partei ist (*Abramenko* § 7 Rn. 52), wohl aber solche, in denen der Verwalter Beigeladener ist. In jedem Fall ist dem Verwalter vor der Entscheidung rechtliches Gehör zu gewähren.

3   Der Verwalter muss die Tätigkeit des Gerichts veranlasst haben, d.h. ein Verhalten des Verwalters muss kausal für den Rechtsstreit gewesen sein.
4   Ein grobes Verschulden liegt vor, wenn die Sorgfalt eines ordentlichen Verwalters in besonders schwerem Maße verletzt worden ist (Hügel/Elzer/*Elzer* § 13 Rn. 238). Dabei kann nicht stets der Maßstab für einen ordentlichen Kaufmann angesetzt werden (so *Köhler* Rn. 670), sondern es kommt darauf, was die Wohnungseigentümer erwarten durften. Insbesondere kann vom einem ehrenamtlichen Verwalter einer Kleinstgemeinschaft kein kaufmännisches Wissen und Können erwartet werden.
5   Die Vorschrift ist nicht zwingend. Das Gericht kann von der Möglichkeit der Kostenauferlegung auch absehen (*Abramenko* § 7 Rn. 52).
6   Ein Rechtsmittel für den Verwalter sieht das Gesetz nicht vor. Es wird eine analoge Anwendung von § 99 ZPO vorgeschlagen (Hügel/Elzer/*Elzer* § 13 Rn. 238; *Köhler* Rn. 672).
7   Durch § 49 Abs. 2 werden materielle Kostenerstattungsansprüche nicht ausgeschlossen. Das folgt daraus, dass die Kostenauferlegung nicht zwingend ist und für materielle Erstattungsansprüche bereits einfache Fahrlässigkeit genügt (§ 276 BGB). Selbst wenn das Gericht eine Kostenerstattungspflicht nach § 49 Abs. 2 ausdrücklich verneint, kann die Rechtskraft dieser Entscheidung einem materiell-rechtlichen Schadensersatzanspruch nicht entgegenstehen (a. A. Hügel/Elzer/*Elzer* § 13 Rn. 245). Es ist deshalb für den materiellen Schadensersatzanspruch gleichgültig, ob das Gericht von einer Kostenauferlegung abgesehen hat, weil es eine Entscheidung nicht für sachdienlich gehalten oder ein grobes Verschulden verneint hat. Über einfache Fahrlässigkeit ist überhaupt nicht zu befinden, so dass die Entscheidung insoweit auch nicht binden kann.

§ 50. Kostenerstattung
Den Wohnungseigentümern sind als zur zweckentsprechenden Rechtsverfolgung oder Rechtsverteidigung notwendige Kosten nur die Kosten eines bevollmächtigten Rechtsanwalts zu erstatten, wenn nicht aus Gründen, die mit dem Gegenstand des Rechtsstreits zusammenhängen, eine Vertretung durch mehrere bevollmächtigte Rechtsanwälte geboten war.

1   Die Regelung dient dem Schutz des Gegners mehrerer Wohnungseigentümer, ist aber wenig durchdacht und zeugt von Praxisferne (*Köhler* Rn. 679). Es wird durchaus vorkommen, dass sich die Wohnungseigentümer nicht auf einen Rechtsanwalt einigen können.

Kostenerstattung § 50

Die Erstattungspflicht des Unterlegenen wird jedenfalls durch 2
§ 50 begrenzt. Unklar ist, wie der Ausgleich zwischen den Obsiegenden stattzufinden hat. Die Rechtsanwälte erhalten von ihren Auftraggebern das volle Honorar. Die Parteien erhalten jedoch jeweils nur einen Anteil an dem begrenzten Erstattungsbetrag (*Köhler* Rn. 678).

Der Ausnahmetatbestand erfordert, dass die Gründe mit dem 3
Gegenstand des Rechtsstreits zusammenhängen müssen. Animositäten zwischen den auf einer Seite stehenden Wohnungseigentümern oder noch so berechtigte Vorbehalte gegen einen von einer Partei ausgewählten Rechtsanwalt genügen nicht (a. A. Hügel/Elzer/*Elzer* § 13 Rn. 251).

§§ 51 bis 58 [aufgehoben]

IV. Teil. Ergänzende Bestimmungen

§ 59 [aufgehoben]

§ 60. Ehewohnung
Die Vorschriften der Verordnung über die Behandlung der Ehewohnung und des Hausrats (*Sechste Durchführungsverordnung zum Ehegesetz*) vom 21. Oktober 1944 (Reichsgesetzbl. I S. 256) gelten entsprechend, wenn die Ehewohnung im Wohnungseigentum eines oder beider Ehegatten steht oder wenn einem oder beiden Ehegatten das Dauerwohnrecht an der Ehewohnung zusteht.

Die Verweisungsnorm ist erforderlich, weil das Wohnungseigentum und das Dauerwohnrecht in § 3 Abs. 2 HausratsV nicht erwähnt sind. 1

Bei Getrenntleben gilt für die Eigentumswohnung und das Dauerwohnrecht § 1361 b BGB unmittelbar (KK-WEG/*Schmid* § 60 Rn. 3). 2

Für Lebenspartnerschaften siehe §§ 14 und 18 LPartG. 3

§ 61. Veräußerung von Wohnungseigentum ohne gemäß § 12 erforderliche Zustimmung
¹Fehlt eine nach § 12 erforderliche Zustimmung, so sind die Veräußerung und das zugrunde liegende Verpflichtungsgeschäft unbeschadet der sonstigen Voraussetzungen wirksam, wenn die Eintragung der Veräußerung oder einer Auflassungsvormerkung in das Grundbuch vor dem 15. Januar 1994 erfolgt ist und es sich um die erstmalige Veräußerung dieses Wohnungseigentums nach seiner Begründung handelt, es sei denn, daß eine rechtskräftige gerichtliche Entscheidung entgegensteht. ²Das Fehlen der Zustimmung steht in diesen Fällen dem Eintritt der Rechtsfolgen des § 878 des Bürgerlichen Gesetzbuchs nicht entgegen. ³Die Sätze 1 und 2 gelten entsprechend in den Fällen der §§ 30 und 35 des Wohnungseigentumsgesetzes.

Die Vorschrift hat ihren Grund darin, dass früher Erstveräußerungen auch bei Zustimmungsvorbehalten nach § 12 nicht als zustimmungspflichtig angesehen wurden. 1

Umstritten ist, ob die Vorschrift nur für eine Vorratsteilung nach § 8 oder auch für einen Teilungsvertrag nach § 3 gilt (KK- 2

WEG/*Schneider* § 61 Rn. 4 m.w.N.). Letzteres ist nach dem Gesetzeswortlaut zu bejahen, auch wenn Anlass für das Gesetz Vorratsteilungen nach § 8 WEG waren.

3 Die Vorschrift bewirkt, das das Verpflichtungs- und das Verfügungsgeschäft rückwirkende Wirksamkeit erlangen.

§ 62. Übergangsvorschrift
(1) Für die am 1. Juli 2007 bei Gericht anhängigen Verfahren in Wohnungseigentums- oder Zwangsversteigerungssachen oder für die bei einem Notar beantragten freiwilligen Versteigerungen sind die durch Artikel 1 und 2 des Gesetzes vom 26. März 2007 (BGBl. I S. 370) geänderten Vorschriften des III. Teils dieses Gesetzes sowie die des Gesetzes über die Zwangsversteigerung und die Zwangsverwaltung in ihrer bis dahin geltenden Fassung weiter anzuwenden.
(2) In Wohnungseigentumssachen nach § 43 Nr. 1 bis Nr. 4 finden die Bestimmungen über die Nichtzulassungsbeschwerde (§ 543 Abs. 1 Nr. 2, § 544 der Zivilprozessordnung) keine Anwendung, soweit die anzufechtende Entscheidung vor dem 1. Juli 2012 verkündet worden ist.

1 Maßgeblicher Zeitpunkt ist nach dem eindeutigen Gesetzeswortlaut der 1. Juli, nicht der 30. Juni 2007. Es genügt die Anhängigkeit. Auf eine Zustellung kommt es deshalb nicht an. Erfasst sind das Verfahrensrecht und das ZVG.

2 Auch Zustellungen sind nach den bisherigen Vorschriften zu bewirken. Insbesondere wirkt die Bestellung eines Ersatzzustellungsvertreters nach § 45 Abs. 2 n. F. nicht für Altverfahren. Den Wohnungseigentümern bleibt es jedoch unbenommen, auch für diese Verfahren einen Zustellungsvertreter zu bestellen.

3 Abs. 2 soll nach der amtlichen Begründung einer Überlastung des BGH vorbeugen. Nach *Köhler* (Rn. 695) soll die Vorschrift lediglich Kosten sparen und ist deshalb verfassungswidrig. Jedenfalls ist es misslich, dass nicht gerade für die neuen Vorschriften jede Möglichkeit genutzt wird, möglichst schnell eine Klärung durch den BGH herbeizuführen. Unberührt bleiben die Möglichkeiten der Berufungsgerichte, die Revision zuzulassen.

4 Zum materiellen Recht enthält das Gesetz vom 27.3.2007 keine Übergangsregelungen. Insbesondere besteht keine Rückwirkung. Beschlüsse, die vor dem 1.7.2007 gefasst wurden, bleiben auch dann anfechtbar bzw. nichtig, wenn sie nunmehr gefasst werden könnten (*Abramenko* § 4 Rn. 20). Die Wohnungseigentümer sind jedoch nicht gehindert, nunmehr den gleichen Beschluss erneut zu fassen.

§ 63. Überleitung bestehender Rechtsverhältnisse
(1) Werden Rechtsverhältnisse, mit denen ein Rechtserfolg bezweckt wird, der den durch dieses Gesetz geschaffenen Rechtsformen entspricht, in solche Rechtsformen umgewandelt, so ist als Geschäftswert für die Berechnung der hierdurch veranlassten Gebühren der Gerichte und Notare im Falle des Wohnungseigentums ein Fünfundzwanzigstel des Einheitswertes des Grundstükkes, im Falle des Dauerwohnrechtes ein Fünfundzwanzigstel des Wertes des Rechtes anzunehmen.
(2) *(gegenstandslose Übergangsvorschrift)*
(3) Durch Landesgesetz können Vorschriften zur Überleitung bestehender, auf Landesrecht beruhender Rechtsverhältnisse in die durch dieses Gesetz geschaffenen Rechtsformen getroffen werden.

Die Vorschrift gilt nicht für eine Begründung des Wohnungseigentum nach § 3 durch Umwandlung von Miteigentum in Wohnungseigentum (BayObLGZ 1957, 168, 172). Sie hat heute keine praktische Bedeutung mehr. **1**

§ 64. Inkrafttreten
Dieses Gesetz tritt am Tage nach seiner Verkündung in Kraft.
Das Gesetz ist am 20. 3. 1951 in Kraft getreten. Die WEG-Reform trat am 1. 7. 2007 in Kraft. Zu Übergangsregelungen siehe bei § 62. **1**

Schmid

Sachverzeichnis

Fett gedruckte Ziffern bezeichnen die Paragraphen des WEG,
magere Ziffern die Randnummern

Abberufung des Verwalters **20** 81 ff., 106; **23** 65; **25** 77 ff.; **26** 56 ff.
Abberufung des Verwalters, ordentliche **26** 62
Abberufung des Verwalters, wichtiger Grund **26** 62 ff.
Abberufung des Verwaltungsbeirats **29** 81 ff.
Abberufung des Verwaltungsbeirats, außerordentliche **29** 84
Abberufung des Verwaltungsbeirats, ordentliche **29** 82
Abberufungsbeschluss **23** 66; **24** 17, 43; **26** 58
Abdichtung **5** 36
Abdichtungsanschluss **5** 9
Abfallbeseitigung **14** 26; **21** 176
Abflussrohre **5** 10
Abgas-Abführung **5** 27
Abgeschlossenheit **3** 7, 66, 72
Abgeschlossenheitsbescheinigung **3** 11, 70; **7** 14; **8** 6, 52
Abgrabungen **22** 26
Abgrenzung Gemeinschafts-/Sondereigentum **5** 3 ff.
Ablauf der Wohnungseigentümerversammlung **24** 170 ff.
Ablesung von Messgeräten **14** 187
Ablichtung von Beschlusssammlungen **24** 249
Abmahnung des Verwalters **26** 91
Abmahnungsbeschluss **23** 46
Abmeierungsklage **23** 103; **24** 70
Abrechnung **21** 55
Abrechnungsguthaben **28** 120

Abrechnungspositionen **20** 48
Abschließbarkeit **3** 72
Abschriften von Niederschriften **24** 218 ff.
Absonderungspflicht des Verwalters **27** 240 ff.
Absperrkette **22** 27
Absperrpfähle **14** 28
Abstellen von Gegenständen **14** 29
Abstellplätze **5** 11; **14** 30
Abstellräume **3** 24; **14** 31, 88
Abstimmung bei der Wohnungseigentümerversammlung **24** 174, 193 ff.
Abstimmungsergebnis **21** 156; **24** 50, 209
Abwasserhebeanlage **5** 12
Abwasserkanäle **5** 13
Abwasserkosten **16** 67, 142
Abwehr von Störungen **13** 22; **16** 39; **20** 24
abweichende Vereinbarungen **10** 87
Abzugsinnentüren **24** 77
Abzugskabine **24** 77
AG **24** 60
Alleineigentümer **23** 84; **25** 46
Alleineinberufungsrecht **20** 50
Alleinnutzung **16** 35
allgemeine Öffnungsklausel **10** 105; **21** 63
Allgemeinstromkosten **16** 142
Allstimmigkeit **10** 69, 99; **21** 6, 59
Alternativangebot **21** 95
Amateurfunkantennen **14** 32; **22** 28

435

Sachverzeichnis

fett = Paragraph

Amtsermittlung **43**
Amtsgericht **21** 249
Anbau **22** 104
Änderung der Miteigentumsanteile **7** 5
Änderung des Verwaltervertrages **23** 104
Änderung des Wirtschaftsplans **16** 187
Änderung von Vereinbarungen **10** 65
Änderungsanspruch **10** 72
Änderungsbefugnis **8** 38
Änderungsvereinbarung **10** 69
Änderungsvollmacht **8** 38, 58
Änderungsvorbehalte **8** 37
Anfangszeit **24** 65
anfechtbarer Beschluss **27** 25
Anfechtbarkeit **10** 100; **20** 126; **23** 48, 100, 138, 161, 163; **24** 6, 49, 95
Anfechtungsfrist **23** 169; **46** 6
Anfechtungsgrund **24** 206
Anfechtungsklage **46** 1 ff.; **23** 154
Anfechtungsrecht **10** 145; **24** 96
Anfechtungszeitpunkt **23** 161
Anfragen/Anregungen **23** 107, 120; **24** 71 f.
Angebot **21** 96
Angestellte **14** 174
Angriffe durch Verwalter **26** 76
Ankündigung **24** 26
Anlegung der Wohnungsgrundbücher **3** 96
Anliegerbeiträge **16** 57
Anpassung einer Vereinbarung **8** 60
Anpflanzungen, Abstände **14** 33
Anreise zur Wohnungseigentümerversammlung **24** 117
Anschlussleitungen **5** 14; **14** 11
Anspruchsgegner **22** 90
Anspruchsverfolgung durch Verwalter **27** 150 ff.
Anteil an den Nutzungen **16** 4, 18

Antennen **5** 15; **14** 34
Antragsrecht **10** 19
Anwachsung **12** 2
Anwartschaftsrecht **8** 27 f.
Apotheke **14** 35
Appartement **3** 90
Appartement-Hotel **3** 90
Arbeitsleistung **16** 123
Architekten **24** 165
Architektenbüro **14** 171
Arztpraxis **14** 36, 51, 172
Asphaltierung **22** 105
Asylbewerber **13** 6; **14** 71
Aufgaben des Verwalters **27** 1 ff.
Aufhebung **24** 6
Auflassungsvormerkung **10** 15
Aufrechnung **16** 52
aufschiebende Wirkung **23** 154
Aufstockung **22** 29
Aufteilung **8** 17
Aufteilungsplan **3** 11; **7** 7, 12, **8** 6, 21, 47, 51; **21** 191; **22** 11
Aufwendungen **22** 1, 4, 3; **23** 54
Aufwendungsersatzanspruch **21** 29, 80
Aufzüge **5** 16; **14** 38; **16** 68; **22** 30
Ausbau **16** 69
Aushang **24** 94
Ausländereigenschaft **12** 26
Auslegung der Teilungserklärung **8** 19
Ausschluss vom Gebrauch **23** 99
Außenfenster **5** 17
Außenjalousien **14** 85
Außenverhältnis **10** 136
Außenwände **5** 18
äußere Gestaltung der Anlage **21** 168
außerordentliche Wohnungseigentümerversammlung **24** 30, 107 ff.
Aussiedlerheim **14** 37
Auswahl **23** 120

mager = Randnummer

Sachverzeichnis

auswärtige Wohnungseigentümer **24** 128
Ausweichunterkunft **14** 195
Bad **3** 69
Baden **14** 39
Balkon **3** 20; **15** 33; **16** 70; **22** 31
Balkonabdeckung **5** 21
Balkonabtrennung **22** 32
Balkonanlage **22** 73
Balkonbepflanzung **14** 100
Balkonboden **5** 20
Balkonbrüstungen **5** 23; **21** 97
Balkongitter **5** 24
Balkonisolierung **5** 25
Balkonsanierung **16** 71; **22** 33
Balkontrennmauer **5** 27
Balkonverglasung **5** 28; **22** 34
Ballettschule **14** 40, 172
Bankkonten **16** 72
Bauausführung **21** 192
Bauausschuss **20** 67
Baufertigstellung **21** 220
Baukosten **21** 219
Bauleitung **20** 87
bauliche Veränderungen **10** 82; **14** 41; **16** 73; **22** 1, 4f., 7, 25; **23** 54
Baumängel **20** 126; **21** 91
Baumaßnahme **22** 24
Bäume **14** 42, 100
Baumfällung **22** 35
Baumrückschnitt **21** 98
Bauträger **26** 39
Bauvertrag **20** 57
Bauzeichnungen **22** 72
Bedingung **4** 5; **16** 31; **33** 3
Beeinträchtigung **14** 20; **22** 17, 21, 76, 81, 110
Befristung **4** 5; **33** 3
Befugnisse **20** 31
Begründung des Wohnungseigentums **3** 1 ff.; **14** 43
Beheizung **14** 11
behinderte Menschen, Hundehaltung **14** 83

Behindertenschutz **24** 127
Behinderung **18** 7
Beiladung **48** 1 ff.
Bekanntgabe **23** 136
Belästigung **18** 7
Belastungen **9** 4
Belastungsbeschränkungen **12** 1
Beleidigung **18** 16; **26** 77
Beleuchtung **16** 143
Belüftung **14** 44
Benutzungsbeschluss **21** 169
Benutzungsbeschränkung **23** 36
Benutzungsordnung **21** 169
Bepflanzung **15** 37
Berater bei der Wohnungseigentümerversammlung **24** 163
bereicherungsrechtliche Ansprüche **21** 81
Bereitstellung erforderlicher Mittel **24** 73
Berichtigung von Niederschriften **24** 221 ff.
Berufsausübung **14** 45; **21** 170
Beschädigung des Gemeinschaftseigentums **21** 99
Beschlagnahme **12** 2
Beschluss **10** 94
Beschlussanfechtung **18** 17; **23** 160; **26** 27 ff.
Beschlussanfechtungsverfahren **18** 16
Beschlussantrag **21** 157
Beschlussbuch **24** 206
Beschlüsse zu Lasten Dritter **10** 112
Beschlussergebnis **24** 49
Beschlussfähigkeit **24** 175 ff.; **25** 42
Beschlussfassung **20** 25; **21** 82, 136; **23** 146; **24** 1; **25** 4 ff.
Beschlussfeststellung **23** 138
Beschlussgegenstand **23** 19, 101; **24** 66; **25** 2
Beschlusskompetenz **10** 99, 102, 124, 129; **16** 32, 138, 155,

437

Sachverzeichnis

fett = Paragraph

163 f.; **21** 8, 175; **22** 96, 119; **23** 27, 87, 90, 98; **24** 31, 36; **27** 237; **28** 142; **29** 3, 39
Beschlusssammlung **20** 54; **24** 3, 226 ff.; **26** 33
Beschlusssammlung, Vollständigkeit **24** 239, 253
Beschlussverkündung **23** 138
Beseitigungsanspruch **22** 77, 80 f., 89
Beseitigungsverlangen **22** 87
Besitzschutzansprüche **16** 39
Bestand **3** 14
Bestandskraft **23** 18
Bestandteile **3** 1
Bestelldauer für Verwalter **26** 39 ff., 50
Bestelldauer für Verwaltungsbeirat **29** 25
Bestellung **20** 96, 143; **23** 65, 137; **24** 10
Bestellung des Verwalters **25** 71 ff.; **26** 6 ff.
Bestellung des Verwalters, wiederholte **26** 49 ff.
Bestellung des Verwaltungsbeirats **23** 74; **29** 3 ff.
Bestellungsbeschluss **20** 96, 99; **23** 66; **24** 11, 17; **26** 22 ff.; **29** 10 ff.
Bestellungsbeschluss, Formularverträge **26** 48
Bestellungsbeschluss, Teilnichtigkeit **26** 47
Bestellungsurkunde **26** 182 ff.
Bestellungszeit **20** 105; **24** 13
Bestimmtheit **10** 104; **16** 28; **21** 65; **23** 143
Besucher bei der Wohnungseigentümerversammlung **24** 167
Betretungsrecht **14** 185 ff.
Betriebsausgaben **21** 228
Betriebskosten **16** 138, 141, 155; **23** 37 ff.
Bevollmächtigte **24** 56
Bewachungsunternehmen **20** 69

Bewässerung **16** 143
Beweissicherung **24** 1; **27**
Beweisverfahren **21** 91
Bewirtschaftungskosten **23** 95
Bewohnen **13** 3
Bezugnahmemöglichkeiten **7** 9
Billard-Cafe **14** 172
Bistro **14** 96
Blitzschlag **21** 207
Blockwahl **29** 22
Blumenkästen **14** 46
Blumenladen **3** 25; **14** 47
Boarding-house **14** 48
Bodenbelag **14** 29
Bodenisolierung **5** 30
Bodenplatte **5** 20, 22
Bodenverunreinigung **21** 223
Bordellbetrieb **12** 27; **14** 49; **18** 16
Brand **21** 207
Brandmauer **5** 31; **22** 23
Brandvorsorge **21** 172
Breitbandkabelnetz **16** 80; **21** 239
Briefkastenschilder **14** 50
Bruchteilsgemeinschaft **10** 2; **25** 24, 30, 51
Brüstung **5** 20
Bucheigentümer **10** 7; **20** 21
Buchführungsarbeiter **20** 127
Buchführungshelfer **16** 147
Bürgenhaftung **10** 167
Büro **3** 26 f.; **14** 51, 88
Büroschilder **21** 168
Cafe **3** 28; **14** 52, 119
Cafe mit Schnellimbiss **3** 29
Carport **3** 32, 75, 85; **10** 58
chemische Reinigung **14** 47, 53, 96
Dach **5** 33
Dachausbau **21** 238
Dachboden **5** 34; **15** 32
Dachfenster **5** 35
Dachfläche **16** 7
Dachgauben **22** 36, 107
Dachgemeinschaft **10** 31

mager = Randnummer

Sachverzeichnis

Dachräume 3 30; **14** 54
Dachspitz **14** 151
Dachterrasse 5 36, 72, 76; **14** 55; **16** 74f.
Dachunterspannbahn 5 37
Dauerschuldverhältnis 10 157
Dauerwohnrecht 25 21; **31** 1ff.; **32** 1ff.
Decken 5 38
Deckendurchbruch 22 37
Deckenverkleidung 5 39
Dielen 5 40
Doppelhaus 5 41
Doppelstockgaragen 3 86; 5 56
Doppelzuständigkeit 21 23, 42
Dringlichkeit 24 102; 27 83
Drittwirkungen 21 182
drohender Schaden 21 70
Duftkerze **14** 56
Duldungspflicht **14** 181, 184
Duplexgaragen 5 42; **15** 36; **16** 25
Durchbruch/tragende Wand 22 38
Durchführung der Hausordnung durch Verwalter 27 32ff.
Durchführung von Beschlüssen durch Verwalter 27 7ff., 13
Durchgang 21 100
Durchschnittsverwalter 20 122
Durchsetzung von Ansprüchen 20 58
Dusche 3 69
Ehegatten 24 55, 157; 25 27; 26 11
Ehrverletzung durch Verwalter 26 78
Eichfrist 21 137
Eigenart 22 103
Eigenheimzulagengesetz 3 71
Eigentum, Art. 14 GG **13**
Eigentümergemeinschaft 20 94
Eigentümerversammlung 20 44; 21 26; 24 9, 27, 31, 43
Eigentümerwechsel 10 153, 165; 28 152

Eilbedürftigkeit 24 34
Einbauschränke 5 43
Einberufung 23 100, 162; 24 5, 7, 10, 18, 24, 31, 34, 36, 38, 65
Einberufung des Verwaltungsbeirats 29 42ff.
Einberufungsbefugnis 24 38, 47
Einberufungsberechtigter 24 63
Einberufungsfrist 24 99
Einberufungsgründe 24 108ff.
Einberufungsmangel 24 49, 101
Einberufungspflicht 24 21, 40ff.
Einberufungsrecht 20 50; 24 14, 29ff.
Einberufungsschreiben 24 64
Einberufungsverlangen 24 22, 39, 42ff.
Einfamilienhäuser 5 44
Eingang 22 39
Eingangshalle 5 45
Eingangstüren 5 46
Einkommensteuerpflicht des Verwalters 26 156ff.
Einkünfte 21 231
Einladende 24 66
Einladung 24 9
Einladungsschreiben 24 66f.
Ein-Mann-Beschlüsse 10 13; 23 22
Ein-Mann-Gemeinschaft 8 30; 10 12
Einnahmen **16** 15
Einreden 10 166
Einsichtsrecht in die Beschlusssammlung 24 248ff.
Einsichtsrecht in die Niederschrift 24 214ff.
Einsparung von Energie 22 100
Einstimmigkeit 21 57; 22 74; 23 80
einstweilige Anordnung 24 11; 26 181
Eintragungsantrag 8 5
Eintragungsbewilligung 8 5
Eintrittsentgelte **16** 21

Sachverzeichnis

fett = Paragraph

Einwendungen **10** 166
Einzelgaragen **3** 80
Einzelrechtsnachfolger **22** 93
Einzelwirtschaftsplan **21** 235
Einzugsermächtigung für Verwalter **27** 94
Eisdiele **14** 119
elektrische Leitungen **5** 47
E-Mail **24** 93
Energieeinsparung **21** 197
Energieversorgungsanschluss **16** 147; **21** 237
Energieversorgungskosten **16** 145
Energieversorgungsunternehmen **10** 157; **16** 145; **23** 39
Energiezuleitungsrohre **5** 48
Enteignung **12** 2
entgangener Gewinn **16** 121
Entgeltsvorschüsse **26** 80
Enthaltungen **24** 194
Entlastung **20** 128, 139; **21** 101, 138; **23** 75; **25** 81 ff.
Entlüftung **14** 57
Entschädigungspflicht **36** 7; **41** 3
Entscheidungskompetenz **10** 90
Entwässerungsleitungen **5** 49
Entziehungsanspruch **18** 4
Entziehungsklage **16** 76
Erbauseinanderaussetzung **12** 2
Erbbaurecht, Belastung **42** 1 ff.
Erbengemeinschaft **23** 166; **25** 24, 30
Erbfall **10** 8; **12** 2
Erdgas **21** 197
Erfüllungsgehilfe **20** 72, 110, 114
Erhalt **21** 195
Erheblichkeit **22** 13
Erklärung zum Verwaltervertrag **24** 76
Erklärung zur einheitlichen und gesonderten Feststellung **16** 16
Erklärungspflicht des Verwalters **27** 121

Ermächtigungsbeschluss **27** 29, 224
Ersatzbeschaffung **21** 193
Ersatzverpflichtung **20** 138
Ersatzzustellungsvertreter **45** 10 ff.
Erschließungsbeitrag **16** 57
Erstattungsanspruch **16** 50
Erstbeschluss **23** 10, 14, 17
erstmalige Herstellung **21** 190
Erstversammlung **24** 177; **25** 42, 60
Erwerber **8** 16; **10** 18
Estrich **5** 50
Etagenheizung **5** 51
Eventualversammlung **24** 137 ff.; **25** 63 ff.
Fahrlässigkeit **22** 82
Fahrräder **14** 153
Fahrstühle **5** 53; **21** 169
Fahrtkosten **21** 30
Fäkalgerüche **18** 16
Fäkalienhebeanlage **5** 52
Fälligkeit **21** 242, 244 f.
Fälligkeitsplan **21** 245
Fälligkeitsregelung **23** 94
Familienangehörige **14** 174
Fassadengrün **14** 156; **21** 202; **22** 40
Fassadensanierung **21** 102
fehlender Verwalter **24** 16
fehlerhafte Gesellschaft **3** 63
Fenster **5** 54; **16** 77
Fensteraustausch **22** 41
Fensterläden **5** 54
Fensterrahmen **5** 54
Fenstersimse **5** 54
Feriengäste **13** 6
Fernsprechteilnehmereinrichtung **16** 147; **21** 237
Fertigstellung **16** 64; **22** 5; 78; **23** 11
Feststellung **23** 134, 150, 162
Feuchtigkeitsschäden **21** 103; **23** 126
Feuerlöschkosten **21** 207

mager = Randnummer

Sachverzeichnis

Feuerversicherung **16** 147; **21** 205
Feuerwehr **21** 70
FGG-Verfahren **21** 249
Finanzbedarf **16** 186
finanzielle Leistungsfähigkeit **21** 200
Finanzierung **24** 78
Flur und Speicher **3** 31
Formerfordernis **4** 1 ff.; **21** 52; **24** 93, 110, 204 ff.
Formfehler **24** 49, 95
Fortgeltung **23** 94
Fotokopien **24** 93
freiberufliche Tätigkeit und Gewerbe **14** 58
Freiflächen **3** 84
Freiflächengestaltung **23** 112; **24** 79
Freistellung **20** 138
Freizeitverlust **16** 124
Friseursalon **14** 60, 172
Frist für Einberufung **24** 98
fristwahrende Maßnahmen durch Verwalter **27** 139
Frontmeter **16** 161
Früchte **16** 5
Fruchtziehung **16** 12
Funkfeststation **14** 59
Funktionsfähigkeit **23** 52
Funktionsträger **20** 2
Fußbodenheizung **5** 55
Futterkästen **14** 61
Gänge verstellen **14** 62
Garage **5** 56; **14** 63; **16** 137
Garagenanbau **22** 42
Garageneigentümer **16** 137
Garagenkosten **16** 79
Garagenstellplatz **3** 76
Garderobe **14** 64; **22** 22; **23** 99
Garderobe im Treppenhaus **22** 43
Garten **14** 65
Gartenarbeit **23** 122
Gartenhaus **22** 44
Gartenteil **15** 37
Gartenzwerge **14** 66

Gärtner **20** 74
gärtnerische Nutzung **3** 32
Gasleitungen **5** 57
Gäste **14** 174
Gästezimmer **14** 111
Gastherme **5** 58
Gaststätte **3** 33; **14** 67, 96
Gebrauch **3** 14; **10** 100; **14** 14 ff.; **23** 32
Gebrauchsentzug **21** 139
Gebrauchsfragen **23** 98
Gebrauchsgrenzen **14** 16 ff.
Gebrauchsmöglichkeit **16** 179; **22** 22
Gebrauchsrecht **16** 172
Gebrauchsregelung **15** 1 ff.; **16** 20; **20** 32
Gebrauchswert **22** 98
Gefährdung **22** 23
Gefahrenabwehrmechanismen **21** 22, 72
Gegenstandswert **24** 30
Gehwege **15** 38
Geländer **5** 59
gemeinsames Sondereigentum **5** 6
gemeinschaftliches Eigentum **1** 9; **20** 6; **21** 12, 74
Gemeinschaftsantennen **5** 60; **16** 80
Gemeinschaftsbezogenheit **10** 142
Gemeinschaftseigentum **3** 11; **20** 6; **23** 87
Gemeinschaftsfrieden **12** 29
Gemeinschaftskasse **20** 126
Gemeinschaftsordnung **8** 7, 14, 54; **21** 65, **22** 67 f.; **24** 19; **26** 105; **27** 36, 157; **29** 8
Gemeinschaftsräume **5** 61
Genehmigung **20** 131
Geräteraum **23** 120
Geräuschbelästigungen **14** 68
Gerüche **14** 69
Gesamterbbaurecht **30** 1
Gesamthandsgemeinschaft **8** 9

441

Sachverzeichnis

fett = Paragraph

Gesamtrechtsnachfolger **10** 115; **22** 92
Gesamtschuldner **20** 136
Gesamtwirtschaftsplan **21** 235; **28** 29 ff.
geschäftliche Zwecke **3** 34
Geschäftsführer **24** 60
Geschäftsführung ohne Auftrag **21** 77, 79
Geschäftsordnung **24** 170 ff., 194; **29** 47
Geschäftsraum **14** 70
Gesellschaft bürgerlichen Rechts **16** 53; **24** 6; **25** 25; **29** 30
Gesellschaftsvertrag **8** 54
Getränkemarkt **14** 145
Gewährleistungsansprüche **10** 143
Gewerbe **3** 35; **14** 71
Gewerbebesteuerpflicht des Verwalters **26** 164 ff.
Gewerberaum bestehend aus zwei Ladenräumen **3** 36
Gitter **5** 20
Glasfensterverkleidungen **5** 62
Gläubigerbeirat **20** 66
GmbH **23** 61; **24** 6, 60, 147, 155; **26** 13; **29** 31
Goldhamster **14** 75
Grad der Zerstörung **22** 133
Grillen **14** 72
Grillkamin **14** 73
Grillplatz **22** 45
Grundbesitzangaben **16** 57, 81
Grundbuch **7** 4
Grundbucheintrag **8** 17; **16** 168
Grundbuchvorschriften **7** 1 ff.
Grundrechtsschutz **22**
Grundsatzbeschluss **21** 104
Grundschuldgläubiger **25** 22
Grundschuldzinsen **16** 58
Grundsteuer **16** 57
grundstücksgleiches Recht **33**
Gründungsmängel **3** 60 ff.
Gültigkeitsvoraussetzung **23** 141
Gütergemeinschaften **25** 24, 30

Gütergemeinschaftsvereinbarung **12** 2
Haftung **20** 109; **21** 140
Haftung der Beiratsmitglieder **29** 73
Haftung der Gemeinschaft **20** 113
Haftung der Wohnungseigentümer **10** 163
Haftung des Grundstücksbesitzers **20** 118
Haftung des Verwalters **24** 245
Haftung eines Eigentümers **23** 113
Haftungsfreistellung **23** 138
Haftungsgegenstand **8** 11
Haftungsmaßstab **20** 123
Haftungsrisiko **20** 135
Handwerker **14** 174
Hauptsicherungskästen **5** 123
Haus- und Grundbesitzerhaftpflicht **16** 147; **21** 205, 208
Hausfrieden **18** 7
Hausgeld **16** 82; **27** 94, 151, 190; **28** 68, 146
Hausgeldabrechnung **24** 80
Hausgeldansprüche **10** 137, 140
Haushalt **3** 69
Hausmeister **16** 83; **20** 35, 72, 74, 120
Hausmeisterbüro **5** 61
Hausmeisterwohnung **5** 63; **14** 74
Hausordnung **12** 31; **16** 147; **21** 40, 121, 159, 163; **23** 34, 36, 52; **24** 81; **27** 34
Haustierhaltung **14** 75
Haustür **5** 64
Hauswartfirma **20** 120
Hebeanlage **5** 12
Hebebühne **5** 66
Hecke **14** 76; **21** 141; **22** 46
Heilung **24** 51
Heim **14** 172
Heimfall **32** 1; **33** 3; **36** 1 ff.; **42** 2

mager = Randnummer

Sachverzeichnis

Heizkörper **5** 67
Heizkosten **16** 84; **21** 106; **22** 100
Heizkostenverbrauchserfassung **16** 84
Heizkostenverordnung **16** 84
Heizkostenverteilung **5** 68; **21** 105
Heizöl **21** 197
Heizöltank **14** 77
Heizregelung **18** 16
Heizungsanlagen **5** 69; **14** 78; **23** 120
Heizungsgeräte **5** 70
Heizungsraum **21** 172
Heizungsrohre **5** 71
Heizungsumstellung **22** 47
Herausgabepflicht des Verwalters **26** 108 ff.; **27** 177
Herstellung **22** 11
Hilfsdienste **20** 68 ff.
Hineinschauen **14** 79
Hinweispflicht des Gerichts **46** 13
Hobbyraum **3** 37 f.; **5** 61; **14** 80, 111; **16** 85; **22** 19
Hobbyzweck **3** 39
Höchstbestelldauer für Verwalter **26** 50
Höchstpersönlichkeit **23** 60
Hoffläche **21** 178
Holzterrasse **14** 81
Holztrennwand **22** 48
Honorar für Zustimmung **12** 45 ff.
Honorare **21** 223
Hotelzimmer **3** 89
Humusschicht **5** 72
Hunde **14** 82, 82; **16** 86; **21** 121
Hundezucht als Hobby **14** 84
Hypothekenzinsen **16** 58; **27** 92
Immissionen **22** 24
Individualansprüche **10** 145
Inkrafttreten **64** 1
Innenanstrich **5** 73
Innenfenster **5** 54

Innenverhältnis **10** 137
Insolvenz **11** 5 ff.; **25** 12 ff.
Insolvenzverwalter **24** 59; **29** 29
Installationen **5** 74
Instandhaltung **14** 6 ff., 183; **16** 47, 65, 147; **20** 79; **21** 22, 42, 66, 184, 188; **22** 95; **23** 52; **27** 48 ff., 196 ff.; **34** 10 f.
Instandhaltungsmaßnahme **16** 163; **21** 185; **23** 43; **24** 40
Instandhaltungsrückstellung **10** 151, 153; **16** 14, 147; **20** 11, 126; **21** 204, 209; **22** 112; **23** 52; **28** 31, 38
Instandsetzung **14** 6, 183; **16** 47, 65, 147; **20** 79; **21** 22, 42, 66, 184; **22** 95; **23** 52; **26** 82; **27** 48 ff., 196 ff.; **34** 10 f.
Instandsetzungsmaßnahme **16** 163; **24** 31
Interesse der Gesamtheit **23** 51
Isolierglasfenster **5** 75
isolierter Miteigentumsanteil **3** 7
Isolierungen **5** 76
jahrelange Übung **10** 57
Jahresabrechnung **16** 87; **20** 126, 134, 139; **21** 46, 250; **23** 21, 74; **26** 74 f., 83; **28** 85 ff.; **29** 62, 75
Jahresabrechnung, Aufstellungszeitpunkt **28** 94
Jahresabrechnung, Aufstellungszeitraum **28** 91
Jalousien **5** 77; **14** 85
juristische Person als Verwalter **24** 147, 155; **26** 13
Kabelanschluss **16** 88
Kaltwasserverbrauch **16** 58
Kamin **5** 78; **14** 86
Kampfhund **14** 82
Kanalisation **5** 79
Kapitalanlegerschutz **24** 128
Kapitalvermögen **16** 16; **21** 232
Katzen **14** 87; **21** 121
Kaufinteressenten **14** 174

Sachverzeichnis

fett = Paragraph

Kaufmann **20** 122
Kausalität **23** 162 f.; **24** 6, 50
Kausalitätsvermutung **24** 50
Keller **3** 40; **14** 88; **21** 169, 172
Kellerdecken **5** 80
Kellerräume **5** 81; **15** 32; **22** 19; **24** 81, 85
Kenntnis des Verwaltungsbeirats **20** 130
Kernbereichslehre **10** 89; **20** 90; **23** 88; **24** 47; **26** 114; **28** 12
Kfz-Stellplätze **5** 82; **14** 89; **15** 39; **16** 89
KG **25** 25
Kinderreichtum **12** 32
Kinderspielplätze **15** 32; **16** 90; **22** 49
Kindertagesstätte **14** 96
Kinderwagen **14** 153; **21** 176
Klageabweisung **48** 6
Klageantrag **23** 154
Klagebegründung **46** 8 f.
Klageerhebung **23** 114; **46** 6 f.
Klagefrist **24** 213
Klavierspielen **14** 90
Kleintiere **14** 75
Kleinunternehmerregelung **26** 171 f.
Klettergerüste **14** 91
Klimageräte **14** 92
Kochgelegenheit **3** 69
Kommunikationseinrichtung **21** 238
Kompetenzabgrenzung **24** 31
Kompetenzerweiterung **20** 37
Kompetenzsystem **21** 67
Kompetenzverteilung **27** 52 ff.
Kompetenzzuweisung **20** 91
konkrete Öffnungsklausel **10** 106; **21** 64
Konkurrenzangebot **21** 95
Konkurrenzverbot **14** 93
Kontoführung **16** 147; **27** 203 ff., 213; **28** 109 ff.
Kontrollpflicht des Verwaltungsbeirats **29** 64

Kopfprinzip **16** 166; **23** 45; **24** 46; **25** 45 ff.
Kopien **16** 91; **21** 107, 248
Korridore **5** 83
Kosten **16** 1 ff.
Kosten der Verwaltung **16** 147
Kosten eines Rechtsstreits **16** 92
Kostenbeiträge **27** 86 ff.
Kostenentscheidung nach billigen Ermessen **47** 1
Kostenerstattung **50** 1 ff.
Kostenmehrbelastung **10** 79
Kosten-Nutzen-Analyse **21** 93, 198, 202
Kostentragung **10** 34; **16** 46; **22** 3
Kostentragungspflicht des Verwalters **49** 2 ff.
Kostenverteilung **10** 82; **16** 68, 171; **21** 109; **23** 43, 95, 97
Kostenverteilungsbeschluss **16** 175
Kostenverteilungsmaßstab **16** 161
Kostenverteilungsregelung **10** 79 f.
Kostenverteilungsschlüssel **10** 61, 74, 82; **12** 25; **16** 23, 78, 132, 136; **21** 65; **22** 121; **23** 84, 86, 97; **27** 86
Kostenvoranschläge **20** 108, 134; **27** 70
Krankheit **24** 18
Küche **3** 69; **14** 94
Küchengerüche **14** 95
Kulturverein **14** 71
Kunden **14** 174
Kündigungserklärung **20** 108
Laden **3** 41 ff., 51; **14** 96
Ladung **24** 54, 94
Ladungsbevollmächtigte **24** 56
Ladungsfehler **24** 51, 95
Ladungsfrist **24** 101
Lagerraum **3** 51; **14** 97
Lärm **12** 33; **14** 98; **18** 16; **22** 24

mager = Randnummer

Sachverzeichnis

Lasten **16** 1 ff., 55
Lasten des gemeinschaftlichen Eigentums **22** 3
Lastschriftverfahren **21** 110
Lebensabschnittspartner **24** 157
leer stehende Wohnung **16** 93
Leistungsantrag **21** 157
Leistungsfähigkeit **12** 28
Leiter **21** 111
Leitungen **5** 130; **21** 238
Leuchtreklame **14** 99; **22** 50
Licht **14** 100; **22** 24
Lichtschächte **5** 84
Lieferanten **14** 174
Liquidität **20** 126
Liquiditätsumlage **16** 94
Loggia **5** 85; **16** 95
Luft **14** 101; **22** 24
Luftschächte **5** 86
Luxusaufwendung **21** 193
Luxussanierung **22** 105
Maklertätigkeit des Verwalters **26** 84
Mängelbeseitigung **16** 181; **21** 112
Mängelrügen **27**
Markierung **3** 77
Markierungsnägel **3** 79
Markise **5** 87
Maßnahmen des Verwalters **27** 38 ff.
Mauerwerk **5** 88
Mehrhausanlagen **10** 25, 28; **16** 22, 68, 96, 182; **18** 20; **21** 11, 16, 59, 214; **22** 130
Mehrheitsbeschluss **18** 18 ff.; **20** 25; **21** 7, 61, 85, 165; **22** 74; **23** 70; **25** 1 ff.; **27** 159; **28** 8; **29** 39, 58
Mehrheitsentscheidung **22** 68
Meinungsumfrage **23** 11
Mietausfälle **14** 195
Mieteinzug **20** 8
Mieter **14** 174; **21** 28, 160
Minderheitsrecht **24** 42
Mindestfrist **24** 99

Missbrauch des Stimmrechts **25** 92 f.
Mitbenutzung **16** 36
Miteigentümergemeinschaft **10** 2
Miteigentumsanteil **7** 5; **8** 24
Miterbe **23** 165
Mithaftung **21** 225
Mitverschulden **20** 124
Mitverwaltungsrechte **23** 88
Mitwirkungspflicht **20** 78
Mobilfunkbetreiber **16** 7
modernisierende Instandsetzung **21** 196; **22** 123 ff.
Modernisierung **22** 94; **23** 56 ff.
Modernisierungsbeschluss **22** 114
Modernisierungsmaßnahmen **14** 13, 189; **22** 95, 97, 109
Modernisierungszweck **22** 99
Mofa **14** 153
Motorräder **14** 103
Müll **14** 11, 104
Müllabfuhrgebühren **16** 57, 97; **23** 165
Müllcontainerplatz/Mülltonnenanlage **22** 51
Müllschlucker **5** 89; **14** 105; **21** 169
Mülltonen **5** 90; **21** 113
Musikausübung **14** 106; **21** 173
Musikzimmer **14** 88
Musizieren **21** 173; **23** 36
Nachhaftung **10** 164
Nachteil **14** 4
Nachtlokal **14** 67, 70
Nachtstrom **14** 110
Nachzahlungsverpflichtung **28** 119
Namenschilder **14** 112; **21** 168
Nebengebäude **16** 141
Negativbeschluss **21** 157; **23** 9
Neuanpflanzung **21** 114
Neuwahl eines Verwalters **23** 115; **24** 82
nicht zu Wohnzwecken dienende Räume **14** 111

445

Sachverzeichnis

fett = Paragraph

Nichtbeschluss **23** 8, 145; **27** 20
Nichteinberufung **23** 163;
 24 23, 27, 62; **26** 79
Nichteinladung **23** 163
Nichterfüllung **20** 102
Nichtigkeit **10** 37; **23** 100;
 27 22; **49** 6
Nichtöffentlichkeit der Wohnungseigentümerversammlung
 24 118 ff.; **25** 36
Nicht-Wohnungseigentümer
 20 107
Niederschrift **10** 58; **20** 51;
 21 37, 142; **23** 161;
 24 200 ff.; **26** 182; **29** 53
Nießbraucher **23** 167; **24** 61;
 25 8; **29** 29
Notgeschäftsführer **21** 29
Notgeschäftsführung **21** 25, 45, 50
Notkamin **14** 113
Notlage **21** 24
Notmaßnahmen **27** 28
Nottreppe **23** 120
Notverwaltung **21** 31, 69
Notverwaltungsgegenstand **21** 73
Notverwaltungsmaßnahme
 21 78 f.
Notverwaltungspflicht **21** 27 f.
Notverwaltungsrecht **21** 27, 75
Nutzen-Kosten-Analyse **22** 112
Nutzung **12** 35; **16** 1, 5, 170;
 21 242
Nutzung des gemeinschaftlichen
 Eigentums **21** 248
Nutzungsänderung **20** 36
Nutzungsart **16** 34
Nutzungsbeschränkung **13** 7
Nutzungsmöglichkeit **16** 34, 134
Nutzungsvorschläge **3** 59
Objektprinzip **25** 57 f.
Öffnungsklausel **10** 30, 62, 68,
 101; **16** 32; **20** 37; **21** 18, 61,
 65, 176; **22** 122; **23** 84 ff., 92;
 24 36
OHG **25** 25

optischer Gesamteindruck **22** 15
ordentliche Abberufung des Verwalters **26** 62
ordentliche Abberufung des Verwaltungsbeirats **29** 82
ordentliche Wohnungseigentümerversammlung **24** 104 ff.
Ordnungsmäßigkeit **10** 100;
 21 56, 84, 89, 199, 202;
 23 49, 98
Organisationsakte **8** 54
Parabolantenne **14** 114; **21** 239;
 22 52
Parfüm im Treppenhaus **14** 115
Parkhaus **3** 84
Parkplätze **14** 116
Parkregelung **21** 174
Parolen **14** 121
Partyraum **14** 88
Patentanwaltsbüro **14** 117, 171
Pauschalierung **16** 161
Peep-Show **14** 49, 118
Pergola **22** 53
Persönlichkeitsrecht **21** 178
Peters'sche Formel **21** 219
Pflanztröge **5** 91; **22** 17
Pflichtverletzungen **18** 5, 16 f.;
 20 134
Pförtner **20** 74
Pilsbar **14** 119
Pizzalieferservice **14** 96
Pizzeria **14** 120
PKW-Stellplätze **3** 84; **5** 92, 93;
 10 58
Plattenbelag **5** 94
Preisgabe von Interna durch Verwalter **26** 81
Privatautonomie **10** 3
Probeabstimmung **23** 11
Prostitution **14** 122, 172; **21** 30
Protokollberichtigung **21** 115;
 23 165; **24** 222
Protokollbuch **23** 141
Protokollierung **10** 96; **23** 11,
 139, 142, 162; **24** 186 ff.,
 200 ff.

mager = Randnummer

Sachverzeichnis

Provisionen **26** 85
Prozessverbindung **47** 1
Prüfungspflichten **20** 52
Prüfungsrecht **24** 44; **28** 125 ff.
Pseudovereinbarung **23**
psychologische Praxis **14** 123
Putz **5** 95
Radiomusik **14** 151
Rasenfläche **14** 124
Ratten **14** 75
Rauchen **14** 125
Raumeigentum **1** 7
Rechnungslegung **20** 134; **23** 71; **28** 133 ff.
Rechnungslegung, Zeitpunkt **28** 140
Rechnungslegungsverlangen **23** 72
Rechte des Verwalters **27** 122 ff.
Rechtsanwalt **16** 98; **21** 116, 223; **24** 74, 97, 150, 159, 164 f.; **26** 101; **27** 161; **28** 11
Rechtsberatungskosten **16** 147
Rechtsfähigkeit **10** 135, 138
Rechtsfrüchte **16** 6
Rechtsgeschäfte **25** 70; **27** 222
Rechtsgutachten **16** 99
Rechtshängigkeit **23** 154
Rechtsmissbrauch **22** 86
Rechtsmittelzuständigkeit **43** 5
Rechtsnachfolger **22** 93
Rechtsschutzbedürfnis **21** 156; **46** 2
Rechtsstreit **25** 88 ff.; **27** 119, 138, 144 ff.
Regelfrist **24** 99
Regelhonorar für Verwalter **24** 113
Reihenhäuser **5** 96
Reinigungskosten **16** 100
Reinigungsunternehmen **20** 69
Reklameschilder **14** 127
Renovierungsarbeit **16** 91
Reparatur **21** 189
Reparaturanfälligkeit **22** 18

Reparaturarbeit **16** 147, 186; **21** 91
Reparaturbedarf **22** 18
Reparaturdienste **21** 70
Reparaturmaßnahme **24** 23
Restwert **22** 131
Risikobegrenzung **10** 170
Rollläden **5** 97; **22** 54
Rollladenkästen **22** 55
Rücklage **21** 211
Rückschnitt **21** 201
Rückstauventile **5** 98
Rückwirkung **24** 17
Rügeverzicht **24** 96
Ruhestörung **18** 7, 16
Ruhezeiten **14** 126
Rundfunkempfangsanlage **16** 147; **21** 237
Sachbeschädigung **18** 16
Sachfrüchte **16** 6
Sachverständige **21** 117, 223
Sammelgaragen **3** 80; **5** 99
Sandkästen **15** 32
Sanierung **16** 23; **21** 119
Sanierung der Balkone **23** 116; **24** 83
Sanierungsplanung **21** 223
Sanierungsuntersuchung **21** 223
Sanitäreinrichtungen **14** 128
Sanktionen **21** 175
Satellitenantenne **14** 129; **22** 56
Sauna **5** 61, 100; **14** 130; **15** 32; **16** 101; **23** 95
Schäden **22** 14
Schadensersatzanspruch **14** 193 ff.; **16** 119; **20** 139, 146; **21** 91
Schadensersatzanspruch der Gemeinschaft **10** 169
Schadensersatzanspruch gegen Beiratsmitglieder **29** 61
Schadensersatzanspruch gegen Verwalter **27** 28, 79, 177; **28** 98
Schallschutz **14** 131; **21** 118; **22** 98

Sachverzeichnis

fett = Paragraph

Schaukel **14** 132; **21** 120
Scheinbeschluss **23** 8
Schiedsverfahren **43**
Schilder **5** 102; **14** 133
Schimmelbildung **21** 91
Schlangen **14** 75
Schließung der Wohnungsgrundbücher **9** 2 ff.
Schließung des Grundbuchblattes **7** 11
Schneeräumkosten **16** 102
Schornstein **5** 78; **16** 103
Schriftform **24** 45
Schriftführer **24** 191, 203, 211
Schuldanerkenntnis **25** 81
Schuldfähigkeit **18** 7
schuldrechtliche Zweckbestimmung **3** 20
Schulferien **24** 25
Schutzdach **5** 21
Schweigen **23** 149
Schwimmbad **3** 54; **5** 61, 103
Schwimmbecken **15** 32
Selbstkontrahierungsverbot **27** 127
Sendestab **14** 134
Sexkino **14** 96, 135
Sicherheit **3** 14; **22** 98
Sicherheitsleistung **33** 13
Sichtblende **5** 27
Sichtschutzmatte **14** 136
Sitten **23** 157
SMS **24** 93
Solaranlage **22** 57
Sonderbeirat **20** 66
Sondereigentum **1** 8; **3** 11; **7** 6 ff.; **8** 22; **23** 87
Sonderhonorar für Beiratsmitglieder **29** 64
Sonderhonorar für Verwalter **24** 113; **26** 141
Sondernachfolger **8** 17; **10** 49, 108, 113 f., 119, 122; **16** 26; **28** 49, 121
Sondernutzungsrecht **8** 44, 57; **14** 137; **15** 17 ff.; **16** 4, 25; **22** 20; **23** 34 f.; **31** 2

Sonderumlage **10** 140; **16** 181, 186; **21** 119, 143; **23** 97, 117; **28** 31, 57 ff., 147
Sondervergütung **20** 123
Sonderzahlungen **21** 217
Sonnenstudio **14** 96, 138
sonstige Rücklage **21** 212
Sorgfaltspflicht **21** 176
Speicherausbau **22** 58
Speicherräume **5** 34; **14** 54, 139; **22** 19
Spielplatz **3** 55; **14** 140; **21** 120
Spielsalon **14** 51
Spitzboden **14** 141
Spontanversammlungen **24** 110
Sportstudio **14** 96
Sprechanlagen **5** 101
Sprinkleranlage **15** 32
Spruchbänder **14** 121
Stand der Technik **22** 102; **23** 54
Statik **22** 13
Staub **22** 24
Staubsaugen **14** 68
Stehpizzeria **14** 96, 120
Stehtische **14** 143
Stellplätze **5** 42; **16** 25, 36
Stellungnahme **21** 56
Stellvertretung **24** 156, 200; **25** 28, 34 ff., 74; **26** 101
Steuerberater **14** 142, 171; **24** 97, 159; **28** 11
Steuererklärungspflicht **21** 233
Stimmabgabe **10** 95; **24** 56
Stimmabgabe, uneinheitliche **25** 31
Stimmenmehrheit **20** 41; **23** 54; **25** 1
Stimmenthaltung **25** 33
Stimmrecht **10** 19; **23** 6, 84; **24** 54, 61, 153; **25** 6 ff.
Stimmrecht, Ruhen **25** 38 ff.
Stimmrechtsausschluss **24** 54, 153; **25** 66 ff.
Stimmrechtsbeschränkung **25** 68
Stimmrechtsmehrung **25** 32, 50

mager = Randnummer

Sachverzeichnis

Störung des Nutzungsrechts 16 39
Strafanzeigen 26 86
Straßenreinigungskosten 16 57, 107
Sträucher 14 144
Streitsucht 12 36
Streitwert 46 53 ff.
Streitwertbegrenzung 27 170
Stromleitungen 5 104
Stromversorgung 21 70
Stufen 22 59
Stützmauern 5 105
Substanz 22 13
Substanzschaden 16 120
Substraktionsmethode 24 196 ff.
Supermarkt 14 145
Tagescafe und Laden 14 146
Tagesordnung 24 65, 67, 146, 161, 173, 192; 25 36; 29 52
Tagesordnungspunkte 23 63, 119; 24 68 f.
Tagesstätte 14 71
Tagungsort 24 65
Tankstelle 3 75
Tanzstudio 14 96
tätige Mithilfe 21 144
Tätigkeitsverpflichtungen 21 180
Teichanlage 22 60
Teileigentum 1 6
Teileigentümerversammlung 10 30; 21 18
Teileigentumsgrundbuch 7 4
Teileigentumsrecht 16 137
Teilerbbaurecht 30 1
Teilnahme 24 56
Teilnahme am Rechtsverkehr 20 24
Teilnahmeberechtigung an der Wohnungseigentümerversammlung 24 151 ff.
Teilnahmeberechtigung, fehlende 24 168 f.
Teilöffentlichkeit 24 122
Teilrechtsfähigkeit 10 134

Teilrechtsfähigkeits-Entscheidung 10 150; 21 75, 330; 26 93, 129; 27 4, 175, 221
Teilung 8 1
Teilungserklärung 8 4, 8, 14, 47; 10 55; 22 66, 68
Teilungserklärung, Änderung 8 34
Teilungsvertrag 3 3 ff., 62, 95; 8 41; 20 94
Teilversammlung 24 154
Telefaxe 24 93
Telefon 5 106
Telegramme 24 93
Teppichklopfstange 14 147
Terrassen 5 107; 14 65, 107; 15 40; 16 105; 22 17
Terrassenüberdachung 22 61
Testamentseröffnung 8 35
Testamentsvollstrecker 25 20; 29 29
Textform 24 92
Tiefgarage 3 80, 88; 5 108; 16 23, 106, 137
Tiefgaragenstellplätze 3 83
Tierhaltung 14 148; 21 121, 181; 23 99
Tilgungsbeiträge 27 91
Tischtennis 14 149; 15 32
Toilettennutzung 14 88, 150
Tonwiedergabegeräte 14 151
Trennungstheorie 20 39; 25 71; 26 6, 127; 27 61
Trennwand 14 152
Treppen 5 110; 14 153
Treppenabsatz 22 22
Treppengeländer 5 59
Treppenhaus 5 111; 14 64; 16 107; 22 22
Treuhandkonto 27 210
Trittschalldämmung 5 112
Trockenplätze 5 113
Trockenräume 5 61; 21 169
Türen 5 114
Türöffnungsanlage 5 115
Türschilder 14 154

Sachverzeichnis

fett = Paragraph

Übergangsvorschrift **62** 1 ff.
Überleitung bestehender Rechtsverhältnisse **63** 1
Überraschung **24** 66
Übersendung von Niederschriften **24** 213
Übersiedler **13** 6
Umgestaltung **22** 103
Umlagemaßstab **16** 189
Umlagen, städtische **16** 57
Umplanung **10** 82
Umsatzsteuerpflicht des Verwalters **26** 165 ff.
Umwandlung **14** 155
Umwidmung **8** 42
Umzugskostenpauschale **21** 217
Unabdingbarkeit **18**
Unauflöslichkeit der Gemeinschaft **11** 1 ff.
Ungeziefer **14** 11
Ungültigkeitserklärung **23** 154; **24** 49
Unmittelbarkeit **21** 72, 78
Unselbständigkeit des Sondereigentums **6** 1 ff.
Untergemeinschaften **10** 25
Unterlassungsansprüche **16** 39
Untermieter **14** 174
Unterrichtung **24** 84
Unterrichtungspflicht des Verwalters **27** 119 f.
Untersagung **24** 85
Unterschriftsverpflichtung **20** 53
Unterteilung des Wohnungseigentums **8** 10; **25** 32, 49, 58
Unzumutbarkeit **18** 8 ff.
Ursächlichkeit **24** 13, 49
Urteilswirkungen **19** 1 ff.
Veränderung **14** 156; **23** 29
Veräußerung des Dauerwohnrechts **38** 1 f.
Veräußerungsbeschränkungen **7** 6; **12** 1 ff.; **23** 31; **35** 1 f.
Veräußerungsverlangen **23** 44
verbale Entgleisungen **12** 37

Verbindlichkeit der Gemeinschaft **10** 163
Verbindungsflur **5** 116
Verbot **23** 158
Verbrauch **16** 139
Verbrauchserfassungsgerät **5** 68; **16** 149
Verbrauchserfassungssysteme **21** 196
Verbrauchskosten **16** 108
Verdienstausfall **14** 195
Vereinbarung **10** 43, 50; **16** 154; **20** 30; **21** 59, 163
Vereinbarungen als Inhalt des Sondereigentums **5** 131 ff.
Vereinbarungen zum Gemeinschaftseigentum **14** 128 ff.
Vereinbarungsänderung **10** 70
Vereinigung **10** 161
Verfahrensvorschriften **43** 1 ff.
Verfallklausel **21** 123, 246
Verfügungen **6** 1; **8** 35
Verfügungsbeschränkung **7** 6
Vergleich **19** 1 ff.; **21** 122, 145
Vergleichsverhandlungen **22** 84
Vergütung **16** 128; **21** 146
Vergütung der Beiratsmitglieder **29** 70
Vergütung des Verwalters **24** 112 ff.; **25** 76; **26** 38, 128 ff.
Vergütung eines Rechtsanwalts **16** 128
Vergütungsvereinbarungen **27** 161 ff., 215 ff.
Verhältnis der Wohnungseigentümer **10** 1
Verjährung **34** 2; **36** 7
Verkehrssicherungspflicht **20** 119 f.; **21** 27, 91, 208; **26** 113; **27** 43, 78, 177, 192
Verkehrswert **22** 131
Verkündung **23** 11, 150
Verlängerung des Verwaltervertrages **24** 86
Verlängerungsklauseln **25** 52
Verlegung **24** 28

mager = Randnummer

Sachverzeichnis

Verlust von Gebrauchsvorteilen **16** 122
Vermächtniserfüllung **12** 2
Vermietbarkeit **21** 124
Vermietung **13** 5; **14** 157; **16** 15; **24** 85; **37** 1 ff.
Vermietungsverbote **13** 5
Vermögensschadenshaftpflichtversicherung **20** 137
Verpachten **13** 20; **16** 15
Verrichtungsgehilfen **20** 72, 112, 114
Versammlung **21** 33
Versammlungsleiter **23** 66
Versammlungsort **24** 115 ff.
Versammlungsteilnehmer **23** 137
Versammlungsvorsitzender **23** 138
Versammlungszeit **24** 129 ff.
Verschattung **14** 158
Verschiedenes **21** 125; **23** 119; **24** 87
Verschulden **18** 7; **21** 241
Verschuldensmaßstab **20** 122
Versicherung **21** 126; **22** 127; **33** 12
Versicherungsschutz **21** 207; **26** 87
Versorgungsleitungen **5** 117, 130; **20** 79; **22** 62
Versorgungssperre **21** 127 f.
Verteilung **16** 188
Verteilung der Kosten **16** 149
Verteilungsmaßstab **16** 139
Verteilungsschlüssel **23** 165; **28** 40, 107
Vertrag zu Lasten Dritter **10** 5
Vertragspartner **20** 70
Vertragsstrafen **21** 175, 247
Vertraulichkeit der Beratungen **24** 118
Vertreterklauseln **24** 156 ff.; **25** 37
Vertretung durch Dritte **27** 228 ff.

Vertretungsfragen **25** 34 ff., 84 ff.
Vertretungsmacht des Verwalters **27** 10 ff., 33, 49, 80
Verursachung **16** 139, 151
Verurteilung des Verwalters **26** 88
Verwalter **20** 16, 27 ff.; **24** 6, 8
Verwalterabrechnung **16** 17
Verwalterbestellung **20** 146; **24** 88; **26** 1 ff.
Verwalterkonto **27** 98
Verwalterpflichten **23** 60
Verwaltervergütung **16** 109; **23** 165; **24** 112 ff.; **25** 76; **26** 38, 128 ff.
Verwaltervergütung, steuerliche Behandlung **26** 154 ff.
Verwaltervertrag **10** 136; **20** 14, 30, 37, 40, 60 ff., 84, 86, 91, 97; **23** 109; **24** 111; **26** 92 ff.; **27** 160
Verwaltervertrag, Abschluss **25** 75 ff.; **26** 94 ff.
Verwaltervertrag, Kündigung **25** 79, 120 ff.
Verwaltervertrag, Schlechterfüllung **24** 244
Verwalterwechsel **23** 124; **24** 8, 89; **26** 46; **28** 14 ff.
Verwalterwohnung **3** 56
Verwaltung **10** 100; **16** 47; **20** 1 ff., 4; **21** 4; **23** 50, 54
Verwaltungsanspruch **21** 185
Verwaltungsaufwand **21** 242, 248
Verwaltungsbeirat **20** 41 ff., 50, 58, 88, 106, 139; **21** 126, 164; **24** 14, 148, 200; **25** 80; **26** 1; **27** 62 ff.; **28** 52 ff.; **29** 1 ff.
Verwaltungsbeirat, Aufwandsentschädigung **16** 110
Verwaltungsbeirat, Kostenerstattung **21** 147
Verwaltungsbeirat, Organisation **29** 41 ff.

Sachverzeichnis

fett = Paragraph

Verwaltungsbeirat, Zusammensetzung **29** 27 ff.
Verwaltungsbeiratsmitglied **20** 134, 136
Verwaltungsbeiratstätigkeit **20** 88
Verwaltungsbeiratsvorsitzender **21** 146; **24** 15
Verwaltungsberechtigung **20** 100
Verwaltungsentlastung **21** 129
Verwaltungsgegenstand **20** 5; **21** 10
Verwaltungskompetenz **20** 26, 88; **21** 32, 42, 150, 186
Verwaltungskosten **16** 111, 138, 146, 155; **23** 39
Verwaltungsmaßnahmen **20** 145; **21** 90; **22** 9; **24** 31
Verwaltungsorgane **20** 3, 12 ff.
Verwaltungspflichten **20** 84
Verwaltungsschuldner **16** 52
Verwaltungsvermögen **10** 150, 153, 154, 158; **18** 9; **20** 9 ff.; **21** 14, 75; **27** 109
Verwaltungsverpflichtung **20** 77, 80, 88, 92, 100, 103
Verwaltungsvorschriften **20** 95
Verwaltungszuständigkeit **10** 142
Verwirkung **22** 83 f.
Verzug **20** 125
Verzugszinsen **16** 112; **21** 247
Verzugszinsregelung **23** 94
Video-Überwachung **21** 177
Viertel **22** 114
Viertel der Wohnungseigentümer **21** 50; **24** 42, 46
Vögel **14** 75
Vollmachtsurkunde **24** 56; **27** 248, 250 f.
Vollversammlung **24** 110
Vollzugsorgan **20** 62
Vorauszahlung **16** 49
Vorbereitungsmöglichkeit **24** 66
Vorkasse **16** 91
Vorlauftemperatur **23** 120

Vorschuss **21** 130; **28** 144
Vorsitz bei der Wohnungseigentümerversammlung **21** 35; **23** 25, 59; **24** 141 ff.
Vorstandsmitglied **24** 60
Wachlokal **14** 171
Wahl des Verwalters **23** 127, 130; **25** 71 ff.
Wandfliesen **22** 63
Wandschränke **5** 119
Wärme-Contracting **5** 69
Wärmedämmung **5** 118; **21** 131; **22** 100
Wärmedämmverbundsystem **21** 132
Wartungsverträge **10** 157
Wäsche **21** 169
Waschküche **14** 88; **21** 169
Waschmaschine **21** 93, 169, 193; **23** 120
Wasserkosten **16** 142
Wasserleitungen **5** 120; **14** 11; **21** 70
Wasserschäden **20** 126; **24** 24
Wasserversorgung **16** 114
Wasserzähler **21** 133
WC **14** 88, 150, 168
Wechselsprechanlage **5** 121
Wegerecht **8** 12
Weinkeller **3** 57
Werbungskosten **21** 228 f.
werdende Gemeinschaft **8** 31; **25** 11
werdende Wohnungseigentümergemeinschaft **10** 14, 21; **20** 92; **21** 3
Werkraum **14** 88
Werkstatt **14** 63
Wertprinzip **25** 52 ff.
Wiederaufbau **22** 127, **33** 12
Wiederaufbaupflicht **22** 128
Wiedereinsetzung in den vorigen Stand **25** 91; **46** 10 ff.
Wiederherstellung **22** 81
Wiederholungsbestellung **26** 49 ff., 173 ff.

mager = Randnummer

Sachverzeichnis

Wiederholungsversammlung **10** 13; **23** 23; **24** 137, 182 ff.; **25** 5, 59 ff.
Willenserklärungen an Verwalter **10** 95; **22** 70; **27** 122 ff.
Wintergarten **15** 41; **22** 64, 104
Wippe **21** 120
Wirksamwerden der Abberufung **25** 60 f.
Wirtschaftsplan **20** 134; **21** 134, 235, 250; **23** 74, 94, 131; **24** 90; **28** 5 ff.
Wirtschaftsplan, Aufstellungszeitpunkt **28** 21 ff.
Wirtschaftsplan, Aufstellungszeitraum **28** 16
Wirtschaftsprüfer **28** 11
Wissensstand **24** 66
Wohngeld **16** 113; **20** 11; **27** 94, 151, 190; **28** 68, 146
Wohngelderhöhung **23** 132; **24** 91
Wohngeldvorschüsse **16** 52
Wohnmobilien **23** 35
Wohnung **1** 4; **3** 68
Wohnungsbegriff **3** 68
Wohnungsberechtigte nach § 1093 BGB **25** 21
Wohnungseigentum, Begriff **1** 3
Wohnungseigentum, Begründung **8** 2
Wohnungseigentümer **20** 20
Wohnungseigentümer, Rechte **13** 1 ff.
Wohnungseigentümergemeinschaft **10** 23, 147; **20** 20, 23, 103, 107
Wohnungseigentümerversammlung **16** 115; **21** 156; **23** 4, 62; **24** 54, 61, 103 ff.
Wohnungseigentumsanlage **24** 47
Wohnungseigentumsverwalter **10** 91; **20** 27
Wohnungseingangstüren **5** 122

Wohnungserbbaurecht **30** 1 ff.
Wohnungsgrundbuch **7** 4; **8** 26; **10** 46; **24** 53
Wohnungstrenndecken **3** 92
Wohnungstrennwände **3** 92
Wohnzwecke **3** 58
Zählereinrichtungen **5** 123
Zahlung an Verwalter **27** 101 ff.
Zahlungen **21** 242
Zahlungsaufforderung durch Verwalter **27** 94
Zahlungsverzug **18** 12 ff.
Zentralheizung **5** 124, 125; **21** 197
Zerstörung **22** 131
Zierfische **14** 75
Zimmerlautstärke **21** 173
Zinserträge **18** 9
Zirkular **23** 146
Zitterbeschluss **10** 60, 102; **23** 58, 82, 90
Zuführungen zur Instandhaltungsrückstellung **21** 218
Zugang der Niederschrift **24** 212 f.
Zugänge **3** 69; **5** 126
Zugangsmöglichkeit **3** 69
Zumutbarkeit des Versammlungsorts **24** 123 ff.
Zurückweisung **23** 165
Zusatzbeschluss **23** 138
Zuschlag **10** 9
Zuständigkeit **43** 1 ff.
Zustandsstörer **22** 91
Zustellung **45** 1 ff.
Zustellungen an Verwalter **27** 128 ff.
Zustellungsbevollmächtigte **44** 1
Zustellungsvertreter **46** 5
Zustimmung **15** 31; **20** 34; **22** 2, 65, 75, 80, 86; **23** 29, 84, 144, 149
Zustimmung dinglich Berechtigter **15** 31

Sachverzeichnis

fett = Paragraph

Zustimmung Dritter **5** 134 ff.
Zustimmungsanspruch **12** 38 ff.
Zustimmungsberechtigte **22** 71
Zustimmungserklärung **23** 150
Zustimmungsverweigerung **22** 68
Zwangsversteigerung **39** 1 ff.
Zwangsverwalter **24** 58; **25** 16 ff.; **29** 29
Zwangsvollstreckung **10** 9; **11** 5 ff.; **43** 58

Zweckbestimmung **3** 16, 22, 59; **21** 223; **22** 20; **23** 50
Zweitbeschluss **22** 74; **23** 14 f.; **24** 255
Zweitbeschluss, abändernder **23** 19 ff.
Zweitbeschluss, bestätigender **23** 14 ff.
Zweiterwerb **10** 19
zwingende Vorschriften des WEG **10** 39
Zwischenwände **5** 127